Workbook and Answer Key & Guide for Koine Greek Gi
A Beginning-Intermediate Exegetical and Pragmatic H

WORKBOOK AND ANSWER KEY & GUIDE

FOR KOINE GREEK GRAMMAR: A BEGINNING-INTERMEDIATE EXEGETICAL AND PRAGMATIC HANDBOOK

FREDRICK J. LONG

GLOSSAHOUSE
WILMORE, KY
www.glossahouse.com

WORKBOOK AND ANSWER KEY & GUIDE FOR KOINE GREEK GRAMMAR: A BEGINNING-INTERMEDIATE EXEGETICAL AND PRAGMATIC HANDBOOK

GlossaHouse, LLC
110 Callis Circle
Wilmore, KY 40390

Publisher's Cataloging-in-Publication Data

Long, Fredrick J.,

Workbook and Answer Key & Guide for Koine Greek Grammar: A Beginning-Intermediate Exegetical and Pragmatic Handbook/ Fredrick J. Long

Includes Appendices

ISBN-13: 978-1-942697-0-39 (Paperback) / 978-1-942697-0-91 (Hardback)
ISBN-10: 1942697031 (Paperback) / 1942697090 (Hardback)

1. Greek language, Grammar—Textbooks. 2. Greek language, Biblical— Grammar Problems, exercises, etc. 3. Bible. N.T. — Language, style Problems exercises, etc. I. Long, Fredrick J. II. Title

Library of Congress Control Number: 2015909905

The fonts used to create this work are available from www.linguistsoftware.com/lgku.htm.

Book Design by Fredrick J. Long

Cover Design by T. Michael W. Halcomb

Koine Greek Charts by J. Klay Harrison in consultation with Fredrick J. Long

I dedicate KOINE GREEK GRAMMAR *and its* WORKBOOK AND ANSWER KEY & GUIDE *to my Greek instructors. First, my beginning Greek instructor, now Dr. Richard Boone, whose kindness and constant encouragement provided the best environment for learning Greek. Second, to my Greek exegesis professors, Dr. Joseph Wang, for teaching me how to gather and weigh biblical evidence and illustrating the important exegetical principle CAP—Consider All Possibilities! and, in fond memory, Dr. Robert Lyon, for conveying to me his love for textual-criticism (which still inspires me) and the important exegetical principle CIE—Context is Everything! Indeed!*

CONTENTS

AGROS

ACCESSIBLE GREEK RESOURCES AND ONLINE STUDIES

SERIES EDITORS

T. Michael W. Halcomb
Fredrick J. Long

𝒢H

GlossaHouse
Wilmore, KY

AGROS

The Greek term ἀγρός is a field where seeds are planted and growth occurs. It also can denote a small village or community that forms around such a field. The type of community envisioned here is one that attends to Holy Scripture, particularly one that encourages the use of biblical Greek. Accessible Greek Resources and Online Studies (AGROS) is a tiered curriculum suite featuring innovative readers, grammars, specialized studies, and other exegetical resources to encourage and foster the exegetical use of biblical Greek. The goal of AGROS is to facilitate the creation and publication of innovative and inexpensive print and digital resources for the exposition of Scripture within the context of the global church. The AGROS curriculum includes five tiers, and each tier is indicated on the book's cover: Tier 1 (Beginning I), Tier 2 (Beginning II), Tier 3 (Intermediate I), Tier 4 (Intermediate II), and Tier 5 (Advanced). There are also two resource tracks: Conversational and Translational. Both involve intensive study of morphology, grammar, syntax, and discourse features. The conversational track specifically values the spoken word, and the enhanced learning associated with speaking a language in actual conversation. The translational track values the written word, and encourages analytical study to aide in understanding and translating biblical Greek and other Greek literature. The two resource tracks complement one another and can be pursued independently or together.

ACKNOWLEDGEMENTS

This grammar and workbook have been in the making for 22 years. It was first a small manual *Kairos Greek Grammar*; then it grew into a fully integrated and hyperlinked CD that has been published by Logos Bible Software (2005). Now, this current handbook—*KOINE GREEK GRAMMAR: A BEGINNING-INTERMEDIATE EXEGETICAL AND PRAGMATIC HANDBOOK*—has been thoroughly expanded to include my more explicit description of emphatic and pragmatic features of Greek, ideas that were nascent in *KAIROS*, but now grounded in a communication theory informed by relevance theory (Dan Sperber and Deirdre Wilson), prominence theory with reference to translation (Kathleen Callow), and discourse grammar and pragmatics (Stephen Levinsohn and Steven Runge). To see my approach to Greek discourse in action, please refer to my *2 CORINTHIANS: A HANDBOOK ON THE GREEK TEXT* (Baylor University Press, 2015), for which many thanks are due to Marty Culy, the series editor, for assisting me with that project which has informed this current revision.

There are many people to thank for their participation in this present undertaking. First and foremost would be the hundreds of Greek students over the years—first seminary at Asbury Theological Seminary, then one year at Trinity Evangelical Divinity School's extension campus in Milwaukee, WI, and then undergraduate and graduate students at Bethel College in Mishawaka, IN. Since returning back to Asbury, I have had the privilege of teaching and learning from dozens more students in my classes on Greek Exegesis, Intermediate Greek, Advanced Greek, Textual Criticism of the Greek NT, Independent Studies on Verbal Aspect and on Classic Greek, and informally in Greek reading groups. At Asbury 2013, we began *Gamma Rho Kappa*, the first ever (International) Greek Honor Society to promote and encourage Greek language and cultural study. In all, these students knew that they were and continue to be affectionately my "guinea pigs"; a handful were ever so glad to point out dozens of typos solicited and unsolicited. Thank you! It is the students who have inspired me to continue to improve this handbook and ultimately to publish it in print. Special thanks go to Gregory Neumayer, who was an excellent beginning student at Bethel College, who produced a fine word study that he generously allowed me to include as an example of what can be done in such word studies (see CH. 27).

Then there are the people who actually worked on the project because they needed to. (God bless their souls!) First is Bethel College's Religion and Philosophy School's office assistant, Mrs. Renee Kaufman, who helped retype the whole grammar portion of the manuscript when it only existed in a word processing format run from MS-DOS. This took her a good portion of a summer in early 2000s. Also, Matt Eaton as a research assistant during the summer 2004 helped me to correlate grammatical topics with Daniel Wallace's intermediate grammar among other things. Thanks to each of them. Also, I am extremely grateful for Dr. Jim Stump, then VP of Academic Services at Bethel College, for awarding me a Bethel Summer Research Grant over the summer 2004 to cover expenses in the final preparation of the manuscript for electronic publishing. Since then, there have been many graduate and post-graduate students who have helped discuss and look over chapters in various degrees of completion: Kei Hiramatsu, Na Lim Heo,

Benson Goh, Shawn Craigmilles, Jake Neal, Klay Harrison, Isaiah Allen, Caleb Wang, Cliff Winters, Andrew Coutras, Ryan Giffin, Lindsay Arthur, Sue Liubinskas, Adesola Akala, Matt Spangler, Daniel Johnson, David McAbee, Kevin Southerland, Jesse Moffitt, Mark Porterfield, Taylor Zimmerman, and many others. Forgive me for forgetting to mention you! Jenny Read-Heimerdinger also read through two portions of my grammar attempting to summarize her and Stephen Levinsohn's work regarding the discourse pragmatic use of the article; I greatly appreciate her timely feedback. Then there is my colleague at GlossaHouse, Michael Halcomb, who has urged me to finish this project on a number of occasions and who has helped form ideas and to edit portions. We learn much from each other.

The last group to thank include those who have encouraged and inspired me. Here my wife, Shannon, and our five children have urged me on in the project at different points, although it has not come without some cost for certain intense weeks here and there affecting our family time (okay, maybe more than a few weeks). Also, I would want to mention here my first instructors of Greek, Dr. Richard Boone, Dr. Joseph Wang, Dr. David Bauer, and Dr. Robert Lyon, all at Asbury Theological Seminary. Each played such inspiring roles as instructors and mentors of Greek. Dr. Julian Hills at Marquette University was a great help to me personally, helping me to obtain teaching assistantships there in my doctoral studies, largely on the merit of my abilities in Greek (invisible on application forms). I attribute my taking his exegetical seminar on the Psalms of Solomon my first semester there as indeed providential. His excellent understanding of Greek inspired and spurred me on. Thanks to all of you!

To God be the glory! I can honestly say that His strength and grace have and motivated and sustained me.

How to Use This

Workbook and Answer Key & Guide

As you prepare to use this *Workbook and Answer Key & Guide*, I would like you to know that I have joyfully labored to make it the most effective possible in conjunction with *Koine Greek Grammar: A Beginning-Intermediate Exegetical and Pragmatic Handbook*. This *Workbook* has been carefully designed. You will be translating New Testament (NT) verses and paragraphs as quickly as possible in order to begin reaping the benefits of your labor. Let me briefly explain about it:

❖ The chapter exercises were made that would exercise the vocabulary presented in each particular chapter.

❖ NT verses were sought out that would appropriately exercise the vocabulary and grammar presented in each chapter.

❖ NT verses are used as soon as possible to encourage students to learn how best to study the NT in Greek. That is the goal of our study!

❖ The Workbook contains actual idioms that were (painstakingly) ferreted out from the Greek NT, so that, even before translating biblical verses and paragraphs, you will be working with *actual biblical phrases and expressions*.

❖ Some sentences for the translation exercises are also taken from the Septuagint (LXX), the Greek translation of the Old Testament. This is valuable for many reasons, not least of which is the fact the NT writers often allude to or quote from the LXX. Indeed, the influence of the LXX translation on the NT writers is very great.

❖ Although the student will be formally presented with every word occurring 50 times or more in the GNT, in actuality a larger vocabulary will be learned, because the exercises contain many words that are not formally presented, but are defined on the spot. The meanings of these "extra" words are often given at the end of the sentence in parentheses. Moreover, many words like these have English cognates and could be sounded out and understood in context.

❖ More exercises (okay, *many more*) are included in the Workbook than can be completed in any given week's assignments. But this was done intentionally, in order that students could return to a lesson to review and find fresh new sentences to review before their next quizzes or tests. Also, these numerous exercises provide instructors ample material to create study guides, quizzes, and tests. These "extra" exercises are especially valuable because of the (full) Answer Key & Guide portion of the Workbook.

❖ The Workbook exercises for each chapter typically contain six sections:

A. OVERVIEW is mainly for the student to entertain questions and to fill in pivotal charts of endings. It asks straightforward questions to make sure students understand what the *main points* are *to be learned in each chapter*. If one can answer these questions and fill in the charts (or be heading in that direction), then the core material has been learned.

B. VOCABULARY will contain *crossword puzzles in Greek for each chapter*; additionally, old vocabulary is progressively reviewed in this process. Crosswords may not be your cup of tea, but they might. Give it a try.

C. REVIEW *reiterates the grammar of the previous chapter* by providing further short translation, parsing exercises, and other types of short assignments. This will help students continue reviewing, since learning a language is cumulative and requires constant review of the previously learned materials.

D. FOCUS *is designed to concentrate on the material presented in the current chapter*. The purpose here is to exercise students in their understanding of specific points of grammar with greater focus, rather than to have students only see a particular point of grammar a few times in a few sentences. By the end of the FOCUS sections, students should understand the main concepts of each chapter.

E. SENTENCES contain *carefully chosen sentences or verses that will encapsulate the grammar learned to that point in the HANDBOOK*. The most current concepts and grammar, however, are given a more gracious showing. In the earlier chapters, the sentences may be "adapted" (i.e. slightly modified) from actual NT or LXX verses; these will be so identified. However, after these earlier chapters, students will soon be surprised at how well they will be able to understand and translate biblical Greek.

F. READING gives the students *an opportunity to read biblical Greek within a larger discursive context in paragraph units*. Reading and interpreting the NT in this way is the ultimate goal of KOINE GREEK GRAMMAR. By working through paragraph sized READINGS, students can begin to see nuances of word order, the importance of conjunctions, and other pragmatic features of discourses as a whole such as repetitions of sounds and words, the development of themes, and rhetorical developments and patterns. In CH.27, students will find reading guides for two legends about the prophet Daniel; they are short, entertaining stories involving problems or mysteries that Daniel in his wisdom must solve. I think you will enjoy them: the first episode involves an idol Bel (Is Bel a living God who eats food or not?) and a firs belching dragon; the second story shows Daniel intervening in an attempt to help a seemingly virtuous, beautiful wife from accusation of sexual misconduct.

❖ An ANSWER KEY & GUIDE is provided to accompany the *WORKBOOK* exercises, minus giving answers to the OVERVIEW and VOCABULARY exercises—students must do some of their own work, after all!. These answers and guides are intended to help students "not to spin their wheels" and thus to get frustrated on any given assignment or tough sentence. However, students should not let the *ANSWER KEY & GUIDE* become a crutch. After all, students will still need to pass quizzes, tests, and competency exams. So, students should plan on struggling with the exercises a bit before consulting the *ANSWER KEY & GUIDE*; if they should need to consult it, then they are advised to study carefully the translation or parsing or whatever else was provided as an answer and as a guide.

❖ Lastly, the WORKBOOK contains deductive and inductive features. Let me explain:

➤ Certain exercises will drill a very specific point of Greek grammar that is presented, such as "Demonstrative pronouns" or "These sentences contain 2nd Aorist verbs."

➤ Words that have not been covered and yet whose meaning can be derived from its component or cognate Greek stems are occasionally left for the student to figure out. This is truer in the latter half of the WORKBOOK. The definitions for many such words will often be found in the VOCABULARY: WORDS OCCURRING 20 TIMES OR MORE, which is conveniently included at the back of both the GRAMMAR and the WORKBOOK.

➤ Sometimes a grammatical construction that is covered in a future chapter is briefly encountered in the *immediately preceding* exercises. This should help students develop an intuitive grasp of the language by giving them some initial exposure to a new grammatical construction even before they actually come to it in the GRAMMAR.

Four final comments are in order for you, the student. First, as you are learning and memorizing and studying, ***engage as many senses as you are able to in the process—sight, touch, smell, hearing, taste***. Why? To do so will greatly increase retention. I recommend getting a purple, sweet grape smelling pen (or whatever your favorite smell and color is) to write things down on nice clean paper. Do your review while walking. All this will help your brain retain information. Second, ***encourage each another and work together, but don't let others do the work for you***. Moral support is great; yet, understand that each person will learn a bit differently. Some students love to use vocabulary cards on rings to memorize then, others not. Work together, but find your own path. Third, be sure to ***memorize the vocabulary words for a particular chapter before doing the exercises*** in the WORKBOOK. If you do this, then the exercises will ***reinforce your vocabulary learning*** and you will complete your exercises much faster, since you will not need to be looking up every other Greek word. Fourth, learning Greek is a cumulative process. ***Daily work reviewing and doing exercises is the best plan***. It is generally not possible to "cram in" the material right before the quiz or exam and do well. After all, students still have midterms, finals, or competency exams to pass. So, in the end, it is best to maintain a healthy daily diet of Greek reviewing, memorizing, and reading from the Greek NT or LXX. *Bon appetite!*

Fredrick J. Long

Ordinary Time, June 2015

WORKBOOK

FOR KOINE GREEK GRAMMAR:
A BEGINNING-INTERMEDIATE EXEGETICAL
AND PRAGMATIC HANDBOOK

Exercises Ch. 1

1A. Overview

1. What are the 8 parts of speech? What are their essential characteristics?

2. How would you define a "clause" as opposed to a "phrase"? Give an example of each.

3. How would distinguish between an "independent" and "dependent" clause? What other name does each have? Give an example of each.

4. Define *conjunction*. How would you distinguish between a "coordinating" and "subordinating" conjunction? Give examples of each.

5. What components are there in the construction of a basic sentence?

6. How do you mark up the following words?

a. adverbs   e. conjunctions and interjections

b. subjects and verbs   f. direct objects

c. indirect objects   g. prepositions and their phrases

d. a pronoun (with antecedent or postcedent).

e. subordinate clauses (how do you identify more than one?).

7. Can you identify what sentence component belongs to each numbered slot in the sentence diagram below? Put the diagram number with the word function on the left

Word Function	Sentence Diagram
__Subject __Verb __Initial Conjunction __Direct Address __Direct Object __Indirect Object __Adverbial Modifier __Adjectival Modifier __Coordinating Conjunction	

1B. Focus

I. Identify the basic components in the following sentences by placing the corresponding designation above the word.

S=Subject V=Verb DO=Direct Object IO=Indirect Object	M=Modifier C=Conjunction DA=Direct Address

II. Then, mark up each sentence using these conventions.

adverbs   indirect objects
conjunctions and interjections   (prepositions and their phrases)
subjects and verbs   {direct address}
direct objects

III. Then diagram each sentence using the Reed-Kellogg method.

Example: Acts 7:2a Hear me, brethren and fathers! The God of Glory appeared to our father

	V	DO	DA	C	DA	M	S	M	V	M	IO
Acts 7:2a Hear	me,	brethren	and	fathers!	The	God	of glory	appeared	to our	father	

Marking= Acts 7:2a <u>Hear</u> <u>me</u>, {brethren |and| fathers}! <u>The God</u> (of glory) <u>appeared</u> <u>to our father</u>

Reed-Kellogg Diagram=

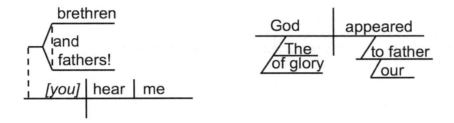

1. Matt 9:2a And, behold, they were bringing to Him a paralytic.

2. John 5:41 I do not receive glory from men;

3. John 4:3 He left Judea, and departed again into Galilee.

4. Matt 25:11b Lord, lord, open up for us.

5. Matt 20:30b Lord, have mercy on us, Son of David!

6. John 3:24 For John had not yet been thrown into prison.

7. John 6:15 So Jesus...withdrew again to the mountain by Himself alone.

8. John 5:43a I have come in My Father's name, and you do not receive Me

9. Matt 6:33 But seek first His kingdom and His righteousness; and all these things shall be added to you.

10. John 3:25 Therefore, there arose a discussion on the part of John's disciples with a Jew about purification.

11. Matt 7:22 Lord, Lord, did we not prophesy in Your name, and in Your name cast out demons, and in Your name perform many miracles?

1C. Sentences

In one or more of the verses below, identify the English *parts of speech* in John 3:16-21. Look up words in the dictionary, if need be, to find out this information. (There is no need to do this repeatedly for the same word.)

C= Conjunction; N=Noun; V=Verb; I=Interjection; ADV=Adverb; PREP=Preposition
ADJ=Adjective; PN=Pronoun

John 3:16-21	List Word and Its Part of Speech
	Example:
16 For God so loved the world, that He gave His only begotten Son, that whoever believes in Him should not perish, but have eternal life.	16 For [C] God [N] so [ADV] loved [V] the [ADJ] world [N], that [C] He [PN] gave [V] His [PN] only [ADV] begotten [ADJ] Son [N], that [C] whoever [PN] believes [V] in [PREP] Him [PN] should [V] not [ADV] perish [V], but [C] have [V] eternal [ADJ] life [N].
17 For God did not send the Son into the world to judge the world, but that the world should be saved through Him.	
18 He who believes in Him is not judged; he who does not believe has been judged already, because he has not believed in the name of the only begotten Son of God.	
19 And this is the judgment, that the light is come into the world, and men loved the darkness rather than the light; for their deeds were evil.	
20 For everyone who does evil hates the light, and does not come to the light, lest his deeds should be exposed.	
21 But he who practices the truth comes to the light, that his deeds may be manifested as having been wrought in God.	

EXERCISES CH. 2

2A. OVERVIEW

1. What larger language family does Greek belong to? Where is Koine within the Greek languages?

2. How many characters does Greek have in its alphabet? How many vowels are there?

3. Following the writing suggestions in CHAPTER 2.3, practice writing the Greek Alphabet below in minuscule and uncial forms two or three times each. You will write the lower case forms more frequently. Then write each letter's pronunciation value.

Greek Letter	Lower Case	Upper Case	Pron. Value	Greek Letter	Lower Case	Upper Case	Pron. Value
ἄλφα				νῦ			
βῆτα				ξῖ			
γάμμα				ὂ μικρόν			
δέλτα				πῖ			
ἒ ψιλόν				ῥῶ			
ζῆτα				σίγμα			
ἦτα				ταῦ			
θῆτα				ῦ ψιλόν			
ἰῶτα				φῖ			
κάππα				χῖ			
λάμβδα				ψῖ			
μῦ				ὦ μέγα			

4. Which letter has two minuscule forms, one for the beginning or middle of a word and one for the end of the word? What are these forms?

5. Explain when γάμμα has the pronunciation value of "n."

6. What are diphthongs? List them below and their pronunciation values:

7. What are five punctuation markers in Greek sentences? _____, _____,

_____, _____, and _____.

2B. VOCABULARY 2

Using Greek letters and the rough breathing mark when present, fill in the spaces of the crossword puzzle.

Created with EclipseCrossword — www.eclipsecrossword.com

Across

3. Paul
5. Abraham
6. Israel
7. Christ, Messiah
8. Peter
9. David
10. Pilate

Down

1. Jerusalem
2. James
4. Pharisee

2C. REVIEW

I. Identify the basic components in the following sentences by placing the corresponding designation
above the word.

S=Subject	M=Modifier
V=Verb	C=Conjunction
DO=Direct Object	DA=Direct Address
IO=Indirect Object	

II. Then perform Constituent Marking in each sentence using these conventions.

adverbs
conjunctions and interjections
subjects and verbs
direct objects

indirect objects
(prepositions and their phrases)
{direct address}

III. Then diagram each sentence using the Reed-Kellogg method.

Example: Acts 7:2a Hear me brethren and fathers! The God of glory appeared to our father...

	V	DO	DA	C	DA	M	S	M	V	M	IO
Acts 7:2a Hear	me,	brethren	and	fathers!	The	God	of glory	appeared	to our	father	

Marking= Acts 7:2a Hear me, brethren and fathers! The God (of glory) appeared to our father

Reed-Kellogg Diagram=

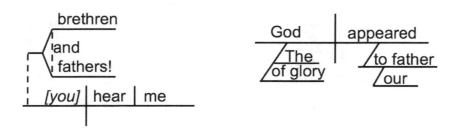

1. John 3:2a This man came to Him by night

2. John 5:30a I can do nothing on My own initiative.

3. Matt 6:24c You cannot serve God and mammon.

4. Acts 7:2a Hear me, brethren and fathers!

5. John 7:5 For not even His brothers were believing in Him.

6. Matt 7:20 So then, you will know them by their fruits.

7. Heb 1:3b He sat down at the right hand of the Majesty on high

8. John 6:3 Then Jesus went up on the mountain, and there He sat down with His disciples.

9. John 6:13a So they gathered them up, and filled twelve baskets with fragments from the five barley loaves.

10. Acts 6:3a But select from among you, brethren, seven men of good reputation, full of the Spirit and of wisdom,

11. Matt 18:27 And the lord of that slave felt compassion and released him and forgave him the debt.

2D. FOCUS

1. Memorize the order and name of the Greek characters. Observe how closely the Greek alphabet follows our English alphabet. Where does it differ? Are there any patterns that may assist your memorization of the order? Explain below.

2. Punctuate this word-for-word English translation of the Greek sentence immediately below. Be able to explain all other marks found among the Greek words.

Τί	ὁ κύριος	ἔφη,	Ἐγώ	εἰμι	ὁ διδάσκαλος	ζωῆς;	εἶπε	τοῦτο
Why	did the Lord	say	I	am	the teacher	of life	he said	this

ἵνα	ἡ σάρξ	μὴ καυχήσηται	ἐνώπιον θεοῦ	ἐν τῇ βασιλείᾳ	τοῦ οὐρανοῦ.
so that	the flesh	would not boast	before God	in the Kingdom	of heaven

3. Practice pronouncing the Greek words from the sentence above by *first* breaking them into syllables and *then* pronouncing them.
4. Practice forming Greek characters by rewriting the Greek sentence above in the space below.

2E. SENTENCES

1. Below is a paragraph from Luke 1:24-28. Look closely at the endings on each word. First, find those words that are loan words to Greek. (Read again §2.6 PROPER NOUNS AND BORROWED NON-GREEK WORDS if needed.) Second, find similar endings and make a list of them. These "end-ings" are indicated in most words by a slash (|). Notice that this slash is NOT a syllabification marker.

24 Μετὰ δὲ ταύτ|ας τ|ὰς ἡμέρ|ας συνέλαβ|εν Ἐλισάβετ ἡ γυν|ὴ αὐτ|οῦ καὶ
περιέκρυβ|εν ἑαυτ|ὴν μῆν|ας πέντε λέγουσ|α

25 ὅτι Οὕτως μ|οι πεποίηκ|εν κύρι|ος ἐν ἡμέρ|αις αἷς ἐπεῖδ|εν ἀφελεῖν ὄνειδ|ός μ|ου
ἐν ἀνθρώπ|οις.

26 Ἐν δὲ τ|ῷ μην|ὶ τ|ῷ ἕκτ|ῳ ἀπεστάλη ὁ ἄγγελ|ος Γαβριὴλ ἀπὸ τ|οῦ θε|οῦ εἰς πόλιν
τ|ῆς Γαλιλαί|ας ᾗ ὄνομα Ναζαρὲθ

27 πρὸς παρθέν|ον ἐμνηστευμέν|ην ἀνδρ|ὶ ᾧ ὄνομα Ἰωσὴφ ἐξ οἴκ|ου Δαυίδ, καὶ τὸ
ὄνομα τ|ῆς παρθέν|ου Μαριάμ.

28 καὶ εἰσελθὼν πρὸς αὐτ|ὴν εἶπεν, Χαῖρε, κεχαριτωμέν|η, ὁ κύρι|ος μετὰ σ|οῦ.

2. Work on pronouncing the words from Luke 1:24-28. First, break the words into syllables, as is done using the slash (/) in 1:24 below. Then, practice reading more than one word at a time. Be sure you understand all the marks in the text. Note which words are capitalized. Why might they be capitalized?

24 Με/τὰ δὲ ταύ/τας τὰς ἡ/μέ/ρας συ/νέ/λα/βεν Ἐ/λι/σά/βετ ἡ γυ/νὴ αὐ/τοῦ καὶ
πε/ρι/έ/κρυ/βεν ἑ/αυ/τὴν μῆ/νας πέν/τε λέ/γου/σα

25 ὅτι Οὕτως μοι πεποίηκεν κύριος ἐν ἡμέραις αἷς ἐπεῖδεν ἀφελεῖν ὄνειδός μου ἐν
ἀνθρώποις.

26 Ἐν δὲ τῷ μηνὶ τῷ ἕκτῳ ἀπεστάλη ὁ ἄγγελος Γαβριὴλ ἀπὸ τοῦ θεοῦ εἰς πόλιν τῆς
Γαλιλαίας ᾗ ὄνομα Ναζαρὲθ

27 πρὸς παρθένον ἐμνηστευμένην ἀνδρὶ ᾧ ὄνομα Ἰωσὴφ ἐξ οἴκου Δαυίδ, καὶ τὸ
ὄνομα τῆς παρθένου Μαριάμ.

28 καὶ εἰσελθὼν πρὸς αὐτὴν εἶπεν, Χαῖρε, κεχαριτωμένη, ὁ κύριος μετὰ σοῦ.

EXERCISES CH. 3

3A. OVERVIEW

1. Explain the difference between a *root* and a *stem*.

2. What is meant by the phrase, "Greek is an *inflectional* language"?

3. What are the five characteristics of a verb? Explain them.

4. What are the Present Active Indicative Endings? List Them.

Present A

	sg.	pl.
1		
2		
3		

5. What are the Present Middle/Passive Endings? List them.

Present M/P

	sg.	pl.
1		
2		
3		

6. What is a Middle-Formed verb?

7. What does it mean *to parse* a verb?

8. Verb accents are recessive. Briefly explain what this means.

14

3B. VOCABULARY 3

Fill in the spaces of the crossword puzzle using Greek for the corresponding English gloss.

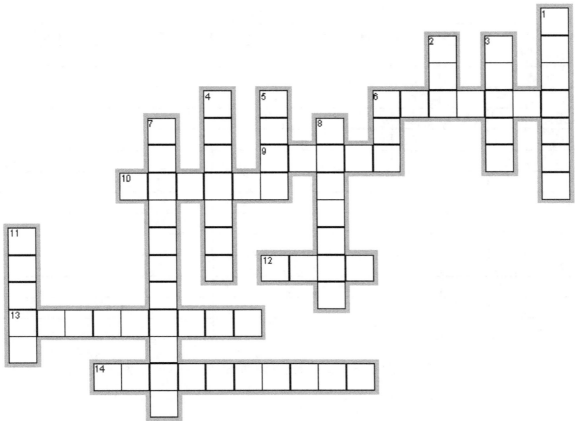

Created with EclipseCrossword — www.eclipsecrossword.com

Across

6. I come, I go
9. I write
10. I glorify, honor, esteem
12. I save, rescue; I preserve
13. I go, walk
14. I announce the good news

Down

1. I find, discover
2. no, not
3. I send, dispatch
4. I teach, instruct
5. I say, speak
6. I have; I am
7. I pray, offer prayer
8. I soak, submerge, wash; I baptize
11. I see, observe

3C. REVIEW

1. Write the Greek Alphabet below.

2. List the Greek vowels. Which may be long in length? Which are short?

3. Write out the most common monophthongs and diphthongs. Can you pronounce them?

3D. FOCUS

I. Parse these Verbs.

	Tense	Voice	Mood	Person	Number	Lexical Form & Meaning
1. βλέπομεν						
2. βαπτίζουσιν						
3. γράφεται						
4. ἐρχόμεθα						
5. δοξάζεις						
6. εὐαγγελίζεσθε						
7. πορεύομαι						
8. προσεύχονται						
9. σῴζει						
10. πεμπόμεθα						
11. εὑρίσκῃ						
12. λέγει						
13. ἔχουσιν						
14. διδάσκεσθε						

II. Place the proper verb ending (3S, 1P, & 3P) onto each verb and provide a basic translation below it.

	3 S (third singular)	1 P (first plural)	3 P (third plural)
Example: βλέπω	βλέπει he is seeing	βλέπομεν we are seeing	βλέπουσι(ν) they are seeing
ἔρχομι			
δοξάζω			
προσεύχομαι			
πέμπω			
πορεύομαι			

3E. Sentences

"Chop off" the verb ending by placing a line before the ending; then translate these short sentences.

1. βλέπ|ω. οὐ βλέπ|ω. βλέπ|ομεν. οὐ βλέπ|ομεν.

2. βαπτίζετε. βαπτίζεσθε. οὐ βαπτίζονται.

3. ἔχομεν. οὐκ ἔχουσι. Φαρισαῖος ἔχει. γράφεις.

4. ἔρχονται. οὐκ ἔρχῃ. Πέτρος λέγει, Χριστὸς ἔρχεται.

5. λέγεται. οὐ λέγετε. γράφομεν.

6. εὑρίσκεις. οὐχ εὑρίσκετε. εὑρίσκονται.

7. Ἰάκωβος διδάσκει. σῴζονται. τί οὐ σῳζόμεθα; (τί = why?)

In these last three exercises, translate the Middle/Passive verbs as middles. However, beware of Middle-Formed verbs.

8. βαπτίζετε. βαπτίζεσθε. οὐ βαπτίζονται.

9. οὐ δοξάζομεν. δοξάζονται. σῴζομαι. οὐ σῴζεσθε.

10. προσεύχεσθε; οὐ προσευχόμεθα. Πιλᾶτος οὐ σῴζεται. πέμπῃ.

3F. READING

1. Read aloud the following verses using your own Greek NT, if available. **You will not be able to translate these sentences.**
2. Next, cut off and underline all the Present Indicative endings in the verses below.
3. Finally, circle all forms of punctuation below and provide the English equivalent.

Matt 6:26 ἐμβλέψατε εἰς τὰ πετεινὰ τοῦ οὐρανοῦ ὅτι οὐ σπείρουσιν οὐδὲ θερίζουσιν

οὐδὲ συνάγουσιν εἰς ἀποθήκας, καὶ ὁ πατὴρ ὑμῶν ὁ οὐράνιος τρέφει αὐτά·

οὐχ ὑμεῖς μᾶλλον διαφέρετε αὐτῶν;

Matt 12:45a τότε πορεύεται καὶ παραλαμβάνει μεθ᾽ ἑαυτοῦ ἑπτὰ ἕτερα πνεύματα

πονηρότερα ἑαυτοῦ καὶ εἰσελθόντα κατοικεῖ ἐκεῖ· καὶ γίνεται τὰ ἔσχατα

τοῦ ἀνθρώπου ἐκείνου χείρονα τῶν πρώτων.

Mark 4:20 καὶ ἐκεῖνοί εἰσιν οἱ ἐπὶ τὴν γῆν τὴν καλὴν σπαρέντες, οἵτινες ἀκούουσιν

τὸν λόγον καὶ παραδέχονται καὶ καρποφοροῦσιν ἐν τριάκοντα καὶ ἐν

ἑξήκοντα καὶ ἐν ἑκατόν.

Luke 20:21 καὶ ἐπηρώτησαν αὐτὸν λέγοντες, Διδάσκαλε, οἴδαμεν ὅτι ὀρθῶς λέγεις καὶ

διδάσκεις καὶ οὐ λαμβάνεις πρόσωπον, ἀλλ᾽ ἐπ᾽ ἀληθείας τὴν ὁδὸν τοῦ θεοῦ

διδάσκεις·

John 3:8 τὸ πνεῦμα ὅπου θέλει πνεῖ καὶ τὴν φωνὴν αὐτοῦ ἀκούεις, ἀλλ᾽ οὐκ οἶδας

πόθεν ἔρχεται καὶ ποῦ ὑπάγει· οὕτως ἐστὶν πᾶς ὁ γεγεννημένος ἐκ τοῦ

πνεύματος.

Rom 2:17-18 Εἰ δὲ σὺ Ἰουδαῖος ἐπονομάζῃ καὶ ἐπαναπαύῃ νόμῳ καὶ καυχᾶσαι ἐν θεῷ

18 καὶ γινώσκεις τὸ θέλημα καὶ δοκιμάζεις τὰ διαφέροντα κατηχούμενος ἐκ

τοῦ νόμου,

2 Cor 1:13 οὐ γὰρ ἄλλα γράφομεν ὑμῖν ἀλλ᾽ ἢ ἃ ἀναγινώσκετε ἢ καὶ ἐπιγινώσκετε·

ἐλπίζω δὲ ὅτι ἕως τέλους ἐπιγνώσεσθε,

EXERCISES CH. 4

4A. OVERVIEW

1. Word Order is flexible in Greek. T or F ?

2. Place these into the default unmarked Greek Word order if present: Subject, Conj., Object, Verb

3. Change in default word order is for three possible reasons: _____, _____, _____

4. The three characteristics of a noun in Greek are:

   _____,_____,_____.

5. Match the five cases below to the following items.

N) Nominative	i. indirect object ____
Δ) Dative	ii. subject ____
Γ) Genitive	iii. direct address ____
A) Accusative	iv. direct object ____
Φ) Vocative	v. possession ____
	vi. instrumentation ____
	vii. description ____
	viii. location ____
	ix. separation ____
	x. designation ____
	xi. for these 1st Declension endings:
	-ων ____ -αις ____ -ην ____ -αν ____
	-αι ____ -α ____ -η ____ -α ____
	-η ____ -ου ____ -ης ____, ____
	-ας ____, ____

6. Noun accents try to remain in the same location when different endings are used. T or F ?

4B. VOCABULARY 4

Fill in the spaces of the crossword puzzle using Greek for the corresponding English gloss.

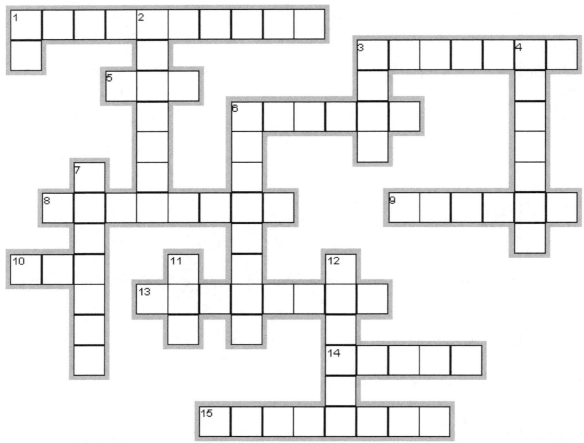

Created with EclipseCrossword — www.eclipsecrossword.com

Across

1. righteousness, justice
3. truth, reality
5. therefore (postpositive)
6. commandment, order
8. parable

9. Herod
10. life; existence
13. kingdom, reign
14. day
15. prophet

Down

1. and, but (postpositive)
2. Judea
3. but (a *correction*)
4. John

6. assembly, church
7. disciple, student
11. and; also, even
12. peace; well-being

4C. REVIEW

Parse these verbs and translate them in the space below them.

	Tense	Voice	Mood	Person	Number	Lexical Form & Meaning
1. βλέπετε						
2. βαπτίζονται						
3. γράφω						
4. ἔρχεται						

5. λέγεις						
6. εὐαγγελιζόμεθα						
7. πορεύεται						
8. σῴζει						
9. διδασκόμεθα						
10. ἔχουσιν						
11. προσεύχεσθε						
12. εὑρίσκομαι						
13. δοξάζεται						
14. πέμπομεν						

4D. FOCUS

I. Parse these nouns and give a literal translation.

		Gender	Case	Number	Literal Translation
1.	ἐκκλησίαι				
2.	ἡμέραις				
3.	προφητοῦ				
4.	ζωῆς				
5.	μαθητής				
6.	βασιλεία				
7.	ἐντολήν				
8.	παραβολῶν				
9.	Ἡρῴδῃ				
10.	ἀληθείας				
11.	δικαιοσύνη				
12.	εἰρήνην				
13.	Ἰουδαία				
14.	Ἰωάννου				

II. Translate these short phrases into English or Greek.

1. Γράφεις ταῖς ἐκκλησίαις τῆς Ἰουδαίας.

2. Ἔχει τὰς παραβολὰς τῆς ἀληθείας.

3. τὴν δικαιοσύνην τῶν προφητῶν διδάσκουσιν;

4. Ἔχομεν καὶ εἰρήνην καὶ ζωήν.

5. ἀλλὰ αἱ ἡμέραι τῆς εἰρήνης ἔρχονται.

6. The commandments of (the) Judea

7. both Christ and the Prophet

8. the truth of a parable

9. Therefore, the kingdom of Herod

10. of the church of life

4E. SENTENCES

1. αἱ ἡμέραι ἔρχονται....

2. λέγετε τὴν δικαιοσύνην τῶν προφητῶν.

3. Χριστὸς δοξάζεται;

4. ἔχουσι τὴν ζωὴν καὶ τὴν ἀλήθειαν.

5. λέγω παραβολήν, ἐντολὰς δὲ λέγουσιν.

6. καὶ πορεύομαι καὶ εὐαγγελίζομαι.

7. Ἡρῴδης οὖν οὐκ εὑρίσκει Χριστόν. (Χριστόν is in the accusative case.)

8. Πέτρος δὲ διδάσκει τὰς παραβολὰς τῇ ἐκκλησίᾳ.

9. οὐ σῴζεται Πιλᾶτος· οὐκ οὖν προσεύχεται.

10. Ἰωάννης καὶ βαπτίζει καὶ προσεύχεται.

11. πορευόμεθα οὖν τῇ Ἰερουσαλὴμ καὶ εὐαγγελίζομεν τὴν ἀλήθειαν.

12. ἡ δὲ βασιλεία καὶ διδάσκεται καὶ σῴζει μαθητάς.

13. αἱ ἐκκλησίαι τὰς ἡμέρας δικαιοσύνης βλέπουσιν.

14. γράφει μαθητὴς τῇ ἐκκλησίᾳ, ἀλλὰ οὐκ ἔρχονται τῇ ἀληθείᾳ.

15. ἔχεις εἰρήνην ἀλλὰ οὐ σῴζῃ.

16. πέμπει τὴν ἐντολὴν καὶ τοῖς μαθηταῖς καὶ ταῖς ἐκκλησίαις προφήτης.

17. τὴν βασιλείαν οὐχ εὑρίσκουσιν, ἀλλὰ διδάσκονται τὰς παραβολάς.

18. ἡ δικαιοσύνη ταῖς ἐκκλησίαις τῆς Ἰουδαίας εὐαγγελίζεται;

4F. READING

1. Mark up the sentences using the Constituent Marking from §4.6 CONSTITUENT MARKING FOR NAVI-
   GATING A GREEK SENTENCE.
2. Translate the paragraph into the space provided. Translation helps are provided below.

| line 1 | αἱ ἐκκλησίαι τῆς Ἰουδαίας δοξάζουσι τὸν θέον τοῦ Ἰσραήλ, ὅτι καὶ προσεύχονται πάντοτε καὶ τὴν βασιλείαν τοῦ θεοῦ εὐαγγελίζονται ταῖς συναγωγαῖς. |

Πολλοὶ δὲ μαθηταὶ οὐ ταράσσονται, ἀλλὰ παρρησίᾳ λέγουσιν τὴν ἀλήθειαν.

Πολλαὶ οὖν ψυχαὶ εὑρίσκουσιν τὴν ἀλήθειαν καὶ βαπτίζονται· καὶ οὕτως ἔχουσιν τὴν

line 5

δικαιοσύνην καὶ τὴν ζωήν. ὁ δὲ Ἡρῴδης οὐ πιστεύει καὶ οὕτως οὐ βαπτίζεται·

ἀλλὰ ἡ ἡμέρα ἔρχεται, ὅτε Ἡρῴδης τὴν δόξαν ὄψεται τοῦ θέου καὶ φρίξει.

καὶ οὐ πᾶσα Ἰερουσαλὲμ καὶ πιστεύει. οἱ οὖν προφηταὶ τῆς ἐκκλησίας

οὐ διδάσκουσι τὰς ἐντολὰς τῆς Ἰερουσαλέμ, ἀλλὰ τοῦ Ἰησοῦ τὰς παραβολάς.

<u>Line 1:</u> ὁ θέος= *God* (τὸν θέον is accusative)
   τοῦ Ἰσραήλ genitive (sound out name)
   ὅτι = *because* (starts a subordinate clause)
<u>Line 2:</u> πάντοτε= *always* (adverb)
   ἡ συναγωγή= *synagogue*
   πολλοὶ= *many* (adjective agreeing with
   μαθηταὶ in gender, case, & number)
<u>Line 3:</u> ταράσσω= *I trouble; I frighten*
   παρρησία= *boldness* (acting adverbially, *in
   boldness*— this is a "dative of manner")
   πολλαὶ= *many* (adjective agreeing w/ ψυχαὶ)
   ἡ ψυχή= *soul; life*

<u>Line 4:</u> οὕτως= *thus* (adverb); also in line 5.
<u>Line 5:</u> πιστεύω= *I believe*
<u>Line 6:</u> ὅτε= *when* (introduces a subordinate clause)
   ὄψεται= "he will see"
   ἡ δόξα= *glory* (hint: discontinuous)
   τοῦ θέου = "of God" (in the genitive case)
   φρίξει= "he will shudder"
   πᾶσα= *all* (an adjective; it is fem.nom.sg. What is it
      modifying?)
<u>Line 7:</u> πιστεύω= *I believe*
   οἱ= *the* (a masc. nom. pl. article. With what noun does it
      belong?)
   τοῦ Ἰησοῦ = *Jesus* (in the genitive case)

EXERCISES CH. 5

5A. OVERVIEW

1. The three characteristics of the Greek noun are: _____, _____, _____.

2. Match the five cases below to the following items (i-vi):

N) Nominative	i. indirect object ____
Γ) Genitive	ii. subject ____
Δ) Dative	iii. direct address ____
A) Accusative	iv. direct object ____
Φ) Vocative	v. possession ____
	vi. these Second Declension endings:
	-ων ____ -οις ____ -ον ____ -οι ____ -ος ____
	-α ____ -ῳ ____ -ους ____ -ου ____

3. What is a verb of *being*?

4. What is a predicate nominative? How can one identify the subject versus the predicate nominative?

5. Give the full set of case endings for Jesus' name in the space provided below.

6. Briefly describe an appositional construction. Create one below in an English sentence.

7. Describe punctuation conventions used in the major editions of the GNT.

5B. VOCABULARY 5

Fill in the spaces of the crossword puzzle using Greek for the corresponding English gloss.

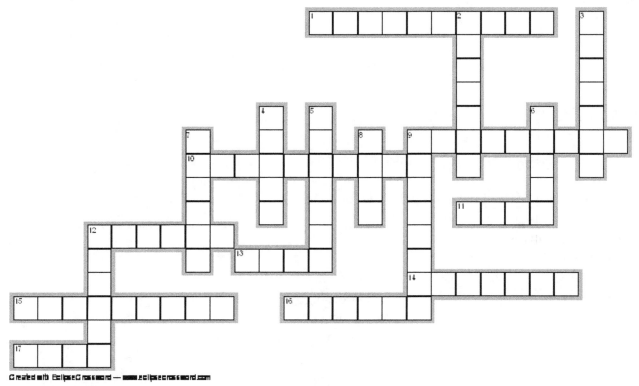

Created with EclipseCrossword — www.eclipsecrossword.com

Across

1. teacher, master
9. delegate, apostle
10. good news, gospel
11. road, way, path
12. Lord; master, owner
13. son
14. heaven; sky
15. demon, spirit
16. Jesus
17. God; god

Down

2. messenger; angel
3. Christ, Messiah
4. word, speech; matter
5. brother
6. law; the Law
7. child
8. I am, exist
9. person, human
12. world

5C. REVIEW

I. Parse these Verbs.

	Tense	Voice	Mood	Person	Number	Lexical Form & Meaning
1. βαπτιζόμεθα						
2. εἶ						
3. ἔρχονται						
4. λέγει						
5. ἔχεις						

6. πορεύεσθε						
7. ἔρχῃ						
8. δοξάζομεν						
9. σῴζεται						
10. διδάσκετε						

II. Parse these nouns and provide a literal translation.

		Gender	Case	Number	Literal Translation
1.	ἐκκλησίαις				
2.	ἡμέρας				
3.	προφῆται				
4.	ζωῆς				
5.	μαθητῶν				
6.	βασιλείας				
7.	ἐντολή				
8.	παραβολῆς				
9.	Ἡρῴδῃ				
10.	ἀληθείας				

5D. FOCUS

I. Parse these nouns and provide a literal translation.

		Gender	Case	Number	Literal Translation
1.	θεόν				
2.	κυρίῳ				
3.	ἄνθρωποι				
4.	υἱῶν				
5.	ἀδελφοίς				
6.	λόγος				
7.	οὐρανούς				
8.	νόμου				
9.	κόσμος				
10.	ἀγγέλοις				

11.	διδασκάλῳ				
12.	Ἰησοῦ				
13.	ὁδόν				
14.	ἀποστόλων				
15.	εὐαγγέλιον				
16.	δαιμόνια				
17.	τέκνα				

II. Translate these short phrases into English and Greek.

1. ὁ υἱὸς τοῦ θεοῦ

2. εἰμὶ Παῦλος ὁ ἀπόστολος

3. τῷ κυρίῳ τῶν οὐρανῶν

4. ἡ ὁδὸς τῆς ζωῆς

5. τοὺς λόγους τῆς δικαιοσύνης

6. to the demons

7. The person is an angel.

8. The disciples are brothers.

9. of the Law of God.

10. to Jesus Christ

III. Match the following (1-10).

1. ___ ἔρχῃ

2. ___ εἶ

3. ___ ἐστέ

4. ___ ἔχω

5. ___ ἐστί(ν)

6. ___ ἔρχονται

7. ___ ἐσμέν

8. ___ ἔρχεται

9. ___ εἰσίν

10. ___ εἰμί

α. we are

β. I have

γ. there is

δ. you come/go (sg.)

ε. I am

ζ. he comes/goes

η. they are

ϑ. you are (pl.)

ι. they come/go

κ. you are (sg.)

IV. Translate these short sentences with the verb εἰμί.

1. εἰμὶ ἀπόστολος.

2. ἀπόστολος εἰμί.

3. οὐκ εἰμὶ ἀπόστολος.

4. ἀπόστολος οὐκ εἰμί.

5. Ἰησοῦς ἐστιν ὁ Χριστός.

6. ὁ Χριστὸς Ἰησοῦς ἐστιν.

7. ἔστιν ὁ Ἰησοῦς ὁ Χριστός;

8. ὁ Ἰησοῦς ὁ Χριστός.

9. διδάσκολος ὁ Παῦλος ἐστίν.

10. ἡ βασιλεία ζώη ἐστίν.

11. ζώη ἐστὶν ἡ βασιλεία.

12. ζώη ἡ βασιλεία.

13. υἱοὶ θεοῦ εἰσιν.

14. υἱοί εἰσιν θεοῦ.

5E. SENTENCES

Perform Constituent Marking on these sentences (see in §4.6 CONSTITUENT MARKING FOR NAVIGATING A GREEK SENTENCE) **OR** diagram each sentence using the Reed-Kellogg method (see CHAPTER 1.6 and CHAPTER 5.3.E). Then translate.

1. Mark 8:24b Βλέπω τοὺς ἀνθρώπους....

2. John 6:48 ἐγώ εἰμι ὁ ἄρτος τῆς ζωῆς. (ὁ ἄρτος= bread; ἐγώ= I)

3. Matt 24:5b Ἐγώ εἰμι ὁ Χριστός,... (ἐγώ= I)

4. Rev 1:17d ἐγώ εἰμι ὁ πρῶτος καὶ ὁ ἔσχατος. (ἐγώ= I; πρῶτος= first; ἔσχατος= last)

5. ὁ δὲ Ἰησοῦς λέγει, Ἐγώ εἰμι, καὶ ὄψεσθε τὸν υἱὸν τοῦ ἀνθρώπου...(ἐγώ= I; ὄψεσθε= "you will see")

6. Rom 1:6b ἐστε καὶ ὑμεῖς κλητοὶ Ἰησοῦ Χριστοῦ, (ὑμεῖς= you; κλητοί= "called")

7. 1 John 3:2a Ἀγαπητοί, νῦν τέκνα θεοῦ ἐσμεν, (ἀγαπητοί= beloved; νῦν= now)

8. John 21:20a ὁ Πέτρος βλέπει τὸν μαθητὴν....

9. ὁ ἀδελφὸς ἔχει τὸν λόγον τῆς ζωῆς.

10. καὶ ὁ διάβολος λέγει αὐτῷ, Εἰ υἱὸς εἶ τοῦ θεοῦ, βάλε σεαυτὸν κάτω· (διάβολος=devil; αὐτός= he/him; εἰ= if; βάλε σεαυτὸν κάτω= "cast yourself down!")

11. καὶ οἱ φαρισαῖοι λέγουσιν, Δαιμόνιον ἔχει.

12. οὐκ ἔχω ἄνεσιν, ὅτι οὐχ εὑρίσκω Τίτον τὸν ἀδελφόν μου. (ἄνεσιν = "relief"; ὅτι=because)

13. Matt 9:6b ἐξουσίαν ἔχει ὁ υἱὸς τοῦ ἀνθρώπου ἐπὶ τῆς γῆς... (ἡ ἐξουσία= authority; ἐπὶ τῆς γῆς= "upon the earth")

14. ὁ Μωϋσῆς καὶ οἱ προφῆται διδάσκουσιν ὅτι ἡ βασιλεία τοῦ θεοῦ ἔρχεται. (ὅτι=that)

15. Ὁ νόμος καὶ οἱ προφῆται εὐαγγελίζονται τοῖς ἀνθρώποις τοῦ Ἰσραήλ.

16. καὶ ὁ Ἰησοῦς ἔρχεται καὶ εὑρίσκει αὐτοὺς καθεύδοντας, καὶ λέγει τῷ Πέτρῳ, Σίμων,

καθεύδεις; (αὐτοὺς καθεύδοντας= "them sleeping"; καθεύδω= I sleep)

5F. READING: JESUS'S CALLING OF HIS DISCIPLES

Translate this paragraph, which is adapted from John 1:41-45. Words underlined are given a gloss below.

41 εὑρίσκει οὖν ὁ Ἀνδρέας τὸν ἀδελφὸν Σίμωνα καὶ λέγει <u>αὐτῷ</u>, <u>Εὑρήκαμεν</u> τὸν Μεσσίαν, <u>ὃ ἐστιν</u>

<u>μεθερμηνευόμενον</u> Χριστόν· 42 ὁ δὲ Ἀνδρέας πέμπει <u>αὐτὸν</u> τῷ Ἰησοῦ· καὶ ὁ Ἰησοῦς λέγει, <u>Σὺ εἶ</u>

Σίμων ὁ υἱὸς Ἰωάννου, <u>σὺ κληθήσῃ</u> Κηφᾶς <u>ὃ ἑρμηνεύεται</u> Πέτρος. 43 καὶ εὑρίσκει Φίλιππον. καὶ

λέγει <u>αὐτῷ</u> ὁ Ἰησοῦς, <u>Ἀκολούθει μοι</u>. 44-45 ὁ οὖν Φίλιππος καὶ ἔρχεται καὶ εὑρίσκει τὸν

Ναθαναὴλ καὶ λέγει <u>αὐτῷ</u>, Ὁ νόμος καὶ οἱ προφῆται λέγουσιν <u>ὅτι</u> <u>Μεσσίας</u> ἔρχεται· <u>εὑρήκαμεν</u>

τὸν Χριστόν, Ἰησοῦν υἱὸν τοῦ Ἰωσὴφ <u>τὸν ἀπὸ</u> Ναζαρέτ.

Note: There are many proper names that need to be sounded out to translate into English.
Verse 41: αὐτῷ= "to him"
  εὑρήκαμεν= "we have found"
  ὃ ... μεθερμηνευόμενον = "which is interpreted"
Verse 42: αὐτόν= "him"
  σύ= "you" (sg.)
  σὺ κληθήσῃ= "you will be called"
  ὃ ἑρμηνεύεται= "which is interpreted"

Verse 43: αὐτῷ= "to him"
  ἀκολούθει μοι= "Follow me!"
Verses 44-45: αὐτῷ= "to him"
  ὅτι= that
  Μεσσίας, ου, ὁ = nom. case; 1st decl.
  εὑρήκαμεν= "we have found"
  τὸν ἀπό= "the one from"

EXERCISES CH. 6

6A. OVERVIEW
6B. VOCABULARY 6
6C. REVIEW
6D. FOCUS
6E. SENTENCES
6F. READING: SLIGHTLY ADAPTED FROM 1 JOHN 2:15-18

6A. OVERVIEW

1. What are the basic elements in a prepositional phrase? _____ and_____

2. Prepositional phrases can be located only before verbs. True or false?

3. Prepositional phrases can modify verbs or nouns-substantives. True or false?

4. Verbs with prepositions added onto their stems are called _____ verbs.

5. The combined meaning of preposition and verb is always obvious and clear. True or false?

6. Explain Agency, Means, and Source and describe ways in which these grammatical relations may be formed in Greek.

   Agency:

   Means:

   Source:

7. Describe "divine passive":

8. Match the prepositions to the case(s) of their objects:

γ. genitive	i. ἀπό, ἀφ ᾽, ἀπ ᾽ ____	vi. πρός ____
δ. dative	ii. ἐν ____	vii. σύν ____
α. accusative	iii. εἰς ____	viii. ὑπό, ὑφ ᾽, ὑπ ᾽ ____ , ____
	iv. ἐκ, ἐξ ____	ix. διά, δι ᾽ ____ , ____
	v. ἐνώπιον ____	

6B. VOCABULARY 6

Fill in the spaces of the crossword puzzle using Greek for the corresponding English gloss.

Created with EclipseCrossword — www.eclipsecrossword.com

Across

1. under
3. I go out, exit
5. into, to; for
7. from, out of
8. with, along with
11. on account of
12. I pass through/over
13. I answer back
14. I come/go to

Down

1. by (means of)
2. towards, to; with
4. I go away, depart
5. before, face to face
6. I go into, enter
9. I release, send away; I pardon
10. from
12. through
15. in, among, with

6C. REVIEW

I. Parse these verbs.

		Tense	Voice	Mood	Person	Number	Lexical Form & Meaning
1.	εὐαγγελίζεσθε						
2.	πέμπονται						
3.	εἰσίν						
4.	ἔρχεται						
5.	γράφεις						
6.	δοξάζουσι						
7.	πορεύεσθε						

II. Parse these nouns and give a literal translation.

		Gender	Case	Number	Literal Translation
1.	θεούς				
2.	κυρίου				
3.	ἀνθρώποις				
4.	υἱῷ				
5.	ἡμέραις				
6.	ἐντολῆς				
7.	εἰρήνη				

III. Translate these short phrases.

1. Πέτρον οὖν σῴζει ὁ κύριος.

2. καὶ Πέτρον καὶ Παῦλον σῴζει ὁ κύριος.

3. καὶ Πέτρον καὶ Παῦλον σῴζουσι καὶ ὁ κύριος καὶ οἱ ἄγγελοι.

4. καὶ σῴζει τοὺς ἀποστόλους ὁ κύριος καὶ πέμπει.

5. οὐκ εἰσὶν ἄγγελοι. ἔσμεν ἀπόστολοι. ἔστε ἡ ἐκκλησία.

6. ἡ ἐντολή ἐστιν ἡ ἀληθεία.

7. τὸ εὐαγγέλιον ἀληθεία.

8. τὸ εὐαγγέλιον ἡ ἀληθεία.

6D. FOCUS

I. Translate these short sentences.

1. τοὺς ἀνθρώπους ἀπολύουσιν σὺν τοῖς τέκνοις.

2. οἱ ἄνθρωποι ἀπολύονται ὑπὸ τοῦ Ἰησοῦ.

3. οἱ ἄνθρωποι διέρχονται δι' Ἰουδαίας πρὸς Ἰερουσαλήμ.

4. οἱ ἄνθρωποι ἀπέρχονται ἀπ' Ἰουδαίας.

5. εἰσέρχῃ εἰς τὴν ἐκκλησίαν.

6. ἐξ οὐρανοῦ οἱ ἄγγελοι ἐξέρχονται.

7. ἀποκρίνεται Ἰησοῦς τοῖς Φαρισαίοις.

8. Ἰησοῦ ἀποκρίνονται οἱ Φαρισαῖοι.

9. The children come to Jesus.

10. Jesus comes to the children.

11. You (pl.) go out in front of the brothers.

12. I release the teacher to the masters.

13. We are not under the law.

14. We teach the truth under (the) heaven(s).

II. Translate and identify the grammatical construction (e.g. means, agency, intermediate means/agency, predicate nominative, source, divine passive, or apposition).

1. σῴζονται ὑπὸ θεοῦ τοῦ κυριοῦ.

2. σῴζονται τοῖς λόγοις τῆς ζωῆς.

3. ὁ προφήτης ἐστιν διδάσκαλος ἐκ τῆς ἐκκλησίας.

4. δοξάζεται ὁ υἱὸς τοῦ ἀνθρώπου διὰ τοῦ εὐαγγελίου.

5. ἀπολύονται τὰ δαιμόνια τῇ βασιλείᾳ τοῦ θεοῦ.

6. ἀπολύονται τὰ δαιμόνια ὑπὸ τοῦ κυρίου.

7. τὸ εὐαγγέλιον ὑπὸ τοῦ υἱοῦ τοῦ ἀνθρώπου εὐαγγελίζεται.

8. ὑπὸ τοῦ προφητοῦ οἱ λόγοι τῆς ἀληθείας λέγονται.

9. εἰς τὸν κόσμον πέμπονται οἱ ἀπόστολοι.

10. εἰς τὸν κόσμον πέμπονται οἱ ἀπόστολοι τῇ ἐντολῇ τοῦ Ἰησοῦ.

11. ὁ Χριστὸς δοξάζεται διὰ τῆς ἐκκλησίας ἀπ' Ἱερουσαλήμ.

12. αἱ ἐκκλησίαι σῴζονται ἀπὸ τοῦ κόσμου.

6E. SENTENCES

1. 1 Cor 16:5b Μακεδονίαν γὰρ διέρχομαι, (γάρ= For; this is placed second in a sentence)

2. John 12:23a ὁ δὲ Ἰησοῦς ἀποκρίνεται αὐτοῖς. (αὐτός= he; "they" in the plural)

3. ἔρχεται εἰς τὸν οἶκον καὶ δοξάζει τὸν θεὸν τῶν οὐρανῶν. (ὁ οἶκος= house)

4. ὁ Ἰησοῦς διδάσκει τὰς παραβολὰς ἐνώπιον τῶν μαθητῶν αὐτοῦ. (αὐτός= he)

5. Ἰωάννης βαπτίζει σὺν τοῖς μαθηταῖς αὐτοῦ, ἀλλὰ οὐχ εὑρίσκει Ἰησοῦν. (αὐτός= he)

6. Τότε προσέρχονται Ἰησοῦ οἱ μαθηταὶ Ἰωάννου. (τότε= then)

7. Rom 6:14b οὐ γὰρ ἐστε ὑπὸ νόμον ἀλλὰ ὑπὸ χάριν. (γάρ= For; χάριν [acc. case]= grace)

8. λέγει τῷ Ἰησοῦ ἡ γυνή, Κύριε, θεωρῶ ὅτι προφήτης εἶ σύ. (ἡ γυνή= woman; θεωρέω= I behold; ὅτι= that; σύ= you sg.)

9. εὑρίσκει τὴν δικαιοσύνην ἐνώπιον τῶν ἀγγέλων τοῦ θεοῦ τὸ τέκνον.

10. [*1 Cor 1:12*] λέγετε, Ἐγὼ μέν εἰμι Παύλου, Ἐγὼ δὲ Ἀπολλῶ, Ἐγὼ δὲ Κηφᾶ, Ἐγὼ δὲ Χριστοῦ. (ἐγώ= I; μέν here starts a sequence of items, having the equivalence of a comma; here δέ is best translated "or")

11. λέγει δὲ Αβραμ, Κύριε, τί μοι δώσεις; εἰμὶ ἄτεκνος. (τί μοι δώσεις= "what will you give to me"; ἄτεκνος= childless)

12. Matt 15:1 Τότε προσέρχονται τῷ Ἰησοῦ ἀπὸ Ἱεροσολύμων Φαρισαῖοι καὶ γραμματεῖς..., (τότε= then; γραμματεῖς= "scribes" [nominative case])

13. ἐγὼ δὲ ἀποκρίνομαι, Τίς εἶ, κύριε; λέγει δὲ πρός με, Ἐγώ εἰμι Ἰησοῦς ὁ Ναζωραῖος. (ἐγώ = I; τίς= who?)

14. ἀποκρίνεται Ἰησοῦς καὶ λέγει τῷ Νικοδήμῳ, Σὺ εἶ ὁ διδάσκαλος τοῦ Ἰσραὴλ καὶ ταῦτα οὐ γινώσκεις; (σύ= you sg.; ταῦτα= these things; γινώσκω= I know)

15. Rev 1:8 Ἐγώ εἰμι τὸ Ἄλφα καὶ τὸ Ὦ, λέγει κύριος ὁ θεός,

16. οἱ δὲ φαρισαῖοι δοξάζονται ὑπὸ τῶν ἀνθρώπων, ἀλλὰ οἱ μαθηταὶ ὑπὸ τῶν υἱῶν τοῦ θεοῦ.

17. ἀποκρίνονται οἱ Ἰουδαῖοι καὶ λέγουσιν αὐτῷ, Οὐ καλῶς λέγομεν ἡμεῖς ὅτι Σαμαρίτης εἶ σὺ καὶ δαιμόνιον ἔχεις; (αὐτός= he/him; καλῶς= well; ἡμεῖς= we; ὅτι= that; σύ= you sg.)

18. John 14:6 λέγει αὐτῷ [ὁ] Ἰησοῦς, Ἐγώ εἰμι ἡ ὁδὸς καὶ ἡ ἀλήθεια καὶ ἡ ζωή· οὐδεὶς ἔρχεται πρὸς τὸν πατέρα εἰ μὴ δι' ἐμοῦ. (αὐτός= he/him; οὐδείς= no one; εἰ μὴ δι' ἐμοῦ= "except through me")

6F. READING: SLIGHTLY ADAPTED FROM 1 JOHN 2:15-18

¹⁵Μὴ ἀγαπᾶτε τὸν κόσμον μηδὲ τὰ ἐν τῷ κόσμῳ. εἰ ἔχεις ἀγαπὴν πρὸς τὸν κόσμον, οὐκ ἔστιν ἡ ἀγάπη τοῦ πατρὸς ἐν σοί· ¹⁶ὅτι πᾶν τὸ ἐν τῷ κόσμῳ, ἡ ἐπιθυμία τῆς σαρκὸς καὶ ἡ ἐπιθυμία τῶν ὀφθαλμῶν καὶ ἡ ἀλαζονεία τοῦ βίου, οὐκ ἔστιν ἐκ τοῦ πατρὸς ἀλλ' ἐκ τοῦ κόσμου ἐστίν. ¹⁷καὶ ὁ κόσμος παράγεται καὶ ἡ ἐπιθυμία αὐτοῦ, ὁ δὲ ποιῶν τὸ θέλημα τοῦ θεοῦ μένει εἰς τὸν αἰῶνα.

¹⁸Τέκνα, ἐσχάτη ὥρα ἐστίν, καὶ καθὼς ἠκούσατε ὅτι ἀντίχριστος ἔρχεται, καὶ νῦν ἀντίχριστοι πολλοὶ γεγόνασιν, ὅθεν γινώσκομεν ὅτι ἐσχάτη ὥρα ἐστίν.

Note: New repeating words are underlined but are not given twice in the vocabulary list below.

verse 15: Μὴ ἀγαπᾶτε= "Do not love…!"
    μηδὲ= nor
    τὰ= "the things…"
    εἰ= if
    ἡ ἀγαπή = love
    ὁ πατήρ, πατρός= father
    σοί= you [sg. dative case]
verse 16: ὅτι= because
    πᾶν = all [accusative case]
    ἡ ἐπιθυμία= lust
    ἡ σάρξ, σαρκὸς= flesh
    ὁ ὀφθαλμός= eye
    ἡ ἀλαζονεία= boasting
    ὁ βίος= physical life
verse 17: παράγομαι= I pass away
    αὐτοῦ= "its" [genitive case]

ὁ ποιῶν= "the one doing"
τὸ θέλημα= will
μένω= I remain
αἰῶνα= "age"; here it means "forever"
ἡμῖν= "us" [dative case]
verse 18: ἐσχάτη= "last" [an adjective]
ἡ ὥρα= hour
καθὼς= just as
ἠκούσατε= "you heard"
ὅτι= that
ὁ ἀντίχριστος= antichrist
νῦν= now
πολλοὶ= many
γεγόνασιν= "have come"
ὅθεν= whence
γινώσκω= I know

EXERCISES CH. 7

7A. OVERVIEW
7B. VOCABULARY 7
7C. REVIEW
7D. FOCUS
7E. SENTENCES
7F. READING: SLIGHTLY ADAPTED FROM 1 JOHN 1:6-10

7A. OVERVIEW

1. Imagine explaining to your Uncle Earl what an adverb and an adjective is. What would you say?

2. Adjective endings show First and Second Declension noun endings. True or False?

3. An adjective, if modifying a noun, must agree with that noun in what three ways?
   _____, _____, _____

4. Match these four adjective to the following grammatical situations (i.-vii.):

   Α) Attributive   i. ___ art. adj. noun   v. ___ adj. art. noun
   Σ) Substantive   ii. ___ art. adj.   vi. ___ noun art. adj.
   Π) Predicative   iii. ___ noun εἰμί adj.   vii. ___ neuter sg. adj.
   Δ) Adverbial   iv. ___ art. noun art. adj.

5. Briefly describe the four uses of the adjective presented in this chapter:

6. Describe *ellipsis*. Create an English sentence with ellipsis.

7. Ἀκούω always takes the genitive case for its direct object. True or false? Explain.

8. What is special about πιστεύω? Also, what is the significance of the prepositional phrase that can be used to indicate its direct object?

7B. VOCABULARY 7

Fill in the spaces of the crossword puzzle using Greek for the corresponding English gloss.

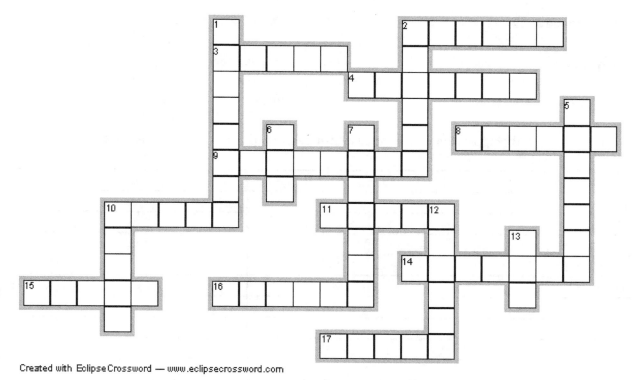

Created with EclipseCrossword — www.eclipsecrossword.com

Across

2. first; prominent
3. I hear; I obey
4. I trust; I believe
8. good, beneficial
9. Judaean, Jewish
10. holy; devout
11. again
14. each
15. one's own
16. different; another
17. good; beautiful; noble

Down

1. blessed, happy
2. faithful; certain
5. wicked, evil; sick
6. now, currently
7. righteous, just, fair
10. other; another
12. dead
13. yet, still

7C. REVIEW

I. Translate these short phrases.

1. σὺν Χριστῷ

2. ἐν ἡμέρᾳ

3. ὑπὸ τῶν ἀνθρώπων

4. ἀπὸ Ναζαρέτ

5. ἐνώπιον τῶν ἀγγέλων τοῦ θεοῦ

11. πρὸς τοὺς Ἰουδαίους

12. ἐν τῷ Ἰσραήλ

13. ἐνώπιον Κυρίου

14. διὰ Ἰησοῦ Χριστοῦ

15. ἐκ τοῦ πονηροῦ

6. σὺν Μαριάμ

7. ἐκ τῶν οὐρανῶν

8. διὰ δικαιοσύνην

9. ἐν Χριστῷ

10. εἰς εἰρήνην

16. ἐν τοῖς ἀποστόλοις

17. διὰ τῶν προφητῶν

18. ἐν τῇ βασιλείᾳ τοῦ θεοῦ

19. ἀπὸ τῶν νεκρῶν

20. ὑπὸ νόμον

II. Put these words in the appropriate case or cases for each preposition; then translate them.

Preposition	Χριστός	βασιλεία
1. πρός		
2. ἐκ		
3. εἰς		
4. ἐνώπιον		
5. ἀπό		
6. σύν		
7. ἐν		
8. ὑπό		
9. διά		

III. Parse these verbs.

	Tense	Voice	Mood	Person	Number	Lexical Form & Meaning
1. διέρχεσθε						
2. ἀποκρίνονται						
3. δοξάζεται						
4. ἔρχεται						
5. πέμπομεν						

7D. Focus

I. Translate these short sentences that feature uses of the adjective or adjective like modifiers.

1. 2 Cor 1:18   πιστὸς ὁ θεός.

2. Phil 4:5   ὁ κύριος ἐγγύς.   (ἐγγύς [adv.] = near)

3. Acts 19:34   Ἰουδαῖός ἐστιν.

4. Acts 19:28 μεγάλη ἡ Ἄρτεμις Ἐφεσίων. (μεγάλος, -η, -ον = great)

5. *John 19:39* Νικόδημος ἔρχεται πρὸς Ἰησοῦν ... τὸ πρῶτον.

6. Rev 1:4a Ἰωάννης ταῖς ἑπτὰ ἐκκλησίαις ταῖς ἐν τῇ Ἀσίᾳ· (ἑπτὰ [adj.] = seven; the verb "is writing" is implied)

7. *Rev 1:4b-5* εἰρήνη ἀπὸ θεοῦ ... καὶ ἀπὸ τῶν ἑπτὰ πνευμάτων... **5** καὶ ἀπὸ Ἰησοῦ Χριστοῦ, ὁ μάρτυς, ὁ πιστός, ὁ πρωτότοκος τῶν νεκρῶν καὶ ὁ ἄρχων τῶν βασιλέων τῆς γῆς. (ἑπτὰ = seven; ὁ μάρτυς = witness; πρωτότοκος, ον = first born; ὁ ἄρχων τῶν βασιλέων = ruler of the kings)

II. Match the adjectives below to their appropriate context/sentence. It will be helpful to **translate** each sentence or phrase and **indicate** the use of the adjective (attributive, substantive, or predicate). Remember that adjectives must agree in gender, case, and number with the noun they modify. **Each adjective below is used only once.**

a. πρῶτοι	d. μακάριοι	g. ἕτερον	j. πονηραί	m. ἀγαθή	p. δικαία
b. ἴδιον	e. ἁγίοις	h. νεκρῶν	k. ἅγιος	n. Ἰουδαίας	q. καλή
c. ἄλλην	f. ἑκάστη	i. πιστοῖς	l. πρῶτοι	o. πιστῆς	

1. εἰσιν οἱ ἔσχατοι _____ καὶ οἱ _____ ἔσχατοι.

2. τοῖς _____ καὶ _____ ἀδελφοῖς ἐν Χριστῷ

3. _____ παραβολὴν Ἰησοῦς πάλιν διδάσκει ἀνθρώποις.

4. ὁ νόμος _____, καὶ ἡ ἐντολὴ _____ καὶ _____ καὶ _____.

5. νῦν _____ ἔχει τὸν _____ ἄνδρα (=husband; accusative case).

6. Ἰησοῦς ἔτι ἔρχεται πρὸς τὸν _____ μαθητήν.

7. Τιμόθεός ἐστιν υἱὸς _____ _____. (hint: two genitives with same gender & number)

8. σῳζόμεθα ἐκ _____.

9. αἱ ἡμέραι _____ εἰσιν.

10. ἔστε _____ ἐν Χριστῷ Ἰησοῦ.

III. Translate these short sentences.

1. οἱ μαθηταὶ πιστεύουσιν τῷ Ἰησοῦ.

2. οἱ μαθηταὶ πιστεύουσιν εἰς τὸν Ἰησοῦν.

3. πιστεύουσιν εἰς τὸν Ἰησοῦν οἱ μαθηταί.

4. τῷ Ἰησοῦ οἱ μαθηταὶ πιστεύουσιν.

5. Ἰησοῦς οὐ πιστεύει τοῖς ἀνθρώποις.

6. Ἰησοῦς οὐ πιστεύει εἰς τοὺς ἀνθρώπους.

7. οἱ πονηροὶ οὐκ ἀκούουσιν παραβολήν.

8. παραβολῆς οὐκ ἀκούουσιν οἱ πονηροί.

9. ἀκούει ὁ διδάσκαλος τῆς ἀληθείας.

10. τὴν ἀλήθειαν ὁ διδάσκαλος ἀκούει.

IV. Translate these phrases and sentences with different uses of the definite article:

1. Rom 2:14a τὰ τοῦ νόμου

2. Rom 7:10c ἡ ἐντολὴ ἡ εἰς ζωὴν.

3. Matt 5:16b τὸν πατέρα ... τὸν ἐν τοῖς οὐρανοῖς. (τὸν πατέρα = the father)

4. Matt 13:28a ὁ δὲ ἔφη αὐτοῖς, (ἔφη= "he said"; αὐτοῖς = "to them")

5. Matt 7:14b ἡ ὁδὸς ἡ ἀπάγουσα εἰς τὴν ζωὴν (ἀπάγουσα = "leading")

6. Matt 5:12b οὕτως γὰρ ἐδίωξαν τοὺς προφήτας τοὺς πρὸ ὑμῶν. (οὕτως= *thus*; ἐδίωξαν =*they persecuted*)

7. Matt 14:33a οἱ δὲ ἐν τῷ πλοίῳ προσεκύνησαν αὐτῷ (τὸ πλοῖον= boat; προσεκύνησαν = "they worshiped" [takes dative d.o.])

8. Matt 16:23b οὐ φρονεῖς τὰ τοῦ θεοῦ ἀλλὰ τὰ τῶν ἀνθρώπων. (φρονέω= I am mindful of)

9. John 21:2b καὶ Θωμᾶς ὁ λεγόμενος Δίδυμος καὶ Ναθαναὴλ ὁ ἀπὸ Κανὰ τῆς Γαλιλαίας καὶ οἱ τοῦ Ζεβεδαίου καὶ ἄλλοι ἐκ τῶν μαθητῶν αὐτοῦ δύο. (λεγόμενος = "called"; ὁμοῦ= together)

7E. Sentences

1. πιστεύω οὖν τῷ θεῷ.

2. Col 4:1b καὶ ὑμεῖς ἔχετε κύριον ἐν οὐρανῷ. (ὑμεῖς= you [pl.])

3. οὐ εἰσέρχεσθε εἰς τὴν βασιλείαν τῶν οὐρανῶν.

4. ἀποκρίνεται Ἰησοῦς, Ἡ βασιλεία ἡ ἐμὴ οὐκ ἔστιν ἐκ τοῦ κόσμου τούτου· (ἐμός,-ά,-όν= my; τούτου= "this")

5. John 9:35b Σὺ πιστεύεις εἰς τὸν υἱὸν τοῦ ἀνθρώπου; (σύ= you [sg.])

6. εἰρήνην δὲ ἀγαθὴν ἔχομεν διὰ τοῦ Χριστοῦ πρὸς τὸν θεόν.

7. Rom 7:23a βλέπω δὲ ἕτερον νόμον ἐν τοῖς μέλεσίν μου.... (μέλεσίν μου= "my members")

8. Μωϋσέως καὶ τῶν προφητῶν οὐκ ἀκούουσιν.... (Μωϋσέως is a proper noun in the genitive case)

9. Rev 22:11b καὶ ὁ δίκαιος δικαιοσύνην ποιησάτω ἔτι καὶ ὁ ἅγιος ἁγιασθήτω ἔτι. (ποιησάτω= "let him do"; ἁγιασθήτω="let him be holy")

10. Rom 10:5a Μωϋσῆς γὰρ γράφει τὴν δικαιοσύνην τὴν ἐκ [τοῦ] νόμου (γάρ= for; for a smoother translation, translate γράφει "writes about")

11. John 14:1b πιστεύετε εἰς τὸν θεόν καὶ εἰς ἐμὲ πιστεύετε. (ἐμέ [acc.case]= me)

12. ὁ υἱὸς τοῦ ἀνθρώπου ἐκ νεκρῶν ἐγείρεται. (ἐγείρω= I raise)

13. καὶ εὑρίσκομαι ἐν αὐτῷ καὶ οὐκ ἔχω τὴν δικαιοσύνην τὴν ἐκ νόμου ἀλλὰ τὴν διὰ πίστεως
    Χριστοῦ, τὴν ἐκ θεοῦ δικαιοσύνην ἐπὶ τῇ πίστει, (διὰ πίστεως= "through faith or faithfulness"; ἐπὶ
    τῇ πίστει= "for (the) faith")

14. Rom 11:13b ἐφ᾽ ὅσον μὲν οὖν εἰμι ἐγὼ ἐθνῶν ἀπόστολος, τὴν διακονίαν μου δοξάζω. (ἐφ᾽
    ὅσον μὲν= "how much indeed"; ἐγὼ = "I"; ἐθνῶν= "of gentiles"; διακονία= ministry; μου= my)

15. Matt 13:38 ὁ δὲ ἀγρός ἐστιν ὁ κόσμος, τὸ δὲ καλὸν σπέρμα οὗτοί εἰσιν οἱ υἱοὶ τῆς
    βασιλείας· τὰ δὲ ζιζάνιά εἰσιν οἱ υἱοὶ τοῦ πονηροῦ, (ὁ ἀγρός= field; σπέρμα= seed; οὗτοι= these; τὸ
    ζιζάνιον= weed)

16. Matt 22:32 Ἐγώ εἰμι ὁ θεὸς Ἀβραὰμ καὶ ὁ θεὸς Ἰσαὰκ καὶ ὁ θεὸς Ἰακώβ; οὐκ ἔστιν [ὁ]
    θεὸς νεκρῶν ἀλλὰ ζώντων. (Ἐγώ= I; ζώντων= "of [the] living")

17. 1 Cor 14:33 οὐ γάρ ἐστιν ἀκαταστασίας ὁ θεὸς ἀλλὰ εἰρήνης· ὡς ἐν πάσαις ταῖς
    ἐκκλησίαις τῶν ἁγίων (γάρ= for; ἡ ἀκαταστασία= confusion; ὡς= as; πᾶσα=all)

18. Jas 2:19 σὺ πιστεύεις ὅτι εἷς ἐστιν ὁ θεός, καλῶς ποιεῖς· καὶ τὰ δαιμόνια πιστεύουσιν καὶ
    φρίσσουσιν. (σύ= you; ὅτι= that; εἷς= one; καλῶς= well; ποιέω= I do; φρίσσω= I shudder)

7F. Reading: Slightly Adapted from 1 John 1:6-10

⁶ εἰ λέγομεν ὅτι κοινωνίαν ἔχομεν σὺν τῷ θεῷ καὶ ἐν τῷ σκότει περιπατοῦμεν, ψευδόμεθα καὶ οὐ

ποιοῦμεν τὴν ἀλήθειαν· ⁷ εἰ δὲ ἐν τῷ φωτὶ περιπατῶμεν ὡς ὁ θεὸς ἐστιν ἐν τῷ φωτί, κοινωνίαν

ἔχομεν σὺν ἀλλήλοις καὶ τὸ αἷμα Ἰησοῦ τοῦ υἱοῦ αὐτοῦ καθαρίζει ἡμᾶς ἀπὸ πάσης ἁμαρτίας. ⁸ εἰ

λέγομεν ὅτι ἁμαρτίαν οὐκ ἔχομεν, ἑαυτοὺς πλανῶμεν καὶ ἡ ἀλήθεια οὐκ ἔστιν ἐν ἡμῖν. ⁹ εἰ

ὁμολογοῦμεν τὰς ἁμαρτίας ἡμῶν, πιστός ἐστιν καὶ δίκαιος, ἵνα ἀφῇ ἡμῖν τὰς ἁμαρτίας καὶ

καθαρίσῃ ἡμᾶς ἀπὸ πάσης ἀδικίας. ¹⁰ εἰ λέγομεν ὅτι οὐχ ἡμαρτήκαμεν, ψεύστην ποιοῦμεν θεὸν

καὶ ὁ λόγος τοῦ θεοῦ οὐκ ἔστιν ἐν ἡμῖν.

Note: New words that are repeated are underlined, but are not given twice in the vocabulary list.

verse 6: εἰ = if
  ὅτι = that
  ἡ κοινωνία = fellowship
  τὸ σκότος = darkness
  περιπατοῦμεν = "we walk"
  ψευδόμαι = I lie
  ποιοῦμεν = "we do"
verse 7: τὸ φῶς, φῶτος = light
  ὡς = as
  ἀλλήλοις = "one another"
  τὸ αἷμα = blood
  καθαρίζω = I cleanse
  ἡμᾶς = "us" [accusative case]
  πάσης = "all" [genitive case]
  ἡ ἁμαρτία = sin

verse 8: ἑαυτοὺς = "ourselves" [accusative case]
  πλανῶμεν = "we deceive"
  ἡμῖν = "us" [dative case]
verse 9: ὁμολογοῦμεν = "we confess"
  ἡμῶν = "our" [genitive case]
  ἵνα = in order that
  ἀφῇ = "he would forgive"
  ἡμῖν = "our"
  καθαρίσῃ = "he would cleanse"
  ἡ ἀδικία = unrighteousness
verse 10: ἡμαρτήκαμεν = "we have not sinned"
  ὁ ψεύστης = liar
  ποιοῦμεν = "we make"

EXERCISES CH. 8

8A. OVERVIEW

1. What are the five possible ways that verb tense can be indicated?

2. Describe how these five ways pertain (or not) to the formation of the Imperfect tense.

3. What verbal aspect does the Imperfect Tense have? What is a basic way that this tense can be translated using, e.g., the verb "to say"?

4. The Imperfect Active and Middle/Passive endings are:

ACTIVE		
	sg.	pl.
1		
2		
3		

MIDDLE/PASSIVE		
	sg.	pl.
1		
2		
3		

5. Describe what simple augmentation looks like:

6. Describe what happens when you add an augment to verb stems beginning with these vowels or diphthongs:

$$\varepsilon + \alpha \rightarrow \qquad \varepsilon + \alpha\upsilon \rightarrow$$
$$\varepsilon + \varepsilon \rightarrow \qquad \varepsilon + \varepsilon\upsilon \rightarrow$$
$$\varepsilon + o \rightarrow \qquad \varepsilon + o\iota \rightarrow$$
$$\varepsilon + \alpha\iota \rightarrow$$

7. An augment is found <u>before or after</u> a prepositional compound. (Circle one.)

8. The Imperfect forms of εἰμί are:

	sg.	pl.
1		
2		
3		

9. What two conjunctions can be used to support previous material? Which one introduces a subordinate clause, and which one an independent clause?

10. What are the five uses of ὅτι? Describe each briefly.

11. How does the conjunction εἰ function?

8B. VOCABULARY 8

Fill in the spaces of the crossword puzzle using Greek for the corresponding English gloss.

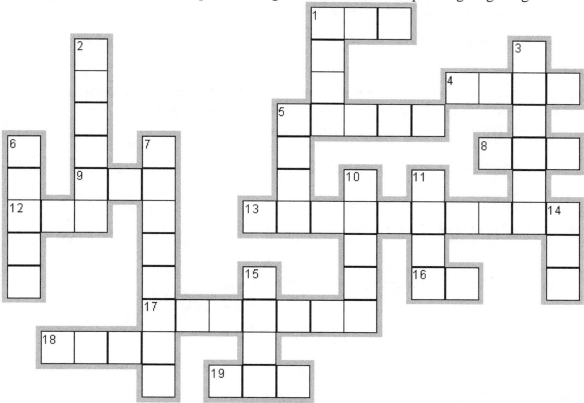

Created with EclipseCrossword — www.eclipsecrossword.com

Across

1. after, behind
4. I bear, carry; I bring
5. I suffer
8. that; because
9. for (postpositive)
12. I lead; I bring, carry
13. righteousness, justice
16. if, whether
17. I throw out, expel
18. above; superior to
19. against; down from

Down

1. with
2. I gather together
3. first; before
5. around; about
6. I depart, go away
7. I bring to; I offer
10. I cast, throw; I place
11. then, at that time
14. already; now
15. according to

8C. REVIEW

I. Translate these short phrases.

1. διὰ δικαιοσύνην

2. ἐν τῇ βασιλείᾳ τῶν οὐρανῶν

3. τοὺς ἐν κυρίῳ πιστούς

4. ἐνώπιον τοῦ θεοῦ τῆς δικαιοσύνης

5. ἀπὸ τῶν ἁγίων προφητῶν

6. οἱ ἐν οὐρανῷ μακάριοι

7. τοῖς νεκροῖς σὺν τῷ Ἰησοῦ

8. ὑπ᾽ ἀγγέλου ἁγίου

9. τὸ εὐαγγέλιον ἀγαθόν.

10. ἐκ τῶν λόγων τῶν καλῶν

II. Perform Constituent Marking on these sentences (see §4.6 CONSTITUENT MARKING FOR NAVIGATING A GREEK SENTENCE) **and/or** diagram them using the Reed-Kellogg method (see §1.6 THE BASICS OF REED-KELLOGG SENTENCE DIAGRAMMING) and then translate.

1. εἰρήνην ἔχεις ἐν τῇ ζωῇ τοῦ Χριστοῦ ἔτι;

2. οἱ πρῶτοι ἐξέρχονται ἐκ νεκρῶν.

3. διδάσκομαι ὑπὸ τῆς ἐκκλησίας καὶ τῶν ἀποστόλων.

4. πιστεύετε εἰς τὴν βασιλείαν τῶν οὐρανῶν;

5. νῦν οἱ ἕτεροι ἀδελφοὶ πορεύονται πρὸς τὸν Παῦλον.

6. οἱ σὺν τῷ Ἰωάννῃ μαθηταὶ πάλιν βαπτίζονται;

7. ὁ πονηρὸς ἀπολύεται ἀπὸ τοῦ δαιμονίου.

8. ὁ Ἡρῴδης οὐκ ἔτι ἔστιν ἐν τῇ βασιλείᾳ.

9. ταῖς πισταῖς ὁ ἄλλος διδάσκαλος λέγει ἐν παραβολαῖς.

10. δοξαζόμεθα πάλιν τὸν θεὸν τὸν ἅγιον ἐνώπιον τῶν ἀνθρώπων.

8D. FOCUS

I. Translate these sentences and <u>parse each verb</u>.

1. πρῶτον ἐξέβαλλον τὸν πονηρόν, τότε συνῆγον.

2. ἐσῳζόμεθα διὰ τὸ εὐαγγελίον· ὁ γὰρ θεὸς ἔλεγε διὰ τῶν προφητῶν.

3. ὁ διδάσκαλος ἐδίδασκε περὶ τῆς βασιλείας θεοῦ.

4. κατὰ τῶν πιστῶν οἱ λόγοι ἐλέγοντο ὑπὸ τῶν Ἰουδαίων.

5. ὁ κόσμος πάσχει· οὐ γὰρ ἀκούει τοῦ λόγου τοῦ θεοῦ.

6. οἱ ἀπόστολοι μετὰ τῶν ἄλλων προσέφερον τὴν νεκρὰν τῷ Ἰησοῦ.

7. ἄγεις τοὺς ἑτέρους τοῖς Φαρισαίοις ὑπὲρ τῶν ἄλλων;

8. ὁ Ἰησοῦς ὑπῆγε δι᾽ ἄλλης ὁδοῦ, ὅτι οἱ Ἰουδαῖοι ἤδη οὐκ ἐπίστευον.

II. Place each of these words in the appropriate case for each preposition. Then translate.

	Preposition	νόμος	Χριστός	βασιλεία
1.	διά a. genitive b. accusative			
2.	κατά a. genitive b. accusative			
3.	μετά a. genitive b. accusative			
4.	περί a. genitive b. accusative			
5.	ὑπέρ a. genitive b. accusative			

III. Translate these sentences with or without ὅτι and <u>identify</u> the use of ὅτι.

1. λέγει ὅτι πιστὸς μαθητής ἐστιν.

2. εὐαγγελίζεται, ὅτι πιστὸς μαθητής ἦν.

3. ἔλεγεν ὅτι πιστὸς μαθητής ἐστιν.

4. ἔλεγεν ὅτι Πιστὸς μαθητής εἰμι.

5. ἔλεγε, Πιστὸς μαθητής ἐστιν.

6. ἀκούει ὅτι εἴσι μακάριοι.

7. λέγει τὴν ἀλήθειαν, ὅτι πιστὸς μαθητής ἐστιν.

8. ἐπίστευον ὅτι εἴσι μακάριοι.

9. ὁ ἄγγελος ἀπεκρίνετο ὅτι ὁ κύριος ἅγιος.

10. ὁ ἄγγελος ἀπεκρίνετο ὅτι Ὁ κύριος ἅγιος.

IV. Translate these short sentences with various forms of εἰμί.

1. ἦτε καλοί.

2. ἔσμεν πιστοί.

3. ἐστέ ἴδια τέκνα. (Take *God* as governing ἴδια.)

4. ἦς μακάριος.

5. εἰσὶν δίκαιαι.

6. Ἰωάννης ἦν πρῶτος.

7. ἅγιοι ἦσαν οἱ προφηταί.

8. ἔστιν ὁ Χριστός.

9. ἤμην τότε πονηρός, ἀλλὰ νῦν δίκαιος.

10. ἤμεθα καὶ τότε μαθηταὶ τοῦ κυρίου.

8E. SENTENCES

1. Matt 21:28b ἄνθρωπος εἶχεν τέκνα δύο. (δύο= two)

2. Mark 5:31a καὶ ἔλεγον αὐτῷ οἱ μαθηταὶ αὐτοῦ, Βλέπεις τὸν ὄχλον...; (αὐτός= he; ὁ ὄχλος=crowd)

3. ἄγγελος γὰρ κυρίου κατέβαινε ἐξ οὐρανοῦ καὶ προσήρχετο τῷ λίθῳ. (καταβαίνω= I come down; ὁ λίθος= stone)

4. ὁ Ἰησοῦς ἔλεγε, Ἄνθρωπός κατέβαινεν ἀπὸ Ἰερουσαλὴμ εἰς Ἰεριχώ...

5. Rom 4:13 Οὐ γὰρ διὰ νόμου ἡ ἐπαγγελία τῷ Ἀβραάμ...ἀλλὰ διὰ δικαιοσύνης πίστεως. (ἡ ἐπαγγελία= promise; πίστεως= "of faith")

6. 2 Chr 2:5b (NIV 2:6b) ὁ οὐρανὸς καὶ ὁ οὐρανὸς τοῦ οὐρανοῦ οὐ φέρουσιν αὐτοῦ τὴν δόξαν...
   (αὐτοῦ="his")

7. καὶ ὁ Ἰησοῦς λέγει, Οὐ μακρὰν εἶ ἀπὸ τῆς βασιλείας τοῦ θεοῦ. (μακράν= far)

8. John 12:11 ...ὅτι πολλοὶ δι᾽ αὐτὸν ὑπῆγον τῶν Ἰουδαίων καὶ ἐπίστευον εἰς τὸν Ἰησοῦν.
(πολλοὶ= "many"; αὐτός= he)

9. ἐξήρχοντο δὲ τὰ δαιμόνια ἀπὸ τοῦ ἀνθρώπου καὶ εἰσήρχοντο εἰς τοὺς χοίρους, (ὁ χοῖρος= pig)

10. ἐξήρχοντο δὲ καὶ δαιμόνια ἀπὸ πολλῶν...καὶ ἔλεγον ὅτι Σὺ εἶ ὁ υἱὸς τοῦ θεοῦ. (πολλῶν= "many"; Σὺ = "you")

11. Matt 12:35 ὁ ἀγαθὸς ἄνθρωπος ἐκ τοῦ ἀγαθοῦ θησαυροῦ ἐκβάλλει ἀγαθά, καὶ ὁ πονηρὸς ἄνθρωπος ἐκ τοῦ πονηροῦ θησαυροῦ ἐκβάλλει πονηρά. (ὁ θησαυρός= treasure)

12. Ἐγίνωσκε οὖν ὁ ὄχλος πολὺς ἐκ τῶν Ἰουδαίων ὅτι ἐκεῖ ἐστιν, καὶ ἤρχοντο οὐ διὰ τὸν Ἰησοῦν μόνον, ἀλλὰ καὶ διὰ τὸν Λάζαρον. (γινώσκω= I know; ὁ ὄχλος=crowd; πολύς= great; ἐκεῖ= there; μόνον =only)

13. Mark 6:4a καὶ ἔλεγεν αὐτοῖς ὁ Ἰησοῦς ὅτι Οὐκ ἔστιν προφήτης ἄτιμος εἰ μὴ ἐν τῇ πατρίδι αὐτοῦ καὶ ἐν τοῖς συγγενεῦσιν αὐτοῦ καὶ ἐν τῇ οἰκίᾳ αὐτοῦ. (αὐτός= he/they; ἄτιμος= without honor; εἰ μή= except; ἡ πατρίς=homeland; ὁ συγγενῆς= family)

14. Gal 1:1 Παῦλος ἀπόστολος οὐκ ἀπ' ἀνθρώπων οὐδὲ δι' ἀνθρώπου ἀλλὰ διὰ Ἰησοῦ Χριστοῦ καὶ θεοῦ πατρὸς τοῦ ἐγείραντος αὐτὸν ἐκ νεκρῶν (πατρός (gen.case)= (of) father; τοῦ ἐγείραντος= "the one who raised…"; αὐτός= he)

15. Ὁ νόμος καὶ οἱ προφῆται ἐκηρύσσοντο μέχρι Ἰωάννου· ἀπὸ τότε ἡ βασιλεία τοῦ θεοῦ εὐαγγελίζεται καὶ πᾶς εἰς αὐτὴν βιάζεται. (κηρύσσω= I preach; μέχρι= until; τότε= then; πᾶς (nom. sg.)= every one; αὐτή= it; βιάζομαι= I enter forcibly)

16. Gen 37:25b (LXX) καὶ...Ισμαηλῖται ἤρχοντο ἐκ Γαλααδ καὶ αἱ κάμηλοι αὐτῶν ἔγεμον <u>θυμιαμάτων καὶ ῥητίνης καὶ στακτῆς</u> ἐπορεύοντο δὲ...εἰς Αἴγυπτον. (ἡ κάμηλος= camel; αὐτῶν= "their"; γέμω= I contain (*with genitive*); θυμιαμάτων καὶ ῥητίνης καὶ στακτῆς= incenses, balm, and myrrh"; Αἴγυπτος= Egypt; sound out the first two proper nouns)

17. 2 Chr 17:9 (LXX) καὶ ἐδίδασκον ἐν Ἰούδα καὶ μετ' αὐτῶν [ἦν] βύβλος νόμου κυρίου... καὶ ἐδίδασκον τὸν λαόν. (Ἰούδα= Judah; αὐτῶν=them; ὁ βύβλος= book; ὁ λαός= people)

18. ἠκούετε ὅτι ὁ θεὸς ἔπεμπε τὸν λόγον τοῖς υἱοῖς Ἰσραὴλ καὶ εὐηγγελίζετο εἰρήνην διὰ Ἰησοῦ Χριστοῦ, ὅτι οὗτός ἐστιν πάντων κύριος. (οὗτος= this one; πάντων= "of all")

8F. Reading: Jesus sends out the Twelve

This is *adapted* from *Mark 6:12-18*.

12 Καὶ οἱ μαθηταὶ ἐξήρχοντο καὶ <u>ἐκήρυσσον</u> τὸ εὐαγγέλιον, 13 καὶ δαιμόνια <u>πολλὰ</u> ἐξέβαλλον, καὶ <u>ἤλειφον ἐλαίῳ πολλοὺς ἀρρώστους</u> καὶ <u>ἐθεραπεύοντο.</u> 14 Καὶ ἤκουεν <u>ὁ βασιλεὺς</u> Ἡρῴδης, περὶ τοῦ <u>ὀνόματος</u> τοῦ Ἰησοῦ, καὶ ἔλεγον ὅτι Ἰωάννης <u>ὁ βαπτίζων ἐγήγερται</u> ἐκ νεκρῶν καὶ <u>διὰ τοῦτο ἐνεργοῦσιν αἱ δυνάμεις</u> ἐν Ἰησοῦ. 15 ἄλλοι δὲ ἔλεγον ὅτι Ἡλίας ἐστίν· ἄλλοι δὲ ἔλεγον ὅτι προφήτης <u>ὡς εἷς</u> τῶν προφητῶν. 16 <u>ἀκούσας</u> δὲ ὁ Ἡρῴδης λέγει, Ὁ Ἰωάννης <u>ἠγείρετο</u> ἐκ νεκρῶν. 17 ὁ γὰρ Ἡρῴδης ἔβαλλε τὸν Ἰωάννην ἐν <u>φυλακῇ</u> διὰ <u>Ἡρωδιάδα τὴν γυναῖκα</u> Φιλίππου τοῦ ἀδελφοῦ <u>αὐτοῦ,</u> ὅτι <u>αὐτὴν ἐγάμησεν·</u> 18 ἔλεγεν γὰρ ὁ Ἰωάννης τῷ Ἡρῴδη ὅτι <u>Οὐκ ἔξεστίν σοι ἔχειν</u> τὴν γυναῖκα τοῦ ἀδελφοῦ <u>σου.</u>

<u>verse 12</u>: κηρύσσω= I preach
<u>verse 13</u>: πολλά/πολλούς= "many"
    ἀλείφω= I anoint
    τὸ ἔλαιον= olive oil
    ἄρρωστος,-ον= sick
    θεραπεύω= I heal
<u>verse 14</u>: ὁ βασιλεύς= king
    τὸ ὄνομα= name
    ὁ βαπτίζων= The baptizer/Baptist
    ἐγήγερται= "he had been raised"
    διὰ τοῦτο= "on account of this"
    ἐνεργέω= I am displayed; I work
    αἱ δυνάμεις= powers

<u>verse 15</u>: ὡς εἷς= "as one"
<u>verse 16</u>: ἀκούσας= "after hearing [these things]…"
    ἐγείρω= I raise up
<u>verse 17</u>: ἡ φυλακή= prison
    Ἡρωδιάδα= Herodias
    τὴν γυναῖκα= "the wife…"
    αὐτός= he (or *his* in genitive case)
    αὐτὴν ἐγάμησεν= "he married her"
<u>verse 18</u>: Οὐκ ἔξεστίν σοι ἔχειν= "It is not lawful for you to have"
    σου= "your" (sg.)

EXERCISES CH. 9

9A. OVERVIEW
9B. VOCABULARIES 9 AND 2
9C. REVIEW
9D. FOCUS
9E. SENTENCES
9F. READING: DISCERNING THE REPLACEMENT-CHRISTS

9A. OVERVIEW

1. Give a brief definition of pronouns and how they function in a sentence.

2. The antecedent is:
    a) Your deceased Aunt;
    b) The referent immediately before the pronoun;
    c) The referent in the prior context for which the pronoun stands;
    d) the last referent in the sentence before the pronoun.

3. The postcedent is found after its pronoun. True or False.
4. In Greek, the pronoun and its referent must agree in what two ways?

5. One difference between a personal and relative pronoun is that a relative pronoun always begins a subordinate/relative clause. True or false?
6. Fill in the 1st and 2nd person Personal Pronouns here:

FIRST PERSON		
	sg.	pl.
nom.		
gen.		
dat.		
acc.		

SECOND PERSON		
	sg.	pl.
nom.		
gen.		
dat.		
acc.		

7. The 3rd person Personal Pronoun and Relative Pronoun basically use the First and Second Declension noun endings. True or false?
8. How can one stress the subject by using personal pronouns in Greek?

9. Relative Pronouns create a subordinate clause. True or False?

10. Briefly describe these uses of the relative pronoun:
    a) restrictive:

    b) continuative-elaborative:

    c) appositional:

57

9B. VOCABULARIES 9 AND 2

Fill in the spaces of the crossword puzzle using Greek for the corresponding English gloss.

Created with EclipseCrossword — www.eclipsecrossword.com

Across

3. Pharisee
5. and I
8. eye
10. bread, loaf; food
11. place, position
12. season, time; opportunity
14. you (pl.)
16. we
19. Christ, Messiah
20. Pilate
23. death
25. slave; servant
27. people, populace
28. Paul

Down

1. James
2. I
4. who, which
6. Abraham
7. Peter
9. they (masculine)
13. Jerusalem
15. work, activity; accomplishment
17. Israel
18. house, dwelling; family
21. she
22. David
24. you (sg.)
26. crowd, multitude (of people)

9C. Review

I. Translate these prepositional phrases.

1. κατὰ ἑκάστην ἡμέραν

2. ὑπὸ τῶν ἰδίων

3. ἐνώπιον τῶν υἱῶν Ἰσραήλ

4. πρὸς τὸν θεόν

5. σὺν τοῖς Ἰουδαίοις

6. διὰ παραβολῆς

7. ἐν ἀνθρώποις

8. ἀπ᾽ Ἱεροσολύμων

9. ἐκ τοῦ ἀνθρώπου

10. ἀπὸ τοῦ οὐρανοῦ

11. ἐκ τῶν μαθητῶν Ἰωάννου

12. ἐν νόμῳ κυρίου

13. περὶ τὴν ἀλήθειαν

14. μετὰ τῶν ἀγγέλων τῶν ἁγίων

15. ὑπὲρ ἡμῶν

16. ὑπὸ τῶν ἁγίων προφητῶν

17. εἰς τοὺς ἁγίους

18. ἐν ἡμέραις

19. εἰς τὸν ἕτερον

20. κατὰ τὰ ἔργα ὑμῶν

21. εἰς ἡμέραν τοῦ Χριστοῦ

22. δι᾽ ἄλλης ὁδοῦ

23. ἐξ ὁδοῦ

24. διὰ Ἰησοῦν

25. κατὰ τοῦ υἱοῦ τοῦ ἀνθρώπου

26. ὑπὸ Χριστοῦ Ἰησοῦ

27. ἐν Ἰερουσαλήμ

28. μετὰ δύο ἡμέρας

29. ὑπὲρ τὸν διδάσκαλον

30. περὶ τοῦ ἀγαθοῦ

II. Parse these verbs.

		Tense	Voice	Mood	Person	Number	Lexical Form & Meaning
1.	συνήγεσθε						
2.	προσέφερον						
3.	ἦσαν						
4.	ἔλεγον						
5.	ὑπάγεις						
6.	ἀπεκρινόμην						
7.	ἦν						
8.	ἔπασχε						
9.	ἀπελύομεν						
10.	ἐξεβάλλομεν						

9D. FOCUS

I. Translate these phrases and clauses containing Personal Pronouns.

1. τὸν λαὸν αὐτοῦ

2. αὐτοῦ τὸν λαόν

3. τὰ ἔργα αὐτῶν

4. ὁ δοῦλος μου

5. ὁ δοῦλος ἐμοῦ

6. ὁ δοῦλος ἐξ ἐμοῦ

7. ἔρχεται ὑμῖν

8. ὑμεῖς ἐπάσχετε διὰ τὸν θάνατον αὐτοῦ.

9. κατὰ τὸν θάνατον αὐτοῦ ἐπάσχετε.

10. ὁ ὀφθαλμὸς τοῦ ἀδελφοῦ σού.

11. ἡ βασιλεία αὐτῶν ἐστιν ἡ βασιλεία αὐτοῦ.

12. σὺ εἶ ὁ Χριστός;

13. ἐγὼ οὐκ εἰμὶ ὁ Χριστός.

14. ἤρχοντο σὺν ἡμῖν.

II. Translate these short sentences with relative pronouns.

1. ὁ θεὸς ἔπεμπε τὸν ἄγγελον ὃς ἔλεγε τοῖς ἁγίοις.

2. προσευχόμεθα τῷ θεῷ ὃς ἐδοξάζετο ὑφ᾽ υἱοῦ αὐτοῦ Ἰησοῦ.

3. τὰ ἔργα ἃ βλέπουσίν εἰσιν οὐκ ἐκ τοῦ κόσμου, ἀλλ᾽ ἐξ οὐρανοῦ.

4. διδάσκομεν τὸν Χριστὸν διὰ οὗ σωζόμεθα ἐν τῇ δικαιοσύνῃ τοῦ θεοῦ.

5. ἡ ἀληθεία ἧς ἤκουον ἀπολύει αὐτοὺς ἀπὸ τῶν δαιμονίων.

6. εὐαγγελιζόμεθα τὸ εὐαγγέλιον δι᾽ ὃ πάσχομεν τὰ πονηρά.

7. ἡ ἐντολὴ ἥ ἐστιν ἐν ἡμῖν ἐστιν ἀγαθή.

III. Translate these sentences.

1. τότε Γολγοθὰ ἦν τόπος θανάτου, ἀλλὰ νῦν ζωῆς.

2. βλέπεις τὰ ἔργα αὐτοῦ; κἀγὼ βλέπω αὐτά.

3. σὺ ἔφερες δούλους αὐτῷ· ἐγὼ γὰρ ἔβλεπον δούλους σού.

4. αὐτὸς βλέπω τὸν υἱὸν τοῦ ἀνθρώπου. σού ἐστιν ἀδελφός;

5. ἔπασχον αὐτά, ὅτι ἐπίστευον εἰς τὸν θεὸν Ἰσραήλ.

6. προσεύχεσθε τῷ θεῷ ἡμῶν· ἔτι δὲ ὁ ὄχλος καὶ προσεύχεται αὐτῷ.

7. ἐξέβαλλον τὰ δαιμόνια αὐτοῦ. τότε ὁ ἄνθρωπος προσηύχετο.

9E. SENTENCES

Perform Constituent Marking on these sentences as described in §4.6 CONSTITUENT MARKING FOR NAVIGATING A GREEK SENTENCE and then translate.

1. Rom 3:5d κατὰ ἄνθρωπον λέγω.

2. Gal 3:21a Ὁ οὖν νόμος κατὰ τῶν ἐπαγγελιῶν [τοῦ θεοῦ]; (ἡ ἐπαγγελία= promise)

3. John 7:5 οὐδὲ γὰρ οἱ ἀδελφοὶ αὐτοῦ ἐπίστευον εἰς αὐτόν. (οὐδέ= neither)

4. Rom 2:6 … ὃς ἀποδώσει ἑκάστῳ κατὰ τὰ ἔργα αὐτοῦ· (antecedent to ὅς is θεός; ἀποδώσει= "he will give")

5. Matt 10:24 Οὐκ ἔστιν μαθητὴς ὑπὲρ τὸν διδάσκαλον οὐδὲ δοῦλος ὑπὲρ τὸν κύριον αὐτοῦ.

6. Mark 2:13b καὶ πᾶς ὁ ὄχλος ἤρχετο πρὸς αὐτόν, καὶ ἐδίδασκεν αὐτούς. (πᾶς= all)

7. Rom 2:16 ἐν ἡμέρᾳ ὅτε κρίνει ὁ θεὸς τὰ κρυπτὰ τῶν ἀνθρώπων κατὰ τὸ εὐαγγέλιόν μου διὰ Χριστοῦ Ἰησοῦ. (ὅτε= when; κρίνω= I judge; κρυπτός,-ή,-όν= secret)

8. John 7:6a λέγει οὖν αὐτοῖς ὁ Ἰησοῦς, Ὁ καιρὸς ὁ ἐμὸς οὔπω πάρεστιν (ἐμός= my; οὔπω= not yet; πάρεστιν= "it is present")

9. John 17:11a καὶ οὐκέτι εἰμὶ ἐν τῷ κόσμῳ, καὶ αὐτοὶ ἐν τῷ κόσμῳ εἰσίν, κἀγὼ πρὸς σὲ ἔρχομαι. (οὐκέτι= no longer)

10. John 4:2 καίτοιγε Ἰησοῦς αὐτὸς οὐκ ἐβάπτιζεν ἀλλ᾽ οἱ μαθηταὶ αὐτοῦ (καίτοιγε= although indeed)

11. Deut 32:12 (LXX) κύριος μόνος ἦγεν αὐτοὺς καὶ οὐκ ἦν μετ᾽ αὐτῶν θεὸς ἀλλότριος. (μόνος,-η,-ον= only; alone; ἀλλότριος,-α,-ον= foreign, strange)

12. 1 John 4:5 αὐτοὶ ἐκ τοῦ κόσμου εἰσίν, διὰ τοῦτο ἐκ τοῦ κόσμου λαλοῦσιν καὶ ὁ κόσμος αὐτῶν ἀκούει. (τοῦτο [acc.case]= this; λαλέω= I speak)

13. Luke 4:15 καὶ αὐτὸς ἐδίδασκεν ἐν ταῖς συναγωγαῖς αὐτῶν δοξαζόμενος ὑπὸ πάντων. (δοξαζόμενος [nom.case]= "being glorified"; πάντων [gen.pl]= all)

14. 2 Tim 1:1 Παῦλος ἀπόστολος Χριστοῦ Ἰησοῦ διὰ θελήματος θεοῦ κατ᾽ ἐπαγγελίαν ζωῆς τῆς ἐν Χριστῷ Ἰησοῦ (θελήματος [gen.sg.]= will)

15. 1 John 2:7 Ἀγαπητοί, οὐκ ἐντολὴν καινὴν γράφω ὑμῖν ἀλλ᾽ ἐντολὴν παλαιὰν ἣν εἴχετε ἀπ᾽ ἀρχῆς· ἡ ἐντολὴ ἡ παλαιά ἐστιν ὁ λόγος ὃν ἠκούσατε. (ἀγαπητός,-ή,-όν= beloved; καινός,-ή,-όν= new; παλαιός,-ή,-όν= old; ἡ ἀρχή= beginning; ἠκούσατε= "you heard")

16. Matt 26:18b Ὁ διδάσκαλος λέγει, Ὁ καιρός μου ἐγγύς ἐστιν, πρὸς σὲ ποιῶ τὸ πάσχα μετὰ τῶν μαθητῶν μου. (ἐγγύς= near; πρός here meaning "with "; ποιέω= I make; keep; τὸ πάσχα= passover)

17. Mark 10:1 Καὶ ἐκεῖθεν ἀναστὰς ἔρχεται εἰς τὰ ὅρια τῆς Ἰουδαίας [καὶ] πέραν τοῦ Ἰορδάνου, καὶ συμπορεύονται πάλιν ὄχλοι πρὸς αὐτόν, καὶ ὡς εἰώθει πάλιν ἐδίδασκεν αὐτούς. (ἐκεῖθεν= from there; ἀναστάς= "after rising up"; τὸ ὅριον= region; πέραν= beyond; συμπορεύομαι= I go with; ὡς εἰώθει= "as was his custom")

18. Mark 9:31a ἐδίδασκεν γὰρ τοὺς μαθητὰς αὐτοῦ καὶ ἔλεγεν αὐτοῖς ὅτι Ὁ υἱὸς τοῦ ἀνθρώπου παραδίδοται εἰς χεῖρας ἀνθρώπων, (παραδίδοται= "he is being betrayed; ἡ χείρ= hand)

19. Neh 8:8 (LXX) καὶ ἀνέγνωσαν ἐν βιβλίῳ νόμου τοῦ θεοῦ καὶ ἐδίδασκεν Ἐσδρας καὶ

διέστελλεν ἐν ἐπιστήμῃ κυρίου καὶ συνῆκεν ὁ λαὸς ἐν τῇ ἀναγνώσει. (ἀνέγνωσαν= "They read";

ὁ βιβλίος= book; διαστέλλω= I command/instruct; ἡ ἐπιστήμη= understanding; συνῆκεν= "they understood"; ὁ

λαὸς= the people; ἡ ἀναγνώσις= reading)

20. Gen 4:9 (LXX) καὶ εἶπεν ὁ θεὸς πρὸς Καιν ποῦ ἐστιν Ἀβελ ὁ ἀδελφός σου; ὁ δὲ εἶπεν Οὐ

γινώσκω. μὴ φύλαξ τοῦ ἀδελφοῦ μού εἰμι ἐγώ; (εἶπεν= "he said"; ποῦ= where?; μή= a word that intro-

duces a question expecting a negative answer; ὁ φύλαξ= guard, keeper)

9F. READING: DISCERNING THE REPLACEMENT-CHRISTS

This reading is directly from 1 John 4:2-6.

2 ἐν <u>τούτῳ γινώσκετε</u> τὸ <u>πνεῦμα</u> τοῦ θεοῦ· <u>πᾶν πνεῦμα</u> ὃ <u>ὁμολογεῖ</u> Ἰησοῦν Χριστὸν <u>ἐν σαρκὶ</u>

<u>ἐληλυθότα</u> ἐκ τοῦ θεοῦ ἐστιν, 3 καὶ <u>πᾶν πνεῦμα</u> ὃ <u>μὴ ὁμολογεῖ</u> τὸν Ἰησοῦν ἐκ τοῦ θεοῦ οὐκ

ἔστιν· καὶ <u>τοῦτό</u> ἐστιν τὸ τοῦ ἀντιχρίστου, ὃ <u>ἀκηκόατε</u> ὅτι ἔρχεται, καὶ νῦν ἐν τῷ κόσμῳ ἐστὶν

ἤδη. 4 ὑμεῖς ἐκ τοῦ θεοῦ ἐστε, <u>τεκνία</u>, καὶ <u>νενικήκατε</u> αὐτούς, ὅτι <u>μείζων</u> ἐστὶν ὁ ἐν ὑμῖν ἢ ὁ ἐν

τῷ κόσμῳ. 5 αὐτοὶ ἐκ τοῦ κόσμου εἰσίν, διὰ τοῦτο ἐκ τοῦ κόσμου <u>λαλοῦσιν</u> καὶ ὁ κόσμος αὐτῶν

ἀκούει. 6 ἡμεῖς ἐκ τοῦ θεοῦ ἐσμεν· ὁ γινώσκων τὸν θεὸν ἀκούει ἡμῶν, ὃς οὐκ ἔστιν ἐκ τοῦ θεοῦ

οὐκ ἀκούει ἡμῶν. ἐκ τούτου γινώσκομεν <u>τὸ πνεῦμα</u> τῆς ἀληθείας καὶ <u>τὸ πνεῦμα</u> τῆς <u>πλάνης.</u>

<u>verse 2:</u> τοῦτο= this   <u>verse 4:</u> τὸ τεκνίον= little child
         γινώσκω= I know   νενικήκατε= "you have conquered"
         τὸ πνεῦμα= spirit   μείζων= greater
         πᾶν= all; every   ἤ= than
         ὁμολογέω= I confess
         <u>ἐν σαρκὶ ἐληλυθότα</u> "coming in (the) flesh"   <u>verse 5:</u> λαλέω= I speak
<u>verse 3:</u> μή= no; not   <u>verse 6:</u> ὁ γινώσκων= "the one who knows"
         τοῦτο= this   ἡ πλάνη= error; deception
         ἀκηκόατε= "you have heard"

Exercises Ch. 10

10A. Overview

1. What are the five possible ways that verb tense can be indicated?

2. Describe how these five ways pertain (or not) to the formation of the Aorist Tense and the Future Tense.

2. What verbal aspect does the Aorist Tense have? What is a basic way that this tense can be translated using, e.g., the verb "to say"?

3. Place the Future Active and Middle Tense endings onto the verb λύω:

Future Active		
	sg.	pl.
1		
2		
3		

Future Middle		
	sg.	pl.
1		
2		
3		

4. Place the Aorist Active and Middle Tense endings onto the verb λύω:

Aorist Active		
	sg.	pl.
1		
2		
3		

Aorist Middle		
	sg.	pl.
1		
2		
3		

5. List the Mute Consonants below. Adding a σίγμα to them yields what?

    a. Labials: _____ $+ \sigma =$

    b. Dentals: _____ $+ \sigma =$

    c. Palatals: _____ $+ \sigma =$

6. Describe as best you can the idea of "Principal Part."

7. In what Principal Part are the Future Passive and Aorist Passive Tenses found?

8. The verb οἶδα, although basically using the Secondary Tense Endings, is nevertheless translated as a Present Tense verb. True or false?

9. What is a metacomment? What interpretive significance does a metacomment have?

10B. VOCABULARIES 10 AND 3

Fill in the spaces of the crossword puzzle using Greek for the corresponding English gloss.

Created with EclipseCrossword — www.eclipsecrossword.com

Across

2. from
3. I see, observe
6. I send, dispatch
7. along
8. I proclaim, announce, preach
9. no, not
10. I know, understand
11. I soak, submerge; I baptize
12. I loosen, untie; I destroy
13. I say, I speak
15. I open
17. I write
19. I announce the good news
21. I persuade
24. I make ready, prepare
25. I find, discover
26. I glorify, honor, esteem
27. I cry out, call out
28. I teach, instruct
29. I weep (for), lament

Down

1. I heal; I serve
4. I pursue; I persecute
5. on
6. I pray, offer prayer
8. I sit; I seat; I stay
14. I draw near, approach
16. I save, rescue; I preserve
18. I go, walk
19. I come, go
20. in
22. to
23. I wonder, I am amazed
25. I have; I am

10C. REVIEW

I. Translate and identify significant grammatical constructions by matching the following to the number of available spaces. A construction may be used more than once.

AG= agency	ID= indirect discourse	AP= attributive position
M= means	DD= direct discourse	PA= predicate adjective
EP= emphatic pronoun	RO= recitative Ὅτι	SP= substantive position
EL= ellipsis	SB= substantiation	GE= Genitival Emphasis
PN= predicate nominative	A= apposition	DE =Discontinuous Element

1. ἅγιος ὁ ἄρτος τῆς ζωῆς. ___ ___

2. οἱ πιστοὶ βαπτίζονται ὑπ ' Ἰωάννου. ___ ___

3. οὐ βλέπουσι τοῖς ὀφθαλμοῖς. ___

4. οἱ Ἰουδαῖοι οἱ πρωτοὶ συνῆγον κατὰ Παύλου. ___ ___

5. ἔλεγεν ὅτι Ἐγώ εἰμι. ___ ___ ___

6. λέγει αὐτοῖς ὅτι ὁ θεός ἡμῶν κύριός ἐστιν ἀγαθός. ___ ___ ___

7. αὐτοὶ ἐξέβαλλον τὰ ἕτερα δαιμονία μετ ' Ἰησοῦ. ___ ___

8. ὑμεῖς οὐ πιστεύετε, ὅτι οὐκ ἐμοῦ ἐστὲ μαθηταὶ . ___ ___ ___ ___ ___

II. Match the case of the object with the preposition and give the meaning the space provided.

<table>
<tr><td colspan="2" align="center"></td><td align="center">Γ. genitive</td><td align="center">Δ. dative</td><td align="center">A. accusative</td></tr>
</table>

1. σύν	___	7. εἰς	___
2. ἐν	___	8. ἐνώπιον	___
3. περί	___	9. διά	___
	___		___
4. ὑπέρ	___	10. κατά	___
	___		___
5. ὑπό, ὑφ ', ὑπ '	___	11. μετά	___
	___		___
6. ἀπό, ἀφ ', ἀπ '	___	12. ἐκ, ἐξ	___

III. Mark up and translate these Sentences with Relative Pronouns.

1. Matt 3:17b οὗτός ἐστιν ὁ υἱός μου ὁ ἀγαπητός, ἐν ᾧ εὐδόκησα. (οὗτός= "this one"; εὐδοκέω= I am pleased)

2. λέγει αὐτῷ ἡ γυνή, Οἶδα ὅτι Μεσσίας ἔρχεται ὃς λέγεται Χριστός· (ἡ γυνή= woman)

3. Acts 3:25a ὑμεῖς ἐστε οἱ υἱοὶ τῶν προφητῶν καὶ τῆς διαθήκης ἧς διέθετο ὁ θεὸς πρὸς τοὺς πατέρας ὑμῶν... (ἡ διαθήκη= covenant; διέθετο = "he established")

4. Matt 10:38 καὶ ὃς οὐ λαμβάνει τὸν σταυρὸν αὐτοῦ καὶ ἀκολουθεῖ ὀπίσω μου, οὐκ ἔστιν μου ἄξιος. (ὁ σταυρός= cross; ἀκολουθέω = I follow; ὀπίσω = after (w/ gen.); ἄξιος, -α, -ον worthy)

5. 2 Cor 8:18 συνεπέμψαμεν δὲ μετ᾽ αὐτοῦ τὸν ἀδελφὸν οὗ ὁ ἔπαινος ἐν τῷ εὐαγγελίῳ διὰ πασῶν τῶν ἐκκλησιῶν, (συνπέμπω = I send with; ὁ ἔπαινος= praise; πασῶν= "all"; hint: supply an implied ἐστίν)

10D. FOCUS

I. Parse these verbs and then provide a basic translation.

		Tense	Voice	Mood	Person	Number	Lexical Form & Meaning
1.	ἔκραζον						
2.	ἔλυσε						
3.	ἤνοιξαν						
4.	εἰσίν						
5.	κλαύσουσιν						
6.	ἤγγισε						
7.	πείσω						
8.	κηρύξομεν						
9.	ἐδίωξας						
10.	θαυμάσετε						

11. ἤκουσαν						
12. ἔπεμψα						
13. ἔλεγον						
14. ἔγραψας						
15. εὐηγγελίσατο						
16. ἦν						
17. προσηυξάμεθα						
18. ἐπορεύσαντο						

II. Translate these short sentences.

1. ἐκάθισεν ἐν δεξιᾷ τοῦ θεοῦ. (ἐν δεξιᾷ= "at the right hand")

2. καὶ ἤγγισεν τῷ οἴκῳ.

3. ἤκουσεν ὁ Ἡρῴδης τὴν ἀκοὴν Ἰησοῦ. (ἡ ἀκοή= report, fame)

4. ὁ κύριος ἀπέλυσεν τὸν δοῦλον αὐτοῦ.

5. ὑμεῖς οὖν οὐκ ἐπιστεύσατε αὐτῷ;

6. ἐκήρυξαν τὸν λόγον.

7. John 15:20 εἰ ἐμὲ ἐδίωξαν, καὶ ὑμᾶς διώξουσιν.

8. Heb 11:16b ἡτοίμασεν γὰρ αὐτοῖς πόλιν. (πόλιν [acc.]= city)

9. κἀγὼ ἐνίκησα καὶ ἐκάθισα μετὰ τοῦ πατρός μου ἐν τῷ θρόνῳ. (νικάω= I conquer; πατρός= "father"; ὁ θρόνος= throne)

10. Matt 15:31b καὶ ἐδόξασαν τὸν θεὸν Ἰσραήλ.

11. John 12:28b καὶ ἐδόξασά [σε] καὶ πάλιν δοξάζω.

12. ἐγὼ Παῦλος ἔγραψα σοι, ἐγὼ ἀποτίσω. (cf. Phlm 1:9; ἀποτίνω= I repay)

13. ἀπεκρίνετο αὐτοῖς, Εἶπον ὑμῖν ἤδη καὶ οὐκ ἠκούσατε· (εἶπον= "I spoke")

14. Luke 1:20b οὐκ ἐπίστευσας τοῖς λόγοις μου

15. Matt 26:65b νῦν ἠκούσατε τὴν βλασφημίαν· (ἡ βλασφημία= blasphemy)

16. Mark 14:64a ἠκούσατε τῆς βλασφημίας·

17. Luke 1:41a ἤκουσεν τὸν ἀσπασμὸν τῆς Μαρίας ἡ Ἐλισάβετ, (ὁ ἀσπασμός= greeting)

18. 1 John 2:7 Ἀγαπητοί,...ἡ ἐντολὴ ἡ παλαιά ἐστιν ὁ λόγος ὃν ἠκούσατε. (παλαιός,-ή,-όν= old)

19. Matt 5:12c οὕτως γὰρ ἐδίωξαν τοὺς προφήτας τοὺς πρὸ ὑμῶν. (οὕτως=thus; πρό= before)

20. Matt 26:19 καὶ ἐποίησαν οἱ μαθηταὶ ὡς συνέταξεν αὐτοῖς ὁ Ἰησοῦς καὶ ἡτοίμασαν τὸ πάσχα. (ποιέω= I do; ὡς= as; συντάσσω= I instruct; τὸ πάσχα= Passover)

10E. Sentences

1. Luke 22:71b ἠκούσαμεν ἀπὸ τοῦ στόματος αὐτοῦ. (τὸ στόμα= mouth)

2. John 2:11b ὁ Ἰησοῦς...ἐφανέρωσεν τὴν δόξαν αὐτοῦ καὶ ἐπίστευσαν εἰς αὐτὸν οἱ μαθηταὶ αὐτοῦ. (φανερόω= I show)

3. John 12:50a καὶ οἶδα ὅτι ἡ ἐντολὴ αὐτοῦ ζωὴ αἰώνιός ἐστιν. (αἰώνιος [fem.nom.sg.]= eternal)

4. οἱ δὲ μαθηταὶ ἔλεγον ὅτι Φάντασμά ἐστιν, καὶ ἀπὸ τοῦ φόβου ἔκραξαν. (τὸ φάντασμα= ghost; ὁ φόβος= fear)

5. John 10:26 ἀλλὰ ὑμεῖς οὐ πιστεύετε, ὅτι οὐκ ἐστὲ ἐκ τῶν προβάτων τῶν ἐμῶν. (τὸ προβάτον= sheep; ἐμός,-ή,-όν= my)

6. οἴδαμεν δὲ ὅτι τὸ κρίμα τοῦ θεοῦ ἐστιν κατὰ ἀλήθειαν ἐπὶ τοὺς πονηρούς. (τὸ κρίμα= judg-ment)

7. John 11:24 λέγει αὐτῷ ἡ Μάρθα, Οἶδα ὅτι ἀναστήσεται ἐν τῇ ἀναστάσει ἐν τῇ ἐσχάτῃ ἡμέρᾳ. (ἀναστήσεται= "he will be raised"; ἡ ἀνάστασις= resurrection; ἔσχατος,-η,-ον= last)

8. Mark 1:8 ἐγὼ ἐβάπτισα ὑμᾶς ὕδατι, αὐτὸς δὲ βαπτίσει ὑμᾶς ἐν πνεύματι ἁγίῳ. (ὕδατι [dative sg.]= water; πνεύματι [dative sg.]= spirit)

9. Matt 7:2 ἐν ᾧ γὰρ κρίματι κρίνετε κριθήσεσθε, καὶ ἐν ᾧ μέτρῳ μετρεῖτε μετρηθήσεται ὑμῖν. (κρίμα= judgment; μέτρον = measure; μετρέω= I measure)

10. Eph 2:17 καὶ ἐλθὼν εὐηγγελίσατο εἰρήνην ὑμῖν τοῖς μακρὰν καὶ εἰρήνην τοῖς ἐγγύς· (ἐλθών= "after coming"; μακρὰν= far; ἐγγύς= near)

11. 1 John 2:21 οὐκ ἔγραψα ὑμῖν ὅτι οὐκ οἴδατε τὴν ἀλήθειαν ἀλλ᾽ ὅτι οἴδατε αὐτήν καὶ ὅτι πᾶν ψεῦδος ἐκ τῆς ἀληθείας οὐκ ἔστιν. (πᾶν [neut.acc.sg.]= "every"; τὸ ψεῦδος= falsehood)

12. John 4:50 λέγει αὐτῷ ὁ Ἰησοῦς, Πορεύου, ὁ υἱός σου ζῇ. ἐπίστευσεν ὁ ἄνθρωπος τῷ λόγῳ ὃν εἶπεν αὐτῷ ὁ Ἰησοῦς καὶ ἐπορεύετο. (Πορεύου= "Go!"; ζῇ= "he lives"; εἶπεν= "he said")

13. ἀπεκρίνετο οὖν αὐτῷ ὁ ὄχλος, Ἡμεῖς ἠκούσαμεν ἐκ τοῦ νόμου ὅτι ὁ Χριστὸς μένει εἰς τὸν αἰῶνα (μένω= I remain; εἰς τὸν αἰῶνα= "forever"; lit. "into the age")

14. Acts 11:1 Ἤκουσαν δὲ οἱ ἀπόστολοι καὶ οἱ ἀδελφοί...κατὰ τὴν Ἰουδαίαν ὅτι καὶ τὰ ἔθνη ἐδέξαντο τὸν λόγον τοῦ θεοῦ. (κατά here means "throughout"; τὰ ἔθνη= "the gentiles"; δέχομαι= I receive)

15. Gal 4:13 οἴδατε δὲ ὅτι δι' ἀσθένειαν τῆς σαρκὸς εὐηγγελισάμην ὑμῖν τὸ πρότερον (ἡ ἀσθένεια= weakness; ἡ σάρξ= flesh; τὸ πρότερον= "formerly")

16. John 5:32 ἄλλος ἐστὶν ὁ μαρτυρῶν περὶ ἐμοῦ, καὶ οἶδα ὅτι ἀληθής ἐστιν ἡ μαρτυρία ἣν μαρτυρεῖ περὶ ἐμοῦ. (ὁ μαρτυρῶν= "the one testifying"; ἀληθής [nom.adj.]= "true"; μαρτυρέω= I testify)

17. [Matt 27:25-26] ²⁵ καὶ ἀπεκρίνετο ὁ λαὸς καὶ ἔλεγεν, Τὸ αἷμα αὐτοῦ ἐφ' ἡμᾶς καὶ ἐπὶ τὰ τέκνα ἡμῶν. ²⁶ τότε ὁ Πιλᾶτος ἀπέλυσεν αὐτοῖς τὸν Βαραββᾶν, τὸν δὲ Ἰησοῦν ἐφραγέλλωσεν καὶ ἐσταύρωσεν. (τὸ αἷμα= blood; φραγελλόω= I scourge; σταυρόω= I crucify)

18. 1 Cor 15:1-2 Γνωρίζω δὲ ὑμῖν, ἀδελφοί, τὸ εὐαγγέλιον ὃ εὐηγγελισάμην ὑμῖν, ὃ καὶ παρελάβετε, ἐν ᾧ καὶ ἑστήκατε, 2 δι' οὗ καὶ σῴζεσθε, τίνι λόγῳ εὐηγγελισάμην ὑμῖν εἰ κατέχετε, ἐκτὸς εἰ μὴ εἰκῇ ἐπιστεύσατε. (γνωρίζω= I make known; παρελάβετε= "you received; ἑστήκατε= "you stand"; τίνι= "what"; κατέχω= I hold fast; ἐκτὸς εἰ μὴ εἰκη= "unless in vain")

10F. READING: JOHN 8:34-41 WHO ARE THE SEED OF ABRAHAM?

Jesus talks to the Religious Authorities about sin in John 8:34-41:

34 ἀπεκρίθη αὐτοῖς ὁ Ἰησοῦς, Ἀμὴν ἀμὴν λέγω ὑμῖν ὅτι πᾶς ὁ ποιῶν τὴν ἁμαρτίαν δοῦλός ἐστιν τῆς ἁμαρτίας. 35 ὁ δὲ δοῦλος οὐ μένει ἐν τῇ οἰκίᾳ εἰς τὸν αἰῶνα, ὁ υἱὸς μένει εἰς τὸν αἰῶνα. 36 ἐὰν οὖν ὁ υἱὸς ὑμᾶς ἐλευθερώσῃ, ὄντως ἐλεύθεροι ἔσεσθε. 37 οἶδα ὅτι σπέρμα Ἀβραάμ ἐστε· ἀλλὰ ζητεῖτέ με ἀποκτεῖναι, ὅτι ὁ λόγος ὁ ἐμὸς οὐ χωρεῖ ἐν ὑμῖν. 38 ἃ ἐγὼ ἑώρακα παρὰ τῷ πατρὶ λαλῶ· καὶ ὑμεῖς οὖν ἃ ἠκούσατε παρὰ τοῦ πατρὸς ποιεῖτε. 39 Ἀπεκρίθησαν καὶ εἶπαν αὐτῷ, Ὁ πατὴρ ἡμῶν Ἀβραάμ ἐστιν. λέγει αὐτοῖς ὁ Ἰησοῦς, Εἰ τέκνα τοῦ Ἀβραάμ ἐστε, τὰ ἔργα τοῦ Ἀβραάμ ἐποιεῖτε· 40 νῦν δὲ ζητεῖτέ με ἀποκτεῖναι ἄνθρωπον ὃς τὴν ἀλήθειαν ὑμῖν λελάληκα ἣν ἤκουσα παρὰ τοῦ θεοῦ· τοῦτο Ἀβραὰμ οὐκ ἐποίησεν. 41 ὑμεῖς ποιεῖτε τὰ ἔργα τοῦ πατρὸς ὑμῶν.

εἶπαν [οὖν] αὐτῷ, Ἡμεῖς ἐκ πορνείας οὐ γεγεννήμεθα· ἕνα πατέρα ἔχομεν τὸν θεόν.

verse 34: ἀπεκρίθη= "he answered"
ἀμήν= truly
πᾶς ὁ ποιῶν= "every one doing"
ἡ ἁμαρτία= sin
verse 35: μένω= I remain
εἰς τὸν αἰῶνα= "forever"
verse 36: ἐάν = if
ἐλευθερώσῃ= "he frees"
ὄντως ἐλεύθεροι ἔσεσθε= "you are truly free"
verse 37: σπέρμα Ἀβραάμ= "seed of Abraham"
ζητεῖτέ με ἀποκτεῖναι= "you seek to kill me"
ἐμός,-ή,-όν= my
χωρέω= I find room (space)
verse 38: ἑώρακα= "I have seen"
ὁ πατήρ= father
λαλέω= I speak
ποιέω= I do

verse 39: Ἀπεκρίθησαν καὶ εἶπαν= "they answered and said"
ὁ πατήρ= father
ἐποιεῖτε = "you would be doing"
verse 40: ζητεῖτέ με ἀποκτεῖναι= "You want to kill me"
λελάληκα= "I have spoken"
τοῦτο [acc.sg.]= this
verse 41: ποιέω= I do
ὁ πατήρ= father
εἶπαν= "they said"
ἡ πορνεία= adultery; sexual immorality
γεγεννήμεθα= "we have been born"
ἕνα πατέρα [acc.sg.]= "one father"

Exercises Ch. 11

11A. Overview
11B. Vocabularies 11 and 4
11C. Review
11D. Focus
11E. Sentences
11F. Reading: John 9:15-21 How can he see now?!

11A. Overview

1. "2nd Aorist verbs" are formed within which Principal Part?

2. 2nd Aorist verbs have the same verbal aspect and basic translation as 1st Aorist verbs. True or false?

3. Describe how a verb is formed in the 2nd Aorist Tense.

4. Create the verb λαμβάνω in all the 2nd Aorist endings.

	sg.	pl.
1		
2		
3		

5. Learn the most frequently occurring 2nd Aorist verbs. What are their 2nd Aorist stems?

| βάλλω | γίνομαι | γινώσκω | ἔρχομαι |

| λαμβάνω | λέγω | ὁράω |

6. Which uses of the Genitive Case are "quite common," "very common," and "common"? List them below and create an English equivalent for each of these common uses.

"Quite Common"   "Very Common"   "Common"

11B. VOCABULARIES 11 AND 4

Fill in the spaces of the crossword puzzle using Greek for the corresponding English gloss.

Created with EclipseCrossword — www.eclipsecrossword.com

Across

4. I take along
6. until
7. I die
10. Judea
12. I take; I receive
14. righteousness, justice
16. therefore (postpositive)
20. I know about; I understand

24. I go down, descend
25. I see; I perceive
27. disciple, student
28. but
29. truth, reality

Down

1. Herod
2. day
3. life; existence
4. parable, illustration
5. assembly, church
6. I eat, consume
8. prophet
9. and; also, even
11. and, but, moreover
13. peace; well-being

15. I go up, ascend
17. I know, understand
18. kingdom, reign
19. commandment, order
21. I drink
22. I become, am; I come; I happen
23. I fall, collapse
26. John

11C. REVIEW

I. Translate these prepositional phrases.

1. σὺν τοῖς ἀποστόλοις

2. ὑπὲρ τὸν διδάσκαλον

3. κατ' ἀληθείαν

4. ἐν οὐρανοῖς

5. περὶ αὐτοῦ

6. ἐκ τοῦ νόμου

7. ἐν τῷ κόσμῳ

8. ἐπὶ κύριον τὸν θεὸν αὐτῶν

9. παρὰ κυρίου

10. διὰ τῆς ἐντολῆς

11. ἐν ὁδῷ δικαιοσύνης

12. ἐνώπιον τῶν μαθητῶν

13. μεθ' ἡμῶν

14. εἰς τὸ εὐαγγελίον

15. ὑπὲρ οὗ

16. περὶ ὧν

17. ἐπὶ τέκνα

18. παρὰ θεῷ καὶ ἀνθρώποις

II. Translate these short sentences and parse these verbs.

1. Mark 8:9b καὶ ἀπέλυσεν αὐτούς.

2. Matt 8:7b Ἐγὼ...θεραπεύσω αὐτόν.

3. 2 Cor 4:13b Ἐπίστευσα...καὶ ἡμεῖς πιστεύομεν

4. Gal 2:16b καὶ ἡμεῖς εἰς Χριστὸν Ἰησοῦν ἐπιστεύσαμεν

5. Acts 28:28b αὐτοὶ καὶ ἀκούσονται.

6. John 12:44 Ἰησοῦς δὲ ἔκραξεν καὶ εἶπεν...

7. Acts 8:38c καὶ ἐβάπτισεν αὐτόν.

8. Rev 14:2a καὶ ἤκουσα φωνὴν ἐκ τοῦ οὐρανοῦ (ἡ φωνή= voice)

9. Rev 14:13a Καὶ ἤκουσα φωνῆς ἐκ τοῦ οὐρανοῦ (ἡ φωνή= voice)

10. Mark 6:14a Καὶ ἤκουσεν ὁ βασιλεὺς Ἡρῴδης, (ὁ βασιλεύς= king)

11. John 9:14 ὁ Ἰησοῦς καὶ ἀνέῳξεν αὐτοῦ τοὺς ὀφθαλμούς.

12. Acts 19:40b καὶ ταῦτα εἶπεν καὶ ἀπέλυσεν τὴν ἐκκλησίαν. (ταῦτα [acc.]= these things)

13. Rev 18:9a Καὶ κλαύσουσιν καὶ κόψονται ἐπ' αὐτὴν οἱ βασιλεῖς τῆς γῆς (κόπτομαι= I mourn; ὁ βασιλεύς= king; ἡ γῆ= land; earth)

14. Mark 16:13b οὐδὲ ἐκείνοις ἐπίστευσαν. (οὐδέ= nor)

15. 1 Thess 2:9b ἐκηρύξαμεν εἰς ὑμᾶς τὸ εὐαγγέλιον τοῦ θεοῦ.

16. Luke 1:33 καὶ βασιλεύσει ἐπὶ τὸν οἶκον Ἰακὼβ εἰς τοὺς αἰῶνας (βασιλεύω= I rule; εἰς τοὺς αἰῶνας= forever)

11D. FOCUS

I. Parse these 2nd Aorist Verbs: **Note**: They are not necessarily in the Aorist Tense below.

	Tense	Voice	Mood	Person	Number	Lexical Form & Meaning
1. ἤγαγον						
2. ἔγνωσαν						
3. ἐλεύσομαι						
4. ἦλθεν						
5. ἐβάλομεν						
6. εἶπεν						
7. λήμψονται						
8. ἐγένετο						
9. εἶδον						
10. ἐλάβετε						

II. Translate these sentences with 2nd Aorist forms.

1. Luke 19:35a καὶ ἤγαγον αὐτὸν πρὸς τὸν Ἰησοῦν

2. Luke 2:51a καὶ κατέβη μετ' αὐτῶν καὶ ἦλθεν εἰς Ναζαρέθ

3. Matt 22:19b προσήνεγκαν αὐτῷ δηνάριον.

4. John 14:28a ἠκούσατε ὅτι ἐγὼ εἶπον ὑμῖν, Ὑπάγω καὶ ἔρχομαι πρὸς ὑμᾶς.

5. Matt 25:24b Κύριε, ἔγνων σε ὅτι σκληρὸς εἶ ἄνθρωπος, (σκληρός,-ά,-όν= hard)

6. Acts 22:7a ἔπεσά τε εἰς τὸ ἔδαφος καὶ ἤκουσα φωνῆς (τε= and; τὸ ἔδαφος= ground; ἡ φωνή= voice)

7. John 1:17b ἡ χάρις καὶ ἡ ἀλήθεια διὰ Ἰησοῦ Χριστοῦ ἐγένετο. (ἡ χάρις= grace)

8. Matt 17:12a λέγω δὲ ὑμῖν ὅτι Ἠλίας ἤδη ἦλθεν, καὶ οὐκ ἐπέγνωσαν αὐτὸν

9. John 19:1 Τότε οὖν ἔλαβεν ὁ Πιλᾶτος τὸν Ἰησοῦν καὶ ἐμαστίγωσεν. (μαστιγόω= I flog)

10. Luke 13:26b Ἐφάγομεν ἐνώπιόν σου καὶ ἐπίομεν, καὶ ἐν ταῖς πλατείαις ἡμῶν ἐδίδαξας· (ἡ πλατεία= street)

11E. SENTENCES

1. John 14:3b καὶ ἑτοιμάσω τόπον ὑμῖν, πάλιν ἔρχομαι καὶ παραλήμψομαι ὑμᾶς πρὸς ἐμαυτόν, (ἐμαυτός,-ή= myself)

2. Rev 18:2b Ἔπεσεν· ἔπεσεν Βαβυλὼν ἡ μεγάλη, καὶ ἐγένετο κατοικητήριον δαιμονίων (ἡ μεγάλη="the great"; τὸ κατοικητήριον= dwelling place)

3. Matt 21:45b οἱ Φαρισαῖοι τὰς παραβολὰς αὐτοῦ ἔγνωσαν ὅτι περὶ αὐτῶν λέγει·

4. John 6:49 οἱ πατέρες ὑμῶν ἔφαγον ἐν τῇ ἐρήμῳ τὸ μάννα καὶ ἀπέθανον· (ὁ πατήρ= father; ἡ ἔρημος= desert)

5. John 1:10 ἐν τῷ κόσμῳ ἦν, καὶ ὁ κόσμος δι' αὐτοῦ ἐγένετο, καὶ ὁ κόσμος αὐτὸν οὐκ ἔγνω.

6. John 1:51a καὶ λέγει αὐτῷ, Ἀμὴν ἀμὴν λέγω ὑμῖν, ὄψεσθε τὸν οὐρανὸν...καὶ τοὺς ἀγγέλους τοῦ θεοῦ. (ἀμήν= truly)

7. Matt 1:25 καὶ οὐκ ἐγίνωσκεν αὐτὴν ἕως οὗ ἔτεκεν υἱόν· καὶ ἐκάλεσεν τὸ ὄνομα αὐτοῦ Ἰησοῦν. (τίκτω= I give birth [2nd. Aorist -τεκ]; καλέω= I call; τὸ ὄνομα= name)

8. John 20:8 τότε οὖν εἰσῆλθεν καὶ ὁ ἄλλος μαθητής...καὶ εἶδεν καὶ ἐπίστευσεν·

9. John 1:11 εἰς τὰ ἴδια ἦλθεν, καὶ οἱ ἴδιοι αὐτὸν οὐ παρέλαβον.

10. Mark 2:13 Καὶ ἐξῆλθεν πάλιν παρὰ τὴν θάλασσαν· καὶ πᾶς ὁ ὄχλος ἤρχετο πρὸς αὐτόν, καὶ ἐδίδασκεν αὐτούς. (ἡ θάλασσα= sea; πᾶς= all)

11. John 7:43 σχίσμα οὖν ἐγένετο ἐν τῷ ὄχλῳ δι' αὐτόν· (τὸ σχίσμα= division)

12. John 17:8 καὶ αὐτοὶ ἔλαβον καὶ ἔγνωσαν ἀληθῶς ὅτι παρὰ σοῦ ἐξῆλθον, καὶ ἐπίστευσαν ὅτι σύ με ἀπέστειλας. (ἀληθῶς= truly; ἀπέστειλας= "you sent")

13. Mark 11:7 καὶ φέρουσιν τὸν πῶλον πρὸς τὸν Ἰησοῦν καὶ ἐπιβάλλουσιν αὐτῷ τὰ ἱμάτια αὐτῶν, καὶ ἐκάθισεν ἐπ' αὐτόν. (ὁ πῶλος= colt; τὸ ἱμάτιον= garment)

14. Matt 21:32a ἦλθεν γὰρ Ἰωάννης πρὸς ὑμᾶς ἐν ὁδῷ δικαιοσύνης, καὶ οὐκ ἐπιστεύσατε αὐτῷ, οἱ δὲ τελῶναι καὶ αἱ πόρναι ἐπίστευσαν αὐτῷ· (ὁ τελώνης= tax collector; ἡ πόρνη= harlot)

15. Luke 19:9 εἶπεν δὲ πρὸς αὐτὸν ὁ Ἰησοῦς ὅτι Σήμερον σωτηρία τῷ οἴκῳ τούτῳ ἐγένετο, καθότι καὶ αὐτὸς υἱὸς Ἀβραάμ ἐστιν· (ἡ σωτηρία= salvation; τούτῳ= "this"; καθότι=because")

16. καὶ ἰδοὺ δύο τυφλοὶ παρὰ τὴν ὁδὸν ἤκουσαν ὅτι Ἰησοῦς παράγει καὶ ἔκραξαν καὶ εἶπον, Ἐλέησον ἡμᾶς, [κύριε], υἱὸς Δαυίδ. (παράγω= I pass by; Ἐλέησον= "Have pity (on)!")

17. John 2:13 Καὶ ἐγγὺς ἦν τὸ πάσχα τῶν Ἰουδαίων, καὶ ἀνέβη εἰς Ἱεροσόλυμα ὁ Ἰησοῦς. (ἐγγύς= near; τὸ πάσχα= Passover)

18. αὐτοὶ δὲ διῆλθον ἀπὸ τῆς Πέργης καὶ παρεγένοντο εἰς Ἀντιόχειαν τὴν Πισιδίαν, καὶ εἰσῆλθον εἰς τὴν συναγωγὴν καὶ τῇ ἡμέρᾳ τῶν σαββάτων ἐκάθισαν. (παραγίνομαι= I arrive; I am present)

19. 1 Thess 4:16 αὐτὸς ὁ κύριος...καταβήσεται ἀπ' οὐρανοῦ καὶ οἱ νεκροὶ ἐν Χριστῷ ἀναστήσονται πρῶτον (ἀνίστημι= I rise up)

20. Matt 1:23 Ἰδοὺ ἡ παρθένος ἐν γαστρὶ ἔξει καὶ τέξεται υἱόν, καὶ καλέσουσιν τὸ ὄνομα αὐτοῦ Ἐμμανουήλ, ὅ ἐστιν μεθερμηνευόμενον Μεθ' ἡμῶν ὁ θεός. (ἰδού= behold; ἡ παρθένος= virgin; ἡ γαστήρ= stomach; τίκτω= I give birth; καλέω= I call; τὸ ὄνομα= name; μεθερμηνευόμενον= "interpreted")

11F. READING: JOHN 9:15-21 HOW CAN HE SEE NOW?!

15 πάλιν οὖν <u>ἠρώτων</u> αὐτὸν καὶ οἱ Φαρισαῖοι <u>πῶς ἀνέβλεψεν</u>. <u>ὁ δὲ</u> εἶπεν αὐτοῖς, <u>Πηλὸν ἐπέθηκέν</u>

μου ἐπὶ τοὺς ὀφθαλμούς, καὶ <u>ἐνιψάμην</u>, καὶ βλέπω. 16 ἔλεγον οὖν ἐκ τῶν Φαρισαίων <u>τινές</u>, Οὐκ

ἔστιν <u>οὗτος</u> παρὰ θεοῦ ὁ ἄνθρωπος, ὅτι τὸ σάββατον οὐ <u>τηρεῖ</u>. ἄλλοι [δὲ] ἔλεγον, <u>Πῶς</u> <u>δύναται</u>

ἄνθρωπος <u>ἁμαρτωλὸς</u> <u>τοιαῦτα σημεῖα ποιεῖν</u>; καὶ <u>σχίσμα</u> ἦν ἐν αὐτοῖς. 17 λέγουσιν οὖν <u>τῷ</u>

<u>τυφλῷ</u> πάλιν, <u>Τί</u> σὺ λέγεις περὶ αὐτοῦ, ὅτι <u>ἠνέῳξέν</u> σου τοὺς ὀφθαλμούς; ὁ δὲ εἶπεν ὅτι

Προφήτης ἐστίν. 18 Οὐκ ἐπίστευσαν οὖν οἱ Ἰουδαῖοι περὶ αὐτοῦ ὅτι ἦν τυφλὸς καὶ <u>ἀνέβλεψεν</u>

<u>ἕως ὅτου ἐφώνησαν</u> τοὺς <u>γονεῖς</u> αὐτοῦ <u>τοῦ ἀναβλέψαντος</u> 19 καὶ <u>ἠρώτησαν</u> αὐτοὺς <u>λέγοντες</u>,

Οὗτός ἐστιν ὁ υἱὸς ὑμῶν, ὃν ὑμεῖς λέγετε ὅτι τυφλὸς <u>ἐγεννήθη</u>; <u>πῶς</u> οὖν βλέπει <u>ἄρτι</u>; 20

<u>ἀπεκρίθησαν</u> οὖν <u>οἱ γονεῖς</u> αὐτοῦ καὶ εἶπαν, Οἴδαμεν ὅτι οὗτός ἐστιν ὁ υἱὸς ἡμῶν καὶ ὅτι τυφλὸς

<u>ἐγεννήθη</u>· 21 <u>πῶς</u> δὲ νῦν βλέπει οὐκ οἴδαμεν, <u>ἢ τίς</u> ἤνοιξεν αὐτοῦ τοὺς ὀφθαλμοὺς ἡμεῖς οὐκ

οἴδαμεν· αὐτὸν <u>ἐρωτήσατε</u>, <u>ἡλικίαν</u> ἔχει, αὐτὸς περὶ <u>ἑαυτοῦ</u> <u>λαλήσει</u>.

<u>verse 15:</u> ἠρώτων= "they asked"
     πῶς= how?
     ἀναβλέπω= I see again; I receive sight
     ὁ δέ= indicates a change of subject; "and he…"
     ὁ πηλός= mud
     ἐπέθηκέν= "He put (upon)"
     νίπτω= I wash (Why the middle voice here?)
<u>verse 16:</u> τινές (nom.pl.)= "some"
     οὗτος= this (a pronoun used as and adjective)
     τηρέω= I keep
     πῶς= how?
     δύναμαι= I am able (deponent)
     ἁμαρτωλός,-ή,-όν= sinful
     τοιαῦτα σημεῖα ποιεῖν= "to do such signs"
     τὸ σχίσμα= division; quarrel
<u>verse 17:</u> ὁ τυφλός= blind man
     τί= what?
     ἠνέῳξέν= alternative form for ἤνοιξεν

<u>verse 18:</u> ἀναβλέπω= I receive my sight
     ἕως ὅτου= "until"
     φωνέω=I call, talk with
     ὁ γονεύς= parent
     τοῦ ἀναβλέψαντος= "who saw again"
<u>verse 19:</u> ἠρώτησαν...λέγοντες= "they asked…saying"
     ἐγεννήθη= "he was born"
     ἄρτι= now
<u>verse 20:</u> ἀπεκρίθησαν= "they answered
     ἐγεννήθη= "he was born"
<u>verse 21:</u> ἢ τίς= "or who(?)"
     ἐρωτήσατε= "Ask him!"
     ἡ ἡλικία= maturity; adult status
     ἑαυτοῦ= himself
     λαλέω= I speak

Exercises Ch. 12

12A. Overview

1. Third Declension nouns occur in which genders?

2. Basically, the Third Declension endings are similar regardless of gender. True or false?

3. Why is it important to learn both the Nominative and Genitive forms of a Third Declension noun?

4. What Greek word, if present, will always help you parse a Third Declension noun?

5. Give the full paradigm of πᾶς, πᾶσα, πᾶν:

Gender:	**Masculine**	**Feminine**	**Neuter**
Declension:	3rd	1st	3rd
sg. nom.			
gen.			
dat.			
acc.			
pl. nom.			
gen.			
dat.			
acc.			

6. Briefly explain Quantitative Emphasis:

7. The demonstrative οὗτος uses the 1st and 2nd Declension endings? True or False.

8. Demonstrative Pronouns have three functional and four discourse pragmatic uses. What are they? Describe them briefly.

12B. VOCABULARIES 12 AND 5

Fill in the spaces of the crossword puzzle using Greek for the corresponding English gloss.

Created with EclipseCrossword — www.eclipsecrossword.com

Across

3. much, many
4. great, large
7. Jesus; Joshua
9. one, single
11. I am, exist
12. son
13. no one (feminine)
14. man; husband
15. good news, gospel
16. brother
18. father
22. word, message
24. law; the Law
26. Simon
27. messenger; angel
30. fire
31. heaven; sky
32. age, era; lifetime

Down

1. foot
2. Lord; master, owner
5. that
6. child
8. teacher, master
10. whole, entire
12. water; rain
14. delegate, apostle
17. demon, inferior spirit
18. every, all; each
19. light; torch
20. world
21. person, human
23. this
25. God; god
27. ruler
28. road, way, path
29. Christ, Messiah

12C. REVIEW

I. Translate these sentences with 2nd Aorist verbs and parse them.

1. Matt 7:25 καὶ κατέβη ἡ βροχὴ καὶ ἦλθον οἱ ποταμοί. (ἡ βροχή= rain; ὁ ποταμός= river)

2. Mark 9:33 Καὶ ἦλθον εἰς Καφαρναούμ.

3. Luke 1:38b καὶ ἀπῆλθεν ἀπ' αὐτῆς ὁ ἄγγελος.

4. Mark 2:27b Τὸ σάββατον διὰ τὸν ἄνθρωπον ἐγένετο καὶ οὐχ ὁ ἄνθρωπος διὰ τὸ σάββατον·

5. Mark 14:8a ὃ ἔσχεν ἐποίησεν. (ποιέω= I do; *here the sense is "I give"; the subject is a woman*)

6. Matt 8:16a καὶ ἐξέβαλεν τὰ πνεύματα λόγῳ. (τὸ πνεῦμα= spirit)

7. Matt 15:29b ὁ Ἰησοῦς ἦλθεν παρὰ τὴν θάλασσαν τῆς Γαλιλαίας, (ἡ θάλασσα= sea)

8. John 11:47a Συνήγαγον οὖν οἱ ἀρχιερεῖς καὶ οἱ Φαρισαῖοι συνέδριον (ἀρχιερεῖς= "high priests"; τὸ συνέδριον= Sanhedrin)

9. Mark 1:11a καὶ φωνὴ ἐγένετο ἐκ τῶν οὐρανῶν. (ἡ φωνή= voice)

10. Mark 9:20a καὶ ἤνεγκαν αὐτὸν πρὸς αὐτόν.

11. John 8:53b καὶ οἱ προφῆται ἀπέθανον·

12. Luke 2:4a Ἀνέβη δὲ καὶ Ἰωσὴφ ἀπὸ τῆς Γαλιλαίας

13. Rom 3:17 καὶ ὁδὸν εἰρήνης οὐκ ἔγνωσαν.

II. Translate these short sentences with forms of εἰμί.

1. ὑμεῖς ἔσεσθε μαθηταί μου

2. ὑμεῖς ἔστε μαθηταί μου

3. ὑμεῖς ἦτε μαθηταί μου

4. οὐ ἦς ἀδελφὸς ἡμῶν

5. οὐ ἔτι εἶ ἀδελφὸς ἡμῶν

6. ἔσῃ ἀδελφὸς ἡμῶν

7. πιστὴ ἦν

8. πιστή ἐστιν

9. ἔσται πιστός

10. ἦσαν μακάριοι

12D. FOCUS

I. Third Declension Noun Parsing.

	Gender	Case	Number	Lexical Form and Meaning
1. πατρί				
2. ἀνδρές				
3. ποῦς				
4 ἄρχουσιν				
5. αἰώνων				
6. φῶς				
7. ὕδατα				
8. Σίμονα				
9. πυρός				
10. τοῖς ἀνδράσιν				

II. Adjectives of Number and Amount.

1. ἐν μιᾷ τῶν ἡμερῶν

2. ὄχλος πολὺς μαθητῶν αὐτοῦ

3. πάντες οἱ ἄνθρωποι εἰσῆλθον εἰς ὅλον τὸν οἶκον.

4. πάντες δὲ ἔλεγον

5. προφήτης μέγας

6. εἶπεν αὐτῷ πᾶσαν τὴν ἀλήθειαν.

7. πάντας τοὺς προφήτας ἐν τῇ βασιλείᾳ τοῦ θεοῦ,

8. πᾶς ἐξ ὑμῶν

9. οὐδέν ἄξιον θανάτου

10. οὐδέν τούτων

11. παρὰ πάντας τοὺς ἀνθρώπους

12. πᾶς ὁ ὄχλος ὅλην τὴν ἡμέραν

13. πάσαις ταῖς ἐντολαῖς

14. οὐδείς ἐβλέψεν Ἰησοῦν.

III. Demonstrative Pronouns.

1. αὕτη

2. ἐκεῖνος

3. διὰ τοῦτον τὸν κόσμον

4. διὰ τὸν κόσμον τοῦτον

5. διὰ τοῦτον τὸν λόγον τοῦ θεοῦ

6. μετὰ τούτου τοῦ τέκνου

7. μετὰ τοῦ ὄχλου τούτου

8. μετὰ ἐκείνου τοῦ τέκνου

9. μετὰ τοῦ ὄχλου ἐκείνου

10. αὕτη ἡ ὁδός

11. εἰς τὸν ἅγιον τόπον ἐκεῖνον

12. ἐν ταύταις ἡμέραις

13. ὁ ἄρτος ἐκείνων

14. ἐκεῖνος ὁ ἀδελφός

12E. SENTENCES

1. ὁ Πέτρος καὶ ἐξῆλθεν ἔξω καὶ ἔκλαυσεν πικθῶς. (ἔξω= outside; πικθῶς= bitterly)

2. John 8:27 οὐκ ἔγνωσαν ὅτι τὸν πατέρα αὐτοῖς ἔλεγεν. (*hint: add "about" before "father"*)

3. John 5:1 Μετὰ ταῦτα ἦν ἑορτὴ τῶν Ἰουδαίων, καὶ ἀνέβη Ἰησοῦς εἰς Ἱεροσόλυμα.
   (ἡ ἑορτή= feast)

4. John 10:18 ταύτην τὴν ἐντολὴν ἔλαβον παρὰ τοῦ πατρός μου.

5. 1 Cor 1:14 εὐχαριστῶ [τῷ θεῷ] ὅτι οὐδένα ὑμῶν ἐβάπτισα εἰ μὴ Κρίσπον καὶ Γάϊον,
   (εὐχαριστῶ= "I give thanks"; εἰ μὴ= except)

6. John 3:22 Μετὰ ταῦτα ἦλθεν ὁ Ἰησοῦς καὶ οἱ μαθηταὶ αὐτοῦ εἰς τὴν Ἰουδαίαν γῆν καὶ ἐκεῖ
   διέτριβεν μετ' αὐτῶν καὶ ἐβάπτιζεν. (ἡ γῆ= land; ἐκεῖ= there; διατρίβω= I spend time)

7. Rom 8:30b οὓς δὲ ἐδικαίωσεν, τούτους καὶ ἐδόξασεν. (δικαιόω= I justify)

8. Luke 7:16a ἔλαβεν δὲ φόβος πάντας καὶ ἐδόξαζον τὸν θεόν. (ὁ φόβος= fear)

9. Mark 10:5 ὁ δὲ Ἰησοῦς εἶπεν αὐτοῖς, Πρὸς τὴν σκληροκαρδίαν ὑμῶν ἔγραψεν ὑμῖν τὴν
ἐντολὴν ταύτην. (ἡ σκληροκαρδία= hard hearted)

10. John 9:28 καὶ ἐλοιδόρησαν αὐτὸν καὶ εἶπον, Σὺ μαθητὴς εἶ ἐκείνου, ἡμεῖς δὲ τοῦ Μωϋσέως
ἐσμὲν μαθηταί· (λοιδορέω= I reproach)

11. John 12:42a καὶ ἐκ τῶν ἀρχόντων πολλοὶ ἐπίστευσαν εἰς αὐτόν,. . .

12. Phil 4:9 ἃ καὶ ἐμάθετε καὶ παρελάβετε καὶ ἠκούσατε καὶ εἴδετε ἐν ἐμοί, ταῦτα πράσσετε·
(μανθάνω= I learn [2nd Aor. ἔμαθον]; πράσσετε= "Do!")

13. John 6:49 οἱ πατέρες ὑμῶν ἔφαγον ἐν τῇ ἐρήμῳ τὸ μάννα καὶ ἀπέθανον· (ὁ ἔρημος= desert)

14. John 16:30 νῦν οἴδαμεν ὅτι οἶδας πάντα καὶ οὐ χρείαν ἔχεις ἵνα τίς σε ἐρωτᾷ· ἐν τούτῳ
πιστεύομεν ὅτι ἀπὸ θεοῦ ἐξῆλθες. (ἡ χρεία= need; ἵνα τίς σε ἐρωτᾷ= "that someone ask
you")

15. John 4:18a πέντε γὰρ ἄνδρας ἔσχες καὶ νῦν ὃν ἔχεις οὐκ ἔστιν σου ἀνήρ·

16. John 16:14 ἐκεῖνος ἐμὲ δοξάσει, ὅτι ἐκ τοῦ ἐμοῦ λήμψεται καὶ ἀναγγελεῖ ὑμῖν.
(ἀναγγελεῖ= "he will announce")

17. John 14:20 ἐν ἐκείνῃ τῇ ἡμέρᾳ γνώσεσθε ὑμεῖς ὅτι ἐγὼ ἐν τῷ πατρί μου καὶ ὑμεῖς ἐν ἐμοὶ κἀγὼ ἐν ὑμῖν.

18. John 13:35 ἐν τούτῳ γνώσονται πάντες ὅτι ἐμοὶ μαθηταί ἐστε, ἐὰν ἀγάπην ἔχητε ἐν ἀλλήλοις. (ἐὰν= if; ἔχητε= "you would have"; ἀλλήλοις= one another; ἡ ἀγάπη= love)

19. Luke 8:22 Ἐγένετο δὲ ἐν μιᾷ τῶν ἡμερῶν καὶ αὐτὸς ἐνέβη εἰς πλοῖον καὶ οἱ μαθηταὶ αὐτοῦ καὶ εἶπεν πρὸς αὐτούς, Διέλθωμεν εἰς τὸ πέραν τῆς λίμνης, καὶ ἀνήχθησαν. (ἐνβαίνω= I embark; τὸ πλοῖον= boat; Διέλθωμεν= "let us go"; πέραν= other side; ἡ λίμνη= lake; ἀνάγω= I set sail [in the passive voice])

20. Acts 20:25 Καὶ νῦν ἰδοὺ ἐγὼ οἶδα ὅτι οὐκέτι ὄψεσθε τὸ πρόσωπόν μου ὑμεῖς πάντες ἐν οἷς διῆλθον κηρύσσων τὴν βασιλείαν. (ἰδού= behold; οὐκέτι= no longer; τὸ πρόσωπον= face; κηρύσσων = "preaching")

21. John 21:23 ἐξῆλθεν οὖν οὗτος ὁ λόγος εἰς τοὺς ἀδελφοὺς ὅτι ὁ μαθητὴς ἐκεῖνος οὐκ ἀποθνήσκει· οὐκ εἶπεν δὲ αὐτῷ ὁ Ἰησοῦς ὅτι οὐκ ἀποθνήσκει ἀλλ', Ἐὰν αὐτὸν θέλω μένειν ἕως ἔρχομαι[, τί πρὸς σέ]; (ἐὰν= if; αὐτὸν θέλω μένειν= "I want him to remain"; τί= what?)

12F. READING: MARK 1:9-15 JESUS BEGINS HIS MINISTRY

9 Καὶ ἐγένετο ἐν ἐκείναις ταῖς ἡμέραις ἦλθεν Ἰησοῦς ἀπὸ Ναζαρὲτ τῆς Γαλιλαίας καὶ ἐβαπτίσθη εἰς τὸν Ἰορδάνην ὑπὸ Ἰωάννου. 10 καὶ εὐθὺς ἀναβαίνων ἐκ τοῦ ὕδατος εἶδεν σχιζομένους τοὺς οὐρανοὺς καὶ τὸ πνεῦμα ὡς περιστερὰν καταβαῖνον εἰς αὐτόν· 11 καὶ φωνὴ ἐγένετο ἐκ τῶν οὐρανῶν, Σὺ εἶ ὁ υἱός μου ὁ ἀγαπητός, ἐν σοὶ εὐδόκησα. 12 Καὶ εὐθὺς τὸ πνεῦμα αὐτὸν ἐκβάλλει εἰς τὴν ἔρημον. 13 καὶ ἦν ἐν τῇ ἐρήμῳ τεσσεράκοντα ἡμέρας πειραζόμενος ὑπὸ τοῦ Σατανᾶ, καὶ ἦν μετὰ τῶν θηρίων, καὶ οἱ ἄγγελοι διηκόνουν αὐτῷ. 14 Μετὰ δὲ τὸ παραδοθῆναι τὸν Ἰωάννην ἦλθεν ὁ Ἰησοῦς εἰς τὴν Γαλιλαίαν κηρύσσων τὸ εὐαγγέλιον τοῦ θεοῦ 15 καὶ λέγων ὅτι Πεπλήρωται ὁ καιρὸς καὶ ἤγγικεν ἡ βασιλεία τοῦ θεοῦ· μετανοεῖτε καὶ πιστεύετε ἐν τῷ εὐαγγελίῳ.

9 ἐβαπτίσθη= "he was baptized";
10 εὐθύς= immediately; ἀναβαίνων = "coming up" ; σχιζομένους τοὺς οὐρανούς= "the heavens opened up"; τὸ πνεῦμα ὡς περιστερὰν καταβαῖνον= "the spirit as a dove descending"
11 φωνή= a voice; ἀγαπητός,-ή,-όν= beloved; εὐδόκέω= I am well pleased (with)
12 ἡ ἔρημος= desert; τὸ πνεῦμα= spirit
13 τεσσεράκοντα= forty; πειραζόμενος= "being tempted"; τὸ θηρίον= beast; διηκόνουν αὐτῷ= "they were ministering to him."
14 Μετὰ δὲ τὸ παραδοθῆναι τὸν Ἰωάννην= "After John was arrested. . ."; κηρύσσων = "preaching"
15 λέγων = "saying" ; Πεπλήρωται. . . καὶ ἤγγικεν= *perfect tense,* "has been fulfilled. . .and has drawn near"; μετανοεῖτε καὶ πιστεύετε= "repent and believe!" *(Imperatives)*

Exercises Ch. 13

13A. Overview
13B. Vocabularies 13 and 6
13C. Review
13D. Focus
13E. Sentences
13F. Readings

13A. Overview

1. What Tense Markers are used to form the Perfect Tense and the Pluperfect Tense?

   Tense Markers of the Perfect Tense?

   Tense Markers of the Pluperfect Tense?

2. Describe the Verbal Aspect of the Perfect and Pluperfect Tenses. What does the augment add in the formation of the Pluperfect Tense?

3. Explain reduplication. How would you reduplicate the following verb stems?

   κράζω   ἀγαπάω

   ἀναβαίνω   θεραπεύω

   εὑρίσκω   ἀποθνήσκω

4. Complete the "endings" for the Perfect and Pluperfect Tenses:

Perfect A		**Perfect M/P**	
-κα	-	-μαι	-
-	-	-	-
-	-	-	-

Pluperfect A		**Pluperfect M/P**	
-κειν	-	-μην	-
-	-	-	-
-	-	-	-

13B. VOCABULARIES 13 AND 6

Fill in the spaces of the crossword puzzle using Greek for the corresponding English gloss.

Created with EclipseCrossword — www.eclipsecrossword.com

Across

1. flesh
3. mouth, opening
6. hand
9. woman; wife
10. under
12. will, desire
14. by (means of), with
16. before, face to face
17. mother
18. into, to; for
20. I answer back
23. towards, to; with
24. I release, send away
26. I go into, I enter
27. name
29. I pass through/over
30. body
31. through

Down

2. from
3. with
4. I go away, depart
5. on account of
7. from, out of
8. word
11. spirit; breath
13. I go out, exit
15. in, among, with
18. hope
19. blood; bloodshed
21. night
22. seed; offspring
25. I come/go to
28. grace; favor, thank-fulness

13C. REVIEW

I. Translate these short phrases/sentences.

1. ὅλης τῆς Ἰουδαίας,

2. πάντων τῶν προφητῶν

3. ἀπὸ πάντων τῶν τέκνων αὐτῆς.

4. πολλοὺς τῶν υἱῶν Ἰσραὴλ

5. οὗτος ἔσται μέγας

6. παντὶ τῷ λαῷ

7. πᾶς γὰρ ὁ ὄχλος

8. πολλοὺς τῶν Φαρισαίων καὶ Σαδδουκαίων

9. πάσας τὰς βασιλείας τοῦ κόσμου

10. ἐν πάσῃ τῇ δόξῃ αὐτοῦ

11. πάντες γὰρ οἱ προφῆται καὶ ὁ νόμος

12. πάντες οἱ ὄχλοι καὶ ἔλεγον.

13. τὸ εὐαγγέλιον τοῦτό ἐστιν ἐν ὅλῳ τῷ κόσμῳ,

14. πάντες οἱ μαθηταὶ εἶπαν.

II. Translate these phrases with demonstrative pronouns:

1. ταύτας

2. μετὰ ταῦτα

3. τῶν κόσμων ἐκείνων

4. τούτοις τοῖς τέκνοις

5. αὗται αἱ παραβολαί

6. τοῦ φωτὸς τούτου

7. τοῖς ἀνδράσιν ἐκείνοις

8. διὰ τοῦτο

13D. FOCUS

I. Parse these verbs: (They are not necessarily Perfect or Pluperfect Tenses)

	Tense	Voice	Mood	Person	Number	Lexical Form & Meaning
1. ἔσωσα						
2. ἔγνωκαν						
3. ἐλήλυθα						
4. γενήσομαι						
5. βέβληνται						
6. πέπονθας						
7. πεπόρευμαι						
8. λέγω						
9. εἶδεν						
10. ἤγγικεν						

II. Parse these Third Declension nouns.

	Gender	Case	Number	Lexical Form	Translation with Case
1. μήτρος					
2. σαρκά					
3. ἐλπίδι					
4. πνεύματα					
5. θελήματος					
6. ῥῆμα					

13E. SENTENCES

Mark up the Odd sentences using the Constituent Marking Method from §4.6 CONSTITUENT MARKING FOR NAVIGATING A GREEK SENTENCE and then translate:

1. John 19:40 ἔλαβον οὖν τὸ σῶμα τοῦ Ἰησοῦ. . .

2. Matt 3:2 ἤγγικεν γὰρ ἡ βασιλεία τῶν οὐρανῶν.

3. Luke 3:6 καὶ ὄψεται πᾶσα σὰρξ τὸ σωτήριον τοῦ θεοῦ. (τὸ σωτήριον= salvation)

4. Luke 3:2b ἐγένετο ῥῆμα θεοῦ ἐπὶ Ἰωάννην τὸν Ζαχαρίου υἱὸν ἐν τῇ ἐρήμῳ. (ἡ ἐρήμος= desert)

5. John 20:29 λέγει αὐτῷ ὁ Ἰησοῦς· Ὅτι ἑώρακάς με πεπίστευκας;

6. John 6:68b-69 ῥήματα ζωῆς αἰωνίου ἔχεις, [69] καὶ ἡμεῖς πεπιστεύκαμεν καὶ ἐγνώκαμεν ὅτι σὺ εἶ ὁ ἅγιος τοῦ θεοῦ. (ζωῆς αἰωνίου= "eternal life")

7. 1 Cor 2:12a ἡμεῖς δὲ οὐ τὸ πνεῦμα τοῦ κόσμου ἐλάβομεν ἀλλὰ τὸ πνεῦμα τὸ ἐκ τοῦ θεοῦ...

8. 1 Cor 7:27 δέδεσαι γυναικί, μὴ ζήτει λύσιν· λέλυσαι ἀπὸ γυναικός, μὴ ζήτει γυναῖκα. (μὴ ζήτει= "Seek not. . .!"; λύσιν= divorce [acc.sg.]; δέω= I bind)

9. Gal 4:22 γέγραπται γὰρ ὅτι Ἀβραὰμ δύο υἱοὺς ἔσχεν, ἕνα ἐκ τῆς παιδίσκης καὶ ἕνα ἐκ τῆς ἐλευθέρας. (δύο= two; ἡ παιδίσκης= female slave; ἐλεύθερος,-α,-ον= free)

10. Luke 3:16 ἐγὼ μὲν ὕδατι βαπτίζω ὑμᾶς·...αὐτὸς ὑμᾶς βαπτίσει ἐν πνεύματι ἁγίῳ καὶ πυρί.

11. Col 3:3 ἀπεθάνετε γὰρ καὶ ἡ ζωὴ ὑμῶν κέκρυπται σὺν τῷ Χριστῷ ἐν τῷ θεῷ· (κρύπτω= I hide)

12. John 16:27 αὐτὸς γὰρ ὁ πατὴρ φιλεῖ ὑμᾶς, ὅτι ὑμεῖς ἐμὲ πεφιλήκατε καὶ πεπιστεύκατε ὅτι ἐγὼ παρὰ [τοῦ] θεοῦ ἐξῆλθον. (φιλέω= I love)

13. Rom 14:14 οἶδα καὶ πέπεισμαι ἐν κυρίῳ Ἰησοῦ ὅτι οὐδὲν κοινὸν δι' ἑαυτοῦ. (κοινός,-ή,-όν= common/defiled; ἑαυτοῦ= itself)

14. Gal 2:7b πεπίστευμαι τὸ εὐαγγέλιον τῆς ἀκροβυστίας καθὼς Πέτρος τῆς περιτομῆς. . . (ἡ ἀκροβυστία= uncircumcision; καθώς= just as; ἡ περιτομή= circumcision)

15. John 1:30 οὗτός ἐστιν ὑπὲρ οὗ ἐγὼ εἶπον· Ὀπίσω μου ἔρχεται ἀνὴρ ὃς ἐνώπιον μου γέγονεν, ὅτι πρῶτός μου ἦν. (ὀπίσω= after)

16. Rom 8:15 οὐ γὰρ ἐλάβετε πνεῦμα δουλείας πάλιν εἰς φόβον ἀλλὰ ἐλάβετε πνεῦμα υἱοθεσίας ἐν ᾧ κράζομεν. (ὁ φόβος= fear; ἡ δουλεία= slavery; ἡ υἱοθεσία= sonship)

17. John 4:42 τῇ τε γυναικὶ ἔλεγον ὅτι Οὐκέτι διὰ τὴν σὴν λαλιὰν πιστεύομεν, αὐτοὶ γὰρ ἀκηκόαμεν καὶ οἴδαμεν ὅτι οὗτός ἐστιν ἀληθῶς ὁ σωτὴρ τοῦ κόσμου. (τε= and; οὐκέτι= no longer; σὴν λαλιάν= "your word"; ἀληθῶς= truly; ὁ σωτήρ= savior)

18. Gen 6:18 (LXX) καὶ στήσω τὴν διαθήκην μου πρὸς σέ. εἰσελεύσῃ δὲ εἰς τὴν κιβωτόν σὺ καὶ οἱ υἱοί σου καὶ ἡ γυνή σου καὶ αἱ γυναῖκες τῶν υἱῶν σου μετὰ σοῦ. (στήσω= "I will establish"; ἡ διαθήκη= covenant; ἡ κιβωτός= ark)

19. Matt 26:45 τότε ἔρχεται πρὸς τοὺς μαθητὰς καὶ λέγει αὐτοῖς, Καθεύδετε [τὸ] λοιπὸν καὶ ἀναπαύεσθε· ἰδοὺ ἤγγικεν ἡ ὥρα καὶ ὁ υἱὸς τοῦ ἀνθρώπου παραδίδοται εἰς χεῖρας ἁμαρτωλῶν. ([τὸ] λοιπόν= the remainder; ἰδού= behold; ἡ ὥρα= hour; καθεύδω= I sleep; ἀναπαύω= I rest; παραδίδοται= "is being betrayed"; ὁ ἁμαρτωλός= sinner)

20. Mark 6:14 Καὶ ἤκουσεν ὁ βασιλεὺς Ἡρῴδης, φανερὸν γὰρ ἐγένετο τὸ ὄνομα αὐτοῦ, καὶ ἔλεγον ὅτι Ἰωάννης ὁ βαπτίζων ἐγήγερται ἐκ νεκρῶν καὶ διὰ τοῦτο ἐνεργοῦσιν αἱ δυνάμεις ἐν αὐτῷ. (βασιλεὺς Ἡρῴδης= "King Herod"; φανερός,-ά,-όν= manifest; βαπτίζων= the baptizing one; ἐγήγερται= Pluperf. of ἐγείρω= I raise up; ἐνεργέω= I am operative; αἱ δυνάμεις= powers)

13F. READINGS

I. First John 1:1-3a.

[1] Ὁ ἦν ἀπ' ἀρχῆς, ὃ ἀκηκόαμεν, ὃ ἑωράκαμεν τοῖς ὀφθαλμοῖς ἡμῶν, ὃ ἐθεασάμεθα καὶ αἱ χεῖρες ἡμῶν ἐψηλάφησαν περὶ τοῦ λόγου τῆς ζωῆς [2] καὶ ἡ ζωὴ ἐφανερώθη, καὶ ἑωράκαμεν καὶ μαρτυροῦμεν καὶ ἀπαγγέλλομεν ὑμῖν τὴν ζωὴν τὴν αἰώνιον ἥτις ἦν πρὸς τὸν πατέρα καὶ ἐφανερώθη ἡμῖν [3] ὃ ἑωράκαμεν καὶ ἀκηκόαμεν, ἀπαγγέλλομεν καὶ ὑμῖν, ἵνα καὶ ὑμεῖς κοινωνίαν ἔχητε μεθ' ἡμῶν. καὶ ἡ κοινωνία δὲ ἡ ἡμετέρα μετὰ τοῦ πατρὸς καὶ μετὰ τοῦ υἱοῦ αὐτοῦ Ἰησοῦ Χριστοῦ.

Verse 1: ἡ ἀρχή= beginning; θεάομαι= I see; ψηλαφέω= I touch;
Verse 2: ἐφανερώθη= "was manifest"; μαρτυρέω= I testify; ἀπαγγέλλω= I announce; αἰώνιον ἥτις= "eternal which"
Verse 3: ἵνα...ἔχητε= "in order that... you might have"; ἡ κοινωνία= fellowship; ἡ ἡμετέρα= "our"[this is a possessive adjective]

II. Colossians 1:1-6.

¹ Παῦλος ἀπόστολος Χριστοῦ Ἰησοῦ διὰ θελήματος θεοῦ καὶ Τιμόθεος ὁ ἀδελφὸς ² τοῖς ἐν

Κολοσσαῖς ἁγίοις καὶ πιστοῖς ἀδελφοῖς ἐν Χριστῷ, χάρις ὑμῖν καὶ εἰρήνη ἀπὸ θεοῦ πατρὸς

ἡμῶν. ³ Εὐχαριστοῦμεν τῷ θεῷ πατρὶ τοῦ κυρίου ἡμῶν Ἰησοῦ Χριστοῦ πάντοτε περὶ ὑμῶν

προσευχόμενοι, ⁴ ἀκούσαντες τὴν πίστιν ὑμῶν ἐν Χριστῷ Ἰησοῦ καὶ τὴν ἀγάπην ἣν ἔχετε εἰς

πάντας τοὺς ἁγίους ⁵ διὰ τὴν ἐλπίδα τὴν ἀποκειμένην ὑμῖν ἐν τοῖς οὐρανοῖς, ἣν προηκούσατε ἐν

τῷ λόγῳ τῆς ἀληθείας τοῦ εὐαγγελίου ⁶ τοῦ παρόντος εἰς ὑμᾶς, καθὼς καὶ ἐν παντὶ τῷ κόσμῳ

ἐστὶν καρποφορούμενον καὶ αὐξανόμενον καθὼς καὶ ἐν ὑμῖν, ἀφ' ἧς ἡμέρας ἠκούσατε καὶ

ἐπέγνωτε τὴν χάριν τοῦ θεοῦ ἐν ἀληθείᾳ.

Verse 3: Εὐχαριστοῦμεν= "We give thanks"; πάντοτε= always; προσευχόμενοι= "while praying";
Verse 4: ἀκούσαντες= "having heard"; ἡ πίστις= faith
Verse 5: τὴν ἀποκειμένην= "which is stored up"; προακούω= I hear before;
Verse 6: τοῦ παρόντος= "which is present"; καθώς= as; καρποφορούμενον= "bearing fruit"; αὐξανόμενον καθώς= "growing as"

EXERCISES CH. 14

14A. OVERVIEW
14B. VOCABULARIES 14 AND 7
14C. REVIEW
14D. FOCUS
14E. SENTENCES
14F. READING

14A. OVERVIEW

1. What is the difference in form between the Interrogative and Indefinite Pronoun?

2. How does the Interrogative and Indefinite Pronoun function in a sentence?

3. Direct Questions in Greek must always begin with an interrogative word <u>and</u> end with a semi-colon. True or false?

4. Explain the MNOP rule:

5. Indirect statements of "manner" and "location" can begin with which two words respectively?

6. Which uses of the Dative Case are "most common," "very common," and "common"? List them below and create an English equivalent translation to each of these common uses.

"Most Common"

"Very Common"

"Common"

14B. VOCABULARIES 14 AND 7

Fill in the spaces of the crossword puzzle using Greek for the corresponding English gloss.

Created with EclipseCrossword — www.eclipsecrossword.com

Across

2. beloved
4. elderly, old
5. I trust
7. two
11. four
16. righteous, just
18. seven
19. dead
20. Why?
21. other; another
23. first; prominent
24. again
26. where (?)
27. how (?)
28. only; alone
29. Used to expect a positive answer
30. blind woman
31. bad; evil
34. eternal, long-lasting
35. good; beautiful; noble

Down

1. good, beneficial
3. middle
4. faithful, believing
6. last thing
7. twelve
8. someone
9. different; another
10. wicked; evil
12. yet, still
13. Judaean, Jewish
14. three
15. blessed, happy
16. right (vs. left)
17. holy; devout
18. each
22. rest; remaining
25. now, currently
28. Used to expect a negative answer
32. I hear; I obey
33. one's own

14C. Review

I. Translate these phrases with Third Declension nouns.

1. εἶπεν τῇ μητρὶ αὐτῆς

2. τῷ λόγῳ τῆς χάριτος αὐτοῦ

3. ὁ θεὸς τῆς ἐλπίδος

4. πνεύματα ἐκεῖνα

5. περὶ τοῦ θελήματος τοῦ θεοῦ

6. μου τὸ αἷμα καὶ μου τὴν σάρκα

7. ὕδατι καὶ πυρί

8. τοῖς πᾶσιν ἀνδράσιν

9. τῷ πατρί μου ἐν τοῖς οὐρανοῖς

10. ἄνδρες τοῦ Ἰσράηλ

11. ὑπὸ τοὺς πόδας αὐτοῦ

12. εἰς τοὺς αἰῶνας

13. ἐκ τοῦ στόματός σου

14. εἶδον μέγα φῶς

15. πολλῶν ὑδάτων

16. ὅλης τῆς νυκτός

II. Parse these verbs.

		Tense	Voice	Mood	Person	Number	Lexical Form & Meaning
1.	ἄξω						
2.	ἔγνωκα						
3.	ἐλήλυθας						
4.	διῆλθον						
5.	γέγονα						
6.	ἔσχηκα						
7.	ἑώρακα						
8.	ἔσομαι						
9.	ἀνεβεβήκεισιν						
10.	ἐδίωξα						

14D. Focus

I. Translate these short sentences most of which have interrogative and indefinite pronouns.

1. ἔλεγεν αὐτῷ εἷς ἕκαστος, Μήτι ἐγώ εἰμι, κύριε;

2. John 7:45 Διὰ τί οὐκ ἠγάγετε αὐτόν;

3. Luke 1:18 Κατὰ τί γνώσομαι τοῦτο;

4. 3 John 1:9 Ἔγραψά τι τῇ ἐκκλησίᾳ·

5. Rom 11:34 Τίς γὰρ ἔγνω νοῦν κυρίου; (νοῦν= "mind" acc. sg.)

6. Rom 10:6 Τίς ἀναβήσεται εἰς τὸν οὐρανόν;

7. Rom 10:7 Τίς καταβήσεται εἰς τὴν ἄβυσσον; (ἡ ἄβυσσος= ?; upsilon *becomes "y" in English*)

8. Luke 6:2a τινὲς δὲ τῶν Φαρισαίων εἶπαν. . . .

9. Acts 18:7a εἰσῆλθεν εἰς οἰκίαν τινὸς ὀνόματι Τιτίου Ἰούστου

10. John 5:47 εἰ δὲ τοῖς ἐκείνου γράμμασιν οὐ πιστεύετε, πῶς τοῖς ἐμοῖς ῥήμασιν πιστεύσετε; (τὸ γράμμα= writing; ἐμοῖς= my)

11. Luke 13:31 Ἐν αὐτῇ τῇ ὥρᾳ προσῆλθάν τινες Φαρισαῖοι λέγοντες αὐτῷ· ἔξελθε καὶ πορεύου ἐντεῦθεν, ὅτι Ἡρῴδης θέλει σε ἀποκτεῖναι. (λέγοντες= "saying"; ἔξελθε καὶ πορεύου ἐντεῦθεν = "go out and go from here"; θέλω= I want; ἀποκτεῖναι= "to kill")

12. Luke 9:49b εἴδομέν τινα ἐν τῷ ὀνόματί σου ἐκβάλλοντα δαιμόνια, (ἐκβάλλοντα= "casting out" [acc. sg. going with τινα])

II. Translate these adjectives from this lesson.

1. εἰς ζωὴν αἰώνιον

2. ἡ ἀδελφή μου μόνην με κατέλειπεν

3. οἱ πρεσβύτεροι τοῦ λαοῦ

4. οὐκ ἐν τῷ ὕδατι μόνῳ

5. μόνοι οἱ μαθηταὶ αὐτοῦ ἀπῆλθον

6. ἀπὸ τῶν πρεσβυτέρων

7. οὐκ ἐπ ' ἄρτῳ μόνῳ

8. ἐν μέσῳ αὐτῶν

9. ὅτι πιστοί εἰσιν καὶ ἀγαπητοί

10. τὴν δόξαν τὴν παρὰ τοῦ μόνου θεοῦ

11. ὁ τυφλός

12. Σὺ εἶ ὁ υἱός μου ὁ ἀγαπητός,

13. πρὸς τοὺς ἀποστόλους καὶ τοὺς πρεσβυτέρους τῆς ἐκκλησίας

14. ἡ γυνὴ ἐν μέσῳ τοῦ ὄχλου

14E. SENTENCES

Mark up the Odd sentences using the Constituent Marking Method from §4.6 CONSTITUENT MARKING FOR NAVIGATING A GREEK SENTENCE and then translate.

1. John 9:17 Τί σὺ λέγεις περὶ αὐτοῦ, ὅτι ἠνέῳξέν σου τοὺς ὀφθαλμούς;

2. Mark 12:23 οἱ γὰρ ἑπτὰ ἔσχον αὐτὴν γυναῖκα. (*hint: supply an "as"*)

3. Matt 12:23 καὶ ἐξίσταντο πάντες οἱ ὄχλοι καὶ ἔλεγον, Μήτι οὗτός ἐστιν ὁ υἱὸς Δαυίδ;
   (ἐξίσταντο= "were amazed")

4. Luke 1:34 εἶπεν δὲ Μαριὰμ πρὸς τὸν ἄγγελον, Πῶς ἔσται τοῦτο, ἐπεὶ ἄνδρα οὐ γινώσκω;
   (ἐπεί= since [*begins a subordinate clause*])

5. John 9:12 καὶ εἶπαν αὐτῷ, Ποῦ ἐστιν ἐκεῖνος; λέγει, Οὐκ οἶδα.

6. John 7:41 ἄλλοι ἔλεγον, Οὗτός ἐστιν ὁ Χριστός, οἱ δὲ ἔλεγον, Μὴ γὰρ ἐκ τῆς Γαλιλαίας ὁ
   Χριστὸς ἔρχεται; (οἱ δὲ= "but others")

7. John 20:29a λέγει αὐτῷ ὁ Ἰησοῦς, Ὅτι ἑώρακάς με πεπίστευκας;

8. John 8:46b τίς ἐξ ὑμῶν ἐλέγχει με περὶ ἁμαρτίας; εἰ ἀλήθειαν λέγω, διὰ τί ὑμεῖς οὐ
   πιστεύετέ μοι; (ἐλέγχω= I convict; ἡ ἁμαρτία= sin)

9. Matt 20:17-18a Καὶ ἀναβαίνων ὁ Ἰησοῦς εἰς Ἱεροσόλυμα παρέλαβεν τοὺς δώδεκα [μαθητὰς]
   κατ' ἰδίαν καὶ ἐν τῇ ὁδῷ εἶπεν αὐτοῖς· Ἰδοὺ ἀναβαίνομεν εἰς Ἱεροσόλυμα... (ἀναβαίνων=
   "while he was going up")

10. Luke 15:25 Ἦν δὲ ὁ υἱὸς αὐτοῦ ὁ πρεσβύτερος ἐν ἀγρῷ· καὶ ὡς ἐρχόμενος ἤγγισεν τῇ οἰκίᾳ, ἤκουσεν συμφωνίας καὶ χορῶν, (ὁ ἀγρός= field; ὡς ἐρχόμενος= "as, while coming,"; ἡ οἰκία= house; ἡ συμφωνία= music; ὁ χορός= dancing)

11. Matt 18:20 οὗ γάρ εἰσιν δύο ἢ τρεῖς συνηγμένοι εἰς τὸ ἐμὸν ὄνομα, ἐκεῖ εἰμι ἐν μέσῳ αὐτῶν. (οὗ= where; συνηγμένοι= "gathered together"; ἐκεῖ= there)

12. Matt 13:49 οὕτως ἔσται ἐν τῇ συντελείᾳ τοῦ αἰῶνος· ἐξελεύσονται οἱ ἄγγελοι καὶ ἀφοριοῦσιν τοὺς πονηροὺς ἐκ μέσου τῶν δικαίων (οὕτως= thus; ἡ συντελεία= end; ἀφοριοῦσιν= "they will separate")

13. John 9:17 λέγουσιν οὖν τῷ τυφλῷ πάλιν, Τί σὺ λέγεις περὶ αὐτοῦ, ὅτι ἠνέῳξέν σου τοὺς ὀφθαλμούς; ὁ δὲ εἶπεν ὅτι Προφήτης ἐστίν. (ὁ δέ= "he")

14. John 6:42 καὶ ἔλεγον, Οὐχ οὗτός ἐστιν Ἰησοῦς ὁ υἱὸς Ἰωσήφ, οὗ ἡμεῖς οἴδαμεν τὸν πατέρα καὶ τὴν μητέρα; πῶς νῦν λέγει ὅτι Ἐκ τοῦ οὐρανοῦ καταβέβηκα;

15. Βαρναβᾶς δὲ ἔλαβεν Παῦλον καὶ ἤγαγεν αὐτὸν πρὸς τοὺς ἀποστόλους καὶ διηγήσατο αὐτοῖς πῶς ἐν τῇ ὁδῷ εἶδεν τὸν κύριον καὶ ὅτι ἐλάλησεν αὐτῷ, καὶ πῶς ἐν Δαμασκῷ ἐπαρρησιάσατο ἐν τῷ ὀνόματι τοῦ Ἰησοῦ. (cf. Acts 9:20; διηγήσατο= "he explained"; λαλέω= I speak; παρρησιάζομαι= I speak boldly)

16. John 20:13 καὶ λέγουσιν αὐτῇ ἐκεῖνοι, Γύναι, τί κλαίεις; λέγει αὐτοῖς ὅτι Ἦραν τὸν κύριόν μου, καὶ οὐκ οἶδα ποῦ ἔθηκαν αὐτόν. John 20:15a λέγει αὐτῇ Ἰησοῦς, Γύναι, τί κλαίεις; τίνα ζητεῖς; (Ἦραν= "they took"; ἔθηκαν= "they set"; ζητέω= I seek)

17. Luke 24:10 ἦσαν δὲ ἡ Μαγδαληνὴ Μαρία καὶ Ἰωάννα καὶ Μαρία ἡ Ἰακώβου καὶ αἱ λοιπαὶ σὺν αὐταῖς. ἔλεγον πρὸς τοὺς ἀποστόλους ταῦτα,

18. John 21:23 ἐξῆλθεν οὖν οὗτος ὁ λόγος εἰς τοὺς ἀδελφοὺς ὅτι ὁ μαθητὴς ἐκεῖνος οὐκ ἀποθνῄσκει. οὐκ εἶπεν δὲ αὐτῷ ὁ Ἰησοῦς ὅτι οὐκ ἀποθνῄσκει· ἀλλ', Ἐὰν αὐτὸν θέλω μένειν ἕως ἔρχομαι[, τί πρὸς σέ]; (ἐάν= if; μένειν= "to remain"; θέλω= I want; ἕως= until)

19. Luke 24:24 καὶ ἀπῆλθόν τινες τῶν σὺν ἡμῖν ἐπὶ τὸ μνημεῖον, καὶ εὗρον οὕτως καθὼς καὶ αἱ γυναῖκες εἶπον, αὐτὸν δὲ οὐκ εἶδον. (τὸ μνημεῖον= tomb; οὕτως= thus; καθώς= as)

20. Jonah 1:8 (LXX) καὶ εἶπον πρὸς αὐτόν, Ἀπάγγειλον ἡμῖν <u>τίνος ἕνεκεν</u> ἡ κακία αὕτη ἐστὶν ἐν ἡμῖν. τίς σου ἡ ἐργασία ἐστίν καὶ πόθεν ἔρχῃ καὶ ἐκ ποίας χώρας καὶ ἐκ ποίου λαοῦ εἶ σύ; (Ἀπάγγειλον= "Tell!"; τίνος ἕνεκεν= "on account of whom"; ἡ κακία= bad circumstance; ἡ ἐργασία= occupation; πόθεν= from where?; ποῖος,-α,-ον= what sort of?; ἡ χώρα= country)

14F. READING

I. Paul's Defense in 1 Cor 9:1-6.

¹ Οὐκ εἰμὶ <u>ἐλεύθερος</u>; οὐκ εἰμὶ ἀπόστολος; οὐχὶ Ἰησοῦν τὸν κύριον ἡμῶν <u>ἑόρακα</u>; οὐ τὸ ἔργον μου ὑμεῖς ἐστε ἐν κυρίῳ; ² εἰ ἄλλοις οὐκ εἰμὶ ἀπόστολος, ἀλλά <u>γε</u> ὑμῖν εἰμι· ἡ γὰρ <u>σφραγίς</u> μου τῆς ἀποστολῆς ὑμεῖς ἐστε ἐν κυρίῳ. ³ Ἡ <u>ἐμὴ</u> <u>ἀπολογία</u> <u>τοῖς ἐμὲ ἀνακρίνουσίν</u> ἐστιν αὕτη. ⁴ μὴ οὐκ ἔχομεν <u>ἐξουσίαν</u> <u>φαγεῖν καὶ πεῖν</u>; ⁵ μὴ οὐκ ἔχομεν ἐξουσίαν ἀδελφὴν γυναῖκα <u>περιάγειν</u> <u>ὡς</u> καὶ οἱ λοιποὶ ἀπόστολοι καὶ οἱ ἀδελφοὶ τοῦ κυρίου καὶ Κηφᾶς; ⁶ <u>ἢ</u> μόνος ἐγὼ καὶ Βαρναβᾶς οὐκ ἔχομεν ἐξουσίαν <u>μὴ ἐργάζεσθαι</u>;

verse 1: ἐλεύθερος,-η,-ον= free
    ἑόρακα= "I have seen"
verse 2: γε= indeed
    ἡ σφραγίς= seal
verse 3: ἐμός,-ή,-όν= my
    ἡ ἀπολογία= defense
    τοῖς ἐμὲ ἀνακρίνουσίν= "to those judging me"

verse 4: ἡ ἐξουσία= authority
    φαγεῖν καὶ πεῖν= "to eat and drink"
verse 5: περιάγειν= "to take along"
    ὡς= as
verse 6: ἤ= or
    μὴ ἐργάζεσθαι= "not to work"

II. 1 John 2:10-14: John's Purpose in Writing.

¹⁰ ὁ ἀγαπῶν τὸν ἀδελφὸν αὐτοῦ ἐν τῷ φωτὶ μένει καὶ σκάνδαλον ἐν αὐτῷ οὐκ ἔστιν· ¹¹ ὁ δὲ μισῶν τὸν ἀδελφὸν αὐτοῦ ἐν τῇ σκοτίᾳ ἐστὶν καὶ ἐν τῇ σκοτίᾳ περιπατεῖ καὶ οὐκ οἶδεν ποῦ ὑπάγει, ὅτι ἡ σκοτία ἐτύφλωσεν τοὺς ὀφθαλμοὺς αὐτοῦ. ¹² Γράφω ὑμῖν, τεκνία, ὅτι ἀφέωνται ὑμῖν αἱ ἁμαρτίαι διὰ τὸ ὄνομα αὐτοῦ. ¹³ γράφω ὑμῖν, πατέρες, ὅτι ἐγνώκατε τὸν ἀπ' ἀρχῆς. γράφω ὑμῖν, νεανίσκοι, ὅτι νενικήκατε τὸν πονηρόν. ¹⁴ ἔγραψα ὑμῖν, παιδία, ὅτι ἐγνώκατε τὸν πατέρα. ἔγραψα ὑμῖν, πατέρες, ὅτι ἐγνώκατε τὸν ἀπ' ἀρχῆς. ἔγραψα ὑμῖν, νεανίσκοι, ὅτι ἰσχυροί ἐστε καὶ ὁ λόγος τοῦ θεοῦ ἐν ὑμῖν μένει καὶ νενικήκατε τὸν πονηρόν.

Verse 10: ὁ ἀγαπῶν = "the person that is loving"; τό σκάνδαλον = temptation to sin
Verse 11: ὁ ... μισῶν = "the person that is hating"; ἡ σκοτία = darkness; περιπατέω = I walk/live; τυφλόω = I blind
Verse 12: ἀφέωνται ὑμῖν αἱ ἁμαρτίαι= "your sins are forgiven";
Verse 13: ἡ ἀρχή= beginning, *here prep. phrase is a substantive*; ὁ νεανίσκος= young man; νικάω= I conquer
Verse 14: τὸ παιδίον= young child; ἰσχυριός,-ή,-όν= strong; μένω= I remain

EXERCISES CH. 15

15A. OVERVIEW

1. What two tenses are found in the 6th Principal Part? Why do Greek grammarians put them into the same Principal Part?

2. To form the Future Passive Indicative what must you do to the Aorist Passive forms? Explain.

3. What are the Aorist Passive Indicative Tense Indicator, Suffix, and Endings? Provide them below.

4. What are the Future Passive Indicative Tense Indicator, Suffix, and Endings? Provide them below.

5. The Aorist Passive and Future Passive have the same verbal aspect as the Aorist Tense and Future Tense, respectively. True or false?

6. What is the basic function of Interjections? List two interjections.

7. What is the definition of polysyndeton and of asyndeton? What does asyndeton possibly convey?

8. Briefly, what is Correlative Emphasis?

9. Why are lists so important?

15B. VOCABULARIES 15 AND 8

Fill in the spaces of the crossword puzzle using Greek for the corresponding English gloss.

Created with EclipseCrossword — www.eclipsecrossword.com

Across

2. house, building
7. on behalf of, for
9. with
12. Galilee
13. authority; power
15. according to
16. already; now
18. heart
20. soul; mind; life
21. indeed, certainly
22. I throw out, expel
23. I bear, carry; I bring
24. that; because
28. concerning; about
30. I lead; I bring
31. Amen! Certainly!
33. generation; age; kind
34. land; earth
35. glory; splendor
36. I cast, throw; I place
39. Woe! Alas!
41. thus, in this manner
42. after, behind

Down

1. against; down from
3. head; superior
4. I bring to; I offer
5. and
6. prison; guard
8. first; before
10. love, adoration
11. if, whether
14. I depart, go away
17. righteousness
19. sin, failure; guilt
25. I gather together
26. lake, sea
27. voice; sound
29. there (as in a place)
32. then; thereafter
33. for (postpositive)
37. hour
38. I suffer
40. Behold! Look!
41. nor; not even; neither

15C. REVIEW

I. Translate these short sentences with interrogative and indefinite pronouns.

1. Rom 10:16 Κύριε, τίς ἐπίστευσεν τῇ ἀκοῇ ἡμῶν; (ἡ ἀκοή= report)

2. Rom 10:18 ἀλλὰ λέγω, μὴ οὐκ ἤκουσαν;

3. Luke 12:20 ἃ δὲ ἡτοίμασας, τίνι ἔσται;

4. Acts 7:52 τίνα τῶν προφητῶν οὐκ ἐδίωξαν οἱ πατέρες ὑμῶν;

5. Matt 21:25 Διὰ τί οὖν οὐκ ἐπιστεύσατε αὐτῷ;

6. Rev 17:7 Διὰ τί ἐθαύμασας;

7. Luke 12:13a Εἶπεν δέ τις ἐκ τοῦ ὄχλου αὐτῷ,

8. John 12:38 Κύριε, τίς ἐπίστευσεν τῇ ἀκοῇ ἡμῶν;

9. John 8:33 πῶς σὺ λέγεις ὅτι Ἐλεύθεροι γενήσεσθε; (ἐλεύθερος,-α,-ον= free)

10. John 4:46b Καὶ ἦν τις βασιλικὸς οὗ ὁ υἱὸς ἠσθένει ἐν Καφαρναούμ. (βασιλικός,-ά,-όν= of royalty; ἠσθένει = "he was ill")

11. Luke 16:1a Ἔλεγεν δὲ καὶ πρὸς τοὺς μαθητάς, Ἄνθρωπός τις ἦν πλούσιος. . . . (πλούσιος,-α,-ον= rich)

12. John 7:48 μή τις ἐκ τῶν ἀρχόντων ἐπίστευσεν εἰς αὐτὸν ἢ ἐκ τῶν Φαρισαίων; (ἤ= or)

13. οἱ Ἰουδαῖοι παρέλαβον τῶν ἀγοραίων ἄνδρας τινὰς πονηρούς. . . . (cf. Acts 17:5; οἱ ἀγοραῖοι= markets)

14. John 5:47 γράμμασιν οὐ πιστεύετε, πῶς τοῖς ἐμοῖς ῥήμασιν πιστεύσετε; (τὸ γράμμα= writing; ἐμοῖς= my)

II. Translate these short phrases and sentences.

1. τῆς ζωῆς αἰωνίου

2. εἰς αἰώνιον αὐτοῦ δόξαν

3. εἰς τὴν αἰώνιον βασιλείαν

4. τὴν ζωὴν τὴν αἰώνιον

5. ὁ μόνος θεός

6. οἱ πρεσβύτεροι τοῦ λαοῦ

7. τοὺς πρεσβυτέρους τῆς ἐκκλησίας

8. Οὗτός ἐστιν ὁ υἱός μου ὁ ἀγαπητός

9. ὡς τέκνα μου ἀγαπητά

10. ἀδελφοί μου ἀγαπητοί

11. Ἀγαπητοί, νῦν τέκνα θεοῦ ἐσμεν,

12. ἐν μέσῳ αὐτῶν

13. Ἐν δὲ τῇ ἐσχάτῃ ἡμέρᾳ τῇ μεγάλῃ

14. μέσης δὲ νυκτός

15. εἰς τὸ μέσον

16. ἡμέρας μέσης

17. κατὰ μέσον τῆς νυκτός

18. Ἰουδαίων ὁ θεὸς μόνων

19. εἰς ὑμᾶς μόνους

20. τῷ μόνῳ θεῷ, τιμὴ καὶ δόξα εἰς τοὺς αἰῶνας τῶν αἰώνων. ἀμήν.

15D. FOCUS

I. First, parse these verbs. Each set is from the same Lexical form. However, each form is not necessarily in order of Principal Parts (1, 2, 3, …). Remember when parsing to give Tense/Voice/Mood and Person/#.

II. Second, decide which Principal Part the verb form is from and place a number (1-6) over that form. Imperfect, Pluperfect, and Future Passive Tenses are included below. For example,

1	5	6	2	3
βαπτίζεται	βεβαπτίσμεθα	ἐβαπτίσθησαν	βαπτίσεις	ἐβάπτισας
P M/P I 3s	R M/P I 1p	API 3p	FAI 2s	AAI 2s

1. βλέψουσιν ἔβλεψαν βλέπομεν ἔβλεπον

2. γέγραφεν ἐγράψατε γέγραμμαι ἐγράφητε γράφετε γράψετε

3. ἐδιδάχθην διδάξεις διδάσκει ἐδίδαξα ἐδίδασκε

4. δοξάζουσι ἐδόξασα δοξάσω ἐδοξάσθην δεδόξασαι δοξασθήσεται

5. εὐηγγελίσθην εὐαγγελίζομαι εὐηγγελίσμεθα εὐηγγελίσαμην

6. ἐκήρυσσες κηρύσσουσιν ἐκήρυξαν ἐκηρύχθημεν

7. ἔκραξας κέκραγα ἔκραζον κράξει

8. λύω λύσω ἔλυσα λέλυκα λέλυμαι ἐλύθην

9. ἀπέλυε ἀπολύσεται ἀπέλυσας ἀπολέλυκαν ἀπολέλυμαι ἀπελύθη

10. πέμπεις ἐπέμφθη πέμψεσθε ἐπέμψαμεν

11. πιστεύσετε πεπίστευσαι ἐπιστεύσα πεπίστευκας ἐπιστεύθησαν ἐπίστευον

12. σώσομεν σῴζει ἔσωσα σωθήσονται σεσώκαμεν ἐσώθητε σέσωσμαι

13. διώκω ἐδιώχθημεν διώξεις ἐδίωξε δεδίωγμαι

14. ἡτοίμασαν ἡτοίμακας ἑτοιμάζομεν ἡτοιμάσθη ἡτοίμασμαι

15. θαυμάζουσιν ἐθαύμασας ἐθαυμάσθης

16. θεραπεύῃ θεραπεύσῃ θεραπευθήσονται ἐθεράπευσα ἐθεραπεύθη τεθεράπευται

17. κεκαθίκασιν καθίζω καθίσουσιν ἐκαθίσαμεν

18. ἀκούεις ἤκουσεν ἀκήκοα ἠκούσθημεν ἀκούσεται

19. ἠνοίχθητε ἤνοιξα ἠνέῳξαν ἀνοιχθήσεται ἀνοίγει ἀνοίξεις ἀνέῳγμαι

20. ἐγγίει ἐγγίζει ἤγγισεν ἤγγικεν

21. κλαίομεν κλαύσω ἐκλαύσαμεν ἔκλαιον

22. ἔπεισαν πέποιθας πέπεισμαι ἐπείσθην πείθω πείσουσιν

23. ἄγουσιν ἤγαγον ἤχθην συνῆγμαι ἄξετε

24. ἀνέβαινεν ἀναβήσεται ἀνέβησαν ἀναβέβηκασιν

25. ἀπέθανον ἀποθνήσκω ἀποθανοῦμαι

26. ἔβαλλον βαλῶ ἔβαλον βεβλήκασιν βέβλησαι ἐβλήθητε

27. γενήσομεθα γίνονται ἐγένομην γεγένημαι ἐγενήθη γέγονα

28. γνώσεσθε ἔγνω γινώσκω ἔγνωκαν ἐγνώσμεθα ἐγνώσθησαν

29. ἐλεύσομαι ἐληλύθατε ἀπῆλθε εἰσήρχετο ἔρχεται ἦλθον

30. ἐσθίεις φάγονται ἐφάγετε

31. εὑρήσετε εὗρε εὑρέθη εὑρίσκω εὑρήκατε

32. ἕξω ἔχω ἔσχον ἔσχηκα

33. λαμβάνουσιν λήμψεσθε ἔλαβον εἴληφα παρελήμφθην

34. λέγεται εἶπεν ἐρῶ εἴρηκας ἐρρέθην εἴρησθε

35. ὁράω ὤφθη ὄψομαι εἴδομεν ἑωράκασιν

36. οἶδας ᾔδεισαν

37. πάσχουσιν ἔπαθον πέπονθε

38. ἔπιον πίνομεν πεπώκατε πίομαι

39. ἔπιπτον πέπτωκα πέσομαι ἔπεσον

40. φέρει ἤνεγκα ἠνέχθην οἴσουσιν

41. ἔφυγες φεύγομεν φευξόμεθα

42. ἀπεκρινάμην ἀποκρίνεται ἀπεκρίθησαν

43. πορεύονται ἐπορεύθη πορεύσῃ πεπόρευται

44. προσεύξεσθε προσηυξάμην προσεύχομαι

III. Translate these sentences with Aorist and Future Passives.

1. Matt 9:30 καὶ ἠνεῴχθησαν αὐτῶν οἱ ὀφθαλμοί.

2. Acts 19:3 εἶπέν τε, Εἰς τί οὖν ἐβαπτίσθητε;

3. καὶ κηρυχθήσεται τοῦτο τὸ εὐαγγέλιον τῆς βασιλείας ἐν ὅλῃ τῇ γῇ.

4. John 12:31b νῦν ὁ ἄρχων τοῦ κόσμου τούτου ἐκβληθήσεται ἔξω· (ἔξω= outside)

5. Mark 5:21b συνήχθη ὄχλος πολὺς ἐπ' αὐτόν, καὶ ἦν παρὰ τὴν θάλασσαν.

6. Rom 7:10 ἐγὼ δὲ ἀπέθανον καὶ εὑρέθη μοι ἡ ἐντολὴ ἡ εἰς ζωήν, αὕτη εἰς θάνατον·

7. John 7:39b οὔπω γὰρ ἦν πνεῦμα, ὅτι Ἰησοῦς οὐδέπω ἐδοξάσθη. (οὔπω/οὐδέπω= not yet)

8. John 16:20b λυπηθήσεσθε, ἀλλ' ἡ λύπη ὑμῶν εἰς χαρὰν γενήσεται. (λυπέω= I grieve; ἡ λύπη= grief; ἡ χαρά= joy)

9. Acts 9:24 ἐγνώσθη δὲ τῷ Σαύλῳ ἡ ἐπιβουλὴ αὐτῶν. (ἡ ἐπιβουλή= plot)

10. Acts 7:2a Ὁ θεὸς τῆς δόξης ὤφθη τῷ πατρὶ ἡμῶν Ἀβραὰμ ὄντι ἐν τῇ Μεσοποταμίᾳ (ὄντι= "while being")

11. 1 Tim 1:11 κατὰ τὸ εὐαγγέλιον τῆς δόξης τοῦ μακαρίου θεοῦ, ὃ ἐπιστεύθην ἐγώ.

12. Acts 1:5 Ἰωάννης μὲν ἐβάπτισεν ὕδατι, ὑμεῖς δὲ ἐν πνεύματι βαπτισθήσεσθε ἁγίῳ οὐ μετὰ πολλὰς ταύτας ἡμέρας.

15E. SENTENCES

Perform the Constituent Marking Method on all these sentences based upon §4.6 CONSTITUENT MARKING FOR NAVIGATING A GREEK SENTENCE and then translate.

1. Matt 15:37 καὶ ἔφαγον πάντες καὶ ἐχορτάσθησαν. (χορτάζω= I satisfy)

2. Acts 10:13 καὶ ἐγένετο φωνὴ πρὸς αὐτόν,

3. Rev 1:7 Ἰδοὺ ἔρχεται μετὰ τῶν νεφελῶν, καὶ ὄψεται αὐτὸν πᾶς ὀφθαλμὸς (ἡ νεφέλη= cloud)

4. ἀπεκρίθη δὲ ὁ Ἰησοῦς καὶ εἶπεν, Οὐχὶ οἱ δέκα ἐκαθαρίσθησαν; οἱ δὲ ἐννέα ποῦ; (cf. Luke 17:17; καθαρίζω= I cleanse; ἐννέα= nine)

5. Gen 24:54a (LXX) καὶ ἔφαγον καὶ ἔπιον αὐτὸς καὶ οἱ ἄνδρες οἱ μετ' αὐτοῦ ὄντες καὶ

   ἐκοιμήθησαν... (ὄντες= "being"; κοιμάομαι= I sleep)

6. John 8:48 Ἀπεκρίθησαν οἱ Ἰουδαῖοι καὶ εἶπαν αὐτῷ, Οὐ καλῶς λέγομεν ἡμεῖς ὅτι

   Σαμαρίτης εἶ σὺ καὶ δαιμόνιον ἔχεις; (καλῶς= well)

7 Matt 18:1a Ἐν ἐκείνῃ τῇ ὥρᾳ προσῆλθον οἱ μαθηταὶ τῷ Ἰησοῦ.

8. Mark 7:21 ἔσωθεν γὰρ ἐκ τῆς καρδίας τῶν ἀνθρώπων οἱ διαλογισμοὶ οἱ κακοὶ ἐκπορεύονται,

   πορνεῖαι, κλοπαί, φόνοι, (ἔσωθεν= from within; ὁ διαλογισμός= thought; ἡ πορνεία= fornication; ἡ

   κλοπά= theft; ὁ φόνος= murder)

9. Matt 23:28 οὕτως καὶ ὑμεῖς ἔξωθεν μὲν φαίνεσθε τοῖς ἀνθρώποις δίκαιοι, ἔσωθεν δέ ἐστε

   μεστοὶ ὑποκρίσεως καὶ ἀνομίας. (ἔξωθεν= outside; φαίνω= I appear; ἔσωθεν= inside; μεστός= full;

   ὑπόκρισις= hypocrisy; ἀνομία= lawlessness)

10. Luke 12:9 ὁ δὲ ἀρνησάμενός με ἐνώπιον τῶν ἀνθρώπων ἀπαρνηθήσεται ἐνώπιον τῶν ἀγγέλων τοῦ θεοῦ. (ὁ ἀρνησάμενός= "the one denying"; ἀπαρνέω= I deny)

11. Gen 17:1b (LXX) καὶ ὤφθη κύριος τῷ Αβραμ καὶ εἶπεν αὐτῷ Ἐγώ εἰμι ὁ θεός σου...

12. 1 Cor 1:30b ὑμεῖς ἐστε ἐν Χριστῷ Ἰησοῦ, ὃς ἐγενήθη σοφία ἡμῖν ἀπὸ θεοῦ, δικαιοσύνη τε καὶ ἁγιασμὸς καὶ ἀπολύτρωσις, (ἡ σοφία= wisdom; ὁ ἁγιασμός= sanctification; ἡ ἀπολύτρωσις= redemption)

13. Mark 10:39 Τὸ ποτήριον ὃ ἐγὼ πίνω πίεσθε καὶ τὸ βάπτισμα ὃ ἐγὼ βαπτίζομαι βαπτισθήσεσθε, (τὸ ποτήριον= cup; τὸ βάπτισμα= baptism)

14. 1 Thess 1:6 καὶ ὑμεῖς μιμηταὶ ἡμῶν ἐγενήθητε καὶ τοῦ κυρίου, δεξάμενοι τὸν λόγον ἐν θλίψει πολλῇ μετὰ χαρᾶς πνεύματος ἁγίου, (ὁ μιμητής= imitators; δεξάμενοι= "having received"; ἡ θλίψις= affliction; ἡ χαρά= joy)

15. John 6:26 ἀπεκρίθη αὐτοῖς ὁ Ἰησοῦς καὶ εἶπεν, Ἀμὴν ἀμὴν λέγω ὑμῖν, ζητεῖτέ με οὐχ ὅτι εἴδετε σημεῖα, ἀλλ᾽ ὅτι ἐφάγετε ἐκ τῶν ἄρτων καὶ ἐχορτάσθητε. (ζητεῖτέ= you seek; τὸ σημεῖον= sign; χορτάζω= I satisfy)

16. Gen 1:4-5 (LXX) καὶ εἶδεν ὁ θεὸς τὸ φῶς ὅτι καλόν καὶ διεχώρισεν ὁ θεὸς ἀνὰ μέσον τοῦ

φωτὸς καὶ ἀνὰ μέσον τοῦ σκότους. 5 καὶ ἐκάλεσεν ὁ θεὸς τὸ φῶς ἡμέραν καὶ τὸ σκότος

ἐκάλεσεν νύκτα καὶ ἐγένετο ἑσπέρα καὶ ἐγένετο πρωί ἡμέρα μία. (διαχωρίζω= I divide; ἀνά=

above; τὸ σκότος,-ους= darkness; καλέω= I call; ἡ ἑσπέρα= evening; πρωί= in the morning)

17. 1 Tim 3:16 καὶ ὁμολογουμένως μέγα ἐστὶν τὸ τῆς εὐσεβείας μυστήριον· Ὃς ἐφανερώθη ἐν

σαρκί, ἐδικαιώθη ἐν πνεύματι, ὤφθη ἀγγέλοις, ἐκηρύχθη ἐν ἔθνεσιν, ἐπιστεύθη ἐν κόσμῳ,

ἀνελήμφθη ἐν δόξῃ. (ὁμολογουμένως= confessedly; ἡ εὐσεβεία= godliness; τὸ μυστήριον= mystery; τὸ

ἔθνος,-ους= gentile; φανερόω= I appear)

18. John 8:33 ἀπεκρίθησαν πρὸς αὐτόν, Σπέρμα Ἀβραάμ ἐσμεν καὶ οὐδενὶ δεδουλεύκαμεν

πώποτε· πῶς σὺ λέγεις ὅτι Ἐλεύθεροι γενήσεσθε; (πώποτε= never; τὸ σπέρμα= seed; δουλεύω= I

am a slave; ἐλεύθερος,-η,-ον= free)

19. καὶ [Ἰησοῦς] εἶπεν τοῖς δαιμονίοις, Ὑπάγετε. οἱ δὲ ἐξῆλθον καὶ ἀπῆλθον εἰς τοὺς

χοίρους· καὶ ἰδοὺ ὥρμησεν πᾶσα ἡ ἀγέλη κατὰ τοῦ κρημνοῦ εἰς τὴν θάλασσαν καὶ

ἀπέθανον ἐν τοῖς ὕδασιν. (cf. Matt 8:32; Ὑπάγετε= "Depart!"; οἱ δέ= "they"; ὁ χοῖρος= pig; ἡ ἀγέλη=

herd; ὁ κρημνός= slope; ὁρμάω= I rush)

20. 2 Sam 3:22 (LXX) καὶ ἰδοὺ οἱ παῖδες Δαυὶδ καὶ Ἰωὰβ παρεγίνοντο ἐκ τῆς ἐξοδίας καὶ

σκῦλα πολλὰ ἔφερον μετ' αὐτῶν καὶ Ἀβέννηρ οὐκ ἦν μετὰ Δαυὶδ εἰς Χέβρων ὅτι

ἀπεστάλκει αὐτὸν καὶ ἀπεληλύθει ἐν εἰρήνῃ. (ἡ ἐξοδία= expedition, raid; τὸ σκῦλον=booty; Χεβρών=

Hebron; ἀπεστάλκει= "He had sent away"; *the other capitalized words are proper names*)

15F. READING

I. Peter's Confession from Matt 16:16–19.

16 ἀποκριθεὶς δὲ Σίμων Πέτρος εἶπεν, Σὺ εἶ ὁ Χριστὸς ὁ υἱὸς τοῦ θεοῦ τοῦ ζῶντος.

17 ἀποκριθεὶς δὲ ὁ Ἰησοῦς εἶπεν αὐτῷ, Μακάριος εἶ, Σίμων Βαριωνᾶ, ὅτι σὰρξ καὶ αἷμα οὐκ

ἀπεκάλυψέν σοι ἀλλ' ὁ πατήρ μου ὁ ἐν τοῖς οὐρανοῖς. 18 κἀγὼ δέ σοι λέγω ὅτι σὺ εἶ Πέτρος, καὶ

ἐπὶ ταύτῃ τῇ πέτρᾳ οἰκοδομήσω μου τὴν ἐκκλησίαν καὶ πύλαι ᾅδου οὐ κατισχύσουσιν αὐτῆς.

19 δώσω σοι τὰς κλεῖδας τῆς βασιλείας τῶν οὐρανῶν, καὶ ὃ ἐὰν δήσῃς ἐπὶ τῆς γῆς ἔσται

δεδεμένον ἐν τοῖς οὐρανοῖς, καὶ ὃ ἐὰν λύσῃς ἐπὶ τῆς γῆς ἔσται λελυμένον ἐν τοῖς οὐρανοῖς.

verse 16: ἀποκριθεὶς= "answering back"
     ζῶντος= "living" [attributive position]
verse 17: ἀποκριθεὶς= "answering back"
     ἀποκαλύπτω= I reveal
verse 18: ἡ πέτρα= rock;
     οἰκοδομέω= I build
     ἡ πύλη= gate;
     ὁ ᾅδος= Hades;
     κατισχύω= I overpower

verse 19: δώσω= "I will give"
     ἡ κλείς, κλειδός= key
     ὃ ἐὰν δήσῃς= "whatever you bind"
     δεδεμένον= "bound"
     ὃ ἐὰν λύσῃς= "whatever you loose"
     λελυμένον= "loosened"

II. Rev 1:19-2:2 The Son of Humanity's Instructions to John.

19 <u>γράψον</u> οὖν ἃ εἶδες καὶ ἃ εἰσὶν καὶ ἃ <u>μέλλει γενέσθαι</u> μετὰ ταῦτα. 20 <u>τὸ μυστήριον</u> τῶν ἑπτὰ <u>ἀστέρων</u> οὓς εἶδες ἐπὶ τῆς δεξιᾶς μου καὶ τὰς ἑπτὰ <u>λυχνίας</u> τὰς <u>χρυσᾶς</u>· οἱ ἑπτὰ <u>ἀστέρες</u> ἄγγελοι τῶν ἑπτὰ ἐκκλησιῶν εἰσιν καὶ αἱ <u>λυχνίαι</u> αἱ ἑπτὰ ἑπτὰ ἐκκλησίαι εἰσίν. 2:1 Τῷ ἀγγέλῳ τῆς ἐν Ἐφέσῳ ἐκκλησίας <u>γράψον</u>· <u>Τάδε</u> λέγει <u>ὁ κρατῶν</u> τοὺς ἑπτὰ <u>ἀστέρας</u> ἐν τῇ δεξιᾷ αὐτοῦ, ὁ <u>περιπατῶν</u> ἐν μέσῳ τῶν ἑπτὰ <u>λυχνιῶν</u> τῶν <u>χρυσῶν</u>· 2 Οἶδα τὰ ἔργα σου καὶ τὸν <u>κόπον</u> καὶ τὴν <u>ὑπομονήν</u> σου καὶ ὅτι <u>οὐ δύνῃ βαστάσαι</u> κακούς, καὶ <u>ἐπείρασας τοὺς λέγοντας ἑαυτοὺς</u> ἀποστόλους καὶ οὐκ εἰσίν καὶ εὗρες αὐτοὺς <u>ψευδεῖς</u>,

<u>Verse 19</u>: γράψον= "Write!"; μέλλει γενέσθαι= "are about to be"
<u>Verse 20</u>: τὸ μυστήριον= mystery; ὁ ἀστήρ= stars; ἡ λυχνία= lamp; χρυσᾶς= "golden" (acc.pl.);
<u>Verse 1</u>: γράψον= "Write!"; Τάδε= "these things"; ὁ κρατῶν= "the one holding"; ὁ περιπατῶν= "the one walking"
<u>Verse 2</u>: ὁ κόπος= labor; ἡ ὑπομονή= steadfastness; οὐ δύνῃ βαστάσαι= "you are not able to tolerate"; πειράζω= I test; τοὺς λέγοντας ἑαυτούς= "those calling themselves"; ψευδεῖς= "false" (acc.pl.)

EXERCISES CH. 16

16A. OVERVIEW

1. What differences are there between the endings of the consonant and vowel stem Third Declension nouns? Fill in the chart below:

	Standard Third Declension Consonant Stem Endings				Vowel Stem Endings		
	Masc./Fem. Stems		Neuter Stems		Masculine Stem	Feminine Stem	Neuter Stem
sg. nom.	-ς		- or -ς				
gen.	-ος	→	-ος				
dat.	-ι	→	-ι				
acc.	-α		- or -ς				
pl. nom.	-ες		-α				
gen.	-ων	→	-ων				
dat.	-σι(ν)	→	-σι(ν)				
acc.	-ας		-α				

2. What are the uses of each of the subordinating conjunctions presented in this chapter?

   a. Ὡς has three main uses.

   b. Καθώς

   c. Ὅτε

   d. Ὅπου

3. Neuter Plural Nouns always use 3rd singular Verbs. True or false?

4. What are the two essential questions of Semantic Diagramming?

5. What are the two essential questions of Semantic Analysis?

16B. VOCABULARIES 16 AND 3

Fill in the spaces of the crossword puzzle using Greek for the corresponding English gloss.

Created with EclipseCrossword — www.eclipsecrossword.com

Across

1. nation; Gentile
5. I come, I go
9. I save; I heal
10. Judas
12. city
13. resurrection
15. part, portion
17. I send
22. I announce the good news
26. year
28. I find, I discover
30. end; purpose
31. no, not
32. faith; faithfulness
33. where
34. power; miracle

Down

2. affliction
3. when
4. as, according as
5. I have, I hold
6. I teach
7. Moses
8. scribe
11. I glorify, I honor
14. I write
16. high priest
18. I pray
19. king
20. I say, I speak
21. I see
23. as, according as; while
24. judgment
25. I go
27. mountain
29. I baptize

16C. REVIEW

Translate these short phrases and sentences and parse each verb form.

1. John 12:16a ταῦτα οὐκ ἔγνωσαν αὐτοῦ οἱ μαθηταί

2. John 12:16b ἀλλ’ ὅτε ἐδοξάσθη ’Ιησοῦς

3. Acts 17:33b οὕτως ὁ Παῦλος ἐξῆλθεν ἐκ μέσου αὐτῶν.

4. 2 Cor 11:7b δωρεὰν τὸ τοῦ θεοῦ εὐαγγέλιον εὐηγγελισάμην ὑμῖν; (δωρεάν= freely)

5. Col 4:9a σὺν ’Ονησίμῳ τῷ πιστῷ καὶ ἀγαπητῷ ἀδελφῷ, ὅς ἐστιν ἐξ ὑμῶν·

6. Rev 5:5a καὶ εἷς ἐκ τῶν πρεσβυτέρων λέγει μοι, Μὴ κλαῖε, (Μὴ κλαῖε= “Don’t cry!”)

7. Matt 17:18 καὶ ἐξῆλθεν ἀπ’ αὐτοῦ τὸ δαιμόνιον καὶ ἐθεραπεύθη ὁ παῖς ἀπὸ τῆς ὥρας
   ἐκείνης. (ὁ παῖς= child)

8. 1 Cor 1:16 ἐβάπτισα δὲ καὶ τὸν Στεφανᾶ οἶκον, λοιπὸν οὐκ οἶδα εἴ τινα ἄλλον ἐβάπτισα.

9. Παῦλος εἰσῆλθε σὺν ἡμῖν πρὸς ’Ιάκωβον καὶ πάντες παρεγένοντο οἱ πρεσβύτεροι. (cf. Acts
   21:18b; παραγίνομαι= I am present)

10. Rom 4:3 τί γὰρ ἡ γραφὴ λέγει; ’Επίστευσεν δὲ ’Αβραὰμ τῷ θεῷ καὶ ἐλογίσθη αὐτῷ εἰς
    δικαιοσύνην. (ἡ γραφή= scripture; λογίζω= I reckon)

11. John 16:20 ἀμὴν ἀμὴν λέγω ὑμῖν ὅτι κλαύσετε καὶ θρηνήσετε ὑμεῖς, ὁ δὲ κόσμος
    χαρήσεται. (θρηνέω= I wail; χαίρω= I rejoice)

12. Mark 10:31 πολλοὶ δὲ ἔσονται πρῶτοι ἔσχατοι καὶ [οἱ] ἔσχατοι πρῶτοι.

16D. FOCUS

I. Parse these Nouns from all three Declensions.

		Gender	Case	Number	Lexical Form and Meaning
1.	πόλεις				
2.	τῆς πίστεως				
3.	πόδας				
4	τὸ τέλος				
5.	ἔθνων				
6.	οἱ ἀνδρές				
7.	γραμματεύς				
8.	ἀναστάσεως				
9.	τῶν αἰώνων				
10.	τοῦ Μωϋσέως				
11.	θλίψεως				
12.	πατρί				
13.	ὁ ἀρχιερεύς				
14.	φῶτος				
15.	τὸ ἔτος				
16.	τῷ βασιλεῖ				
17.	κρίσις				
18.	μέρος				
19.	ἄρχουσιν				
20.	δυνάμει				

II. Translate these subordinate clauses.

1. ὅπου ἤκουον ὅτι ἐστίν.

2. Ὅτε οὖν ἤκουσεν ὁ Πιλᾶτος τοῦτον τὸν λόγον

3. ὡς ἤκουσεν τὸν ἀσπασμὸν τῆς Μαρίας ἡ Ἐλισάβετ (ὁ ἀσπασμός= greeting)

4. Καὶ ὅτε ἐγένετο ἡ ὥρα,

5. καθὼς καὶ ἐν ὑμῖν

6. καὶ πορεύεται ὅπου ἦν τὸ παιδίον. (τὸ παιδίον= child)

7. καθὼς ἐστιν ἀλήθεια ἐν τῷ Ἰησοῦ,

8. καὶ ὅπου εἰμὶ ἐγὼ

9. ὅτε οἱ νεκροὶ ἀκούσουσιν τῆς φωνῆς τοῦ υἱοῦ τοῦ θεοῦ

10. Καὶ ὡς ἤγγισεν τὴν πόλιν ἔκλαυσεν ἐπ᾽ αὐτήν

11. Ὅπου ἐγὼ ὑπάγω

12. ὅτε ἤνοιξεν τὴν σφραγῖδα τὴν δευτέραν (ἡ σφραγίς= seal; δευτέρος,-α,-ον= second)

16E. SENTENCES

Mark up all the sentences using the Constituent Marking Method from §4.7 CONSTITUENT MARKING FOR NAVIGATING A GREEK SENTENCE. For the Odds, practice Semantic Diagramming following 16.4 SEMANTIC DIAGRAMMING. Such diagramming can be done in the space below; however, if possible, find the Greek text from a computer program or internet source, and do this inside a word processor. Add Analysis and ask questions as necessary following 16.5 SEMANTIC ANALYSIS. See the ANSWER KEY AND GUIDE for guidance or for comparison.

1. Matt 25:32a καὶ συναχθήσονται ἔμπροσθεν αὐτοῦ πάντα τὰ ἔθνη, (ἔμπροσθεν =before [with gen.])

2. Luke 6:6b καὶ ἦν ἄνθρωπος ἐκεῖ καὶ ἡ χεὶρ αὐτοῦ ἡ δεξιὰ ἦν ξηρά. (ξηρός,-ά,-όν= withered)

3. Rev 22:13 ἐγὼ τὸ Ἄλφα καὶ τὸ Ὦ, ὁ πρῶτος καὶ ὁ ἔσχατος, ἡ ἀρχὴ καὶ τὸ τέλος. (ἡ ἀρχὴ= beginning)

4. Acts 4:27a συνήχθησαν γὰρ ἐπ᾽ ἀληθείας ἐν τῇ πόλει ταύτῃ ἐπὶ τὸν ἅγιον παῖδά σου

Ἰησοῦν (ὁ παῖς= child/servant; ἐπί here with acc.= against)

5. John 13:6 ἔρχεται οὖν πρὸς Σίμωνα Πέτρον· λέγει αὐτῷ, Κύριε, σύ μου νίπτεις τοὺς πόδας;

    (νίπτω= I wash)

6. 1 Cor 13:12b ἄρτι γινώσκω ἐκ μέρους, τότε δὲ ἐπιγνώσομαι καθὼς καὶ ἐπεγνώσθην. (ἄρτι= now)

7. John 8:57 εἶπον οὖν οἱ Ἰουδαῖοι πρὸς αὐτόν, Πεντήκοντα ἔτη οὔπω ἔχεις καὶ Ἀβραὰμ

    ἑώρακας; (πεντήκοντα= fifty; οὔπω= not yet)

8. Rev 16:19a καὶ ἐγένετο ἡ πόλις ἡ μεγάλη εἰς τρία μέρη καὶ αἱ πόλεις τῶν ἐθνῶν ἔπεσαν.

9. 2 Cor 2:4a ἐκ γὰρ πολλῆς θλίψεως καὶ συνοχῆς καρδίας ἔγραψα ὑμῖν διὰ πολλῶν δακρύων, (ἡ

    συνοχή= anguish; τὸ δάκρυον= tear)

10. Rev 5:14 καὶ τὰ τέσσαρα ζῷα ἔλεγον, Ἀμήν. καὶ οἱ πρεσβύτεροι ἔπεσαν καὶ προσεκύνησαν.
(τὸ ζῷον= living creature; προσκυνέω= I worship)

11. Acts 17:4a καί τινες ἐξ αὐτῶν ἐπείσθησαν καὶ προσεκληρώθησαν τῷ Παύλῳ καὶ τῷ Σιλᾷ,

(προσκληρόω= I allot; I join [when in *passive voice*])

12. Gen 12:1 (LXX) καὶ εἶπεν κύριος τῷ Αβραμ ἔξελθε ἐκ τῆς γῆς σου καὶ ἐκ τῆς συγγενείας
σου καὶ ἐκ τοῦ οἴκου τοῦ πατρός σου εἰς τὴν γῆν ἣν ἄν σοι δείξω.

13. John 4:39a Ἐκ δὲ τῆς πόλεως ἐκείνης πολλοὶ ἐπίστευσαν εἰς αὐτὸν τῶν Σαμαριτῶν διὰ τὸν
λόγον τῆς γυναικός...

14. Matt 10:18 καὶ ἐπὶ ἡγεμόνας δὲ καὶ βασιλεῖς ἀχθήσεσθε ἕνεκεν ἐμοῦ εἰς μαρτύριον αὐτοῖς
καὶ τοῖς ἔθνεσιν. (ὁ ἡγεμών, ἡγεμόνος= leader; τὸ μαρτύριον= testimony)

15. Acts 24:1a Μετὰ δὲ πέντε ἡμέρας κατέβη ὁ ἀρχιερεὺς Ἀνανίας μετὰ πρεσβυτέρων τινῶν καὶ ῥήτορος Τερτύλλου τινός. . . ., (ὁ ἀρχιερεύς= high priest; ὁ ῥήτωρ= rhetorician)

16. 1 John 2:18 Παιδία, ἐσχάτη ὥρα ἐστίν, καὶ καθὼς ἠκούσατε ὅτι ἀντίχριστος ἔρχεται, καὶ νῦν ἀντίχριστοι πολλοὶ γεγόνασιν, ὅθεν γινώσκομεν ὅτι ἐσχάτη ὥρα ἐστίν. (τὸ παιδίον= little child; ὅθεν= wherefore)

17. Luke 22:66 Καὶ ὡς ἐγένετο ἡμέρα, συνήχθη τὸ πρεσβυτέριον τοῦ λαοῦ, ἀρχιερεῖς τε καὶ γραμματεῖς, καὶ ἀπήγαγον αὐτὸν εἰς τὸ συνέδριον αὐτῶν, (τὸ πρεσβυτέριον= leadership, eldership; ἀπάγω= I lead back; τὸ συνέδριον= governing council; Sanhedrin)

18. τότε τὸ πνεῦμα πορεύεται καὶ παραλαμβάνει ἕτερα πνεύματα ἑπτά καὶ εἰσέρχονται ἐκεῖ, καὶ γίνεται τὰ ἔσχατα τοῦ ἀνθρώπου ἐκείνου χείρονα τῶν πρώτων. (cf. Luke 11:26; χείρονα τῶν πρώτων= "worse than the first")

19. Matt 20:23 λέγει αὐτοῖς, Τὸ μὲν ποτήριόν μου πίεσθε, τὸ δὲ καθίσαι ἐκ δεξιῶν μου καὶ ἐξ εὐωνύμων οὐκ ἔστιν ἐμὸν [τοῦτο] δοῦναι, ἀλλ' οἷς ἡτοίμασται ὑπὸ τοῦ πατρός μου. (τὸ ποτήριον= cup; τὸ καθίσαι= "to sit"; εὐωνύμων= left; ἐμόν= mine; δοῦναι= "to give")

20. Mark 14:61b-62 πάλιν ὁ ἀρχιερεὺς λέγει αὐτῷ, Σὺ εἶ ὁ Χριστὸς ὁ υἱὸς τοῦ εὐλογητοῦ; 62 ὁ δὲ Ἰησοῦς εἶπεν, Ἐγώ εἰμι, καὶ ὄψεσθε τὸν υἱὸν τοῦ ἀνθρώπου ἐκ δεξιῶν καθήμενον τῆς δυνάμεως καὶ ἐρχόμενον μετὰ τῶν νεφελῶν τοῦ οὐρανοῦ. (εὐλογητός,-ά,-ός= blessed; καθήμενον= "seated"; ἐρχόμενον= "coming"; ἡ νεφέλη= cloud)

16F. READING

I. <u>John 13:31-35</u>: Jesus talking with his disciples in view of his death.

31 Ὅτε οὖν ἐξῆλθεν, λέγει Ἰησοῦς, Νῦν ἐδοξάσθη ὁ υἱὸς τοῦ ἀνθρώπου, καὶ ὁ θεὸς ἐδοξάσθη ἐν

αὐτῷ· 32 [<u>εἰ</u> ὁ θεὸς ἐδοξάσθη ἐν αὐτῷ] καὶ ὁ θεὸς δοξάσει αὐτὸν ἐν αὐτῷ, καὶ <u>εὐθὺς</u> δοξάσει

αὐτόν. 33 τεκνία, ἔτι <u>μικρὸν</u> μεθ' ὑμῶν εἰμι· <u>ζητήσετέ</u> με, καὶ καθὼς εἶπον τοῖς Ἰουδαίοις ὅτι

Ὅπου ἐγὼ ὑπάγω ὑμεῖς οὐ <u>δύνασθε ἐλθεῖν</u>, καὶ ὑμῖν λέγω <u>ἄρτι</u>. 34 ἐντολὴν <u>καινὴν δίδωμι</u> ὑμῖν,

<u>ἵνα ἀγαπᾶτε ἀλλήλους</u>, καθὼς <u>ἠγάπησα</u> ὑμᾶς <u>ἵνα</u> καὶ ὑμεῖς ἀγαπᾶτε ἀλλήλους. 35 ἐν τούτῳ

γνώσονται πάντες ὅτι ἐμοὶ μαθηταί ἐστε, <u>ἐὰν ἀγάπην ἔχητε ἐν ἀλλήλοις.</u>

<u>Verse 32:</u> εὐθύς= immediately;
<u>Verse 33:</u> μικρόν= a little; ζητέω= I seek; δύνασθε ἐλθεῖν= "you are able to go"; ἄρτι= now;
<u>Verse 34:</u> καινός,-ή,-όν= new; δίδωμι= I give; ἵνα ἀγαπᾶτε ἀλλήλους= "that you love one another"; ἀγαπάω= I love; ἵνα= that;
<u>Verse 35:</u> ἐὰν ἀγάπην ἔχητε ἐν ἀλλήλοις= "if you have love among one another"

II. Modified from Matt 20:17-19.

17 Καὶ ἀνέβη ὁ Ἰησοῦς εἰς Ἱεροσόλυμα καὶ παρέλαβεν τοὺς δώδεκα [μαθητὰς] κατ' ἰδίαν καὶ ἐν

τῇ ὁδῷ εἶπεν αὐτοῖς, 18 Ἰδοὺ ἀναβαίνομεν εἰς Ἱεροσόλυμα, καὶ ὁ υἱὸς τοῦ ἀνθρώπου

<u>παραδοθήσεται</u> τοῖς ἀρχιερεῦσιν καὶ γραμματεῦσιν, καὶ <u>κατακρινοῦσιν</u> αὐτὸν θανάτῳ 19 καὶ

<u>παραδώσουσιν</u> αὐτὸν τοῖς ἔθνεσιν <u>εἰς τὸ ἐμπαῖξαι καὶ μαστιγῶσαι καὶ σταυρῶσαι</u>, καὶ τῇ τρίτῃ

ἡμέρᾳ <u>ἐγερθήσεται</u>.

Verse 18: παραδοθήσεται= "he will be betrayed"; κατακρινοῦσιν= "they will condemn";
Verse 19: παραδώσουσιν= "they will hand over"; εἰς τὸ ἐμπαῖξαι καὶ μαστιγῶσαι καὶ σταυρῶσαι= "in order to mock and
      beat and crucify (him)"; ἐγείρω= I raise up

Exercises Ch. 17

17A. Overview

1. Participles are defined as _____ _____. As verbs, participles have these three characteristics: _____, _____, _____. As adjectives, they have these three characteristics: _____, _____, _____.

2. Participles occur mainly in what three tenses?

3. Aorist Participles have augments just as Perfect Participles have reduplication. True or false?

4. What noun and its endings is used as a pattern for the masculine/neuter active participle endings? Put these endings below:

5. Fill in the Keys to Identifying and Parsing Participles.

TENSE	Masculine/Neuter Coupling Syllable + Type of Declension Ending	Feminine Coupling Syllable + Type of Declension Ending	Other Features
Present A			
M/P			
Aorist A			
M			
P			
2nd			
Perfect A			
M/P			

6. Aorist and Present Participles express *relative time*. What is the relative time of each tense? What time word is used for adverbial participles for each tense?

7. What is an Adjectival Participle? What is a Circumstantial Participle? What are good indicators to distinguish between them?

8. Placement of Circumstantial participles is Important. Describe the possible functions:

    a. Pre-Position (before Nuclear Verb)

    b. Post Position (after Nuclear Verb)

17B. Vocabularies 17 and 4

Fill in the spaces of the crossword puzzle using Greek for the corresponding English gloss.

Created with EclipseCrossword — www.eclipsecrossword.com

Across

3. kingdom, reign
7. need
9. Herod
11. beginning
12. language; tongue
14. commandment
15. scripture; writing
16. honor
19. parable

21. synagogue, gathering
24. Judea
26. truth
27. disciple
28. I exist
29. therefore (postpositive)

Down

1. and; even, also
2. peace
4. righteousness
5. promise
6. no
8. church, assembly
10. prophet
13. wisdom

17. day
18. life
20. but
21. salvation
22. and, but (postpositive)
23. joy
25. John

17C. REVIEW

I. Translate these subordinate clauses.

1. ὅπου τὸ πάσχα μετὰ τῶν μαθητῶν φάγω. (τὸ πάσχα= Passover)

2. ἡμέρα κυρίου ὡς κλέπτης ἐν νυκτὶ οὕτως ἔρχεται. (ὁ κλέπτης= thief)

3. ὅτε ἐτέλεσεν ὁ Ἰησοῦς τὰς παραβολὰς ταύτας, (τελέω= I finish)

4. τὰ δὲ ἱμάτια αὐτοῦ ἐγένετο λευκὰ ὡς τὸ φῶς. (τὸ ἱμάτιον= garment; λευκά= white)

5. καὶ ἐγενήθησαν ὡς νεκροί.

6. ὡς ἀπῆλθον ἀπ' αὐτῶν εἰς τὸν οὐρανὸν

7. ὅπου ἦν Λάζαρος

8. ὡς ἤκουσεν ὅτι Ἰησοῦς ἔρχεται

9. καὶ ὅτε ἐγένετο ἡμέρα,

10. καὶ καθὼς ἐγένετο ἐν ταῖς ἡμέραις Νῶε, οὕτως ἔσται

11. ὅπου οὐκ εἶχεν γῆν πολλήν

12. ὡς ἤγγισεν εἰς Βηθφαγὴ καὶ Βηθανίαν

II. Translate these phrases and sentences, and parse each verb.

1. Matt 9:26 καὶ ἐξῆλθεν ἡ φήμη αὕτη εἰς ὅλην τὴν γῆν ἐκείνην. (ἡ φήμη= report)

2. Matt 13:56a καὶ αἱ ἀδελφαὶ αὐτοῦ οὐχὶ πᾶσαι πρὸς ἡμᾶς εἰσιν;

3. John 9:10 πῶς [οὖν] ἠνεῴχθησάν σου οἱ ὀφθαλμοί;

4. Mark 6:28a καὶ ἤνεγκεν τὴν κεφαλὴν αὐτοῦ ἐπὶ πίνακι (πίνακι= platter)

5. Matt 12:15b ἐθεράπευσεν αὐτοὺς πάντας

6. John 10:42 καὶ πολλοὶ ἐπίστευσαν εἰς αὐτὸν ἐκεῖ.

7. Gal 3:2 ἐξ ἔργων νόμου τὸ πνεῦμα ἐλάβετε ἢ ἐξ ἀκοῆς πίστεως; (ἤ= or; ἡ ἀκοή= hearing)

8. John 9:17 Τί σὺ λέγεις περὶ αὐτοῦ, ὅτι ἠνέῳξέν σου τοὺς ὀφθαλμούς;

9. καὶ αὐτῇ κατέπιεν τὸν ποταμὸν ὃν ἔβαλεν ὁ δράκων ἐκ τοῦ στόματος αὐτοῦ. (cf. Rev 12:16b; ὁ ποταμός= river; ὁ δράκων= dragon; καταπίνω= I drink down)

10. Acts 11:16 Ἰωάννης μὲν ἐβάπτισεν ὕδατι, ὑμεῖς δὲ βαπτισθήσεσθε ἐν πνεύματι ἁγίῳ.

11. Matt 8:12 οἱ δὲ υἱοὶ τῆς βασιλείας ἐκβληθήσονται εἰς τὸ σκότος...

12. Matt 3:16 καὶ ἰδοὺ ἠνεῴχθησαν [αὐτῷ] οἱ οὐρανοί, καὶ εἶδεν [τὸ] πνεῦμα

13. οὐκ οἴδατε ὅτι ἡμεῖς οἵ ἐβαπτίσθημεν εἰς Χριστὸν Ἰησοῦν, εἰς τὸν θάνατον αὐτοῦ ἐβαπτίσθημεν; (cf. Rom 6:3)

14. Acts 4:26 οἱ ἄρχοντες συνήχθησαν ἐπὶ τὸ αὐτὸ κατὰ τοῦ κυρίου καὶ κατὰ τοῦ Χριστοῦ αὐτοῦ. (ἐπὶ τὸ αὐτό= "together")

17D. FOCUS

I. Parse these Participles.

	Tense	Voice	Mood	Gender	Case	Number	Lexical Form & Meaning
1. λέγοντες							
2. ἀκούσας							
3. ἐλθών							
4. ἰδόντες							
5. γράψας							
6. ὄντι							
7. ἔχοντα							
8. ἐξεληλυθυῖαν							
9. λέγων							
10. βαπτισθείς							

II. Translate these Adjectival Participles (both Substantive and Attributive).

1. a. διδάσκω τὸ θέλημα τοῦ πέμψαντός με.

    b. ἐδίδασκον τὸ θέλημα τοῦ πέμψαντός με.

    c. διδάσκω τὸ θέλημα τοῦ πέμποντός με.

    d. ἐδίδασκον τὸ θέλημα τοῦ πέμποντός με.

2. a. ἡ πιστεύουσα εἰς Ἰησοῦν ἀπῆλθεν.

    b. ἡ πιστεύσασα εἰς Ἰησοῦν ἀπῆλθεν.

    c. ἡ πιστεύουσα εἰς Ἰησοῦν ἀπέρχεται.

    d. ἡ πιστεύσασα εἰς Ἰησοῦν ἀπέρχεται.

3. a. οἱ ὄχλοι οἱ προάγοντες αὐτὸν ἔκραζον. (προάγω= I go before)

   b. οἱ ὄχλοι οἱ προαγαγόντες αὐτὸν ἔκραζον.

4. John 19:39a ἦλθεν Νικόδημος, ὁ ἐλθὼν πρὸς αὐτὸν

5. Jas 2:23a καὶ ἐπληρώθη ἡ γραφὴ ἡ λέγουσα. . .(πληρόω= I fulfill; ἡ γραφή= scripture)

6. Rom 16:22 ἀσπάζομαι ὑμᾶς ἐγὼ Τέρτιος ὁ γράψας τὴν ἐπιστολὴν ἐν κυρίῳ. (ἀσπάζομαι= I greet)

7. John 11:31a οἱ οὖν Ἰουδαῖοι οἱ ὄντες μετ' αὐτῆς ἐν τῇ οἰκίᾳ. . .

8. John 5:24b ὁ τὸν λόγον μου ἀκούων καὶ πιστεύων τῷ πέμψαντί με ἔχει ζωὴν αἰώνιον

9. John 7:50 λέγει Νικόδημος πρὸς αὐτούς, ὁ ἐλθὼν πρὸς αὐτὸν [τὸ] πρότερον, εἷς ὢν ἐξ αὐτῶν, (πρότερον= formerly)

III. Circumstantial Participles: Attempt to identify the function based upon location respective of the nuclear verb: pre-nulcear (a. segue, b. procedural, c. important contextual framing) and post-nuclear verb (a. explicate/qualify the particulars or b. redundant forward pointing for emphasis). If adverbial meanings seem justified, identify them. Some sentences are incomplete (. . .).

1. Matt 8:29a καὶ ἰδοὺ ἔκραξαν λέγοντες,...

2. Luke 19:20a καὶ ὁ ἕτερος ἦλθεν λέγων. . .

3. Luke 24:43 καὶ λαβὼν ἐνώπιον αὐτῶν ἔφαγεν.

4. Matt 22:34 Οἱ δὲ Φαρισαῖοι ἀκούσαντες. . . συνήχθησαν ἐπὶ τὸ αὐτό, (τὸ αὐτό= "the same place")

5. Matt 9:25a ὅτε δὲ ἐξεβλήθη ὁ ὄχλος εἰσελθὼν ἐκράτησεν τῆς χειρὸς αὐτῆς (ἐκράτησεν= "he seized")

6. Matt 3:16a βαπτισθεὶς δὲ ὁ Ἰησοῦς εὐθὺς ἀνέβη ἀπὸ τοῦ ὕδατος·

7. Matt 21:20 καὶ ἰδόντες οἱ μαθηταὶ ἐθαύμασαν λέγοντες. . .

8. Matt 8:10 ἀκούσας δὲ ὁ Ἰησοῦς ἐθαύμασεν καὶ εἶπεν τοῖς ἀκολουθοῦσιν, (ἀκολουθέω= I follow)

9. Matt 15:25 ἡ δὲ ἐλθοῦσα προσεκύνει αὐτῷ λέγουσα, Κύριε, βοήθει μοι. (προσκυνέω= I bow down; I worship [*takes dat. d.o.*]; βοήθει μοι= "Help me!")

10. καὶ πέμψας ὁ Ἡρῴδης αὐτοὺς εἰς Βηθλέεμ εἶπεν, Κἀγὼ ἐλθὼν προσκυνήσω αὐτῷ. 9 οἱ δὲ ἀκούσαντες τοῦ βασιλέως ἐπορεύθησαν (cf. Matt 2:9-10; προσκυνέω= I bow down; I worship [*takes dat.. d.o.*])

IV. Mixed Participles.

1. Matt 16:4b καὶ καταλιπὼν αὐτοὺς ἀπῆλθεν.

2. Luke 23:16 παιδεύσας οὖν αὐτὸν ἀπολύσω. (παιδεύω= I instruct)

3. Matt 13:36 καὶ προσῆλθον αὐτῷ οἱ μαθηταὶ αὐτοῦ λέγοντες,

4. Matt 12:9 Καὶ μεταβὰς ἐκεῖθεν ἦλθεν εἰς τὴν συναγωγὴν αὐτῶν· (μεταβαίνω= I depart; ἐκεῖθεν= from there)

5. Luke 8:46 ἥψατό μού τις, ἐγὼ γὰρ ἔγνων δύναμιν ἐξεληλυθυῖαν ἀπ' ἐμοῦ. (ἥψατὸ= "he touched" with gen. d.o.)

6. Acts 9:9 καὶ ἦν ἡμέρας τρεῖς μὴ βλέπων, καὶ οὐκ ἔφαγεν οὐδὲ ἔπιεν.

7. Acts 16:8 παρελθόντες δὲ τὴν Μυσίαν κατέβησαν εἰς Τρῳάδα. (παρέρχομαι= I go through)

8. Eph 4:10a ὁ καταβὰς αὐτός ἐστιν καὶ ὁ ἀναβὰς ὑπεράνω πάντων τῶν οὐρανῶν, (ὑπεράνω= far above)

9. Eph 2:13 νυνὶ δὲ ἐν Χριστῷ Ἰησοῦ ὑμεῖς οἵ ποτε ὄντες μακρὰν ἐγενήθητε ἐγγὺς ἐν τῷ αἵματι τοῦ Χριστοῦ. (ποτε= once; ἐγγὺς= near)

10. Luke 22:54 Συλλαβόντες δὲ αὐτὸν ἤγαγον καὶ εἰσήγαγον εἰς τὴν οἰκίαν τοῦ ἀρχιερέως· (συλλαμβάνω= I arrest)

11. Mark 9:17 καὶ ἀπεκρίθη αὐτῷ εἷς ἐκ τοῦ ὄχλου, Διδάσκαλε, ἤνεγκα τὸν υἱόν μου πρὸς σέ, ἔχοντα πνεῦμα ἄλαλον· (ἄλαλος,-ον= mute; dumb)

12. Acts 4:4 πολλοὶ δὲ τῶν ἀκουσάντων τὸν λόγον ἐπίστευσαν, καὶ ἐγενήθη [ὁ] ἀριθμὸς τῶν ἀνδρῶν [ὡς] χιλιάδες πέντε. (ἀνδρῶν= number; χιλιάδες= thousand)

17E. SENTENCES

On all, practice Semantic Diagramming following 16.4 SEMANTIC DIAGRAMMING. Such diagramming may be done in the space below; however, if possible, find the Greek text from a computer program or internet source, and do this inside a word processor. Add Analysis and ask questions as necessary following 16.5 SEMANTIC ANALYSIS. See the ANSWER KEY AND GUIDE for guidance or for comparison.

1. Luke 4:30 αὐτὸς δὲ διελθὼν διὰ μέσου αὐτῶν ἐπορεύετο.

2. John 6:58a οὗτός ἐστιν ὁ ἄρτος ὁ ἐξ οὐρανοῦ καταβάς, οὐ καθὼς ἔφαγον οἱ πατέρες καὶ ἀπέθανον·

3. John 20:8 τότε οὖν εἰσῆλθεν καὶ ὁ ἄλλος μαθητὴς ὁ ἐλθὼν πρῶτος εἰς τὸ μνημεῖον καὶ εἶδεν καὶ ἐπίστευσεν· (τὸ μνημεῖον= tomb)

4. Matt 12:48 ὁ δὲ ἀποκριθεὶς εἶπεν τῷ λέγοντι αὐτῷ, Τίς ἐστιν ἡ μήτηρ μου καὶ τίνες εἰσὶν οἱ ἀδελφοί μου;

5. John 1:26 ἀπεκρίθη αὐτοῖς ὁ Ἰωάννης λέγων, Ἐγὼ βαπτίζω ἐν ὕδατι· μέσος ὑμῶν ἕστηκεν

ὃν ὑμεῖς οὐκ οἴδατε, (ἕστηκεν= he stands)

6. Mark 15:9 ὁ δὲ Πιλᾶτος ἀπεκρίθη αὐτοῖς λέγων, Θέλετε ἀπολύσω ὑμῖν τὸν βασιλέα τῶν

Ἰουδαίων; (θέλω= I want)

7. Acts 7:2b Ὁ θεὸς τῆς δόξης ὤφθη τῷ πατρὶ ἡμῶν Ἀβραὰμ ὄντι ἐν τῇ Μεσοποταμίᾳ. . . (ὤφθη

is from ὁράω "I see" and here in the passive voice means "to appear.")

8. Matt 9:14 Τότε προσέρχονται αὐτῷ οἱ μαθηταὶ Ἰωάννου λέγοντες, Διὰ τί ἡμεῖς καὶ οἱ
Φαρισαῖοι νηστεύομεν [πολλά], οἱ δὲ μαθηταί σου οὐ νηστεύουσιν; (νηστεύω= I fast)

9. John 9:40 Ἤκουσαν ἐκ τῶν Φαρισαίων ταῦτα οἱ μετ᾽ αὐτοῦ ὄντες καὶ εἶπον αὐτῷ, Μὴ καὶ
ἡμεῖς τυφλοί ἐσμεν;

10. John 8:47 ὁ ὢν ἐκ τοῦ θεοῦ τὰ ῥήματα τοῦ θεοῦ ἀκούει· διὰ τοῦτο ὑμεῖς οὐκ ἀκούετε, ὅτι
ἐκ τοῦ θεοῦ οὐκ ἐστέ.

11. John 18:1 Ταῦτα εἰπὼν Ἰησοῦς ἐξῆλθεν σὺν τοῖς μαθηταῖς αὐτοῦ πέραν τοῦ χειμάρρου τοῦ Κεδρὼν ὅπου ἦν κῆπος, εἰς ὃν εἰσῆλθεν αὐτὸς καὶ οἱ μαθηταὶ αὐτοῦ. (πέραν= across; ὁ χείμαρρος= valley; ὁ κῆπος= garden)

12. Matt 26:25 ἀποκριθεὶς δὲ Ἰούδας ὁ παραδιδοὺς αὐτὸν εἶπεν, Μήτι ἐγώ εἰμι, ῥαββί; λέγει αὐτῷ, Σὺ εἶπας. (ὁ παραδιδοὺς= "the one betraying")

13. Luke 15:10 οὕτως, λέγω ὑμῖν, γίνεται χαρὰ ἐνώπιον τῶν ἀγγέλων τοῦ θεοῦ ἐπὶ ἑνὶ ἁμαρτωλῷ μετανοοῦντι. (ὁ ἁμαρτωλός= sinner; μετανοέω= I repent)

14. John 14:9 λέγει αὐτῷ ὁ Ἰησοῦς, <u>Τοσούτῳ χρόνῳ</u> μεθ᾽ ὑμῶν εἰμι καὶ οὐκ ἔγνωκάς με,

Φίλιππε; ὁ ἑωρακὼς ἐμὲ ἑώρακεν τὸν πατέρα· πῶς σὺ λέγεις, <u>Δεῖξον</u> ἡμῖν τὸν πατέρα;

(τοσούτῳ χρόνῳ= "for such a time"; Δεῖξον= "Show!")

15. Matt 9:28 ἐλθόντι δὲ εἰς τὴν οἰκίαν προσῆλθον αὐτῷ οἱ τυφλοί, καὶ λέγει αὐτοῖς ὁ Ἰησοῦς,

Πιστεύετε ὅτι δύναμαι τοῦτο <u>ποιῆσαι;</u> λέγουσιν αὐτῷ, Ναί κύριε. (δύναμαι= I am able;

ποιῆσαι= "to do")

16. Acts 3:25 ὑμεῖς ἐστε οἱ υἱοὶ τῶν προφητῶν καὶ <u>τῆς διαθήκης</u> ἧς <u>διέθετο</u> ὁ θεὸς πρὸς τοὺς

πατέρας ὑμῶν λέγων πρὸς Ἀβραάμ, Καὶ ἐν τῷ σπέρματί σου [ἐν]ευλογηθήσονται πᾶσαι αἱ

πατριαὶ τῆς γῆς. (ἡ διαθήκη= covenant; διέθετο= "he set"; [ἐν]ευλογέω= I bless; ἡ πατριά= family)

17. Matt 11:18-19 ἦλθεν γὰρ Ἰωάννης μήτε ἐσθίων μήτε πίνων, καὶ λέγουσιν, Δαιμόνιον ἔχει.

19 ἦλθεν ὁ υἱὸς τοῦ ἀνθρώπου ἐσθίων καὶ πίνων, καὶ λέγουσιν, Ἰδοὺ ἄνθρωπος φάγος καὶ

οἰνοπότης, τελωνῶν φίλος καὶ ἁμαρτωλῶν. καὶ ἐδικαιώθη ἡ σοφία ἀπὸ τῶν ἔργων αὐτῆς. (ὁ

φάγος= glutton; ὁ οἰνοπότης= drunkard; ὁ τελώνης= tax man; φίλος= friend; ἁμαρτώλος= sinner; δικαιόω= I am

justified)

18. 1 Thess 2:14 ὑμεῖς γὰρ μιμηταὶ ἐγενήθητε, ἀδελφοί, τῶν ἐκκλησιῶν τοῦ θεοῦ τῶν οὐσῶν ἐν

τῇ Ἰουδαίᾳ ἐν Χριστῷ Ἰησοῦ, ὅτι τὰ αὐτὰ ἐπάθετε καὶ ὑμεῖς ὑπὸ τῶν ἰδίων συμφυλετῶν

καθὼς καὶ αὐτοὶ ὑπὸ τῶν Ἰουδαίων, (ὁ μιμητής=imitator; τὰ αὐτά= "the same things"; ὁ συμφυλέτης=

fellow countryman)

17F. READING

I. John 11:19-30 Jesus is the Resurrection and the Life.

19 πολλοὶ δὲ ἐκ τῶν Ἰουδαίων ἐληλύθεισαν πρὸς τὴν Μάρθαν καὶ Μαριὰμ ἵνα παραμυθήσωνται αὐτὰς περὶ τοῦ ἀδελφοῦ. 20 ἡ οὖν Μάρθα ὡς ἤκουσεν ὅτι Ἰησοῦς ἔρχεται ὑπήντησεν αὐτῷ· Μαριὰμ δὲ ἐν τῷ οἴκῳ ἐκαθέζετο. 21 εἶπεν οὖν ἡ Μάρθα πρὸς τὸν Ἰησοῦν, Κύριε, εἰ ἦς ὧδε οὐκ ἂν ἀπέθανεν ὁ ἀδελφός μου· 22 [ἀλλὰ] καὶ νῦν οἶδα ὅτι ὅσα ἂν αἰτήσῃ τὸν θεὸν δώσει σοι ὁ θεός. 23 λέγει αὐτῇ ὁ Ἰησοῦς, Ἀναστήσεται ὁ ἀδελφός σου. 24 λέγει αὐτῷ ἡ Μάρθα, Οἶδα ὅτι ἀναστήσεται ἐν τῇ ἀναστάσει ἐν τῇ ἐσχάτῃ ἡμέρᾳ. 25 εἶπεν αὐτῇ ὁ Ἰησοῦς, Ἐγώ εἰμι ἡ ἀνάστασις καὶ ἡ ζωή· ὁ πιστεύων εἰς ἐμὲ κἂν ἀποθάνῃ ζήσεται, 26 καὶ πᾶς ὁ ζῶν καὶ πιστεύων εἰς ἐμὲ οὐ μὴ ἀποθάνῃ εἰς τὸν αἰῶνα· πιστεύεις τοῦτο; 27 λέγει αὐτῷ, Ναί, κύριε, ἐγὼ πεπίστευκα ὅτι σὺ εἶ ὁ Χριστὸς ὁ υἱὸς τοῦ θεοῦ ὁ εἰς τὸν κόσμον ἐρχόμενος. 28 Καὶ τοῦτο εἰποῦσα ἀπῆλθεν καὶ ἐφώνησεν Μαριὰμ τὴν ἀδελφὴν αὐτῆς λάθρᾳ εἰποῦσα, Ὁ διδάσκαλος πάρεστιν καὶ φωνεῖ σε. 29 ἐκείνη δὲ ὡς ἤκουσεν ἠγέρθη ταχὺ καὶ ἤρχετο πρὸς αὐτόν· 30 οὔπω δὲ ἐληλύθει ὁ Ἰησοῦς εἰς τὴν κώμην, ἀλλ᾽ ἦν ἔτι ἐν τῷ τόπῳ ὅπου ὑπήντησεν αὐτῷ ἡ Μάρθα.

Verse 19: ἵνα παραμυθήσωνται = "in order to comfort"
Verse 20: ὑπαντάω = I meet with (*with dat.*); καθέζομαι = I sit down
Verse 21: ὧδε = here; ἂν ἀπέθανεν = "would have died"
Verse 22: ὅσα ἂν αἰτήσῃ = "however much you ask"; δώσει = "he will give"
Verse 23: Ἀναστήσεται = "he will raise"
Verse 25: κἂν ἀποθάνῃ ζήσεται, = "Even if he should die, will live" (κἂν = καὶ ἂν)
Verse 26: ὁ ζῶν = "the one living"; οὐ μὴ ἀποθάνῃ = "in no way dies"
Verse 27: Ναί = yes; ὁ. . .ἐρχόμενος = "the one coming"
Verse 28: φωνέω = I call; λάθρᾳ = "in secret"; πάρειμι = I am present
Verse 29: ἐγείρω = I raise up; ταχὺ = immediately
Verse 30: οὔπω = not yet; ἡ κώμη = village; ὑπαντάω = I meet (*with dat.*)

II. Rev 21:3-6 When God will Dwell with His People.

3 καὶ ἤκουσα φωνῆς μεγάλης ἐκ τοῦ θρόνου λεγούσης, Ἰδοὺ ἡ σκηνὴ τοῦ θεοῦ μετὰ τῶν ἀνθρώπων, καὶ σκηνώσει μετ᾽ αὐτῶν, καὶ αὐτοὶ λαοὶ αὐτοῦ ἔσονται, καὶ αὐτὸς ὁ θεὸς μετ᾽ αὐτῶν ἔσται [αὐτῶν θεός], 4 καὶ ἐξαλείψει πᾶν δάκρυον ἐκ τῶν ὀφθαλμῶν αὐτῶν, καὶ ὁ θάνατος οὐκ ἔσται ἔτι οὔτε πένθος οὔτε κραυγὴ οὔτε πόνος οὐκ ἔσται ἔτι, [ὅτι] τὰ πρῶτα ἀπῆλθαν. 5 Καὶ εἶπεν ὁ καθήμενος ἐπὶ τῷ θρόνῳ, Ἰδοὺ καινὰ ποιῶ πάντα καὶ λέγει, Γράψον, ὅτι οὗτοι οἱ λόγοι πιστοὶ καὶ ἀληθινοί εἰσιν. 6 καὶ εἶπέν μοι, Γέγοναν. ἐγώ [εἰμι] τὸ Ἄλφα καὶ τὸ Ὦ, ἡ ἀρχὴ καὶ τὸ τέλος. ἐγὼ τῷ διψῶντι δώσω ἐκ τῆς πηγῆς τοῦ ὕδατος τῆς ζωῆς δωρεάν.

Verse 3: ὁ θρόνος= throne; ἡ σκηνή= dwelling; σκηνόω= I dwell
Verse 4: ἐξαλείφω= I wipe out; τὸ δάκρυον= tear; τὸ πένθος= mourning; ἡ κραυγή= crying; ὁ πόνος= pain
Verse 5: καθήμενος= "sitting"; καινά= new; ποιῶ= "I make"; Γράψον= "Write!"; ἀληθινός,-ή,-όν= true
Verse 6: διψῶντι= "thirsting"; δώσω= "I will give"; ἡ πηγή= spring; δωρεάν= freely

EXERCISES CH. 18

18A. OVERVIEW
18B. VOCABULARIES 18 AND 5
18C. REVIEW
18D. FOCUS
18E. SENTENCES
18F. READING

18A. OVERVIEW

1. The M/P participles use the First and Second Declension Endings. True or false?

2. The 'give away' for the Present M/P Participles is the coupling syllable _____ before the endings.

3. What modifications to the Present Tense M/P Participle coupling syllable take place with the Aorist and Perfect Tenses?

4. Be able to fill the missing members of this chart:

Tense Form	Masculine/Neuter	Feminine
	Coupling Syllable + Type of Declension Ending	Coupling Syllable + Type of Declension Ending
Present A	-οντ- + 3rd Decl. (ἄρχων)	-ουσ- + 1st Decl.
M/P		
Future A	-σοντ- + 3rd Decl. (ἄρχων)	-σουσ- + 1st Decl.
M		
P		
Aorist A	-σαντ- + 3rd Decl. (ἄρχων)	-σασ- + 1st Decl.
M		
P	-θέντ- + 3rd Decl. (ἄρχων)	-θείσ- + 1st Decl.
2nd Aorist	-οντ- + 3rd Decl. (ἄρχων)	-ουσ- + 1st Decl.
Perfect A	-κότ- + 3rd Decl. (ἄρχων)	-κυί- + 1st Decl.
M/P		

5. The Present Tense attributive participle is time _____, whereas the Aorist is time _____. The Perfect Tense indicates _____ _____.

18B. VOCABULARIES 18 AND 5

Fill in the spaces of the crossword puzzle using Greek for the corresponding English gloss.

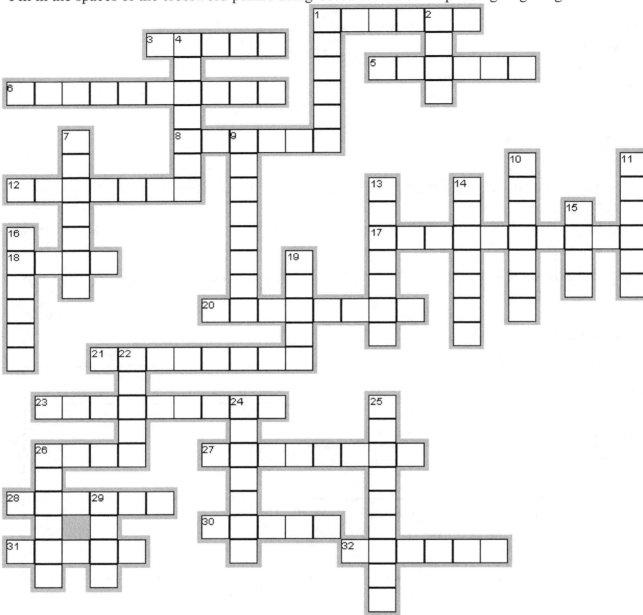

Created with EclipseCrossword — www.eclipsecrossword.com

Across

1. world
3. stone
5. throne
6. teacher
8. Jesus
12. little child
17. good news, gospel
18. son
20. person
21. tomb
23. demon
26. God; god
27. face
28. time
30. word, message
31. fear
32. boat

Down

1. fruit; result
2. road
4. garment
7. Christ
9. Sabbath; rest
10. sign
11. child
13. brother
14. messenger
15. I am
16. Lord
19. temple
22. law
24. heaven
25. apostle
26. wild beast
29. temple (edifice)

18C. REVIEW

I. Translate these adjectival participles. Indicate whether they are substantive or attributive.

1. Ἰησοῦς εἶπεν τῷ λέγοντι αὐτῷ,

2. Rev 20:10a καὶ ὁ διάβολος ὁ πλανῶν αὐτοὺς (πλανάω= I deceive)

3. Rom 2:21 ὁ οὖν διδάσκων ἕτερον . . . ὁ κηρύσσων . . .

4. John 8:29a καὶ ὁ πέμψας με μετ' ἐμοῦ ἐστιν·

5. John 6:58a οὗτός ἐστιν ὁ ἄρτος ὁ ἐξ οὐρανοῦ καταβάς,

6. Luke 10:23b Μακάριοι οἱ ὀφθαλμοὶ οἱ βλέποντες ἃ βλέπετε.

7. Matt 28:15a οἱ δὲ λαβόντες τὰ ἀργύρια ἐποίησαν ὡς ἐδιδάχθησαν.(τὸ ἀργύριον= silver; ποιέω= I do)

8. John 20:8a εἰσῆλθεν ὁ ἄλλος μαθητὴς ὁ ἐλθὼν πρῶτος εἰς τὸ μνημεῖον (τὸ μνημεῖον= tomb)

II. Adverbial Participles.

1. John 19:12b οἱ δὲ Ἰουδαῖοι ἐκραύγασαν λέγοντες, (κραυγάζω= I shout)

2. Luke 8:38c ἀπέλυσεν δὲ αὐτὸν λέγων,

3. John 7:28a ἔκραξεν οὖν ἐν τῷ ἱερῷ διδάσκων ὁ Ἰησοῦς καὶ λέγων,

4. Matt 9:33b καὶ ἐθαύμασαν οἱ ὄχλοι λέγοντες. . .

5. Luke 11:38 ὁ δὲ Φαρισαῖος ἰδὼν ἐθαύμασεν ὅτι οὐ πρῶτον ἐβαπτίσθη πρὸ τοῦ ἀρίστου.
   (πρό= before; τὸ ἄριστον= dinner)

6. Acts 11:7a ἤκουσα δὲ καὶ φωνῆς λεγούσης μοι, Ἀναστάς, Πέτρε. . . (Ἀναστάς= "Rise up!")

7. Acts 19:5 ἀκούσαντες δὲ ἐβαπτίσθησαν εἰς τὸ ὄνομα τοῦ κυρίου Ἰησοῦ,

8. Matt 22:1 Καὶ ἀποκριθεὶς ὁ Ἰησοῦς πάλιν εἶπεν ἐν παραβολαῖς αὐτοῖς λέγων,

9. Matt 3:16c καὶ εἶδεν [τὸ] πνεῦμα [τοῦ] θεοῦ καταβαῖνον ὡσεὶ περιστερὰν [καὶ] ἐρχόμενον ἐπ' αὐτόν· (ἡ περιστερά= dove)

10. Luke 13:31a Ἐν αὐτῇ τῇ ὥρᾳ προσῆλθάν τινες Φαρισαῖοι λέγοντες αὐτῷ, (αὐτῇ= "very")

III. Potpourri Participles:

1. 2 Tim 2:19b Ἔγνω κύριος τοὺς ὄντας αὐτοῦ,

2. ὁ ἀκούσας ταῦτα περίλυπος ἐγενήθη· (cf. Luke 18:23; περίλυπος,-ον= sorrowful)

3. Luke 9:35a καὶ φωνὴ ἐγένετο ἐκ τῆς νεφέλης λέγουσα, (ἡ νεφέλη= cloud)

4. Mark 16:20a ἐκεῖνοι δὲ ἐξελθόντες ἐκήρυξαν πανταχοῦ, (πανταχοῦ= everywhere)

5. Rom 1:21a διότι γνόντες τὸν θεὸν οὐχ ὡς θεὸν ἐδόξασαν (διότι= thus)

6. Rev 11:15b καὶ ἐγένοντο φωναὶ μεγάλαι ἐν τῷ οὐρανῷ λέγοντες,

7. Matt 14:34 Καὶ διαπεράσαντες ἦλθον ἐπὶ τὴν γῆν εἰς Γεννησαρέτ. (διαπεράω= I go across)

8. Luke 5:5b δι' ὅλης νυκτὸς κοπιάσαντες οὐδὲν ἐλάβομεν· (κοπιάω= I labor)

9. Matt 9:1 Καὶ ἐμβὰς εἰς πλοῖον διεπέρασεν καὶ ἦλθεν εἰς τὴν ἰδίαν πόλιν. (ἐμβαίνω= I embark [ἐμβὰς is an aorist active masc. sg. participle]; διαπεράω= I go across)

10. Luke 17:15 εἷς δὲ ἐξ αὐτῶν, ἰδὼν ὅτι ἰάθη, ὑπέστρεψεν μετὰ φωνῆς μεγάλης δοξάζων τὸν θεόν, 16 καὶ ἔπεσεν ἐπὶ πρόσωπον παρὰ τοὺς πόδας αὐτοῦ εὐχαριστῶν αὐτῷ· καὶ αὐτὸς ἦν Σαμαρίτης. (ἰάομαι= I heal; ὑποστρεφω= I return; εὐχαριστέω= I thank)

11. Mark 14:58 ὅτι Ἡμεῖς ἠκούσαμεν αὐτοῦ λέγοντος ὅτι Ἐγὼ καταλύσω τὸν ναὸν τοῦτον τὸν χειροποίητον καὶ διὰ τριῶν ἡμερῶν ἄλλον ἀχειροποίητον οἰκοδομήσω. (καταλύω= I destroy; χειροποίητος,-ον= hand made; ἀχειροποίητος,-ον= not hand made; οἰκοδομέω= I build)

12. John 9:35 Ἤκουσεν Ἰησοῦς ὅτι ἐξέβαλον αὐτὸν ἔξω καὶ εὑρὼν αὐτὸν εἶπεν, Σὺ πιστεύεις εἰς τὸν υἱὸν τοῦ ἀνθρώπου; (ἔξω= outside)

18D. FOCUS

I. Parse These Deponent, Middle, or Middle/Passive Participles.

		Tense	Voice	Mood	Gender	Case	Number	Lexical Form & Meaning
1.	γενομένης							
2.	εἰσερχόμενος							
3.	ἐξερχομένων							
4.	προσλαβόμενος							
5.	γινομένου							
6.	προσευξάμενοι							
7.	ἐρχομένους							
8.	γενόμενα							
9.	προσευχόμενοι							
10.	διωκόμενοι							

II. Translate these short sentences and be able to parse the participles.

1. Matt 1:16b Ἰησοῦς ὁ λεγόμενος Χριστός. (λέγω here has the passive meaning "to be called")

2. Matt 2:23b εἰς πόλιν λεγομένην Ναζαρέτ·

3. Rom 8:24b ἐλπὶς δὲ βλεπομένη οὐκ ἔστιν ἐλπίς·

4. Matt 26:3b εἰς τὴν αὐλὴν τοῦ ἀρχιερέως τοῦ λεγομένου Καϊάφα (ἡ αὐλή= courtyard)

5. Luke 20:17b Τί οὖν ἐστιν τὸ γεγραμμένον τοῦτο;

6. Luke 24:44c πάντα τὰ γεγραμμένα ἐν τῷ νόμῳ Μωϋσέως καὶ τοῖς προφήταις καὶ ψαλμοῖς περὶ ἐμοῦ.

7. Matt 27:33 Καὶ ἐλθόντες εἰς τόπον λεγόμενον Γολγοθᾶ, ὅ ἐστιν Κρανίου Τόπος λεγόμενος,

III. Match the Tense, Voice, and Gender with the Endings.

Pres. Act. Masc.	~~Aor. Mid. Fem.~~	For example:	**0. Aor. Mid. Fem.**
Pres. Act. Neut.	Aor. Pass. Masc.		nom. πιστευσαμένη
Pres. Act. Fem.	Aor. Pass. Neut.		gen. πιστευσαμένης
Pres. M/P Masc.	Aor. Pass. Fem.		dat. πιστευσαμένῃ
Pres. M/P Neut.	Perf. Act. Masc.		acc. πιστευσαμένην
Pres. M/P Fem.	Perf. Act. Neut.		
Aor. Act. Masc.	Perf. Act. Fem.		nom. πιστευσάμεναι
Aor. Act. Neut.	Perf. M/P Masc.		gen. πιστευσαμένων
Aor. Act. Fem.	Perf. M/P Neut.		dat. πιστευσαμέναις
Aor. Mid. Masc.	Perf. M/P Fem.		acc. πιστευσαμένας
Aor. Mid. Neut.			

1.		2.		3.		4.	
nom.	πεπιστευμένον	nom.	πιστευθεῖσα	nom.	πιστευόμενον	nom.	πεπιστευμένη
gen.	πεπιστευμένου	gen.	πιστευθείσης	gen.	πιστευομένου	gen.	πεπιστευμένης
dat.	πεπιστευμένῳ	dat.	πιστευθείσῃ	dat.	πιστευομένῳ	dat.	πεπιστευμένῃ
acc.	πεπιστευμένον	acc.	πιστευθεῖσαν	acc.	πιστευόμενον	acc.	πεπιστευμένην
nom.	πεπιστευμένα	nom.	πιστευθεῖσαι	nom.	πιστευόμενα	nom.	πεπιστευμέναι
gen.	πεπιστευμένων	gen.	πιστευθεισῶν	gen.	πιστευομένων	gen.	πεπιστευμένων
dat.	πεπιστευμένοις	dat.	πιστευθείσαις	dat.	πιστευομένοις	dat.	πεπιστευμέναις
acc.	πεπιστευμένα	acc.	πιστευθείσας	acc.	πιστευόμενα	acc.	πεπιστευμένας

5.		6.		7.		8.	
nom.	πιστεύων	nom.	πιστευομένη	nom.	πιστευσάμενος	nom.	πιστεύσας
gen.	πιστεύοντος	gen.	πιστευομένης	gen.	πιστευσαμένου	gen.	πιστεύσαντος
dat.	πιστεύοντι	dat.	πιστευομένῃ	dat.	πιστευσαμένῳ	dat.	πιστεύσαντι
acc.	πιστεύοντα	acc.	πιστευομένην	acc.	πιστευσάμενον	acc.	πιστεύσαντα
nom.	πιστεύοντες	nom.	πιστευόμεναι	nom.	πιστευσάμενοι	nom.	πιστεύσαντες
gen.	πιστευόντων	gen.	πιστευομένων	gen.	πιστευσαμένων	gen.	πιστευσάντων
dat.	πιστεύουσι(ν)	dat.	πιστευομέναις	dat.	πιστευσαμένοις	dat.	πιστεύσασι(ν)
acc.	πιστεύοντας	acc.	πιστευομένας	acc.	πιστευσαμένους	acc.	πιστεύσαντας

9.		10.		11.		12.	
nom.	πίστευσαν	nom.	πίστευον	nom.	πιστευθέν	nom.	πεπιστευκυῖα
gen.	πιστεύσαντος	gen.	πιστεύοντος	gen.	πιστευθέντος	gen.	πεπιστευκυίας
dat.	πιστεύσαντι	dat.	πιστεύοντι	dat.	πιστευθέντι	dat.	πεπιστευκυίᾳ
acc.	πίστευσαν	acc.	πίστευον	acc.	πιστευθέν	acc.	πεπιστευκυῖαν
nom.	πιστεύσαντα	nom.	πιστεύοντα	nom.	πιστευθέντα	nom.	πεπιστευκυῖαι
gen.	πιστευσάντων	gen.	πιστευόντων	gen.	πιστευθέντων	gen.	πεπιστευκυιῶν
dat.	πιστεύσασι(ν)	dat.	πιστεύουσι(ν)	dat.	πιστευθεῖσι(ν)	dat.	πεπιστευκυίαις
acc.	πιστεύσαντα	acc.	πιστεύοντα	acc.	πιστευθέντα	acc.	πεπιστευκυίας

13.		14.		15.		16.	
nom.	πεπιστευμένος	nom.	πιστεύουσα	nom.	πεπιστευκός	nom.	πιστεύσασα
gen.	πεπιστευμένου	gen.	πιστευούσης	gen.	πεπιστευκότος	gen.	πιστευσάσης
dat.	πεπιστευμένῳ	dat.	πιστευούσῃ	dat.	πεπιστευκότι	dat.	πιστευσάσῃ
acc.	πεπιστευμένον	acc.	πιστεύουσαν	acc.	πεπιστευκός	acc.	πιστεύσασαν
nom.	πεπιστευμένοι	nom.	πιστεύουσαι	nom.	πεπιστευκότα	nom.	πιστεύσασαι
gen.	πεπιστευμένων	gen.	πιστευουσῶν	gen.	πεπιστευκότων	gen.	πιστευσάσων
dat.	πεπιστευμένοις	dat.	πιστευούσαις	dat.	πεπιστευκόσι(ν)	dat.	πιστευσάσαις
acc.	πεπιστευμένους	acc.	πιστευούσας	acc.	πεπιστευκότα	acc.	πιστευσάσας

17.		18.		19.		20.	
nom.	πιστευόμενος	nom.	πιστευσάμενον	nom.	πιστευθείς	nom.	πεπιστευκώς
gen.	πιστευομένου	gen.	πιστευσαμένου	gen.	πιστευθέντος	gen.	πεπιστευκότος
dat.	πιστευομένῳ	dat.	πιστευσαμένῳ	dat.	πιστευθέντι	dat.	πεπιστευκότι
acc.	πιστευόμενον	acc.	πιστευσάμενον	acc.	πιστευθέντα	acc.	πεπιστευκότα
nom.	πιστευόμενοι	nom.	πιστευσάμενα	nom.	πιστευθέντες	nom.	πεπιστευκότες
gen.	πιστευομένων	gen.	πιστευσαμένων	gen.	πιστευθέντων	gen.	πεπιστευκότων
dat.	πιστευομένοις	dat.	πιστευσαμένοις	dat.	πιστευθεῖσι(ν)	dat.	πεπιστευκόσι(ν)
acc.	πιστευομένους	acc.	πιστευσάμενα	acc.	πιστευθέντας	acc.	πεπιστευκότας

18E. SENTENCES

1. Matt 1:16 Ἰακὼβ δὲ ἐγέννησεν τὸν Ἰωσὴφ τὸν ἄνδρα Μαρίας, ἐξ ἧς ἐγεννήθη Ἰησοῦς ὁ λεγόμενος Χριστός. (γεννάω= I beget)

2. οὐκ βλέπομεν τὰ βλεπόμενα ἀλλὰ τὰ μὴ βλεπόμενα· τὰ γὰρ βλεπόμενα πρόσκαιρα, τὰ δὲ μὴ βλεπόμενα αἰώνια. (cf. 2 Cor 4:18; πρόσκαιρα= temporary)

3. Rom 8:24 τῇ γὰρ ἐλπίδι ἐσώθημεν· ἐλπὶς δὲ βλεπομένη οὐκ ἔστιν ἐλπίς· ὃ γὰρ βλέπει τίς ἐλπίζει; (ἐλπίζω= I hope)

4. Matt 26:3 Τότε συνήχθησαν οἱ ἀρχιερεῖς καὶ οἱ πρεσβύτεροι τοῦ λαοῦ εἰς τὴν αὐλὴν τοῦ ἀρχιερέως τοῦ λεγομένου Καϊάφα (ἡ αὐλή= courtyard)

5. Acts 5:5 ἀκούων δὲ ὁ Ἀνανίας τοὺς λόγους τούτους πεσὼν ἐξέψυξεν, καὶ ἐγένετο φόβος μέγας ἐπὶ πάντας τοὺς ἀκούοντας. (ἐξέψυξεν= "he died")

6. Matt 27:22 λέγει αὐτοῖς ὁ Πιλᾶτος, Τί οὖν ποιήσω Ἰησοῦν τὸν λεγόμενον Χριστόν; λέγουσιν πάντες, Σταυρωθήτω. (ποιήσω= "I will do (about)"; Σταυρωθήτω= "Let him be crucified!")

7. Matt 27:37 καὶ ἐπέθηκαν ἐπάνω τῆς κεφαλῆς αὐτοῦ τὴν αἰτίαν αὐτοῦ γεγραμμένην· Οὗτός

ἐστιν Ἰησοῦς ὁ βασιλεῦς τῶν Ἰουδαίων. (ἐπέθηκαν= "they set"; ἐπάνω= above; ἡ αἰτία= charge)

8. Matt 21:9 οἱ δὲ ὄχλοι οἱ προάγοντες αὐτὸν καὶ οἱ ἀκολουθοῦντες ἔκραζον λέγοντες, Ὡσαννὰ

τῷ υἱῷ Δαυίδ· Εὐλογημένος ὁ ἐρχόμενος ἐν ὀνόματι κυρίου· Ὡσαννὰ ἐν τοῖς ὑψίστοις.

(προάγω= I go before; ἀκολουθέω= I follow; εὐλογημένος= "blessed"; ὑψίστοις= "highest")

9. Luke 18:31 Παραλαβὼν δὲ τοὺς δώδεκα εἶπεν πρὸς αὐτούς, Ἰδοὺ ἀναβαίνομεν εἰς

Ἰερουσαλήμ, καὶ τελεσθήσεται πάντα γεγραμμένα διὰ τῶν προφητῶν τῷ υἱῷ τοῦ

ἀνθρώπου· (τελεσθήσεται= "it will be fulfilled" [here the subject is πάντα])

10. Luke 20:17 ὁ δὲ ἐμβλέψας αὐτοῖς εἶπεν, Τί οὖν ἐστιν τὸ γεγραμμένον τοῦτο· Λίθον ὃν

ἀπεδοκίμασαν οἱ οἰκοδομοῦντες, οὗτος ἐγενήθη εἰς κεφαλὴν γωνίας; (ὁ δέ= "and he";

ἐμβλέπω= I look at; ἀποδοκιμάζω= I reject; οἰκοδομοῦντες= "building"[this is a participle])

11. Luke 24:18 ἀποκριθεὶς δὲ εἷς ὀνόματι Κλεοπᾶς εἶπεν πρὸς αὐτόν, Σὺ μόνος παροικεῖς

Ἰερουσαλὴμ καὶ οὐκ ἔγνως τὰ γενόμενα ἐν αὐτῇ ἐν ταῖς ἡμέραις ταύταις; (παροικέω= I dwell

temporarily)

12. Matt 4:18 Περιπατῶν δὲ παρὰ τὴν θάλασσαν τῆς Γαλιλαίας εἶδεν δύο ἀδελφούς, Σίμωνα

τὸν λεγόμενον Πέτρον καὶ Ἀνδρέαν τὸν ἀδελφὸν αὐτοῦ, βάλλοντας ἀμφίβληστρον εἰς τὴν

θάλασσαν· ἦσαν γὰρ ἁλιεῖς. (περιπατέω= I walk/live; τὸ ἀμφίβληστρον= net; οἱ ἁλιεῖς= fishermen)

13. Acts 24:14 ὁμολογῶ δὲ τοῦτό σοι ὅτι κατὰ τὴν ὁδὸν ἣν λέγουσιν αἵρεσιν, οὕτως λατρεύω τῷ

πατρῴῳ θεῷ πιστεύων πᾶσι τοῖς κατὰ τὸν νόμον καὶ τοῖς ἐν τοῖς προφήταις

γεγραμμένοις, (ὁμολογέω= I confess; ἡ αἵρεσις= heresy; λατρεύω= I worship w/dat,; πατρῷος,-η,-ον= passed

from the fathers)

14. Luke 8:1 Καὶ ἐγένετο <u>ἐν τῷ καθεξῆς</u> καὶ αὐτὸς διώδευεν κατὰ πόλιν καὶ κώμην κηρύσσων

καὶ εὐαγγελιζόμενος τὴν βασιλείαν τοῦ θεοῦ καὶ οἱ δώδεκα σὺν αὐτῷ. (ἐν τῷ καθεξῆς= "soon

afterwards"; διοδεύω= I go about; ἡ κώμη=village)

15. Matt 26:39 καὶ προελθὼν μικρὸν ἔπεσεν ἐπὶ πρόσωπον αὐτοῦ προσευχόμενος καὶ λέγων,

Πάτερ μου, εἰ δυνατόν ἐστιν, παρελθάτω ἀπ' ἐμοῦ τὸ ποτήριον τοῦτο· πλὴν οὐχ ὡς ἐγὼ

θέλω ἀλλ' ὡς σύ. (προελθὼν μικρὸν= "going forward a little"; εἰ δυνατόν= "if possible"; παρελθάτω= "Let

pass!"; τὸ ποτήριον= cup; πλὴν= however; θέλω= I want)

16. Acts 24:24 Μετὰ δὲ ἡμέρας τινὰς παραγενόμενος ὁ Φῆλιξ σὺν Δρουσίλλῃ τῇ ἰδίᾳ γυναικὶ

οὔσῃ Ἰουδαίᾳ μετεπέμψατο τὸν Παῦλον καὶ ἤκουσεν αὐτοῦ περὶ τῆς εἰς Χριστὸν Ἰησοῦν

πίστεως. (παραγίνομαι= I am present; μεταπέμπω= I send for)

17. Matt 3:16 βαπτισθεὶς δὲ ὁ Ἰησοῦς εὐθὺς ἀνέβη ἀπὸ τοῦ ὕδατος· καὶ ἰδοὺ ἠνεῴχθησαν

[αὐτῷ] οἱ οὐρανοί, καὶ εἶδεν [τὸ] πνεῦμα [τοῦ] θεοῦ καταβαῖνον ὡσεὶ περιστερὰν [καὶ]

ἐρχόμενον ἐπ’ αὐτόν· (ὡσεί= like, as; ἡ περιστερά= dove)

18. Rom 7:23 βλέπω δὲ ἕτερον νόμον ἐν τοῖς μέλεσίν μου ἀντιστρατευόμενον τῷ νόμῳ τοῦ νοός

μου καὶ αἰχμαλωτίζοντά με ἐν τῷ νόμῳ τῆς ἁμαρτίας τῷ ὄντι ἐν τοῖς μέλεσίν μου.

(ἀντιστρατευόμενον τῷ= "warring against"; ὁ νοῦς= mind; αἰχμαλωτίζοντα= "enslaving"; τὸ μέλος= member)

19. Acts 9:27 Βαρναβᾶς δὲ ἐπιλαβόμενος αὐτὸν ἤγαγεν πρὸς τοὺς ἀποστόλους καὶ διηγήσατο

αὐτοῖς πῶς ἐν τῇ ὁδῷ εἶδεν τὸν κύριον καὶ ὅτι ἐλάλησεν αὐτῷ, καὶ πῶς ἐν Δαμασκῷ

ἐπαρρησιάσατο ἐν τῷ ὀνόματι τοῦ Ἰησοῦ. (ἐπιλαμβάνομαι= I take hold of; διηγέομαι= I explain;

λαλέω= I speak; παρρησιάζομαι= I speak boldly)

18F. READING

I. Rev 20:11-15: The Great White Throne Judgment.

11 Καὶ εἶδον θρόνον μέγαν <u>λευκὸν</u> καὶ τὸν <u>καθήμενον</u> ἐπ᾽ αὐτόν, οὗ ἀπὸ τοῦ προσώπου ἔφυγεν ἡ

γῆ καὶ ὁ οὐρανός καὶ τόπος οὐχ εὑρέθη αὐτοῖς. 12 καὶ εἶδον τοὺς νεκρούς, τοὺς μεγάλους καὶ

τοὺς <u>μικρούς</u>, <u>ἑστῶτας</u> ἐνώπιον τοῦ θρόνου. καὶ <u>βιβλία</u> ἠνοίχθησαν, καὶ ἄλλο βιβλίον ἠνοίχθη, ὅ

ἐστιν τῆς ζωῆς, καὶ ἐκρίθησαν οἱ νεκροὶ ἐκ τῶν γεγραμμένων ἐν τοῖς βιβλίοις κατὰ τὰ ἔργα

αὐτῶν. ¹³ καὶ <u>ἔδωκεν</u> ἡ θάλασσα τοὺς νεκροὺς τοὺς ἐν αὐτῇ καὶ ὁ θάνατος καὶ <u>ὁ ᾅδης</u> <u>ἔδωκαν</u> τοὺς

νεκροὺς τοὺς ἐν αὐτοῖς, καὶ <u>ἐκρίθησαν</u> ἕκαστος κατὰ τὰ ἔργα αὐτῶν. ¹⁴ καὶ ὁ θάνατος καὶ <u>ὁ ᾅδης</u>

ἐβλήθησαν εἰς τὴν <u>λίμνην</u> τοῦ πυρός. οὗτος ὁ θάνατος ὁ <u>δεύτερός</u> ἐστιν, <u>ἡ λίμνη</u> τοῦ πυρός. ¹⁵ καὶ

εἴ τις οὐχ εὑρέθη ἐν τῇ <u>βίβλῳ</u> τῆς ζωῆς γεγραμμένος, ἐβλήθη εἰς τὴν <u>λίμνην</u> τοῦ πυρός.

verse 11: λευκός,-η,-ον= white
      καθήμενον= "sitting"
verse 12: μικρός,-ά,-όν=small
      ἑστῶτας= "standing"
      τὸ βιβλίον= book

verse 13: ἔδωκεν= "it gave"
      ὁ ᾅδης= Hades
      ἔδωκαν= "they gave"
      κρίνω=I judge
verse 14: ἡ λίμνη= lake
      δεύτερος,-α,-ον= second

II. Matt 28:16-18 The Great Commission.

Pay particular attention to the role of pre-nuclear and post-nuclear circumstantial participles. Attempt to identify their function.

[16] Οἱ δὲ <u>ἔνδεκα</u> μαθηταὶ ἐπορεύθησαν εἰς τὴν Γαλιλαίαν εἰς τὸ ὄρος <u>οὗ</u> <u>ἐτάξατο</u> αὐτοῖς ὁ Ἰησοῦς,

[17] καὶ ἰδόντες αὐτὸν προσεκύνησαν, <u>οἱ δὲ</u> <u>ἐδίστασαν</u>. [18] καὶ προσελθὼν ὁ Ἰησοῦς <u>ἐλάλησεν</u> αὐτοῖς

λέγων· <u>ἐδόθη</u> μοι πᾶσα ἐξουσία ἐν οὐρανῷ καὶ ἐπὶ [τῆς] γῆς. [19] πορευθέντες οὖν <u>μαθητεύσατε</u>

πάντα τὰ ἔθνη, βαπτίζοντες αὐτοὺς εἰς τὸ ὄνομα τοῦ πατρὸς καὶ τοῦ υἱοῦ καὶ τοῦ ἁγίου

πνεύματος, [20] διδάσκοντες αὐτοὺς <u>τηρεῖν</u> πάντα <u>ὅσα</u> <u>ἐνετειλάμην</u> ὑμῖν· καὶ ἰδοὺ ἐγὼ μεθ☐ ὑμῶν

εἰμι πάσας τὰς ἡμέρας ἕως τῆς <u>συντελείας</u> τοῦ αἰῶνος.

<u>verse 16:</u> ἔνδεκα= eleven; οὗ = where; τάσσω = I command
<u>verse 17:</u> προσεκυνέω = I bow down; I worship; οἱ δὲ = "but some"; διστάζω = I doubt, waver
<u>verse 18:</u> λαλέω = I say, speak; ἐδόθη = "it was given"
<u>verse 19:</u> μαθητεύσατε = "(You) Make disciples!" (a command)
<u>verse 20:</u> τηρεῖν = "to keep"; ὅσα = "as much as" (begins a relative clause); ἐντέλλω = I command; συντέλεια= end,
            completion

EXERCISES CH. 19

19A. OVERVIEW
19B. VOCABULARIES 19 AND 6
19C. REVIEW
19D. FOCUS
19E. SENTENCES
19F. READING

19A. OVERVIEW

1. What are the names of the four pronouns covered in this lesson? What is the basic meaning and use of each?

2. All four pronouns covered in this chapter use only the First and Second Declension endings. True or false?

3. Which pronouns do not show nominative case forms? Why?

4. Complete these missing or partial forms for the Indefinite Relative Pronoun.

	Masc.	**Fem.**	**Neut.**
sg. nom.	ὅσ___	_τις	ὅτι
gen.	οὗτινος	ἧσ___	_τινος
dat.	_τινι	ἥ_____	ᾧτινι
acc.	ὅν____	ἥντινα	___
pl. nom.	__τινες	αἵτινες	_____
gen.	ὧντινων	_____	_____
dat.	οἷστισι	___τισιν	οἷσ____
acc.	___τινας	ἅσ_____	ἅτινα

5. What is the basic construction of the periphrastic participle? What is stressed by use of this construction?

6. How do you define "complementary participle"?

19B. Vocabularies 19 and 6

Fill in the spaces of the crossword puzzle using Greek for the corresponding English gloss.

Created with EclipseCrossword — www.eclipsecrossword.com

Across

4. I go away; I depart
7. in, among
8. my, mine (feminine)
9. on account of
10. of myself
11. by (means of)
14. I come/go to
18. into
20. of himself, herself, itself
22. before, in front of
23. through

Down

1. I pass through/over
2. I go out
3. I answer
5. one another
6. of yourself
12. towards; with
13. from
15. who(soever)
16. I go into, I enter
17. I release; I send away
19. with
21. under
22. from, out of

19C. REVIEW

I. Parse these participles.

		Tense	Voice	Mood	Gender	Case	Number	Lexical Form & Meaning
1.	διδάσκων							
2.	ἐρχόμενος							
3.	γενομένης							
4.	λαβόντες							
5.	ἀποκριθείς							
6.	προσευξάμενοι							
7.	λεγόμενος							
8.	ἐλθόντες							
9.	πορευθέντες							
10.	γενομέναι							

II. Translate these M/P adjectival participles.

1. Heb 9:3 σκηνὴ ἡ λεγομένη Ἅγια Ἁγίων, (ἡ σκηνή= tent)

2. 2 Cor 4:18b τὰ βλεπόμενα. . . τὰ μὴ βλεπόμενα.

3. Matt 4:18b Σίμωνα τὸν λεγόμενον Πέτρον

4. Acts 13:29a πάντα τὰ περὶ αὐτοῦ γεγραμμένα,

5. Luke 18:34b καὶ οὐκ ἐγίνωσκον τὰ λεγόμενα.

6. John 11:16 εἶπεν οὖν Θωμᾶς ὁ λεγόμενος Δίδυμος τοῖς συμμαθηταῖς,

7. πιστεύω πᾶσι τοῖς κατὰ τὸν νόμον καὶ τοῖς ἐν τοῖς προφήταις γεγραμμένοις,

8. John 4:25a λέγει αὐτῷ ἡ γυνή, Οἶδα ὅτι Μεσσίας ἔρχεται ὁ λεγόμενος Χριστός·

19D. FOCUS

I. Translate these sentences with Periphrastic constructions.

1. Eph 2:8 τῇ γὰρ χάριτί ἐστε σεσῳσμένοι διὰ πίστεως· καὶ τοῦτο οὐκ ἐξ ὑμῶν, θεοῦ τὸ δῶρον· (τὸ δῶρον= gift)

2. Heb 4:2a καὶ γάρ ἐσμεν εὐηγγελισμένοι καθάπερ κἀκεῖνοι· (καθάπερ= just as; κἀκεῖνοι= καὶ ἐκεῖνοι)

3. Acts 8:13a ὁ δὲ Σίμων καὶ αὐτὸς ἐπίστευσεν καὶ βαπτισθεὶς ἦν

4. John 6:45a ἔστιν γεγραμμένον ἐν τοῖς προφήταις, Καὶ ἔσονται πάντες διδακτοὶ θεοῦ·
   (διδακτός,-ή,-όν= taught, instructed)

5. Matt 7:29 ἦν γὰρ διδάσκων αὐτοὺς ὡς ἐξουσίαν ἔχων καὶ οὐχ ὡς οἱ γραμματεῖς αὐτῶν.

6. Matt 10:22 καὶ ἔσεσθε μισούμενοι ὑπὸ πάντων διὰ τὸ ὄνομά μου· ὁ δὲ ὑπομείνας εἰς τέλος οὗτος σωθήσεται. (μισέω= I hate; ὑπομείνας= "remaining" [aorist masc.sg. participle])

7. Luke 18:34 καὶ αὐτοὶ οὐδὲν τούτων συνῆκαν καὶ ἦν τὸ ῥῆμα τοῦτο κεκρυμμένον ἀπ' αὐτῶν καὶ οὐκ ἐγίνωσκον τὰ λεγόμενα. (συνῆκαν= "they understood"; κεκρυμμένον= "hidden")

II. Translate these sentences and phrases with pronouns.

1. John 5:30b καὶ ἡ κρίσις ἡ ἐμὴ δικαία ἐστίν,

2. John 8:37b ὁ λόγος ὁ ἐμὸς οὐ χωρεῖ ἐν ὑμῖν. (χωρέω=I make progress; I have room)

3. John 21:7b ἦν γὰρ γυμνός, καὶ ἔβαλεν ἑαυτὸν εἰς τὴν θάλασσαν, (γυμνός,-ή,-όν= naked)

4. John 6:52a Ἐμάχοντο οὖν πρὸς ἀλλήλους οἱ Ἰουδαῖοι (μάχομαι= I fight)

5. John 10:26 ἀλλὰ ὑμεῖς οὐ πιστεύετε, ὅτι οὐκ ἐστὲ ἐκ τῶν προβάτων τῶν ἐμῶν. (τὸ προβάτον= sheep)

6. Gal 6:4 τὸ δὲ ἔργον ἑαυτοῦ <u>δοκιμαζέτω</u> ἕκαστος, καὶ τότε εἰς ἑαυτὸν μόνον τὸ καύχημα ἕξει καὶ οὐκ εἰς τὸν ἕτερον· (δοκιμαζέτω= "let him approve"; τὸ καύχημα= boast)

7. John 4:33 ἔλεγον οὖν οἱ μαθηταὶ πρὸς ἀλλήλους, Μή τις ἤνεγκεν αὐτῷ φαγεῖν; (φαγεῖν="to eat")

8. John 15:12 αὕτη ἐστὶν ἡ ἐντολὴ ἡ ἐμή, ἵνα ἀγαπᾶτε ἀλλήλους καθὼς ἠγάπησα ὑμᾶς. (ἵνα=that; ἀγαπάω= I love)

19E. SENTENCES

1. Matt 15:30a καὶ προσῆλθον αὐτῷ ὄχλοι πολλοὶ ἔχοντες μεθ' ἑαυτῶν χωλούς, (χωλός,-ή,-όν= lame)

2. Luke 4:31b καὶ ἦν διδάσκων αὐτοὺς ἐν τοῖς σάββασιν·

3. Mark 2:1 Καὶ εἰσελθὼν πάλιν εἰς Καφαρναοὺμ δι' ἡμερῶν ἠκούσθη ὅτι ἐν οἴκῳ ἐστίν.

4. John 12:14 εὑρὼν δὲ ὁ Ἰησοῦς ὀνάριον ἐκάθισεν ἐπ' αὐτό, καθὼς ἐστιν γεγραμμένον, (τὸ ὀνάριον= young donkey)

5. Luke 4:20b καὶ πάντων οἱ ὀφθαλμοὶ ἐν τῇ συναγωγῇ ἦσαν ἀτενίζοντες αὐτῷ. (ἀτενίζω= I gaze)

6. Luke 14:15 Ἀκούσας δέ τις τῶν συνανακειμένων ταῦτα εἶπεν αὐτῷ· μακάριος ὅστις φάγεται ἄρτον ἐν τῇ βασιλείᾳ τοῦ θεοῦ. (τῶν συνανακειμένων = "of the ones that were reclining at the table")

7. John 10:34 ἀπεκρίθη αὐτοῖς [ὁ] Ἰησοῦς, Οὐκ ἔστιν γεγραμμένον ἐν τῷ νόμῳ ὑμῶν ὅτι Ἐγὼ εἶπα, Θεοί ἐστε;

8. Acts 4:4 πολλοὶ δὲ τῶν ἀκουσάντων τὸν λόγον ἐπίστευσαν, καὶ ἐγενήθη [ὁ] ἀριθμὸς τῶν ἀνδρῶν [ὡς] χιλιάδες πέντε. (ἀριθμός= number; χιλιάδες= thousand)

9. John 6:31 οἱ πατέρες ἡμῶν τὸ μάννα ἔφαγον ἐν τῇ ἐρήμῳ, καθώς ἐστιν γεγραμμένον, Ἄρτον ἐκ τοῦ οὐρανοῦ ἔδωκεν αὐτοῖς φαγεῖν. (ἔδωκεν= "he gave"; φαγεῖν= "to eat")

10. John 6:45 ἔστιν γεγραμμένον ἐν τοῖς προφήταις, Καὶ ἔσονται πάντες διδακτοὶ θεοῦ· πᾶς ὁ ἀκούσας παρὰ τοῦ πατρὸς καὶ μαθὼν ἔρχεται πρὸς ἐμέ. (διδακτός,-ή,-όν= taught, instructed; μανθάνω= I learn [2nd Aor. μαθ-])

11. Matt 8:16b προσήνεγκαν αὐτῷ δαιμονιζομένους πολλούς· καὶ ἐξέβαλεν τὰ πνεύματα λόγῳ καὶ πάντας τοὺς κακῶς ἔχοντας ἐθεράπευσεν, (δαιμονίζομαι= I am demon possessed; κακῶς= badly, poorly)

12. Matt 10:26 <u>Μὴ</u> οὖν <u>φοβηθῆτε</u> αὐτούς· οὐδὲν γάρ ἐστιν κεκαλυμμένον ὃ οὐκ ἀποκαλυφθήσεται καὶ κρυπτὸν ὃ οὐ γνωσθήσεται. (Μὴ...φοβηθῆτε= "Do not fear!"; κεκαλυμμένον= "hidden"; ἀποκαλύπτω= I reveal; κρυπτός,-ή,-όν= hidden)

13. Matt 16:7 οἱ δὲ διελογίζοντο ἐν ἑαυτοῖς λέγοντες ὅτι Ἄρτους οὐκ ἐλάβομεν. 8 γνοὺς δὲ ὁ Ἰησοῦς εἶπεν, Τί διαλογίζεσθε ἐν ἑαυτοῖς, ὀλιγόπιστοι, ὅτι ἄρτους οὐκ ἔχετε; (διαλογίζομαι= I discuss)

14. John 7:28 ἔκραξεν οὖν ἐν τῷ ἱερῷ διδάσκων ὁ Ἰησοῦς καὶ λέγων, Κἀμὲ οἴδατε καὶ οἴδατε πόθεν εἰμί· καὶ ἀπ' ἐμαυτοῦ οὐκ ἐλήλυθα, ἀλλ' ἔστιν ἀληθινὸς ὁ πέμψας με, ὃν ὑμεῖς οὐκ οἴδατε· (κἀμέ= καὶ ἐμέ; πόθεν= whence; ἀληθινός,-ή,-όν= true)

15. 2 Cor 7:5 Καὶ γὰρ <u>ἐλθόντων ἡμῶν</u> εἰς Μακεδονίαν οὐδεμίαν ἔσχηκεν ἄνεσιν ἡ σὰρξ ἡμῶν ἀλλ' ἐν παντὶ θλιβόμενοι· ἔξωθεν μάχαι, ἔσωθεν φόβοι. (ἐλθόντων ἡμῶν = " after we came"; ἡ ἄνεσις= relief; θλίβω= I afflict; ἔξωθεν= outside; ἡ μάχα= sword; ἔσωθεν= inside)

16. Luke 5:17 αὐτὸς ἦν διδάσκων, καὶ ἦσαν καθήμενοι Φαρισαῖοι καὶ νομοδιδάσκαλοι οἳ ἦσαν ἐληλυθότες ἐκ πάσης κώμης τῆς Γαλιλαίας καὶ Ἰουδαίας καὶ Ἰερουσαλήμ· (ὁ νομοδιδάσκαλος= teacher of the law; ἡ κώμη= village; καθήμενοι= "sitting")

17. Matt 27:62-63 <u>Τῇ δὲ ἐπαύριον</u>, ἥτις ἐστὶν μετὰ τὴν <u>παρασκευήν</u>, συνήχθησαν οἱ ἀρχιερεῖς καὶ οἱ Φαρισαῖοι πρὸς Πιλᾶτον 63 λέγοντες, Κύριε, <u>ἐμνήσθημεν</u> ὅτι ἐκεῖνος ὁ πλάνος εἶπεν ἔτι <u>ζῶν</u>, Μετὰ τρεῖς ἡμέρας <u>ἐγείρομαι.</u> (Τῇ δὲ ἐπαύριον= "on the next day"; ἡ παρασκευή= preparation; ἐμνήσθημεν= "we remembered"; πλάνος= deceiver; ζῶν= "living" [masc.nom. sg. participle]; ἐγείρω= I raise up)

18. Luke 8:1-2 Καὶ ἐγένετο ἐν <u>τῷ καθεξῆς</u> καὶ αὐτὸς <u>διώδευεν</u> κατὰ πόλιν καὶ κώμην κηρύσσων καὶ εὐαγγελιζόμενος τὴν βασιλείαν τοῦ θεοῦ καὶ οἱ δώδεκα σὺν αὐτῷ, 2 καὶ γυναῖκές τινες αἳ ἦσαν τεθεραπευμέναι ἀπὸ πνευμάτων πονηρῶν καὶ ἀσθενειῶν, Μαρία ἡ καλουμένη Μαγδαληνή, ἀφ' ἧς δαιμόνια ἑπτὰ ἐξεληλύθει, (τῷ καθεξῆς= afterwards; διόδευω= I go through; ἡ κώμη= village; ἀσθενειῶν= sick; καλουμένη= "being called")

19. Acts 26:14-15 <u>πάντων τε καταπεσόντων ἡμῶν</u> εἰς τὴν γῆν ἤκουσα φωνὴν λέγουσαν πρός με <u>τῇ Ἑβραΐδι διαλέκτῳ</u>, Σαοὺλ Σαούλ, τί με διώκεις; <u>σκληρόν σοι πρὸς κέντρα λακτίζειν.</u>

15 ἐγὼ δὲ εἶπα, Τίς εἶ, κύριε; ὁ δὲ κύριος εἶπεν, Ἐγώ εἰμι Ἰησοῦς ὃν σὺ διώκεις. (πάντων τε καταπεσόντων ἡμῶν = "and after we all fell down"; τῇ Ἑβραΐδι διαλέκτῳ= "in the Hebrew dialect"; σκληρόν σοι πρὸς κέντρα λακτίζειν= "It is hard for you to kick against the goads.")

20. John 19:19-20 ἔγραψεν δὲ καὶ τίτλον ὁ Πιλᾶτος καὶ <u>ἔθηκεν</u> ἐπὶ τοῦ σταυροῦ· ἦν δὲ γεγραμμένον· Ἰησοῦς ὁ Ναζωραῖος ὁ βασιλεὺς τῶν Ἰουδαίων. 20 τοῦτον οὖν τὸν <u>τίτλον</u> πολλοὶ <u>ἀνέγνωσαν</u> τῶν Ἰουδαίων, ὅτι <u>ἐγγὺς</u> ἦν ὁ τόπος τῆς πόλεως ὅπου <u>ἐσταυρώθη</u> ὁ Ἰησοῦς· καὶ ἦν γεγραμμένον <u>Ἑβραϊστί, Ῥωμαϊστί, Ἑλληνιστί.</u> (ἔθηκεν= "he set"; ὁ σταυρός= cross; ὁ τίτλος= title; ἀναγινώσκω= I read; ἐγγύς= near; σταυρόω= I crucify; Ἑβραϊστι= in Hebrew. . . *sound out the others*)

19F. READING

John 7:40-52 Jesus the Prophet?! Where is He From??

40 Ἐκ τοῦ ὄχλου οὖν ἀκούσαντες τῶν λόγων τούτων ἔλεγον, Οὗτός ἐστιν <u>ἀληθῶς</u> ὁ προφήτης·

41 ἄλλοι ἔλεγον, Οὗτός ἐστιν ὁ Χριστός, <u>οἱ δὲ</u> ἔλεγον, Μὴ γὰρ ἐκ τῆς Γαλιλαίας ὁ Χριστὸς

ἔρχεται; 42 οὐχ ἡ γραφὴ εἶπεν ὅτι ἐκ τοῦ σπέρματος Δαυὶδ καὶ ἀπὸ Βηθλέεμ τῆς <u>κώμης</u> ὅπου ἦν

Δαυὶδ ἔρχεται ὁ Χριστός; 43 <u>σχίσμα</u> οὖν ἐγένετο ἐν τῷ ὄχλῳ δι᾽ αὐτόν· 44 τινὲς δὲ <u>ἤθελον</u> ἐξ

αὐτῶν <u>πιάσαι</u> αὐτόν, ἀλλ᾽ οὐδεὶς <u>ἐπέβαλεν</u> ἐπ᾽ αὐτὸν τὰς χεῖρας. 45 Ἦλθον οὖν οἱ <u>ὑπηρέται</u> πρὸς

τοὺς ἀρχιερεῖς καὶ Φαρισαίους, καὶ εἶπον αὐτοῖς ἐκεῖνοι, Διὰ τί οὐκ ἠγάγετε αὐτόν; 46 ἀπε-

κρίθησαν οἱ <u>ὑπηρέται</u>, <u>Οὐδέποτε</u> <u>ἐλάλησεν</u> <u>οὕτως</u> ἄνθρωπος. 47 ἀπεκρίθησαν οὖν αὐτοῖς οἱ

Φαρισαῖοι, Μὴ καὶ ὑμεῖς <u>πεπλάνησθε</u>; 48 μή τις ἐκ τῶν ἀρχόντων ἐπίστευσεν εἰς αὐτὸν ἢ ἐκ τῶν

Φαρισαίων; 49 ἀλλὰ ὁ ὄχλος οὗτος ὁ μὴ γινώσκων τὸν νόμον <u>ἐπάρατοί</u> εἰσιν. 50 λέγει Νικόδημος

πρὸς αὐτούς, ὁ ἐλθὼν πρὸς αὐτὸν [τὸ] <u>πρότερον</u>, εἷς ὢν ἐξ αὐτῶν, 51 Μὴ ὁ νόμος ἡμῶν <u>κρίνει</u> τὸν

ἄνθρωπον <u>ἐὰν μὴ ἀκούσῃ</u> πρῶτον παρ᾽ αὐτοῦ καὶ <u>γνῷ</u> τί <u>ποιεῖ</u>; 52 ἀπεκρίθησαν καὶ εἶπαν αὐτῷ,

Μὴ καὶ σὺ ἐκ τῆς Γαλιλαίας εἶ; <u>ἐραύνησον καὶ ἴδε</u> ὅτι ἐκ τῆς Γαλιλαίας προφήτης οὐκ

<u>ἐγείρεται</u>.

40 ἀληθῶς = truly
41 οἱ δέ = "but they"
42 ἡ κώμη = village
43 τὸ σχίσμα = schism
44 ἤθελον = "they were wanting"; πιάσαι = "to arrest"; ἐπιβάλλω = I cast upon
45 ὁ ὑπηρέτης = servant; an official
46 οἱ ὑπηρέται = officers; οὐδέποτε = never; ἐλάλησεν = "he spoke"; οὕτως = this way
47 πλανάω = I deceive
49 ἐπάρατος,-ον = accursed
50 πρότερον = formerly
51 κρίνω = I judge; ἐὰν μὴ ἀκούσῃ... γνῷ = "unless it hears... and knows"; ποιεῖ = "he did"
52 ἐραύνησον καὶ ἴδε = "Investigate and see!"; ἐγείρω = I raise up

EXERCISES CH. 20

20A. OVERVIEW

1. Contract Verbs are the most irregular kind of verb. True or false?

2. What verbs qualify as contract verbs? Describe them.

3. Which of the three kinds of contract verbs is the most common?

4. Contract Verbs are most difficult to parse in the 1st Principal Part. True or false?

5. Fill in the Contraction Chart below and look for patterns:

Contract Vowel +	Initial Vowel or Diphthong of Ending						
	ε	ει	η	ῃ	ο	ου	ῳ
-ε							
-α							
-ο							

6. What two adjectival meanings can αὐτός,-ή,-όν have?

7. When could a Greek writer use the Genitive Absolute construction? Describe the construction.

8. Write out your own English sentence that, when translated into Greek, could use the Genitive Absolute construction.

20B. VOCABULARIES 20 AND 7

Fill in the spaces of the crossword puzzle using Greek for the corresponding English gloss.

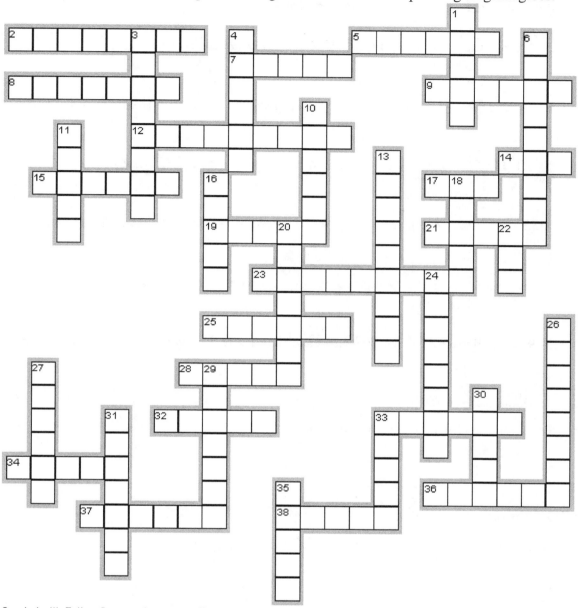

Created with EclipseCrossword — www.eclipsecrossword.com

Across

2. blessed, happy
5. good
7. I speak
8. I trust
9. dead
12. I follow
14. now
15. different; another
17. I live
19. I keep; I obey
21. I fear, am afraid
23. I exhort; I comfort; I advise
25. faithful, certain
28. one's own
32. I think; I suppose
33. I love
34. again
36. I behold, see
37. first; prominent
38. other; another

Down

1. I do; I make
3. Judaean
4. I fill; I fulfill
6. I worship; I bow down
10. I bear, give birth
11. I ask
13. I walk; I live
16. I seek
18. I hear
20. each
22. yet, still
24. I ask
26. I testify, witness
27. I ask
29. righteous
30. I call; I name; I invite
31. wicked; evil
33. holy
35. good; beautiful

20C. REVIEW

I. Translate these sentences with Periphrastic Participles.

1. Matt 19:22b ἦν γὰρ ἔχων κτήματα πολλά. (τὰ κτήματα= possessions)

2. John 3:24 οὔπω γὰρ ἦν βεβλημένος εἰς τὴν φυλακὴν ὁ Ἰωάννης. (οὔπω= not yet; ἡ φυλακή= prison)

3. Luke 13:10 Ἦν δὲ διδάσκων ἐν μιᾷ τῶν συναγωγῶν ἐν τοῖς σάββασιν.

4. Mark 1:33 καὶ ἦν ὅλη ἡ πόλις ἐπισυνηγμένη πρὸς τὴν θύραν. (ἡ θύρα= door; ἐπισυνάγω= I gather)

5. Mark 14:4a ἦσαν δέ τινες ἀγανακτοῦντες πρὸς ἑαυτούς, (ἀγανακτέω= I am angry)

6. Matt 24:9b ἔσεσθε μισούμενοι ὑπὸ πάντων τῶν ἐθνῶν διὰ τὸ ὄνομά μου. (μισέω= I hate)

7. Luke 1:10 καὶ πᾶν τὸ πλῆθος ἦν τοῦ λαοῦ προσευχόμενον ἔξω τῇ ὥρᾳ τοῦ θυμιάματος. (τὸ
   πλῆθος= multitude; ἔξω= outside; τὸ θυμίαμα= incense)

II. Some Pronouns from CHAPTER 19.

1. John 12:26b καὶ ὅπου εἰμὶ ἐγὼ ἐκεῖ καὶ ὁ διάκονος ὁ ἐμὸς ἔσται· (ὁ διάκονος= servant)

2. Luke 8:26 Καὶ κατέπλευσαν εἰς τὴν χώραν τῶν Γερασηνῶν, ἥτις ἐστὶν ἀντιπέρα τῆς
   Γαλιλαίας. (καταπλεύω= I sail down; ἡ χώρα= land, district; ἀντιπέρα= opposite)

3. Luke 9:30 καὶ ἰδοὺ ἄνδρες δύο συνελάλουν αὐτῷ, οἵτινες ἦσαν Μωϋσῆς καὶ Ἡλίας,
   (συνλαλέω= I speak with)

4. Matt 18:20 οὗ γάρ εἰσιν δύο ἢ τρεῖς συνηγμένοι εἰς τὸ ἐμὸν ὄνομα, ἐκεῖ εἰμι ἐν μέσῳ αὐτῶν.

   (οὗ= where)

5. Luke 2:10 καὶ εἶπεν αὐτοῖς ὁ ἄγγελος, Μὴ φοβεῖσθε, ἰδοὺ γὰρ εὐαγγελίζομαι ὑμῖν χαρὰν

   μεγάλην ἥτις ἔσται παντὶ τῷ λαῷ, (Μὴ φοβεῖσθε= "Fear not!")

6. John 5:47 εἰ δὲ τοῖς ἐκείνου γράμμασιν οὐ πιστεύετε, πῶς τοῖς ἐμοῖς ῥήμασιν πιστεύσετε;

7. Matt 21:33a Ἄλλην παραβολὴν ἀκούσατε. Ἄνθρωπος ἦν οἰκοδεσπότης ὅστις ἐφύτευσεν

   ἀμπελῶνα. . . . (ἀκούσατε= Hear!; οἰκοδεσπότης= house master; φυτεύω= I plant; ὁ ἀμπελών= vineyard)

8. Luke 14:15 Ἀκούσας δέ τις . . . ταῦτα εἶπεν αὐτῷ, Μακάριος ὅστις φάγεται ἄρτον ἐν τῇ

   βασιλείᾳ τοῦ θεοῦ.

9. John 15:12 αὕτη ἐστὶν ἡ ἐντολὴ ἡ ἐμή, ἵνα ἀγαπᾶτε ἀλλήλους καθὼς ἠγάπησα ὑμᾶς. (ἵνα=

   that)

10. Matt 13:12 ὅστις γὰρ ἔχει, δοθήσεται αὐτῷ καὶ περισσευθήσεται· ὅστις δὲ οὐκ ἔχει, καὶ ὁ

    ἔχει ἀρθήσεται ἀπ᾽ αὐτοῦ. (δοθήσεται= "it will be given"; περισσεύω= I abound; ἀρθήσεται= "it will be

    taken")

20D. FOCUS

I. Parse these verbs.

	Tense	Voice	Mood	Person Gender	Case	Number	Lexical Form & Meaning
1. ἀγαπᾷ							
2. ᾐτήσατο							
3. ἠκολούθησαν							
4. ζῶντος							
5. δοκεῖ							
6. ἐπηρώτησαν							
7. θεωροῦμεν							
8. λαλοῦντες							
9. γεγεννημένος							
10. καλούμενον							
11. ἐπληρώθη							
12. τηρῶν							
13. ἐποίει							
14. ἐρωτῶμεν							
15. ἐγέννησεν							
16. ἀγαπῶμεν							
17. προσκυνήσουσιν							
18. ἐφοβήθησαν							

II. Further uses of αὐτός, -ή, -όν.

1. Mark 12:36 αὐτὸς Δαυὶδ εἶπεν ἐν τῷ πνεύματι τῷ ἁγίῳ,

2. Mark 14:39 καὶ πάλιν ἀπελθὼν προσηύξατο τὸν αὐτὸν λόγον εἰπών...

3. Luke 2:8a Καὶ ποιμένες ἦσαν ἐν τῇ χώρᾳ τῇ αὐτῇ (ὁ ποιμήν,-ένος= shepherd; ἡ χώρα= land)

4. 1 Cor 5:13b ἐξάρατε τὸν πονηρὸν ἐξ ὑμῶν αὐτῶν. (ἐξάρατε= "Expel!")

5. Luke 13:31a Ἐν αὐτῇ τῇ ὥρᾳ προσῆλθάν τινες Φαρισαῖοι λέγοντες αὐτῷ,

6. Matt 27:44 τὸ δ' αὐτὸ καὶ οἱ λῃσταὶ οἱ συσταυρωθέντες σὺν αὐτῷ ὠνείδιζον αὐτόν. (ὁ λῃστής= thief; συσταυρόω= I am crucified with; ὀνειδίζω= I mock)

7. Matt 17:8 ἐπάραντες δὲ τοὺς ὀφθαλμοὺς αὐτῶν οὐδένα εἶδον εἰ μὴ αὐτὸν Ἰησοῦν μόνον.
(ἐπάραντες= "lifting up"; εἰ μή= except)

III. Translate these sentences with Genitive Absolutes.

1. Luke 20:45 Ἀκούοντος δὲ παντὸς τοῦ λαοῦ εἶπεν τοῖς μαθηταῖς αὐτοῦ,

2. Rom 5:8b ἔτι ἁμαρτωλῶν ὄντων ἡμῶν Χριστὸς ὑπὲρ ἡμῶν ἀπέθανεν. (ἁμαρταλός,-ή,-όν= sinner)

3. Luke 9:34a ταῦτα δὲ αὐτοῦ λέγοντος ἐγένετο νεφέλη καὶ ἐπεσκίαζεν αὐτούς. (ἡ νεφέλη= cloud; ἐπισκιάζω= I overshadow)

4. Matt 21:10 καὶ εἰσελθόντος αὐτοῦ εἰς Ἱεροσόλυμα ἐσείσθη πᾶσα ἡ πόλις λέγουσα, Τίς ἐστιν οὗτος; (σείω= I shake)

5. Gal 3:25 ἐλθούσης δὲ τῆς πίστεως οὐκέτι ὑπὸ παιδαγωγόν ἐσμεν. (ὁ παιδαγωγός= guardian)

6. John 6:23 ἀλλὰ ἦλθεν πλοιάρια ἐκ Τιβεριάδος ἐγγὺς τοῦ τόπου ὅπου ἔφαγον τὸν ἄρτον εὐχαριστήσαντος τοῦ κυρίου. (τὸ πλοιάριον= little boat; ἐγγύς= near; εὐχαριστέω= I give thanks)

7. Acts 7:30 Καὶ πληρωθέντων ἐτῶν τεσσεράκοντα ὤφθη αὐτῷ ἐν τῇ ἐρήμῳ τοῦ ὄρους Σινᾶ ἄγγελος ἐν φλογὶ πυρὸς βάτου. (τεσσεράκοντα= forty; ἡ φλόξ,-γός= flame; ἡ βάτος= bush)

8. Luke 20:1 Καὶ ἐγένετο ἐν μιᾷ τῶν ἡμερῶν διδάσκοντος αὐτοῦ τὸν λαὸν ἐν τῷ ἱερῷ καὶ εὐαγγελιζομένου ἐπέστησαν οἱ ἀρχιερεῖς καὶ οἱ γραμματεῖς σὺν τοῖς πρεσβυτέροις
(ἐπέστησαν= "they were present")

20E. SENTENCES

1. Acts 20:12 ἤγαγον δὲ τὸν παῖδα ζῶντα καὶ παρεκλήθησαν οὐ μετρίως. (μετρίως= moderately)

2. Matt 1:21 τέξεται δὲ υἱόν, καὶ καλέσεις τὸ ὄνομα αὐτοῦ Ἰησοῦν· αὐτὸς γὰρ σώσει τὸν λαὸν αὐτοῦ ἀπὸ τῶν ἁμαρτιῶν αὐτῶν. (τίκτω= I give birth to; *future stem is* τέξομαι)

3. Matt 14:25 τετάρτη δὲ φυλακῇ τῆς νυκτὸς ἦλθεν πρὸς αὐτοὺς περιπατῶν ἐπὶ τὴν θάλασσαν. (τετάρτος,-η,-ον= fourth; ἡ φυλακή= watch; guard)

4. John 8:18 ἐγώ εἰμι ὁ μαρτυρῶν περὶ ἐμαυτοῦ καὶ μαρτυρεῖ περὶ ἐμοῦ ὁ πέμψας με πατήρ.

5. John 16:27 αὐτὸς γὰρ ὁ πατὴρ φιλεῖ ὑμᾶς, ὅτι ὑμεῖς ἐμὲ πεφιλήκατε καὶ πεπιστεύκατε ὅτι ἐγὼ παρὰ [τοῦ] θεοῦ ἐξῆλθον.

6. John 4:51 ἤδη δὲ αὐτοῦ καταβαίνοντος οἱ δοῦλοι αὐτοῦ ὑπήντησαν αὐτῷ λέγοντες ὅτι ὁ παῖς αὐτοῦ ζῇ. (ὁ παῖς= child; ὑπαντάω= I meet [w/ *dative direct object*])

7. Acts 20:17 Ἀπὸ δὲ τῆς Μιλήτου πέμψας εἰς Ἔφεσον μετεκαλέσατο τοὺς πρεσβυτέρους τῆς ἐκκλησίας. (μετακαλέω= I send for/call after)

8. Matt 10:38 καὶ ὃς οὐ λαμβάνει τὸν σταυρὸν αὐτοῦ καὶ ἀκολουθεῖ ὀπίσω μου, οὐκ ἔστιν μου ἄξιος. (ὁ σταυρός= cross; ὀπίσω= after [*with genitive*]; ἄξιος,-η,-ον= worthy)

9. John 20:30 Πολλὰ μὲν οὖν καὶ ἄλλα σημεῖα ἐποίησεν ὁ Ἰησοῦς ἐνώπιον τῶν μαθητῶν [αὐτοῦ], ἃ οὐκ ἔστιν γεγραμμένα ἐν τῷ βιβλίῳ τούτῳ·

10. Luke 24:32 καὶ εἶπαν πρὸς ἀλλήλους, Οὐχὶ ἡ καρδία ἡμῶν καιομένη ἦν [ἐν ἡμῖν] ὡς ἐλάλει ἡμῖν ἐν τῇ ὁδῷ, ὡς διήνοιγεν ἡμῖν τὰς γραφάς; (καίω= I burn; διανοίγω= I open fully)

11. Rom 7:9-10 ἐγὼ δὲ ἔζων χωρὶς νόμου ποτέ· ἐλθούσης δὲ τῆς ἐντολῆς ἡ ἁμαρτία ἀνέζησεν, 10 ἐγὼ δὲ ἀπέθανον καὶ εὑρέθη μοι ἡ ἐντολὴ ἡ εἰς ζωήν, αὕτη εἰς θάνατον· (χωρὶς= without with gen.; ποτέ= once; ἀναζάω= I revive)

12. Luke 22:47 Ἔτι αὐτοῦ λαλοῦντος ἰδοὺ ὄχλος, καὶ ὁ λεγόμενος Ἰούδας εἷς τῶν δώδεκα προήρχετο αὐτούς καὶ ἤγγισεν τῷ Ἰησοῦ <u>φιλῆσαι</u> αὐτόν. (προέρχομαι= I come forward; φιλῆσαι= to kiss)

13. Matt 9:18 Ταῦτα αὐτοῦ λαλοῦντος αὐτοῖς ἰδοὺ ἄρχων εἷς ἐλθὼν προσεκύνει αὐτῷ λέγων ὅτι Ἡ <u>θυγάτηρ</u> μου <u>ἄρτι</u> <u>ἐτελεύτησεν</u>· ἀλλὰ ἐλθὼν <u>ἐπίθες</u> τὴν χεῖρά σου ἐπ᾽ αὐτήν, καὶ ζήσεται. (ἡ θυγάτηρ= daughter; ἄρτι= now; τελευτέω= I die; ἐπίθες= "Place!")

14. John 1:15 Ἰωάννης μαρτυρεῖ περὶ αὐτοῦ καὶ κέκραγεν λέγων, Οὗτος ἦν ὃν εἶπον, Ὁ ὀπίσω μου ἐρχόμενος ἔμπροσθέν μου γέγονεν, ὅτι πρῶτός μου ἦν. (ὀπίσω= after [with genitive]; ἔμπροσθέν= before [with genitive])

15. John 14:21 ὁ ἔχων τὰς ἐντολάς μου καὶ τηρῶν αὐτὰς ἐκεῖνός ἐστιν ὁ ἀγαπῶν με· ὁ δὲ ἀγαπῶν

με ἀγαπηθήσεται ὑπὸ τοῦ πατρός μου, κἀγὼ ἀγαπήσω αὐτὸν καὶ ἐμφανίσω αὐτῷ ἐμαυτόν.

(ἐμφανίζω= I make known)

16. John 4:27 Καὶ ἐπὶ τούτῳ ἦλθαν οἱ μαθηταὶ αὐτοῦ καὶ ἐθαύμαζον ὅτι μετὰ γυναικὸς ἐλάλει·

οὐδεὶς μέντοι εἶπεν, Τί ζητεῖς ἢ Τί λαλεῖς μετ᾽ αὐτῆς; (μέντοι= although)

17. Luke 1:59-60 Καὶ ἐγένετο ἐν τῇ ἡμέρᾳ τῇ ὀγδόῃ ἦλθον περιτεμεῖν τὸ παιδίον καὶ ἐκάλουν

αὐτὸ ἐπὶ τῷ ὀνόματι τοῦ πατρὸς αὐτοῦ Ζαχαρίαν. 60 καὶ ἀποκριθεῖσα ἡ μήτηρ αὐτοῦ εἶπεν,

Οὐχί, ἀλλὰ κληθήσεται Ἰωάννης. (ὄγδοος,-η,-ον= eighth; περιτεμεῖν= "to circumcise")

18. John 16:17 εἶπαν οὖν ἐκ τῶν μαθητῶν αὐτοῦ πρὸς ἀλλήλους, Τί ἐστιν τοῦτο ὃ λέγει ἡμῖν,

Μικρὸν καὶ οὐ θεωρεῖτέ με, καὶ πάλιν μικρὸν καὶ ὄψεσθέ με; καί, Ὅτι ὑπάγω πρὸς τὸν

πατέρα; (μικρόν= "a little while")

19. Mark 15:43 ἐλθὼν Ἰωσὴφ [ὁ] ἀπὸ Ἁριμαθαίας εὐσχήμων βουλευτής, ὃς καὶ αὐτὸς ἦν

προσδεχόμενος τὴν βασιλείαν τοῦ θεοῦ, τολμήσας εἰσῆλθεν πρὸς τὸν Πιλᾶτον καὶ ἠτήσατο

τὸ σῶμα τοῦ Ἰησοῦ. (Ἁριμαθαία= Arimathea; εὐσχήμων βουλευτής= "a reputable council member";

προσδεχόμαι= I receive; τολμάω= I dare, am bold)

20. Rev 20:4 Καὶ εἶδον θρόνους καὶ ἐκάθισαν ἐπ’ αὐτούς καὶ <u>κρίμα</u> <u>ἐδόθη</u> αὐτοῖς, καὶ τὰς ψυχὰς τῶν <u>πεπελεκισμένων</u> διὰ τὴν <u>μαρτυρίαν</u> Ἰησοῦ καὶ διὰ τὸν λόγον τοῦ θεοῦ καὶ οἵτινες οὐ προσεκύνησαν τὸ <u>θηρίον</u> οὐδὲ τὴν <u>εἰκόνα</u> αὐτοῦ καὶ οὐκ ἔλαβον τὸ <u>χάραγμα</u> ἐπὶ τὸ <u>μέτωπον</u> καὶ ἐπὶ τὴν χεῖρα αὐτῶν. καὶ ἔζησαν καὶ <u>ἐβασίλευσαν</u> μετὰ τοῦ Χριστοῦ <u>χίλια</u> ἔτη. (τὸ κρίμα= sentence, verdict; ἐδόθη= "it/he was given"; πελεκίζω= I behead; ἡ μαρτυρία= testimony; τὸ θηρίον= beast; ἡ εἰκών,-όνα= image; τὸ χάραγμα= mark; τὸ μέτωπον= forehead; βασίλευω= I reign; χίλια= thousand)

20F. READING

I. 1 Thess 3:6–7 Paul's Encouragement through Others

6 <u>Ἄρτι</u> δὲ ἐλθόντος Τιμοθέου πρὸς ἡμᾶς ἀφ’ ὑμῶν καὶ εὐαγγελισαμένου ἡμῖν τὴν πίστιν καὶ τὴν ἀγάπην ὑμῶν καὶ ὅτι ἔχετε <u>μνείαν</u> ἡμῶν ἀγαθὴν <u>πάντοτε</u>, <u>ἐπιποθοῦντες ἡμᾶς ἰδεῖν καθάπερ</u> καὶ ἡμεῖς ὑμᾶς, 7 διὰ τοῦτο <u>παρεκλήθημεν</u>, ἀδελφοί, ἐφ’ ὑμῖν ἐπὶ πάσῃ τῇ <u>ἀνάγκῃ</u> καὶ <u>θλίψει</u> ἡμῶν διὰ τῆς ὑμῶν πίστεως, (ἄρτι= now; ἡ μνεία= memory; πάντοτε= always; ἐπιποθοῦντες ἡμᾶς ἰδεῖν καθάπερ= "seeking to see us just as"; παρακαλέω= I encourage; ἡ ἀνάγκη= distress; ἡ θλίψις= affliction)

II. John 4:46-54 The Healing of the Royal Officer's Child

46 Ἦλθεν οὖν πάλιν εἰς τὴν Κανὰ τῆς Γαλιλαίας, ὅπου ἐποίησεν τὸ ὕδωρ <u>οἶνον</u>. καὶ ἦν τις <u>βασιλικὸς</u> οὗ ὁ υἱὸς <u>ἠσθένει</u> ἐν Καφαρναούμ. 47 οὗτος ἀκούσας ὅτι Ἰησοῦς <u>ἥκει</u> ἐκ τῆς Ἰουδαίας εἰς τὴν Γαλιλαίαν ἀπῆλθεν πρὸς αὐτὸν καὶ <u>ἠρώτα</u> <u>ἵνα καταβῇ καὶ ἰάσηται</u> αὐτοῦ τὸν υἱόν, <u>ἤμελλεν γὰρ ἀποθνήσκειν</u>. 48 εἶπεν οὖν ὁ Ἰησοῦς πρὸς αὐτόν, <u>Ἐὰν μὴ</u> σημεῖα καὶ <u>τέρατα ἴδητε</u>, <u>οὐ μὴ πιστεύσητε</u>. 49 λέγει πρὸς αὐτὸν <u>ὁ βασιλικός</u>, Κύριε, <u>κατάβηθι πρὶν ἀποθανεῖν τὸ παιδίον μου</u>. 50 λέγει αὐτῷ ὁ Ἰησοῦς, <u>Πορεύου</u>, ὁ υἱός σου ζῇ. ἐπίστευσεν ὁ ἄνθρωπος τῷ λόγῳ ὃν εἶπεν αὐτῷ ὁ Ἰησοῦς καὶ ἐπορεύετο. 51 ἤδη δὲ αὐτοῦ καταβαίνοντος οἱ δοῦλοι αὐτοῦ <u>ὑπήντησαν</u> αὐτῷ λέγοντες ὅτι ὁ <u>παῖς</u> αὐτοῦ ζῇ. 52 <u>ἐπύθετο</u> οὖν τὴν ὥραν παρ' αὐτῶν ἐν ᾗ <u>κομψότερον</u> ἔσχεν· εἶπαν οὖν αὐτῷ ὅτι <u>Ἐχθὲς</u> ὥραν <u>ἑβδόμην</u> <u>ἀφῆκεν</u> αὐτὸν ὁ <u>πυρετός</u>. 53 ἔγνω οὖν ὁ πατὴρ ὅτι [ἐν] ἐκείνῃ τῇ ὥρᾳ ἐν ᾗ εἶπεν αὐτῷ ὁ Ἰησοῦς, Ὁ υἱός σου ζῇ, καὶ ἐπίστευσεν αὐτὸς καὶ ἡ οἰκία αὐτοῦ ὅλη. 54 Τοῦτο [δὲ] πάλιν <u>δεύτερον</u> σημεῖον ἐποίησεν ὁ Ἰησοῦς ἐλθὼν ἐκ τῆς Ἰουδαίας εἰς τὴν Γαλιλαίαν.

Verse 46: ὁ οἶνος= wine; ὁ βασιλικός= royal officer; ἀσθενέω= I am sick

Verse 47: ἥκω= I have arrived; ἵνα καταβῇ καὶ ἰάσηται= "that he would come down and heal"; ἤμελλεν γὰρ ἀποθνήσκειν= "for he was about to die"

Verse 48: ἐὰν μὴ... ἴδητε= "unless you see"; τὸ τέρος,-ατος= wonder; οὐ μὴ πιστεύσητε= "You will never believe"

Verse 49: κατάβηθι πρὶν ἀποθανεῖν τὸ παιδίον μου= "Come before my son dies(!)"

Verse 50: Πορεύου= "Go!"

Verse 51: ὑπαντάω= I meet with; ὁ παῖς= son

Verse 52: πυνθάνομαι= I ascertain (*2nd Aorist* πυθ-); κομψότερον= "recovered, better"; ἐχθές= yesterday; ἑβδόμος,-η,-ον= seventh; ἀφῆκεν= "it left"; ὁ πυρετός= fever

Verse 54: δεύτερος,-α,-ον= second

Exercises Ch. 21

21A. Overview

1. Liquid Verbs end with which Greek letters? Are Liquid Verbs NoRMaL?

2. Liquid verbs reject a σίγμα in both the Future and Aorist Tenses. True or false?

3. In the formation of the Future Tense of liquid verbs, what special phenomenon occurs? Why is this important for parsing and distinguishing forms?

4. Be sure that you can briefly describe these uses of the Nominative Case:
   a. Nominatives in Predicates that Refer Back to the Subject.

   b. Pendant Nominative.

   c. Nominative Absolute (Possibly with Implied Verbs).

   d. As Vocatives or Articular Nominatives in Apposition with Vocatives.

   e. Various Uses in the Book of Revelation.

5. What is a Left-(Dis)location Construction? Left-(Dis)locations, provide an example of them:

6. What two types of left-(dis)locations are there? What do each type "mark"?

7. As far as the use of Articles, what is the general rule for the introduction of a new Participant into a scene by them or their absence?

8. If a Participant has been introduced already, they will normally have an article. True or False?

9. To give emphasis to a Participant already on stage, will they be arthrous or anarthrous?

21B. VOCABULARIES 21 AND 8

Fill in the spaces of the crossword puzzle using Greek for the corresponding English gloss.

Created with EclipseCrossword — www.eclipsecrossword.com

Across

1. down from; against
4. I judge; condemn
6. righteousness
7. above; superior to
9. I suffer
13. I send
15. around
18. first; before
19. if
20. according to
21. I kill
23. I bear; I bring
26. I lead; I bring
28. I remain
29. I cast; I throw

Down

2. I raise; bear
3. I bring to; I offer
5. already; now
8. I depart; I go away
10. I gather together
11. I rejoice
12. after
14. I sow
16. I throw out
17. then; thereafter
21. I report, declare
22. that; because
24. I raise up
25. for (postpositive)
27. with

21C. REVIEW

I. Translate these Genitive absolutes in simple sentences.

1. Matt 17:14a Καὶ ἐλθόντων πρὸς τὸν ὄχλον προσῆλθεν αὐτῷ ἄνθρωπος

2. Matt 5:1b καὶ καθίσαντος αὐτοῦ προσῆλθαν αὐτῷ οἱ μαθηταὶ αὐτοῦ·

3. Matt 8:16 Ὀψίας δὲ γενομένης προσήνεγκαν αὐτῷ δαιμονιζομένους πολλούς· καὶ ἐξέβαλεν

   τὰ πνεύματα λόγῳ καὶ πάντας τοὺς κακῶς ἔχοντας ἐθεράπευσεν, (ἡ ὀψία= evening;

   δαιμονίζομαι= I am demon possessed; κακῶς= badly, poorly)

4. Matt 8:5a Εἰσελθόντος δὲ αὐτοῦ εἰς Καφαρναοὺμ προσῆλθεν αὐτῷ ἑκατόνταρχος

   (ἑκατόνταρχος= centurion)

5. Matt 9:32 Αὐτῶν δὲ ἐξερχομένων ἰδοὺ προσήνεγκαν αὐτῷ ἄνθρωπον κωφὸν δαιμονιζόμενον.

   (κωφός= mute; dumb; δαιμονιζόμενον= "demon possessed")

6. Matt 17:24a Ἐλθόντων δὲ αὐτῶν εἰς Καφαρναοὺμ προσῆλθον οἱ τὰ δίδραχμα λαμβάνοντες

   τῷ Πέτρῳ (τὰ δίδραχμα= the double drachma)

7. Matt 14:15a ὀψίας δὲ γενομένης προσῆλθον αὐτῷ οἱ μαθηταὶ λέγοντες, Ἔρημός ἐστιν ὁ

   τόπος καὶ ἡ ὥρα ἤδη παρῆλθεν· (ἡ ὀψία= evening; ἔρημος, -ον= desolate; παρῆλθεν= "it has

   passed")

II. Participles Medley (or, is it Melee?).

1. Luke 4:44 καὶ ἦν κηρύσσων εἰς τὰς συναγωγὰς τῆς Ἰουδαίας.

2. Luke 19:47 Καὶ ἦν διδάσκων τὸ καθ᾽ ἡμέραν ἐν τῷ ἱερῷ.

3. Mark 3:21a καὶ ἀκούσαντες οἱ παρ᾽ αὐτοῦ ἐξῆλθον κρατῆσαι αὐτόν· (κρατῆσαι= "to arrest")

4. Acts 6:1a Ἐν δὲ ταῖς ἡμέραις ταύταις πληθυνόντων τῶν μαθητῶν ἐγένετο γογγυσμὸς τῶν
   Ἑλληνιστῶν πρὸς τοὺς Ἑβραίους (πληθύνω= I increase; ὁ γογγυσμός= complaint; ὁ Ἑλληνιστής=
   Greek; ὁ Ἑβραῖος= Hebrew)

5. John 1:41b Εὑρήκαμεν τὸν Μεσσίαν ὅ ἐστιν μεθερμηνευόμενον Χριστός· (μεθερμηνεύω= I trans-
   late)

6. Matt 27:33 Καὶ ἐλθόντες εἰς τόπον λεγόμενον Γολγοθᾶ, ὅ ἐστιν Κρανίου Τόπος λεγόμενος,
   (τὸ κρανίον= skull)

9. Luke 5:16 αὐτὸς δὲ ἦν ὑποχωρῶν ἐν ταῖς ἐρήμοις καὶ προσευχόμενος. (ὑποχωρέω= I withdraw;
   ἔρημος, -ον= desolate)

10. Luke 11:14 Καὶ ἦν ἐκβάλλων δαιμόνιον [καὶ αὐτὸ ἦν] κωφόν· ἐγένετο δὲ τοῦ δαιμονίου
    ἐξελθόντος ἐλάλησεν ὁ κωφός καὶ ἐθαύμασαν οἱ ὄχλοι. (κωφός,-ή,-όν= mute)

11. Luke 9:53 καὶ οὐκ ἐδέξαντο αὐτόν, ὅτι τὸ πρόσωπον αὐτοῦ ἦν πορευόμενον εἰς
    Ἰερουσαλήμ. (δέχομαι= I receive)

12. Luke 9:37 Ἐγένετο δὲ τῇ ἐξῆς ἡμέρᾳ κατελθόντων αὐτῶν ἀπὸ τοῦ ὄρους συνήντησεν αὐτῷ ὄχλος πολύς. (ἐξῆς= next; κατέρχομαι= I go down; συναντάω= I met with)

13. Luke 23:15 ἀνέπεμψεν γὰρ αὐτὸν πρὸς ἡμᾶς, καὶ ἰδοὺ οὐδὲν ἄξιον θανάτου ἐστὶν πεπραγμένον αὐτῷ· (ἀναπέμπω= I send back; ἄξιος,-α,-ον= worthy; πράσσω= I do)

14. Luke 23:55 Κατακολουθήσασαι δὲ αἱ γυναῖκες, αἵτινες ἦσαν συνεληλυθυῖαι ἐκ τῆς Γαλιλαίας αὐτῷ, ἐθεάσαντο τὸ μνημεῖον. . . (κατακολουθέω= I follow behind; συνέρχομαι= I come along with [*with dative*]; θεάομαι= I behold)

III. Various Pronouns.

1. 1 Cor 11:13a ἐν ὑμῖν αὐτοῖς κρίνατε· (κρίνατε= "Judge!")

2. 2 Cor 12:18b οὐ τῷ αὐτῷ πνεύματι περιεπατήσαμεν;

3. Luke 6:33b καὶ οἱ ἁμαρτωλοὶ τὸ αὐτὸ ποιοῦσιν. (ὁ ἁμαρτωλός= sinner)

4. Rev 12:13 Καὶ ὅτε εἶδεν ὁ δράκων ὅτι ἐβλήθη εἰς τὴν γῆν, ἐδίωξεν τὴν γυναῖκα ἥτις ἔτεκεν τὸν ἄρσενα. (ὁ δράκων= dragon; τίκτω= I bear [*2nd Aor.* τεκ-]; ὁ ἄρσην= male child)

5. Rom 10:12 οὐ γάρ ἐστιν διαστολὴ Ἰουδαίου τε καὶ Ἕλληνος, ὁ γὰρ αὐτὸς κύριος πάντων, (ἡ διαστολή= distinction)

6. John 7:16 ἀπεκρίθη οὖν αὐτοῖς [ὁ] Ἰησοῦς καὶ εἶπεν, Ἡ ἐμὴ διδαχὴ οὐκ ἔστιν ἐμὴ ἀλλὰ τοῦ πέμψαντός με· (ἡ διδαχή= teaching)

7. Rom 8:16 αὐτὸ τὸ πνεῦμα συμμαρτυρεῖ τῷ πνεύματι ἡμῶν ὅτι ἐσμὲν τέκνα θεοῦ.

8. Heb 13:7a Μνημονεύετε τῶν ἡγουμένων ὑμῶν, οἵτινες ἐλάλησαν ὑμῖν τὸν λόγον τοῦ θεοῦ,

(Μνημονεύετε= "Remember!" [w/gen d.o.]; ὁ ἡγούμενος= leader)

9. Luke 10:21 Ἐν αὐτῇ τῇ ὥρᾳ ἠγαλλιάσατο [ἐν] τῷ πνεύματι τῷ ἁγίῳ καὶ εἶπεν, (ἀγαλλιάω= I re-

joice)

10. Rom 6:2 μὴ γένοιτο. οἵτινες ἀπεθάνομεν τῇ ἁμαρτίᾳ, πῶς ἔτι ζήσομεν ἐν αὐτῇ; (μὴ γένοιτο=

"May it not be!")

11. Matt 2:6 Καὶ σύ Βηθλέεμ, γῆ Ἰούδα, οὐδαμῶς ἐλαχίστη εἶ ἐν τοῖς ἡγεμόσιν Ἰούδα· ἐκ σοῦ

γὰρ ἐξελεύσεται ἡγούμενος, ὅστις ποιμανεῖ τὸν λαόν μου τὸν Ἰσραήλ. (οὐδαμῶς= by no means;

ἐλάχιστος,-η,-ον= least; ὁ ἡγεμών= chief town; ὁ ἡγούμενος= leader; ποιμαίνω= I shepherd)

12. Matt 7:24 Πᾶς οὖν ὅστις ἀκούει μου τοὺς λόγους τούτους καὶ ποιεῖ αὐτούς, ὁμοιωθήσεται

ἀνδρὶ φρονίμῳ, ὅστις ᾠκοδόμησεν αὐτοῦ τὴν οἰκίαν ἐπὶ τὴν πέτραν· (ὁμοιόω= I am like [w/dat.];

φρόνιμος,-ον= wise; οἰκοδομέω= I build)

13. John 13:35 ἐν τούτῳ γνώσονται πάντες ὅτι ἐμοὶ μαθηταί ἐστε, ἐὰν ἀγάπην ἔχητε ἐν

ἀλλήλοις. (ἐὰν... ἔχητε= "if...you have")

14. Matt 26:44 αὐτοὺς πάλιν ἀπελθὼν προσηύξατο ἐκ τρίτου τὸν αὐτὸν λόγον εἰπὼν πάλιν. (ἐκ

τρίτου= "a third time")

15. Matt 5:46 ἐὰν γὰρ ἀγαπήσητε τοὺς ἀγαπῶντας ὑμᾶς, τίνα μισθὸν ἔχετε; οὐχὶ καὶ οἱ

τελῶναι τὸ αὐτὸ ποιοῦσιν; (ἐὰν... ἀγαπήσητε= "if you love"; ὁ μισθός= reward; ὁ τελώνης= tax collector)

21D. FOCUS

I. Parse these verbs. (Remember that participles will need Gender and Case—6 items!)

	Tense	Voice	Mood	Person or Gender	Case	Number	Lexical Form & Meaning
1. κρινεῖ							
2. ἦραν							
3. ἀπεκτάνθησαν							
4. ἀπέσταλκεν							
5. ἐλθών							
6. ἠγέρθην							
7. ἀπήγγειλεν							
8. ἀπέκτειναν							
9. ἀπεσταλμένοι							
10. ἀποκτενοῦσιν							
11. μένοντες							
12. ἤγειρεν							
13. χαίροντες							
14. ἐγείρονται							
15. ἀπέστειλεν							
16. ἀρθήσεται							
17. ἐσπαρμένον							
18. ἐχάρησαν							

II. Translate these phrases and sentences with different uses of the article.

1. Rom 2:14a τὰ τοῦ νόμου

2. Matt 2:16b πάντας τοὺς παῖδας τοὺς ἐν Βηθλέεμ

3. Matt 5:12b οὕτως γὰρ ἐδίωξαν τοὺς προφήτας τοὺς πρὸ ὑμῶν.

4. Matt 28:15a οἱ δὲ ... ἐποίησαν ὡς ἐδιδάχθησαν.

5. Matt 14:33a οἱ δὲ ἐν τῷ πλοίῳ προσεκύνησαν αὐτῷ (τὸ πλοίον= boat)

6. Matt 5:16b τὸν πατέρα ὑμῶν τὸν ἐν τοῖς οὐρανοῖς.

7. Matt 6:1b μισθὸν οὐκ ἔχετε παρὰ τῷ πατρὶ ὑμῶν τῷ ἐν τοῖς οὐρανοῖς. (ὁ μισθόν= reward)

8. Matt 13:28a ὁ δὲ ἔφη αὐτοῖς, (ἔφη= "he said")

9. Matt 16:7a οἱ δὲ διελογίζοντο ἐν ἑαυτοῖς (διαλογίζομαι= I argue)

10. Matt 7:14b ἡ ὁδὸς ἡ ἀπάγουσα εἰς τὴν ζωὴν (ἀπάγω = I lead)

11. Rom 7:10 ἐγὼ δὲ ἀπέθανον καὶ εὑρέθη μοι ἡ ἐντολὴ ἡ εἰς ζωήν, αὕτη εἰς θάνατον·

12. Matt 16:23b οὐ φρονεῖς τὰ τοῦ θεοῦ ἀλλὰ τὰ τῶν ἀνθρώπων. (φρονέω= I am mindful of)

13. Matt 15:34 καὶ λέγει αὐτοῖς ὁ Ἰησοῦς, Πόσους ἄρτους ἔχετε; οἱ δὲ εἶπαν, Ἑπτά καὶ ὀλίγα ἰχθύδια. (πόσος= how many; ὀλίγος,-η,-ον= few; τὸ ἰχθύδιον= fish)

14. Matt 21:11 οἱ δὲ ὄχλοι ἔλεγον, Οὗτός ἐστιν ὁ προφήτης Ἰησοῦς ὁ ἀπὸ Ναζαρὲθ τῆς Γαλιλαίας.

15. John 21:2 ἦσαν ὁμοῦ Σίμων Πέτρος καὶ Θωμᾶς ὁ λεγόμενος Δίδυμος καὶ Ναθαναὴλ ὁ ἀπὸ Κανὰ τῆς Γαλιλαίας καὶ οἱ τοῦ Ζεβεδαίου καὶ ἄλλοι ἐκ τῶν μαθητῶν αὐτοῦ δύο.
(ὁμοῦ= together)

21E. SENTENCES

1. John 7:9 ταῦτα δὲ εἰπὼν αὐτὸς ἔμεινεν ἐν τῇ Γαλιλαίᾳ.

2. Matt 9:7 καὶ ἐγερθεὶς ἀπῆλθεν εἰς τὸν οἶκον αὐτοῦ.

3. John 16:14 ἐκεῖνος ἐμὲ δοξάσει, ὅτι ἐκ τοῦ ἐμοῦ λήμψεται καὶ ἀναγγελεῖ ὑμῖν. (ἀναγγέλλω= I declare)

4. Mark 9:4 καὶ ὤφθη αὐτοῖς Ἠλίας σὺν Μωϋσεῖ, καὶ ἦσαν συλλαλοῦντες τῷ Ἰησοῦ. (συλλαλέω= I talk with)

5. John 10:40 Καὶ ἀπῆλθεν πάλιν πέραν τοῦ Ἰορδάνου εἰς τὸν τόπον ὅπου ἦν Ἰωάννης τὸ πρῶτον βαπτίζων καὶ ἔμεινεν ἐκεῖ. (πέραν= beyond)

6. Phlm 1:21 Πεποιθὼς τῇ ὑπακοῇ σου ἔγραψά σοι, εἰδὼς ὅτι καὶ ὑπὲρ ἃ λέγω ποιήσεις. (ἡ ὑπακοή= obedience)

7. John 1:25 καὶ ἠρώτησαν αὐτὸν καὶ εἶπαν αὐτῷ, Τί οὖν βαπτίζεις εἰ σὺ οὐκ εἶ ὁ Χριστὸς οὐδὲ Ἠλίας οὐδὲ ὁ προφήτης;

8. Mark 4:10 Καὶ ὅτε ἐγένετο κατὰ μόνας, ἠρώτων αὐτὸν οἱ περὶ αὐτὸν σὺν τοῖς δώδεκα τὰς παραβολάς. (κατὰ μόνας= "alone")

9. Luke 10:7a ἐν αὐτῇ δὲ τῇ οἰκίᾳ μένετε ἐσθίοντες καὶ πίνοντες τὰ παρ' αὐτῶν· (μένετε= "Stay!")

10. Luke 13:1 Παρῆσαν δέ τινες ἐν αὐτῷ τῷ καιρῷ ἀπαγγέλλοντες αὐτῷ περὶ τῶν Γαλιλαίων ὧν τὸ αἷμα Πιλᾶτος ἔμιξεν μετὰ τῶν θυσιῶν αὐτῶν. (πάρειμι= I am present; ἔμιξεν= "he mixed"; ἡ θυσία= sacrifice)

11. Luke 1:56 Ἔμεινεν δὲ Μαριὰμ σὺν αὐτῇ ὡς μῆνας τρεῖς, καὶ ὑπέστρεψεν εἰς τὸν οἶκον αὐτῆς.

   (ὁ μήν, μηνός= month; ὑποστρέφω= I return)

12. Acts 19:22 ἀποστείλας δὲ εἰς τὴν Μακεδονίαν δύο τῶν διακονούντων αὐτῷ, Τιμόθεον καὶ

   Ἔραστον, αὐτὸς ἐπέσχεν χρόνον εἰς τὴν Ἀσίαν. (διακονέω= I serve [*with dat.d.o.*]; ἐπέχω= I tarry or spend

   time)

13. 1 Cor 3:17 εἴ τις τὸν ναὸν τοῦ θεοῦ φθείρει, φθερεῖ τοῦτον ὁ θεός· ὁ γὰρ ναὸς τοῦ θεοῦ ἅγιός

   ἐστιν, οἵτινές ἐστε ὑμεῖς. (φθείρω= I corrupt/spoil)

14. Rom 8:3 τὸ γὰρ ἀδύνατον τοῦ νόμου ἐν ᾧ ἠσθένει διὰ τῆς σαρκός, ὁ θεὸς τὸν ἑαυτοῦ υἱὸν

   πέμψας ἐν ὁμοιώματι σαρκὸς ἁμαρτίας καὶ περὶ ἁμαρτίας κατέκρινεν τὴν ἁμαρτίαν ἐν τῇ

   σαρκί, (τὸ ἀδύνατον= inability; ἀσθενέω= I am weak; τὸ ὁμοίωμα= likeness; κατακρίνω= I condemn)

15. Luke 4:22 Καὶ πάντες ἐμαρτύρουν αὐτῷ καὶ ἐθαύμαζον ἐπὶ τοῖς λόγοις τῆς χάριτος τοῖς

   ἐκπορευομένοις ἐκ τοῦ στόματος αὐτοῦ καὶ ἔλεγον, Οὐχὶ υἱός ἐστιν Ἰωσὴφ οὗτος;

16. Luke 11:52 οὐαὶ ὑμῖν τοῖς νομικοῖς, ὅτι ἤρατε τὴν κλεῖδα τῆς γνώσεως· αὐτοὶ οὐκ εἰσήλθατε

   καὶ τοὺς εἰσερχομένους ἐκωλύσατε. (οὐαί= woe!; ὁ νομικός= lawyer; ἡ κλείς, κλειδός= key; ἡ γνῶσις=

   knowledge; κωλύω= I hinder, forbid)

17. Luke 16:15 καὶ εἶπεν αὐτοῖς, Ὑμεῖς ἐστε οἱ δικαιοῦντες ἑαυτοὺς ἐνώπιον τῶν ἀνθρώπων, ὁ δὲ θεὸς γινώσκει τὰς καρδίας ὑμῶν· ὅτι τὸ ἐν ἀνθρώποις ὑψηλὸν βδέλυγμα ἐνώπιον τοῦ θεοῦ. (δικαιόω= I justify; τὸ ὑψηλόν= loftiness/arrogance; τὸ βδέλυγμα= abomination; *hint: supply* ἐστίν)

18. Jas 1:12 Μακάριος ἀνὴρ ὃς ὑπομένει πειρασμόν, ὅτι δόκιμος γενόμενος λήμψεται τὸν στέφανον τῆς ζωῆς ὃν ἐπηγγείλατο τοῖς ἀγαπῶσιν αὐτόν. (δόκιμος,-η,-ον= approved; ὁ στέφανος= crown; ὑπομένω= I endure; ὁ πειρασμός= temptation; ἐπαγγέλλω= I promise)

19. Luke 8:25 εἶπεν δὲ αὐτοῖς, Ποῦ ἡ πίστις ὑμῶν; φοβηθέντες δὲ ἐθαύμασαν λέγοντες πρὸς ἀλλήλους, Τίς ἄρα οὗτός ἐστιν ὅτι καὶ τοῖς ἀνέμοις ἐπιτάσσει καὶ τῷ ὕδατι, καὶ ὑπακούουσιν αὐτῷ; (ἄρα= therefore; ὁ ἄνεμος= wind; ἐπιτάσσω= I command [*dat.d.o.*]; ὑπακούω= I obey [*dat.d.o.*])

20. Rev 4:10-11 πεσοῦνται οἱ εἴκοσι τέσσαρες πρεσβύτεροι ἐνώπιον τοῦ καθημένου ἐπὶ τοῦ θρόνου καὶ προσκυνήσουσιν τῷ ζῶντι εἰς τοὺς αἰῶνας τῶν αἰώνων καὶ βαλοῦσιν τοὺς στεφάνους αὐτῶν ἐνώπιον τοῦ θρόνου λέγοντες, 11 Ἄξιος εἶ, ὁ κύριος καὶ ὁ θεὸς ἡμῶν, λαβεῖν τὴν δόξαν καὶ τὴν τιμὴν καὶ τὴν δύναμιν, ὅτι σὺ ἔκτισας τὰ πάντα καὶ διὰ τὸ θέλημά σου ἦσαν καὶ ἐκτίσθησαν. (εἴκοσι= twenty; ὁ στέφανος= crown; λαβεῖν= "to receive"; κτίζω= I create)

21F. READING

I. Deut 6:4-9 (LXX) The Shema: "Hear, O Israel!"

⁴καὶ ταῦτα τὰ <u>δικαιώματα</u> καὶ τὰ <u>κρίματα</u> <u>ὅσα</u> <u>ἐνετείλατο</u> κύριος τοῖς υἱοῖς Ισραηλ ἐν τῇ ἐρήμῳ ἐξελθόντων αὐτῶν ἐκ γῆς Αἰγύπτου. <u>ἄκουε</u> Ισραηλ κύριος ὁ θεὸς ἡμῶν κύριος εἷς ἐστιν ⁵ καὶ ἀγαπήσεις κύριον τὸν θεόν σου ἐξ ὅλης τῆς καρδίας σου καὶ ἐξ ὅλης τῆς ψυχῆς σου καὶ ἐξ ὅλης τῆς δυνάμεώς σου ⁶ καὶ ἔσται τὰ ῥήματα ταῦτα <u>ὅσα</u> ἐγὼ <u>ἐντέλλομαί</u> σοι <u>σήμερον</u> ἐν τῇ καρδίᾳ σου καὶ ἐν τῇ ψυχῇ σου ⁷ καὶ <u>προβιβάσεις</u> αὐτὰ τοὺς υἱούς σου καὶ λαλήσεις ἐν αὐτοῖς <u>καθήμενος</u> ἐν οἴκῳ καὶ πορευόμενος ἐν ὁδῷ καὶ <u>κοιταζόμενος</u> καὶ <u>διανιστάμενος</u> ⁸ καὶ <u>ἀφάψεις</u> αὐτὰ εἰς σημεῖον ἐπὶ τῆς χειρός σου καὶ ἔσται <u>ἀσάλευτον</u> πρὸ ὀφθαλμῶν σου ⁹ καὶ γράψετε αὐτὰ ἐπὶ τὰς <u>φλιὰς</u> τῶν οἰκιῶν ὑμῶν καὶ τῶν <u>πυλῶν</u> ὑμῶν

<u>verse 4:</u> τὸ δικαίωμα= regulation
τὸ κρίμα= commandment
ὅσος,-η,-ον= however so many
ἐντέλλομαι= I command
ἄκουε= "Hear!" (a command)

<u>verse 6:</u> ὅσος,-η,-ον= however so many
ἐντέλλομαι= I command
σήμερον= today

<u>verse 7:</u> προβιβάζω= I persuade; I teach
κάθημαι= I sit
κοιτάζω= I go to sleep
διανιστάμενος= "waking up"

<u>verse 8:</u> ἀφάπτω= I fasten upon
ἀσάλευτος,-ον= immovable

<u>verse 9:</u> ἡ φλιά = doorpost
ἡ πύλη= gate

II. Luke 7:16-20 Is Jesus the One Who is to Come?

16 ἔλαβεν δὲ φόβος πάντας καὶ ἐδόξαζον τὸν θεὸν λέγοντες ὅτι Προφήτης μέγας ἠγέρθη ἐν ἡμῖν καὶ ὅτι Ἐπεσκέψατο ὁ θεὸς τὸν λαὸν αὐτοῦ. 17 καὶ ἐξῆλθεν ὁ λόγος οὗτος ἐν ὅλῃ τῇ Ἰουδαίᾳ περὶ αὐτοῦ καὶ πάσῃ τῇ περιχώρῳ. 18 Καὶ ἀπήγγειλαν Ἰωάννῃ οἱ μαθηταὶ αὐτοῦ περὶ πάντων τούτων. καὶ προσκαλεσάμενος δύο τινὰς τῶν μαθητῶν αὐτοῦ ὁ Ἰωάννης 19 ἔπεμψεν πρὸς τὸν κύριον λέγων, Σὺ εἶ ὁ ἐρχόμενος ἢ ἄλλον προσδοκῶμεν; 20 παραγενόμενοι δὲ πρὸς αὐτὸν οἱ ἄνδρες εἶπαν, Ἰωάννης ὁ βαπτιστὴς ἀπέστειλεν ἡμᾶς πρὸς σὲ λέγων, Σὺ εἶ ὁ ἐρχόμενος ἢ ἄλλον προσδοκῶμεν; (ἐπισκέπτομαι= I visit; ἡ περίχωρος= surrounding region; προσκαλέω= I summon, call on; προσδοκέω= I await; παραγίνομαι= I am present)

EXERCISES CH. 22

22A. OVERVIEW

1. What is the basic idea behind the Subjunctive Mood?

2. Put the Active and Middle and/or Passive Subjunctive endings below:

Active				Middle or Middle/Passive		
	sg.	**pl.**			**sg.**	**pl.**
1				1		
2				2		
3				3		

3. Which Tenses are found in the Subjunctive Mood?

4. To form the Aorist Subjunctive a totally different set of endings is used. True or false?

5. To negate the Subjunctive Mood which negative word is used?

6. List and describe the Independent Uses of the Subjunctive Mood:

7. List and describe the Dependent Uses of the Subjunctive Mood:

8. What are adverbs? How do they function in the sentence?

9. Emphasize negation, how might one do this in Greek?

22B. VOCABULARIES 22, 9, AND 2

Fill in the spaces of the crossword puzzle using Greek for the corresponding English gloss.

Created with EclipseCrossword — www.eclipsecrossword.com

Across

1. David
5. James
6. house
8. Peter
11. Abraham
12. Paul
14. people
15. Christ, Messiah
20. if
21. Jerusalem
24. slave; servant
25. in order that; that

27. here
29. crowd
30. new
32. season; opportunity
34. she
36. place
38. we
40. outside
41. third thing
43. immediately
44. little; few
45. worthy

Down

2. bread; loaf
3. second woman
4. death
7. Israel
9. who, which
10. and I
13. like
16. you (sg.)
17. eye
18. you (pl.)
19. Pharisee

22. and not; neither…not
23. they (masculine)
26. Pilate
28. small, little
31. sinful
33. nothing
35. desolate
37. in order that, how
39. work; activity
42. I

22C. REVIEW

I. Participle Functions.

Fill in the appropriate participle for the meaning conveyed by the sentences below. A participle form <u>may be used more than once</u>. All forms below will be used. Watch for subject, tense, and construction agreement!

a. βαπτίζοντος	d. βεβαπτισμένος	g. βαπτίσαντος	j. βαπτισθέντες
b. βαπτίζοντες	e. βαπτιζόμενοι	h. βαπτίσαντες	k. βαπτισθέντων
c. βαπτιζόντων	f. βαπτιζομένων	i. βαπτισάντων	l. βεβαπτισμένοι

1. The ones that have been baptized testified.

    οἱ _____ ἐμαρτύρησαν.

2. After being baptized, they testified.

    _____ ἐμαρτύρησαν.

3. After the disciples had been baptized, the crowd departed.

    _____ μαθητῶν ὁ ὄχλος ἀπῆλθεν.

4. They were baptizing.

    ἦσαν _____.

5. The ones that were being baptized testified.

    οἱ _____ ἐμαρτύρησαν.

6. While being baptized, they testified.

    _____ ἐμαρτύρησαν.

7. After he had baptized, the crowd departed.

    _____ αὐτοῦ ὁ ὄχλος ἀπῆλθεν.

8. While baptizing, they testified.

    _____ ἐμαρτύρησαν.

9. The ones that were baptizing testified.

    οἱ _____ ἐμαρτύρησαν.

10. The disciple is baptized. (i.e., in a state of baptism)

    ὁ μαθητής ἐστιν _____.

11. While the disciples were being baptized, the crowd departed.

    _____ μαθητῶν ὁ ὄχλος ἀπῆλθεν.

12. The ones that baptized testified.

οἱ _____ ἐμαρτύρησαν.

13. While he was baptizing, the crowd departed.

_____ αὐτοῦ ὁ ὄχλος ἀπῆλθεν.

14. After having baptized, they testified.

_____ ἐμαρτύρησαν.

15. While the disciples were baptizing, the crowd departed.

_____ μαθητῶν ὁ ὄχλος ἀπῆλθεν.

16. After the disciples (had) baptized, the crowd departed.

_____ μαθητῶν ὁ ὄχλος ἀπῆλθεν.

II. Uses of the Article.

1. Matt 27:4b οἱ δὲ εἶπαν, Τί πρὸς ἡμᾶς;

2. Matt 27:21b οἱ δὲ εἶπαν, Τὸν Βαραββᾶν.

3. Matt 26:66b οἱ δὲ ἀποκριθέντες εἶπαν, Ἔνοχος θανάτου ἐστίν. (ἔνοχος,-ον= liable to)

4. Matt 2:5 οἱ δὲ εἶπαν αὐτῷ, Ἐν Βηθλέεμ τῆς Ἰουδαίας· οὕτως γὰρ γέγραπται διὰ τοῦ προφήτου·

5. Matt 14:17 οἱ δὲ λέγουσιν αὐτῷ, Οὐκ ἔχομεν ὧδε εἰ μὴ πέντε ἄρτους καὶ δύο ἰχθύας. (ὧδε= here; εἰ μὴ= except; ὁ ἰχθύς= fish)

6. Matt 16:14 οἱ δὲ εἶπαν, Οἱ μὲν Ἰωάννην τὸν βαπτιστήν, ἄλλοι δὲ Ἠλίαν, ἕτεροι δὲ Ἰερεμίαν ἢ ἕνα τῶν προφητῶν. (οἱ μὲν= "some"[hint: supply λέγουσιν]; ἤ= or)

7. Matt 26:57 Οἱ δὲ κρατήσαντες τὸν Ἰησοῦν ἀπήγαγον πρὸς Καϊάφαν τὸν ἀρχιερέα, ὅπου οἱ γραμματεῖς καὶ οἱ πρεσβύτεροι συνήχθησαν. (κρατέω= I sieze; ἀπάγω= I lead away)

8. Rom 8:5 οἱ γὰρ κατὰ σάρκα ὄντες τὰ τῆς σαρκὸς φρονοῦσιν, οἱ δὲ κατὰ πνεῦμα τὰ τοῦ πνεύματος. (φρονέω= I am mindful of)

9. 1 Cor 15:23 ἕκαστος δὲ ἐν τῷ ἰδίῳ τάγματι· ἀπαρχὴ Χριστός, ἔπειτα οἱ τοῦ Χριστοῦ ἐν τῇ παρουσίᾳ αὐτοῦ, (τὸ τάγμα= order; ἔπειτα= next; ἡ παρουσία= coming)

10. Matt 25:46 καὶ ἀπελεύσονται οὗτοι εἰς κόλασιν αἰώνιον, οἱ δὲ δίκαιοι εἰς ζωὴν αἰώνιον. (ἡ κόλασις= punishment)

11. Luke 5:33 Οἱ δὲ εἶπαν πρὸς αὐτόν, Οἱ μαθηταὶ Ἰωάννου νηστεύουσιν πυκνὰ καὶ δεήσεις ποιοῦνται ὁμοίως καὶ οἱ τῶν Φαρισαίων, οἱ δὲ σοὶ ἐσθίουσιν καὶ πίνουσιν. (πυκνά= often; ἡ δέησις= prayer; οἱ δὲ σοὶ= "The ones *belonging* to you" [dative of possession])

III. Parse these verbs.

	Tense	Voice	Mood	Person or Gender	Case	Number	Lexical Form
1. μεμαρτυρημένων							
2. ἤχθη							
3. ᾔτηκα							
4. ἀκολουθοῦντας							
5. ἀνέβαινεν							
6. ἀπαγγελοῦμεν							
7. δίδαχθεν							
8. ἦν							

22D. FOCUS

These sentences contain the various uses of the Subjunctive Mood.

I. Translate the Sentences.

II. Parse the Subjunctive Mood verbs and indicate their grammatical use/function (purpose, etc.):

1. John 8:51b θάνατον οὐ μὴ θεωρήσῃ εἰς τὸν αἰῶνα.

2. Mark 6:12b Καὶ ἐξελθόντες ἐκήρυξαν ἵνα μετανοῶσιν, (μετανοέω= I repent)

3. Rom 3:8b Ποιήσωμεν τὰ κακά, ἵνα ἔλθῃ τὰ ἀγαθά;

4. τί φάγωμεν ἢ τί πίωμεν; (cf. Matt 6:25)

5. Matt 21:38b ἀποκτείνωμεν αὐτὸν καὶ σχῶμεν τὴν κληρονομίαν αὐτοῦ, (ἡ κληρονομία= inheritance)

6. John 6:37b καὶ τὸν ἐρχόμενον πρὸς ἐμὲ οὐ μὴ ἐκβάλω ἔξω,

7. Rev 15:4a τίς οὐ μὴ φοβηθῇ, κύριε, καὶ δοξάσει τὸ ὄνομά σου;

8. 1 Cor 15:32c Φάγωμεν καὶ πίωμεν, αὔριον γὰρ ἀποθνήσκομεν. (αὔριον= tomorrow)

9. Luke 3:10 Καὶ ἐπηρώτων αὐτὸν οἱ ὄχλοι λέγοντες, Τί οὖν ποιήσωμεν;

10. Luke 22:9 οἱ δὲ εἶπαν αὐτῷ, Ποῦ θέλεις ἑτοιμάσωμεν; (θέλω= I want)

11. Rom 6:15 Τί οὖν; ἁμαρτήσωμεν, ὅτι οὐκ ἐσμὲν ὑπὸ νόμον ἀλλὰ ὑπὸ χάριν; (ἁμαρτάνω= I sin)

12. John 19:36 ἐγένετο γὰρ ταῦτα ἵνα ἡ γραφὴ πληρωθῇ,

13. Rom 14:9 εἰς τοῦτο γὰρ Χριστὸς ἀπέθανεν καὶ ἔζησεν, ἵνα καὶ νεκρῶν καὶ ζώντων

κυριεύσῃ. (κυριεύω= I rule over [gen.d.o.])

14. 1 John 3:11 αὕτη ἐστὶν ἡ ἀγγελία ἣν ἠκούσατε ἀπ' ἀρχῆς, ἵνα ἀγαπῶμεν ἀλλήλους, (ἡ

ἀγγελία= message)

15. Rev 8:6b ἑπτὰ ἄγγελοι οἱ ἔχοντες τὰς ἑπτὰ σάλπιγγας ἡτοίμασαν αὐτοὺς ἵνα σαλπίσωσιν.

(ἡ σάλπιγξ,-ιγγος= trumpet; σαλπίζω= I sound the trumpet)

16. Matt 12:14 ἐξελθόντες δὲ οἱ Φαρισαῖοι συμβούλιον ἔλαβον κατ' αὐτοῦ ὅπως αὐτὸν

ἀπολέσωσιν. (τὸ συμβούλιον= held a meeting; ἀπολλυμι= I destroy [2nd Aor. ἀπολε-])

17. Matt 8:17 ὅπως πληρωθῇ τὸ ῥηθὲν διὰ Ἡσαΐου τοῦ προφήτου λέγοντος, Αὐτὸς τὰς

ἀσθενείας ἡμῶν ἔλαβεν καὶ τὰς νόσους ἐβάστασεν. (τὸ ῥηθὲν= "that which was spoken"; ἡ

ἀσθενεία= weakness; ἡ νόσος= illness; βάσταζω= I take up, carry)

18. Matt 23:8 ὑμεῖς δὲ μὴ κληθῆτε, Ῥαββί· εἷς γάρ ἐστιν ὑμῶν ὁ διδάσκαλος, πάντες δὲ ὑμεῖς

ἀδελφοί ἐστε. (μὴ κληθῆτε= "Don't be called...!")

22E. SENTENCES

1. 1 John 5:3 αὕτη γάρ ἐστιν ἡ ἀγάπη τοῦ θεοῦ, ἵνα τὰς ἐντολὰς αὐτοῦ τηρῶμεν, καὶ αἱ ἐντολαὶ αὐτοῦ βαρεῖαι οὐκ εἰσίν. (βαρύς,-εῖα,-ύ= difficult)

2. Rev 6:3 Καὶ ὅτε ἤνοιξεν τὴν σφραγῖδα τὴν δευτέραν, ἤκουσα τοῦ δευτέρου ζώου λέγοντος, Ἔρχου. (ἡ σφραγίς,-ῖδος= seal; τὸ ζῷον= living creature; Ἔρχου= "Come!")

3. Mark 12:21 καὶ ὁ δεύτερος ἔλαβεν αὐτήν καὶ ἀπέθανεν μὴ καταλιπὼν σπέρμα· (καταλείπω= I leave)

4. Luke 24:21a ἡμεῖς δὲ ἠλπίζομεν ὅτι αὐτός ἐστιν ὁ μέλλων λυτροῦσθαι τὸν Ἰσραήλ· (ἐλπίζω= I hope; μέλλω= I am about to; λυτρόυσθαι= "to redeem")

5. John 8:51 ἀμὴν ἀμὴν λέγω ὑμῖν, ἐάν τις τὸν ἐμὸν λόγον τηρήσῃ, θάνατον οὐ μὴ θεωρήσῃ εἰς τὸν αἰῶνα.

6. John 12:21 οὗτοι οὖν προσῆλθον Φιλίππῳ τῷ ἀπὸ Βηθσαϊδὰ τῆς Γαλιλαίας, καὶ ἠρώτων αὐτὸν λέγοντες, Κύριε, θέλομεν τὸν Ἰησοῦν ἰδεῖν. (θέλω= I want; ἰδεῖν= "to see")

7. John 14:3b καὶ παραλήμψομαι ὑμᾶς πρὸς ἐμαυτόν, ἵνα ὅπου εἰμὶ ἐγὼ καὶ ὑμεῖς ἦτε.

8. John 8:18 ἐγώ εἰμι ὁ μαρτυρῶν περὶ ἐμαυτοῦ καὶ μαρτυρεῖ περὶ ἐμοῦ ὁ πέμψας με πατήρ.

9. John 11:15 καὶ χαίρω δι' ὑμᾶς ἵνα πιστεύσητε, ὅτι οὐκ ἤμην ἐκεῖ· ἀλλὰ ἄγωμεν πρὸς αὐτόν.

10. Luke 1:15 ἔσται γὰρ μέγας ἐνώπιον [τοῦ] κυρίου, καὶ οἶνον καὶ σίκερα οὐ μὴ πίῃ, καὶ

πνεύματος ἁγίου πλησθήσεται ἔτι ἐκ κοιλίας μητρὸς αὐτοῦ, (ὁ οἶνος= wine; τὸ σίκερα= alcohol;

πλησθήσεται= "he will be full"; ἡ κοιλία= womb)

11. Luke 2:15 Καὶ ἐγένετο ὡς ἀπῆλθον ἀπ' αὐτῶν εἰς τὸν οὐρανὸν οἱ ἄγγελοι, οἱ ποιμένες

ἐλάλουν πρὸς ἀλλήλους, Διέλθωμεν δὴ ἕως Βηθλέεμ καὶ ἴδωμεν τὸ ῥῆμα τοῦτο τὸ γεγονὸς

ὃ ὁ κύριος ἐγνώρισεν ἡμῖν. (ὁ ποιμήν,-ένος= shepherd; γνωρίζω= I make known)

12. Acts 2:37 Ἀκούσαντες δὲ <u>κατενύγησαν τὴν καρδίαν</u> εἶπόν τε πρὸς τὸν Πέτρον καὶ τοὺς

λοιποὺς ἀποστόλους, Τί ποιήσωμεν, ἄνδρες ἀδελφοί; (κατενύγησαν τὴν καρδίαν= "they were cut to

heart")

13. John 14:10 οὐ πιστεύεις ὅτι ἐγὼ ἐν τῷ πατρὶ καὶ ὁ πατὴρ ἐν ἐμοί ἐστιν; τὰ ῥήματα ἃ ἐγὼ

λέγω ὑμῖν ἀπ' ἐμαυτοῦ οὐ λαλῶ, ὁ δὲ πατὴρ ἐν ἐμοὶ μένων ποιεῖ τὰ ἔργα αὐτοῦ.

14. 1 Pet 3:18 ὅτι καὶ Χριστὸς ἅπαξ περὶ ἁμαρτιῶν ἔπαθεν, δίκαιος ὑπὲρ ἀδίκων, ἵνα ὑμᾶς

προσαγάγῃ τῷ θεῷ θανατωθεὶς μὲν σαρκὶ ζωοποιηθεὶς δὲ πνεύματι· (ἅπαξ= once; θανατόω= I

kill; ἄδικος,-ον= unrighteous; προσάγω= I lead to; θανατόω= I kill; ζωοποιέω= I make alive)

15. 1 Cor 14:21-22 ἐν τῷ νόμῳ γέγραπται ὅτι Ἐν ἑτερογλώσσοις καὶ ἐν χείλεσιν ἑτέρων λαλήσω τῷ λαῷ τούτῳ καὶ οὐδ' οὕτως εἰσακούσονταί μου, λέγει κύριος. 22 ὥστε αἱ γλῶσσαι εἰς σημεῖόν εἰσιν οὐ τοῖς πιστεύουσιν ἀλλὰ τοῖς ἀπίστοις, ἡ δὲ προφητεία οὐ τοῖς ἀπίστοις ἀλλὰ τοῖς πιστεύουσιν. (ἑτερόγλωσσος,-ον= other tongue; τὸ χεῖλος,-ους= lips; εἰσακούω= I listen, obey [*with genitive*]; ὥστε= so then; ἡ γλῶσσα=tongue; ὁ ἄπιστος= unbeliever; ἡ προφητεία= prophecy)

16. John 5:37-38 καὶ ὁ πέμψας με πατὴρ ἐκεῖνος μεμαρτύρηκεν περὶ ἐμοῦ. οὔτε φωνὴν αὐτοῦ πώποτε ἀκηκόατε οὔτε εἶδος αὐτοῦ ἑωράκατε, 38 καὶ τὸν λόγον αὐτοῦ οὐκ ἔχετε ἐν ὑμῖν μένοντα, ὅτι ὃν ἀπέστειλεν ἐκεῖνος, τούτῳ ὑμεῖς οὐ πιστεύετε. (πώποτε= ever; τὸ εἶδος= image)

17. 1 Cor 1:21-24 ἐπειδὴ γὰρ ἐν τῇ σοφίᾳ τοῦ θεοῦ οὐκ ἔγνω ὁ κόσμος διὰ τῆς σοφίας τὸν θεόν, εὐδόκησεν ὁ θεὸς διὰ τῆς μωρίας τοῦ κηρύγματος σῶσαι τοὺς πιστεύοντας· 22 ἐπειδὴ καὶ Ἰουδαῖοι σημεῖα αἰτοῦσιν καὶ Ἕλληνες σοφίαν ζητοῦσιν, 23 ἡμεῖς δὲ κηρύσσομεν Χριστὸν ἐσταυρωμένον, Ἰουδαίοις μὲν σκάνδαλον, ἔθνεσιν δὲ μωρίαν, 24 αὐτοῖς δὲ τοῖς κλητοῖς, Ἰουδαίοις τε καὶ Ἕλλησιν, Χριστὸν θεοῦ δύναμιν καὶ θεοῦ σοφίαν·

Verse 21: ἐπειδὴ= since; εὐδοκέω= I am pleased; ἡ μωρία= foolishness; τὸ κήρυγμα= proclamation; σῶσαι= "to save"
Verse 22: ἐπειδὴ= since; Ἕλληνες= "Greeks";
Verse 23: σταυρόω= I crucify; τὸ σκάνδαλον= offense, scandal; ἡ μωρία= foolishness
Verse 24: κλητός,-ή,-όν= called;

18. 1 Cor 1:27-31 ἀλλὰ τὰ <u>μωρὰ</u> τοῦ κόσμου <u>ἐξελέξατο</u> ὁ θεὸς, ἵνα <u>καταισχύνῃ</u> τοὺς σοφούς,καὶ τὰ ἀσθενῆ τοῦ κόσμου <u>ἐξελέξατο</u> ὁ θεὸς, ἵνα <u>καταισχύνῃ</u> τὰ <u>ἰσχυρά</u>, 28 καὶ τὰ <u>ἀγενῆ</u> τοῦ κόσμου καὶ τὰ <u>ἐξουθενημένα</u> ἐξελέξατο ὁ θεός, τὰ μὴ ὄντα, ἵνα τὰ ὄντα <u>καταργήσῃ,</u> 29 ὅπως μὴ καυχήσηται πᾶσα σὰρξ ἐνώπιον τοῦ θεοῦ. 30 ἐξ αὐτοῦ δὲ ὑμεῖς ἐστε ἐν Χριστῷ Ἰησοῦ, ὃς ἐγενήθη σοφία ἡμῖν ἀπὸ θεοῦ, δικαιοσύνη τε καὶ <u>ἁγιασμὸς</u> καὶ <u>ἀπολύτρωσις</u>, 31 ἵνα καθὼς γέγραπται, Ὁ <u>καυχώμενος</u> ἐν κυρίῳ <u>καυχάσθω.</u>

<u>Verse 27:</u> μωρός,-ά,-όν= foolish; ἐκλέγομαι= I choose; καταισχύνω= I shame; ἰσχυρός,-ά,-όν= strong
<u>Verse 28:</u> ἀγενής,-ές= low-born; ἐξουθενέω= I despise; καταργέω= I abolish
<u>Verse 29:</u> ὁ ἁγιασμός= sanctification; ἡ ἀπολύτρωσις= redemption
<u>Verse 30:</u> καυχάομαι= I boast; καυχάσθω= "let him boast"

22F. READING

All of 2 John. Use your GNT.

<u>Verse 1:</u> ἐκλεκτός,-ή,-όν= called; ἡ κυρία= lady
<u>Verse 3:</u> τὸ ἔλεος= mercy
<u>Verse 4:</u> λίαν= very; ὁ πλάνος= deceiver; ὁμολογέω= I testify
<u>Verse 8:</u> βλέπετε= "watch!"; ἵνα μὴ ἀπολέσητε ἃ εἰργασάμεθα ἀλλὰ μισθὸν πλήρη ἀπολάβητε= "in order that you not destroy which things we worked for, but might receive a full reward."
<u>Verse 9:</u> ἡ διδαχή= teaching
<u>Verse 10:</u> μὴ λαμβάνετε. . .χαίρειν αὐτῷ μὴ λέγετε.= "Don't receive. . .don't speak to greet him."
<u>Verse 11:</u> λέγω χαίρειν= "Speak a greeting"; κοινωνέω= I join with (dat. d.o.)
<u>Verse 12:</u> γράφειν= "to write"; βουλέομαι= I desire; διὰ χάρτου καὶ μέλανος= "through paper and ink"; ἐλπίζω= I hope; γενέσθαι= "to come"; λαλῆσαι= "to speak"
<u>Verse 13:</u> ἀσπάζομαι= I greet

Exercises Ch. 23

23A. Overview

1. Define "infinitive." Give some English examples of infinitives.

2. Give the infinitive endings below:

   Present A =   **Aorist A =**   **2nd Aorist A =**

   Present M/P =   **Aorist M =**   **Aorist P =**

3. Infinitives can be augmented. True or false?

4. What are the Four Categories of the basic functions of the Greek infinitive?

5. For each adverbial meaning, briefly explain what the Greek infinitive construction(s) could look like:

   purpose:

   result:

   substantiation ("because"):

   time ("after, before, while"):

6. Which prepositions are most commonly used with the Infinitive?

7. Briefly describe these Special Uses of the Accusative Case:
   a. Double Accusative

   b. Cognate Accusative

   c. Accusative of Extension of Time/Space

   d. Accusative of Respect or Reference

   e. Accusative of Manner

   f. Accusative in Oaths

23B. VOCABULARIES 23, 10, AND 3

Fill in the spaces of the crossword puzzle using Greek for the corresponding English gloss.

Created with EclipseCrossword — www.eclipsecrossword.com

Across

3. I come, I go
5. I persuade
7. I cry, I weep
8. no, not
9. I send
11. it is necessary to
17. on
19. I find, I discover
21. I wonder, I am amazed
22. I baptize
24. I sit, am sitting
25. I cry out, I call out
27. I draw near, I approach
29. before; in front of
30. I say, I speak
33. I save; I heal
34. I open
35. I heal; I serve
37. I make ready, I prepare
38. I preach, I proclaim

Down

1. I will, wish, want to
2. I go
4. in
6. I announce the good news
10. I see
12. I pursue; I persecute
13. I am going to; am about to
14. I write
15. I am able to
16. I begin to; I am
18. from
20. I sit; I seat; I stay
23. I pray
26. I know
28. I teach
29. along
30. I loosen, untie
31. so that, that; therefore
32. I glorify, I honor
36. I have, I hold; 37. to

23C. REVIEW

Translate these sentences with Subjunctives and identify the specific Subjunctive Construction. Be able to parse each Subjunctive verb form.

1. Acts 8:15 οἵτινες καταβάντες προσηύξαντο περὶ αὐτῶν ὅπως λάβωσιν πνεῦμα ἅγιον·

2. Luke 8:22c Διέλθωμεν εἰς τὸ πέραν τῆς λίμνης, καὶ ἀνήχθησαν. (πέραν= near; ἡ λίμνη= lake; ἀνάγω= I go up; I put out to sea)

3. John 11:16 εἶπεν οὖν Θωμᾶς ὁ λεγόμενος Δίδυμος τοῖς συμμαθηταῖς, Ἄγωμεν καὶ ἡμεῖς ἵνα ἀποθάνωμεν μετ' αὐτοῦ. (ὁ συμμαθητής= fellow disciple)

4. Heb 4:11a σπουδάσωμεν οὖν εἰσελθεῖν εἰς ἐκείνην τὴν κατάπαυσιν, (σπουδάζω= I hasten; εἰσελθεῖν= "to enter"; ἡ κατάπαυσις= rest)

5. John 6:5b Πόθεν ἀγοράσωμεν ἄρτους ἵνα φάγωσιν οὗτοι; (πόθεν= where?; ἀγοράζω= I buy)

6. John 8:12b οὐ μὴ περιπατήσῃ ἐν τῇ σκοτίᾳ, ἀλλ' ἕξει τὸ φῶς τῆς ζωῆς. (ἡ σκοτία= darkness)

7. Heb 3:8 μὴ σκληρύνητε τὰς καρδίας ὑμῶν. . . (σκληρύνω= I harden)

8. John 2:25a οὐ χρείαν εἶχεν ἵνα τις μαρτυρήσῃ περὶ τοῦ ἀνθρώπου·

9. 1 John 5:13a Ταῦτα ἔγραψα ὑμῖν ἵνα εἰδῆτε ὅτι ζωὴν ἔχετε αἰώνιον,

10. Luke 1:15b καὶ οἶνον καὶ σίκερα οὐ μὴ πίῃ, (ὁ οἶνος= wine; τὸ σίκερα= alcohol)

11. Matt 24:35 ὁ οὐρανὸς καὶ ἡ γῆ παρελεύσεται, οἱ δὲ λόγοι μου οὐ μὴ παρέλθωσιν.

   (παρέρχομαι= I pass away)

12. 1 Cor 9:15b οὐκ ἔγραψα δὲ ταῦτα, ἵνα οὕτως γένηται ἐν ἐμοί·

13. Acts 27:42a τῶν δὲ στρατιωτῶν βουλὴ ἐγένετο ἵνα τοὺς δεσμώτας ἀποκτείνωσιν, (ὁ

   στρατιωτός= soldier; ἡ βουλὴ= plan; ὁ δεσμώτης= prisoner)

14. 2 John 1:6b αὕτη ἡ ἐντολή ἐστιν, καθὼς ἠκούσατε ἀπ᾽ ἀρχῆς, ἵνα ἐν αὐτῇ περιπατῆτε.

15. Matt 16:20 τότε διεστείλατο τοῖς μαθηταῖς ἵνα μηδενὶ εἴπωσιν ὅτι αὐτός ἐστιν ὁ Χριστός.

   (διαστέλλομαι= I order, command)

23D. FOCUS

I. Parse these Infinitives.

	Tense	Voice	Mood	Lexical Form & Meaning
1. ἀποστέλλεσθαι				
2. ἔρχεσθαι				
3. βληθῆναι				
4. βλέψαι				
5. ἀποθανεῖν				
6. ἀγαπᾶν				
7. διδάσκειν				
8. ἰδεῖν				
9. καλέσαι				
10. ἀποκριθῆναι				

II. Translate these sentences with Infinitives working with verbs.

1. Matt 10:34b οὐκ ἦλθον βαλεῖν εἰρήνην ἀλλὰ μάχαιραν. (ἡ μάχαιρα= sword)

2. Matt 10:35a ἦλθον γὰρ διχάσαι ἄνθρωπον κατὰ τοῦ πατρὸς αὐτοῦ. (διχάζω= I divide)

3. Matt 11:7a Τί ἐξήλθατε εἰς τὴν ἔρημον θεάσασθαι; (θεάομαι= I see)

4. John 12:39a διὰ τοῦτο οὐκ ἠδύναντο πιστεύειν.

5. 1 Thess 3:4b προελέγομεν ὑμῖν ὅτι μέλλομεν θλίβεσθαι, (θλίβω= I afflict)

6. Matt 11:8 ἀλλὰ τί ἐξήλθατε ἰδεῖν;

7. John 10:16b κἀκεῖνα δεῖ με ἀγαγεῖν καὶ τῆς φωνῆς μου ἀκούσουσιν,

8. John 13:5b καὶ ἤρξατο νίπτειν τοὺς πόδας τῶν μαθητῶν (νίπτω= I wash)

9. John 13:33b Ὅπου ἐγὼ ὑπάγω ὑμεῖς οὐ δύνασθε ἐλθεῖν

10. John 10:35b καὶ οὐ δύναται λυθῆναι ἡ γραφή

11. John 19:7b καὶ κατὰ τὸν νόμον ὀφείλει ἀποθανεῖν (ὀφείλω=I ought)

12. John 8:40a νῦν δὲ ζητεῖτέ με ἀποκτεῖναι

13. Luke 1:22a ἐξελθὼν δὲ οὐκ ἐδύνατο λαλῆσαι αὐτοῖς

14. Luke 8:37a καὶ ἠρώτησεν αὐτὸν ἅπαν τὸ πλῆθος . . . ἀπελθεῖν ἀπ' αὐτῶν, (ἅπαν= whole; τὸ πλῆθος= multitude)

15. Acts 20:35c αὐτὸς εἶπεν, Μακάριόν ἐστιν μᾶλλον διδόναι ἢ λαμβάνειν. (μᾶλλον= more;

   διδόναι= "to give"; ἢ= than)

16. Matt 13:3 καὶ ἐλάλησεν αὐτοῖς πολλὰ ἐν παραβολαῖς λέγων, Ἰδοὺ ἐξῆλθεν ὁ σπείρων τοῦ

   σπείρειν.

III. Translate these Infinitives with prepositions and conjunctions.

   1. Luke 3:21 Ἐγένετο δὲ ἐν τῷ βαπτισθῆναι ἅπαντα τὸν λαόν... (ἅπαντα= all)

   2. Luke 14:1a Καὶ ἐγένετο ἐν τῷ ἐλθεῖν αὐτὸν εἰς οἶκόν τινος

   3. Rom 4:18b εἰς τὸ γενέσθαι αὐτὸν πατέρα πολλῶν ἐθνῶν...

   4. 1 Cor 10:6b εἰς τὸ μὴ εἶναι ἡμᾶς ἐπιθυμητὰς κακῶν, ... (ὁ ἐπιθυμητής= one desirous)

   5. Matt 13:6b καὶ διὰ τὸ μὴ ἔχειν ῥίζαν ἐξηράνθη. (ἡ ῥίζα= root; ἐξηράνθη= "it dried up")

   6. Luke 2:27 καὶ ἐν τῷ εἰσαγαγεῖν τοὺς γονεῖς τὸ παιδίον Ἰησοῦν...

   7. Matt 6:8b οἶδεν γὰρ ὁ πατὴρ ὑμῶν ὧν χρείαν ἔχετε πρὸ τοῦ ὑμᾶς αἰτῆσαι αὐτόν.

   8. Luke 5:12a Καὶ ἐγένετο ἐν τῷ εἶναι αὐτὸν ἐν μιᾷ τῶν πόλεων...

   9. 1 Pet 1:21b ὥστε τὴν πίστιν ὑμῶν καὶ ἐλπίδα εἶναι εἰς θεόν.

   10. 2 Cor 1:4b εἰς τὸ δύνασθαι ἡμᾶς παρακαλεῖν τοὺς ἐν πάσῃ θλίψει...

   11. Luke 22:15b ἐπεθύμησα τοῦτο τὸ πάσχα φαγεῖν μεθ' ὑμῶν πρὸ τοῦ με παθεῖν· (ἐπιθυμέω= I

   desire; τὸ πάσχα= Passover)

10. Acts 1:3b παρέστησεν ἑαυτὸν ζῶντα μετὰ τὸ παθεῖν αὐτὸν ἐν πολλοῖς τεκμηρίοις,

(παρέστησεν= "he presented"; τὸ τεκμήριον= proof)

11. Mark 16:19 Ὁ μὲν οὖν κύριος Ἰησοῦς μετὰ τὸ λαλῆσαι αὐτοῖς ἀνελήμφθη εἰς τὸν οὐρανὸν καὶ ἐκάθισεν ἐκ δεξιῶν τοῦ θεοῦ.

12. Matt 27:14 καὶ οὐκ ἀπεκρίθη αὐτῷ πρὸς οὐδὲ ἓν ῥῆμα, ὥστε θαυμάζειν τὸν ἡγεμόνα λίαν. (ὁ ἡγεμών,-όνος= leader; λίαν= very)

13. Matt 5:28 ἐγὼ δὲ λέγω ὑμῖν ὅτι πᾶς ὁ βλέπων γυναῖκα πρὸς τὸ ἐπιθυμῆσαι αὐτὴν ἤδη ἐμοίχευσεν αὐτὴν ἐν τῇ καρδίᾳ αὐτοῦ. (ἐπιθυμέω= I desire; μοιχεύω= to commit adultry with)

14. Matt 10:1 Καὶ προσκαλεσάμενος τοὺς δώδεκα μαθητὰς αὐτοῦ ἔδωκεν αὐτοῖς ἐξουσίαν πνευμάτων ἀκαθάρτων ὥστε ἐκβάλλειν αὐτὰ καὶ θεραπεύειν πᾶσαν νόσον καὶ πᾶσαν μαλακίαν. (ἔδωκεν= "he gave"; ἀκάθαρτος,-ον= unclean; ἡ νόσος=illness; ἡ μαλακία= infirmity)

23E. SENTENCES

1. Luke 15:1 Ἦσαν δὲ αὐτῷ ἐγγίζοντες πάντες οἱ τελῶναι καὶ οἱ ἁμαρτωλοὶ ἀκούειν αὐτοῦ. (ὁ τελώνης= tax collector; ὁ ἁμαρτωλός= sinner)

2. 2 Cor 2:3a καὶ ἔγραψα τοῦτο αὐτό, ἵνα μὴ ἐλθὼν λύπην σχῶ ἀφ' ὧν ἔδει με χαίρειν (ἡ λύπη= grief)

3. Luke 12:12 τὸ γὰρ ἅγιον πνεῦμα διδάξει ὑμᾶς ἐν αὐτῇ τῇ ὥρᾳ ἃ δεῖ εἰπεῖν.

4. Matt 12:22 Τότε προσηνέχθη αὐτῷ δαιμονιζόμενος τυφλὸς καὶ κωφός, καὶ ἐθεράπευσεν αὐτόν,
   ὥστε τὸν κωφὸν λαλεῖν καὶ βλέπειν. (κωφός,-ή,-όν= mute)

5. John 5:30 Οὐ δύναμαι ἐγὼ ποιεῖν ἀπ' ἐμαυτοῦ οὐδέν· καθὼς ἀκούω κρίνω, καὶ ἡ κρίσις ἡ ἐμὴ
   δικαία ἐστίν, ὅτι οὐ ζητῶ τὸ θέλημα τὸ ἐμὸν ἀλλὰ τὸ θέλημα τοῦ πέμψαντός με.

6. Rom 7:11-12 ἡ γὰρ ἁμαρτία ἀφορμὴν λαβοῦσα διὰ τῆς ἐντολῆς ἐξηπάτησέν με καὶ δι' αὐτῆς
   ἀπέκτεινεν. 12 ὥστε ὁ μὲν νόμος ἅγιος καὶ ἡ ἐντολὴ ἁγία καὶ δικαία καὶ ἀγαθή. (ἡ ἀφορμή= op-
   portunity; ἐξαπατάω= I deceive)

7. Mark 6:34 καὶ ἐξελθὼν εἶδεν πολὺν ὄχλον καὶ ἐσπλαγχνίσθη ἐπ' αὐτούς, ὅτι ἦσαν ὡς πρόβατα
   μὴ ἔχοντα ποιμένα, καὶ ἤρξατο διδάσκειν αὐτοὺς πολλά. (ἐσπλαγχνίσθη= "he had compassion"; τὸ
   πρόβατον= sheep; ὁ ποιμήν,-ένος= shepherd)

8. John 4:9a λέγει οὖν αὐτῷ ἡ γυνὴ ἡ Σαμαρῖτις, Πῶς σὺ Ἰουδαῖος ὢν παρ' ἐμοῦ πεῖν αἰτεῖς
   γυναικὸς Σαμαρίτιδος οὔσης;

9. 1 John 4:20 ἐάν τις εἴπῃ ὅτι Ἀγαπῶ τὸν θεόν καὶ τὸν ἀδελφὸν αὐτοῦ μισῇ, ψεύστης ἐστίν· ὁ γὰρ

μὴ ἀγαπῶν τὸν ἀδελφὸν αὐτοῦ ὃν ἑώρακεν, τὸν θεὸν ὃν οὐχ ἑώρακεν οὐ δύναται ἀγαπᾶν. (μισέω=

I hate; ὁ ψεύστης= liar)

10. Luke 1:76 Καὶ σὺ δέ, παιδίον, προφήτης ὑψίστου κληθήσῃ· προπορεύσῃ γὰρ ἐνώπιον κυρίου

ἑτοιμάσαι ὁδοὺς αὐτοῦ, (ὑψίστος,-η,-ον= most high; προπορεύομαι= I go forth)

11. Luke 2:4 Ἀνέβη δὲ καὶ Ἰωσὴφ ἀπὸ τῆς Γαλιλαίας ἐκ πόλεως Ναζαρὲθ εἰς τὴν Ἰουδαίαν εἰς

πόλιν Δαυὶδ ἥτις καλεῖται Βηθλέεμ, διὰ τὸ εἶναι αὐτὸν ἐξ οἴκου καὶ πατριᾶς Δαυίδ, (ἡ

πατριά= family)

12. Rom 8:18 Λογίζομαι γὰρ ὅτι οὐκ ἄξια τὰ παθήματα τοῦ νῦν καιροῦ πρὸς τὴν μέλλουσαν

δόξαν ἀποκαλυφθῆναι εἰς ἡμᾶς. (λογίζομαι= I consider; τὰ παθήματα=sufferings; μέλλουσαν= "coming"

[*adjectival participle*]; ἀποκαλυφθῆναι= "to be revealed")

13. 1 Cor 9:5 μὴ οὐκ ἔχομεν ἐξουσίαν ἀδελφὴν γυναῖκα περιάγειν ὡς καὶ οἱ λοιποὶ ἀπόστολοι καὶ

οἱ ἀδελφοὶ τοῦ κυρίου καὶ Κηφᾶς; (περιάγω = I take along)

14. Matt 16:22 καὶ προσλαβόμενος αὐτὸν ὁ Πέτρος ἤρξατο ἐπιτιμᾶν αὐτῷ λέγων, Ἵλεώς σοι, κύριε· οὐ μὴ ἔσται σοι τοῦτο. (προσλαμβάνω= I take; ἐπιτιμάω= I rebuke; Ἵλεώς σοι= "God forbid!")

15. Mark 7:15 οὐδέν ἐστιν ἔξωθεν τοῦ ἀνθρώπου εἰσπορευόμενον εἰς αὐτὸν ὃ δύναται κοινῶσαι αὐτόν, ἀλλὰ τὰ ἐκ τοῦ ἀνθρώπου ἐκπορευόμενά ἐστιν τὰ κοινοῦντα τὸν ἄνθρωπον. (ἔξωθεν= outside; κοινόω= I defile)

16. Luke 24:44 Εἶπεν δὲ πρὸς αὐτούς, Οὗτοι οἱ λόγοι μου οὓς ἐλάλησα πρὸς ὑμᾶς ἔτι ὢν σὺν ὑμῖν, ὅτι δεῖ πληρωθῆναι πάντα τὰ γεγραμμένα ἐν τῷ νόμῳ Μωϋσέως καὶ τοῖς προφήταις καὶ ψαλμοῖς περὶ ἐμοῦ.

17. Luke 5:17 Καὶ ἐγένετο ἐν μιᾷ τῶν ἡμερῶν καὶ αὐτὸς ἦν διδάσκων, καὶ ἦσαν καθήμενοι Φαρισαῖοι καὶ νομοδιδάσκαλοι οἳ ἦσαν ἐληλυθότες ἐκ πάσης κώμης τῆς Γαλιλαίας καὶ Ἰουδαίας καὶ Ἰερουσαλήμ· καὶ δύναμις κυρίου ἦν εἰς τὸ ἰᾶσθαι αὐτόν. (ἡ κώμη= village; ἰάομαι= I heal)

18. 1 Thess 4:1 Λοιπὸν οὖν, ἀδελφοί, ἐρωτῶμεν ὑμᾶς καὶ παρακαλοῦμεν ἐν κυρίῳ ᾽Ιησοῦ, ἵνα
   καθὼς παρελάβετε παρ᾽ ἡμῶν τὸ πῶς δεῖ ὑμᾶς περιπατεῖν καὶ ἀρέσκειν θεῷ, καθὼς καὶ
   περιπατεῖτε, ἵνα περισσεύητε μᾶλλον. (ἀρέσκω= I please; περισσεύω= I abound; μᾶλλον= more)

19. Acts 3:12 ἰδὼν δὲ ὁ Πέτρος ἀπεκρίνατο πρὸς τὸν λαόν, Ἄνδρες ᾽Ισραηλῖται, τί θαυμάζετε ἐπὶ
   τούτῳ ἢ ἡμῖν τί ἀτενίζετε ὡς ἰδίᾳ δυνάμει ἢ εὐσεβείᾳ πεποιηκόσιν τοῦ περιπατεῖν αὐτόν; (ἤ=
   or; ἀτενίζω= I look; ἡ εὐσέβεια= godliness)

20. Acts 10:47 Μήτι τὸ ὕδωρ δύναται κωλῦσαί τις τοῦ μὴ βαπτισθῆναι τούτους, οἵτινες τὸ
   πνεῦμα τὸ ἅγιον ἔλαβον ὡς καὶ ἡμεῖς; (κωλύω= I prevent; τοῦ= "that")

21. Matt 8:28 Καὶ ἐλθόντος αὐτοῦ εἰς τὸ πέραν εἰς τὴν χώραν τῶν Γαδαρηνῶν ὑπήντησαν αὐτῷ δύο
   δαιμονιζόμενοι ἐκ τῶν μνημείων ἐξερχόμενοι, χαλεποὶ λίαν, ὥστε μὴ ἰσχύειν τινὰ παρελθεῖν
   διὰ τῆς ὁδοῦ ἐκείνης. (ὑπαντάω= I meet [dat. d.o.]; τὸ μνημεῖον= tomb; χαλεπός, ή, όν= strong; λίαν= very;
   ἰσχύω= I am able)

22. John 1:48 λέγει αὐτῷ Ναθαναήλ, Πόθεν με γινώσκεις; ἀπεκρίθη Ἰησοῦς καὶ εἶπεν αὐτῷ, Πρὸ τοῦ σε Φίλιππον φωνῆσαι ὄντα ὑπὸ τὴν συκῆν εἶδόν σε. (πόθεν= from where; φωνέω= I call; ἡ συκῆ= fig tree)

23. Luke 12:1 Ἐν οἷς ἐπισυναχθεισῶν τῶν μυριάδων τοῦ ὄχλου, ὥστε καταπατεῖν ἀλλήλους, ἤρξατο λέγειν πρὸς τοὺς μαθητὰς αὐτοῦ πρῶτον, Προσέχετε ἑαυτοῖς ἀπὸ τῆς ζύμης, ἥτις ἐστὶν ὑπόκρισις, τῶν Φαρισαίων. (καταπατέω= I trample; Προσέχετε= "Watch out!"; ἡ ζύμη= yeast; ἐπισυνάγω= I gather together; ἡ μυριάς, -αδος= thousand)

24. 2 Thess 2:11-12 καὶ διὰ τοῦτο πέμπει αὐτοῖς ὁ θεὸς ἐνέργειαν πλάνης εἰς τὸ πιστεῦσαι αὐτοὺς τῷ ψεύδει, 12 ἵνα κριθῶσιν πάντες οἱ μὴ πιστεύσαντες τῇ ἀληθείᾳ ἀλλὰ εὐδοκήσαντες τῇ ἀδικίᾳ. (ἡ ἐνέργεια= working; ἡ πλάνη= deception; τὸ ψεῦδος, -ους= lie; εὐδοκέω= I am pleased with; ἡ ἀδικία= unrighteousness)

23F. READING

I. <u>Acts 16:16-21 Paul and the Demon-Possessed Woman Slave</u>.

16 Ἐγένετο δὲ πορευομένων ἡμῶν εἰς τὴν <u>προσευχὴν παιδίσκην</u> τινὰ ἔχουσαν πνεῦμα <u>πύθωνα</u>

<u>ὑπαντῆσαι</u> ἡμῖν, ἥτις <u>ἐργασίαν</u> πολλὴν <u>παρεῖχεν</u> τοῖς κυρίοις αὐτῆς <u>μαντευομένη</u>. 17 αὕτη

<u>κατακολουθοῦσα</u> τῷ Παύλῳ καὶ ἡμῖν ἔκραζεν λέγουσα, Οὗτοι οἱ ἄνθρωποι δοῦλοι τοῦ θεοῦ τοῦ

<u>ὑψίστου</u> εἰσίν, οἵτινες <u>καταγγέλλουσιν</u> ὑμῖν ὁδὸν σωτηρίας. 18 τοῦτο δὲ ἐποίει ἐπὶ πολλὰς

ἡμέρας. <u>διαπονηθεὶς</u> δὲ Παῦλος καὶ <u>ἐπιστρέψας</u> τῷ πνεύματι εἶπεν, <u>Παραγγέλλω</u> σοι ἐν ὀνόματι

Ἰησοῦ Χριστοῦ ἐξελθεῖν ἀπ' αὐτῆς· καὶ ἐξῆλθεν αὐτῇ τῇ ὥρᾳ. 19 ἰδόντες δὲ οἱ κύριοι αὐτῆς ὅτι

ἐξῆλθεν ἡ ἐλπὶς τῆς <u>ἐργασίας</u> αὐτῶν, <u>ἐπιλαβόμενοι</u> τὸν Παῦλον καὶ τὸν Σιλᾶν <u>εἵλκυσαν</u> εἰς τὴν

<u>ἀγορὰν</u> ἐπὶ τοὺς ἄρχοντας 20 καὶ <u>προσαγαγόντες</u> αὐτοὺς τοῖς <u>στρατηγοῖς</u> εἶπαν, Οὗτοι οἱ

ἄνθρωποι <u>ἐκταράσσουσιν</u> ἡμῶν τὴν πόλιν, Ἰουδαῖοι ὑπάρχοντες, 21 καὶ καταγγέλλουσιν <u>ἔθη</u> ἃ

οὐκ <u>ἔξεστιν</u> ἡμῖν <u>παραδέχεσθαι</u> οὐδὲ ποιεῖν Ῥωμαίοις οὖσιν.

verse 16: *hint: supply a "that" after* ἐγένετο *and take this to begin an infinitive clause with* παιδίσκην
    as the subject; ἡ προσευχή= prayer; ἡ παιδίσκη= young girl; ὁ πύθων= Python (snake at the
    Delphic Oracle), i.e., "a fortune-telling spirit"; ὑπαντάω= I meet (dat. d.o.); ἡ ἐργασία= busi-
    ness; παρέχω= I supply; μαντεύομαι= I tell fortunes, predict the future
verse 17: κατακολουθέω= I follow after; ὕψιστος,-η,-ον= most high; καταγγέλλω= I announce
verse 18: διαπονέομαι= I disturb; ἐπιστρέφω= I turn; παραγγέλλω= I command
verse 19: ἡ ἐργασία= business; ἐπιλαμβάνω= I take hold of; ἕλκω= I drag; ἡ ἀγορά= market
verse 20: προσάγω= I lead to; ὁ στρατηγός= soldier; ἐκταράσσω= I stir up
verse 21: τὸ ἔθος,-ους= custom; ἔξεστιν= "are lawful"; παραδέχομαι= I receive; Ῥωμαῖος,-η,-ον=
    Roman

II. Read directly from the GNT: Rom 8:1-18.

verse 1: τὸ κατάκριμα judgment

verse 2: ἐλευθερόω= I set free

verse 3: τὸ ἀδύνατον= inability; ἀσθενέω= I am weak; τὸ ὁμοίωμα= likeness; κατακρίνω= I condemn

verse 4: τὸ δικαίωμα,-ματος= righteous requirement

verse 5: φρονέω= I think about

verse 6: τὸ φρόνημα= thought, purpose

verse 7: διότι= wherefore; ἡ ἔχθρα= enmity; ὑποτάσσομαι= I submit

verse 8: ἀρέσκω= I am pleasing

verse 9: εἴπερ= if; οἰκέω= I dwell

verse 11: οἰκέω= I dwell; ζωοποιέω= I make alive; θνητός,-ή,-όν= mortal; ἐνοικέω= I indwell

verse 12: ὁ ὀφειλέτης= debtor

verse 13: ἡ πρᾶξις= deed; θανατόω= I kill

verse 15: ἡ δουλεία= servitude; ἡ υἱοθεσία= sonship

verse 16: συμμαρτυρέω= I testify with

verse 17: ὁ κληρονόμος= heir; ὁ συγκληρονόμος= co-heir; εἴπερ= if

verse 18: Λογίζομαι= I consider; τὸ πάθημα= suffering; ἀποκαλύπτω= I reveal

Exercises Ch. 24

24A. Overview

1. Μι Verbs are verbs that are always in the first person: "me this, me that." True or false?

2. The two very important characteristics of Μι Verbs are that in the 1st Principal Part a
_____ _____ is present and that basically Μι Verbs are
_____ verbs.

3. Give the actual stems for these Μι Verbs:

Lexical Form	True Stem
ἀφίημι	
παραδίδωμι	
ἀνίστημι	
τίθημι	
φημί	

4. Μι Verbs are formed basically using the same Participle, Infinitive and Subjunctive endings as the Ω- Conjugation. True or false?

5. Briefly Describe these Uses of the Optative Mood.

   a. Futuristic/Potential:

   b. Volitive:

   c. Deliberative:

6. Briefly explain what Apollonius' Canon and its Corollary are?

7. Briefly explain what Colwell's Rule is?

8. Briefly explain what Granville Sharp's Rule is?

24B. VOCABULARIES 24, 11, AND 4

Fill in the spaces of the crossword puzzle using Greek for the corresponding English gloss.

Created with EclipseCrossword — www.eclipsecrossword.com

Across

2. parable
5. and, but
10. I hand over; I betray
12. I go down
14. I know, I understand
17. I place near; I stand before; I stand with
19. I cause to stand
20. I drink
21. I set, I place
22. until
23. I die
26. therefore (postpositive)
27. Judea
29. church, assembly
31. day
35. John
36. righteousness
38. I raise up
39. I know about, I understand

Down

1. life
3. I take; I receive
4. I say
5. I give
6. I deliver; I pay
7. but
8. kingdom, reign
9. I see; I understand
11. Herod
13. I eat
15. commandment
16. I take along
17. I fall
18. disciple
24. prophet
25. and; even, also
28. truth
30. I go up
32. I destroy
33. I become; I come; I happen
34. I send off; I forgive
37. peace

24C. REVIEW

I. Translate these sentences that may contain infinitives with prepositions and conjunctions and <u>parse</u> each Infinitive form.

1. Heb 10:26b μετὰ τὸ λαβεῖν τὴν ἐπίγνωσιν τῆς ἀληθείας. . .

2. Luke 2:27b καὶ ἐν τῷ εἰσαγαγεῖν τοὺς γονεῖς τὸ παιδίον Ἰησοῦν. . . (εἰσάγω= I lead in; ὁ γονεύς,- έως= parent)

3. Luke 1:21b καὶ ἐθαύμαζον ἐν τῷ χρονίζειν ἐν τῷ ναῷ αὐτόν. (χρονίζω= I delay)

4. Matt 15:30c-31a καὶ ἐθεράπευσεν αὐτούς· 31 ὥστε τὸν ὄχλον θαυμάσαι

5. Luke 9:36a καὶ ἐν τῷ γενέσθαι τὴν φωνὴν εὑρέθη Ἰησοῦς μόνος.

6. Acts 19:21b Μετὰ τὸ γενέσθαι με ἐκεῖ δεῖ με καὶ Ῥώμην ἰδεῖν.

7. 2 Cor 1:4b εἰς τὸ δύνασθαι ἡμᾶς παρακαλεῖν τοὺς ἐν πάσῃ θλίψει. . .

8. Luke 14:1a Καὶ ἐγένετο ἐν τῷ ἐλθεῖν αὐτὸν εἰς οἶκόν τινος τῶν ἀρχόντων. . .

9. Gal 2:12a πρὸ τοῦ γὰρ ἐλθεῖν τινας ἀπὸ Ἰακώβου μετὰ τῶν ἐθνῶν συνήσθιεν·

10. Matt 19:5b-6a καὶ ἔσονται οἱ δύο εἰς σάρκα μίαν. 6 ὥστε οὐκέτι εἰσὶν δύο ἀλλὰ σὰρξ μία.

11. Luke 17:14b καὶ ἐγένετο ἐν τῷ ὑπάγειν αὐτοὺς ἐκαθαρίσθησαν.

12. Gal 3:23a πρὸ τοῦ δὲ ἐλθεῖν τὴν πίστιν ὑπὸ νόμον ἐφρουρούμεθα (φρουρέω= I am kept)

13. Mark 14:28 ἀλλὰ μετὰ τὸ ἐγερθῆναί με προάξω ὑμᾶς εἰς τὴν Γαλιλαίαν.

14. Καὶ ἐγένετο ἐν τῷ αὐτὸν πορεύεσθαι εἰς Ἰερουσαλήμ. . . (cf. Luke 17:11)

15. Acts 1:3a παρέστησεν ἑαυτὸν ζῶντα μετὰ τὸ παθεῖν αὐτὸν ἐν πολλοῖς τεκμηρίοις, (τὸ

   τεκμήριον= proof)

II. Translate these Infinitives working with verbs and <u>parse</u> each infinitive.

   1. Matt 11:9a ἀλλὰ τί ἐξήλθατε ἰδεῖν;

   2. Luke 13:26a τότε ἄρξεσθε λέγειν. . . ,

   3. Luke 10:1c ἤμελλεν αὐτὸς ἔρχεσθαι.

   4. Matt 9:13b οὐ γὰρ ἦλθον καλέσαι δικαίους ἀλλὰ ἁμαρτωλούς.

   5. Matt 13:3b ἰδοὺ ἐξῆλθεν ὁ σπείρων τοῦ σπείρειν.

   6. Matt 8:29b ἦλθες ὧδε πρὸ καιροῦ βασανίσαι ἡμᾶς; (ὧδε= here; βασανίζω= I torment)

   7. John 15:5b χωρὶς ἐμοῦ οὐ δύνασθε ποιεῖν οὐδέν. (χωρὶς=without; *with genitive*)

   8. Luke 24:44b ὅτι δεῖ πληρωθῆναι πάντα τὰ γεγραμμένα ἐν τῷ νόμῳ Μωϋσέως. . .

   9. John 16:12 Ἔτι πολλὰ ἔχω ὑμῖν λέγειν, ἀλλ' οὐ δύνασθε βαστάζειν ἄρτι· (βαστάζω= I endure;

   ἄρτι= now)

   10. Matt 5:17 Μὴ νομίσητε ὅτι ἦλθον καταλῦσαι τὸν νόμον ἢ τοὺς προφήτας· οὐκ ἦλθον

   καταλῦσαι ἀλλὰ πληρῶσαι. (Μὴ νομίσητε= "Don't think!"; καταλύω= I destroy)

   11. John 12:33 τοῦτο δὲ ἔλεγεν σημαίνων ποίῳ θανάτῳ ἤμελλεν ἀποθνήσκειν. (ποῖος= what kind)

24D. FOCUS

I. Parse these verbs with Mι Verbs mixed in.

PARSING LEGEND				
Tense	**Voice**	**Mood**	**Person**	**Number**
P=Present **I**=Imperfect **F**=Future **A**=Aorist **R**=Perfect **L**=Pluperfect	**A**=Active **P**=Passive **M**=Middle **M/P**=Middle/Passive **D**= MiDDle-Formed (Deponent)	**I**= Indicative **S**= Subjunctive **P**= Participle **M**= Imperative* **N**= Infinitive *not learned yet*	**1**= First **2**= Second **3**= Third	**S**= Singular **P**= Plural

	Tense	Voice	Mood	Person or Gender	Case	Number	Lexical Form & Meaning
1. ἠθέλησα							
2. ἔγνω							
3. ἀπεσταλμένος							
4. ἐστάθην							
5. ἀπαγγείλαντες							
6. μενεῖς							
7. γένησθε							
8. τεθείκατε							
9. ἐπέμφθησαν							
10. ἔλθῃ							
11. ἀναστάς							
12. ὦσιν							
13. δίδωσιν							
14. θεῖναι							
15. ἑστῶτας							
16. σεσωσμένοι							
17. δούς							
18. θήσετε							
19. ἔδωκας							
20. ἀναστῆναι							

II. Translate these short sentences with Μι Verbs and <u>parse</u> all verb forms.

    1. Lev 4:20d (LXX) καὶ ἀφεθήσεται αὐτοῖς ἡ ἁμαρτία

    2. Deut 15:2b (LXX) καὶ οὕτως...ἀφήσεις πᾶν χρέος (τὸ χρέος,-ους= debt)

    3. 1 Sam 2:30c (LXX) καὶ νῦν φησιν κύριος...

    4. 3 Macc 1:14a (LXX) καί τις ἀπρονοήτως ἔφη... (ἀπρονοήτως= thoughtlessly)

    5. Gen 18:8c (LXX) αὐτὸς δὲ παρειστήκει αὐτοῖς ὑπὸ τὸ δένδρον (τὸ δένδρον= tree; *note that*

        παρίστημι *in the Perfect and Pluperfect tenses means "I stand beside/with" and takes the dative case*)

    6. 1 Sam 4:20b (LXX) καὶ εἶπον αὐτῇ αἱ γυναῖκες αἱ παρεστηκυῖαι αὐτῇ

24E. SENTENCES

1. John 13:34 ἐντολὴν καινὴν δίδωμι ὑμῖν, ἵνα ἀγαπᾶτε ἀλλήλους, καθὼς ἠγάπησα ὑμᾶς ἵνα καὶ
   ὑμεῖς ἀγαπᾶτε ἀλλήλους.

2. Acts 9:13 ἀπεκρίθη δὲ Ἀνανίας, Κύριε, ἤκουσα ἀπὸ πολλῶν περὶ τοῦ ἀνδρὸς τούτου ὅσα κακὰ
   τοῖς ἁγίοις σου ἐποίησεν ἐν Ἰερουσαλήμ· (Ἀνανίας= Ananias; ὅσος,-η,-ον= how much)

3. Exod 24:13 (LXX) καὶ ἀναστὰς Μωυσῆς καὶ Ἰησοῦς ὁ παρεστηκὼς αὐτῷ ἀνέβησαν εἰς τὸ ὄρος
   τοῦ θεοῦ.

4. Matt 17:12 λέγω δὲ ὑμῖν ὅτι Ἡλίας ἤδη ἦλθεν, καὶ οὐκ ἐπέγνωσαν αὐτὸν ἀλλὰ ἐποίησαν ἐν αὐτῷ ὅσα ἠθέλησαν· οὕτως καὶ ὁ υἱὸς τοῦ ἀνθρώπου μέλλει πάσχειν ὑπ' αὐτῶν.

5. Dan 7:9a (LXX) ἐθεώρουν ἕως ὅτε θρόνοι ἐτέθησαν καὶ παλαιὸς ἡμερῶν ἐκάθητο... (παλαιός,-ά,-όν= ancient)

6. John 17:19 καὶ ὑπὲρ αὐτῶν [ἐγὼ] ἁγιάζω ἐμαυτόν, ἵνα ὦσιν καὶ αὐτοὶ ἡγιασμένοι ἐν ἀληθείᾳ. (ἁγιάζω= I sanctify, consecrate)

7. Mark 6:24 καὶ ἐξελθοῦσα εἶπεν τῇ μητρὶ αὐτῆς, Τί αἰτήσωμαι; ἡ δὲ εἶπεν, Τὴν κεφαλὴν Ἰωάννου τοῦ βαπτίζοντος.

8. John 6:52 Ἐμάχοντο οὖν πρὸς ἀλλήλους οἱ Ἰουδαῖοι λέγοντες, Πῶς δύναται οὗτος ἡμῖν δοῦναι τὴν σάρκα [αὐτοῦ] φαγεῖν; (μάχομαι= I fight)

9. Gen 24:47a (LXX) καὶ ἠρώτησα αὐτὴν καὶ εἶπα, Τίνος εἶ θυγάτηρ ἡ δὲ ἔφη θυγάτηρ Βαθουηλ εἰμὶ τοῦ υἱοῦ Ναχωρ...(ἡ θυγάτηρ= daughter; *also, there are two proper names to sound out*)

10. John 5:36b τὰ γὰρ ἔργα ἃ δέδωκέν μοι ὁ πατὴρ ἵνα τελειώσω αὐτά, αὐτὰ τὰ ἔργα ἃ ποιῶ μαρτυρεῖ περὶ ἐμοῦ ὅτι ὁ πατήρ με ἀπέσταλκεν· (τελειόω= I fulfill, finish)

11. Gen 15:18 (LXX) ἐν τῇ ἡμέρᾳ ἐκείνῃ διέθετο κύριος τῷ Αβραμ διαθήκην λέγων, Τῷ σπέρματί σου δώσω τὴν γῆν ταύτην ἀπὸ τοῦ ποταμοῦ Αἰγύπτου ἕως τοῦ ποταμοῦ τοῦ μεγάλου ποταμοῦ Εὐφράτου. (διατίθημι= I establish; ἡ διαθήκη= covenant; ὁ ποταμός= river)

12. John 6:37-38 Πᾶν ὃ δίδωσίν μοι ὁ πατὴρ πρὸς ἐμὲ ἥξει, καὶ τὸν ἐρχόμενον πρὸς ἐμὲ οὐ μὴ ἐκβάλω ἔξω, 38 ὅτι καταβέβηκα ἀπὸ τοῦ οὐρανοῦ οὐχ ἵνα ποιῶ τὸ θέλημα τὸ ἐμὸν ἀλλὰ τὸ θέλημα τοῦ πέμψαντός με. (ἥκω= I arrive; ἔξω= out)

13. Josh 8:28 (LXX) καὶ ἐνεπύρισεν Ἰησοῦς τὴν πόλιν ἐν πυρί. <u>χῶμα ἀοίκητον</u> εἰς τὸν αἰῶνα ἔθηκεν αὐτὴν ἕως τῆς ἡμέρας ταύτης. (ἐνπυρίζω= I burn up; χῶμα ἀοίκητον= "an uninhabitable mound")

14. Matt 21:23 Καὶ ἐλθόντος αὐτοῦ εἰς τὸ ἱερὸν προσῆλθον αὐτῷ διδάσκοντι οἱ ἀρχιερεῖς καὶ οἱ πρεσβύτεροι τοῦ λαοῦ λέγοντες, Ἐν ποίᾳ ἐξουσίᾳ ταῦτα ποιεῖς; καὶ τίς σοι ἔδωκεν τὴν ἐξουσίαν ταύτην; (ποῖος,-α,-ον= what sort of)

15. Luke 21:5-6 Καί τινων λεγόντων περὶ τοῦ ἱεροῦ ὅτι λίθοις καλοῖς καὶ ἀναθήμασιν κεκόσμηται εἶπεν, 6 Ταῦτα ἃ θεωρεῖτε, ἐλεύσονται ἡμέραι ἐν αἷς οὐκ ἀφεθήσεται λίθος ἐπὶ λίθῳ ὃς οὐ καταλυθήσεται. (τὸ ἀνάθημα= offering; κοσμέω= I adorn; καταλύω= I destroy)

16. Eph 1:22-23 καὶ πάντα ὑπέταξεν ὑπὸ τοὺς πόδας αὐτοῦ καὶ αὐτὸν ἔδωκεν κεφαλὴν ὑπὲρ πάντα τῇ ἐκκλησίᾳ, 23 ἥτις ἐστὶν τὸ σῶμα αὐτοῦ, τὸ πλήρωμα τοῦ τὰ πάντα ἐν πᾶσιν πληρουμένου. (ὑποτάσσω= I subject; I subordinate; τὸ πλήρωμα= fullness)

17. John 4:23 ἀλλὰ ἔρχεται ὥρα καὶ νῦν ἐστιν, ὅτε οἱ ἀληθινοὶ προσκυνηταὶ προσκυνήσουσιν τῷ πατρὶ ἐν πνεύματι καὶ ἀληθείᾳ· καὶ γὰρ ὁ πατὴρ τοιούτους ζητεῖ τοὺς προσκυνοῦντας αὐτόν. (ὁ προσκυνητής= worshiper; ἀληθινός,-ά,-όν= true; τοιούτους= "such kind of")

18. Matt 25:20 καὶ προσελθὼν ὁ τὰ πέντε τάλαντα λαβὼν προσήνεγκεν ἄλλα πέντε τάλαντα λέγων, Κύριε, πέντε τάλαντά μοι παρέδωκας· ἴδε ἄλλα πέντε τάλαντα ἐκέρδησα. (ἴδε= "Look!"; κερδαίνω= I acquire)

19. Luke 5:18 καὶ ἰδοὺ ἄνδρες φέροντες ἐπὶ κλίνης ἄνθρωπον ὃς ἦν παραλελυμένος καὶ ἐζήτουν αὐτὸν εἰσενεγκεῖν καὶ θεῖναι [αὐτὸν] ἐνώπιον αὐτοῦ. (ἡ κλίνη= couch; παραλελυμένος= "paralyzed")

20. Mark 15:15 ὁ δὲ Πιλᾶτος βουλόμενος τῷ ὄχλῳ τὸ ἱκανὸν ποιῆσαι ἀπέλυσεν αὐτοῖς τὸν

Βαραββᾶν, καὶ παρέδωκεν τὸν Ἰησοῦν φραγελλώσας ἵνα σταυρωθῇ. (βούλομαι= I want; τὸ ἱκανόν=

favor; φραγελλόω= I scourge; σταυρόω= I crucify)

21. Gen 13:14-16a (LXX) ὁ δὲ θεὸς εἶπεν τῷ Ἀβραμ... Ἀναβλέψας τοῖς ὀφθαλμοῖς σου ἰδὲ ἀπὸ τοῦ

τόπου οὗ νῦν σὺ εἶ πρὸς βορρᾶν καὶ λίβα καὶ ἀνατολὰς καὶ θάλασσαν 15 ὅτι πᾶσαν τὴν γῆν ἣν

σὺ ὁρᾷς σοὶ δώσω αὐτὴν καὶ τῷ σπέρματί σου ἕως τοῦ αἰῶνος 6 καὶ ποιήσω τὸ σπέρμα σου ὡς

τὴν ἄμμον τῆς γῆς. (ἀναβλέπω= I look up; ἰδέ= "Look!"; πρὸς βορρᾶν καὶ λίβα καὶ ἀνατολὰς= "to the North, the

Southwest, the East..."; ἡ ἄμμος= sand)

22. Acts 3:22-23 Μωϋσῆς μὲν εἶπεν ὅτι Προφήτην ὑμῖν ἀναστήσει κύριος ὁ θεὸς ὑμῶν ἐκ τῶν

ἀδελφῶν ὑμῶν ὡς ἐμέ· αὐτοῦ ἀκούσεσθε κατὰ πάντα ὅσα ἂν λαλήσῃ πρὸς ὑμᾶς. 23 ἔσται δὲ

πᾶσα ψυχὴ ἥτις ἐὰν μὴ ἀκούσῃ τοῦ προφήτου ἐκείνου ἐξολεθρευθήσεται ἐκ τοῦ λαοῦ. (ὅσα ἂν=

"however much"; ἐὰν μὴ ἀκούσῃ= "does not listen"; ἐξολεθρεύω= I destroy thoroughly)

23. John 13:19-22 ἀπ᾽ ἄρτι λέγω ὑμῖν <u>πρὸ τοῦ γενέσθαι</u>, ἵνα πιστεύσητε <u>ὅταν γένηται</u> ὅτι ἐγώ

εἰμι. 20 ἀμὴν ἀμὴν λέγω ὑμῖν, ὁ λαμβάνων <u>ἄν τινα</u> πέμψω ἐμὲ λαμβάνει, ὁ δὲ ἐμὲ λαμβάνων

λαμβάνει τὸν πέμψαντά με. 21 Ταῦτα εἰπὼν [ὁ] Ἰησοῦς <u>ἐταράχθη</u> τῷ πνεύματι καὶ

ἐμαρτύρησεν καὶ εἶπεν, Ἀμὴν ἀμὴν λέγω ὑμῖν ὅτι εἷς ἐξ ὑμῶν παραδώσει με. 22 ἔβλεπον εἰς

ἀλλήλους οἱ μαθηταὶ <u>ἀπορούμενοι</u> περὶ τίνος λέγει. (ἄρτι= now; πρὸ τοῦ γενέσθαι= "before it hap-

pens"; ὅταν γένηται= "when it happens"; ἄν τινα= "whatever"; ταράσσω= I stir up; I disturb; ἀπορέω= I am at a loss; I

am perplexed)

24. John 12:47-49 καὶ <u>ἐάν</u> τίς μου ἀκούσῃ τῶν ῥημάτων καὶ μὴ <u>φυλάξῃ</u>, ἐγὼ οὐ κρίνω αὐτόν· οὐ γὰρ

ἦλθον ἵνα κρίνω τὸν κόσμον, ἀλλ᾽ ἵνα σώσω τὸν κόσμον. 48 ὁ <u>ἀθετῶν</u> ἐμὲ καὶ μὴ λαμβάνων τὰ

ῥήματά μου ἔχει τὸν κρίνοντα αὐτόν· ὁ λόγος ὃν ἐλάλησα ἐκεῖνος κρινεῖ αὐτὸν ἐν τῇ ἐσχάτῃ

ἡμέρᾳ. 49 ὅτι ἐγὼ ἐξ ἐμαυτοῦ οὐκ ἐλάλησα, ἀλλ᾽ ὁ πέμψας με πατὴρ αὐτός μοι ἐντολὴν

δέδωκεν τί εἴπω καὶ τί λαλήσω. (ἐάν= if; φυλάσσω= I keep; ἀθετέω= I reject)

24F. READING

1 Cor 1:1-20 Paul's Initial Preaching at Corinth.

<u>Verses 1-9</u>

κλητός,-ή,-όν= called
ἁγιάζω= I sanctify
ἐπικαλέω= I call upon
εὐχαριστέω= I give thanks
πάντοτε= always
πλουτίζω= I make rich
ἡ γνῶσις,-έως= knowledge
τὸ μαρτύριον= testimony
βεβαιόω= I confirm
ὥστε= so that
ὑστερεῖσθαι= "you are not lacking"
ἀπεκδέχομαι= I eagerly await
ἡ ἀποκάλυψις, -έως= revelation
ἀνέγκλητος,-ον= blameless
ἡ κοκνωνία= fellowship

<u>Verses 10-20</u>

τὸ σχίσμα= division
καταρτίζω= I repair; I perfect
ὁ νοῦς, νοός= mind
δηλόω= I reveal, show
ἔρις, -ιδος= contention
μερίζω= I divide
σταυρόω= I crucify; ὁ σταυρός= cross
ἤ= or
κενόω= I make useless
ἡ μωρία= foolishness
ἡ σύνεσις,-έως= understanding
συνετός,-ή,-όν= wise, intelligent
ἀθετέω= I make invalid
ὁ συζητητής= disputer
μωραίνω= I make foolish

EXERCISES CH. 25

25A. OVERVIEW

1. What two inferential conjunctions are found in this chapter? What does each signify?

2. Describe the basic functions of εἴτε and ἤ.

3. The Imperative Mood is a mood of command. True or false?

4. Place the Endings of the Imperative Mood below.

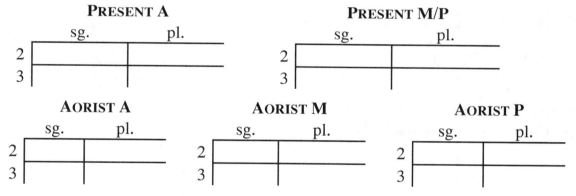

5. Describe the basic significance behind the Present and Aorist Tense Imperatives.

6. What does Mitigation and Potency mean? What are some ways to mitigate a command or to increase its potency?

7. Periphrastic Participles may be used with Non-Indicative Moods. True or False.

8. What are the basic endings to form the comparative and superlative degrees of the adjective?

25B. Vocabularies 25, 12, and 5

Fill in the spaces of the crossword puzzle using Greek for the corresponding English gloss.

Created with EclipseCrossword — www.eclipsecrossword.com

Across

1. teacher
5. heaven
6. wherefore
9. God; god
11. rather; more
14. ruler
16. therefore
18. father
20. no one (feminine)
22. that
24. fire
25. water
26. great, large
28. I am
29. larger, greater
31. person
34. foot
35. much, many
37. child
38. demon
40. brother
41. every, all

Down

2. man; husband
3. messenger
4. Lord
7. law
8. whole, entire
10. good news, gospel
12. this
13. world
14. I greet; I embrace
15. whether
17. road
19. Simon
21. Christ
23. light
25. son
27. I receive; I take
30. one
31. age
32. more, greater
33. apostle
36. word, message
39. Jesus

25C. REVIEW

I. Translate these short sentences/clauses with Μι Verbs. Be sure you can parse every Μι Verb.

    1. Matt 5:25c μήποτέ σε παραδῷ ὁ ἀντίδικος τῷ κριτῇ (μήποτε= lest; ὁ ἀντίδικος=adversary; ὁ κριτής= judge)

    2. Matt 10:21a παραδώσει δὲ ἀδελφὸς ἀδελφὸν εἰς θάνατον

    3. Acts 2:32a τοῦτον τὸν Ἰησοῦν ἀνέστησεν ὁ θεός

    4. Acts 8:27a καὶ ἀναστὰς ἐπορεύθη·

    5. Matt 15:24b τὰ πρόβατα τὰ ἀπολωλότα οἴκου Ἰσραήλ.

    6. Matt 26:52c πάντες γὰρ οἱ λαβόντες μάχαιραν ἐν μαχαίρῃ ἀπολοῦνται. (ἡ μάχαιρα=sword)

    7. Matt 6:4b καὶ ὁ πατήρ σου ὁ βλέπων ἐν τῷ κρυπτῷ ἀποδώσει σοι. (τὸ κρυπτόν= secret)

    8. Luke 9:42c καὶ ἰάσατο τὸν παῖδα καὶ ἀπέδωκεν αὐτὸν τῷ πατρὶ αὐτοῦ. (ἰάομαι= I heal)

    9. Mark 15:47 ἡ δὲ Μαρία ἡ Μαγδαληνὴ καὶ Μαρία ἡ Ἰωσῆτος ἐθεώρουν ποῦ τέθειται.

    10. John 2:10a καὶ λέγει αὐτῷ, Πᾶς ἄνθρωπος πρῶτον τὸν καλὸν οἶνον τίθησιν (ὁ οἶνος= wine)

II. Translate these sentences with Infinitives.

    1. Acts 8:6b . . . ἐν τῷ ἀκούειν αὐτοὺς καὶ βλέπειν τὰ σημεῖα ἃ ἐποίει·

    2. Matt 13:30b καὶ δήσατε αὐτὰ εἰς δέσμας πρὸς τὸ κατακαῦσαι αὐτά, (δέω= I bind; ἡ δέσμη= bonds; κατακαίω= I burn)

    3. Acts 11:25 ἐξῆλθεν δὲ εἰς Ταρσὸν ἀναζητῆσαι Σαῦλον (ἀναζητέω= I look for)

4. John 16:19a ἔγνω [ὁ] Ἰησοῦς ὅτι ἤθελον αὐτὸν ἐρωτᾶν. . .

5. ἔπεμψα τινα εἰς τὸ γνῶναι τὴν πίστιν ὑμῶν, (cf. 1 Thess 3:5b)

6. Rev 19:10a καὶ ἔπεσα ἔμπροσθεν τῶν ποδῶν αὐτοῦ προσκυνῆσαι αὐτῷ. (ἔμπροσθεν= before)

7. Matt 14:23a καὶ ἀπολύσας τοὺς ὄχλους ἀνέβη εἰς τὸ ὄρος κατ' ἰδίαν προσεύξασθαι.

8. Luke 17:14b καὶ ἐγένετο ἐν τῷ ὑπάγειν αὐτοὺς ἐκαθαρίσθησαν.

9. Luke 11:27a Ἐγένετο δὲ ἐν τῷ λέγειν αὐτὸν ταῦτα. . .

10. Luke 19:11a Ἀκουόντων δὲ αὐτῶν ταῦτα προσθεὶς εἶπεν παραβολὴν διὰ τὸ ἐγγὺς εἶναι Ἰερουσαλὴμ αὐτὸν (προστίθημι= I add to; ἐγγύς= near)

11. Luke 1:22a ἐξελθὼν δὲ οὐκ ἐδύνατο λαλῆσαι αὐτοῖς, καὶ ἐπέγνωσαν ὅτι ὀπτασίαν ἑώρακεν ἐν τῷ ναῷ· (ἡ ὀπτασία= vision)

12. Acts 13:47b Τέθεικά σε εἰς φῶς ἐθνῶν τοῦ εἶναί σε εἰς σωτηρίαν ἕως ἐσχάτου τῆς γῆς.

13. Luke 18:10 Ἄνθρωποι δύο ἀνέβησαν εἰς τὸ ἱερὸν προσεύξασθαι, ὁ εἷς Φαρισαῖος καὶ ὁ ἕτερος τελώνης. (ὁ τελώνης= tax collector)

14. Mark 1:34b καὶ δαιμόνια πολλὰ ἐξέβαλεν καὶ οὐκ ἤφιεν λαλεῖν τὰ δαιμόνια, ὅτι ᾔδεισαν αὐτόν.

15. Mark 1:45a ὁ δὲ ἐξελθὼν ἤρξατο κηρύσσειν πολλὰ καὶ διαφημίζειν τὸν λόγον, ὥστε μηκέτι αὐτὸν δύνασθαι φανερῶς εἰς πόλιν εἰσελθεῖν, (διαφημίζω= I spread; μηκέτι= no longer; φανερῶς= openly)

16. Acts 7:4 τότε ἐξελθὼν ἐκ γῆς Χαλδαίων κατῴκησεν ἐν Χαρράν. κἀκεῖθεν μετὰ τὸ ἀποθανεῖν τὸν πατέρα αὐτοῦ μετῴκισεν αὐτὸν εἰς τὴν γῆν ταύτην εἰς ἣν ὑμεῖς νῦν κατοικεῖτε, (κατοικέω= I dwell; κἀκεῖθεν= "and from there"; μετοικίζω= I cause to migrate)

25D. Focus

I. Translate these short sentences with Imperatives. Be sure you can parse every verb.

1. Luke 24:29b Μεῖνον μεθ᾽ ἡμῶν, ὅτι πρὸς ἑσπέραν ἐστὶν (ἑσπέραν= evening)

2. Rev 19:9a Καὶ λέγει μοι, Γράψον·

3. Phil 2:2a πληρώσατέ μου τὴν χαρὰν

4. Luke 6:42c ἔκβαλε πρῶτον τὴν δοκὸν ἐκ τοῦ ὀφθαλμοῦ σοῦ, (ἡ δοκός= plank)

5. Luke 24:39a ἴδετε τὰς χεῖράς μου καὶ τοὺς πόδας μου ὅτι ἐγώ εἰμι αὐτός·

6. Acts 2:22a Ἄνδρες Ἰσραηλῖται, ἀκούσατε τοὺς λόγους τούτους·

7. John 15:4a μείνατε ἐν ἐμοί, κἀγὼ ἐν ὑμῖν.

8. Mark 10:21b καὶ δὸς [τοῖς] πτωχοῖς, καὶ ἕξεις θησαυρὸν ἐν οὐρανῷ, (ὁ πτωχός= poor; ὁ

   θησαυρός= treasure)

9. Matt 8:13b Ὕπαγε, ὡς ἐπίστευσας γενηθήτω σοι.

10. Gal 1:9b εἴ τις ὑμᾶς εὐαγγελίζεται παρ᾽ ὃ παρελάβετε, ἀνάθεμα ἔστω. (ἀνάθεμα= accursed)

11. Luke 6:35a ἀγαπᾶτε τοὺς ἐχθροὺς ὑμῶν (ὁ ἐχθρός= enemy)

12. 1 Cor 10:24 μηδεὶς τὸ ἑαυτοῦ ζητείτω, ἀλλὰ τὸ τοῦ ἑτέρου,

13. 2 Cor 13:11 Λοιπόν, ἀδελφοί, χαίρετε, καταρτίζεσθε, παρακαλεῖσθε, τὸ αὐτὸ φρονεῖτε,

   εἰρηνεύετε, καὶ ὁ θεὸς τῆς ἀγάπης καὶ εἰρήνης ἔσται μεθ᾽ ὑμῶν. (καταρτίζω= I perfect; φρονέω=

   I think; εἰρηνεύω= I have peace)

II. Translate these sentences with Comparative and Superlative Forms.

   1. John 1:50c μείζω τούτων ὄψῃ. (μείζω= *neut. acc/nom pl. of* μείζων)

   2. Matt 20:31b οἱ δὲ μεῖζον ἔκραξαν λέγοντες,

   3. Matt 22:27 ὕστερον δὲ πάντων ἀπέθανεν ἡ γυνή. (ὕστερον= later)

   4. John 5:20b καὶ μείζονα τούτων δείξει αὐτῷ ἔργα, (δείκνυμι= I show)

   5. Luke 21:3 ἡ χήρα αὕτη ἡ πτωχὴ πλεῖον πάντων ἔβαλεν· (ἡ χήρα=widow; πτωχός,-ή,-όν=poor)

   6. John 5:36a ἐγὼ δὲ ἔχω τὴν μαρτυρίαν μείζω τοῦ Ἰωάννου· (μείζω= acc. fem. sg.)

7. Matt 2:6a Καὶ σὺ Βηθλέεμ, γῆ Ἰούδα, οὐδαμῶς ἐλαχίστη εἶ ἐν τοῖς ἡγεμόσιν Ἰούδα· (οὐδαμῶς=in no way; ἐλαχίστος,-η,-ον= least; ὁ ἡγεμών,-όνος=leader)

8. Matt 21:8 ὁ δὲ πλεῖστος ὄχλος ἔστρωσαν ἑαυτῶν τὰ ἱμάτια ἐν τῇ ὁδῷ, (πλεῖστος,-η,-ον= most; very large; στρώννυμι=I spread out)

9. John 4:41 καὶ πολλῷ πλείους ἐπίστευσαν διὰ τὸν λόγον αὐτοῦ, (πολλῷ= "by much")

10. Rom 13:11b νῦν γὰρ ἐγγύτερον ἡμῶν ἡ σωτηρία ἢ ὅτε ἐπιστεύσαμεν.

11. John 4:12a μὴ σὺ μείζων εἶ τοῦ πατρὸς ἡμῶν Ἰακώβ;

12. Matt 20:10 καὶ ἐλθόντες οἱ πρῶτοι ἐνόμισαν ὅτι πλεῖον λήμψονται· (νομίζω= I think, suppose)

13. John 14:28b πορεύομαι πρὸς τὸν πατέρα, ὅτι ὁ πατὴρ μείζων μού ἐστιν.

14. Οὐκ ἔστιν δοῦλος μείζων τοῦ κυρίου αὐτοῦ. (cf. John 15:20b)

15. Luke 20:47b οὗτοι λήμψονται περισσότερον κρίμα. (περισσός,-ή,-όν= abundant)

16. Heb 11:4a Πίστει πλείονα θυσίαν Ἅβελ παρὰ Κάϊν προσήνεγκεν τῷ θεῷ, δι᾽ ἧς ἐμαρτυρήθη εἶναι δίκαιος, (ἡ θυσία= sacrifice; παρά= than)

17. Luke 16:10 ὁ πιστὸς ἐν ἐλαχίστῳ καὶ ἐν πολλῷ πιστός ἐστιν, καὶ ὁ ἐν ἐλαχίστῳ ἄδικος καὶ ἐν πολλῷ ἄδικός ἐστιν. (ἐλαχίστος,-η,-ον= least; ἄδικος,-ον= unrighteous)

25E. SENTENCES

1. Eph 6:2 τίμα τὸν πατέρα σου καὶ τὴν μητέρα, ἥτις ἐστὶν ἐντολὴ πρώτη ἐν ἐπαγγελίᾳ (τιμάω= I honor)

2. Mark 11:24 πάντα ὅσα προσεύχεσθε καὶ αἰτεῖσθε, πιστεύετε ὅτι ἐλάβετε, καὶ ἔσται ὑμῖν.

   (ὅσος,-η,-ον= however much)

3. 1 Cor 15:11 εἴτε οὖν ἐγὼ εἴτε ἐκεῖνοι, οὕτως κηρύσσομεν καὶ οὕτως ἐπιστεύσατε.

4. Matt 6:25b οὐχὶ ἡ ψυχὴ πλεῖόν ἐστιν τῆς τροφῆς καὶ τὸ σῶμα τοῦ ἐνδύματος; (τὸ ἔνδυμα,-ματος= clothing)

5. John 17:11b Πάτερ ἅγιε, τήρησον αὐτοὺς ἐν τῷ ὀνόματί σου ᾧ δέδωκάς μοι, ἵνα ὦσιν ἓν καθὼς ἡμεῖς.

6. Rom 3:4a μὴ γένοιτο· γινέσθω δὲ ὁ θεὸς ἀληθής, πᾶς δὲ ἄνθρωπος ψεύστης, (ὁ ψεύστης= a liar; μὴ γένοιτο= "may it not be!")

7. 1 Cor 16:19 Ἀσπάζονται ὑμᾶς αἱ ἐκκλησίαι τῆς Ἀσίας. ἀσπάζεται ὑμᾶς ἐν κυρίῳ πολλὰ Ἀκύλας καὶ Πρίσκα σὺν τῇ κατ' οἶκον αὐτῶν ἐκκλησίᾳ.

8. Matt 4:3 Καὶ προσελθὼν ὁ πειράζων εἶπεν αὐτῷ, Εἰ υἱὸς εἶ τοῦ θεοῦ, εἰπὲ ἵνα οἱ λίθοι οὗτοι ἄρτοι γένωνται. (πειράζω= I tempt)

9. John 7:4 οὐδεὶς γάρ τι ἐν κρυπτῷ ποιεῖ καὶ ζητεῖ αὐτὸς ἐν παρρησίᾳ εἶναι. εἰ ταῦτα ποιεῖς, φανέρωσον σεαυτὸν τῷ κόσμῳ. (κρυπτός,-ή,-όν= secret; ἡ παρρησία= boldness; φανέροω= I manifest)

10. 1 Cor 15:10 χάριτι δὲ θεοῦ εἰμι ὅ εἰμι, καὶ ἡ χάρις αὐτοῦ ἡ εἰς ἐμὲ οὐ κενὴ ἐγενήθη, ἀλλὰ περισσότερον αὐτῶν πάντων ἐκοπίασα, οὐκ ἐγὼ δὲ ἀλλὰ ἡ χάρις τοῦ θεοῦ [ἡ] σὺν ἐμοί. (κενός,-ή,-όν= empty, vain; περισσότερον= more; κοπιάω= I labor, work)

11. John 7:52 ἀπεκρίθησαν καὶ εἶπαν αὐτῷ, Μὴ καὶ σὺ ἐκ τῆς Γαλιλαίας εἶ; ἐραύνησον καὶ ἴδε ὅτι ἐκ τῆς Γαλιλαίας προφήτης οὐκ ἐγείρεται. (ἐραυνάω= I search; I examine)

12. Prov 24:12 (LXX) ἐὰν δὲ εἴπης, Οὐκ οἶδα τοῦτον· γίνωσκε ὅτι κύριος καρδίας πάντων γινώσκει καὶ ... αὐτὸς οἶδεν πάντα ὃς ἀποδίδωσιν ἑκάστῳ κατὰ τὰ ἔργα αὐτοῦ. (ἐάν= if)

13. Exod 32:32-33 (LXX) καὶ νῦν εἰ μὲν ἀφεῖς αὐτοῖς τὴν ἁμαρτίαν, ἄφες. εἰ δὲ μή ἐξάλειψόν με ἐκ τῆς βίβλου σου ἧς ἔγραψας 33 καὶ εἶπεν κύριος πρὸς Μωυσῆν εἴ τις ἡμάρτηκεν ἐνώπιόν μου ἐξαλείψω αὐτὸν ἐκ τῆς βίβλου μου. (ἐξαλείφω= I wipe away, blot out)

14. Acts 16:15a ὡς δὲ ἐβαπτίσθη καὶ ὁ οἶκος αὐτῆς, παρεκάλεσεν λέγουσα, Εἰ κεκρίκατέ με πιστὴν τῷ κυρίῳ εἶναι, εἰσελθόντες εἰς τὸν οἶκόν μου μένετε·

15. Luke 13:31 Ἐν αὐτῇ τῇ ὥρᾳ προσῆλθάν τινες Φαρισαῖοι λέγοντες αὐτῷ, Ἔξελθε καὶ πορεύου ἐντεῦθεν, ὅτι Ἡρῴδης θέλει σε ἀποκτεῖναι. (ἐντεῦθεν= from here)

16. John 13:16 ἀμὴν ἀμὴν λέγω ὑμῖν, οὐκ ἔστιν δοῦλος μείζων τοῦ κυρίου αὐτοῦ οὐδὲ ἀπόστολος μείζων τοῦ πέμψαντος αὐτόν.

17. Matt 12:45 τότε πορεύεται καὶ παραλαμβάνει μεθ᾽ ἑαυτοῦ ἑπτὰ ἕτερα πνεύματα πονηρότερα ἑαυτοῦ καὶ εἰσελθόντα κατοικεῖ ἐκεῖ· καὶ γίνεται τὰ ἔσχατα τοῦ ἀνθρώπου ἐκείνου χείρονα τῶν πρώτων. οὕτως ἔσται καὶ τῇ γενεᾷ ταύτῃ τῇ πονηρᾷ. (κατοικέω= I dwell; χείρονα= worse)

18. Matt 5:16 οὕτως λαμψάτω τὸ φῶς ὑμῶν ἔμπροσθεν τῶν ἀνθρώπων, ὅπως ἴδωσιν ὑμῶν τὰ καλὰ ἔργα καὶ δοξάσωσιν τὸν πατέρα ὑμῶν τὸν ἐν τοῖς οὐρανοῖς. (λάμπω= I shine; ἔμπροσθεν= before)

19. John 4:45 ὅτε οὖν ἦλθεν εἰς τὴν Γαλιλαίαν, ἐδέξαντο αὐτὸν οἱ Γαλιλαῖοι πάντα ἑωρακότες ὅσα ἐποίησεν ἐν Ἱεροσολύμοις ἐν τῇ ἑορτῇ, καὶ αὐτοὶ γὰρ ἦλθον εἰς τὴν ἑορτήν. (ὅσος,-η,-ον= however much; ἡ ἑορτή= feast)

20. John 15:20 μνημονεύετε τοῦ λόγου οὗ ἐγὼ εἶπον ὑμῖν, Οὐκ ἔστιν δοῦλος μείζων τοῦ κυρίου αὐτοῦ. εἰ ἐμὲ ἐδίωξαν, καὶ ὑμᾶς διώξουσιν· εἰ τὸν λόγον μου ἐτήρησαν, καὶ τὸν ὑμέτερον τηρήσουσιν. (μνημονεύω= I remember [*takes genitive direct object*]; ὑμέτερον,-α,-ον= yours)

21. Prov 23:25 εὐφραινέσθω ὁ πατὴρ καὶ ἡ μήτηρ ἐπὶ σοί καὶ χαιρέτω ἡ τεκοῦσά σε 26 δός μοι, υἱέ, σὴν καρδίαν. οἱ δὲ σοὶ ὀφθαλμοὶ ἐμὰς ὁδοὺς τηρείτωσαν. (εὐφραίνω= I am glad; τίκτω= I bear [*2nd Aor.* τεκ-]; σός,-ή,-όν= your [sg.])

22. Mark 15:32 ὁ Χριστὸς ὁ βασιλεὺς Ἰσραὴλ καταβάτω νῦν ἀπὸ τοῦ σταυροῦ, ἵνα ἴδωμεν καὶ πιστεύσωμεν. καὶ οἱ συνεσταυρωμένοι σὺν αὐτῷ ὠνείδιζον αὐτόν. (ὁ σταυρός= cross; ὀνειδίζω= I ridicule)

23. Matt 7:13-14 Εἰσέλθατε διὰ τῆς στενῆς πύλης· ὅτι πλατεῖα ἡ πύλη καὶ εὐρύχωρος ἡ ὁδὸς ἡ ἀπάγουσα εἰς τὴν ἀπώλειαν καὶ πολλοί εἰσιν οἱ εἰσερχόμενοι δι᾽ αὐτῆς· 14 τί στενὴ ἡ πύλη καὶ τεθλιμμένη ἡ ὁδὸς ἡ ἀπάγουσα εἰς τὴν ζωήν καὶ ὀλίγοι εἰσὶν οἱ εὑρίσκοντες αὐτήν. (στενός,-ή,-όν= narrow; ἡ πύλη= gate; πλατύς,-εῖα,-ύ= wide; εὐρύχωρος,-ον=broad; ἀπάγω= I lead way to ἡ ἀπώλεια= destruction; θλίβω= I press)

24. Judg 17:9-10 (LXX) καὶ εἶπεν αὐτῷ Μιχαιας πόθεν ἔρχῃ καὶ εἶπεν πρὸς αὐτόν, Λευίτης εἰμὶ ἀπὸ Βαιθλεεμ Ιουδα καὶ ἐγὼ πορεύομαι <u>παροικῆσαι ἐν ᾧ ἐὰν εὕρω τόπῳ</u> 10 καὶ εἶπεν αὐτῷ Μιχαιας, Κάθου μετ᾽ ἐμοῦ καὶ γίνου μοι εἰς πατέρα καὶ εἰς <u>ἱερέα</u>. καὶ ἐγὼ δώσω σοι δέκα <u>ἀργυρίου</u> εἰς ἡμέραν καὶ <u>στολὴν</u> ἱματίων καὶ τὰ πρὸς ζωήν σου. καὶ ἐπορεύθη ὁ Λευίτης.

(Μιχαιας= Micah; πόθεν=from where?; παροικῆσαι ἐν ᾧ ἐὰν εὕρω τόπῳ= "to live wherever I can find a place"; ἱερεύς,-έως= priest; τὸ ἀγύριον= silver; ἡ στολή= garment)

25. Matt 10:41-42 ὁ δεχόμενος προφήτην εἰς ὄνομα προφήτου μισθὸν προφήτου λήμψεται, καὶ ὁ δεχόμενος δίκαιον εἰς ὄνομα δικαίου μισθὸν δικαίου λήμψεται. 42 καὶ ὃς ἂν ποτίσῃ ἕνα τῶν μικρῶν τούτων ποτήριον ψυχροῦ μόνον εἰς ὄνομα μαθητοῦ, ἀμὴν λέγω ὑμῖν, οὐ μὴ ἀπολέσῃ τὸν μισθὸν αὐτοῦ. (ὁ μισθός= reward; τὸ ποτήριον= cup; ὁ ψυχρός= cold water; ἀπόλλυμι= I ruin; *in middle* I lose; ποτίζω= I give (someone something) to drink)

25F. READING

I. John 18:19-23 Jesus Questioned.

19 Ὁ οὖν ἀρχιερεὺς ἠρώτησεν τὸν Ἰησοῦν περὶ τῶν μαθητῶν αὐτοῦ καὶ περὶ τῆς <u>διδαχῆς</u> αὐτοῦ.

20 ἀπεκρίθη αὐτῷ Ἰησοῦς, Ἐγὼ <u>παρρησίᾳ</u> λελάληκα τῷ κόσμῳ, ἐγὼ <u>πάντοτε</u> ἐδίδαξα ἐν συναγωγῇ καὶ ἐν τῷ ἱερῷ, ὅπου πάντες οἱ Ἰουδαῖοι συνέρχονται, καὶ ἐν <u>κρυπτῷ</u> ἐλάλησα οὐδέν.

21 τί με ἐρωτᾷς; ἐρώτησον τοὺς ἀκηκοότας τί ἐλάλησα αὐτοῖς· ἴδε οὗτοι οἴδασιν ἃ εἶπον ἐγώ.

22 ταῦτα δὲ αὐτοῦ εἰπόντος εἷς παρεστηκὼς τῶν <u>ὑπηρετῶν</u> ἔδωκεν <u>ῥάπισμα</u> τῷ Ἰησοῦ εἰπών, Οὕτως ἀποκρίνῃ τῷ ἀρχιερεῖ; 23 ἀπεκρίθη αὐτῷ Ἰησοῦς, Εἰ κακῶς ἐλάλησα, μαρτύρησον περὶ τοῦ κακοῦ· εἰ δὲ καλῶς, τί με <u>δέρεις;</u>

Verse 19: ἡ διδαχή= teaching
Verse 20: ἡ παρρησία= boldness; *with dative* "in public"; πάντοτε= always; κρυπτός,-ή,-όν= secret
Verse 22: ὁ ὑπηρέτης= official; τὸ ῥάπισμα= blow
Verse 23: δέρω= I beat

II. Eph 4:17–32 The Believers' New Walk

Verse 17: μαρτύρομαι = I testify
μηκέτι = no longer
ἡ ματαιότης, -ητος = futility
ὁ νοῦς, τοῦ νοός = mind

Verse 18: σκοτόομαι = I am darkened
ἡ διανοία = understanding
ἀπαλλοτριοομαι = I am alienated
ἡ ἄγνοια = ignorance
ἡ πώρωσις, -εως = stubbornness

Verse 19: ἀπαλγέω = I am unfeeling
ἡ ἀσελγεία = sensuality
ἡ ἐργασία = practice
ἡ ἀκαθαρσία = impurity
ἡ πλεονεξία = greed

Verse 20: μανθάνω = I learn (2 Aor. stem -μαθ-)

Verse 22: ἀποτίθημι = I throw off
προτέρος, -α, -ον = former
ἡ ἀναστροφή = lifestyle
παλαιός, -ά, -όν = old
φθείρω = I destroy
ἡ ἐπιθυμία = desire
ἡ ἀπάτη = deception

Verse 23: ἀνανεόω = I am renewed
ὁ νοῦς, τοῦ νοός = mind

Verse 24: ἐνδύω = I dress; I put on
κτίζω = I create
ἡ ὁσιότης, -ητος = holiness

Verse 25: ἀποτίθημι = I put away
τὸ ψεῦδος = falsehood
ὁ πλησίον = neighbor
τὸ μέλος, μέλους = member

Verse 26: ὀργίζω = I am angry
ἁμαρτάνω = I sin
ὁ ἥλιος = sun
ἐπιδύω = I go down
ὁ παροργισμός = anger

Verse 27: ὁ διάβολος = devil

Verse 28: κλέπτω = I steal
κοπιάω = I labor
ἐργαζόμαι = I work
ἡ χείρ, χειρός = hand
μεταδίδωμι = I give

Verse 29: σαπρός, -ά, -όν = rotten
ἡ οἰκοδομή = building up

Verse 30: λυπέω = I grieve
σφραγίζω = I seal up
ἡ ἀπολύτρωσις, -εως = redemption

Verse 31: ἡ πικρία = bitterness
ὁ θυμός = rage
ἡ ὀργή = anger
ἡ κραυγή = shouting
ἡ βλασφημία = blaspheming
ἡ κακία = malice

Verse 32: χρηστος, -ή, -όν = kind
εὔσπλαγχνος, -ον = compassionate
χαρίζομαι = I give freely; I forgive

EXERCISES CH. 26

26A. OVERVIEW

1. Define what a condition is: Give an example of a condition in English.

2. The protasis is the _____. The apodosis is the _____.

3. A conditional sentence always begins with the protasis. True or false?

4. The particle ἄν is used in a sentence to indicate possibility or some contingency and is found in some form in most types of conditions. True or false?

5. The Greek New Testament utilizes nine types of conditions. List the name of each below and then provide their basic construction.

		NAME	PROTASIS	APODOSIS
Future:	a.			
	b.			
	c.			
Present:	d.			
	e.			
	f.			
Past:	g.			
	h.			
	i.			

6. Create English examples of each type of condition.

		NAME	PROTASIS	APODOSIS
Future:	a.			
	b.			
	c.			
Present:	d.			
	e.			
	f.			
Past:	g.			
	h.			
	i.			

7. Describe what an Exception Clause is. What are three constructions to form them?

8. Briefly describe Qualitative Emphasis. How is it different than Quantitative Emphasis?

26B. VOCABULARIES 26, 13, AND 6

Fill in the spaces of the crossword puzzle using Greek for the corresponding English gloss.

Created with EclipseCrossword — www.eclipsecrossword.com

Across

2. I go into, I enter
4. where(ever)
6. from, out of
7. of such a kind (feminine)
8. grace
12. blood
14. particle of potential circumstance
15. name
16. woman; wife
18. seed; offspring
19. I release; I send away
22. I come/go to
25. mother
26. hope
27. except; if not
28. through
29. into
30. night
33. until
34. word
35. I pass through
36. I go away; I depart

Down

1. under
2. in, among
3. however so many
4. how much, as much as
5. when(ever)
6. I go out
9. from
10. who(ever)
11. will
13. I answer
17. by (means of)
18. body
20. towards; with
21. flesh
23. with
24. hand
26. unless; if not
28. on account of
29. before, in front of
31. spirit
32. mouth

26C. Final Review of Non-Indicative Moods

I. Translate these short sentences with Imperatives. Be sure you can parse each Imperative form.

1. John 16:24b αἰτεῖτε καὶ λήμψεσθε, ἵνα ἡ χαρὰ ὑμῶν ᾖ πεπληρωμένη.

2. Luke 7:22b Πορευθέντες ἀπαγγείλατε Ἰωάννῃ ἃ εἴδετε καὶ ἠκούσατε·

3. John 8:38b καὶ ὑμεῖς οὖν ἃ ἠκούσατε παρὰ τοῦ πατρὸς ποιεῖτε.

4. Col 4:17b Βλέπε τὴν διακονίαν ἣν παρέλαβες ἐν κυρίῳ, ἵνα αὐτὴν πληροῖς. (ἡ διακονία= ministry)

5. Rev 21:5b καὶ λέγει, Γράψον, ὅτι οὗτοι οἱ λόγοι πιστοὶ καὶ ἀληθινοί εἰσιν. (ἀληθινός,-ή,-όν= true)

6. Luke 23:14a εἶπεν πρὸς αὐτούς, Προσηνέγκατέ μοι τὸν ἄνθρωπον τοῦτον

7. Luke 6:23a χάρητε ἐν ἐκείνῃ τῇ ἡμέρᾳ καὶ σκιρτήσατε, ἰδοὺ γὰρ ὁ μισθὸς ὑμῶν πολὺς ἐν τῷ οὐρανῷ· (σκιρτάω= I leap for joy; ὁ μισθός= reward)

8. Luke 11:1c Κύριε, δίδαξον ἡμᾶς προσεύχεσθαι, καθὼς καὶ Ἰωάννης ἐδίδαξεν τοὺς μαθητὰς αὐτοῦ.

9. Luke 8:54b ἐφώνησεν λέγων, Ἡ παῖς, ἔγειρε. (φωνέω= I call; ὁ παῖς= child)

10. Acts 10:26 ὁ δὲ Πέτρος ἤγειρεν αὐτὸν λέγων, Ἀνάστηθι· καὶ ἐγὼ αὐτὸς ἄνθρωπός εἰμι.

11. Jas 1:13a μηδεὶς πειραζόμενος λεγέτω ὅτι Ἀπὸ θεοῦ πειράζομαι· (πειράζω= I tempt)

12. John 16:24 ἕως ἄρτι οὐκ ἠτήσατε οὐδὲν ἐν τῷ ὀνόματί μου· αἰτεῖτε καὶ λήμψεσθε, ἵνα ἡ χαρὰ ὑμῶν ᾖ πεπληρωμένη.

13. 1 Cor 10:31 εἴτε οὖν ἐσθίετε εἴτε πίνετε εἴτε τι ποιεῖτε, πάντα εἰς δόξαν θεοῦ ποιεῖτε.

II. Translate these clauses/sentences with Infinitives. Also identify the Infinitive construction.

1. 1 Cor 10:7b Ἐκάθισεν ὁ λαὸς φαγεῖν καὶ πεῖν

2. 1 Cor 1:4b εἰς τὸ δύνασθαι ἡμᾶς παρακαλεῖν τοὺς ἐν πάσῃ θλίψει. . .

3. Acts 5:40b παρήγγειλαν μὴ λαλεῖν ἐπὶ τῷ ὀνόματι τοῦ Ἰησοῦ (παραγγέλλω = I command)

4. Matt 11:14 καὶ εἰ θέλετε δέξασθαι, αὐτός ἐστιν Ἠλίας ὁ μέλλων ἔρχεσθαι.

5. Acts 4:20 οὐ δυνάμεθα γὰρ ἡμεῖς ἃ εἴδαμεν καὶ ἠκούσαμεν μὴ λαλεῖν.

6. Matt 3:13 Τότε παραγίνεται ὁ Ἰησοῦς ἀπὸ τῆς Γαλιλαίας ἐπὶ τὸν Ἰορδάνην πρὸς τὸν Ἰωάννην τοῦ βαπτισθῆναι ὑπ' αὐτοῦ. (παραγίνομαι= I go along)

7. Mark 15:5 ὁ δὲ Ἰησοῦς οὐκέτι οὐδὲν ἀπεκρίθη, ὥστε θαυμάζειν τὸν Πιλᾶτον.

8. 2 Thess 2:10b τὴν ἀγάπην τῆς ἀληθείας οὐκ ἐδέξαντο εἰς τὸ σωθῆναι αὐτούς.

9. Matt 6:8b οἶδεν γὰρ ὁ πατὴρ ὑμῶν ὧν χρείαν ἔχετε πρὸ τοῦ ὑμᾶς αἰτῆσαι αὐτόν.

10. Acts 23:15b ἡμεῖς δὲ πρὸ τοῦ ἐγγίσαι αὐτὸν ἕτοιμοί ἐσμεν τοῦ ἀνελεῖν αὐτόν. (ἕτοιμος,-η,-ον= ready; ἀνελεῖν= "to kill" from ἀναιρέω)

11. Luke 22:15 ἐπιθυμίᾳ ἐπεθύμησα τοῦτο τὸ πάσχα φαγεῖν μεθ' ὑμῶν πρὸ τοῦ με παθεῖν· (ἡ

ἐπιθυμία= desire (*what use of the dative case here?*); ἐπιθυμέω= I desire; τὸ πάσχα= passover)

12. Matt 17:16 καὶ προσήνεγκα αὐτὸν τοῖς μαθηταῖς σου, καὶ οὐκ ἠδυνήθησαν αὐτὸν

θεραπεῦσαι.

13. Luke 10:38a Ἐν δὲ τῷ πορεύεσθαι αὐτοὺς αὐτὸς εἰσῆλθεν εἰς κώμην τινά· (ἡ κώμη= village)

14. 1 Cor 15:9b οὐκ εἰμὶ ἱκανὸς καλεῖσθαι ἀπόστολος, διότι ἐδίωξα τὴν ἐκκλησίαν τοῦ θεοῦ·

15. Heb 9:14c καθαριεῖ τὴν συνείδησιν ἡμῶν ἀπὸ νεκρῶν ἔργων εἰς τὸ λατρεύειν θεῷ ζῶντι. (ἡ

συνείδησις= conscience; λατρεύω= I serve; καθαπιεῖ= "he will cleanse")

16. Luke 18:35 Ἐγένετο δὲ ἐν τῷ ἐγγίζειν αὐτὸν εἰς Ἰεριχὼ τυφλός τις ἐκάθητο παρὰ τὴν ὁδὸν

ἐπαιτῶν. (ἐπαιτέω= I beg)

17. Rom 4:18 ὃς παρ' ἐλπίδα ἐπ' ἐλπίδι ἐπίστευσεν εἰς τὸ γενέσθαι αὐτὸν πατέρα πολλῶν

ἐθνῶν κατὰ τὸ εἰρημένον· Οὕτως ἔσται τὸ σπέρμα σου, (ὃς= "He"; *hint:* εἰρημένον= *is from* λέγω)

18. Gal 2:17 εἰ δὲ ζητοῦντες δικαιωθῆναι ἐν Χριστῷ εὑρέθημεν καὶ αὐτοὶ ἁμαρτωλοί, ἆρα

Χριστὸς ἁμαρτίας διάκονος; μὴ γένοιτο. (ὁ διάκονος= servant; μὴ γένοιτο= "No way!")

19. 1 Thess 4:9 Περὶ δὲ τῆς φιλαδελφίας οὐ χρείαν ἔχετε γράφειν ὑμῖν, αὐτοὶ γὰρ ὑμεῖς θεοδίδακτοί ἐστε εἰς τὸ ἀγαπᾶν ἀλλήλους, (ἡ φιλαδελφία= brotherly love; θεοδίδακτος,-ον= taught of God)

20. 2 Cor 7:3 πρὸς κατάκρισιν οὐ λέγω· προείρηκα γὰρ ὅτι ἐν ταῖς καρδίαις ἡμῶν ἐστε εἰς τὸ συναποθανεῖν καὶ συζῆν. (ἡ κατάκρισις= condemnation; προλέγω=I speak before;I warn; συναποθνήσκω= I die with; συζάω= I live with)

III. Translate these sentences with Subjunctives (Conditions included). Identify the construction.

1. 1 Cor 15:32c Φάγωμεν καὶ πίωμεν, αὔριον γὰρ ἀποθνήσκομεν. (αὔριον= tomorrow)

2. Mark 6:12 Καὶ ἐξελθόντες ἐκήρυξαν ἵνα μετανοῶσιν, (μετανοέω= I repent)

3. John 8:51b θάνατον οὐ μὴ θεωρήσῃ εἰς τὸν αἰῶνα.

4. John 6:37b καὶ τὸν ἐρχόμενον πρὸς ἐμὲ οὐ μὴ ἐκβάλω ἔξω,

5. Rom 3:8b Ποιήσωμεν τὰ κακά, ἵνα ἔλθῃ τὰ ἀγαθά;

6. Luke 22:9 οἱ δὲ εἶπαν αὐτῷ· ποῦ θέλεις ἑτοιμάσωμεν;

7. John 8:54b Ἐὰν ἐγὼ δοξάσω ἐμαυτόν, ἡ δόξα μου οὐδέν ἐστιν·

8. 1 John 3:11 αὕτη ἐστὶν ἡ ἀγγελία ἣν ἠκούσατε ἀπ' ἀρχῆς, ἵνα ἀγαπῶμεν ἀλλήλους,

9. 1 Pet 3:14b τὸν δὲ φόβον αὐτῶν μὴ φοβηθῆτε μηδὲ ταραχθῆτε, (ταράσσω= I frighten)

10. Matt 1:20b Ἰωσὴφ υἱὸς Δαυίδ, μὴ φοβηθῇς παραλαβεῖν Μαρίαν τὴν γυναῖκά σου·

(παραλαμβάνω= I accept)

11. Luke 3:10 Καὶ ἐπηρώτων αὐτὸν οἱ ὄχλοι λέγοντες, Τί οὖν ποιήσωμεν;

12. Rom 6:15 Τί οὖν; ἁμαρτήσωμεν, ὅτι οὐκ ἐσμὲν ὑπὸ νόμον ἀλλὰ ὑπὸ χάριν; (ἁμαρτάνω= I sin)

13. Matt 12:50 ὅστις γὰρ ἂν ποιήσῃ τὸ θέλημα τοῦ πατρός μου τοῦ ἐν οὐρανοῖς αὐτός μου ἀδελφὸς καὶ ἀδελφὴ καὶ μήτηρ ἐστίν.

14. John 15:7 ἐὰν μείνητε ἐν ἐμοὶ καὶ τὰ ῥήματά μου ἐν ὑμῖν μείνῃ, ὃ ἐὰν θέλητε αἰτήσασθε, καὶ γενήσεται ὑμῖν.

15. Matt 6:25b μὴ μεριμνᾶτε τῇ ψυχῇ ὑμῶν τί φάγητε [ἢ τί πίητε], (μὴ μεριμνᾶτε = "Don't worry")

16. Heb 10:35 Μὴ ἀποβάλητε οὖν τὴν παρρησίαν ὑμῶν, ἥτις ἔχει μεγάλην μισθαποδοσίαν.

(ἀποβάλλω= I cast away; ἡ παρρησία= boldness; ἡ μισθαποδοσίαν= reward)

17. Rom 14:9 εἰς τοῦτο γὰρ Χριστὸς ἀπέθανεν καὶ ἔζησεν, ἵνα καὶ νεκρῶν καὶ ζώντων κυριεύσῃ. (κυριεύω= I rule [gen.d.o.])

18. Matt 5:47 καὶ ἐὰν ἀσπάσησθε τοὺς ἀδελφοὺς ὑμῶν μόνον, τί περισσὸν ποιεῖτε; οὐχὶ καὶ οἱ ἐθνικοὶ τὸ αὐτὸ ποιοῦσιν; (περισσόν= more; οἱ ἐθνικοί= "gentiles")

19. Matt 10:5 Τούτους τοὺς δώδεκα ἀπέστειλεν ὁ Ἰησοῦς παραγγείλας αὐτοῖς λέγων· εἰς ὁδὸν ἐθνῶν μὴ ἀπέλθητε καὶ εἰς πόλιν Σαμαριτῶν μὴ εἰσέλθητε· (παραγγέλλω= I command)

20. John 8:31 Ἔλεγεν οὖν ὁ Ἰησοῦς πρὸς τοὺς πεπιστευκότας αὐτῷ Ἰουδαίους, Ἐὰν ὑμεῖς μείνητε ἐν τῷ λόγῳ τῷ ἐμῷ, ἀληθῶς μαθηταί μού ἐστε (ἀληθῶς= truly)

IV. Translate these sentences with Comparative and Superlative forms.

1. John 19:11b διὰ τοῦτο ὁ παραδούς μέ σοι μείζονα ἁμαρτίαν ἔχει.

2. Mark 12:31b μείζων τούτων ἄλλη ἐντολὴ οὐκ ἔστιν.

3. 1 Cor 1:25a ὅτι τὸ μωρὸν τοῦ θεοῦ σοφώτερον τῶν ἀνθρώπων ἐστίν (τὸ μωρόν= foolishness)

4. Mark 4:1b καὶ συνάγεται πρὸς αὐτὸν ὄχλος πλεῖστος, (πλεῖστος,-η,-ον= most; very great)

5. 1 Cor 15:9a Ἐγὼ γάρ εἰμι ὁ ἐλάχιστος τῶν ἀποστόλων (ἐλάχιστος,-η,-ον= least)

6. Matt 18:1b Τίς ἄρα μείζων ἐστὶν ἐν τῇ βασιλείᾳ τῶν οὐρανῶν;

7. John 8:53 μείζων εἶ τοῦ πατρὸς ἡμῶν Ἀβραάμ, ὅστις ἀπέθανεν;

8. Jas 3:1 Μὴ πολλοὶ διδάσκαλοι γίνεσθε, ἀδελφοί μου, εἰδότες ὅτι μεῖζον κρίμα λημψόμεθα.
   (τὸ κρίμα= judgment)

9. John 7:31b Ὁ Χριστὸς ὅταν ἔλθῃ μὴ πλείονα σημεῖα ποιήσει ὧν οὗτος ἐποίησεν;

10. Matt 21:36 πάλιν ἀπέστειλεν ἄλλους δούλους πλείονας τῶν πρώτων, καὶ ἐποίησαν αὐτοῖς ὡσαύτως. (ὡσαύτως= likewise)

11. John 4:1b ἤκουσαν οἱ Φαρισαῖοι ὅτι Ἰησοῦς πλείονας μαθητὰς ποιεῖ καὶ βαπτίζει ἢ Ἰωάννης

12. John 15:13 μείζονα ταύτης ἀγάπην οὐδεὶς ἔχει, ἵνα τις τὴν ψυχὴν αὐτοῦ θῇ ὑπὲρ τῶν φίλων αὐτοῦ.

13. 3 John 1:4 μειζοτέραν τούτων οὐκ ἔχω χαράν, ἵνα ἀκούω τὰ ἐμὰ τέκνα ἐν τῇ ἀληθείᾳ περιπατοῦντα.

14. Luke 1:32 οὗτος ἔσται μέγας καὶ υἱὸς ὑψίστου κληθήσεται καὶ δώσει αὐτῷ κύριος ὁ θεὸς τὸν θρόνον Δαυὶδ τοῦ πατρὸς αὐτοῦ, (ὑψίστος,-η,-ον= highest; most high)

15. Matt 5:19 ὃς ἐὰν οὖν λύσῃ μίαν τῶν ἐντολῶν τούτων τῶν ἐλαχίστων καὶ διδάξῃ οὕτως τοὺς ἀνθρώπους, ἐλάχιστος κληθήσεται ἐν τῇ βασιλείᾳ τῶν οὐρανῶν· (ἐλάχιστος,-η,-ον= least)

26D. FOCUS

I. Special Pronouns from this Chapter.

1. Mark 6:56b καὶ ὅσοι ἂν ἥψαντο αὐτοῦ ἐσῴζοντο. (ἅπτομαι= I touch [*takes genitive d.o.*])

2. Mark 6:30b ἀπήγγειλαν αὐτῷ πάντα ὅσα ἐποίησαν καὶ ὅσα ἐδίδαξαν.

3. Rom 8:14 ὅσοι γὰρ πνεύματι θεοῦ ἄγονται, οὗτοι υἱοὶ θεοῦ εἰσιν.

4. Mark 4:33a Καὶ τοιαύταις παραβολαῖς πολλαῖς ἐλάλει αὐτοῖς τὸν λόγον.

5. John 8:5 ἐν δὲ τῷ νόμῳ ἡμῖν Μωϋσῆς ἐνετείλατο τὰς τοιαύτας λιθάζειν, σὺ οὖν τί λέγεις;
(ἐντέλλομαι= I command; λιθάζω= I stone)

6. Luke 9:9 εἶπεν δὲ Ἡρῴδης, Ἰωάννην ἐγὼ ἀπεκεφάλισα· τίς δέ ἐστιν οὗτος περὶ οὗ ἀκούω τοιαῦτα; καὶ ἐζήτει ἰδεῖν αὐτόν. (ἀποκεφαλίζω= I behead)

II. Translate and classify these conditional sentences.

1. John 14:3a καὶ ἐὰν πορευθῶ, καὶ ἑτοιμάσω τόπον ὑμῖν,

2. Rom 8:9b εἰ δέ τις πνεῦμα Χριστοῦ οὐκ ἔχει, οὗτος οὐκ ἔστιν αὐτοῦ.

3. Luke 16:30b ἀλλ' ἐάν τις ἀπὸ νεκρῶν πορευθῇ πρὸς αὐτούς, μετανοήσουσιν. (μετανοέω= I repent)

4. Rom 6:8 εἰ δὲ ἀπεθάνομεν σὺν Χριστῷ, πιστεύομεν ὅτι καὶ συζήσομεν αὐτῷ, (συζάω= I live with [dat.d.o.])

5. Rom 8:31 Τί οὖν ἐροῦμεν πρὸς ταῦτα; εἰ ὁ θεὸς ὑπὲρ ἡμῶν, τίς καθ' ἡμῶν;

6. Luke 4:7 σὺ οὖν ἐὰν προσκυνήσῃς ἐνώπιον ἐμοῦ, ἔσται σοῦ πᾶσα.

7. John 14:7 εἰ ἐγνώκατέ με, καὶ τὸν πατέρα μου γνώσεσθε·

8. John 8:51 ἀμὴν ἀμὴν λέγω ὑμῖν, ἐάν τις τὸν ἐμὸν λόγον τηρήσῃ, θάνατον οὐ μὴ θεωρήσῃ εἰς τὸν αἰῶνα.

9. John 11:32b Κύριε, εἰ ἦς ὧδε, οὐκ ἄν μου ἀπέθανεν ὁ ἀδελφός. (ὧδε= here)

10. Rev 2:16a μετανόησον οὖν· εἰ δὲ μή, ἔρχομαί σοι ταχύ (μετανοέω= I repent; ταχύ= soon)

11. John 9:41b Εἰ τυφλοὶ ἦτε, οὐκ ἄν εἴχετε ἁμαρτίαν·

12. Gal 1:10b εἰ ἔτι ἀνθρώποις ἤρεσκον, Χριστοῦ δοῦλος οὐκ ἄν ἤμην. (ἀρέσκω= I please [dat.d.o.])

13. John 8:19b εἰ ἐμὲ ἤδειτε, καὶ τὸν πατέρα μου ἄν ἤδειτε.

14. Col 2:20 Εἰ ἀπεθάνετε σὺν Χριστῷ ἀπὸ τῶν στοιχείων τοῦ κόσμου, τί ὡς ζῶντες ἐν κόσμῳ δογματίζεσθε; (τὸ στοιχεῖον= elemental principle; δογματίζω= I submit to ordinances)

15. John 8:24 εἶπον οὖν ὑμῖν ὅτι ἀποθανεῖσθε ἐν ταῖς ἁμαρτίαις ὑμῶν· ἐὰν γὰρ μὴ πιστεύσητε ὅτι ἐγώ εἰμι, ἀποθανεῖσθε ἐν ταῖς ἁμαρτίαις ὑμῶν.

16. Matt 5:46 ἐὰν γὰρ ἀγαπήσητε τοὺς ἀγαπῶντας ὑμᾶς, τίνα μισθὸν ἔχετε; οὐχὶ καὶ οἱ τελῶναι τὸ αὐτὸ ποιοῦσιν; (ὁ μισθός= reward; ὁ τελώνης= tax collector)

17. Rom 4:2 εἰ γὰρ Ἀβραὰμ ἐξ ἔργων ἐδικαιώθη, ἔχει καύχημα, ἀλλ' οὐ πρὸς θεόν. (τὸ καύχημα= boast)

18. Heb 4:8 εἰ γὰρ αὐτοὺς Ἰησοῦς κατέπαυσεν, οὐκ ἄν περὶ ἄλλης ἐλάλει μετὰ ταῦτα ἡμέρας. (καταπαύω= I give rest; ἄλλης is modifying ἡμέρας)

III. More Conditions: Are you able to identify which type of condition?

    1. John 8:28b Ὅταν ὑψώσητε τὸν υἱὸν τοῦ ἀνθρώπου, τότε γνώσεσθε ὅτι ἐγώ εἰμι, (ὑψόω= I lift
       up)

    2. John 8:39b Εἰ τέκνα τοῦ Ἀβραάμ ἐστε, τὰ ἔργα τοῦ Ἀβραὰμ ἐποιεῖτε·

    3. John 8:42b εἶπεν αὐτοῖς ὁ Ἰησοῦς, Εἰ ὁ θεὸς πατὴρ ὑμῶν ἦν, ἠγαπᾶτε ἂν ἐμέ,

    4. John 3:12b πῶς ἐὰν εἴπω ὑμῖν τὰ ἐπουράνια πιστεύσετε; (ἐπουράνιος,-ον= heavenly)

    5. John 5:31 ἐὰν ἐγὼ μαρτυρῶ περὶ ἐμαυτοῦ, ἡ μαρτυρία μου οὐκ ἔστιν ἀληθής· (ἡ μαρτυρία= tes-
       timony)

    6. Rom 7:16 εἰ δὲ ὃ οὐ θέλω τοῦτο ποιῶ, σύμφημι τῷ νόμῳ ὅτι καλός. (σύμφημι= I assent)

    7. Rom 3:5a εἰ δὲ ἡ ἀδικία ἡμῶν θεοῦ δικαιοσύνην συνίστησιν, τί ἐροῦμεν; (ἡ ἀδικία= unrighteous-
       ness; συνίστημι= I commend)

    8. Matt 26:35 λέγει αὐτῷ ὁ Πέτρος, Κἂν δέῃ με σὺν σοὶ ἀποθανεῖν, οὐ μή σε ἀπαρνήσομαι.
       ὁμοίως καὶ πάντες οἱ μαθηταὶ εἶπαν. (κἂν= καὶ ἄν; ἀπαρνέομαι= I deny; ὁμοίως= likewise)

    9. John 7:17 ἐάν τις θέλῃ τὸ θέλημα αὐτοῦ ποιεῖν, γνώσεται περὶ τῆς διδαχῆς πότερον ἐκ τοῦ
       θεοῦ ἐστιν ἢ ἐγὼ ἀπ' ἐμαυτοῦ λαλῶ. (ἡ διδαχή= teaching; πότερον= whether)

    10. Luke 22:68 ἐὰν δὲ ἐρωτήσω, οὐ μή ἀποκριθῆτε.

    11. Rom 8:10 εἰ δὲ Χριστὸς ἐν ὑμῖν, τὸ μὲν σῶμα νεκρὸν διὰ ἁμαρτίαν τὸ δὲ πνεῦμα ζωὴ διὰ
       δικαιοσύνην.

12. Matt 12:24 οἱ δὲ Φαρισαῖοι ἀκούσαντες εἶπον, Οὗτος οὐκ ἐκβάλλει τὰ δαιμόνια εἰ μὴ ἐν τῷ Βεελζεβοὺλ ἄρχοντι τῶν δαιμονίων.

13. John 3:27 ἀπεκρίθη Ἰωάννης καὶ εἶπεν, Οὐ δύναται ἄνθρωπος λαμβάνειν οὐδὲ ἓν ἐὰν μὴ ᾖ δεδομένον αὐτῷ ἐκ τοῦ οὐρανοῦ.

14. John 4:48 εἶπεν οὖν ὁ Ἰησοῦς πρὸς αὐτόν, Ἐὰν μὴ σημεῖα καὶ τέρατα ἴδητε, οὐ μὴ πιστεύσητε.

15. 2 Cor 2:9 εἰς τοῦτο γὰρ καὶ ἔγραψα, ἵνα γνῶ τὴν δοκιμὴν ὑμῶν, εἰ εἰς πάντα ὑπήκοοί ἐστε.
   (ἡ δοκιμή= character; ὑπήκοος,-ον= obedient)

16. Heb 8:4a εἰ μὲν οὖν ἦν ἐπὶ γῆς, οὐδ' ἂν ἦν ἱερεύς, (ὁ ἱερεύς,-έως= priest)

17. Heb 8:7 Εἰ γὰρ ἡ πρώτη ἐκείνη ἦν ἄμεμπτος, οὐκ ἂν δευτέρας ἐζητεῖτο τόπος. (ἄμεμπτος,-ον= blameless)

18. Gal 3:21b εἰ γὰρ ἐδόθη νόμος ὁ δυνάμενος ζωοποιῆσαι, ὄντως ἐκ νόμου ἂν ἦν ἡ δικαιοσύνη·
   (ζωοποιέω= I make alive; ὄντως= truly)

19. 1 Cor 11:31-32 εἰ δὲ ἑαυτοὺς διεκρίνομεν, οὐκ ἂν ἐκρινόμεθα· 32 κρινόμενοι δὲ ὑπὸ [τοῦ] κυρίου παιδευόμεθα, ἵνα μὴ σὺν τῷ κόσμῳ κατακριθῶμεν. (διακρίνω= I judge; παιδεύω= I instruct; κατακρίνω= I condemn)

26E. SENTENCES

1. Heb 5:5a καὶ ὁ Χριστὸς οὐχ ἑαυτὸν ἐδόξασεν γενηθῆναι ἀρχιερέα

2. John 6:28 εἶπον οὖν πρὸς αὐτόν, Τί ποιῶμεν ἵνα ἐργαζώμεθα τὰ ἔργα τοῦ θεοῦ; (ἐργάζομαι= I do)

3. Matt 24:34 ἀμὴν λέγω ὑμῖν ὅτι οὐ μὴ παρέλθῃ ἡ γενεὰ αὕτη ἕως ἂν πάντα ταῦτα γένηται.

4. 1 Tim 1:15b Χριστὸς Ἰησοῦς ἦλθεν εἰς τὸν κόσμον ἁμαρτωλοὺς σῶσαι, ὧν πρῶτός εἰμι ἐγώ.

5. Luke 12:5b φοβήθητε τὸν μετὰ τὸ ἀποκτεῖναι ἔχοντα ἐξουσίαν ἐμβαλεῖν εἰς τὴν γέενναν. (ἡ γέεννα= hell)

6. John 9:41 εἶπεν αὐτοῖς ὁ Ἰησοῦς, Εἰ τυφλοὶ ἦτε, οὐκ ἂν εἴχετε ἁμαρτίαν· νῦν δὲ λέγετε ὅτι Βλέπομεν, ἡ ἁμαρτία ὑμῶν μένει.

7. Matt 23:39 λέγω γὰρ ὑμῖν, οὐ μή με ἴδητε ἀπ᾽ ἄρτι ἕως ἂν εἴπητε, Εὐλογημένος ὁ ἐρχόμενος ἐν ὀνόματι κυρίου. (ἄρτι= now; εὐλογέω= I bless)

8. John 4:25 λέγει αὐτῷ ἡ γυνή, Οἶδα ὅτι Μεσσίας ἔρχεται ὁ λεγόμενος Χριστός· ὅταν ἔλθῃ ἐκεῖνος, ἀναγγελεῖ ἡμῖν ἅπαντα. (ἅπαντα= all)

9. 1 Cor 15:32 εἰ κατὰ ἄνθρωπον ἐθηριομάχησα ἐν Ἐφέσῳ, τί μοι τὸ ὄφελος; εἰ νεκροὶ οὐκ ἐγείρονται, Φάγωμεν καὶ πίωμεν, αὔριον γὰρ ἀποθνήσκομεν. (θηριομαχέω= I fight beasts; τὸ ὄφελος,-ους= benefit; αὔριον= tomorrow)

10. Mark 2:27-28 καὶ ἔλεγεν αὐτοῖς, Τὸ σάββατον διὰ τὸν ἄνθρωπον ἐγένετο καὶ οὐχ ὁ ἄνθρωπος διὰ τὸ σάββατον· 28 ὥστε κύριός ἐστιν ὁ υἱὸς τοῦ ἀνθρώπου καὶ τοῦ σαββάτου.

11. Rev 22:8 Κἀγὼ Ἰωάννης ὁ ἀκούων καὶ βλέπων ταῦτα. καὶ ὅτε ἤκουσα καὶ ἔβλεψα, ἔπεσα προσκυνῆσαι ἔμπροσθεν τῶν ποδῶν τοῦ ἀγγέλου τοῦ δεικνύοντός μοι ταῦτα. (ἔμπροσθεν= before; δείκνυμι= I show)

12. Acts 13:48 ἀκούοντα δὲ τὰ ἔθνη ἔχαιρον καὶ ἐδόξαζον τὸν λόγον τοῦ κυρίου καὶ ἐπίστευσαν ὅσοι ἦσαν τεταγμένοι εἰς ζωὴν αἰώνιον· (τάσσω= I appoint)

13. John 8:28 εἶπεν οὖν [αὐτοῖς] ὁ Ἰησοῦς, Ὅταν ὑψώσητε τὸν υἱὸν τοῦ ἀνθρώπου, τότε γνώσεσθε ὅτι ἐγώ εἰμι, καὶ ἀπ' ἐμαυτοῦ ποιῶ οὐδέν, ἀλλὰ καθὼς ἐδίδαξέν με ὁ πατὴρ ταῦτα λαλῶ. (ὑψόω= I lift up)

14. Mark 12:26 περὶ δὲ τῶν νεκρῶν ὅτι ἐγείρονται οὐκ ἀνέγνωτε ἐν τῇ βίβλῳ Μωϋσέως ἐπὶ τοῦ βάτου πῶς εἶπεν αὐτῷ ὁ θεὸς λέγων· Ἐγὼ ὁ θεὸς Ἀβραὰμ καὶ [ὁ] θεὸς Ἰσαὰκ καὶ [ὁ] θεὸς Ἰακώβ; (ἀναγινώσκω= I read; ἡ βίβλος= book; ἡ βατος= thorn bush)

15. Matt 21:25 τὸ βάπτισμα τὸ Ἰωάννου πόθεν ἦν; ἐξ οὐρανοῦ ἢ ἐξ ἀνθρώπων; οἱ δὲ διελογίζοντο ἐν ἑαυτοῖς λέγοντες, Ἐὰν εἴπωμεν, Ἐξ οὐρανοῦ, ἐρεῖ ἡμῖν, Διὰ τί οὖν οὐκ ἐπιστεύσατε αὐτῷ; (τὸ βάπτισμα= baptism; πόθεν= from where; διαλογίζομαι= I debate)

16. John 8:42 εἶπεν αὐτοῖς ὁ Ἰησοῦς, Εἰ ὁ θεὸς πατὴρ ὑμῶν ἦν ἠγαπᾶτε ἂν ἐμέ, ἐγὼ γὰρ ἐκ τοῦ θεοῦ ἐξῆλθον καὶ ἥκω· οὐδὲ γὰρ ἀπ’ ἐμαυτοῦ ἐλήλυθα, ἀλλ’ ἐκεῖνός με ἀπέστειλεν. (ἥκω= I have arrived)

17. Matt 18:19 Πάλιν [ἀμὴν] λέγω ὑμῖν ὅτι ἐὰν δύο συμφωνήσωσιν ἐξ ὑμῶν ἐπὶ τῆς γῆς περὶ παντὸς πράγματος οὗ ἐὰν αἰτήσωνται, γενήσεται αὐτοῖς παρὰ τοῦ πατρός μου τοῦ ἐν οὐρανοῖς. (συμφωνέω= I agree; τὸ πρᾶγμα= business, matter)

18. 2 Cor 1:9 ἀλλὰ αὐτοὶ ἐν ἑαυτοῖς τὸ ἀπόκριμα τοῦ θανάτου ἐσχήκαμεν, ἵνα μὴ πεποιθότες ὦμεν ἐφ’ ἑαυτοῖς ἀλλ’ ἐπὶ τῷ θεῷ τῷ ἐγείροντι τοὺς νεκρούς· (τὸ ἀπόκριμα= answer)

19. Rom 11:13-14 Ὑμῖν δὲ λέγω τοῖς ἔθνεσιν· ἐφ’ ὅσον μὲν οὖν εἰμι ἐγὼ ἐθνῶν ἀπόστολος, τὴν διακονίαν μου δοξάζω, 14 εἴ πως παραζηλώσω μου τὴν σάρκα καὶ σώσω τινὰς ἐξ αὐτῶν. (ἡ διακονία= ministry; πως= somehow; παραζηλόω= I make jealous)

20. 2 Chr 30:6a (LXX) καὶ ἐπορεύθησαν οἱ τρέχοντες σὺν ταῖς ἐπιστολαῖς παρὰ τοῦ βασιλέως καὶ τῶν ἀρχόντων εἰς πάντα Ἰσραηλ καὶ Ιουδαν κατὰ τὸ πρόσταγμα τοῦ βασιλέως λέγοντες, Υἱοὶ Ἰσραηλ, ἐπιστρέψατε πρὸς θεὸν Ἀβρααμ καὶ Ἰσαακ καὶ Ἰσραηλ. (τρέχω= I run; ἡ ἐπιστολή= letter; τὸ πρόσταγμα= command)

21. 1 Cor 2:11-12 τίς γὰρ οἶδεν ἀνθρώπων τὰ τοῦ ἀνθρώπου εἰ μὴ τὸ πνεῦμα τοῦ ἀνθρώπου τὸ ἐν αὐτῷ; οὕτως καὶ τὰ τοῦ θεοῦ οὐδεὶς ἔγνωκεν εἰ μὴ τὸ πνεῦμα τοῦ θεοῦ. 12 ἡμεῖς δὲ οὐ τὸ πνεῦμα τοῦ κόσμου ἐλάβομεν ἀλλὰ τὸ πνεῦμα τὸ ἐκ τοῦ θεοῦ, ἵνα εἰδῶμεν τὰ ὑπὸ τοῦ θεοῦ χαρισθέντα ἡμῖν· (χαρίζομαι= I give freely)

22. Rev 2:10 μηδὲν φοβοῦ ἃ μέλλεις πάσχειν. ἰδοὺ μέλλει βάλλειν ὁ διάβολος ἐξ ὑμῶν εἰς φυλακὴν ἵνα πειρασθῆτε καὶ ἕξετε θλῖψιν ἡμερῶν δέκα. γίνου πιστὸς ἄχρι θανάτου, καὶ δώσω σοι τὸν στέφανον τῆς ζωῆς. (ἄχρι= until; ὁ στέφανος= crown; *before* ἐκ ὑμῶν *supply* τινας; πειράζω= I tempt)

23. John 9:16 ἔλεγον οὖν ἐκ τῶν Φαρισαίων τινές, Οὐκ ἔστιν οὗτος παρὰ θεοῦ ὁ ἄνθρωπος, ὅτι τὸ σάββατον οὐ τηρεῖ. ἄλλοι [δὲ] ἔλεγον, Πῶς δύναται ἄνθρωπος ἁμαρτωλὸς τοιαῦτα σημεῖα ποιεῖν; καὶ σχίσμα ἦν ἐν αὐτοῖς.

24. Mark 8:34 Καὶ προσκαλεσάμενος τὸν ὄχλον σὺν τοῖς μαθηταῖς αὐτοῦ εἶπεν αὐτοῖς, Εἴ τις θέλει ὀπίσω μου ἀκολουθεῖν, ἀπαρνησάσθω ἑαυτὸν καὶ ἀράτω τὸν σταυρὸν αὐτοῦ καὶ ἀκολουθείτω μοι. (ὀπίσω= after; ἀπαρνέομαι= I deny; ὁ σταυρός= cross)

26F. READING

I. <u>Gen 17:1-8 (LXX)</u> God's Covenant with Abraham.

1 ἐγένετο δὲ Αβραμ <u>ἐτῶν ἐνενήκοντα ἐννέα</u> καὶ ὤφθη κύριος τῷ Ἀβραμ καὶ εἶπεν αὐτῷ, Ἐγώ εἰμι ὁ θεός σου. <u>εὐαρέστει ἐναντίον</u> ἐμοῦ καὶ γίνου <u>ἄμεμπτος</u>. 2 καὶ θήσομαι τὴν <u>διαθήκην</u> μου <u>ἀνὰ μέσον</u> ἐμοῦ καὶ ἀνὰ μέσον σοῦ καὶ <u>πληθυνῶ</u> σε <u>σφόδρα</u>. 3 καὶ ἔπεσεν Αβραμ ἐπὶ πρόσωπον αὐτοῦ καὶ ἐλάλησεν αὐτῷ ὁ θεὸς λέγων, 4 Καὶ ἐγὼ ἰδοὺ ἡ διαθήκη μου μετὰ σοῦ. καὶ ἔσῃ πατὴρ <u>πλήθους</u> ἐθνῶν. 5 καὶ οὐ κληθήσεται ἔτι τὸ ὄνομά σου Αβραμ ἀλλ' ἔσται τὸ ὄνομά σου Αβρααμ, ὅτι πατέρα πολλῶν ἐθνῶν τέθεικά σε. 6 καὶ <u>αὐξανῶ</u> σε σφόδρα σφόδρα καὶ θήσω σε εἰς ἔθνη καὶ βασιλεῖς ἐκ σοῦ ἐξελεύσονται. 7 καὶ στήσω τὴν διαθήκην μου ἀνὰ μέσον ἐμοῦ καὶ ἀνὰ μέσον σοῦ καὶ ἀνὰ μέσον τοῦ σπέρματός σου μετὰ σὲ εἰς γενεὰς αὐτῶν εἰς διαθήκην αἰώνιον εἶναί σου θεὸς καὶ τοῦ σπέρματός σου μετὰ σέ. 8 καὶ δώσω σοι καὶ τῷ σπέρματί σου μετὰ σὲ τὴν γῆν ἣν <u>παροικεῖς</u> πᾶσαν τὴν γῆν Χανααν εἰς <u>κατάσχεσιν</u> αἰώνιον καὶ ἔσομαι αὐτοῖς θεός.

Verse 1: ἐτῶν ἐνενήκοντα ἐννέα= "ninety-nine years old" εὐαρέστέω= I am pleasing; ἐναντίον= before (*with genitive*); ἄμεμπτος,-ον= blameless

Verse 2: ἡ διαθήκη= covenant; ἀνὰ μέσος= in the midst of; πληθύνω= I multiply; σφόδρα= exceedingly

Verse 4: τὸ πλῆθος,-ους= multitude

Verse 6: αὐξάνω= I increase, make grow

Verse 8: παροικέω= I dwell as an alien; ἡ κατάσχεσις= possession

II. 1 Cor 3:16-23 The True Temple and What is Truly Ours.

Verse 16: οἰκέω= I dwell;

Verse 17: φθείρω= I ruin, corrupt

Verse 18: ἐξαπατάω= I deceive; μωρός,-ή,-όν= foolish

Verse 19: ἡ μωρία= foolishness' δράσσομαι= I catch; ἡ πανουργία= craftiness

Verse 20: ὁ διαλογισμός= thought, reasoning; μάταιος,-α,-ον= empty, futile

Verse 21: ὥστε= so then; καυχάζομαι= I boast

Verse 22: ἐνεστῶτα= "things that exist presently"; μέλλοντα= "things that are future"

III. Other Suggested Readings: (You will need a Greek Lexicon).

Matt 24:40-46   John 5:1-34

Acts 4:1-5   John 12:12-50

Acts 12:6-19   1 Cor 10:14-21

Acts 21:15-22   Eph 4:1-12

Rom 10:1-10   Luke 4:10-20

Rom 5:1-11   All of 3 John

EXERCISES CH. 27

27A. PERFORM A WORD STUDY
27B. READING GUIDES
    I. Reading Guide to the Apocryphal "Story of Susanna" from the LXX
    II. Reading Guide to the Apocryphal "Bel and the Dragon" from the LXX

27A. PERFORM A WORD STUDY

A. **Review Word Study Procedures:** Follow the guidelines in CHAPTER 27.4 of the Grammar and/or provided by your instructor.

B. **Choose a Word to Perform a Word Study:**

    1. εὐσέβεια and related forms (hint: look for a cognate verb form and other forms)
    2. παρρησία and related forms (hint: look for a cognate verb form)
    3. **Or**, any other word that has a frequency of less than 30 times or so (otherwise the assignment may take significantly longer). Check your word with your instructor.

27B. READING

I. <u>Reading Guide to the Apocryphal "Bel and the Dragon" from the Septuagint (LXX).</u>

Bel (Βηλ) and the Dragon 1:1-10

1:1 καὶ ὁ βασιλεὺς Ἀστυάγης προσετέθη πρὸς τοὺς πατέρας αὐτοῦ. καὶ παρέλαβεν Κῦρος ὁ Πέρσης τὴν βασιλείαν αὐτοῦ.

2 καὶ ἦν Δανιηλ συμβιωτὴς τοῦ βασιλέως καὶ ἔνδοξος ὑπὲρ πάντας τοὺς φίλους αὐτοῦ. 3 καὶ ἦν εἴδωλον τοῖς Βαβυλωνίοις ᾧ ὄνομα Βηλ. καὶ ἐδαπανῶντο εἰς αὐτὸν ἑκάστης ἡμέρας σεμιδάλεως ἀρτάβαι δώδεκα καὶ πρόβατα τεσσαράκοντα καὶ οἴνου μετρηταὶ ἕξ.

4 καὶ ὁ βασιλεὺς ἐσέβετο αὐτὸν καὶ ἐπορεύετο καθ᾽ ἑκάστην ἡμέραν προσκυνεῖν αὐτῷ. Δανιηλ δὲ προσεκύνει τῷ θεῷ αὐτοῦ 5 καὶ εἶπεν αὐτῷ ὁ βασιλεύς, Διὰ τί οὐ προσκυνεῖς τῷ Βηλ; ὁ δὲ εἶπεν ὅτι Οὐ σέβομαι εἴδωλα χειροποίητα, ἀλλὰ τὸν

ὁ βασιλεὺς= king; **προσετέθη**= Aor.P. Ind. 3-sg. of **προστίθημι** "I add to, proceed; I bury" **παρέλαβεν**= Aor.A.Ind.3-sg. of **παραλαμβάνω** "I accept, receive";
ὁ **συμβιωτής**= companion; **ἔνδοξος,ον**= honored, respected;

ἐδαπανῶντο= Imp.M/P.Ind. 3-pl. of **δαπανάω** "I spend"; **ἕκαστος,η,ον**= each;
ἡ **σεμίδαλις**= fine wheat flour; ἡ **ἀρτάβη**= Persian measurement, i.e., bushel; **τὸ πρόβατον**=sheep; **τεσσαράκοντα**= forty;
ὁ **οἶνος**=wine; ἡ **μετρητή**= measure; **ἕξ**= six;
ἐσέβετο= Imp.D.Ind.3-sg. of **σέβομαι** "I worship"; **ἐπορεύετο**= Imp.D.Ind.3-sg. of **πορεύομαι**; **προσκυνεῖν**= "to worship" **ἕκαστος**= each; **προσεκύνει**= Imp.A.Ind.3-sg.of **προσκυνέω** (w/ dat.); **Διὰ τι**= why?
τὸ εἴδωλον= idol; **χειρο-ποίητος, ον**= hand

ζῶντα θεὸν τὸν κτίσαντα τὸν οὐρανὸν καὶ τὴν γῆν
καὶ ἔχοντα πάσης σαρκὸς κυριείαν. 6 καὶ εἶπεν
αὐτῷ ὁ βασιλεύς, Οὐ δοκεῖ σοι Βηλ εἶναι ζῶν θεός;
ἢ οὐχ ὁρᾷς ὅσα ἐσθίει καὶ πίνει καθ' ἑκάστην
ἡμέραν; 7 καὶ εἶπεν Δανιηλ γελάσας, Μὴ πλανῶ,
βασιλεῦ· οὗτος γὰρ ἔσωθεν μέν ἐστι πηλός, ἔξωθεν
δὲ χαλκός. καὶ οὐ βέβρωκεν οὐδὲ πέπωκεν πώποτε.

8 καὶ θυμωθεὶς ὁ βασιλεὺς ἐκάλεσεν τοὺς ἱερεῖς
αὐτοῦ καὶ εἶπεν αὐτοῖς, Ἐὰν μὴ εἴπητέ μοι τίς ὁ
κατέσθων τὴν δαπάνην ταύτην ἀποθανεῖσθε. ἐὰν
δὲ δείξητε ὅτι Βηλ κατεσθίει αὐτὰ ἀποθανεῖται
Δανιηλ, ὅτι ἐβλασφήμησεν εἰς τὸν Βηλ. 9 καὶ
εἶπεν Δανιηλ τῷ βασιλεῖ, Γινέσθω κατὰ τὸ ῥῆμά
σου. καὶ ἦσαν ἱερεῖς τοῦ Βηλ ἑβδομήκοντα ἐκτὸς
γυναικῶν καὶ τέκνων. 10 καὶ ἦλθεν ὁ βασιλεὺς μετὰ
Δανιηλ εἰς τὸν οἶκον τοῦ Βηλ.

Bel and the Dragon 1:11-20

11 καὶ εἶπαν οἱ ἱερεῖς τοῦ Βηλ Ἰδοὺ ἡμεῖς
ἀποτρέχομεν ἔξω. σὺ δέ, βασιλεῦ, παράθες τὰ
βρώματα καὶ τὸν οἶνον κεράσας θὲς καὶ
ἀπόκλεισον τὴν θύραν καὶ σφράγισον τῷ δακτυλίῳ
σου. καὶ ἐλθὼν πρωὶ ἐὰν μὴ εὕρῃς πάντα βεβρωμένα
ὑπὸ τοῦ Βηλ ἀποθανούμεθα ἢ Δανιηλ ὁ ψευδόμενος
καθ' ἡμῶν. 12 αὐτοὶ δὲ κατεφρόνουν, ὅτι
πεποιήκεισαν ὑπὸ τὴν τράπεζαν κεκρυμμένην
εἴσοδον καὶ δι' αὐτῆς εἰσεπορεύοντο διόλου καὶ
ἀνήλουν αὐτά.

13 καὶ ἐγένετο ὡς ἐξῆλθοσαν ἐκεῖνοι καὶ ὁ
βασιλεὺς παρέθηκεν τὰ βρώματα τῷ Βηλ.
14 καὶ ἐπέταξεν Δανιηλ τοῖς παιδαρίοις αὐτοῦ καὶ
ἤνεγκαν τέφραν καὶ κατέσησαν ὅλον τὸν ναὸν
ἐνώπιον τοῦ βασιλέως μόνου. καὶ ἐξελθόντες
ἔκλεισαν τὴν θύραν καὶ ἐσφραγίσαντο ἐν τῷ
δακτυλίῳ τοῦ βασιλέως καὶ ἀπῆλθον. 15 οἱ δὲ
ἱερεῖς ἦλθον τὴν νύκτα κατὰ τὸ ἔθος αὐτῶν καὶ αἱ

made; **ζῶντα**="living"; **τὸν κτίσαντα**= "who cre-
ated"; **ἡ γῆ**= earth; **ἔχοντα**= "having";
ἡ κυριεία= lordship (w/gen."over");
δοκεῖ σοι=impersonal construction, lit."it seems to
you", i.e., "you think..."; **εἶναι**= "to be"; **ζῶν**= "liv-
ing"; **ὁράω**= "I see/know" **ἐσθίω**= "I eat"; **πίνω**=
"I drink"; **γελάσας**= "laughing"; **πλανῶ** is from
πλανάω, "I mislead/deceive", but is a Pres.M/P. Im-
perative, 2-sg.= "Be mislead!" **ἔσωθεν**= "inside"; **ὁ
πηλός**= clay; **ὁ χαλκός**= bronze; **βέβρωκεν**=
Per.A.Ind.3-sg. of **βιβρώσκω** "I eat"; **πέπωκεν**=
Per.A.Ind.3-sg. of **πίνω**; **πώποτε**=ever;
θυμωθεὶς= "enraged"; **ἐκάλεσεν**= Aor.A.Ind. 3-
sg. of **καλέω**; **ὁ ἱερεύς**= priest; **εἴπητε**= "you
tell"; **ὁ κατέσθων**= "the one eating up"; **ἡ
δαπάνη**= expenditure; **ἀποθανεῖσθε**= "You will
die"; **δείξητε**= "you demonstrate";
ἐβλασφήμησεν= Aor.A.Ind.3-sg. of **βλασφημέω**;
Γινέσθω= "Let it be..."
ἑβδομήκοντα= "seventy"; **ἐκτὸς** w/gen.
="outside of", i.e., "excluding"

ἀποτρέχω= I depart, return;
παράθες...θές...ἀπόκλεισον...σφράγισον= a
series of 2nd sg. commands "set...place... shut...seal";
βρῶμα= food; **οἶνος**= wine
κεράσας= "after having mixed"; **θύρα**= door;
δακτυλίος=ring; **ἐλθὼν πρωὶ**= "After coming
early"; **βεβρωμένα**= "having been eaten"
ἀποθανούμεθα= "we will die"; **ὁ ψευδόμενος**=
"the one lying"; **κατεφρόνουν**= Imp.A.Ind.3-pl. of
καταφρονέω "I despise; disregard";
πεποιήκεισαν= "They had made" (Pluperfect of
ποιέω); **ἡ τράπεζα**= table; **κεκρυμμένην**= "hid-
den"; **εἴσοδος**= entry; **διόλου**= regularly;
ἀνήλουν=Imp.A.Ind.3-pl. of **ἀναλίσκω** "I con-
sume"
ἐξῆλθοσαν=Aor.A.Ind.3-pl. of **ἐξέρχομαι**
παρέθηκεν= Aor.A.Ind.3-sg. of **παρατίθημι** "I
place"; **ἐπέταξεν**= Aor.A.Ind.3-sg. of **ἐπιτάσσω**
"I command"; **τὸ παιδάριον**= servant;
ἤνεγκαν=Aor.A.Ind.3-pl. of **φέρω** "I bring"; **ἡ
τέφρα**=ashes; **κατέσησαν**= "They scattered";
ναός= temple;
ἐξελθόντες= "Going out"; **κλείω**= I shut
τὸ ἔθος= custom
κατέφαγον=Aor.A.Ind.3-pl. of **κατ-εσθίω** "I eat;
devour"; **ἐκπίνω**= I drink;

γυναῖκες καὶ τὰ τέκνα αὐτῶν καὶ κατέφαγον πάντα καὶ ἐξέπιον. 16 καὶ ὤρθρισεν ὁ βασιλεὺς τὸ πρωὶ καὶ Δανιηλ μετ' αὐτοῦ. 17 καὶ εἶπεν ὁ βασιλεύς Σῶοι αἱ σφραγῖδες, Δανιηλ; ὁ δὲ εἶπεν Σῶοι, βασιλεῦ. 18 καὶ ἐγένετο [ἅμα τῷ ἀνοῖξαι τὰς θύρας] ἐπιβλέψας ὁ βασιλεὺς ἐπὶ τὴν τράπεζαν ἐβόησεν φωνῇ μεγάλῃ Μέγας εἶ Βηλ καὶ οὐκ ἔστιν παρὰ σοὶ δόλος οὐδὲ εἷς. 19 καὶ ἐγέλασεν Δανιηλ καὶ ἐκράτησεν τὸν βασιλέα [τοῦ μὴ εἰσελθεῖν αὐτὸν ἔσω]. καὶ εἶπεν Ἰδὲ δὴ τὸ ἔδαφος καὶ γνῶθι τίνος τὰ ἴχνη ταῦτα. 20 καὶ εἶπεν ὁ βασιλεύς Ὁρῶ τὰ ἴχνη ἀνδρῶν καὶ γυναικῶν καὶ παιδίων.

ὀρθρίζω= I wake up early; **πρωί**=early
σῶος,α,ον= whole; unbroken
[...]="just as the doors opened"
ἐπιβλέψας= "gazing at"
βοάω= I shout
ὁ δόλος= deceitfulness; guile
γελάω= I laugh; **κρατέω**= I hold; restrain
[...]= "in order that he not enter inside"
δή= indeed; **τὸ ἔδαφος**= floor; **γνῶθι**= "take notice of ...!"; **τὸ ἴχνος**= foot print
ὁράω= I see

Bel and the Dragon 1:21-31

21 καὶ ὀργισθεὶς ὁ βασιλεὺς τότε συνέλαβεν τοὺς ἱερεῖς καὶ τὰς γυναῖκας καὶ τὰ τέκνα αὐτῶν. καὶ ἔδειξαν αὐτῷ τὰς κρυπτὰς θύρας δι' ὧν εἰσεπορεύοντο καὶ ἐδαπάνων τὰ ἐπὶ τῇ τραπέζῃ. 22 καὶ ἀπέκτεινεν αὐτοὺς ὁ βασιλεύς. καὶ ἔδωκεν τὸν Βηλ ἔκδοτον τῷ Δανιηλ καὶ κατέστρεψεν αὐτὸν καὶ τὸ ἱερὸν αὐτοῦ.

23 καὶ ἦν δράκων μέγας καὶ ἐσέβοντο αὐτὸν οἱ Βαβυλώνιοι. 24 καὶ εἶπεν ὁ βασιλεὺς τῷ Δανιηλ Οὐ δύνασαι εἰπεῖν ὅτι οὐκ ἔστιν οὗτος θεὸς ζῶν. καὶ προσκύνησον αὐτῷ.

25 καὶ εἶπεν Δανιηλ Κυρίῳ τῷ θεῷ μου προσκυνήσω ὅτι οὗτός ἐστιν θεὸς ζῶν. σὺ δέ, βασιλεῦ, δός μοι ἐξουσίαν καὶ ἀποκτενῶ τὸν δράκοντα ἄνευ μαχαίρας καὶ ῥάβδου. 26 καὶ εἶπεν ὁ βασιλεύς Δίδωμί σοι. 27 καὶ ἔλαβεν Δανιηλ πίσσαν καὶ στῆρ καὶ τρίχας καὶ ἥψησεν ἐπὶ τὸ αὐτὸ καὶ ἐποίησεν μάζας. καὶ ἔδωκεν εἰς τὸ στόμα τοῦ δράκοντος καὶ φαγὼν διερράγη ὁ δράκων. καὶ εἶπεν Ἴδετε τὰ σεβάσματα ὑμῶν. 28 καὶ ἐγένετο ὡς ἤκουσαν οἱ Βαβυλώνιοι ἠγανάκτησαν λίαν. καὶ συνεστράφησαν ἐπὶ τὸν βασιλέα καὶ εἶπαν Ἰουδαῖος γέγονεν ὁ βασιλεύς· τὸν Βηλ κατέσπασεν καὶ τὸν δράκοντα ἀπέκτεινεν καὶ τοὺς ἱερεῖς κατέσφαξεν. 29 καὶ εἶπαν ἐλθόντες πρὸς τὸν

ὀργισθείς= "enraged"; **συλλαμβάνω**= I seize; **ὁ ἱερεύς**= preist
δείκνυμι= I show; **κρυπτός,α,ον**= secret
ἡ θύρα= door; **δαπανάω**= I spend; use up
ἡ τραπέζη= table;
ἀποκτείνω= I kill

ἔδωκεν= "He gave"; **ἔκδοτος,ον**= "captive"
καταστρέφω= I destroy; **τὸ ἱερόν**= temple
ὁ δράκων,-οντος= dragon; **σέβομαι**= I worship
εἰπεῖν= Aor.A.Inf. of **λέγω** "I say"
ζῶν= "living"; **καί**= here as "therefore";
προσκύνησον= "(You sg.) Worship...!" w/dat. from **προσκυνέω**; Notice emphatic position of **Κυρίῳ**
δός= "(You sg.) give...!"
ἄνευ= preposition w/ gen. "without";
ἡ μαχαίρα= sword; **ὁ ῥάβδος**= club
πίσσαν καὶ στῆρ καὶ τρίχας= "pitch, fat, and hair"; **ἔψω**= I boil; **ἐπὶ τὸ αὐτο**= "together" **ἡ μάζα**= cake or patty
τὸ στόμα= mouth; **φαγών**= "after eating"
διερράγη=Aor.P.Ind.3-sg. of **διαρήγνυμι** "I burst open"; **Ἴδετε**= "(You pl.) Look at...!"
τὸ σέβασμα= object of worship;
ἀγανακτέω=I am indignant; **λίαν**= very
συνστρέφω= I turn against; conspire;
γέγονεν= Perf.A.Ind.3-sg. of **γίνομαι**
κατασπάω= I destroy; **κατασπάζω**= I slaughter;
ἐλθόντες="After going"

βασιλέα Παράδος ἡμῖν τὸν Δανιηλ· εἰ δὲ μή, ἀποκτενοῦμέν σε καὶ τὸν οἶκόν σου. 30 καὶ εἶδεν ὁ βασιλεὺς ὅτι ἐπείγουσιν αὐτὸν σφόδρα καὶ ἀναγκασθεὶς παρέδωκεν αὐτοῖς τὸν Δανιηλ. 31 οἱ δὲ ἐνέβαλον αὐτὸν εἰς τὸν λάκκον τῶν λεόντων. καὶ ἦν ἐκεῖ ἡμέρας ἕξ.

παράδος= "(You sg.) hand over...!" of **παραδίδωμι**; **ἐπείγω**= I press- translate as an imperfect; **σφόδρα**= very, exceedingly; **ἀναγκασθείς**= "Since he was forced to..." **παρέδωκεν**= "he handed over"; **ἐνβάλλω**= I throw in; **ὁ λάκκος**= den; **ὁ λέων,-οντος**= lion; **ἕξ**= six;

Bel and the Dragon 1:32-42

32 ἦσαν δὲ ἐν τῷ λάκκῳ ἑπτὰ λέοντες. καὶ ἐδίδετο αὐτοῖς τὴν ἡμέραν δύο σώματα καὶ δύο πρόβατα. τότε δὲ οὐκ ἐδόθη αὐτοῖς ἵνα καταφάγωσιν τὸν Δανιηλ. 33 καὶ ἦν Αμβακουμ ὁ προφήτης ἐν τῇ Ιουδαίᾳ. καὶ αὐτὸς ἥψησεν ἕψεμα καὶ ἐνέθρυψεν ἄρτους εἰς σκάφην καὶ ἐπορεύετο εἰς τὸ πεδίον ἀπενέγκαι τοῖς θερισταῖς. 34 καὶ εἶπεν ἄγγελος κυρίου τῷ Αμβακουμ Ἀπένεγκε τὸ ἄριστον ὃ ἔχεις εἰς Βαβυλῶνα τῷ Δανιηλ εἰς τὸν λάκκον τῶν λεόντων. 35 καὶ εἶπεν Αμβακουμ Κύριε, Βαβυλῶνα οὐχ ἑώρακα καὶ τὸν λάκκον οὐ γινώσκω. 36 καὶ ἐπελάβετο ὁ ἄγγελος κυρίου τῆς κορυφῆς αὐτοῦ καὶ βαστάσας τῆς κόμης τῆς κεφαλῆς αὐτοῦ ἔθηκεν αὐτὸν εἰς Βαβυλῶνα ἐπάνω τοῦ λάκκου ἐν τῷ ῥοίζῳ τοῦ πνεύματος αὐτοῦ. 37 καὶ ἐβόησεν Αμβακουμ λέγων Δανιηλ, Δανιηλ, λαβὲ τὸ ἄριστον ὃ ἀπέστειλέν σοι ὁ θεός. 38 καὶ εἶπεν Δανιηλ ἐμνήσθης γάρ μου, ὁ θεός, καὶ οὐκ ἐγκατέλιπες τοὺς ἀγαπῶντάς σε. 39 καὶ ἀναστὰς Δανιηλ ἔφαγεν. ὁ δὲ ἄγγελος τοῦ θεοῦ ἀπεκατέστησεν τὸν Αμβακουμ παραχρῆμα εἰς τὸν τόπον αὐτοῦ. 40 ὁ δὲ βασιλεὺς ἦλθεν τῇ ἡμέρᾳ τῇ ἑβδόμῃ πενθῆσαι τὸν Δανιηλ. καὶ ἦλθεν ἐπὶ τὸν λάκκον καὶ ἐνέβλεψεν καὶ ἰδοὺ Δανιηλ καθήμενος 41 καὶ ἀναβοήσας φωνῇ μεγάλῃ εἶπεν Μέγας εἶ, κύριε, ὁ θεὸς τοῦ Δανιηλ, καὶ οὐκ ἔστιν πλὴν σοῦ ἄλλος.

42 καὶ ἀνέσπασεν αὐτόν. τοὺς δὲ αἰτίους τῆς ἀπωλείας αὐτοῦ ἐνέβαλεν εἰς τὸν λάκκον. καὶ κατεβρώθησαν παραχρῆμα ἐνώπιον αὐτοῦ.

ὁ λάκκος= den; **ὁ λέων,-οντος**= lion **ἑπτὰ**= seven **δίδωμι**= I give; **τὸ πρόβατον**=sheep **ἐδόθη**= "It was given " **καταφάγωσιν**=Aor.A.Subj.3-pl. of **καταεσθίω** "I eat up"; **Αμβακουμ**=Habakkuk **ἕψω**= I boil; **τὸ ἕψεμα**= pottage; **ἐντρύπτω**= I break in **ὁ ἄρτος**= bread; **ἡ σκάφη**= bowl **τὸ πεδίον**= field; **ἀπενέγκαι**= "to take (it)" **ὁ θεριστής**= harvester; **Ἀπένεγκε**= "Take...!"; **τὸ ἄριστον**=meal **ἑώρακα**=Perf.A.Ind.1-sg of **ὁράω** **ἐπιλαμβάνω**= I grab, take hold of w/gen. **ἡ κορυφή**= top; head; **βαστάσας**="seizing" **ἡ κόμη**= (long) hair; **ἡ κεφαλή**=head **ἔθηκεν**= Aor.A.Ind.3-sg. of **τίθημι**"I set" **ἐπάνω**= up above; **ὁ ῥοίζος**= rushing **βοάω**= I cry out, shout; right over the den, **λέγων**="saying"; **λαβὲ**= "take...! **ἐμνήσθης**= "You (sg.) remembered" w/gen. **ἐγκαταλείπω**= I forsake; **τοὺς ἀγαπῶντάς**= "the ones loving"; **ἀναστάς**= "standing" **ἔφαγεν**=Aor.A.Ind.3-sg of **ἐσθίω** "I eat" **ἀποκαθίστημι**=I return; **παραχρῆμα**=immediately; **ὁ τόπος**= place **ἕβδομος,η,ον**= seventh; **πενθῆσαι**="to mourn" **ἐμβλέπω**= I look in; **καθήμενος καὶ ἀναβοήσας**= "sitting and shouting upwards"; **φωνῇ μεγάλῃ** is a dative of manner; **πλὴν** w/gen.=except **ἀνασπάω**= I pull up (and out); **ὁ αἴτιος**= cause, i.e., the men who almost caused his death; **ἡ ἀπώλεια**= destruction; **ἐμβάλλω**= I cast in; **κατεβρώθησαν**= "They were devoured"; **παραχρῆμα**= immediately; **ἐνώπιον** w/gen.=before

II. Reading Guide to the Apocryphal "Story of Susanna" from the Septuagint (LXX).

The Story of Susanna 1:1-13

1 καὶ ἦν ἀνὴρ οἰκῶν ἐν Βαβυλῶνι καὶ ὄνομα αὐτῷ Ἰωακιμ. 2 καὶ ἔλαβεν γυναῖκα ᾗ ὄνομα Σουσαννα, θυγάτηρ Χελκιου, καλὴ σφόδρα καὶ φοβουμένη τὸν κύριον. 3 καὶ οἱ γονεῖς αὐτῆς δίκαιοι καὶ ἐδίδαξαν τὴν θυγατέρα αὐτῶν κατὰ τὸν νόμον Μωυσῆ. 4 καὶ ἦν Ιωακιμ πλούσιος σφόδρα καὶ ἦν αὐτῷ παράδεισος γειτνιῶν τῷ οἴκῳ αὐτοῦ. καὶ πρὸς αὐτὸν προσήγοντο οἱ Ιουδαῖοι [διὰ τὸ εἶναι αὐτὸν ἐνδοξότερον πάντων]. 5 καὶ ἀπεδείχθησαν δύο πρεσβύτεροι ἐκ τοῦ λαοῦ κριταὶ ἐν τῷ ἐνιαυτῷ ἐκείνῳ περὶ ὧν ἐλάλησεν ὁ δεσπότης ὅτι Ἐξῆλθεν ἀνομία ἐκ Βαβυλῶνος ἐκ πρεσβυτέρων κριτῶν οἳ ἐδόκουν κυβερνᾶν τὸν λαόν. 6 οὗτοι προσεκαρτέρουν ἐν τῇ οἰκίᾳ Ιωακιμ καὶ ἤρχοντο πρὸς αὐτοὺς πάντες οἱ κρινόμενοι. 7 καὶ ἐγένετο ἡνίκα ἀπέτρεχεν ὁ λαὸς μέσον ἡμέρας εἰσεπορεύετο Σουσαννα καὶ περιεπάτει ἐν τῷ παραδείσῳ τοῦ ἀνδρὸς αὐτῆς. 8 καὶ ἐθεώρουν αὐτὴν οἱ δύο πρεσβύτεροι καθ᾽ ἡμέραν [εἰσπορευομένην καὶ περιπατοῦσαν] καὶ ἐγένοντο ἐν ἐπιθυμίᾳ αὐτῆς. 9 καὶ διέστρεψαν τὸν ἑαυτῶν νοῦν καὶ ἐξέκλιναν τοὺς ὀφθαλμοὺς αὐτῶν [τοῦ μὴ βλέπειν] εἰς τὸν οὐρανὸν {μηδὲ μνημονεύειν} κριμάτων δικαίων. 10 καὶ ἦσαν ἀμφότεροι κατανενυγμένοι περὶ αὐτῆς καὶ οὐκ ἀνήγγειλαν ἀλλήλοις τὴν ὀδύνην αὐτῶν, 11 ὅτι ᾐσχύνοντο ἀναγγεῖλαι τὴν ἐπιθυμίαν αὐτῶν, ὅτι ἤθελον συγγενέσθαι αὐτῇ. 12 καὶ παρετηροῦσαν φιλοτίμως καθ᾽ ἡμέραν ὁρᾶν αὐτήν. 13 καὶ εἶπαν ἕτερος τῷ ἑτέρῳ Πορευθῶμεν δὴ εἰς οἶκον, ὅτι ἀρίστου ὥρα ἐστίν. καὶ [ἐξελθόντες διεχωρίσθησαν] ἀπ᾽ ἀλλήλων.

ἦν...οἰκῶν= periphrastic, "was living" from οἰκέω "I live, inhabit"; Ἰωακιμ=Joakim Χελκιος=Hilkiah; καλός,η,ον= beautiful ἡ θυγάτηρ= daughter; σφόδρα= very φοβουμένη= "fearing"; ὁ γονεύς= parent;

Μωυσῆ= genitive, "of Moses" πλούσιος,α,ον= rich; παράδεισος= garden γειτνιῶν= "adjoined" (γειτνιάω) προσάγω= I come to [...]= "because he was most honored than all"; ἀπεδείχθησαν=Aor.P.Ind.3-pl. of ἀποδεικνύω "I appoint" ὁ κριτής= judge; ὁ ἐνιαυτός= year ὁ δεσπότης= Lord, lord; ἡ ἀνομία=lawlessness; δοκέω= I seem, appear; κυβερνᾶν= "to rule"

προσκαρτερέω=I endure; reside at οἱ κρινόμενοι= "those having legal cases" ἡνίκα= when; ἀποτρέχω= I depart μέσον= "middle", accusative of time περιπατέω= I walk θεωρέω= I behold, see;

[...]= "entering and walking", modifying αὐτήν; ἡ ἐπιθυμία= desire, lust after (w/gen.) διαστρέφω= I depart; pervert, distort; ὁ νοῦς= mind;

ἐκκλίνω= I turn away; [...]= "in order not to look"
{...}= "nor to remember (w/gen.)"; κρίμα= judgment; ἀμφότεροι= both

κατανύσσω= I am deeply moved sometimes to the point of remorse; ἡ ὀδύνη= affliction, pain; ἀναγγέλλω= I announce αἰσχύνω= I am ashamed; ἀναγγεῖλαι= "to announce"; θέλω= I want; συγγενέσθαι= "to be with (lie w/)"; παρατηρέω= I attempt, try; φιλοτίμως=eagerly; ὁρᾶν= "to see" ἕτερος= another, i.e., "One to the other" Πορευθῶμεν...εἰς οἶκον= "Let us go home"; ὁ ἄριστος= lunch [...]= "Going out they departed"; δή= indeed

Susanna 1:14-24

14 καὶ ἀνακάμψαντες ἦλθον ἐπὶ τὸ αὐτὸ καὶ ἀνετάζοντες ἀλλήλους τὴν αἰτίαν ὡμολόγησαν τὴν ἐπιθυμίαν αὐτῶν. καὶ τότε κοινῇ συνετάξαντο καιρὸν, ὅτε αὐτὴν δυνήσονται εὑρεῖν μόνην. 15 καὶ ἐγένετο [ἐν τῷ παρατηρεῖν αὐτοὺς] ἡμέραν εὔθετον εἰσῆλθέν ποτε καθὼς ἐχθὲς καὶ τρίτης ἡμέρας μετὰ δύο μόνων κορασίων καὶ ἐπεθύμησε λούσασθαι ἐν τῷ παραδείσῳ, ὅτι καῦμα ἦν. 16 καὶ οὐκ ἦν οὐδεὶς ἐκεῖ πλὴν οἱ δύο πρεσβύτεροι [κεκρυμμένοι καὶ παρατηροῦντες] αὐτήν. 17 καὶ εἶπεν τοῖς κορασίοις Ἐνέγκατε δή μοι ἔλαιον καὶ σμῆγμα καὶ τὰς θύρας τοῦ παραδείσου κλείσατε ὅπως λούσωμαι. 18 καὶ ἐποίησαν καθὼς εἶπεν καὶ ἀπέκλεισαν τὰς θύρας τοῦ παραδείσου καὶ ἐξῆλθαν κατὰ τὰς πλαγίας θύρας [ἐνέγκαι τὰ προστεταγμένα] αὐταῖς. καὶ οὐκ εἴδοσαν τοὺς πρεσβυτέρους, ὅτι ἦσαν κεκρυμμένοι. 19 καὶ ἐγέν-ετο ὡς ἐξῆλθοσαν τὰ κοράσια καὶ ἀνέστησαν οἱ δύο πρεσβῦται καὶ ἐπέδραμον αὐτῇ. 20 καὶ εἶπον Ἰδοὺ αἱ θύραι τοῦ παραδείσου κέκλεινται καὶ οὐδεὶς θεωρεῖ ἡμᾶς καὶ ἐν ἐπιθυμίᾳ σού ἐσμεν. διὸ συγκατάθου ἡμῖν καὶ γενοῦ μεθ᾽ ἡμῶν. 21 εἰ δὲ μή, καταμαρτυρήσομέν σου ὅτι ἦν μετὰ σοῦ νεαν-ίσκος καὶ διὰ τοῦτο ἐξαπέστειλας τὰ κοράσια ἀπὸ σοῦ. 22 καὶ ἀνεστέναξεν Σουσαννα καὶ εἶπεν Στενά μοι πάντοθεν· ἐάν τε γὰρ τοῦτο πράξω, θάνατός μοί ἐστιν· ἐάν τε μὴ πράξω οὐκ ἐκφεύξ-ομαι τὰς χεῖρας ὑμῶν. 23 αἱρετόν μοί ἐστιν μὴ πράξασαν ἐμπεσεῖν εἰς τὰς χεῖρας ὑμῶν ἢ ἁμαρτεῖν ἐνώπιον κυρίου. 24 καὶ ἀνεβόησεν φωνῇ μεγάλῃ Σουσαννα· ἐβόησαν δὲ καὶ οἱ δύο πρεσβῦται κατέναντι αὐτῆς.

ἀνακάμψαντες="When they turned back"
ἀνετάζοντες= "As they were pressing for";
ἡ αἰτία= reason, cause; ὁμολογέω= I confess; ἡ ἐπιθυμία= desire, lust
κοινῇ= "in common" (dative of manner)
συντάσσω= I command, arrange; ὁ καιρός= time; εὑρεῖν= "to find"
[...]= "While they were watching for...";
εὔθετος,ον= right; opportune; πότε= once
ἐχθές= yesterday; τὸ κοράσιον= maid
ἐπιθυμέω=I desire; λούσασθαι="to bathe"
παράδεισος=garden; τὸ καῦμα=heat; hot
πλήν=except
[...]= "hiding themselves and awaiting..."

Ἐνέγκατε= "Bring (you pl.)...!
τὸ ἔλαιον= oill; τὸ σμῆγμα=ointment
ἡ θύρα=door
κλείσατε= "shut..!"; λούσωμαι= "I may bathe"
ἀποκλείω= I shut;

πλάγιος,α,ον= side; [...]= "to bring the things commanded (w/dat.)"
εἴδοσαν=εἴδαν=εἴδον
ἦσαν κεκρυμμένοι="were hiding themselves"
ἀνίστημι= I stand up; ὁ πρεσβύτης=elder
ἐπιτρέχω= I run to (δραμ-2nd Aor.stem)
κέκλεινται=Perf.M/P.Ind.3-pl. of κλείω
σού=emphatic and objective gentitive "desiring you" (this means σού is the direct object of the verbal idea in the noun)

συγκατάθου...γενοῦ="Give consent...be (lie)!"
καταμαρτυρέω= I testify against (w/gen.);
ὁ νεανίσκος= young man; ἐξαποστέλλω= I send out; ἀναστενάζω= I groan out loud;
τὸ στενός= in pl. distress; πάντοθεν=from all sides; πράσσω= I do; μοί=dative of possession;
ἐκφεύγω= I escape;
αἱρετόν= the best choice; μή πράξασαν= "not doing (fem.sg.acc.)"; ἐμπεσεῖν= "to fall into"; ἤ= than; ἁμαρτεῖν= to sin;
ἀναβοάω= I cry out; raise a shout
βοάω= I shout; κατέναντι (w/gen.)= against

Susanna 1:25-38

25 καὶ δραμὼν ὁ εἷς ἤνοιξεν τὰς θύρας τοῦ παραδείσου. 26 ὡς δὲ ἤκουσαν τὴν κραυγὴν ἐν τῷ παραδείσῳ οἱ ἐκ τῆς οἰκίας εἰσεπήδησαν διὰ τῆς πλαγίας θύρας [ἰδεῖν τὸ συμβεβηκὸς] αὐτῇ. 27 ἡνίκα δὲ εἶπαν οἱ πρεσβῦται τοὺς λόγους αὐτῶν κατῃσχύνθησαν οἱ δοῦλοι σφόδρα, ὅτι πώποτε οὐκ ἐρρέθη λόγος τοιοῦτος περὶ Σουσάννης 28 καὶ ἐγένετο τῇ ἐπαύριον ὡς συνῆλθεν ὁ λαὸς πρὸς τὸν ἄνδρα αὐτῆς Ιωακειμ ἦλθον οἱ δύο πρεσβῦται πλήρεις τῆς ἀνόμου ἐννοίας κατὰ Σουσαννης τοῦ θανατῶσαι αὐτήν. 29 καὶ εἶπαν ἔμπροσθεν τοῦ λαοῦ Ἀποστείλατε ἐπὶ Σουσανναν, θυγατέρα Χελκιου, ἥ ἐστιν γυνὴ Ιωακιμ. οἱ δὲ ἀπέστειλαν 30 καὶ ἦλθεν αὐτὴ καὶ οἱ γονεῖς αὐτῆς καὶ τὰ τέκνα αὐτῆς καὶ πάντες οἱ συγγενεῖς αὐτῆς. 31 ἡ δὲ Σουσαννα ἦν τρυφερὰ σφόδρα καὶ καλὴ τῷ εἴδει. 32 οἱ δὲ παράνομοι ἐκέλευσαν ἀποκαλυφθῆναι αὐτὴν - ἦν γὰρ κατακεκαλυμμένη - ὅπως ἐμπλησθῶσιν τοῦ κάλλους αὐτῆς. 33 ἔκλαιον δὲ οἱ παρ᾽ αὐτῆς καὶ πάντες οἱ ἰδόντες αὐτήν.

34 ἀναστάντες δὲ οἱ δύο πρεσβῦται ἐν μέσῳ τῷ λαῷ ἔθηκαν τὰς χεῖρας ἐπὶ τὴν κεφαλὴν αὐτῆς. 35 ἡ δὲ κλαίουσα ἀνέβλεψεν εἰς τὸν οὐρανόν, ὅτι ἦν ἡ καρδία αὐτῆς πεποιθυῖα ἐπὶ τῷ κυρίῳ. 36 εἶπαν δὲ οἱ πρεσβῦται [Περιπατούντων ἡμῶν ἐν τῷ παραδείσῳ μόνων] εἰσῆλθεν αὕτη μετὰ δύο παιδισκῶν καὶ ἀπέκλεισεν τὰς θύρας τοῦ παραδείσου καὶ ἀπέλυσεν τὰς παιδίσκας. 37 καὶ ἦλθεν πρὸς αὐτὴν νεανίσκος ὃς ἦν κεκρυμμένος καὶ ἀνέπεσε μετ᾽ αὐτῆς. 38 ἡμεῖς δὲ ὄντες ἐν τῇ γωνίᾳ τοῦ παραδείσου ἰδόντες τὴν ἀνομίαν ἐδράμομεν ἐπ᾽ αὐτούς. (To be continued...)

ἡ θύρα=door; παράδεισος=garden; ἡ κραυγή= shout(ing)

εἰσπηδάω= I run in; πλαγίος,α,ον= side [...]= "to see what had happened..." ἡνίκα= when

καταισχύνω= I am deeply ashamed; σφόδρα=very; πώποτε= ever ἐρρέθη= "was spoken"; τοιοῦτος=such a (indicating quality); τῇ ἐπαύριον= next day ὁ λαός= people πλήρης,-ες= full (3rd.decl.adj.) ἄνομος,-ον= lawless (dual termination adj.) ἡ ἐννοία= plan; thought; τοῦ θανατῶσαι= "in order to kill"; ἔμπροσθεν= in the presence of Ἀποστείλατε= "Send...!"; ἡ θυγάτηρ=daughter; ὁ γονεύς= parent ὁ συγγενεύς= relatives τρυφερός,α,ον=refined; delicate; καλος,η,ον=beautiful; τὸ εἶδος= appearance παράνομος,ον=lawless; κελεύω= I command ἀποκαλυφθῆναι= "to be unveiled" κατακεκαλυμμένη= "veiled"; ἐμπλησθῶσιν= "they might be filled with (w/gen.)" from ἐμπίμπλημι; τὸ κάλλος= beauty κλαίω= I weep; ἰδόντες= "seeing" ἀνίστημι= I standing up; μέσος,η,ον= middle; ἔθηκαν= "they set" ἀναβλέπω= I look up πείθω= I trust

[...] is a genitive absolute= "while we were walking..."; ἡ παιδίσκη= maid ἀποκλείω= I shut; ἀπολύω= I dismiss

ὁ νεανίσκος= young man; ἀναπίπτω= I recline (lie); (πεσ- 2nd Aor. stem) ἡ γωνία= corner; ἡ ἀνομία= lawlessness ἰδόντες= "seeing" τρέχω= I run (δραμ- 2nd Aor.stem)

Susanna 1:39-51

39 καὶ ἰδόντες συγγινομένους αὐτούς, ἐκείνου μὲν οὐκ ἠδυνήθημεν ἐγκρατεῖς γενέσθαι [διὰ τὸ ἰσχύειν αὐτὸν ὑπὲρ ἡμᾶς καὶ ἀνοίξαντα τὰς θύρας ἐκπεπηδηκέναι.] 40 ταύτης δὲ ἐπιλαβ-όμενοι ἐπηρωτῶμεν τίς ἦν ὁ νεανίσκος. 41 καὶ οὐκ ἠθέλ-ησεν ἀναγγεῖλαι ἡμῖν· ταῦτα μαρτυρ-οῦμεν.* καὶ ἐπίστευσεν αὐτοῖς ἡ συναγωγὴ ὡς πρεσβυτέροις τοῦ λαοῦ καὶ κριταῖς. καὶ κατέκριναν αὐτὴν ἀπο-θανεῖν. 42 ἀνεβόησεν δὲ φωνῇ μεγάλῃ Σουσαννα καὶ εἶπεν Ὁ θεὸς ὁ αἰώνιος, ὁ τῶν κρυπτῶν γνώστης, ὁ εἰδὼς τὰ πάντα πρὶν γενέσεως αὐτῶν, 43 σὺ ἐπίστασαι ὅτι ψευδῆ μου κατεμαρτύρησαν. καὶ ἰδοὺ ἀποθνήσκω μὴ ποιήσασα μηδὲν ὧν οὗτοι ἐπονηρεύσαντο κατ᾽ ἐμοῦ. 44 καὶ εἰσήκουσεν κύριος τῆς φωνῆς αὐτῆς. 45 καὶ [ἀπαγομένης αὐτῆς ἀπολέσθαι] ἐξήγειρεν ὁ θεὸς τὸ πνεῦμα τὸ ἅγιον παιδαρίου νεωτέρου ᾧ ὄνομα Δανιηλ. 46 καὶ ἐβόησεν φωνῇ μεγάλῃ Καθαρὸς ἐγὼ ἀπὸ τοῦ αἵματος ταύτης. 47 ἐπέστρεψεν δὲ πᾶς ὁ λαὸς πρὸς αὐτὸν καὶ εἶπαν Τίς ὁ λόγος οὗτος ὃν σὺ λελάληκας. 48 ὁ δὲ στὰς ἐν μέσῳ αὐτῶν εἶπεν Οὕτως μωροὶ οἱ υἱοὶ Ισραηλ οὐκ ἀνακρίναντες οὐδὲ τὸ σαφὲς ἐπιγνόντες κατεκρίνατε θυγατέρα Ισραηλ. 49 ἀναστρέψατε εἰς τὸ κριτήριον. ψευδῆ γὰρ οὗτοι κατεμαρτύρ-ησαν αὐτῆς. 50 καὶ ἀνέστρεψεν πᾶς ὁ λαὸς μετὰ σπουδῆς. καὶ εἶπαν αὐτῷ οἱ πρεσβύτεροι Δεῦρο κάθισον ἐν μέσῳ ἡμῶν καὶ ἀνάγγειλον ἡμῖν, ὅτι σοὶ δέδωκεν ὁ θεὸς τὸ πρεσβεῖον. 51 καὶ εἶπεν πρὸς αὐτοὺς Δανιηλ Διαχωρίσατε αὐτοὺς ἀπ᾽ ἀλλήλων μακρὰν καὶ ἀνακρινῶ αὐτούς.

συγγίνομαι= I embrace; γενέσθαι= "to be"
ὁ ἐγκρατής = holder; grabber w/gen.
[...]= "because he overpowered us and after opening the doors he ran away."
ἐπιλαμβάνω= I capture (w/gen.); ἐπερωτάω= I question; ὁ νεανίσκος= young man
ἀναγγεῖλαι= "to tell"
μαρτυρέω= I testify; *= This is the end of a quotation.
ὡς= "as", introduces an appositional clause;
ὁ κριτής= judge
κατακρίνω= I condemn; ἀποθανεῖν=to kill
ἀναβοάω= I cry out;
κρυπτός,η,ον= secret; ὁ γνώστης= knower
ὁ εἰδώς= "who knows"; πρίν= before (w/gen.); ἡ γένεσις= origin, beginning
ἐπίσταμαι= I know; ψευδῆ= Acc-Pl.-Neu of ψευδής,-ες "false", i.e., "false things"
καταμαρτυρέω= I testify against (person in gen.);
ὧν= περὶ ὧν; πονηρεύω= I plan evil
εἰσακούω= I hear (w/gen.)
[...]= "As she was being led to destruction"
ἐξεγείρω= I raise up; stir up;
ὁ παιδάριος= boy; lad; νεώτερος,α,ον= young;
καθαρός,α,ον= clean
ἐπιστρέφω= I turn

ὁ δε= "and he"; στὰς= "standing";
ἐν μέσῳ= "in the midst of"

ἀνακρίνω= I cross examine; τὸ σαφές= the certainty; ἐπιγινώσκω= I know; ἀναστρέψατε= "Return...!"
τὸ κριτήριον= court (session);

ἡ σπουδή= eagerness
Δεῦρο κάθισον...ἀνάγγειλον= "Come, sit...tell!"
δίδωμι= I give; τὸ πρεσβεῖον= eldership, i.e., the status of elder;
Διαχωρίσατε= "(You pl.) Seperate...!"
μακράν= far (adverb)

Susanna 1:52-64

52 ὡς δὲ διεχωρίσθησαν εἷς ἀπὸ τοῦ ἑνός
ἐκάλεσεν τὸν ἕνα αὐτῶν καὶ εἶπεν πρὸς αὐτόν
Πεπαλαιωμένε, ἡμερῶν κακῶν νῦν ἥκασιν αἱ
ἁμαρτίαι σου ἃς ἐποίεις τὸ πρότερον 53 κρίνων
κρίσεις ἀδίκους καὶ τοὺς μὲν ἀθώους
κατακρίνων, ἀπολύων δὲ τοὺς αἰτίους, λέγοντος
τοῦ κυρίου Ἀθῶον καὶ δίκαιον οὐκ ἀποκτενεῖς.
54 νῦν οὖν ταύτην εἴπερ εἶδες, εἰπόν ὑπὸ τί
δένδρον εἶδες αὐτοὺς ὁμιλοῦντας ἀλλήλοις; ὁ δὲ
εἶπεν Ὑπὸ σχῖνον. 55 εἶπεν δὲ Δανιηλ Ὀρθῶς,
ἔψευσαι εἰς τὴν σεαυτοῦ κεφαλήν· ἤδη γὰρ
ἄγγελος τοῦ θεοῦ λαβὼν φάσιν παρὰ τοῦ θεοῦ
σχίσει σε μέσον. 56 καὶ μεταστήσας αὐτὸν
ἐκέλευσεν προσαγαγεῖν τὸν ἕτερον. καὶ εἶπεν
αὐτῷ Σπέρμα Χανααν καὶ οὐκ Ιουδα, τὸ κάλλος
ἐξηπάτησέν σε καὶ ἡ ἐπιθυμία διέστρεψεν τὴν
καρδίαν σου. 57 οὕτως ἐποιεῖτε θυγατράσιν
Ισραηλ καὶ ἐκεῖναι φοβούμεναι ὡμίλουν ὑμῖν·
ἀλλ᾿ οὐ θυγάτηρ Ιουδα ὑπέμεινεν τὴν ἀνομίαν
ὑμῶν. 58 νῦν οὖν λέγε μοι ὑπὸ τί δένδρον
κατέλαβες αὐτοὺς ὁμιλοῦντας ἀλλήλοις; ὁ δὲ
εἶπεν Ὑπὸ πρῖνον. 59 εἶπεν δὲ αὐτῷ Δανιηλ
Ὀρθῶς ἔψευσαι καὶ σὺ εἰς τὴν σεαυτοῦ
κεφαλήν. μένει γὰρ ὁ ἄγγελος τοῦ θεοῦ τὴν
ῥομφαίαν ἔχων πρίσαι σε μέσον ὅπως
ἐξολεθρεύσῃ ὑμᾶς. 60 καὶ ἀνεβόησεν πᾶσα ἡ
συναγωγὴ φωνῇ μεγάλῃ καὶ εὐλόγησαν τῷ θεῷ
τῷ σῴζοντι τοὺς ἐλπίζοντας ἐπ᾿ αὐτόν.

διαχωρίζω = I divide, seperate
παλαιόω = I am old (here a vocative participle);
ἥκασιν = Pres.A.Ind.3-pl. of **ἥκω** "I have arrived";
τὸ πρότερον = formerely
ἡ κρίσις = judgement; **ἄδικος,-ον** = unrighteous;
ἀθῷος,-ον = innocent
ἀπολύω = I release; **ὁ αἴτιος** = cause; guilty
ἀποκτείνω = I kill; **εἴπερ** = if; **εἰπόν** = "Say!"
δένδρον = tree; **ὁμιλέω** = I am intimate w/
ἡ σχῖνος = mastic tree; ᾿ **ὀρθῶς** = alright,
ἔψευσαι = Perf.D.Ind.2-sg of **ψεύδομαι** "I tell a
lie"; **ἡ κεφαλή** = head; **φάσιν** = Pres.A.Ind. 3-sg of
φημί "I say"; **σχίζω** = I divide; cut
μεθίστημι = I put aside; **κελεύω** = I command
προσαγαγεῖν = "to lead in"; **τὸ κάλλος** = beauty;
ἐξαπατάω = I beguile; **ἡ ἐπιθυμία** = desire, lust;
ἀποστρέφω = I turn astray
ἡ θυγάτηρ = daughter;

ὑπομένω = I endure; **ἡ ἀνομία** = lawlessness
λέγε = "Tell...!"; **καταλαμβάνω** = I capture, catch;
ἡ πρῖνος = evergreen oak;
ἡ ῥομφαία = sword; **πρίσαι** = "to split" from
πρίω;
ἐξολεθρεύσῃ = "He might destroy"
ἀναβοάω = I shout; cry out; **εὐλογέω** = I bless
(w/dat.)
ἐλπίζω = I hope;

61   καὶ ἀνέστησαν ἐπὶ τοὺς δύο πρεσβύτας ὅτι συνέστησεν αὐτοὺς Δανιηλ ἐκ τοῦ στόματος αὐτῶν ψευδο-μαρτυρήσαντας. καὶ ἐποίησαν αὐτοῖς ὃν τρόπον ἐπονηρεύσαντο τῷ πλησίον. 62 [ποιῆσαι κατὰ τὸν νόμον Μωυσῆ] καὶ ἀπέκτειναν αὐτοὺς καὶ ἐσώθη αἷμα ἀναίτιον ἐν τῇ ἡμέρᾳ ἐκείνῃ.

ἀνίστημι= I stand up; take action
συνίστημι= I commend; prove
ὃν τρόπον= "in the manner which; just as"
πονηρεύω= I plan evil; **πλησίον**= neighbor
[...]= (?) a difficult clause in this context;
ποιῆσαι= "to do"; **ἀναίτιος,-ον**= innocent

63 Χελκιας δὲ καὶ ἡ γυνὴ αὐτοῦ ᾔνεσαν τὸν θεὸν περὶ τῆς θυγατρὸς αὐτῶν Σουσαννας μετὰ Ιωακιμ τοῦ ἀνδρὸς αὐτῆς καὶ τῶν συγγενῶν πάντων, ὅτι οὐχ εὑρέθη ἐν αὐτῇ ἄσχημον πρᾶγμα. 64 καὶ Δανιηλ ἐγένετο μέγας ἐνώπιον τοῦ λαοῦ ἀπὸ τῆς ἡμέρας ἐκείνης καὶ ἐπέκεινα.   THE END

αἰνέω= I praise;
ὁ συγγενεύς= relative
εὑρέθη= Aor.P.Ind.3-sg of **εὑρίσκω**
ἄσχημος,-ον= shameful; **τὸ πρᾶγμα**= deed
ἐπέκεινα= further on; afterward

ANSWER KEY & GUIDE

FOR KOINE GREEK GRAMMAR:
A BEGINNING-INTERMEDIATE EXEGETICAL
AND PRAGMATIC HANDBOOK

EXERCISES CH. 1 ANSWER KEY AND GUIDE

1A. OVERVIEW

Consult **GRAMMAR CHAPTER 1** if you have difficulty answering overview questions 1.-5.

6. How do you mark up the following words?

    adverbs
    conjunctions and interjections
    subjects and verbs
    direct objects
    indirect objects
    (prepositions and their phrases)
    pronoun and its antecedent or postcedent

    [subordinate clauses] (how do you identify more than one? [¹...[²...[³...³]...²]...¹]).

7. Can you identify what sentence component belongs to each numbered slot in the sentence diagram below? Put the diagram number with the word function on the left

Word Function	Sentence Diagram
_2_ Subject _3_ Verb _1_ Initial Conjunction _7_ Direct Address _6_ Direct Object _4_ Indirect Object _9_ Adverbial Modifier _5_ Adjectival Modifier _8_ Coordinating Conjunction	

1B. FOCUS

I. Identify the basic components in the following sentences by placing the corresponding designation above the word.

S=Subject	M=Modifier
V=Verb	C=Conjunction
DO=Direct Object	DA=Direct Address
IO=Indirect Object	Interj.=Interjection

283

II. Then mark up each sentence using these conventions:

adverbs

conjunctions and interjections

subjects and verbs

direct objects

indirect objects

(prepositions and their phrases)

{direct address}

III. Then diagram each sentence using the Reed-Kellogg method.

Example: Acts 7:2a Hear me, brethren and fathers! The God of Glory appeared to our father...

V   DO DA   C   DA M S   M   V   M IO

Acts 7:2a Hear me, brethren and fathers! The God of glory appeared to our father

Marking= Acts 7:2a Hear me, {brethren and fathers}! The God (of glory) appeared to our father

Reed-Kellogg Diagram=

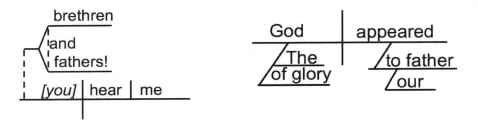

1. Matt 9:2a

Conj.	Interj.	S	V	IO	DO
And	behold,	they	were bringing	to Him	a paralytic

Marking= Matt 9:2a And, behold, they were bringing to Him a paralytic

Reed-Kellogg Diagram=

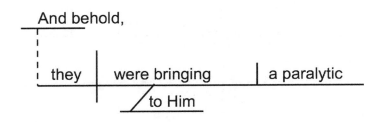

2. John 5:41

S	V	M	V	DO	M
I	do	not	receive	glory	from men

Marking= John 5:41 <u>I do</u> not <u>receive</u> <u>glory</u> (from men);

Reed-Kellogg Diagram=

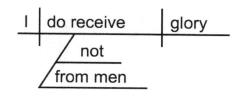

3. John 4:3

S	V	DO	C	V	M	M
He	left	Judea,	and	departed	again	into Galilee.

Marking= John 4:3 <u>He</u> <u>left</u> <u>Judea</u>, and <u>departed</u> again (into Galilee).

Reed-Kellogg Diagram=

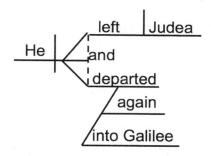

4. Matt 25:11b

DA	DA	V	IO
Lord,	lord,	open up	for us.

Marking= Matt 25:11b Lord, lord, <u>open up</u> for us.

Reed-Kellogg Diagram=

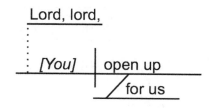

5. Matt 20:30b

DA	V	DO	IO	DA	M
Lord,	have	mercy	on us,	Son	of David!

Marking= Matt 20:30b {Lord}, have <u>mercy</u> <u>on</u> <u>us</u>, = {Son of David}!
Reed-Kellogg Diagram=

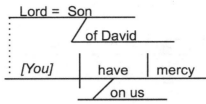

6. John 3:24

C	S	V	M	V	M
For	John	had	not yet	been thrown	into prison.

Marking= John 3:24 |For| <u>John</u> <u>had</u> ¦not yet¦ <u>been</u> <u>thrown</u> (into prison).
Reed-Kellogg Diagram=

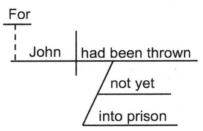

7. John 6:15

C	S	V	M	M	M	M
So	Jesus	withdrew	again	to the mountain	by Himself	alone.

Marking= John 6:15 |So| <u>Jesus</u>...<u>withdrew</u> ¦again¦ (to the mountain) (by Himself) ¦alone.¦
Reed-Kellogg Diagram=

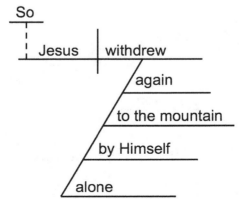

8. John 5:43a

S	V	M	M	M	M	C	S	V	M	V	DO
I	have come	in	My	Father's	name,	and	you	do	not	receive	Me

Marking= John 5:43a I have come (in My Father's name), and you do not receive Me

Reed-Kellogg Diagram=

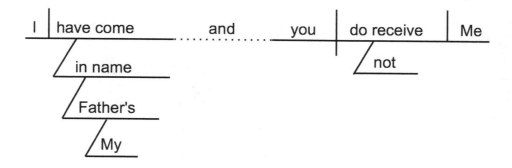

9. Matt 6:33

C	V	M	M	DO	C	M	DO	C	M	M	S	V	IO
But	seek	first	His	kingdom	and	His	righteousness;	and	all	these	things	shall be added	to you.

Marking= Matt 6:33 But seek first His kingdom and His righteousness; and all these things shall be added to you.

Reed-Kellogg Diagram=

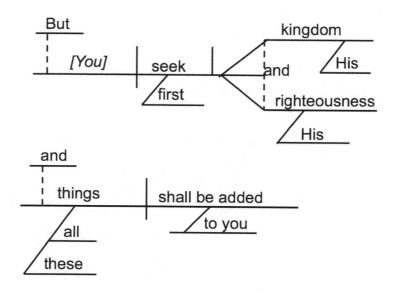

10. John 3:25

C	S	V	DO	M	M	M	M
Therefore	there	arose	a discussion	on the part	of John's disciples	with a Jew	about purification.

Marking= John 3:25 [Therefore], there <u>arose</u> <u>a discussion</u> (on the part of John's disciples) (with a Jew) (about purification).

Reed-Kellogg Diagram=

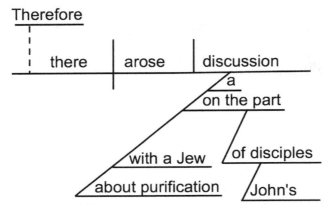

11. Matt 7:22

DA	DA	V	S	M	V	M	C	M	V	DO	C	M	V	M	DO
Lord,	Lord,	Did	we	not	prophesy	in Your name,	and	in Your name,	cast out	demons,	and	in Your name,	perform	many	miracles?

Marking= Matt 7:22 [Lord, Lord,] [did] <u>we</u> [not] <u>prophesy</u> (in Your name), [and] (in Your name) <u>cast out</u> <u>demons,</u> [and] (in Your name) <u>perform</u> <u>many miracles</u>?

Reed-Kellogg Diagram=

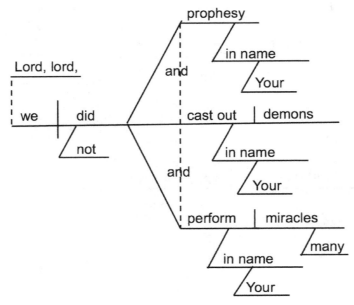

1C. SENTENCES

In one or more of the verses below, identify the English *parts of speech* in John 3:16-21. Look up words in the dictionary, if need be, to find out this information. (There is no need to do this repeatedly for the same word.)

C= Conjunction; N=Noun; V=Verb; I=Interjection; ADV=Adverb; PREP=Preposition
ADJ=Adjective; PN=Pronoun

John 3:26-21	List Word and Its Part of Speech

Example: 16 For [C] God [N] so [ADV] loved [V] the [ADJ] world [N], that [C] He [PN] gave [V] His [PN] only [ADV] begotten [ADJ] Son [N], that [C] whoever [PN] believes [V] in [PREP] Him [PN] should [V] not [ADV] perish [V], but [C] have [V] eternal [ADJ] life [N].

17 For [C] God [N] did [V] not [ADV] send [V] the [ADJ] Son [N] into [PREP] the [ADJ] world [N] to [PREP] judge [V] the [ADJ] world [N], but [C] that [C] the [ADJ] world [N] should [V] be [V] saved [V] through [PREP] Him [PN].

18 He [PN] who [PN] believes [V] in [PREP] Him [PN] is [V] not [ADV] judged [V]; he [PN] who [PN] does [V] not [ADV] believe [V] has [V] been [V] judged [V] already [ADV], because [C] he [PN] has [V] not [ADV] believed [V] in [PREP] the [ADJ] name [N] of [PREP] the [ADJ] only [ADV] begotten [ADJ] Son [N] of [PREP] God [N].

19 And [C] this [V] is [V] the [ADJ] judgment [N], that [C] the [ADJ] light [N] is [V] come [V] into [PREP] the [ADJ] world [N], and [C] men [M] loved [V] the [ADJ] darkness [N] rather [ADV] than [C] the [ADJ] light [N]; For [C] their [PN] deeds [N] were [V] evil [ADJ].

20 For [C] everyone [PN] who [PN] does [V] evil [N] hates [V] the [ADJ] light [N], and [C] does [V] not [ADV] come [V] to [PREP] the [ADJ] light [N], lest [C] his [V] deeds [N] should [V] be [V] exposed [V].

21 But [C] he [PN] who [PN] practices [V] the [ADJ] truth [N] comes [V] to [PREP] the [ADJ] light [N], that [C] his [V] deeds [N] may [V] be [V] manifested [V] as [C] having [V] been [V] wrought [V] in [PREP] God [N].

EXERCISES CH. 2 ANSWER KEY AND GUIDE

2A. OVERVIEW

Consult GRAMMAR CHAPTER 2 if you have difficulty answering these overview questions.

2B. VOCABULARY 2

Review the vocabulary words and/or consult the VOCABULARY: 20 TIMES OR MORE.

2C. REVIEW

I. Identify the basic components in the following sentences by placing the corresponding designation above the word.

S=Subject V=Verb DO=Direct Object IO=Indirect Object	M=Modifier C=Conjunction DA=Direct Address

II. Then perform constituent marking in each sentence using these conventions:

adverbs
conjunctions and interjections
subjects and verbs
direct objects

indirect objects
(prepositions and their phrases)
{direct address}

III. Then diagram each sentence using the Reed-Kellogg method.

Example: Acts 7:2a Hear me brethren and fathers! The God of glory appeared to our father...

	V	DO	DA	C	DA	M	S	M	V	M	IO
Acts 7:2a Hear	me,	brethren	and	fathers!	The	God	Of glory	appeared	to our	father

Marking= Acts 7:2a Hear me, {brethren and fathers}! The God (of glory) appeared to our father

Reed-Kellogg Diagram=

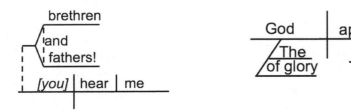

290

1. John 3:2a

M	S	V	IO	M
This	man	came	to Him	By night

Marking= John 3:2a <u>This man</u> came <u>to Him</u> (by night)
Reed-Kellogg Diagram=

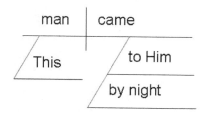

2. John 5:30a

S	V	DO	M
I	can do	nothing	on My own initiative.

Marking= John 5:30a <u>I</u> can do <u>nothing</u> (on My own initiative).
Reed-Kellogg Diagram=

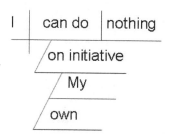

3. Matt 6:24c

S	V	DO	C	DO
You	cannot serve	God	and	mammon.

Marking= Matt 6:24c <u>You</u> cannot serve <u>God</u> [and] <u>mammon</u>.
Reed-Kellogg Diagram=

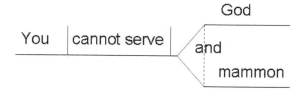

4. Acts 7:2a

V	DO	DA	C	DA
Hear	me,	brethren	and	fathers!

Marking= Acts 7:2a <u>Hear</u> <u>me</u>, {brethren [and] fathers}!

Reed-Kellogg Diagram=

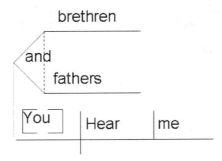

5. John 7:5

C	M	M	S	V	M
For	not even	His	brothers	were believing	in Him.

Marking= John 7:5 For not even His brothers were believing (in Him).
Reed-Kellogg Diagram=

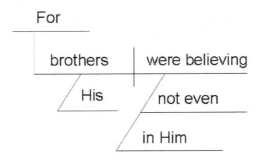

6. Matt 7:20

C	S	V	DO	M
So then,	you	will know	them	by their fruits.

Marking= Matt 7:20 So then, you will know them (by their fruits).
Reed-Kellogg Diagram=

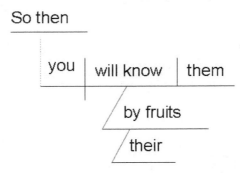

7. Heb 1:3b

S	V	M	M	M
He	sat down	at the right hand	of the Majesty	on high

Marking= Heb 1:3b <u>He</u> <u>sat down</u> (at the right hand) (of the Majesty) (on high)
Reed-Kellogg Diagram=

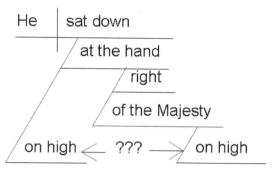

8. John 6:3

C	S	V	M	C	M	S	V	M
Then	Jesus	went up	on the mountain,	and	there	He	sat down	with His disciples.

Marking= John 6:3 [Then] <u>Jesus</u> <u>went up</u> (on the mountain), [and] [there] <u>He</u> <u>sat down</u> (with His disciples).
Reed-Kellogg Diagram=

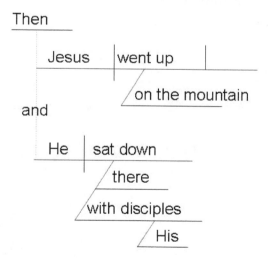

9. John 6:13a

C	S	V	DO	V	C	V	M	DO	M	M
So	they	gathered	them	up,	and	filled	twelve	baskets	with fragments	from the five barley loaves.

Marking= John 6:13a [So] <u>they</u> <u>gathered</u> <u>them</u> up, [and] <u>filled</u> <u>twelve baskets</u> (with fragments) (from the five barley loaves).

Reed-Kellogg Diagram=

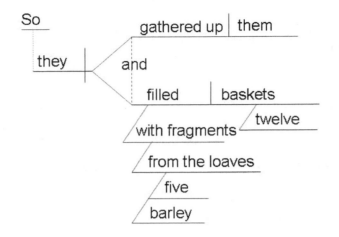

10. Acts 6:3a

C	V	M	DO	M	M	M	M	M	C	M
But	select	from among you,	brethren,	seven	men	of good reputation,	full	of the Spirit	and	of wisdom,

Marking= Acts 6:3a [But] <u>select</u> (from among you), {brethren}, <u>seven men</u> (of good reputation), <u>full</u> (of the Spirit) [and] (of wisdom),

Reed-Kellogg Diagram=

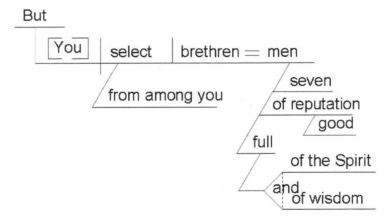

11. Matt 18:27 (Note: The verb *forgive* sometimes takes two direct objects.)

C	S	M	V	DO	C	V	DO	C	V	DO	DO
And	the lord	of that slave	felt	compassion	and	released	him	and	forgave	him	the debt.

Marking= Matt 18:27 And the lord (of that slave) felt compassion and released him and forgave him the debt. [Notice that this verb takes two direct objects; the first is who is forgiven; the second, what is forgiven]

Reed-Kellogg Diagram=

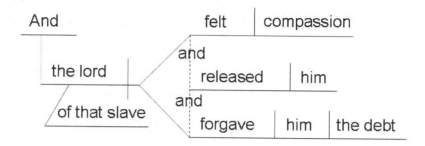

2D. FOCUS

1. Memorize the order and name of the Greek characters. Observe how closely the Greek alphabet follows our English alphabet.

   Where does it differ? The letter γάμμα follows βῆτα. There is no "F", "J", "Q", "V", "W", "X", "Y", or "Z". A new letter is found after νῦ, namely ξῖ.

   Are there any patterns that may assist your memorization of the order? Explain below.

Letter Names		Minuscules	Uncials	
Greek	**Pronunciation**	**(small letters)**	**(capital letters)**	
ἄλφα	_ahl-phah_	α	A	
βῆτα	_vāy-tah_	β	B	
γάμμα	_ghahm-mah_	γ	Γ	
δέλτα	_dhehl-tah_	δ	Δ	
ἒ ψιλόν	_eh-psee-lōn_	ε	E	
ζῆτα	_zāy-tah_	ζ	Z	These three
ἦτα	_āy-tah_	η	H	rhyme
θῆτα	_thāy-tah_	ϑ	Θ	
ἰῶτα	_yō-tah_ or _ee-ō-tah_	ι	I	
κάππα	_kahp-pah_	κ	K	
λάμβδα	_lahmv-thah_	λ	Λ	
μῦ	_meew_	μ	M	
νῦ	_neew_	ν	N	
ξῖ	_ksee_	ξ	Ξ	ξῖ is new a
ὂ μικρόν	_ō-mee-crōn_	ο	O	letter after νῦ
πῖ	_pee_	π	Π	

ῥῶ	_rhō_	ρ	P	
σίγμα	_seeg-mah_	σ, ς	Σ	
ταῦ	_tahv_	τ	Τ	
ῦ ψιλόν	_eew-psee-lōn_	υ	Υ	
φῖ	_phee_	φ	Φ	These three
χῖ	_chee_	χ	Χ	rhyme
ψῖ	_psee_	ψ	Ψ	
ὦ μέγα	_ō-meh-gah_	ω	Ω	

2. Punctuate the word-for-word English translation of the Greek sentence immediately below. Explain all other marks found among the Greek words.

Τί	ὁ κύριος	ἔφη,	Ἐγώ	εἰμι	ὁ διδάσκαλος	ζωής;	εἶπε	τοῦτο
Why	did the Lord	say,	"I	am	the teacher	of life"?	He said	this,

ἵνα	ἡ σάρξ	μὴ καυχήσηται	ἐνώπιον θεοῦ	ἐν τῇ βασιλείᾳ	τοῦ οὐρανοῦ.
so that	the flesh	would not boast	before God	in the Kingdom	of heaven.

3. Practice pronouncing the Greek words from the sentence above by *first* breaking them into syllables and *then* pronouncing them.

4. Practice forming Greek characters by rewriting the Greek sentence above in the space below.

Τί ὁ κύ/ρι/ος ἔ/φη, Ἐ/γώ εἰ/μι δι/δά/σκα/λος ζω/ής; εἶ/πε δὲ τοῦ/το ἵ/να ἡ σάρξ μὴ
καυ/χή/ση/ται ἐ/νώ/πι/ον θε/οῦ ἐν τῇ βα/σι/λεί/ᾳ τοῦ οὐ/ρα/νοῦ.

2E. SENTENCES

1. Below is a paragraph from Luke 1:24-28. Look closely at the endings on each word. First, find those words that are loan words to Greek. (Read again §2.6 PROPER NOUNS AND BORROWED NON-GREEK WORDS if needed.) Second, find similar endings and make a list of them. These "end-ings" are indicated in most words by a slash (|). Notice that this slash is NOT a syllabification marker.

24 Μετὰ δὲ ταύτ|ας τ|ὰς ἡμέρ|ας συνέλαβ|εν Ἐλισάβετ ἡ γυν|ὴ αὐτ|οῦ καὶ περιέκρυβ|εν
ἑαυτὴν μῆν|ας πέντε λέγουσ|α

25 ὅτι Οὕτως μ|οι πεποίηκ|εν κύρι|ος ἐν ἡμέρ|αις αἷς ἐπεῖδ|εν ἀφελεῖν ὄνειδ|ός μ|ου ἐν ἀνθρώπ|οις.

26 Ἐν δὲ τ|ῷ μην|ὶ τ|ῷ ἕκτ|ῳ ἀπεστάλη ὁ ἄγγελ|ος Γαβριὴλ ἀπὸ τ|οῦ θε|οῦ εἰς πόλιν τ|ῆς Γαλιλαί|ας ᾗ ὄνομα Ναζαρὲθ

27 πρὸς παρθέν|ον ἐμνηστευμέν|ην ἀνδρ|ὶ ᾧ ὄνομα Ἰωσὴφ ἐξ οἴκ|ου Δαυίδ, καὶ τὸ ὄνομα τ|ῆς παρθέν|ου Μαριάμ.

28 καὶ εἰσελθὼν πρὸς αὐτ|ὴν εἶπ|εν, Χαῖρε, κεχαριτωμέν|η, ὁ κύρι|ος μετὰ σ|οῦ.

2. Work on pronouncing the words from Luke 1:24-28. First, break the words into syllables, as is done using the slash (/) in 1:24 below. Then, practice reading more than one word at a time. Be sure you understand all the marks in the text. Note which words are capitalized. Why might they be capitalized?

24 Με/τὰ δὲ ταύ/τας τὰς ἡ/μέρ/ας συ/νέ/λα/βεν Ἐ/λι/σά/βετ ἡ γυ/νὴ αὐ/τοῦ καὶ πε/ρι/έ/κρυ/βεν ἑ/αυ/τὴν μῆ/νας πέν/τε λέ/γου/σα

25 ὅ/τι Οὕ/τως μοι πε/ποί/η/κεν κύ/ρι/ος ἐν ἡ/μέ/ραις αἷς ἐ/πεῖ/δεν ἀ/φε/λεῖν ὄ /νει/δός μου ἐν ἀν/θρώ/ποις.

26 Ἐν δὲ τῷ μη/νὶ τῷ ἕκ/τῳ ἀ/πε/στά /λη ὁ ἄγ/γε/λος Γα/βρι/ὴλ ἀ/πὸ τοῦ θε/οῦ εἰς πό/λιν τῆς Γα/λι/λαί/ας ᾗ ὄ/νο/μα Να/ζα/ρὲθ

27 πρὸς παρ/θέ/νον ἐ/μνη/στευ/μέ/νην ἀν/δρὶ ᾧ ὄ/νο/μα Ἰ/ω/σὴφ ἐξ οἴ/κου Δαυ/ίδ, καὶ τὸ ὄ/νο/μα τῆς παρ/θέ/νου Μα/ρι/άμ.

28 καὶ εἰσ/ελθ/ὼν πρὸς αὐ/τὴν εἶ/πεν, Χαῖ/ρε, κε/χα/ρι/τω/μέ/νη, ὁ κύ/ρι/ος με/τὰ σοῦ.

EXERCISES CH. 3 ANSWER KEY AND GUIDE

3A. OVERVIEW

Consult GRAMMAR CHAPTER 3 if you have difficulty answering these overview questions.

3B. VOCABULARY 3

Review the vocabulary words and/or consult the VOCABULARY: 20 TIMES OR MORE.

3C. REVIEW

1. Write the Greek Alphabet below.

α β γ δ ε ζ η θ ι κ λ μ ν ξ ο π ρ ς τ υ φ χ ψ ω
Α Β Γ Δ Ε Ζ Η Θ Ι Κ Λ Μ Ν Ξ Ο Π Ρ Σ Τ Υ Φ Χ Ψ Ω

2. List the Greek vowels. Which may be long in length? Which are short?

Short	Long	Short or Long
ε ο	η ω	α ι υ

3. Write out the most common monophthongs/diphthongs. Can you pronounce them?

Monophthongs *Diphthongs	*Pronunciation Value in English*	*Examples*
αι	eh – s<u>ai</u>d	δικαιοσύνη = dee-k<u>eh</u>-ō-seew-nāy
* αυ	av – <u>av</u>ocado af – w<u>af</u>t (before β, δ, γ, ζ, λ, μ, ν, ρ)	αὐτοῦ = <u>ahv</u>-tou κραυγή = kr<u>af</u>-gāy
ει	ee – b<u>ee</u>t	βασιλεία = bah-see-<u>lee</u>-ah
* ευ	ev – <u>ev</u>ery ef – l<u>ef</u>t (before β, δ, γ, ζ, λ, μ, ν, ρ)	πιστεύω = pee-st<u>ev</u>-ō πνεύμα = p<u>nef</u>-mah
* ηυ	āyv – <u>āv</u>iary āyf – s<u>af</u>e (before β, δ, γ, ζ, λ, μ, ν, ρ)	προσηύχετο = prō-s<u>āyv</u>-cheh-tō ηὕρισκον = <u>āyf</u>-ree-skōn
οι	eew – in ewe or *au jus* (French)	μακάριοι = mah-kah-ree-<u>eew</u>
ου	ou – s<u>ou</u>p	τοὺς ὄχλους = tous ō-khl<u>ous</u>
υι	eey– ter<u>iy</u>-aki	υἱός = eey-ōs

3D. FOCUS

Parsing Legend: For simplicity's sake, one can use the following guide:

Tense	Voice	Mood	Person	Number
P=Present	**A**=Active	**I**= Indicative	**1**= First	**S**= Singular
I=Imperfect	**P**=Passive	**S**= Subjunctive	**2**= Second	**P**= Plural
F=Future	**M**=Middle	**P**= Participle	**3**= Third	
A=Aorist	**M/P**=Middle/Passive	**M**= Imperative		
R=Perfect	**D**=MiDDle Formed	**N**= Infinitive		
L=Pluperfect	(Deponent)			

Don't worry, you are not expected to know all of these endings yet!

I. Parse these Verbs.

	Tense	Voice	Mood	Person	Number	Lexical Form & Meaning	Translation
1. βλέπομεν	P	A	I	1	P	βλέπω I see	we are seeing
2. βαπτίζουσιν	P	A	I	3	P	βαπτίζω I baptize	they are baptizing
3. γράφεται	P	M/P	I	3	S	γράφω I write	it is (being) written
4. ἐρχόμεθα	P	D	I	1	P	ἔρχομαι I come	we are coming/going
5. δοξάζεις	P	A	I	2	S	δοξάζω I glorify	you [sg.] are glorifying
6. εὐαγγελίζεσθε	P	D	I	2	P	εὐαγγελίζομαι I announce the good news	you [pl.] are announcing the good news
7. πορεύομαι	P	D	I	1	S	πορεύομαι I go	I am going
8. προσεύχονται	P	D	I	3	P	προσεύχομαι I pray	they are praying
9. σῴζει	P	A	I	3	S	σῴζω I save	he is saving
10. πεμπόμεθα	P	M/P	I	1	P	πέμπω I send	we are (being) sent
11. εὑρίσκῃ	P	M/P	I	2	S	εὑρίσκω I find	you [sg.] are (being) found
12. λέγει	P	A	I	3	S	λέγω I say, I speak	he is saying
13. ἔχουσιν	P	A	I	3	P	ἔχω I have	they are having
14. διδάσκεσθε	P	M/P	I	2	P	διδάσκω I teach	you [pl.] are (being) taught

II. Place the proper verb ending (3S, 1P, and 3P) onto each verb and provide a basic translation below it:

	3 S (third singular)	1 P (first plural)	3 P (third plural)
Example: βλέπω	βλέπει s/he is seeing	βλέπομεν we are seeing	βλέπουσι(ν) they are seeing
ἔρχομαι	ἔρχεται s/he is coming	ἐρχόμεθα we are coming	ἔρχονται they are coming
δοξάζω	δοξάζει s/he is glorifying	δοξάζομεν we are glorifying	δοξάζουσι(ν) they are glorifying
προσεύχομαι	προσεύχεται s/he is praying	προσευχόμεθα we are praying	προσεύχονται they are praying
πέμπω	πέμπει s/he is sending	πέμπομεν we are sending	πέμπουσι(ν) they are sending
πορεύομαι	πορεύεται s/he is going	πορευόμεθα we are going	πορεύονται they are going

3E. SENTENCES

"Cut off" the verb ending by placing a line before the ending); then translate these short sentences.

1. βλέπ|ω. οὐ βλέπ|ω. βλέπ|ομεν. οὐ βλέπ|ομεν.
   I see. I am not seeing. We see. We are not seeing.

2. βαπτίζ|ετε. βαπτίζ|εσθε. οὐ βαπτίζ|ονται.
   You baptize. You are (being) baptized. They are not (being) baptized.

3. ἔχ|ομεν. οὐκ ἔχ|ουσι. Φαρισαῖος ἔχ|ει. γράφ|εις.
   We have. They are not having. A Pharisee has. You write.

4. ἔρχ|ονται. οὐκ ἔρχ|ῃ. Πέτρος λέγ|ει, Χριστὸς ἔρχ|εται.
   They are coming. You are not coming. Peter says, "Christ is coming."

5. λέγ|εται. οὐ λέγ|ετε. γράφ|ομεν.
   It is (being) said. You are not speaking. We are writing.

6. εὑρίσκ|εις. οὐχ εὑρίσκ|ετε. εὑρίσκ|ονται.
   You find. You (pl.) are not finding. They are (being) found.

7. Ἰάκωβος διδάσκ|ει. σῴζ|ονται. τί οὐ σῳζ|όμεθα; (τί = why?)
   James teaches. They are (being) saved. Why are we not (being) saved?

Translate these last three sentences as if in the middle voice, if this is possible.

8. βαπτίζ|ετε. βαπτίζ|εσθε. οὐ βαπτίζ|ονται.
   You are baptizing. You are baptizing yourselves (Or, *You are baptizing with your own interest in
   mind*). They are not baptizing themselves (or, *with their own interests in mind*).

9. οὐ δοξάζ|ομεν. δοξάζ|ονται. σῴζ|ομαι. οὐ σῴζ|εσθε.
   **We are not glorifying. They are glorifying with their own interests in mind. I am saving with my
   own interest in mind. You (pl.) are not saving with your own interests in mind.**

10. προσεύχ|εσθε; οὐ προσευχ|όμεθα. Πιλᾶτος οὐ σῴζ|εται. πέμπ|ῃ.
    **Are you (pl.) praying? (or, Do you pray?) We are not praying. Pilate is not being saved. You
    are sending with your own interest in mind.**

3F. READING

1. Read aloud the following verses (use your own Greek NT, if available).
2. Next, cut off and underline all the endings that appear to be Present Indicative in the verses below.
3. Finally, circle all forms of punctuation below and provide the English equivalent. (Note: Below these
   forms of punctuation are placed in boxes.)

Matt 6:26 ἐμβλέψατε εἰς τὰ πετεινὰ τοῦ οὐρανοῦ ὅτι οὐ σπείρ|ουσιν οὐδὲ θερίζ|ουσιν

οὐδὲ συνάγ|ουσιν εἰς ἀποθήκας ⟦ , = , ⟧ καὶ ὁ πατὴρ ὑμῶν ὁ οὐράνιος τρέφ|ει αὐτά

⟦ · = ; or : ⟧ οὐχ ὑμεῖς μᾶλλον διαφέρ|ετε αὐτῶν ⟦ ; = ? ⟧

Matt 12:45a τότε πορεύ|εται καὶ παραλαμβάν|ει μεθ᾽ ἑαυτοῦ ἑπτὰ ἕτερα πνεύματα

πονηρότερα ἑαυτοῦ καὶ εἰσελθόντα κατοικ|εῖ ἐκεῖ ⟦ · = ; or : ⟧ καὶ γίν|εται τὰ

ἔσχατα τοῦ ἀνθρώπου ἐκείνου χείρονα τῶν πρώτων ⟦ . ⟧

Mark 4:20 καὶ ἐκεῖνοί εἰσιν οἱ ἐπὶ τὴν γῆν τὴν καλὴν σπαρέντες ⟦ , = , ⟧ οἵτινες

ἀκού|ουσιν τὸν λόγον καὶ παραδέχ|ονται καὶ καρποφορ|οῦσιν ἐν τριάκοντα

καὶ ἐν ἑξήκοντα καὶ ἐν ἑκατόν ⟦ . = . ⟧

Luke 20:21 καὶ ἐπηρώτησαν αὐτὸν λέγοντες ⟦ , = , ⟧ Διδάσκαλε ⟦ , = , ⟧ οἴδαμεν ὅτι ὀρθῶς

λέγ|εις καὶ διδάσκ|εις καὶ οὐ λαμβάν|εις πρόσωπον ⟦ , = , ⟧ ἀλλ᾽ ἐπ᾽ ἀληθείας

τὴν ὁδὸν τοῦ θεοῦ διδάσκ|εις ⟦ · = ; or : ⟧

John 3:8 τὸ πνεῦμα ὅπου θέλ|ει πνεῖ καὶ τὴν φωνὴν αὐτοῦ ἀκού|εις ⟦ , = , ⟧ ἀλλ᾽ οὐκ οἶδας

πόθεν ἔρχ|εται καὶ ποῦ ὑπάγ|ει ⟦ · = ; or : ⟧ οὕτως ἐστὶν πᾶς ὁ γεγεννημένος ἐκ

τοῦ πνεύματος ⟦ . ⟧

Rom 2:17-18 Εἰ δὲ σὺ Ἰουδαῖος ἐπονομάζ|ῃ καὶ ἐπαναπαύ|ῃ νόμῳ καὶ καυχᾶσαι ἐν θεῷ

18 καὶ γινώσκ|εις τὸ θέλημα καὶ δοκιμάζ|εις τὰ διαφέροντα κατηχούμενος

ἐκ τοῦ νόμου ⟦ , = , ⟧

2 Cor 1:13 οὐ γὰρ ἄλλα γράφ|ομεν ὑμῖν ἀλλ᾽ ἢ ἃ ἀναγινώσκ|ετε ἢ καὶ ἐπιγινώσκ|ετε ⟦ · = ⟧

⟦ ; or : ⟧ ἐλπίζ|ω δὲ ὅτι ἕως τέλους ἐπιγνώσ|εσθε ⟦ , = , ⟧

(Note this last word ἐπιγνώσεσθε actually has a future tense ending, which is

marked by the σίγμα on the front of the ending: ἐπιγνώ|σεσθε).

EXERCISES CH. 4 ANSWER KEY AND GUIDE

4A. OVERVIEW

Consult GRAMMAR CHAPTER 4 if you have difficulty answering these overview questions.

4B. VOCABULARY 4

Review the vocabulary and/or consult the VOCABULARY: 20 TIMES OR MORE.

4C. REVIEW

Parsing Legend: One can use the following guide:

Tense	Voice	Mood	Person	Number
P=Present	**A**=Active	**I**= Indicative	**1**= First	**S**= Singular
I=Imperfect	**P**=Passive	**S**= Subjunctive	**2**= Second	**P**= Plural
F=Future	**M**=Middle	**P**= Participle	**3**= Third	
A=Aorist	**M/P**=Middle/Passive	**M**= Imperative		
R=Perfect	**D**=MiDDle Formed	**N**= Infinitive		
L=Pluperfect	(Deponent)			

Don't worry; you are not expected to know all of these tense and mood endings yet!

Parse these verbs:

		Tense	Voice	Mood	Person	Number	Lexical Form & Meaning
1.	βλέπετε	P	A	I	2	P	βλέπω= I see
2.	βαπτίζονται	P	M/P	I	3	P	βαπτίζω= I baptize
3.	γράφω	P	A	I	1	S	γράφω= I write
4.	ἔρχεται	P	D	I	3	S	ἔρχομαι= I come
5.	λέγεις	P	A	I	2	S	λέγω= I say
6.	εὐαγγελιζόμεθα	P	D	I	1	P	εὐαγγελίζομαι= I announce the good news
7.	πορεύεται	P	D	I	3	S	πορεύομαι= I go
8.	σώζει	P	A	I	3	S	σώζω= I save
9.	διδασκόμεθα	P	M/P	I	1	P	διδάσκω= I teach
10.	ἔχουσιν	P	A	I	3	P	ἔχω= I have
11.	προσεύχεσθε	P	D	I	2	P	προσεύχομαι= I pray
12.	εὑρίσκομαι	P	M/P	I	1	S	εὑρίσκω= I find
13.	δοξάζεται	P	M/P	I	3	S	δοξάζω= I glorify
14.	πέμπομεν	P	A	I	1	P	πέμπω= I send

II. Translate each verb above in the space provided below:

1.	βλέπετε	**You (pl.) are seeing.**
2.	βαπτίζονται	**They are being baptized.**

3.	γράφω	I am writing.
4.	ἔρχεται	He (or She) is coming.
5.	λέγεις	You (sg.) are speaking.
6.	εὐαγγελιζόμεθα	We are announcing the goodnews.
7.	πορεύεται	He (or She) is going.
8.	σῴζει	He (or She) is saving
9.	διδασκόμεθα	We are being taught.
10.	ἔχουσιν	They have. (Or, They are having.)
11.	προσεύχεσθε	You (pl.) are praying.
12.	εὑρίσκομαι	I am being found.
13.	δοξάζεται	He (or She) is being glorified.
14.	πέμπομεν	We are sending.

4D. FOCUS

I. Parse these nouns and give a literal translation:

		Gender	Case	Number	Literal Translation
1.	ἐκκλησίαι	F	N	P	"churches"
2.	ἡμέραις	F	D	P	"to (the) days"
3.	προφητοῦ	M	G	S	"of a prophet"
4.	ζωῆς	F	G	S	"of life"
5.	μαθητής	M	N	S	"disciple"
6.	βασιλείᾳ	F	D	S	"to a kingdom"
7.	ἐντολήν	F	A	S	"commandment"
8.	παραβολῶν	F	G	P	"of parables"
9.	Ἡρῴδη	M	D	S	"to Herod"
10.	ἀληθείας	F	G	S	"of truth"
			A	P	"truths"
11.	δικαιοσύνη	F	N	S	"righteousness"
12.	εἰρήνην	F	A	S	"peace"
13.	Ἰουδαία	F	N	S	"Judea"
14.	Ἰωάννου	M	G	S	"of John"

II. Translate these short phrases into English or Greek:

1. Γράφεις ταῖς ἐκκλησίαις τῆς Ἰουδαίας.
   You are writing to the churches of Judea.

2. Ἔχει τὰς παραβολὰς τῆς ἀληθείας.
   He (or She) has the parables of truth.

3. τὴν δικαιοσύνην τῶν προφητῶν διδάσκουσιν;

   Do they teach the righteousness of the prophets? *Or* **Are they teaching the righteousness of the prophets?** [*This second sentence stresses the imprefective Verbal Aspect of the Present tense, namely that of ongoing or continuousness. The context of the sentence must determine how much emphasis on "continuousness" the original author intended.*]

4. Ἔχομεν καὶ εἰρήνην καὶ ζωήν.

   We have [or, are having] both peace and life.

5. ἀλλὰ αἱ ἡμέραι τῆς εἰρήνης ἔρχονται.

   But the days of peace are coming.

6. The commandments of (the) Judea

   Αἱ ἐντολαὶ τῆς Ἰουδαίας

7. both Christ and the Prophet

   καὶ ὁ Χριστὸς καὶ ὁ προφητής

8. the truth of a parable

   ἡ ἀλήθεια τῆς παραβολή [*Note that "the truth" could be put into the accusative case.*]

9. Therefore, the kingdom of Herod

   ἡ οὖν βασιλεία [τοῦ] Ἡρῴδου [*Remember that οὖν is postpositive, and comes in second position.*]

10. of the church of life

   τῆς ἐκκλησίας [τῆς] ζωῆς

4E. SENTENCES

With sentences first marked, and then translated with guidance or explanations offered. [NOTE: Adverbs are circled with dotted line.]

1. αἱ ἡμέραι ἔρχ|ονται....

2. λέγ|ετε τὴν δικαιόσύνην τῶν προφητῶν.

3. Χριστὸς δοξάζ|εται;

4. ἔχ|ουσι τὴν ζωὴν καὶ τὴν ἀληθείαν.

5. λέγ|ω παραβολήν, ἐντολὰς δὲ λέγ|ουσιν.

6. καὶ πορεύ|ομαι καὶ εὐαγγελίζ|ομαι.

7. Ἡρῴδης οὖν οὐκ εὑρίσκ|ει Χριστόν.

    (Χριστόν is in the accusative case.)

8. Πέτρος δὲ διδάσκει τὰς παραβολὰς τῇ ἐκκλησίᾳ.

9. οὐ σῴζ|εται Πιλᾶτος, οὐκ οὖν προσεύχ|εται.

1. αἱ ἡμέραι ἔρχονται....

   The days are coming...

2. λέγετε τὴν δικαιοσύνην τῶν προφητῶν.
   You are speaking [*or* you speak] the righteousness of the prophets.

3. Χριστὸς δοξάζεται;
   Is Christ being glorified?

4. ἔχουσι τὴν ζωὴν καὶ τὴν ἀλήθειαν.
   They have the life and the truth.

5. λέγω παραβολήν, ἐντολὰς δὲ λέγουσιν.
   I speak/am speaking a parable, but they speak/are speaking commandments.

6. καὶ πορεύομαι καὶ εὐαγγελίζομαι.
   I both am going and am preaching the goodnews.

7. Ἡρῴδης οὖν οὐκ εὑρίσκει Χριστόν. (Χριστόν is in the accusative case.)
   Therefore, Herod is not finding Christ.

8. Πέτρος δὲ διδάσκει τὰς παραβολὰς τῇ ἐκκλησίᾳ.
   But Peter is teaching the parables to the church.

9. οὐ σῴζεται Πιλᾶτος· οὐκ οὖν προσεύχεται.
   Pilate is not being saved; therefore, he does not pray [*or*, he is not praying]

10. Ἰωάννης καὶ βαπτίζει καὶ προσεύχεται.

11. πορευόμεθα οὖν τῇ Ἰερουσαλὴμ καὶ εὐαγγελίζομεν τὴν ἀλήθειαν.

12. ἡ δὲ βασιλεία καὶ διδάσκεται καὶ σῴζει μαθητάς.

13. αἱ ἐκκλησίαι τὰς ἡμέρας δικαιοσύνης βλέπουσιν.

14. γράφει μαθητὴς τῇ ἐκκλησίᾳ ἀλλὰ οὐκ ἔρχονται τῇ ἀληθείᾳ.

15. ἔχεις εἰρήνην ἀλλὰ οὐ σῴζῃ.

16. πέμπει τὴν ἐντολὴν καὶ τοῖς μαθηταῖς καὶ ταῖς ἐκκλησίαις προφήτης.

17. τὴν βασιλείαν οὐχ εὑρίσκουσιν, ἀλλὰ διδάσκονται τὰς παραβολάς.

18. ἡ δικαιοσύνη ταῖς ἐκκλησίαις τῆς Ἰουδαίας εὐαγγελίζεται;

10. Ἰωάννης καὶ βαπτίζει καὶ προσεύχεται.
    John both is baptizing and is praying.

11. πορευόμεθα οὖν τῇ Ἰερουσαλὴμ καὶ εὐαγγελίζομεν τὴν ἀλήθειαν.
    Therefore, we are going to Jerusalem and we are proclaiming (the good news of) the truth.

12. ἡ δὲ βασιλεία καὶ διδάσκεται καὶ σῴζει μαθητάς.
    But the kingdom both is being taught [M/P verb] and saves disciples.

13. αἱ ἐκκλησίαι τὰς ἡμέρας δικαιοσύνης βλέπουσιν.
    The churches are seeing the days of righteousness.

14. γράφει μαθητὴς τῇ ἐκκλησίᾳ, ἀλλὰ οὐκ ἔρχονται τῇ ἀληθείᾳ.
    A disciple writes/is writing to the church, but they are not coming to the truth.

15. ἔχεις εἰρήνην ἀλλὰ οὐ σῴζῃ.
    He has/is having peace, but he is not being saved.

16. πέμπει τὴν ἐντολὴν καὶ τοῖς μαθηταῖς καὶ ταῖς ἐκκλησίαις προφητής.
    A prophet sends/is sending the commandments both to the disciples and to the churches.

17. τὴν βασιλείαν οὐχ εὑρίσκουσιν, ἀλλὰ διδάσκονται τὰς παραβολάς.
    They are not finding the kingdom, but they are being taught the parables. [*Note that both Present Tense verbs are translated as continuous—again, context must determine ultimately whether this continuousness is stressed by the original author.*]

18. ἡ δικαιοσύνη ταῖς ἐκκλησίαις τῆς Ἰουδαίας εὐαγγελίζεται;
    Is righteousness being announced (as good news) to the churches of Judea?

4F. READING

1. Mark up the sentences below as described in §4.6 CONSTITUENT MARKING FOR NAVIGATING A GREEK SENTENCE.
2. Translate the paragraph into the space provided. Translation helps are provided below.

line 1	αἱ ἐκκλησίαι τῆς Ἰουδαίας δοξάζ|ουσι τὸν θέον τοῦ Ἰσραήλ, [ὅτι καὶ προσεύχ|ονται
	The churches of Judea are glorifying the God of Israel, becasue both they are praying
	πάντοτε καὶ τὴν βασιλείαν τοῦ θεοῦ εὐαγγελίζ|ονται ταῖς συναγωγαῖς.]
	always and preaching the goodnews of the Kingdom of God to the synagogues.

Πολλοὶ δὲ μαθηταὶ οὐ ταράσσ|ονται, ἀλλὰ {παρρησίᾳ} λέγ|ουσιν τὴν ἀλήθειαν.

Moreover, many disciples are not troubled, but in boldness are speaking the truth.

Πολλαὶ οὖν ψυχαὶ εὑρίσκ|ουσιν τὴν ἀλήθειαν καὶ βαπτίζ|ονται· καὶ οὕτως| ἔχ|ουσιν

Therefore, many souls are finding the truth and are being baptized; and thus they are having

line 5

τὴν δικαιοσύνην καὶ τὴν ζωήν. ὁ δὲ Ἡρῴδης οὐ πιστεύ|ει καὶ οὕτως| οὐ βαπτίζ|εται·

righteousness and life. Additionally, Herod is not believing and thus is not being baptized;

ἀλλὰ ἡ ἡμέρα ἔρχ|εται, [ὅτε Ἡρῴδης τὴν δόξαν ὄψ|εται τοῦ θέου καὶ φρίξ|ει.

but the day is coming, when Herod will see the glory of God and will shudder.

καὶ οὐ πᾶσα Ἰερουσαλέμ καὶ πιστεύ|ει. οἱ οὖν προφῆται τῆς ἐκκλησίας

And not all Jerusalem also believes/is believing. Therefore, the prophets of the churches

οὐ διδάσκ|ουσι τὰς ἐντολὰς τῆς Ἰερουσαλέμ, ἀλλὰ τοῦ Ἰησοῦ τὰς παραβολάς

are not teaching the commands of Jerusalem, but (they are teaching) Jesus' parables.

Line 1: ὁ θέος= *God* (τὸν θέον is accusative)
τοῦ Ἰσραήλ genitive (sound out name)
ὅτι = *because* (starts a subordinate clause)
Line 2: πάντοτε= *always* (adverb)
ἡ συναγωγή= *synagogue*
πολλοί= *many* (adjective agreeing with
μαθηταὶ in gender, case, & number)
Line 3: ταράσσω= *I trouble; I frighten*
παρρησία= *boldness* (acting adverbially, *in
boldness*— this is a "dative of manner")
πολλαὶ= *many* (adjective agreeing w/ ψυχαὶ)
ἡ ψυχή= *soul; life*

Line 4: οὕτως= *thus* (adverb); also in line 5.
Line 5: πιστεύω= *I believe*
Line 6: ὅτε= *when* (introduces a subordinate clause)
ὄψεται= "he will see"
ἡ δόξα= *glory* (hint: discontinuous)
τοῦ θέου= "of God" (in the genitive case)
φρίξει= "he will shudder"
πᾶσα= *all* (an adjective; it is fem.nom.sg.
What is it modifying?)
Line 7: πιστεύω= *I believe*
οἱ= *the* (a masc. nom. pl. article. With what
noun does it belong?)
τοῦ Ἰησοῦ = *Jesus* (in the genitive case)

EXERCISES CH. 5 ANSWER KEY AND GUIDE

5A. OVERVIEW

Consult GRAMMAR CHAPTER 5 if you have difficulty answering these overview questions.

5B. VOCABULARY 5

Review the vocabulary words and/or consult the VOCABULARY: 20 TIMES OR MORE.

5C. REVIEW

I. Parse these Verbs.

		Tense	Voice	Mood	Person	Number	Lexical Form & Meaning
1.	βαπτιζόμεθα	P	M/P	I	1	P	βαπτίζω =I baptize
2.	εἶ	P	A	I	2	S	εἰμί = I am
3.	ἔρχονται	P	D	I	3	P	ἔρχομαι = I come
4.	λέγει	P	A	I	3	S	λέγω = I say
5.	ἔχεις	P	A	I	2	S	ἔχω = I have
6.	πορεύεσθε	P	D	I	2	P	πορεύομαι = I go
7.	ἔρχῃ	P	D	I	2	S	ἔρχομαι = I come
8.	δοξάζομεν	P	A	I	1	P	δοξάζω = I glorify
9.	σῴζεται	P	M/P	I	3	S	σῴζω = I save
10.	διδάσκετε	P	A	I	2	P	διδάσκω = I teach

II. Parse these nouns and provide a literal translation: NOTE: Remember the ε, ι, ρ rule for #s 2, 6, and 10.

		Gender	Case	Number	Literal Translation
1.	ἐκκλησίαις	F	D	P	to the churches
2.	ἡμέρας	F	G	S	of a day
			A	P	days
3.	προφῆται	M	N	P	prophets
4.	ζωῆς	F	G	S	of life
5.	μαθητῶν	M	G	P	of disciples
6.	βασιλείας	F	G	S	of a kingdom
			A	P	kingdoms
7.	ἐντολή	F	N	S	commandment
8.	παραβολῆς	F	G	S	of a parable
9.	Ἡρώδῃ	M	D	S	to Herod
10.	ἀληθείας	F	G	S	of a truth
			A	P	truths

5D. FOCUS

I. Parse these nouns and provide a literal translation.

		GENDER	CASE	NUMBER	LITERAL TRANSLATION
1.	θεόν	M	A	S	God
2.	κυρίῳ	M	D	S	to (a) Lord
3.	ἄνθρωποι	M	N	P	humans/persons
4.	υἱῶν	M	G	P	of sons
5.	ἀδελφοίς	M	D	P	to brothers
6.	λόγος	M	N	S	word
7.	οὐρανούς	M	A	P	heavens
8.	νόμου	M	G	S	of a law
9.	κόσμος	M	N	S	world
10.	ἀγγέλοις	M	D	P	to angles/messengers
11.	διδασκάλῳ	M	D	S	to a teacher
12.	Ἰησοῦ	M	G	S	of Jesus
			D		to Jesus
13.	ὁδόν	F	A	S	way/road
14.	ἀποστόλων	M	G	P	of apostles
15.	εὐαγγέλιον	N	N/A	S	gospel
16.	δαιμόνια	N	N/A	P	demons
17.	τέκνα	N	N/A	P	children

II. Translate these short phrases into English and Greek.

1. ὁ υἱὸς τοῦ θεοῦ
   the son of God

2. εἰμὶ Παῦλος ὁ ἀπόστολος
   I am Paul the Apostle

3. τῷ κυρίῳ τῶν οὐρανῶν
   to the Lord of the heavens

4. ἡ ὁδὸς τῆς ζωῆς
   the way of life

5. τοὺς λόγους τῆς δικαιοσύνης
   the words of righteousness

6. to the demons
   τοῖς δαιμονίοις

7. The person is an angel.
   ὁ ἄνθρωπός ἐστιν ἄγγελος.

8. The disciples are brothers.
   οἱ μαθηταί εἰσιν ἀδελφοί.

9. of the Law of God.
   τοῦ νόμου τοῦ θεοῦ.

10. to Jesus Christ
    τῷ Ἰησοῦ Χριστῷ

III. Match the following (1-10):

1. _δ_ ἔρχη   α. we are
2. _κ_ εἶ   β. I have
3. _θ_ ἐστέ   γ. there is
4. _β_ ἔχω   δ. you come/go (sg.)
5. _γ_ ἐστί(ν)   ε. I am
6. _ι_ ἔρχονται   ζ. he comes/goes
7. _α_ ἐσμέν   η. they are
8. _ζ_ ἔρχεται   ϑ. you are (pl.)
9. _η_ εἰσίν   ι. they come/go
10. _ε_ εἰμί   κ. you are (sg.)

IV. Translate these short sentences with the verb εἰμί:

1. εἰμὶ ἀπόστολος. **I am an apostle.**

2. ἀπόστολος εἰμί. **I am an apostle.**

3. οὐκ εἰμὶ ἀπόστολος. **I am not an apostle.**

4. ἀπόστολος οὐκ εἰμί. **I am not an apostle.**

5. Ἰησοῦς ἐστιν ὁ Χριστός. **Jesus is the Christ.**

6. ὁ Χριστὸς Ἰησοῦς ἐστιν. **Jesus is the Christ.**

7. ἔστιν ὁ Ἰησοῦς ὁ Χριστός; **Is Jesus the Christ?**

8. ὁ Ἰησοῦς ὁ Χριστός. **Jesus is the Christ.**

9. διδάσκολος ὁ Παῦλος ἐστίν. **Paul is a teacher.**

10. ἡ βασιλεία ζώη ἐστίν. **The Kingdom is life.**

11. ζώη ἐστὶν ἡ βασιλεία. **The Kingdom is life.**

12. ζώη ἡ βασιλεία. **The Kingdom is life.**

13. υἱοὶ θεοῦ εἰσιν. **They are sons of God.**

14. υἱοί εἰσιν θεοῦ. **They are sons of God.**

5E. SENTENCES

Perform Constituent Marking on these sentences (see in §4.6 CONSTITUENT MARKING FOR NAVI-GATING A GREEK SENTENCE **OR** diagram each sentence using the Reed-Kellogg method (see CHAPTER 1.6 and CHAPTER 5.3.E). Then translate. *Below I have Performed Constituent Marking.* NOTE BE-LOW THAT ADVERBS ARE CIRCLED AND VERB ENDINGS ARE NOT CUT OFF.

1. Mark 8:24b <u>Βλέπω</u> <u>τοὺς</u> <u>ἀνθρώπους</u>....
   I see the persons...

2. John 6:48 <u>ἐγώ</u> <u>εἰμι</u> <u>ὁ</u> <u>ἄρτος</u> τῆς ζωῆς. (ὁ ἄρτος= bread; ἐγώ = I)
   I am the bread of life.

3. Matt 24:5b <u>Ἐγώ</u> <u>εἰμι</u> <u>ὁ</u> <u>Χριστός</u>,... (ἐγώ = I)
   I am the Christ,...

4. Rev 1:17d <u>ἐγώ</u> <u>εἰμι</u> <u>ὁ</u> <u>πρῶτος</u> καὶ <u>ὁ</u> <u>ἔσχατος</u>.
   (ἐγώ = I; πρῶτος = first; ἔσχατος = last)
   I am the first and the Last.

5. <u>ὁ</u> δὲ <u>Ἰησοῦς</u> <u>λέγει</u>, Ἐγώ εἰμι, καὶ <u>ὄψεσθε</u> <u>τὸν</u> <u>υἱὸν</u> τοῦ ἀνθρώπου...
   (ἐγώ = I; ὄψεσθε= "you will see")
   And Jesus says, "I am, and you will see the Son of Man...."

6. Rom 1:6b <u>ἐστε</u> καὶ <u>ὑμεῖς</u> <u>κλητοὶ</u> Ἰησοῦ = Χριστοῦ,
   (ὑμεῖς = you; κλητοί = "called")
   You are also called of Jesus Christ,

7. 1 John 3:2a <u>Ἀγαπητοί</u>, νῦν <u>τέκνα</u> θεοῦ <u>ἐσμεν</u>,
   (ἀγαπητοί = beloved; νῦν = now)
   | a vocative |
   Beloved, now we are children of God,

8. John 21:20a <u>ὁ</u> <u>Πέτρος</u> <u>βλέπει</u> <u>τὸν</u> <u>μαθητὴν</u>....
   Peter sees the disciple....

9. <u>ὁ</u> <u>ἀδελφὸς</u> <u>ἔχει</u> <u>τὸν</u> <u>λόγον</u> τῆς ζωῆς.
   The brother has the word of life.

10. καὶ <u>ὁ</u> <u>διάβολος</u> <u>λέγει</u> <u>αὐτῷ</u>, Εἰ <u>υἱὸς</u> <u>εἶ</u> τοῦ θεοῦ, <u>βάλε</u> <u>σεαυτὸν</u> κάτω·
    (διάβολος =devil; αὐτός = he/him; εἰ = if; βάλε σεαυτὸν κάτω = "cast yourself down!")
    And the devil says to him, "If you are the son of God, cast yourself down!"

11. καὶ οἱ φαρισαῖοι λέγουσιν, Δαιμόνιον ἔχει
And the pharisees are saying, "He has a demon."

12. οὐκ ἔχω ἄνεσιν, ὅτι οὐχ εὑρίσκω Τίτον = τὸν ἀδελφόν μου.
(ἄνεσιν = "relief"; ὅτι =because)
I do not have relief, because I am not finding Titus, my brother.

13. Matt 9:6b ἐξουσίαν ἔχει ὁ υἱὸς τοῦ ἀνθρώπου(ἐπὶ τῆς γῆς...)
(ἡ ἐξουσία = authority; ἐπὶ τῆς γῆς = "upon the earth")
The Son of Man has authority on the earth...

14. ὁ Μωϋσῆς καὶ οἱ προφῆται διδάσκουσιν ὅτι ἡ βασιλεία τοῦ θεοῦ
ἔρχεται.
(ὅτι= that)
Moses and the Prophets teach that the Kingdom of God
is coming.

15. Ὁ νόμος καὶ οἱ προφῆται εὐαγγελίζονται τοῖς ἀνθρώποις
τοῦ Ἰσραήλ.
The Law and the Prophets announce the good news to the
people of Israel.

16. καὶ ὁ Ἰησοῦς ἔρχεται καὶ εὑρίσκει αὐτοὺς καθεύδοντας,

καὶ λέγει τῷ Πέτρῳ, Σίμων, καθεύδεις;
(αὐτοὺς καθεύδοντας = "them sleeping"; καθεύδω = I sleep)
And Jesus comes and finds them sleeping, and says to Peter,
"Simon, are you sleeping?"

5F. READING- JESUS' CALLING OF HIS DISCIPLES

Translate this paragraph, which is adapted from John 1:41-45. Words underlined are given a gloss below.

41 εὑρίσκει οὖν ὁ Ἀνδρέας τὸν ἀδελφὸν Σίμωνα καὶ λέγει <u>αὐτῷ</u>, <u>Εὑρήκαμεν</u> τὸν Μεσσίαν, <u>ὅ ἐστιν</u>

<u>μεθερμηνευόμενον</u> Χριστόν· 42 ὁ δὲ Ἀνδρέας πέμπει <u>αὐτὸν</u> τῷ Ἰησοῦ· καὶ ὁ Ἰησοῦς λέγει, <u>Σὺ</u> εἶ

Σίμων ὁ υἱὸς Ἰωάννου, <u>σὺ κληθήσῃ</u> Κηφᾶς <u>ὃ ἑρμηνεύεται</u> Πέτρος. 43 καὶ εὑρίσκει Φίλιππον. καὶ

λέγει <u>αὐτῷ</u> ὁ Ἰησοῦς, <u>Ἀκολούθει μοι.</u> 44-45 ὁ οὖν Φίλιππος καὶ ἔρχεται καὶ εὑρίσκει τὸν

Ναθαναὴλ καὶ λέγει <u>αὐτῷ</u>, Ὁ νόμος καὶ οἱ προφῆται λέγουσιν <u>ὅτι</u> <u>Μεσσίας</u> ἔρχεται· <u>εὑρήκαμεν</u>

τὸν Χριστόν, Ἰησοῦν υἱὸν τοῦ Ἰωσὴφ <u>τὸν ἀπὸ</u> Ναζαρέτ.

Translation

41 Therefore, Andrew finds the [i.e. *his*] brother, Simon, and says to him, "We have found the Messiah, the Christ; 42 And Andrew sends Peter to Jesus; and Jesus says, "You are Simon, the son of John, you will be called Cephas which is interpreted Peter. 43 And Jesus finds Philip. And Jesus says to him, "Follow Me." 44-45 Therefore, Philip both comes and finds Nathanael and says to him, "The Law and the Prophets say that the Messiah is coming; We have found the Christ, Jesus, son of Joseph, the one from Nazareth."

Note: *There are many proper names that need to be sounded out to translate into English.*

Verse 41: αὐτῷ= "to him"

    εὑρήκαμεν= "we have found"

    ὃ … μεθερμηνευόμενον = "which is interpreted"

Verse 42: αὐτόν= "him"

    σύ= "you" (sg.)

    σὺ κληθήσῃ= "you will be called"

    ὃ ἑρμηνεύεται= "which is interpreted"

Verse 43: αὐτῷ= "to him"

    ἀκολούθει μοι= "Follow me!"

Verses 44-45: αὐτῷ= "to him"

    ὅτι= that

    Μεσσίας, ου, ὁ = nom. case; 1st decl.

    εὑρήκαμεν= "we have found"

    τὸν ἀπό= "the one from"

EXERCISES CH. 6 ANSWER KEY AND GUIDE

6A. OVERVIEW

Consult GRAMMAR CHAPTER 6 if you have difficulty answering these overview questions.

6B. VOCABULARY 6

Review the vocabulary words and/or consult the VOCABULARY: 20 TIMES OR MORE.

6C. REVIEW

I. Parse these verbs.

		Tense	Voice	Mood	Person	Number	Lexical Form & Meaning
1.	εὐαγγελίζεσθε	P	D	I	2	P	εὐαγγελίζομαι =I announce the good news
2.	πέμπονται	P	M/P	I	3	P	πέμπω = I send
3.	εἰσιν	P	A	I	3	P	εἰμί = I am
4.	ἔρχεται	P	D	I	3	S	ἔρχομαι = I come/go
5.	γράφεις	P	A	I	2	S	γράφω = I write
6.	δοξάζουσι	P	A	I	3	P	δοξάζω = I glorify
7.	πορεύεσθε	P	D	I	2	P	πορεύομαι = I go

II. Parse these nouns and give a literal translation:

		Gender	Case	Number	Literal Translation
1.	θεούς	M	A	P	gods
2.	κυρίου	M	G	S	of (the) Lord
3.	ἀνθρώποις	M	D	P	to persons
4.	υἱῷ	M	D	S	to a son
5.	ἡμέραις	F	D	P	to days
6.	ἐντολῆς	F	G	S	of a commandment
7.	εἰρήνη	F	D	S	to peace

III. Translate these short phrases.

1. Πέτρον οὖν σῴζει ὁ κυρίος.
   Therefore the Lord saves/is saving Peter.

2. καὶ Πέτρον καὶ Παῦλον σῴζει ὁ κυρίος.
   The Lord saves/is saving both Peter and Paul.

3. καὶ Πέτρον καὶ Παῦλον σῴζουσι καὶ ὁ κυρίος καὶ οἱ ἄγγελοι.
Both the Lord and the angels save/are saving both Peter and Paul.

4. καὶ σῴζει τοὺς ἀποστόλους ὁ κυρίος καὶ πέμπει.
And the Lord saves/is saving the apostles and sends [them].

5. οὐκ εἰσιν ἄγγελοι. ἔσμεν ἀπόστολοι. ἔστε ἡ ἐκκλησία.
They are not angels/messengers. We are apostles. You (pl.) are the church.

6. ἡ ἐντολή ἐστιν ἡ ἀληθεία.
The commandment is the truth.

7. τὸ εὐαγγέλιον ἀληθεία.
The gospel is truth.

8. τὸ εὐαγγέλιον ἡ ἀληθεία.
The gospel is the truth.

6D. FOCUS

I. Translate these short sentences: Remember that the Present tense can be translated as Present simple (e.g. Jesus teaches) or as Present progressive (Jesus is teaching).

1. τοὺς ἀνθρώπους ἀπολύουσιν σὺν τοῖς τέκνοις.
They release/are releasing the persons with the children.

2. οἱ ἄνθρωποι ἀπολύονται ὑπὸ τοῦ Ἰησοῦ.
The persons are being released by Jesus.

3. οἱ ἄνθρωποι διέρχονται δι᾽ Ἰουδαίας πρὸς Ἰερουσαλήμ.
The persons are going through Judea to Jerusalem.

4. οἱ ἄνθρωποι ἀπέρχονται ἀπ᾽ Ἰουδαίας.
The persons are departing from Judea.

5. εἰσέρχῃ εἰς τὴν ἐκκλησίαν.
You (sg.) are coming into the church.

6. ἐξ οὐρανοῦ οἱ ἄγγελοι ἐξέρχονται.
The angels are coming out from heaven.

7. ἀποκρίνεται Ἰησοῦς τοῖς Φαρισαίοις.
Jesus is answering back to the Pharisees.

8. Ἰησοῦ ἀποκρίνονται οἱ Φαρισαῖοι.
   The Pharisees are answering back to Jesus.

9. The children come to Jesus.
   Τὰ τέκνα προσέρχονται τῷ Ἰησοῦ.

10. Jesus comes to the children.
    ὁ Ἰησοῦς προσέρχεται τοῖς τέκνοις.

11. You (pl.) go out in front of the brothers.
    ἐξέρχεσθε ἐνώπιον τῶν ἀδελφῶν

12. I release the teacher to the masters.
    ἀπολύω τὸν διδάσκαλον τοῖς κυρίοις.

13. We are not under the law.
    οὐκ ἐσμὲν ὑπὸ τὸν νόμον.

14. We teach the truth under (the) heaven(s).
    διδάσκομεν τὴν ἀλήθειαν ὑπὸ τοὺς οὐρανούς.

II. Translate and identify the grammatical construction (e.g. means, agency, intermediate means/agency, predicate nominative, source, divine passive, or apposition).

1. σῴζονται ὑπὸ θεοῦ τοῦ κυρίου.
   They are being saved by God (*agency*), **the Lord** (*apposition*).

2. σῴζονται τοῖς λόγοις τῆς ζωῆς.
   They are being saved by the Word of Life (*means*).

3. ὁ προφήτης ἐστιν διδάσκαλος ἐκ τῆς ἐκκλησίας.
   The prophet is a teacher (*predicate nominative*) **out of the church** (*source*).

4. δοξάζεται ὁ υἱὸς τοῦ ἀνθρώπου διὰ τοῦ εὐαγγελίου.
   The Son of Man/Humanity is being glorified [*divine passive*] **through the gospel** (*intermediate means*).

5. ἀπολύονται τὰ δαιμόνια τῇ βασιλείᾳ τοῦ θεοῦ.
   The demons are being sent away by the Kingdom of God (*dative of means*).

6. ἀπολύονται τὰ δαιμόνια ὑπὸ τοῦ κυρίου.
   The demons are being sent away by the Lord (*agency*).

7. τὸ εὐαγγέλιον ὑπὸ τοῦ υἱοῦ τοῦ ἀνθρώπου εὐαγγελίζεται.
   The gospel is being announced by the Son of Man/Humanity (*agency*).

8. ὑπὸ τοῦ προφήτου οἱ λόγοι τῆς ἀληθείας λέγονται.
The words of truth are being spoken by the prophet (*agency*).

9. εἰς τὸν κόσμον πέμπονται οἱ ἀπόστολοι.
The apostles are being sent (*divine passive*) **into the world.**

10. εἰς τὸν κόσμον πέμπονται οἱ ἀπόστολοι τῇ ἐντολῇ τοῦ Ἰησοῦ.
The apostles are being sent into the world by the commandment (*means*) **of Jesus.**

11. ὁ Χριστὸς δοξάζεται διὰ τῆς ἐκκλησίας ἀπ' Ἰερουσαλήμ.
The Christ is being glorified through the church (*means/agency*) **from Jerusalem** (*origin/source*).

12. αἱ ἐκκλησίαι σῴζονται ἐκ τοῦ κόσμου.
The churches are being saved (*divine passive*) **from the world** (*not source, but separation*).

6E. SENTENCES

1. 1 Cor 16:5b Μακεδονίαν γὰρ διέρχομαι, (γάρ= for; this is placed second in a sentence)
For I am going through Macedonia.

2. John 12:23a ὁ δὲ Ἰησοῦς ἀποκρίνεται αὐτοῖς. (αὐτός= he; "they" in the plural)
And Jesus answers back to them.

3. ἔρχεται εἰς τὸν οἶκον καὶ δοξάζει τὸν θεὸν τῶν οὐρανῶν.
She/He comes into the house and glorifies/is glorifying the God of the heavens.

4. ὁ Ἰησοῦς διδάσκει τὰς παραβολὰς ἐνώπιον τῶν μαθητῶν αὐτοῦ. (αὐτός= he)
Jesus teaches/is teaching the parables before his disciples.

5. Ἰωάννης βαπτίζει σὺν τοῖς μαθηταῖς αὐτοῦ, ἀλλὰ οὐχ εὑρίσκει Ἰησοῦν. (αὐτός= he)
John baptizes/is baptizing with his disciples, but he is not finding Jesus.

6. Τότε προσέρχονται Ἰησοῦ οἱ μαθηταὶ Ἰωάννου. (τότε= then)
Then the disciples of John come/are coming to Jesus.

7. Rom 6:14b οὐ γὰρ ἐστε ὑπὸ νόμον ἀλλὰ ὑπὸ χάριν. (γάρ= for; χάριν [accusative case]= grace)
For you are not under (the) Law, but under grace.

8. λέγει τῷ Ἰησοῦ ἡ γυνή, Κύριε, θεωρῶ ὅτι προφήτης εἶ σύ. (ἡ γυνή= woman; θεωρέω= I behold; ὅτι= that; σύ= you sg.)
The woman says to Jesus, "Lord, I behold that <u>you</u> are a prophet." [*The "you" is underlined to represent the emphasis that results when a nominative pronoun is used redundantly with a verb. This will be treated in a future chapter.*]

9. εὑρίσκει τὴν δικαιοσύνην ἐνώπιον τῶν ἀγγέλων τοῦ θεοῦ τὸ τέκνον.

The child finds the righteousness before the angels of God.

10. *[1 Cor 1:12]* λέγετε, Ἐγὼ μέν εἰμι Παύλου, Ἐγὼ δὲ Ἀπολλῶ, Ἐγὼ δὲ Κηφᾶ, Ἐγὼ δὲ Χριστοῦ.

(ἐγὼ= I; μέν here starts a sequence of items, having the equivalence of a comma; here δέ is best translated "or")

You (pl.) say, "I am of Paul," or "I am of Apollos," or "I am of Cephas," or "I am of Christ."

11. λέγει δὲ Αβραμ, Κύριε, τί μοι δώσεις; εἰμὶ ἄτεκνος. (τί μοι δώσεις= "what will you give to me"; ἄτεκνος= childless)

And Abraham says, "Lord, what will you give to me? I am childless."

12. Matt 15:1 Τότε προσέρχονται τῷ Ἰησοῦ ἀπὸ Ἱεροσολύμων Φαρισαῖοι καὶ γραμματεῖς..., (τότε= then)

> **Then Pharisees and Scribes come to Jesus from Jerusalem….,** [*Notice that the Present tense here may best be translated as an "historic" present: "They came to Jesus." This is one use of the Present Tense in narratives.*]

13. ἐγὼ δὲ ἀποκρίνομαι, Τίς εἶ, κύριε; λέγει δὲ πρός με, Ἐγὼ εἰμι Ἰησοῦς ὁ Ναζωραῖος. (ἐγώ = I; τίς= who?)

And I̲ answer back, "Who are you, Lord?" And he says to me, "I̲ am Jesus, the Nazarene."

14. ἀποκρίνεται Ἰησοῦς καὶ λέγει τῷ Νικοδήμῳ, Σὺ εἶ ὁ διδάσκαλος τοῦ Ἰσραὴλ καὶ ταῦτα οὐ γινώσκεις; (σύ= you sg.; ταῦτα=these things; γινώσκω=I know)

Jesus answered back and said to Nicodemus, "Y̲o̲u̲ are the teacher of Israel and you do not know these things?" [*Notice that the present tense here is functioning as Historic Present; see* 6.6 HISTORIC PRESENT (HP) AND DISCOURSE PRAGMATICS]

15. Rev 1:8 Ἐγώ εἰμι τὸ Ἄλφα καὶ τὸ Ω, λέγει κύριος ὁ θεός,

> **"I̲ am the Alpha and the Omega," says the Lord God.**

16. οἱ δὲ φαρισαῖοι δοξάζονται ὑπὸ τῶν ἀνθρώπων, ἀλλὰ οἱ μαθηταὶ ὑπὸ τῶν υἱῶν τοῦ θεοῦ.

And the Pharisees were being glorified by the persons/people, but the disciples [were being glorified] by the sons of God. [*Notice that the present tense here is functioning as Historic Present; see* 6.6 HISTORIC PRESENT (HP) AND DISCOURSE PRAGMATICS*"; also notice the instance of ellipsis here.*]

17. ἀποκρίνονται οἱ Ἰουδαῖοι καὶ λέγουσιν αὐτῷ, Οὐ καλῶς λέγομεν ἡμεῖς ὅτι Σαμαρίτης εἶ σὺ καὶ δαιμόνιον ἔχεις; (αὐτός= he/him; καλῶς= well; ἡμεῖς= we; ὅτι=that; σύ= you sg.)

The Jewish Officials answered back and say to him, "Are w̲e̲ not speaking well that y̲o̲u̲ are a Samaritan and you have a demon? (Yes.)" [*Notice that this question is expecting a positive answer, and this particular construction will be presented in full later. Another translation could be: "Don't we speak well/rightly that…?"*]

18. John 14:6 λέγει αὐτῷ [ὁ] Ἰησοῦς, Ἐγώ εἰμι ἡ ὁδὸς καὶ ἡ ἀλήθεια καὶ ἡ ζωή· οὐδεὶς ἔρχεται πρὸς τὸν πατέρα <u>εἰ μὴ δι' ἐμοῦ</u>. (αὐτός= he/him; οὐδείς= no one; εἰ μὴ δι' ἐμοῦ= "except through me")

Jesus says to him, "I am the way and the truth and the life; no one comes to the Father except through me."

6F. READING—Slightly adapted from 1 John 2:15–18

¹⁵ <u>Μὴ ἀγαπᾶτε</u> τὸν κόσμον <u>μηδὲ</u> <u>τὰ</u> ἐν τῷ κόσμῳ. <u>εἰ</u> ἔχεις <u>ἀγάπην</u> πρὸς τὸν κόσμον, οὐκ ἔστιν ἡ <u>ἀγάπη</u> τοῦ <u>πατρὸς</u> ἐν <u>σοί</u>· ¹⁶ <u>ὅτι</u> <u>πᾶν</u> τὸ ἐν τῷ κόσμῳ, ἡ <u>ἐπιθυμία</u> τῆς <u>σαρκὸς</u> καὶ ἡ <u>ἐπιθυμία</u> τῶν <u>ὀφθαλμῶν</u> καὶ ἡ <u>ἀλαζονεία</u> τοῦ <u>βίου</u>, οὐκ ἔστιν ἐκ τοῦ <u>πατρὸς</u> ἀλλ' ἐκ τοῦ κόσμου ἐστίν. ¹⁷ καὶ ὁ κόσμος <u>παράγεται</u> καὶ ἡ <u>ἐπιθυμία</u> <u>αὐτοῦ</u>, ὁ δὲ <u>ποιῶν</u> <u>τὸ θέλημα</u> τοῦ θεοῦ <u>μένει</u> εἰς τὸν <u>αἰῶνα</u>. ¹⁸ Τέκνα, <u>ἐσχάτη</u> <u>ὥρα</u> ἐστίν, καὶ <u>καθὼς</u> <u>ἠκούσατε</u> <u>ὅτι</u> <u>ἀντίχριστος</u> ἔρχεται, καὶ <u>νῦν</u> <u>ἀντίχριστοι</u> <u>πολλοὶ</u> <u>γεγόνασιν</u>, <u>ὅθεν</u> <u>γινώσκομεν</u> ὅτι <u>ἐσχάτη</u> ὥρα ἐστίν.

Translation

¹⁵ Do not love the world, nor the things in the world. If you have love for/toward the world, the love of the Father is not in you; ¹⁶ because all that is in the world, the lust of the flesh and the lust of the eyes and the boasting of physical life, is not from the Father but is from the world. ¹⁷ And the world is passing away, and its lust, but the one doing the will of God remains forever. ¹⁸ Children, it is the last hour, and just as you heard that the antichrist is coming, even now many antichrists have come, whence we know that it is the last hour.

Note: New repeating words are underlined but are not given twice in the vocabulary list below.

verse 15:
Μὴ ἀγαπᾶτε= "Do not love…!"
μηδὲ= nor
τὰ= "the things"
εἰ= if
ἡ ἀγάπη = love
ὁ πατήρ, πατρός= father
σοί= you [sg. dative case]

verse 16:
ὅτι= because
πᾶν = all [accusative case]
ἡ ἐπιθυμία= lust
ἡ σάρξ, σαρκὸς= flesh
ὁ ὀφθαλμός= eye
ἡ ἀλαζονεία= boasting
ὁ βίος= physical life

verse 17:
παράγομαι= I pass away
αὐτοῦ= "its" [genitive case]

ὁ ποιῶν= "the one doing"
τὸ θέλημα= will
μένω= I remain
αἰῶνα= "age"; here it means "forever"
ἡμῖν= "us" [dative case]

verse 18:
ἐσχάτη= "last" [an adjective]
ἡ ὥρα= hour
καθὼς= just as
ἠκούσατε= "you heard"
ὅτι= that
ὁ ἀντίχριστος= antichrist
νῦν= now
πολλοὶ= many
γεγόνασιν= "have come"
ὅθεν= whence
γινώσκω= I know

Exercises Ch. 7 Answer Key and Guide

7A. Overview
Consult Grammar Chapter 7 if you have difficulty answering these overview questions.

7B. Vocabulary 7
Review the vocabulary words and/or consult the Vocabulary: 20 Times or More.

7C. Review

I. Translate these short phrases.

1. σὺν Χριστῷ
   with Christ

2. ἐν ἡμέρᾳ
   in a day

3. ὑπὸ τῶν ἀνθρώπων
   by the persons

4. ἀπὸ Ναζαρέτ
   from Nazareth

5. ἐνώπιον τῶν ἀγγέλων τοῦ θεοῦ
   before the angels of God

6. σὺν Μαριάμ
   with Mary

7. ἐκ τῶν οὐρανῶν
   from the Heavens

8. διὰ δικαιοσύνην
   because of righteousness

9. ἐν Χριστῷ
   in Christ

10. εἰς εἰρήνην
    for peace

11. πρὸς τοὺς Ἰουδαίους
    to the Jews

12. ἐν τῷ Ἰσραήλ
    in Israel

13. ἐνώπιον Κυρίου
    before the Lord

14. διὰ Ἰησοῦ Χριστοῦ
    through Jesus Christ

15. ἐκ τοῦ πονηροῦ
    from the evil one

16. ἐν τοῖς ἀποστόλοις
    in/among the apostles

17. διὰ τῶν προφητῶν
    through the prophets

18. ἐν τῇ βασιλείᾳ τοῦ θεοῦ
    in the kingdom of God

19. ἀπὸ τῶν νεκρῶν
    from the dead

20. ὑπὸ νόμον
    under (the) law

II. Put these words in the appropriate case or cases for each preposition; then translate them.

Preposition		Χριστός	βασιλεία
1.	πρός	**Χριστόν** *to Christ*	βασιλείαν *to (the) kingdom*
2.	ἐκ	**Χριστοῦ** *from Christ*	βασιλείας *from (the) kingdom*
3.	εἰς	**Χριστόν** *for/into Christ*	βασιλείαν *into (the) kingdom*
4.	ἐνώπιον	**Χριστοῦ** *before Christ*	βασιλείας *before (the) kingdom*
5.	ἀπό	**Χριστοῦ** *from Christ*	βασιλείας *from (the) kingdom*
6.	σύν	**Χριστῷ** *with Christ*	βασιλείᾳ *with (the) kingdom*
7.	ἐν	**Χριστῷ** *in Christ*	βασιλείᾳ *in (the) kingdom*
8.	ὑπό	**Χριστοῦ** *by Christ*	βασιλείας *by (the) kingdom*
		Χριστόν *under Christ*	βασιλείαν *under (the) kingdom*
9.	διά	**Χριστοῦ** *through Christ*	βασιλείας *through (the) kingdom*
		Χριστόν *on account of Christ*	βασιλείαν *on account of (the) kingdom*

III. Parse these verbs.

		Tense	Voice	Mood	Person	Number	Lexical Form & Meaning
1.	διέρχεσθε	P	D	I	2	P	διέρχομαι = I go through
2.	ἀποκρίνονται	P	D	I	3	P	ἀποκρίνομαι = I answer back
3.	δοξάζεται	P	M/P	I	3	S	δοξάζω = I glorify
4.	ἔρχεται	P	D	I	3	S	ἔρχομαι = I come
5.	πέμπομεν	P	A	I	1	P	πέμπω = I send

7D. FOCUS

I. Translate these short sentences that feature uses of the adjective or adjective like modifiers.

1. 2 Cor 1:18   πιστὸς ὁ θεός.   **God is faithful.**
2. Phil 4:5   ὁ κύριος ἐγγύς. (ἐγγύς [adv.] = near)   **The Lord is near.**
3. Acts 19:34   Ἰουδαῖός ἐστιν.   **He is a Judean/Jew.**
4. Acts 19:28   μεγάλη ἡ Ἄρτεμις Ἐφεσίων. (μεγάλος, -η, -ον = great). **Great is Artemis of (the) Ephesians.**
5. *John 19:39*   Νικόδημος ἔρχεται πρὸς Ἰησοῦν ... τὸ πρῶτον.   **Nicodemus first comes to Jesus.**
6. Rev 1:4a   Ἰωάννης ταῖς ἑπτὰ ἐκκλησίαις ταῖς ἐν τῇ Ἀσίᾳ· (ἑπτὰ [adj.] = seven; the verb "is writing" is implied)
   John (is writing) to the seven assemblies in Asia.
   [Notice that the prepositional phrase ἐν τῇ Ἀσίᾳ is in the second attributive position stressing the location of Asia as the location of these church assemblies.]

7. *Rev 1:4b-5* εἰρήνη ἀπὸ θεοῦ ... καὶ ἀπὸ τῶν ἑπτὰ πνευμάτων... **5** καὶ ἀπὸ Ἰησοῦ Χριστοῦ, ὁ μάρτυς, ὁ πιστός, ὁ πρωτότοκος τῶν νεκρῶν καὶ ὁ ἄρχων τῶν βασιλέων τῆς γῆς. (ἑπτὰ = seven; πνευμάτων= "spirits"; ὁ μάρτυς = witness; πρωτότοκος, ον = first born; ὁ ἄρχων = ruler)

Peace from God and from the seven spirits and from Jesus Christ, the Witness, the Faithful One, the Firstborn of the dead and the Ruler of the kings of the earth.

[Notice that the phrase beginning with ὁ μάρτυς... (nominative) is positionally in apposition to Ἰησοῦ Χριστοῦ (genitive), which strains the grammar since the cases do not match. This is striking, and serves to emphasize these affirmations and acclamations to Jesus Christ. Also, notice that if the comma between ὁ μάρτυς, ὁ πιστός were removed, then ὁ πιστός would attributive "the faithful Witness"; as punctuated, ὁ πιστός is a substantive adjective "the faithful One."]

II. Match the adjectives below to their appropriate context/sentence. It will be helpful to **translate** each sentence or phrase and **indicate** the use of the adjective (attributive, substantive, or predicate). Remember that adjectives must agree in gender, case, and number with the noun they modify. **Each adjective below is used only once.**

a. πρῶτοι	g. ἕτερον	m. ἀγαθή
b. ἴδιον	h. νεκρῶν	n. Ἰουδαίας
c. ἄλλην	i. πιστοῖς	o. πιστῆς
d. μακάριοι	j. πονηραί	p. δικαία
e. ἁγίοις	k. ἅγιος	q. καλή
f. ἑκάστη	l. πρῶτοι	

1. εἴσιν οἱ ἔσχατοι a. or l. (predicate) καὶ οἱ a. or l. (substantive) ἔσχατοι.
   The last are first and the first (are) last. *[Notice that "(are)" is implied through ellipsis.]*

2. τοῖς e. or i. (attributive) καὶ e. or i. (attributive) ἀδελφοῖς ἐν Χριστῷ
   to the holy and faithful brothers in Christ or **to the faithful and holy brothers in Christ**

3. c. (attributive) παραβολὴν Ἰησοῦς πάλιν διδάσκει ἀνθρώποις.
   Jesus again teaches/is teaching another parable to (the) persons.

4. ὁ νόμος k. (predicate) , καὶ ἡ ἐντολὴ m. or p. or q. (predicate) καὶ m. or p. or q. (predicate) καὶ m. or p. or q. (predicate).
   The law is holy, and the commandment is good, righteous, and beautiful/good.

5. νῦν f. (substantive) ἔχει τὸν b. (attributive) ἄνδρα (=husband; accusative case).
   Now each woman has/is having her own husband.

6. Ἰησοῦς ἔτι ἔρχεται πρὸς τὸν g. (attributive) μαθητήν.
   Jesus is still/yet coming to the other disciple.

7. Τιμόθεός ἐστιν υἱὸς __o. (attributive) n. (substantive)__. (hint: two genitives with same gender & number)
Timothy is a son of a faithful, Jewish woman.

8. σῳζόμεθα ἐκ __h. (substantive)__.
We are being saved from the dead (ones).

9. αἱ ἡμέραι __j. (predicate)__ εἰσιν.
The days are evil.

10. ἔστε __d. (predicate)__ ἐν Χριστῷ Ἰησοῦ.
You are blessed in Christ Jesus.

III. Translate these short sentences:

1. οἱ μαθηταὶ πιστεύουσιν τῷ Ἰησοῦ.
The disciples are trusting/believing Jesus.

2. οἱ μαθηταὶ πιστεύουσιν εἰς τὸν Ἰησοῦν.
The disciples are trusting/believing in Jesus.

3. πιστεύουσιν εἰς τὸν Ἰησοῦν οἱ μαθηταί.
The disciples are trusting/believing in Jesus.

4. τῷ Ἰησοῦ οἱ μαθηταὶ πιστεύουσιν.
The disciples are trusting/believing Jesus.

5. Ἰησοῦς οὐ πιστεύει τοῖς ἀνθρώποις.
Jesus is not trusting the persons/people.

6. Ἰησοῦς οὐ πιστεύει εἰς τοὺς ἀνθρώπους.
Jesus is not trusting in the persons/people.

7. οἱ πονηροὶ οὐκ ἀκούουσιν παραβολήν.
The evil ones are not hearing a parable.

8. παραβολῆς οὐκ ἀκούουσιν οἱ πονηροί.
The evil ones are not hearing a parable.

9. ἀκούει ὁ διδάσκαλος τῆς ἀληθείας.
The teacher hears the truth.

10. τὴν ἀλήθειαν ὁ διδάσκαλος ἀκούει.
The teacher hears the truth.

7E. SENTENCES

1. πιστεύω οὖν τῷ θεῷ.
   Therefore, I am believing God.

2. Col 4:1b καὶ ὑμεῖς ἔχετε κύριον ἐν οὐρανῷ. (ὑμεῖς= you [pl.])
   And <u>you</u> have a Lord in heaven.
   *[**Notice** that the "<u>you</u>" is underlined because it is emphasized here.]*

3. οὐ εἰσέρχεσθε εἰς τὴν βασιλείαν τῶν οὐρανῶν.
   You (pl.) are not entering into the Kingdom of the Heavens [*or "the Kingdom of Heaven"*).]

4. ἀποκρίνεται Ἰησοῦς, Ἡ βασιλεία ἡ ἐμὴ οὐκ ἔστιν ἐκ τοῦ κόσμου τούτου· (ἐμός,-ά,-όν= my;
   τούτου= "this")
   Jesus answers back, 'My Kingdom is not from this world;'

5. John 9:35b Σὺ πιστεύεις εἰς τὸν υἱὸν τοῦ ἀνθρώπου; (σύ= you [sg.])
   Do <u>you</u> believe in the Son of Humanity?
   *[**Notice** that the "<u>you</u>" is underlined because it is emphasized here.]*

6. εἰρήνην δὲ ἀγαθὴν ἔχομεν διὰ τοῦ Χριστοῦ πρὸς τὸν θεόν.
   But we have a good peace with/toward God through the Christ.

7. Rom 7:23a βλέπω δὲ ἕτερον νόμον ἐν τοῖς μέλεσίν μου.... (μέλεσίν μου= "my members")
   But I see another law in my members….

8. Μωϋσέως καὶ τῶν προφητῶν οὐκ ἀκούουσιν.... (Μωϋσέως is a proper noun in the genitive case)
   They do not hear/obey Moses and the Prophets….

9. Rev 22:11b καὶ ὁ δίκαιος δικαιοσύνην ποιησάτω ἔτι καὶ ὁ ἅγιος ἁγιασθήτω ἔτι. (ποιησάτω= "let
   him do"; ἁγιασθήτω="let him be holy")
   And let the righteous one do righteousness still and let the holy one be holy still.

10. Rom 10:5a Μωϋσῆς γὰρ γράφει τὴν δικαιοσύνην τὴν ἐκ [τοῦ] νόμου. (γάρ= for; for a smoother
    translation, translate γράφει "writes <u>about</u>")
    For Moses writes (about) the righteousness (that is) from the Law.
    *[**Notice** that τὴν ἐκ [τοῦ] νόμου is functioning like an attributive adjective in the second
    position with emphasis]*

11. John 14:1b πιστεύετε εἰς τὸν θεόν καὶ εἰς ἐμὲ πιστεύετε. (ἐμέ [acc.case]= me)
    You are believing in God and you are believing in me.
    *[**Notice** that the verb form πιστεύετε is the same as a command form, thus "Believe!"; no-
    tice also the chiastic arrangement: believe…God…Me…believe." What does this rhetori-
    cal structure communicate?]*

12. ὁ υἱὸς τοῦ ἀνθρώπου ἐκ νεκρῶν ἐγείρεται. (ἐγείρω= I raise)

The Son of Man is being raised from the dead.

13. καὶ εὑρίσκομαι ἐν αὐτῷ καὶ οὐκ ἔχω τὴν δικαιοσύνην τὴν ἐκ νόμου ἀλλὰ τὴν <u>διὰ πίστεως</u>
Χριστοῦ, τὴν ἐκ θεοῦ δικαιοσύνην <u>ἐπὶ τῇ πίστει</u>, (διὰ πίστεως= "through faith or faithfulness"; ἐπὶ
τῇ πίστει= "for (the) faith")

Both I am found in Him and I do not have the righteousness (that is) from the Law, but [I have (implied)] the (righteousness) through the faith(fulness) of Christ, the righteousness from God for the faith.

*[**Notice** there is ellipsis here; one must imply "I have"; also **notice** the apposition here after Χριστοῦ,]*

14. Rom 11:13b <u>ἐφ' ὅσον μὲν</u> οὖν εἰμι ἐγὼ ἐθνῶν ἀπόστολος, τὴν διακονίαν μου δοξάζω. (ἐφ' ὅσον
μὲν= "how much indeed"; ἐγὼ = "I"; ἐθνῶν= "of gentiles"; διακονία= ministry; μου= my)

How much indeed, therefore, <u>I</u> am an apostle of gentiles, am I glorifying my ministry.

15. Matt 13:38 ὁ δὲ ἀγρός ἐστιν ὁ κόσμος, τὸ δὲ καλὸν σπέρμα οὗτοί εἰσιν οἱ υἱοὶ τῆς βασιλείας·
τὰ δὲ ζιζάνιά εἰσιν οἱ υἱοὶ τοῦ πονηροῦ, (ὁ ἀγρός= field; σπέρμα= seed; οὗτοι= these;
τὸ ζιζάνιον= weed)

And the field is the world, and the good seed, these are the sons of the Kingdom; but the weeds are the sons of the evil one.

*[**Notice** that "the good seed" is further explained ",… these are…"]*

16. Matt 22:32 Ἐγώ εἰμι ὁ θεὸς Ἀβραὰμ καὶ ὁ θεὸς Ἰσαὰκ καὶ ὁ θεὸς Ἰακώβ; οὐκ ἔστιν [ὁ] θεὸς
νεκρῶν ἀλλὰ ζώντων. (Ἐγώ = I; ζώντων= "of [the] living")

<u>I</u> am the God of Abraham and the God of Isaac and the God of Jacob? He is not the God of the dead but of the living.

17. 1 Cor 14:33 οὐ γάρ ἐστιν ἀκαταστασίας ὁ θεὸς ἀλλὰ εἰρήνης· ὡς ἐν πάσαις ταῖς ἐκκλησίαις
τῶν ἁγίων (γάρ= for; ἡ ἀκαταστασία= confusion; ὡς= as; πᾶσα=all)

For He is not the God of confusion but of peace; as in all the churches of the holy ones/saints

18. Jas 2:19 σὺ πιστεύεις ὅτι εἷς ἐστιν ὁ θεός, καλῶς ποιεῖς· καὶ τὰ δαιμόνια πιστεύουσιν καὶ
φρίσσουσιν. (σύ= you; ὅτι= that; εἷς= one; καλῶς= well; ποιέω= I do; φρίσσω= I shudder)

<u>You</u> believe that God is one, you do well; even/both the demons believe and shudder.

7F. Reading—Slightly Adapted from 1 John 1:6–10

⁶ εἰ λέγομεν ὅτι κοινωνίαν ἔχομεν σὺν τῷ θεῷ καὶ ἐν τῷ σκότει περιπατοῦμεν, ψευδόμεθα καὶ οὐ ποιοῦμεν τὴν ἀλήθειαν· ⁷ εἰ δὲ ἐν τῷ φωτὶ περιπατοῦμεν ὡς ὁ θεός ἐστιν ἐν τῷ φωτί, κοινωνίαν ἔχομεν σὺν ἀλλήλοις καὶ τὸ αἷμα Ἰησοῦ τοῦ υἱοῦ αὐτοῦ καθαρίζει ἡμᾶς ἀπὸ πάσης ἁμαρτίας. ⁸ εἰ λέγομεν ὅτι ἁμαρτίαν οὐκ ἔχομεν, ἑαυτοὺς πλανῶμεν καὶ ἡ ἀλήθεια οὐκ ἔστιν ἐν ἡμῖν. ⁹ εἰ ὁμολογοῦμεν τὰς ἁμαρτίας ἡμῶν, πιστός ἐστιν καὶ δίκαιος, ἵνα ἀφῇ ἡμῖν τὰς ἁμαρτίας καὶ καθαρίσῃ ἡμᾶς ἀπὸ πάσης ἀδικίας. ¹⁰ εἰ λέγομεν ὅτι οὐχ ἡμαρτήκαμεν, ψεύστην ποιοῦμεν θεὸν καὶ ὁ λόγος τοῦ θεοῦ οὐκ ἔστιν ἐν ἡμῖν.

Translation

⁶ If we say that we have fellowship with God and we are walking in the darkness, we are lying and we do not do the truth; ⁷ But if we are walking in the light as God is in the light, we have fellowship with one another and the blood of Jesus, His Son, cleanses us from every sin. ⁸ If we say that we have no sin, we deceive ourselves and the truth is not in us. ⁹ If we confess our sins, He is faithful and righteous, in order that he would forgive our sins and he would cleanse us from every unrighteousness. ¹⁰ If we say that we have not sinned, we make God a liar and the Word of God is not in us.

Note: New words that are repeated are underlined but are not given twice in the vocabulary list.

verse 6: εἰ= if
          ὅτι= that
          ἡ κοινωνία= fellowship
          τὸ σκότος= darkness
          περιπατοῦμεν= "we walk"
          ψεύδομαι= I lie
          ποιοῦμεν= "we do"

verse 7: τὸ φῶς, φωτός= light
          ὡς= as
          ἀλλήλοις= "one another"
          τὸ αἷμα= blood
          καθαρίζω= I cleanse
          ἡμᾶς= "us" [accusative case]
          πάσης= "all" [genitive case]
          ἡ ἁμαρτία= sin

verse 8: ἑαυτοὺς= "ourselves" [accusative case]
          πλανῶμεν = "we deceive"
          ἡμῖν= "us" [dative case]

verse 9: ὁμολογοῦμεν= "we confess"
          ἡμῶν= "our" [genitive case]
          ἵνα= in order that
          ἀφῇ= "he would forgive"
          ἡμῖν= "our"
          καθαρίσῃ= "he would cleanse"
          ἡ ἀδικία= unrighteousness

verse 10: ἡμαρτήκαμεν= "we have not sinned"
          ὁ ψεύστης=liar
          ποιοῦμεν= "we make"

EXERCISES CH. 8 ANSWER KEY AND GUIDE

8A. OVERVIEW

Consult GRAMMAR CHAPTER 8 if you have difficulty answering these overview questions.

8B. VOCABULARY 8

Review the vocabulary words and/or consult the VOCABULARY: 20 TIMES OR MORE.

8C. REVIEW

I. Translate these short phrases:

1. διὰ δικαιοσύνην   *on account of/because of righteousness*
2. ἐν τῇ βασιλείᾳ τῶν οὐρανῶν   *in the Kingdom of the Heavens*
3. τοὺς ἐν κυρίῳ πιστούς   *the faithful ones in the Lord*
4. ἐνώπιον τοῦ θεοῦ τῆς δικαιοσύνης   *before the God of righteousness*
5. ἀπὸ τῶν ἁγίων προφητῶν   *from the holy prophets*
6. οἱ ἐν οὐρανῷ μακάριοι   *the blessed ones in heaven*
7. τοῖς νεκροῖς σὺν τῷ Ἰησοῦ   *to the dead with Jesus*
8. ὑπ' ἀγγέλου ἁγίου   *by the holy angel*
9. τὸ εὐαγγέλιον ἀγαθόν.   *The gospel is good.*
10. ἐκ τῶν λόγων τῶν καλῶν   *from the good words*

II. Perform Constituent Marking on these sentences (see §4.6 CONSTITUENT MARKING FOR NAVIGATING A GREEK SENTENCE) **and/or** diagram them using the Reed-Kellogg method (see §1.6 THE BASICS OF REED-KELLOGG SENTENCE DIAGRAMMING) and then translate.

1.
```
[you] | ἔχεις | εἰρήνην
              \ἐν τῇ ζωῇ
                      \τοῦ Χριστοῦ
       \ἔτι;
```

1. εἰρήνην ἔχ|εις (ἐν τῇ ζωῇ) ←τοῦ Χριστοῦ ἔτι;
   Do you still have/Are you still having peace in the life of the Christ?

2.
```
οἱ πρῶτοι | ἐξέρχονται
             \ἐκ νεκρῶν.
```

2. οἱ πρῶτοι ἐξέρχ|ονται (ἐκ νεκρῶν).
   The first ones are coming out from the dead.

327

3.
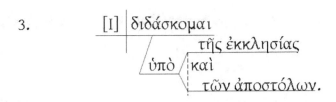

3. δ̲ι̲δ̲ά̲σ̲κ̲|̲ο̲μ̲α̲ι̲ (ὑπὸ τῆς ἐκκλησίας |καὶ| τῶν ἀποστόλων).
   I am being taught by the church and the apostles.

4.   [you] | πιστεύετε |εἰς τὴν βασιλείαν
                              τῶν οὐρανῶν;

4. π̲ι̲σ̲τ̲ε̲ύ̲ε̲τ̲ε̲ (εἰς τὴν βασιλείαν ← τῶν οὐρανῶν);
   Do you believe in the Kingdom of the Heavens?

5.   οἱ ἀδελφοὶ | πορεύονται
          ἕτεροι   νῦν
                        πρὸς τὸν Παῦλον.

5. ν̲ῦ̲ν̲ οἱ ἕτεροι ἀδελφοὶ π̲ο̲ρ̲ε̲ύ̲|̲ο̲ν̲τ̲α̲ι̲ (πρὸς τὸν Παῦλον).
   Now the other brothers are going to Paul.

6.   οἱ μαθηταὶ | βαπτίζονται;
          σὺν τῷ Ἰωάννῃ   πάλιν

6. οἱ (σὺν τῷ Ἰωάννῃ) μ̲α̲θ̲η̲τ̲α̲ὶ̲ π̲ά̲λ̲ι̲ν̲ β̲α̲π̲τ̲ί̲ζ̲|̲ο̲ν̲τ̲α̲ι̲;
   Are the disciples with John being baptized again?

7.   ὁ πονηρὸς | ἀπολύεται
                     ἀπὸ τοῦ δαιμονίου.

7. ὁ̲ π̲ο̲ν̲η̲ρ̲ὸ̲ς̲ ἀ̲π̲ο̲λ̲ύ̲|̲ε̲τ̲α̲ι̲ (ἀπὸ τοῦ δαιμονίου).
   The evil one is being released from the demon.

8.   ὁ Ἡρῴδης | ἔστιν
                    οὐκ ἔτι
                    ἐν τῇ βασιλείᾳ.

8. ὁ̲ Ἡ̲ρ̲ῴ̲δ̲η̲ς̲ οὐκ ἔτι ἔ̲σ̲τ̲ι̲ν̲ (ἐν τῇ βασιλείᾳ).
   Herod is not yet in the Kingdom.

9.   ὁ διδάσκαλος | λέγει
          ἄλλος   ταῖς πισταῖς
                        ἐν παραβολαῖς.

9. τ̲α̲ῖ̲ς̲ π̲ι̲σ̲τ̲α̲ῖ̲ς̲ ὁ ἄλλος δ̲ι̲δ̲ά̲σ̲κ̲α̲λ̲ο̲ς̲ λ̲έ̲γ̲|̲ε̲ι̲ (ἐν παραβολαῖς).
   The other teacher speaks in parables to the faithful women.

10.   [we] | δοξαζόμεθα | τὸν θεὸν
           / πάλιν   / τὸν ἁγίον
           / ἐνώπιον τῶν ἀνθρώπων.

10. <u>δοξαζ|όμεθα</u> ⌐πάλιν¬ <u>τὸν θεὸν τὸν ἁγίον</u> (ἐνώπιον τῶν ἀνθρώπων).
   We glorify (middle voice) again the Holy God before people.

8D. FOCUS

I. Translate these sentences and <u>parse each verb</u>.

1. πρῶτον ἐξέβαλλον **[IAI 3P]** τὸν πονηρόν, τότε συνῆγον **[IAI 3P]**.
   First they were casting out the evil one, then they were gathering together.

2. ἐσωζόμεθα **[IM/PI 1P]** διὰ τὸ εὐαγγελίον· ὁ γὰρ θεὸς ἔλεγε **[IAI 3S]** διὰ τῶν προφητῶν.
   We were being saved because of the gospel; For God was speaking through the prophets.

3. ὁ διδάσκαλος ἐδίδασκε **[IAI 3S]** περὶ τῆς βασιλείας θεοῦ.
   The teacher was teaching about the Kingdom of God.

4. κατὰ τῶν πιστῶν οἱ λόγοι ἐλέγοντο **[IM/PI 3P]** ὑπὸ τῶν Ἰουδαίων.
   The words were being spoken by the Jews against the faithful ones.

5. ὁ κόσμος πάσχει **[PAI 3S]**· οὐ γὰρ ἀκούει **[PAI 3S]** τοῦ λόγου τοῦ θεοῦ.
   The world suffers; for it does not hear the Word of God.

6. οἱ ἀπόστολοι μετὰ τῶν ἄλλων προσέφερον **[IAI 3P]** τὴν νεκρὰν τῷ Ἰησοῦ.
   The apostles with the others were bringing the dead woman to Jesus.

7. ἄγεις **[PAI 2S]** τοὺς ἑτέρους τοῖς Φαρισαίοις ὑπὲρ τῶν ἄλλων;
   Are you leading the others to the Pharisees on behalf of the others?

8. ὁ Ἰησοῦς ὑπῆγε **[IAI 3S]** δι᾽ ἄλλης ὁδοῦ, ὅτι οἱ Ἰουδαίοι ἤδη οὐκ ἐπίστευον **[IAI 3P]**.
   Jesus was departing through another way because the Jews already were not believing.

II. Put each of these words in the appropriate case for each preposition. Then translate.

	Preposition	νόμος	Χριστός	βασιλεία
1.	διά a. genitive b. accusative	a. νόμου b. νόμον ***through the law*** ***because of the law***	a. Χριστοῦ b. Χριστόν ***through Christ*** ***because of Christ***	a. βασιλείας b. βασιλείαν ***through the kingdom*** ***because of the kingdom***
2.	κατά a. genitive b. accusative	a. νόμου b. νόμον ***against the law*** ***according to the law***	a. Χριστοῦ b. Χριστόν ***against Christ*** ***according to Christ***	a. βασιλείας b. βασιλείαν ***against the kingdom*** ***according to the kingdom***
3.	μετά a. genitive b. accusative	a. νόμου b. νόμον ***with the law*** ***after the law***	a. Χριστοῦ b. Χριστόν ***with Christ*** ***after Christ***	a. βασιλείας b. βασιλείαν ***with the kingdom*** ***after the kingdom***
4.	περί a. genitive b. accusative	a. νόμου b. νόμον ***concerning the law*** ***around the law***	a. Χριστοῦ b. Χριστόν ***concerning Christ*** ***around Christ***	a. βασιλείας b. βασιλείαν ***concerning the kingdom*** ***around the kingdom***
5.	ὑπέρ a. genitive b. accusative	a. νόμου b. νόμον ***on behalf of the law*** ***above the law***	a. Χριστοῦ b. Χριστόν ***on behalf of Christ*** ***above Christ***	a. βασιλείας b. βασιλείαν ***on behalf of the kingdom*** ***above the kingdom***

III. Translate these sentences with or without ὅτι and identify the use of ὅτι.

1. λέγει ὅτι [**indirect discourse**] πιστὸς μαθητής ἐστιν.
   He says that he is a faithful disciple.

2. εὐαγγελίζεται, ὅτι [**substantiation**] πιστὸς μαθητής ἦν.
   He is proclaiming the good news [a Historic Present], *because he was a faithful disciple.*

3. ἔλεγεν ὅτι [**indirect discourse**] πιστὸς μαθητής ἐστιν.
   He was saying that he was a faithful disciple. [**Note** that Greek retains the tense of the original
      statement (here ἐστιν "is") whereas in English we put indirect discourse in a past time frame.]

4. ἔλεγεν ὅτι [**direct discourse**] Πιστὸς μαθητής εἰμι.
   He was saying, "I am a faithful disciple."

5. ἔλεγε, Πιστὸς μαθητής ἐστιν. [**direct discourse**]
   He was saying, "He is a faithful disciple."

6. ἀκούει ὅτι [**verbal complement, content clause**] εἴσι μακάριοι.
   He hears that they are blessed.

7. λέγει τὴν ἀληθείαν, ὅτι [**substantiation or appositional**] πιστὸς μαθητής ἐστιν.
   He is speaking the truth, because he is a faithful disciple. Or, *He speaks/is speaking the truth,
      namely that he is a faithful disciple.*

8. ἐπίστευον ὅτι [**verbal complement, content clause**] εἴσι μακάριοι.
   They were believing that they were blessed. [See note in #3 above.]

9. ὁ ἄγγελος ἀπεκρίνετο ὅτι [**indirect discourse**] ὁ κύριος ἅγιος.
   The messenger was answering back that the Lord is holy.

10. ὁ ἄγγελος ἀπεκρίνετο ὅτι [**direct discourse**] Ὁ κύριος ἅγιος.
   The messenger was answering back, "The Lord is holy."

IV. Translate these short sentences with various forms of εἰμι.

1. ἦτε καλοί.   *You were good.*
2. ἔσμεν πιστοί.   *We are faithful.*
3. ἐστέ ἴδια τέκνα. (Take *God* as governing ἴδια.)   *You are His/God's own children.*
4. ἦς μακάριος.   *You were blessed.*
5. εἴσιν δίκαιαι.   *They (women) are righteous.* [**Referring to a feminine subject**]
6. Ἰωάννης ἦν πρῶτος.   *John was first.*
7. ἅγιοι ἦσαν οἱ προφηταί.   *The prophets were holy.*
8. ἔστιν ὁ Χριστός.   *He is the Christ.*
9. ἤμην τότε πονηρός, ἀλλὰ νῦν δίκαιος.   *I was wicked then, but now (I am) righteous.* [In the
      second statement, the verb is implied as being in the present tense because of the νῦν.]
10. ἤμεθα καὶ τότε μαθηταὶ τοῦ κυρίου.   *We were also at that time disciples of the Lord.*

8E. SENTENCES

1. Matt 21:28b ἄνθρωπος εἶχεν τέκνα δύο. (δύο= two)
   A person was having/had two children.

2. Mark 5:31a καὶ ἔλεγον αὐτῷ οἱ μαθηταὶ αὐτοῦ, Βλέπεις τὸν ὄχλον...; (αὐτός= he; ὁ ὄχλος=crowd)
   And his disciples were saying to him, "Do you see the crowd...?"

3. ἄγγελος γὰρ κυρίου κατέβαινε ἐξ οὐρανοῦ καὶ προσήρχετο τῷ λίθῳ. (καταβαίνω= I come down; ὁ λίθος= stone)

For an angel of the Lord was coming down from heaven and was coming to the stone.

4. ὁ Ἰησοῦς ἔλεγε, Ἄνθρωπός κατέβαινεν ἀπὸ Ἰερουσαλὴμ εἰς Ἰεριχώ...

Jesus was saying, "A person was coming down from Jerusalem into Jericho..."

5. Rom 4:13 Οὐ γὰρ διὰ νόμου ἡ ἐπαγγελία τῷ Ἀβραάμ...ἀλλὰ διὰ δικαιοσύνης πίστεως. (ἡ ἐπαγγελία= promise; πίστεως= "of faith")

For the promise to Abraham (was) not through the Law...but through the righteousness of faith.

6. 2 Chr 2:5b (NIV 2:6b) ὁ οὐρανὸς καὶ ὁ οὐρανὸς τοῦ οὐρανοῦ οὐ φέρουσιν αὐτοῦ τὴν δόξαν... (αὐτοῦ="his")

Heaven and the heaven of heaven are not bearing his glory....

7. καὶ ὁ Ἰησοῦς λέγει, Οὐ μακρὰν εἶ ἀπὸ τῆς βασιλείας τοῦ θεοῦ. (μακράν= far)

And Jesus says, "You are not far from the Kingdom of God."

8. John 12:11 ...ὅτι πολλοὶ δι᾽ αὐτὸν ὑπῆγον τῶν Ἰουδαίων καὶ ἐπίστευον εἰς τὸν Ἰησοῦν. (πολλοί= "many"; αὐτός= he)

...because many of the Jews because of him were departing and beleiving in Jesus. [**Notice** that πολλοὶ .... τῶν Ἰουδαίων is discontinuous.]

9. ἐξήρχοντο δὲ τὰ δαιμόνια ἀπὸ τοῦ ἀνθρώπου καὶ εἰσήρχοντο εἰς τοὺς χοίρους, (ὁ χοίρος= pig)

And the demons were going out from the person and were entering into the pigs,

10. ἐξήρχοντο δὲ καὶ δαιμόνια ἀπὸ πολλῶν...καὶ ἔλεγον ὅτι Σὺ εἶ ὁ υἱὸς τοῦ θεοῦ. (πολλῶν= "many"; Σὺ = "you")

And the demons also were coming out from many...and they were saying, "You are the Son of God."

11. Matt 12:35 ὁ ἀγαθὸς ἄνθρωπος ἐκ τοῦ ἀγαθοῦ θησαυροῦ ἐκβάλλει ἀγαθά, καὶ ὁ πονηρὸς ἄνθρωπος ἐκ τοῦ πονηροῦ θησαυροῦ ἐκβάλλει πονηρά. (ὁ θησαυρός= treasure)

The good person casts out good things from the good treasure, and the evil person casts out evil things from the evil treasure.

12. Ἐγίνωσκε οὖν ὁ ὄχλος πολὺς ἐκ τῶν Ἰουδαίων ὅτι ἐκεῖ ἐστιν, καὶ ἤρχοντο οὐ διὰ τὸν Ἰησοῦν μόνον, ἀλλὰ καὶ διὰ τὸν Λάζαρον. (γινώσκω= I know; ὁ ὄχλος=crowd; πολύς= great; ἐκεῖ= there; μόνον =only)

Therefore, the great crowd from the Jews was knowing that he was* there, and they were coming not only because of Jesus, but also because of Lazarus. [***Remember** that Greek retains the original tense of what was said/known; in this case, "He is there" is what they original said; but when recorded into English as indirect speech, the proper translation is "that he was there."]

13. Mark 6:4a καὶ ἔλεγεν αὐτοῖς ὁ Ἰησοῦς ὅτι Οὐκ ἔστιν προφήτης ἄτιμος εἰ μὴ ἐν τῇ πατρίδι
αὐτοῦ καὶ ἐν τοῖς συγγενεῦσιν αὐτοῦ καὶ ἐν τῇ οἰκίᾳ αὐτοῦ. (αὐτός= he/they; ἄτιμος=
without honor; εἰ μή= except; ἡ πατρίς=homeland; ὁ συγγενής= family)
***And Jesus was saying to them, "A prophet is not without honor if not [except] in his
homeland and among his family and in his house."***

14. Gal 1:1 Παῦλος ἀπόστολος οὐκ ἀπ᾽ ἀνθρώπων οὐδὲ δι᾽ ἀνθρώπου ἀλλὰ διὰ Ἰησοῦ Χριστοῦ καὶ
θεοῦ πατρὸς τοῦ ἐγείραντος αὐτὸν ἐκ νεκρῶν (πατρός (gen.case)= (of) father; τοῦ
ἐγείραντος= "the one who raised…"; αὐτός= he)
***Paul, an apostle not from persons nor through a person but through Jesus Christ and
God the Father, who raised him from the dead…***

15. Ὁ νόμος καὶ οἱ προφῆται ἐκηρύσσοντο μέχρι Ἰωάννου· ἀπὸ τότε ἡ βασιλεία τοῦ θεοῦ
εὐαγγελίζεται καὶ πᾶς εἰς αὐτὴν βιάζεται. (κηρύσσω= I preach; μέχρι= until; τότε= then; πᾶς
(nom. sg.)= every one; αὐτή= it; βιάζομαι= I enter forcibly)
***The Law and the Prophets were being preaching until John; from then the Kingdom of God is
being announced as good news and every one enters forcibly into it.***

16. Gen 37:25b (LXX) καὶ…Ἰσμαηλῖται ἤρχοντο ἐκ Γαλααδ καὶ αἱ κάμηλοι αὐτῶν ἔγεμον
θυμιαμάτων καὶ ῥητίνης καὶ στακτῆς ἐπορεύοντο δὲ … εἰς Αἴγυπτον. (ἡ
κάμηλος= camel; αὐτῶν= "their"; γέμω= I contain (*with genitive*); θυμιαμάτων καὶ
ῥητίνης καὶ στακτῆς= incenses, balm, and myrrh"; Αἴγυπτος= Egypt; sound out the
first two proper nouns)
***And…the Ishmaelites were coming from Galaad and their camels were con-
taining incenses, balm, and myrrh, and they were going into Egypt.***
[Remember that δέ is a post-positive and begins a new sentence.]

17. 2 Chr 17:9 (LXX) καὶ ἐδίδασκον ἐν Ἰούδα καὶ μετ᾽ αὐτῶν [ἦν] βύβλος νόμου κυρίου… καὶ
ἐδίδασκον τὸν λαόν. (Ἰούδα= Judah; αὐτῶν=them; ὁ βύβλος= book; ὁ λαός= people)
***And they were teaching in Judah and with them was the Book of the Law of the
Lord…and they were teaching the people.***

18. ἠκούετε ὅτι ὁ θεὸς ἔπεμπε τὸν λόγον τοῖς υἱοῖς Ἰσραὴλ καὶ εὐηγγελίζετο εἰρήνην διὰ Ἰησοῦ
Χριστοῦ, ὅτι οὗτός ἐστιν πάντων κύριος. (οὗτος= this one; πάντων= "of all")
***You were hearing that God was sending the word to the sons of Israel and He was announcing the
good news of peace through Jesus Christ, because this One is the Lord of all things.***

8F. READING—Jesus sends out the twelve

This is *adapted* from *Mark 6:12–18.*

12 Καὶ οἱ μαθηταὶ ἐξήρχοντο καὶ ἐκήρυσσον τὸ εὐαγγέλιον, 13 καὶ δαιμόνια πολλὰ ἐξέβαλλον, καὶ ἤλειφον ἐλαίῳ πολλοὺς ἀρρώστους καὶ ἐθεραπεύοντο. 14 Καὶ ἤκουεν ὁ βασιλεὺς Ἡρῴδης, περὶ τοῦ ὀνόματος τοῦ Ἰησοῦ, καὶ ἔλεγον ὅτι Ἰωάννης ὁ βαπτίζων ἐγήγερται ἐκ νεκρῶν καὶ διὰ τοῦτο ἐνεργοῦσιν αἱ δυνάμεις ἐν Ἰησοῦ. 15 ἄλλοι δὲ ἔλεγον ὅτι Ἡλίας ἐστίν· ἄλλοι δὲ ἔλεγον ὅτι προφήτης ὡς εἷς τῶν προφητῶν. 16 ἀκούσας δὲ ὁ Ἡρῴδης λέγει, Ὁ Ἰωάννης ἠγείρετο ἐκ νεκρῶν. 17 ὁ γὰρ Ἡρῴδης ἔβαλλε τὸν Ἰωάννην ἐν φυλακῇ διὰ Ἡρῳδιάδα τὴν γυναῖκα Φιλίππου τοῦ ἀδελφοῦ αὐτοῦ, ὅτι αὐτὴν ἐγάμησεν· 18 ἔλεγεν γὰρ ὁ Ἰωάννης τῷ Ἡρῴδῃ ὅτι Οὐκ ἔξεστίν σοι ἔχειν τὴν γυναῖκα τοῦ ἀδελφοῦ σου.

Translation with Comments in Brackets [...]

12 And the disciples were going out and were preaching the gospel, 13 and they were casting out many demons, and they were anointing with olive oil many sick people and they were being healed. 14 And the king Herod was hearing about/concerning the name of Jesus, and he was saying that John the baptizer had been raised from the dead and on account of this the powers were working in Jesus. 15 But others were saying that he was Elijah. And others were saying that he was a prophet as one of the prophets. 16 But Herod, after hearing [*these things*], said [*historic present*], "John is (being) raised from the dead." 17 For Herod was casting John in prison on account of Herodia, the wife of Philip his brother, because he married her; 18 For John was saying to Herod, "It is not lawful for you to have the wife of your brother."

verse 12: κηρύσσω= I preach
verse 13: πολλά/πολλούς= "many"
    ἀλείφω= I anoint
    τὸ ἔλαιον= olive oil
    ἄρρωστος,-ον= sick
    θεραπεύω= I heal
verse 14: ὁ βασιλεύς= king
    τὸ ὄνομα= name
    ὁ βαπτίζων= "The one baptizing"
    ἐγήγερται= "he had been raised"
    διὰ τοῦτο= "on account of this"
    ἐνεργέω= I am displayed; I work
    αἱ δυνάμεις= powers

verse 15: ὡς εἷς= "as one"
verse 16: ἀκούσας= "after hearing [these things]…"
    ἐγείρω= I raise up
verse 17: ἡ φυλακή= prison
    Ἡρῳδιάδα= Herodias
    τὴν γυναῖκα= "the wife…"
    αὐτός= he (or *his* in genitive case)
    αὐτὴν ἐγάμησεν= "he married her"
verse 18: Οὐκ ἔξεστίν σοι ἔχειν= "It is not lawful
    for you to have"
    σου= "your" (sg.)

EXERCISES CH. 9 ANSWER KEY AND GUIDE

9A. OVERVIEW
Consult GRAMMAR CHAPTER 9 if you have difficulty answering these overview questions.

9B. VOCABULARIES 9 AND 2
Review the vocabulary words and/or consult the VOCABULARY: 20 TIMES OR MORE.

9C. REVIEW

I. Translate these prepositional phrases.

1. κατὰ ἑκάστην ἡμέραν
   according to each day

2. ὑπὸ τῶν ἰδίων
   by one's own (person or things)

3. ἐνώπιον τῶν υἱῶν Ἰσραήλ
   before the sons of Israel

4. πρὸς τὸν θεόν
   to/with God

5. σὺν τοῖς Ἰουδαίοις
   with the Judeans/Jews

6. διὰ παραβολῆς
   through a parable

7. ἐν ἀνθρώποις
   among persons/people

8. ἀπ' Ἱεροσολύμων
   from Jerusalem

9. ἐκ τοῦ ἀνθρώπου
   from the person

10. ἀπὸ τοῦ οὐρανοῦ
    from heaven

11. ἐκ τῶν μαθητῶν Ἰωάννου
    from the disciples of John

16. ὑπὸ τῶν ἁγίων προφητῶν
    by the holy prophets

17. εἰς τοὺς ἁγίους
    into/for the holy ones

18. ἐν ἡμέραις
    in (the) days

19. εἰς τὸν ἕτερον
    for the other

20. κατὰ τὰ ἔργα ὑμῶν
    according to your works

21. εἰς ἡμέραν τοῦ Χριστοῦ
    for (the) day of Christ

22. δι' ἄλλης ὁδοῦ
    through another road

23. ἐξ ὁδοῦ
    from a/the road

24. διὰ Ἰησοῦν
    on account of Jesus

25. κατὰ τοῦ υἱοῦ τοῦ ἀνθρώπου
    against the Son of Man

26. ὑπὸ Χριστοῦ Ἰησοῦ
    by Christ Jesus

12. ἐν νόμῳ κυρίου
    in the law of the Lord

13. περὶ τὴν ἀλήθειαν
    around the truth

14. μετὰ τῶν ἀγγέλων τῶν ἁγίων
    with the holy angels

15. ὑπὲρ ἡμῶν
    on behalf of you

27. ἐν Ἰερουσαλήμ
    in Jerusalem

28. μετὰ δύο ἡμέρας
    after two days

29. ὑπὲρ τὸν διδάσκαλον
    above the teacher

30. περὶ τοῦ ἀγαθοῦ
    concerning the good

II. Parse these verbs.

		Tense	Voice	Mood	Person	Number	Lexical Form & Meaning
1.	συνήγεσθε	I	M/P	I	2	P	συνάγω =I gather
2.	προσέφερον	I	A	I	1 / 3	S / P	προσφέρω = I bring to
3.	ἦσαν	I	A	I	3	P	εἰμί = I am
4.	ἔλεγον	I	A	I	1 / 3	S / P	λέγω = I say
5.	ὑπάγεις	P	A	I	2	S	ὑπάγω = I depart
6.	ἀπεκρινόμην	I	D	I	1	S	ἀποκρίνομαι = I answer back
7.	ἦν	I	A	I	3	S	εἰμί = I am
8.	ἔπασχε	I	A	I	3	S	πάσχω = I suffer
9.	ἀπελύομεν	I	A	I	1	P	ἀπολύω = I release
10.	ἐξεβάλλομεν	I	A	I	1	P	ἐκβάλλω = I cast out

9D. FOCUS

I. Translate these phrases and clauses containing Personal Pronouns.

1. τὸν λαὸν αὐτοῦ
   his people

2. αὐτοῦ τὸν λαόν
   his people

3. τὰ ἔργα αὐτῶν
   their works

4. ὁ δοῦλος μου
   my servant

8. ὑμεῖς ἐπάσχετε διὰ τὸν θάνατον αὐτοῦ.
   You were suffering because of his death.

9. κατὰ τὸν θάνατον αὐτοῦ ἐπάσχετε.
   You were suffering according to his death.

10. ὁ ὀφθαλμὸς τοῦ ἀδελφοῦ σού
    The eye of your brother.

11. ἡ βασιλεία αὐτῶν ἐστιν ἡ βασιλεία αὐτοῦ.
    Their kingdom is his kingdom.

5. ὁ δοῦλος ἐμοῦ
   my servant

6. ὁ δοῦλος ἐξ ἐμοῦ
   the servant from me

7. ἔρχεται ὑμῖν
   s/he is coming to you [pl.]

12. σὺ εἶ ὁ Χριστός;
    Are <u>you</u> the Christ?

13. ἐγὼ οὐκ εἰμὶ ὁ Χριστός.
    I am not the Christ.

14. ἤρχοντο σὺν ἡμῖν.
    They were coming with us.

II. Translate these short sentences with relative pronouns. <u>***Notice***</u> *below that these pronouns and their English translation are <u>underlined</u>.*

1. ὁ θεὸς ἔπεμπε τὸν ἄγγελον <u>ὃς</u> ἔλεγε τοῖς ἁγίοις.
   God was sending the angel <u>who</u> was speaking to the saints.

2. προσευχόμεθα τῷ θεῷ <u>ὃς</u> ἐδοξάζετο ὑφ᾽ υἱοῦ αὐτοῦ Ἰησοῦ.
   We are praying to God <u>who</u> is being glorified by his Son, Jesus.

3. τὰ ἔργα <u>ἃ</u> βλέπουσίν εἰσιν οὐκ ἐκ τοῦ κόσμου, ἀλλ᾽ ἐξ οὐρανοῦ.
   The works <u>which</u> they are seeing are not from the world, but from heaven.

4. διδάσκομεν τὸν Χριστὸν <u>διὰ οὗ</u> σωζόμεθα ἐν τῇ δικαιοσύνῃ τοῦ θεοῦ.
   We are teaching the Christ <u>through whom</u> we are being saved in the righteousness of God.

5. ἡ ἀληθεία <u>ἧς</u> ἤκουον ἀπολύει αὐτοὺς ἀπὸ τῶν δαιμονίων. [*The relative pronoun is in the genitive case, because the verb ἀκούω can take the genitive for its direct object.*]
   The truth <u>which</u> they were hearing releases them from the demons.

6. εὐαγγελιζόμεθα τὸ εὐαγγέλιον <u>δι᾽ ὃ</u> πάσχομεν τὰ πονηρά.
   We are announcing the goodnews of the gospel <u>because of which</u> we are suffering bad things.

7. ἡ ἐντολὴ <u>ἥ</u> ἐστιν ἐν ἡμῖν ἐστιν ἀγαθή.
   The commandment <u>which</u> is in us is good.

III. Translate these sentences:

1. τότε Γολγοθὰ ἦν τόπος θανάτου, ἀλλὰ νῦν ζωῆς.
   Then Golgotha was a place of death, but now of life.

2. βλέπεις τὰ ἔργα αὐτοῦ; κἀγὼ βλέπω αὐτά.
   Are you seeing his works? Even <u>I</u> am seeing them.

3. σὺ ἔφερες δούλους αὐτῷ· ἐγὼ γὰρ ἔβλεπον δούλους σού.
   <u>You</u> (sg.) were bringing servants to him; for <u>I</u> was seeing your servants.

4. αὐτὸς βλέπω τὸν υἱὸν τοῦ ἀνθρώπου. σού ἐστιν ἀδελφός;
   I myself am seeing the Son of Humanity. Is he your brother?

5. ἔπασχον αὐτά, ὅτι ἐπίστευον εἰς τὸν θεὸν Ἰσραήλ.
   I was sufferingThey were suffering them, because they were believing in the God of Israel.
   [*Notice that this sentence may be translated differently, because of the Imperfect Tense verbs can be either 1S or 3P. Which person seems more appropriate in this context?*]

6. προσεύχεσθε τῷ θεῷ ἡμῶν· ἔτι δὲ ὁ ὄχλος καὶ προσεύχεται αὐτῷ.
   You [pl.] are praying to our God. Moreover, yet/still the crowd also is praying to Him.

7. ἐξέβαλλον τὰ δαιμόνια αὐτοῦ. τότε ὁ ἄνθρωπος προσηύχετο.
   I was/They were casting out his demons. Then the person was praying.

9E. SENTENCES

Perform Constituent Marking on these sentences below as described in §4.6 CONSTITUENT MARKING FOR NAVIGATING A GREEK SENTENCE and then translate.

1. Rom 3:5d (κατὰ ἄνθρωπον) λέγ|ω.
   I am speaking according to a person
   [*i.e. I am speaking in a human way*]

2. Gal 3:21a Ὁ οὖν νόμος (κατὰ τῶν ἐπαγγελιῶν ←[τοῦ θεοῦ]); (ἡ ἐπαγγελία= promise)
   Therefore, is the Law against the promises [of God]?

3. John 7:5 οὐδὲ γὰρ οἱ ἀδελφοὶ ← αὐτοῦ ἐ|πίστευ|ον (εἰς αὐτόν). (οὐδέ= neither)
   For neither were his brothers believing in him.

4. Rom 2:6 …[ὃς ἀποδώ|σει ἑκάστῳ (κατὰ τὰ ἔργα ← αὐτοῦ)·] (antecedent to ὅς is θεός; ἀποδώσει= "he will give")
   Who will give to each person according to his deeds;

5. Matt 10:24 Οὐκ ἔστιν μαθητὴς (ὑπὲρ τὸν διδάσκαλον) οὐδὲ δοῦλος (ὑπὲρ τὸν κύριον ← αὐτοῦ).
   A disciple is not above the teacher, nor [is] a servant above his master.

6. Mark 2:13b καὶ πᾶς ὁ ὄχλος ἤ|ρχ|ετο (πρὸς αὐτόν), καὶ ἐ|δίδασκ|εν αὐτούς. (πᾶς= all)
   And all the crowd was coming to him, and he was teaching them.

7. Rom 2:16 (ἐν ἡμέρᾳ) [ὅτε κρίν|ει ὁ θεὸς τὰ κρυπτὰ ←τῶν ἀνθρώπων (κατὰ τὸ εὐαγγέλιόν ←μου) (διὰ Χριστοῦ =Ἰησοῦ). (ὅτε= when; κρίνω= I judge; κρυπτός,-ή,-όν= secret)
   In [the] day when God judges the secret things of people according to my gospel through Christ Jesus.

8. John 7:6a λέγ|ει ⟦οὖν⟧ αὐτοῖς ὁ ᾿Ιησοῦς, [῾Ο καιρὸς ὁ ἐμὸς ⟦οὔπω⟧ πάρεστιν] (ἐμός= my; οὔπω= not yet; πάρεστιν= "it is present")

Therefore, Jesus says to them, "My time is not yet present."

9. John 17:11a ⟦καὶ⟧ ⟦οὐκέτι⟧ εἰμὶ (ἐν τῷ κόσμῳ), ⟦καὶ⟧ αὐτοὶ (ἐν τῷ κόσμῳ) εἰσίν, ⟦κἀγὼ⟧ (πρὸς σὲ) ἔρχ|ομαι. (οὐκέτι= no longer)

And I am no longer in the world, and they are in the world, and I am coming to you.

10. John 4:2 ⟦καίτοιγε⟧ ᾿Ιησοῦς αὐτὸς ⟦οὐκ⟧ ἐ|βάπτιζ|εν ⟦ἀλλ᾿⟧ οἱ μαθηταὶ ←αὐτοῦ (καίτοιγε= although indeed)

Although indeed Jesus himself was not baptizing, but his disciples [were].

11. Deut 32:12 (LXX) κύριος μόνος ἦγ|εν αὐτοὺς ⟦καὶ⟧ ⟦οὐκ⟧ ἦν (μετ᾿ αὐτῶν) θεὸς ἀλλότριος. (μόνος,-η,-ον= only; alone; ἀλλότριος,-α,-ον= foreign, strange)

[The] Lord alone was leading them and there was no foreign god with them.

12. 1 John 4:5 αὐτοὶ (ἐκ τοῦ κόσμου) εἰσίν, (διὰ τοῦτο) (ἐκ τοῦ κόσμου) λαλ|οῦσιν ⟦καὶ⟧ ὁ κόσμος αὐτῶν ἀκού|ει. (τοῦτο [acc.case]= this; λαλέω= I speak)

They are from the world, on account of this they are speaking from the world and the world is hearing them.

13. Luke 4:15 ⟦καὶ⟧ αὐτὸς ἐ|δίδασκ|εν (ἐν ταῖς συναγωγαῖς ←αὐτῶν) [δοξαζόμενος (ὑπὸ πάντων)]. (δοξαζόμενος [nom.case]= "being glorified"; πάντων [gen.pl]= all)

And he was teaching in their synagogues, being glorified by all.

14. 2 Tim 1:1 Παῦλος= ἀπόστολος ←Χριστοῦ =᾿Ιησοῦ (διὰ θελήματος ←θεοῦ) (¹κατ᾿ ἐπαγγελίαν ←ζωῆς τῆς (²ἐν Χριστῷ =᾿Ιησοῦ²) ¹) (θελήματος [gen.sg.]= will)

Paul apostle of Christ Jesus through the will of God according to the promise of life which is in Christ Jesus. [*Notice that τῆς is not a relative pronoun; the translation is a common way to place this attributive construction into idiomatic English. Also notice that there are two prepositional phrases one within the governing one that confines the other, so the parentheses are numbered (¹... (²...²)...¹).*]

15. 1 John 2:7 ᾿Αγαπητοί, ⟦οὐκ⟧ ἐντολὴν καινὴν γράφ|ω ὑμῖν ⟦ἀλλ᾿⟧ ἐντολὴν παλαιὰν [ἣν εἴχ|ετε (ἀπ᾿ ἀρχῆς)· ἡ ἐντολὴ ἡ παλαιά ἐστιν ὁ λόγος [ὃν ἠκού|σατε]. (ἀγαπητός,-ή,-όν= beloved; καινός,-ή,-όν= new; παλαιός,-ή,-όν= old; ἡ ἀρχή= beginning; ἠκούσατε= "you heard")

Beloved, I am not writing to you a new commandment but an old one which you were having from the beginning. The old commandment is the word which you heard.

16. Matt 26:18b Ὁ διδάσκαλος λέγ|ει, ['Ο καιρός ←μου ἐγγύς ἐστιν, (πρὸς σὲ) ποι|ῶ τὸ πάσχα (μετὰ τῶν μαθητῶν ←μου).] (ἐγγύς= near; πρός here meaning "with"; ποιέω= I make; keep; τὸ πάσχα= Passover)

The Teacher says, "My time is near, with you I am keeping the Passover with my disciples." [*Jesus is transferring a message to the person whose house will be used to host the Last Supper.*]

17. Mark 10:1 Καὶ ἐκεῖθεν [ἀναστὰς] ἔρχ|εται (εἰς τὰ ὅρια ←τῆς Ἰουδαίας) [καὶ] (πέραν τοῦ Ἰορδάνου), καὶ συμπορεύ|ονται πάλιν ὄχλοι (πρὸς αὐτόν), καὶ [ὡς εἰώθ|ει] πάλιν ἐ|δίδασκ|εν αὐτούς. (ἐκεῖθεν= from there; ἀναστὰς= "after rising up"; τὸ ὅριον= region; πέραν= beyond; συμπορεύομαι= I go with; ὡς εἰώθει= "as was his custom")

And from there, after rising up, he comes into the region of Judea and beyond the Jordon, and again crowds are going with [and coming] to him, and as was his custom, again he was teaching them.

18. Mark 9:31a ἐ|δίδασκ|εν γὰρ τοὺς μαθητὰς← αὐτοῦ καὶ ἔ|λεγ|εν αὐτοῖς [ὅτι Ὁ υἱὸς ←τοῦ ἀνθρώπου παραδίδο|ται (εἰς χεῖρας ←ἀνθρώπων), (παραδίδοται= "he is being betrayed; ἡ χείρ= hand)

For he was teaching his disciples and he was saying to them, "The Son of Humanity is being betrayed into the hands of persons."

19. Neh 8:8 (LXX) καὶ ἀν|έ|γνω|σαν (ἐν βιβλίῳ ←νόμου ←τοῦ θεοῦ) καὶ ἐ|δίδασκ|εν Ἐσδρας καὶ δι|έ|στελλ|εν (ἐν ἐπιστήμῃ ←κυρίου) καὶ συν|ῆκ|εν ὁ λαὸς (ἐν τῇ ἀναγνώσει). (ἀνέγνωσαν= "They read"; ὁ βιβλίος= book; διαστέλλω= I command/instruct; ἡ ἐπιστήμη= understanding; συνῆκεν= "they understood"; ὁ λαὸς= the people; ἡ ἀναγνώσις= reading)

And they read in the book of the law of God and Esdras was teaching and commanding in [the] understanding of the Lord and the people understood in the reading.

20. Gen 4:9 (LXX) καὶ εἶπ|εν ὁ θεὸς (πρὸς Καιν) [ποῦ ἐστιν Ἀβελ = ὁ ἀδελφός ← σου;] ὁ δὲ εἶπ|εν [Οὐ γινώσκω. μὴ φύλαξ ←τοῦ ἀδελφοῦ ←μού εἰμι ἐγώ;] (εἶπεν= "he said"; ποῦ= where?; μή= a word that introduces a question expecting a negative answer; ὁ φύλαξ= guard, keeper)

And God said to Cain, "Where is Abel your brother?" And he said, "I don't know. I am not a keeper of my brother, am I? (No.)"

9F. READING: DISCERNING THE REPLACEMENT-CHRISTS

This reading is directly from 1 John 4:2–6.

2 ἐν τούτῳ γινώσκετε τὸ πνεῦμα τοῦ θεοῦ· πᾶν πνεῦμα ὃ ὁμολογεῖ Ἰησοῦν Χριστὸν ἐν σαρκὶ ἐληλυθότα ἐκ τοῦ θεοῦ ἐστιν, 3 καὶ πᾶν πνεῦμα ὃ μὴ ὁμολογεῖ τὸν Ἰησοῦν ἐκ τοῦ θεοῦ οὐκ ἔστιν· καὶ τοῦτό ἐστιν τὸ τοῦ ἀντιχρίστου, ὃ ἀκηκόατε ὅτι ἔρχεται, καὶ νῦν ἐν τῷ κόσμῳ ἐστὶν ἤδη. 4 ὑμεῖς ἐκ τοῦ θεοῦ ἐστε, τεκνία, καὶ νενικήκατε αὐτούς, ὅτι μείζων ἐστὶν ὁ ἐν ὑμῖν ἢ ὁ ἐν τῷ κόσμῳ. 5 αὐτοὶ ἐκ τοῦ κόσμου εἰσίν, διὰ τοῦτο ἐκ τοῦ κόσμου λαλοῦσιν καὶ ὁ κόσμος αὐτῶν ἀκούει. 6 ἡμεῖς ἐκ τοῦ θεοῦ ἐσμεν· ὁ γινώσκων τὸν θεὸν ἀκούει ἡμῶν, ὃς οὐκ ἔστιν ἐκ τοῦ θεοῦ οὐκ ἀκούει ἡμῶν. ἐκ τούτου γινώσκομεν τὸ πνεῦμα τῆς ἀληθείας καὶ τὸ πνεῦμα τῆς πλάνης.

Translation

2 In this you know the Spirit of God: Every spirit which confesses Jesus [as] the Christ coming in the flesh is from God, 3 and every spirit which does not confess Jesus is not from God; and this is the [spirit] of the antichrist, which you have heard that it is coming, and now is already in the world. 4 <u>You</u> are from God, little children, and you have conquered them, because greater is the One in you than the one in the world. 5 <u>They</u> are from the world, on account of this they are speaking from the world and the world is hears them. 6 <u>We</u> are from God; the one who knows God hears us; he who is not from God does not hear us. From this we know/are knowing the Spirit of truth and the spirit of deception.

verse 2: τοῦτο = this
   γινώσκω = I know
   τὸ πνεῦμα = spirit
   πᾶν = all; every
   ὁμολογέω = I confess
   ἐν σαρκὶ ἐληλυθότα "coming in (the) "flesh"
verse 3: μή = no; not
   τοῦτο = this
   ἀκηκόατε = "you have heard"

verse 4: τὸ τεκνίον = little child
   νενικήκατε = "you have conquered"
   μείζων = greater
   ἤ = than
verse 5: λαλέω = I speak
verse 6: ὁ γινώσκων = "the one who knows"
   ἡ πλάνη = error; deception

EXERCISES CH. 10 ANSWER KEY AND GUIDE

10A. OVERVIEW

Consult GRAMMAR CHAPTER 10 if you have difficulty answering these overview questions.

10B. VOCABULARIES 10 AND 3

Review the vocabulary words and/or consult the VOCABULARY: 20 TIMES OR MORE.

10C. REVIEW

I. Translate and identify significant grammatical constructions by matching the following. A construction may be used more than once. *The main element of each grammatical construction is* underlined *below.*

AG= agency	ID= indirect discourse	AP= attributive position
M= means	DD= direct discourse	PA= predicate adjective
EP= emphatic pronoun	RO= recitative ὅτι	SP= substantive position
EL= ellipsis	SB= substantiation	GE= genitival Emphasis
PN= predicate nominative	A= apposition	DE = discontinuous element

1. <u>ἅγιος</u> ὁ ἄρτος τῆς ζωῆς. **PA EL** [an implied εἰμί]
   Holy is the bread of life.

2. <u>οἱ πιστοὶ</u> βαπτίζονται <u>ὑπ' Ἰωάννου</u>. **SP AG**
   The faithful ones are being baptized by John.

3. οὐ βλέπουσι <u>τοῖς ὀφθαλμοῖς</u>. **M** (dative of)
   They are not seeing with the(ir) eyes.

4. οἱ Ἰουδαῖοι οἱ <u>πρῶτοι</u> συνῆγον κατὰ Παύλου. **SP AP**
   The first/prominent Jews were gathering against Paul.

5. ἔλεγεν <u>ὅτι</u> Ἐγώ εἰμι. **DD RO EP**
   He was saying, "I am."

6. <u>αὐτοὶ</u> ἐξέβαλλον τὰ <u>ἕτερα</u> δαιμόνια μετ' Ἰησοῦ. **EP AP**
   They were casting out the different demons with Jesus.

7. λέγει αὐτοῖς <u>ὅτι</u> ὁ θεός ἡμῶν <u>κύριός</u> ἐστιν <u>ἀγαθός</u>. **ID PA DE or A**
   He says to them that our God is a good Lord (DE). or our God, the Lord (A), is good.

8. <u>ὑμεῖς</u> οὐ πιστεύετε, <u>ὅτι</u> οὐκ <u>ἐμοῦ</u> ἐστὲ <u>μαθηταί</u>. **EP SB PN GE DE**
   You are not believing, because you (pl) are not <u>my</u> disciples.

II. Match the case of the object with the preposition and give the meaning.

Γ. genitive   **Δ.** dative   **A.** accusative

1. σύν   with _Δ._ __   7. εἰς   into_ A._ __
2. ἐν   in _ Δ._ __   8. ἐνώπιον   before_Γ._ __
3. περί   concerning_ Γ._ __   9. διά   through_ Γ._ _
                      around __A._ _   on account of_ A._ __
4. ὑπέρ   on behalf of_ Γ._ __   10. κατά   against_ Γ._ __
                      above_ A._ __   according to_ A._ __
5. ὑπό, ὑφ᾽, ὑπ᾽   by_ Γ._ __   11. μετά   with_ Γ._ __
                      under_ A._ __   after_ A._ __
6. ἀπό, ἀφ᾽, ἀπ᾽   from_Γ._ __   12. ἐκ, ἐξ   out of_ Γ._ __

III. Mark up and translate these Sentences with Relative Pronouns.

1. Matt 3:17b <u>οὗτός ἐστιν ὁ υἱός</u> ← μου <u>ὁ ἀγαπητός</u>, [(ἐν ᾧ) <u>εὐδόκη|σα.</u>] (οὗτός= "this one";
   εὐδοκέω= I am pleased)
   This is my beloved son, in whom I am pleased.

2. <u>λέγ|ει αὐτῷ ἡ γυνή</u>, [¹ <u>Οἶδα</u> [²ὅτι <u>Μεσσίας ἔρχ|εται</u> [³<u>ὃς λέγ|εται Χριστός·</u>³] ²] ¹] (ἡ γυνή= woman)
   The woman says to him, "I know that (the) Messiah is coming, who is said/called Christ."

3. Acts 3:25a <u>ὑμεῖς ἐστε οἱ υἱοὶ</u> ←τῶν προφητῶν [και] τῆς διαθήκης [<u>ἧς</u> δι|έ|θε|το ὁ θεὸς (πρὸς
   τοὺς πατέρας ←ὑμῶν)... (ἡ διαθήκη= covenant; διέθετο = "he established")
   You are the sons of the prophets and of the covenant, which God established with your
   fathers.

4. Matt 10:38 [και] [ὃς [οὐ] <u>λαμβάν|ει τὸν σταυρὸν</u> ←αὐτοῦ [και] <u>ἀκολουθ|εῖ</u> (ὀπίσω μου), [οὐκ]
   <u>ἔστιν</u> μου→ <u>ἄξιος.</u> (ὁ σταυρός= cross; ἀκολουθέω = I follow; ὀπίσω = after (w/ gen.); ἄξιος, -α, -
   ον worthy)
   And he who does not take his cross and follow after me is not worthy of me.

5. 2 Cor 8:18 <u>συν|ε|πέμψ|αμεν</u> [δὲ] (μετ᾽ αὐτοῦ) <u>τὸν ἀδελφὸν</u> [οὗ → <u>ὁ ἔπαινος</u> (ἐν τῷ εὐαγγελίῳ)
   (διὰ πασῶν τῶν ἐκκλησιῶν),] (συνπέμπω = I send with; ὁ ἔπαινος= praise; πασῶν= "all"; hint:
   supply an implied ἐστίν)
   And we sent along with him the brother, whose praise [is] in the gospel through(out)
   all the churches, [*Note that the verb ἐστίν is implied within the relative clause*]

10D. FOCUS

I. Parse these verbs and then provide a basic translation.

		Tense	Voice	Mood	Person	Number	Lexical Form & Meaning
1.	ἔκραζον	I	A	I	1/3	S/P	κράζω = I cry out
2.	ἔλυσε	A	A	I	3	S	λύω = I loose
3.	ἤνοιξαν	A	A	I	3	P	ἀνοίγω = I open
4.	εἰσίν	P	A	I	3	P	εἰμί = I am
5.	κλαύσουσιν	F	A	I	3	P	κλαίω = I cry
6.	ἤγγισε	A	A	I	3	S	ἐγγίζω = I draw near
7.	πείσω	F	A	I	1	S	πείθω = I persuade
8.	κηρύξομεν	F	A	I	1	P	κηρύσσω = I preach
9.	ἐδίωξας	A	A	I	2	S	διώκω = I pursue
10.	θαυμάσετε	F	A	I	2	P	θαυμάζω= I marvel
11.	ἤκουσαν	A	A	I	3	P	ἀκούω = I hear
12.	ἔπεμψα	A	A	I	1	S	πέμπω = I send
13.	ἔλεγον	I	A	I	1 / 3	S / P	λέγω = I say
14.	ἔγραψας	A	A	I	2	S	γράφω = I write
15.	εὐηγγελίσατο	A	D	I	3	S	εὐαγγελίζομαι = I announce the good news
16.	ἦν	I	A	I	3	S	εἰμί = I am
17.	προσηυξάμεθα	A	D	I	1	P	προσεύχομαι = I pray
18.	ἐπορεύσαντο	A	D	I	3	P	πορεύομαι = I go

		Basic Translation
1.	ἔκραζον	They were crying out. Or, I was crying out.
2.	ἔλυσε	S/He loosed.
3.	ἤνοιξαν	They opened.
4.	εἰσίν	They are.
5.	κλαύσουσιν	They will cry.
6.	ἤγγισε	S/He drew near.
7.	πείσω	I will persuade.
8.	κηρύξομεν	We will preach.
9.	ἐδίωξας	You pursued.
10.	θαυμάσετε	You (pl.) will marvel.
11.	ἤκουσαν	They heard.
12.	ἔπεμψα	I saw.
13.	ἔλεγον	I was saying. Or, They were saying.
14.	ἔγραψας	You (sg.) wrote.
15.	εὐηγγελίσατο	S/He announced the good news.
16.	ἦν	S/He/it was…. Or, There was….
17.	προσηυξάμεθα	We prayed.
18.	ἐπορεύσαντο	They went.

II. Translate these short sentences.

1. ἐκάθισεν ἐν δεξιᾷ τοῦ θεοῦ. (ἐν δεξιᾷ= "at the right hand")
   He sat in (at the) right (hand) of God.

2. καὶ ἤγγισεν τῷ οἴκῳ.
   And he came near to the house.

3. ἤκουσεν ὁ Ἡρῴδης τὴν ἀκοὴν Ἰησοῦ. (ἡ ἀκοή= report, fame)
   Herod heard the report of Jesus.

4. ὁ κύριος ἀπέλυσεν τὸν δοῦλον αὐτοῦ.
   The Lord released his servant.

5. ὑμεῖς οὖν οὐκ ἐπιστεύσατε αὐτῷ;
   Therefore, <u>you</u> did not believe him?

6. ἐκήρυξαν τὸν λόγον.
   They preached the word.

7. John 15:20 εἰ ἐμὲ ἐδίωξαν, καὶ ὑμᾶς διώξουσιν.
   If they persecuted <u>me</u>, they will also persecute you.

8. Heb 11:16b ἡτοίμασεν γὰρ αὐτοῖς πόλιν. (πόλιν [acc.]= city)
   For he prepared for them a city.

9. κἀγὼ ἐνίκησα καὶ ἐκάθισα μετὰ τοῦ πατρός μου ἐν τῷ θρόνῳ. (νικάω= I conquer; πατρός= "father";
   ὁ θρόνος= throne)
   Even <u>I</u> conquered and sat down with my Father in (on) the throne.

10. Matt 15:31b καὶ ἐδόξασαν τὸν θεὸν Ἰσραήλ.
    And they glorified the God of Israel.

11. John 12:28b καὶ ἐδόξασά [σε] καὶ πάλιν δοξάζω.
    And I glorified [you] and again I will glorify (you).

12. ἐγὼ Παῦλος ἔγραψα σοι, ἐγὼ ἀποτίσω. (cf. Phlm 1:9; ἀποτίνω= I repay)
    <u>I</u>, Paul, wrote to you, <u>I</u> will repay.

13. ἀπεκρίνετο αὐτοῖς, Εἶπον ὑμῖν ἤδη καὶ οὐκ ἠκούσατε· (εἶπον= "I spoke")
    He was answering back to them, "I spoke to you already and you did not hear."

14. Luke 1:20b οὐκ ἐπίστευσας τοῖς λόγοις μου
    You did not believe my words.

15. Matt 26:65b νῦν ἠκούσατε τὴν βλασφημίαν· (ἡ βλασφημία= blasphemy)
    Now you heard the blasphemy;

16. Mark 14:64a ἠκούσατε τῆς βλασφημίας·
    You heard the blasphemy;

17. Luke 1:41a ἤκουσεν τὸν ἀσπασμὸν τῆς Μαρίας ἡ Ἐλισάβετ, (ὁ ἀσπασμός= greeting)
    Elizabeth heard the greeting of Mary.

18. 1 John 2:7 Ἀγαπητοί,...ἡ ἐντολὴ ἡ παλαιά ἐστιν ὁ λόγος ὃν ἠκούσατε. (παλαιός,-ή,-όν= old)
    Beloved, the old commandment is the word, which you heard.

19. Matt 5:12c οὕτως γὰρ ἐδίωξαν τοὺς προφήτας τοὺς πρὸ ὑμῶν. (οὕτως= thus; πρό= before)
    For thus they persecuted the prophets before you.

20. Matt 26:19 καὶ ἐποίησαν οἱ μαθηταὶ ὡς συνέταξεν αὐτοῖς ὁ Ἰησοῦς καὶ ἡτοίμασαν τὸ
    πάσχα. (ποιέω= I do; ὡς= as; συντάσσω= I instruct; τὸ πάσχα= Passover)
    And the disciples did as Jesus instructed (to) them and they prepared the
    Passover.

10E. Sentences

1. Luke 22:71b ἠκούσαμεν ἀπὸ τοῦ στόματος αὐτοῦ. (τὸ στόμα= mouth)
    We heard (it) from his mouth.

2. John 2:11b ὁ Ἰησοῦς...ἐφανέρωσεν τὴν δόξαν αὐτοῦ καὶ ἐπίστευσαν εἰς αὐτὸν οἱ μαθηταὶ αὐτοῦ.
    (φανερόω= I show)
    Jesus...showed his glory and his disciples believed in him.

3. John 12:50a καὶ οἶδα ὅτι ἡ ἐντολὴ αὐτοῦ ζωὴ αἰώνιός ἐστιν. (αἰώνιος [fem.nom.sg.]= eternal)
    And I know that his commandment is eternal life.

4. οἱ δὲ μαθηταὶ ἔλεγον ὅτι Φάντασμά ἐστιν, καὶ ἀπὸ τοῦ φόβου ἔκραξαν. (τὸ φάντασμα= ghost; ὁ
    φόβος= fear)
    But the disciples were saying, "He is a ghost," and they cried out from the fear.

5. John 10:26 ἀλλὰ ὑμεῖς οὐ πιστεύετε, ὅτι οὐκ ἐστὲ ἐκ τῶν προβάτων τῶν ἐμῶν. (τὸ πρόβατον= sheep;
    ἐμός,-ή,-όν= my)
    But <u>you</u> are not believing, because you are not from my sheep.

6. οἴδαμεν δὲ ὅτι τὸ κρίμα τοῦ θεοῦ ἐστιν κατὰ ἀλήθειαν ἐπὶ τοὺς πονηρούς. (τὸ κρίμα= judgment)
    And we know that the judgment of God is according to truth upon/against the evil ones.

7. John 11:24 λέγει αὐτῷ ἡ Μάρθα, Οἶδα ὅτι ἀναστήσεται ἐν τῇ ἀναστάσει ἐν τῇ ἐσχάτῃ ἡμέρᾳ.
    (ἀναστήσεται= "he will be raised"; ἡ ἀνάστασις= resurrection; ἔσχατος,-η,-ον= last)
    Martha says to him, "I know that he will be raised in the resurrection in the last day."

8. Mark 1:8 ἐγὼ ἐβάπτισα ὑμᾶς ὕδατι, αὐτὸς δὲ βαπτίσει ὑμᾶς ἐν πνεύματι ἁγίῳ. (ὕδατι [dative sg.]= water; πνεύματι [dative sg.]= spirit)

   I baptized you with water [dative of means], but __He__ will baptize you in the Holy Spirit.

9. Matt 7:2 ἐν ᾧ γὰρ κρίματι κρίνετε κριθήσεσθε, καὶ ἐν ᾧ μέτρῳ μετρεῖτε μετρηθήσεται ὑμῖν. (κρίμα= judgment; μέτρον = measure; μετρέω= I measure)

   For by which judgment you are judging you will be judged, and by which measure you are measuring you will be measured.

10. Eph 2:17 καὶ ἐλθὼν εὐηγγελίσατο εἰρήνην ὑμῖν τοῖς μακρὰν καὶ εἰρήνην τοῖς ἐγγύς· (ἐλθὼν= "after coming"; μακρὰν= far; ἐγγύς= near)

    And after coming, he announced [the good news of] peace to you who were far and peace to those who were near.

11. 1 John 2:21 οὐκ ἔγραψα ὑμῖν ὅτι οὐκ οἴδατε τὴν ἀλήθειαν ἀλλ' ὅτι οἴδατε αὐτήν καὶ ὅτι πᾶν ψεῦδος ἐκ τῆς ἀληθείας οὐκ ἔστιν. (πᾶν [neut.acc.sg.]= "every"; τὸ ψεῦδος= falsehood)

    I did not write to you because you do not know the truth, but because you know it and because every lie is not from the truth.

12. John 4:50 λέγει αὐτῷ ὁ Ἰησοῦς, Πορεύου, ὁ υἱός σου ζῇ. ἐπίστευσεν ὁ ἄνθρωπος τῷ λόγῳ ὃν εἶπεν αὐτῷ ὁ Ἰησοῦς καὶ ἐπορεύετο. (Πορεύου= "Go!"; ζῇ= "he lives"; εἶπεν= "he said")

    Jesus said to him, "Go, your son lives." The person believed the word which Jesus spoke to him and he was going.

13. ἀπεκρίνετο οὖν αὐτῷ ὁ ὄχλος, Ἡμεῖς ἠκούσαμεν ἐκ τοῦ νόμου ὅτι ὁ Χριστὸς μένει εἰς τὸν αἰῶνα (μένω= I remain; εἰς τὸν αἰῶνα= "forever"; lit. "into the age")

    Therefore, the crowd was answering back to him, "__We__ heard from the law that the Christ remains forever."

14. Acts 11:1 Ἤκουσαν δὲ οἱ ἀπόστολοι καὶ οἱ ἀδελφοί...κατὰ τὴν Ἰουδαίαν ὅτι καὶ τὰ ἔθνη ἐδέξαντο τὸν λόγον τοῦ θεοῦ. (κατά here means "throughout"; τὰ ἔθνη= "the gentiles"; δέχομαι = I receive)

    And the apostles and the brothers...throughout Judea heard that even/also the gentiles received the Word of God.

15. Gal 4:13 οἴδατε δὲ ὅτι δι' ἀσθένειαν τῆς σαρκὸς εὐηγγελισάμην ὑμῖν τὸ πρότερον (ἡ ἀσθένεια= weakness; ἡ σάρξ= flesh; τὸ πρότερον= "formerly")

    You know that on account of weakness of the flesh I announced the good news to you formerly.

16. John 5:32 ἄλλος ἐστιν ὁ μαρτυρῶν περὶ ἐμοῦ, καὶ οἶδα ὅτι ἀληθής ἐστιν ἡ μαρτυρία ἣν μαρτυρεῖ περὶ ἐμοῦ. (ὁ μαρτυρῶν= "the one testifying"; ἀληθής [nom.adj.]= "true"; μαρτυρέω= I testify)

    Another is the one testifying concerning me, and I know that the testimony is true, which he testifies concerning me.

17. [*Matt 27:25-26*] ²⁵καὶ ἀπεκρίνετο ὁ λαὸς καὶ ἔλεγεν, Τὸ αἷμα αὐτοῦ ἐφ' ἡμᾶς καὶ ἐπὶ τὰ τέκνα ἡμῶν. ²⁶τότε ὁ Πιλᾶτος ἀπέλυσεν αὐτοῖς τὸν Βαραββᾶν, τὸν δὲ Ἰησοῦν ἐφραγέλλωσεν καὶ ἐσταύρωσεν. (τὸ αἷμα= blood; φραγελλόω= I scourge; σταυρόω= I crucify)

And the people were answering back and were saying, "His blood (is) upon us and upon our children." Then Pilate released to them Barabbas, and Jesus he scourged and crucified.

18. 1 Cor 15:1-2 Γνωρίζω δὲ ὑμῖν, ἀδελφοί, τὸ εὐαγγέλιον ὃ εὐηγγελισάμην ὑμῖν, ὃ καὶ παρελάβετε, ἐν ᾧ καὶ ἑστήκατε, 2 δι' οὗ καὶ σώζεσθε, τίνι λόγῳ εὐηγγελισάμην ὑμῖν εἰ κατέχετε, ἐκτὸς εἰ μὴ εἰκῇ ἐπιστεύσατε. (γνωρίζω= I make known; παρελάβετε= "you received; ἑστήκατε= "you stand"; τίνι= "which"; κατέχω= I hold fast; ἐκτὸς εἰ μὴ εἰκῃ= "unless in vain")

And I am making known to you, brethren, the gospel which I announced to you, which you received, in which also you stand, 2 through which also you are being saved, by* which word I announced the good news to you if you hold fast, unless in vain you believed.

[*Notice that it is difficult to translate this dative case construction τίνι λόγῳ, which seems to be in the line of relative clauses. I suspect that Paul wants the vividness of the "word" before the hearers, and thus stops using the relative pronoun, but yet continues the sequence that he is building. For this reason, I translated τίνι λόγῳ as continuing that sequence as a dative of means "by which word," τίνι being an interrogative pronoun, here in an indirect question.]

10F. READING: JOHN 8:34-4 WHO ARE THE SEED OF ABRAHAM?

Jesus talks to the Religious Authorities about sin in John 8:34-41.

³⁴ ἀπεκρίθη αὐτοῖς ὁ Ἰησοῦς, Ἀμὴν ἀμὴν λέγω ὑμῖν ὅτι πᾶς ὁ ποιῶν τὴν ἁμαρτίαν
³⁴ *Jesus answered back to them, "Truly, Truly I say to you that everyone doing sin is*
δοῦλός ἐστιν τῆς ἁμαρτίας. ³⁵ ὁ δὲ δοῦλος οὐ μένει ἐν τῇ οἰκίᾳ εἰς τὸν αἰῶνα, ὁ υἱὸς
a slave to sin. ³⁵ But that servant does not remain in the house forever, the son
μένει εἰς τὸν αἰῶνα. ³⁶ ἐὰν οὖν ὁ υἱὸς ὑμᾶς ἐλευθερώσῃ, ὄντως ἐλεύθεροι ἔσεσθε.
remains forever. ³⁶ Therefore, if the Son frees you, you will be truly free.
³⁷ οἶδα ὅτι σπέρμα Ἀβραάμ ἐστε· ἀλλὰ ζητεῖτέ με ἀποκτεῖναι, ὅτι ὁ λόγος ὁ ἐμὸς
³⁷ *I know that you are seed of Abraham; but you are seeking to kill me, because my word*
οὐ χωρεῖ ἐν ὑμῖν. ³⁸ ἃ ἐγὼ ἑώρακα παρὰ τῷ πατρὶ λαλῶ· καὶ ὑμεῖς οὖν ἃ ἠκούσατε παρὰ
does not find room in you. ³⁸ That which I have seen from the Father I am speaking; and, therefore, that which/what you heard from
τοῦ πατρὸς ποιεῖτε. ³⁹ Ἀπεκρίθησαν καὶ εἶπαν αὐτῷ, Ὁ πατὴρ ἡμῶν Ἀβραάμ ἐστιν.
the [i.e. "your"] father you do." ³⁹ They answered back and said to him, "Our father is Abraham."

> λέγει αὐτοῖς ὁ Ἰησοῦς, Εἰ τέκνα τοῦ Ἀβραάμ ἐστε, τὰ ἔργα τοῦ Ἀβραὰμ <u>ἐποιεῖτε</u>·
>
> **Jesus says to them, "If you are children of Abraham, you would do the works of Abraham.**

> ⁴⁰ νῦν δὲ <u>ζητεῖτέ</u> με <u>ἀποκτεῖναι</u> ἄνθρωπον ὃς τὴν ἀλήθειαν ὑμῖν <u>λελάληκα</u> ἣν ἤκουσα
>
> ⁴⁰ **But now you seek to kill me, a person who has spoken the truth to you, which I heard**

> παρὰ τοῦ θεοῦ· <u>τοῦτο</u> Ἀβραὰμ οὐκ ἐποίησεν. ⁴¹ <u>ὑμεῖς</u> <u>ποιεῖτε</u> τὰ ἔργα <u>τοῦ πατρὸς</u> ὑμῶν.
>
> **from God. This [i.e. "the action to kill me"] Abraham did not do. ⁴¹ <u>You</u> do the works of your father."**

> εἶπαν [οὖν] αὐτῷ, Ἡμεῖς ἐκ <u>πορνείας</u> οὐ <u>γεγεννήμεθα</u>· <u>ἕνα πατέρα ἔχομεν τὸν θεόν.</u>
>
> **Therefore, they said to him, "<u>We have not been born from adultery; we have one father, God.</u>"**

Verse 34: ἀπεκρίθη= "he answered back"
ἀμήν= truly
πᾶς ὁ ποιῶν= "every one doing"
ἡ ἁμαρτία= sin
verse 35: μένω= I remain
εἰς τὸν αἰῶνα= "forever"
verse 36: ἐάν = if
ἐλευθερώσῃ= "he frees"
ὄντως ἐλεύθεροι ἔσεσθε= "you are truly free"
verse 37: σπέρμα Ἀβραάμ= "seed of Abraham"
ζητεῖτέ με ἀποκτεῖναι= "you seek to kill me"
ἐμός,-ή,-όν= my
χωρέω= I find room (space)
verse 38: ἑώρακα= "I have seen"
ὁ πατήρ= father
λαλέω= I speak
ποιέω= I do

verse 39: ἀπεκρίθησαν καὶ εἶπαν= "they answered and said"
ὁ πατήρ= father
ἐποιεῖτε = "you would be doing"
verse 40: ζητεῖτέ με ἀποκτεῖναι= "You want to kill me"
λελάληκα= "I have spoken"
τοῦτο [acc.sg.]= this
verse 41: ποιέω= I do
ὁ πατήρ= father
εἶπαν= "they said"
ἡ πορνεία= adultery; sexual immorality
γεγεννήμεθα= "we have been born"
ἕνα πατέρα [acc.sg.]= "one father"

Exercises Ch. 11 Answer Key and Guide

11A. Overview
Consult GRAMMAR CHAPTER 11 if you have difficulty answering these overview questions.

11B. Vocabularies 11 and 4
Review the vocabulary words and/or consult the VOCABULARY: 20 TIMES OR MORE.

11C. Review

I. Translate these prepositional phrases.

1. σὺν τοῖς ἀποστόλοις
   with the apostles

2. ὑπὲρ τὸν διδάσκαλον
   above the teacher

3. κατ᾽ ἀληθείαν
   according to the Truth

4. ἐν οὐρανοῖς
   in heaven(s)

5. περὶ αὐτοῦ
   concerning him

6. ἐκ τοῦ νόμου
   from the Law

7. ἐν τῷ κόσμῳ
   in the world

8. ἐπὶ κύριον τὸν θεὸν αὐτῶν
   on the Lord their God

9. παρὰ κυρίου
   from the Lord

10. διὰ τῆς ἐντολῆς
    through the commandment

11. ἐν ὁδῷ δικαιοσύνης
    in (the) way of righteousness

12. ἐνώπιον τῶν μαθητῶν
    before the disciples

13. μεθ᾽ ἡμῶν
    with us

14. εἰς τὸ εὐαγγελίον
    for/into the gospel

15. ὑπὲρ οὗ
    on behalf of whom...

16. περὶ ὧν
    concerning whom

17. ἐπὶ τέκνα
    for children

18. παρὰ θεῷ καὶ ἀνθρώποις
    with God and persons

II. Translate these short sentences and parse these verbs.

1. Mark 8:9b καὶ ἀπέλυσεν [**AAI3S**] αὐτούς.
   And he released them.

2. Matt 8:7b Ἐγὼ...θεραπεύσω [**FAI1S**] αὐτόν.
   I...will heal him.

3. 2 Cor 4:13b Ἐπίστευσα [**AAI1S**]...καὶ ἡμεῖς πιστεύομεν [**PAI1P**]
    I believed...and <u>we</u> believe.

4. Gal 2:16b καὶ ἡμεῖς εἰς Χριστὸν Ἰησοῦν ἐπιστεύσαμεν[**AAI1P**].
    And <u>we</u> believed in Christ Jesus.

5. Acts 28:28b αὐτοὶ καὶ ἀκούσονται [**FDI3P**].
    <u>They</u> also will hear.

6. John 12:44 Ἰησοῦς δὲ ἔκραξεν [**AAI3S**] καὶ εἶπεν [**AAI3S**]...
    And Jesus cried out and said...

7. Acts 8:38c καὶ ἐβάπτισεν [**AAI3S**] αὐτόν.
    And he baptized him.

8. Rev 14:2a καὶ ἤκουσα [**AAI1S**] φωνὴν ἐκ τοῦ οὐρανοῦ (ἡ φωνή= voice)
    And I heard a voice from heaven

9. Rev 14:13a Καὶ ἤκουσα [**AAI1S**] φωνῆς ἐκ τοῦ οὐρανοῦ (ἡ φωνή= voice)
    And I heard a voice from heaven.

10. Mark 6:14a Καὶ ἤκουσεν [**AAI3S**] ὁ βασιλεὺς Ἡρῴδης, (ὁ βασιλεύς= king)
    And the king Herod heard,

11. John 9:14 ὁ Ἰησοῦς καὶ ἀνέῳξεν [**AAI3S**] αὐτοῦ τοὺς ὀφθαλμούς.
    Jesus also opened <u>his</u> eyes. (Notice that "his" is in an emphatic position—before the
    noun it modifies.)

12. Acts 19:40b καὶ ταῦτα εἶπεν [**AAI3S**] καὶ ἀπέλυσεν [**AAI3S**] τὴν ἐκκλησίαν. (ταῦτα [acc.]=
    these things)
    And he said these things and released/dismissed the church assembly.

13. Rev 18:9a Καὶ κλαύσουσιν [**FAI3P**] καὶ κόψονται [**FDI3P**] ἐπ' αὐτὴν οἱ βασιλεῖς τῆς γῆς
    (κόπτομαι= I mourn; ὁ βασιλεύς= king; ἡ γῆ= land; earth)
    And the kings of the earth will cry and will mourn for her.
    Or, The kings of the earth both will cry and will mourn for her.

14. Mark 16:13b οὐδὲ ἐκείνοις ἐπίστευσαν [**AAI3P**]. (οὐδέ= nor)
    They did not believe those ones.

15. 1 Thess 2:9b ἐκηρύξαμεν [**AAI1P**] εἰς ὑμᾶς τὸ εὐαγγέλιον τοῦ θεοῦ.
    We preached to you the gospel of God.

16. Luke 1:33 καὶ βασιλεύσει [**FAI3S**] ἐπὶ τὸν οἶκον Ἰακὼβ εἰς τοὺς αἰῶνας (βασιλεύω= I rule;
    εἰς τοὺς αἰῶνας= forever)
    And he will rule over the house of Jacob forever.

11D. FOCUS

I. Parse these 2nd Aorist Verbs: <u>Note</u>: They are not necessarily in the Aorist Tense below.

		Tense	Voice	Mood	Person	Number	Lexical Form & Meaning
1.	ἤγαγον	A	A	I	1/3	S/P	ἄγω = I lead
2.	ἔγνωσαν	A	A	I	3	P	γινώσκω = I know
3.	ἐλεύσομαι	F	D	I	1	S	ἔρχομαι = I come
4.	ἦλθεν	A	A	I	3	S	ἔρχομαι = I come
5.	ἐβάλομεν	A	A	I	1	P	βάλλω = I cast
6.	εἶπεν	A	A	I	3	S	λέγω = I say
7.	λήμψονται	F	D	I	3	P	λαμβάνω = I receive, take
8.	ἐγένετο	A	D	I	3	S	γίνομαι = I become; I happen
9.	εἶδον	A	A	I	1/3	S/P	ὁράω = I see
10.	ἐλάβετε	A	A	I	2	P	λαμβάνω = I receive, take

II. Translate these sentences with 2nd Aorist forms. *These forms are parsed below.*

1. Luke 19:35a καὶ ἤγαγον [AAI3P] αὐτὸν πρὸς τὸν Ἰησοῦν
   And they led him to Jesus

2. Luke 2:51a καὶ κατέβη [AAI3S] μετ' αὐτῶν καὶ ἦλθεν [AAI3S] εἰς Ναζαρέθ
   And he went down with them and came into Nazareth

3. Matt 22:19b προσήνεγκαν [AAI3P] αὐτῷ δηνάριον.
   They brought to him a denarius.

4. John 14:28a ἠκούσατε ὅτι ἐγὼ εἶπον [AAI1S] ὑμῖν, Ὑπάγω καὶ ἔρχομαι πρὸς ὑμᾶς.
   You heard that I said to you, "I am departing and I am coming to you."

5. Matt 25:24b Κύριε, ἔγνων [AAI1S] σε ὅτι σκληρὸς εἶ ἄνθρωπος, (σκληρός,-ά,-όν= hard)
   Lord, I knew you that you are a hard person.

6. Acts 22:7a ἔπεσά [AAI1S] τε εἰς τὸ ἔδαφος καὶ ἤκουσα φωνῆς (τε [postpositive]= and; τὸ ἔδαφος= ground; ἡ φωνή= voice)
   And I fell to the ground and I heard a voice

7. John 1:17b ἡ χάρις καὶ ἡ ἀλήθεια διὰ Ἰησοῦ Χριστοῦ ἐγένετο [ADI3S]. (ἡ χάρις= grace)
   The grace and the truth (be)came through Jesus Christ.

8. Matt 17:12a λέγω [PAI1S] δὲ ὑμῖν ὅτι Ἠλίας ἤδη ἦλθεν [AAI3S], καὶ οὐκ ἐπέγνωσαν [AAI3P] αὐτὸν
   And I say to you that Elijah already came, and they did not know him

9. John 19:1 Τότε οὖν ἔλαβεν [**AAI3S**] ὁ Πιλᾶτος τὸν Ἰησοῦν καὶ ἐμαστίγωσεν [**AAI3S**].
(μαστιγόω= I flog)
Therefore, then Pilate took Jesus and flogged (him). [In fact, Pilate "had him flogged" by others.]

10. Luke 13:26b Ἐφάγομεν [**AAI1P**] ἐνώπιόν σου καὶ ἐπίομεν [**AAI1P**], καὶ ἐν ταῖς πλατείαις ἡμῶν ἐδίδαξας [**AAI2S**] · (ἡ πλατεία= street)
We ate before you and we drank, and you taught in our streets.

11E. SENTENCES

1. John 14:3b καὶ ἑτοιμάσω τόπον ὑμῖν, πάλιν ἔρχομαι καὶ παραλήμψομαι ὑμᾶς πρὸς ἐμαυτόν,
(ἐμαυτός,-ή= myself)
And I will prepare a place for you, again I am coming and I will take you along to myself.

2. Rev 18:2b Ἔπεσεν· ἔπεσεν Βαβυλὼν ἡ μεγάλη, καὶ ἐγένετο κατοικητήριον δαιμονίων (ἡ μεγάλη="the great"; τὸ κατοικητήριον= dwelling place)
She fell; Babylon the Great fell, and she became the dwelling place of demons

3. Matt 21:45b οἱ Φαρισαῖοι τὰς παραβολὰς αὐτοῦ ἔγνωσαν ὅτι περὶ αὐτῶν λέγει·
The Pharisees knew his parables, that he was speaking concerning them. [*Remember Greek retains the tense of the original thoughts whereas English places them in past time. So, here λέγει is translated as "he was speaking" rather than "He speaks."*]

4. John 6:49 οἱ πατέρες ὑμῶν ἔφαγον ἐν τῇ ἐρήμῳ τὸ μάννα καὶ ἀπέθανον· (ὁ πατήρ= father; ἡ ἔρημος= desert)
Your fathers ate the manna in the desert and died;

5. John 1:10 ἐν τῷ κόσμῳ ἦν, καὶ ὁ κόσμος δι᾽ αὐτοῦ ἐγένετο, καὶ ὁ κόσμος αὐτὸν οὐκ ἔγνω.
He was in the world, and the world (be)came through him, but the world did not know him.

6. John 1:51a καὶ λέγει αὐτῷ, Ἀμὴν ἀμὴν λέγω ὑμῖν, ὄψεσθε τὸν οὐρανὸν...καὶ τοὺς ἀγγέλους τοῦ θεοῦ. (ἀμήν= truly)
And he said to him, "Truly, Truly I say to you, you will see heaven … and the angels of God."

7. Matt 1:25 καὶ οὐκ ἐγίνωσκεν αὐτὴν ἕως οὗ ἔτεκεν υἱόν· καὶ ἐκάλεσεν τὸ ὄνομα αὐτοῦ Ἰησοῦν.
(τίκτω= I give birth [2nd. Aorist -τεκ]; καλέω= I call; τὸ ὄνομα= name)
And he was not knowing her until she gave birth to a son. And he called his name Jesus.

8. John 20:8 τότε οὖν εἰσῆλθεν καὶ ὁ ἄλλος μαθητὴς...καὶ εἶδεν καὶ ἐπίστευσεν·
Therefore, then also the other disciple entered …and saw and believed;

9. John 1:11 εἰς τὰ ἴδια ἦλθεν, καὶ οἱ ἴδιοι αὐτὸν οὐ παρέλαβον.
He came for his own, but his own ones did not receive him.

10. Mark 2:13 Καὶ ἐξῆλθεν πάλιν παρὰ τὴν θάλασσαν· καὶ πᾶς ὁ ὄχλος ἤρχετο πρὸς αὐτόν, καὶ ἐδίδασκεν αὐτούς. (ἡ θάλασσα= sea; πᾶς= all)

And he went out again around the sea; and all the crowd was coming to him, and he was teaching them.

11. John 7:43 σχίσμα οὖν ἐγένετο ἐν τῷ ὄχλῳ δι' αὐτόν· (τὸ σχίσμα= division)

Therefore, a division occurred in the crowd because of him.

12. John 17:8 καὶ αὐτοὶ ἔλαβον καὶ ἔγνωσαν ἀληθῶς ὅτι παρὰ σοῦ ἐξῆλθον, καὶ ἐπίστευσαν ὅτι σύ με ἀπέστειλας. (ἀληθῶς= truly; ἀπέστειλας= "you sent")

And <u>they</u> received and knew truly that I came from you, and they believed that <u>you</u> sent me.

13. Mark 11:7 καὶ φέρουσιν τὸν πῶλον πρὸς τὸν Ἰησοῦν καὶ ἐπιβάλλουσιν αὐτῷ τὰ ἱμάτια αὐτῶν, καὶ ἐκάθισεν ἐπ' αὐτόν. (ὁ πῶλος= colt; τὸ ἱμάτιον= garment)

And they brought [historic present] the colt to Jesus and they cast [Historic Present] upon it their garments, and He sat upon it.

14. Matt 21:32a ἦλθεν γὰρ Ἰωάννης πρὸς ὑμᾶς ἐν ὁδῷ δικαιοσύνης, καὶ οὐκ ἐπιστεύσατε αὐτῷ, οἱ δὲ τελῶναι καὶ αἱ πόρναι ἐπίστευσαν αὐτῷ· (ὁ τελώνης= tax collector; ἡ πόρνη= harlot)

For John came to you in the way of righteousness, and you did not believe him, but the tax collectors and the harlots believed him;

15. Luke 19:9 εἶπεν δὲ πρὸς αὐτὸν ὁ Ἰησοῦς ὅτι Σήμερον σωτηρία τῷ οἴκῳ τούτῳ ἐγένετο, καθότι καὶ αὐτὸς υἱὸς Ἀβραάμ ἐστιν· (ἡ σωτηρία= salvation; τούτῳ= "this"; καθότι=because")

And Jesus said to him, "Today salvation came to this house, because even/also <u>he</u> is a son of Abraham."

16. καὶ ἰδοὺ δύο τυφλοὶ παρὰ τὴν ὁδὸν ἤκουσαν ὅτι Ἰησοῦς *παράγει καὶ ἔκραξαν καὶ εἶπον, Ἐλέησον ἡμᾶς, [κύριε], υἱὸς Δαυίδ. (παράγω= I pass by; Ἐλέησον= "Have pity (on)!")

And behold, two blind persons along the road heard that Jesus was passing by* and shouted and said, "Have Pity on us, [Lord], Son of David!" [*Notice * that Greek indirect statements often use the verb tense that was used in the original statement. Here, in fact, the blind men heard "Jesus is passing by (Present Tense in Greek)", and this is preserved in the indirect report of what they heard.*]

17. John 2:13 Καὶ ἐγγὺς ἦν τὸ πάσχα τῶν Ἰουδαίων, καὶ ἀνέβη εἰς Ἱεροσόλυμα ὁ Ἰησοῦς. (ἐγγύς= near; τὸ πάσχα= Passover)

And the Passover of the Jews was near, and Jesus went up into Jerusalem.

18. αὐτοὶ δὲ διῆλθον ἀπὸ τῆς Πέργης καὶ παρεγένοντο εἰς Ἀντιόχειαν τὴν Πισιδίαν, καὶ εἰσῆλθον εἰς τὴν συναγωγὴν καὶ τῇ ἡμέρᾳ τῶν σαββάτων ἐκάθισαν. (cf. Acts 13:14; παραγίνομαι= I arrive; I am present)

But <u>they</u> went through from Perga and arrived in Antioch Pisidia, and they entered into the synagogue and *on the day of the Sabbath they sat down. [*Notice that τῇ ἡμέρᾳ τῶν σαββάτων is a Dative of Time "on the day…"*]

19. 1 Thess 4:16 αὐτὸς ὁ κύριος...καταβήσεται ἀπ' οὐρανοῦ καὶ οἱ νεκροὶ ἐν Χριστῷ ἀναστήσονται πρῶτον (ἀνίστημι= I rise up)

The Lord himself will come down from heaven and the dead in Christ will arise first.

20. Matt 1:23 Ἰδοὺ ἡ παρθένος ἐν γαστρὶ ἕξει καὶ τέξεται υἱόν, καὶ καλέσουσιν τὸ ὄνομα αὐτοῦ Ἐμμανουήλ, ὅ ἐστιν μεθερμηνευόμενον Μεθ' ἡμῶν ὁ θεός. (ἰδού= behold; ἡ παρθένος= virgin; ἡ γαστήρ= stomach; τίκτω= I give birth; καλέω= I call; τὸ ὄνομα= name; μεθερμηνευόμενον= "interpreted")

Behold the virgin will become pregnant [*lit. "will have in stomach"*] and will bear a son, and they will call his name Emmanuel, which is interpreted "God is with us."

11F. READING John 9:15–21: How can he see now?!

15 πάλιν οὖν <u>ἠρώτων</u> αὐτὸν καὶ οἱ Φαρισαῖοι <u>πῶς ἀνέβλεψεν</u>. ὁ δὲ εἶπεν αὐτοῖς, <u>Πηλὸν ἐπέθηκέν</u> μου ἐπὶ τοὺς ὀφθαλμούς, καὶ <u>ἐνιψάμην</u>, καὶ βλέπω. 16 ἔλεγον οὖν ἐκ τῶν Φαρισαίων <u>τινές</u>, Οὐκ ἔστιν <u>οὗτος</u> παρὰ θεοῦ ὁ ἄνθρωπος, ὅτι τὸ σάββατον οὐ <u>τηρεῖ</u>. ἄλλοι [δὲ] ἔλεγον, <u>Πῶς δύναται</u> ἄνθρωπος <u>ἁμαρτωλὸς τοιαῦτα σημεῖα ποιεῖν</u>; καὶ <u>σχίσμα</u> ἦν ἐν αὐτοῖς. 17 λέγουσιν οὖν <u>τῷ τυφλῷ</u> πάλιν, <u>Τί</u> σὺ λέγεις περὶ αὐτοῦ, ὅτι <u>ἠνέῳξέν</u> σου τοὺς ὀφθαλμούς; ὁ δὲ εἶπεν ὅτι Προφήτης ἐστίν. 18 Οὐκ ἐπίστευσαν οὖν οἱ Ἰουδαῖοι περὶ αὐτοῦ ὅτι ἦν τυφλὸς καὶ <u>ἀνέβλεψεν ἕως ὅτου ἐφώνησαν</u> <u>τοὺς γονεῖς</u> αὐτοῦ <u>τοῦ ἀναβλέψαντος</u> 19 καὶ <u>ἠρώτησαν</u> αὐτοὺς <u>λέγοντες</u>, Οὗτός ἐστιν ὁ υἱὸς ὑμῶν, ὃν ὑμεῖς λέγετε ὅτι τυφλὸς <u>ἐγεννήθη</u>; <u>πῶς</u> οὖν βλέπει <u>ἄρτι</u>; 20 <u>ἀπεκρίθησαν</u> οὖν <u>οἱ γονεῖς</u> αὐτοῦ καὶ εἶπαν, Οἴδαμεν ὅτι οὗτός ἐστιν ὁ υἱὸς ἡμῶν καὶ ὅτι τυφλὸς <u>ἐγεννήθη</u>· 21 <u>πῶς</u> δὲ νῦν βλέπει οὐκ οἴδαμεν, <u>ἢ τίς</u> ἤνοιξεν αὐτοῦ τοὺς ὀφθαλμοὺς ἡμεῖς οὐκ οἴδαμεν· αὐτὸν <u>ἐρωτήσατε</u>, ἡλικίαν ἔχει, αὐτὸς περὶ <u>ἑαυτοῦ λαλήσει</u>.

Translation with Comments in Brackets [...]

15 Therefore, again the Pharisees also asked him how he received (his) sight, and he said to them, "He put mud upon my eyes, and I washed, and I see." 16 Therefore, some from the Pharisees were saying, "The [*i.e. This*] person is not from God, because he does not keep the Sabbath." But others were saying, "How is a sinful person able to do such signs?" And there was a quarrel among them. 17 Therefore the spoke [*historic present*] to the blind man again, "What do you say concerning him, that he opened your eyes?" And he said, "He is a prophet." 18 Therefore, the Jews did not believe concerning him that he was blind [*i.e. had been blind*] and received sight until they called the parents of him who saw again 19 and they asked them saying, "Is this man your son, whom <u>you</u> say that he was born a blind person? How, therefore, does he see now?" 20 Therefore, his parents answered back and said, "We know that this is our son and that he was born blind; 21 but how now he sees we do not know, or who opened his eyes, we do not know; Ask him, he has adult status, he will speak concerning himself!"

verse 15: ἠρώτων= "they asked"
πῶς= how?
ἀναβλέπω= I see again; I receive sight
ὁ δέ= indicates a change of subject; "and he…"
ὁ πηλός= mud
ἐπέθηκέν= "He put (upon)"
νίπτω= I wash (Why the middle voice here?)

verse 16: τινές (nom.pl.)= "some"
οὗτος= this (a pronoun used as and adjective)
τηρέω= I keep
πῶς= how?
δύναμαι= I am able (deponent)
ἁμαρτωλός,-ή,-όν= sinful
τοιαῦτα σημεῖα ποιεῖν= "to do such signs"
τὸ σχίσμα= division; quarrel

verse 17: ὁ τυφλός= blind man
τί= what?
ἠνέῳξέν= alternative form for ἤνοιξεν

verse 18: ἀναβλέπω= I receive my sight
ἕως ὅτου= "until"
φωνέω=I call, talk with
ὁ γονεύς= parent
τοῦ ἀναβλέψαντος= "who saw again"

verse 19: ἠρώτησαν…λέγοντες= "they asked…saying"
ἐγεννήθη= "he was born"
ἄρτι= now

verse 20: ἀπεκρίθησαν= "they answered
ἐγεννήθη= "he was born"

verse 21: ἢ τίς= "or who(?)"
ἐρωτήσατε= "Ask him!"
ἡ ἡλικία= maturity; adult status
ἑαυτοῦ= himself
λαλέω= I speak

EXERCISES CH. 12 ANSWER KEY AND GUIDE

12A. OVERVIEW

Consult GRAMMAR CHAPTER 12 if you have difficulty answering these overview questions.

12B. VOCABULARIES 12 AND 5

Review the vocabulary words and/or consult the VOCABULARY: 20 TIMES OR MORE.

12C. REVIEW

I. Translate these sentences with 2nd Aorist verbs: *These verbs are underlined and parsed in brackets [...].*

1. Matt 7:25 καὶ <u>κατέβη</u> [**AAI3S** from ἀναβαίνω] ἡ βροχὴ καὶ ἦλθον οἱ ποταμοί. (ἡ βροχή= rain; ὁ ποταμός= river)
   Both the rain came down and the rivers came.

2. Mark 9:33 Καὶ <u>ἦλθον</u> [**AAI3P**] εἰς Καφαρναούμ.
   And they went into Capernaum.

3. Luke 1:38b καὶ <u>ἀπῆλθεν</u> [**AAI3S**] ἀπ' αὐτῆς ὁ ἄγγελος.
   And the angel departed from her.

4. Mark 2:27b Τὸ σάββατον διὰ τὸν ἄνθρωπον <u>ἐγένετο</u> [**ADI3S**] καὶ οὐχ ὁ ἄνθρωπος διὰ τὸ σάββατον·
   The Sabbath came because of humanity, not humanity because of the Sabbath;

5. Mark 14:8a ὃ <u>ἔσχεν</u> [**AAI3S** from ἔχω] ἐποίησεν. (ποιέω= I do; *here the sense is "I give"; the subject is a woman*)
   That which s/he had, s/he gave.

6. Matt 8:16a καὶ <u>ἐξέβαλεν</u> [**AAI3S**] τὰ πνεύματα λόγῳ. (τὸ πνεῦμα= spirit)
   And he cast out the spirits with a word.

7. Matt 15:29b ὁ Ἰησοῦς <u>ἦλθεν</u> [**AAI3S**] παρὰ τὴν θάλασσαν τῆς Γαλιλαίας, (ἡ θάλασσα= sea)
   Jesus came along the sea of Galilee,

8. John 11:47a <u>Συνήγαγον</u> [**AAI3P** from συνάγω] οὖν οἱ ἀρχιερεῖς καὶ οἱ Φαρισαῖοι συνέδριον (ἀρχιερεῖς= "high priests"; τὸ συνέδριον= Sanhedrin)
   Therefore, the high priests and the Pharisees gathered (the) Sanhedrin

9. Mark 1:11a καὶ φωνὴ <u>ἐγένετο</u> [**ADI3S**] ἐκ τῶν οὐρανῶν. (ἡ φωνή= voice)
   And a voice came from the heavens.

10. Mark 9:20a καὶ ἤνεγκαν [**AAI3P** from φέρω] αὐτὸν πρὸς αὐτόν.
    And they brought him to him.

11. John 8:53b καὶ οἱ προφῆται ἀπέθανον [**AAI3P**] ·
    And the prophets died;

12. Luke 2:4a Ἀνέβη [**AAI3S** from ἀναβαίνω] δὲ καὶ Ἰωσὴφ ἀπὸ τῆς Γαλιλαίας
    And Joseph also went up from Galilee

13. Rom 3:17 καὶ ὁδὸν εἰρήνης οὐκ ἔγνωσαν [**AAI3P**].
    And they did not know the way of peace.

II. Translate these short sentences with forms of εἰμί.

1. ὑμεῖς ἔσεσθε μαθηταί μου
   You will be my disciples.

2. ὑμεῖς ἔστε μαθηταί μου
   You are my disciples.

3. ὑμεῖς ἦτε μαθηταί μου
   You were my disciples.

4. οὐ ἦς ἀδελφὸς ἡμῶν
   You were not our brother

5. οὐ ἔτι εἶ ἀδελφὸς ἡμῶν
   You are still not our brother

6. ἔσῃ ἀδελφὸς ἡμῶν
   You will be our brother

7. πιστὴ ἦν
   She was faithful.

8. πιστή ἐστιν
   She is faithful

9. ἔσται πιστός
   He will be faithful.

10. ἦσαν μακάριοι
    They were blessed

12D. FOCUS

I. Third Declension Noun Parsing.

		Gender	Case	Number	Lexical Form and Meaning
1.	πατρί	M	D	S	πατήρ = father
2.	ἀνδρές	M	N	P	ἀνήρ = male; husband
3.	ποῦς	M	N	S	ποῦς = foot
4	ἄρχουσιν	M	D	P	ἄρχων = ruler
5.	αἰώνων	M	G	P	αἰών = age
6.	φῶς	N	N/A	S	φῶς = light
7.	ὕδατα	N	N/A	P	ὕδωρ = water
8.	Σίμονα	M	A	S	Σίμων = Simon
9.	πυρός	N	G	S	πῦρ = fire
10.	τοῖς ἀνδράσιν	M	D	P	ὁ ἀνήρ = man; husband

II. Adjectives of Number and Amount: *These adjectives and their translation are <u>underlined</u>.*

1. ἐν μιᾷ τῶν ἡμερῶν **in <u>one</u> of the days**
2. ὄχλος <u>πολὺς</u> μαθητῶν αὐτοῦ **a <u>great</u> crowd of his disciples** [*Note that it is hard to render* πολύς *"much"*]
3. <u>πάντες</u> οἱ ἄνθρωποι εἰσῆλθον εἰς <u>ὅλον</u> τὸν οἶκον. **<u>All</u> the persons entered into the <u>whole</u> house**
4. <u>πάντες</u> δὲ ἔλεγον **And <u>all</u> were saying**
5. προφήτης <u>μέγας</u> **a <u>great</u> prophet**
6. εἶπεν αὐτῷ <u>πᾶσαν</u> τὴν ἀλήθειαν. **He spoke to him the <u>entire</u> truth**
7. <u>πάντας</u> τοὺς προφήτας ἐν τῇ βασιλείᾳ τοῦ θεοῦ, **<u>all</u> the prophets in the Kingdom of God**
8. <u>πᾶς</u> ἐξ ὑμῶν **<u>everyone</u> from you**
9. <u>οὐδέν</u> ἄξιον θανάτου **<u>nothing</u> worthy of death**
10. <u>οὐδέν</u> τούτων **<u>no one</u> of these**
11. παρὰ <u>πάντας</u> τοὺς ἀνθρώπους **along <u>all</u> persons** [*This phrase is from Luke 13:4 in which* παρά *has a special meaning "than"*]
12. <u>πᾶς</u> ὁ ὄχλος <u>ὅλην</u> τὴν ἡμέραν **<u>All</u> the crowd the <u>whole</u> day**
13. <u>πάσαις</u> ταῖς ἐντολαῖς **to <u>all</u> the commandments**
14. <u>οὐδείς</u> ἐβλέψεν Ἰησοῦν. **<u>No one</u> saw Jesus.**

III. Demonstrative Pronouns:

1. αὕτη
   This woman
2. ἐκεῖνος
   That man
3. διὰ τοῦτον τὸν κόσμον
   on account of this world
4. διὰ τὸν κόσμον τοῦτον
   on account of this world
5. διὰ τοῦτον τὸν λόγον τοῦ θεοῦ
   on account of this Word of God
6. μετὰ τούτου τοῦ τέκνου
   with this child
7. μετὰ τοῦ ὄχλου τούτου
   with this crowd

8. μετὰ ἐκείνου τοῦ τέκνου
   with that child
9. μετὰ τοῦ ὄχλου ἐκείνου
   with that crowd
10. αὕτη ἡ ὁδός
    This way
11. εἰς τὸν ἅγιον τόπον ἐκεῖνον
    into that holy place
12. ἐν ταύταις ἡμέραις
    in these days
13. ὁ ἄρτος ἐκείνων
    the bread of those ones
14. ἐκεῖνος ὁ ἀδελφός
    that brother

12E. Sentences

1. ὁ Πέτρος καὶ ἐξῆλθεν ἔξω καὶ ἔκλαυσεν πικθῶς. (ἔξω= outside; πικθῶς= bitterly)
   Peter both exited outside and wept bitterly.

2. John 8:27 οὐκ ἔγνωσαν ὅτι τὸν πατέρα αὐτοῖς ἔλεγεν. (*hint: add "about" before "father"*)
   They did not know that he was speaking (about) the Father to them.

3. John 5:1 Μετὰ ταῦτα ἦν ἑορτὴ τῶν Ἰουδαίων, καὶ ἀνέβη Ἰησοῦς εἰς Ἱεροσόλυμα. (ἡ ἑορτή= feast)

After these things was the feast of the Jews, and Jesus went up into Jerusalem.

4. John 10:18 ταύτην τὴν ἐντολὴν ἔλαβον παρὰ τοῦ πατρός μου.

I received this commandment from my Father. [ἔλαβον in form is 1S or 3P, but here 1S]

5. 1 Cor 1:14 εὐχαριστῶ [τῷ θεῷ] ὅτι οὐδένα ὑμῶν ἐβάπτισα εἰ μὴ Κρίσπον καὶ Γάϊον, (εὐχαριστῶ=
"I give thanks"; εἰ μή= except)

I give thanks [to God] that I baptized no one of you, except Crispus and Gaius,

6. John 3:22 Μετὰ ταῦτα ἦλθεν ὁ Ἰησοῦς καὶ οἱ μαθηταὶ αὐτοῦ εἰς τὴν Ἰουδαίαν γῆν καὶ ἐκεῖ
διέτριβεν μετ' αὐτῶν καὶ ἐβάπτιζεν. (ἡ γῆ= land; ἐκεῖ= there; διατρίβω= I spend time)

After these things Jesus and his disciples went into the Judean land and he spent time there with them and he was baptizing.

7. Rom 8:30b οὓς δὲ ἐδικαίωσεν, τούτους καὶ ἐδόξασεν. (δικαιόω= I justify)

Moreover, those whom he justified, these also he glorified.

8. Luke 7:16a ἔλαβεν δὲ φόβος πάντας καὶ ἐδόξαζον τὸν θεόν. (ὁ φόβος= fear)

And fear took [i.e. seized] all and they were glorifying God. *[Notice the Imperfect Tense.]*

9. Mark 10:5 ὁ δὲ Ἰησοῦς εἶπεν αὐτοῖς, Πρὸς τὴν σκληροκαρδίαν ὑμῶν ἔγραψεν ὑμῖν τὴν ἐντολὴν
ταύτην. (ἡ σκληροκαρδία= hard hearted)

And Jesus said to them, "To the hardheartedness of you he wrote to you this commandment."

10. John 9:28 καὶ ἐλοιδόρησαν αὐτὸν καὶ εἶπον, Σὺ μαθητὴς εἶ ἐκείνου, ἡμεῖς δὲ τοῦ Μωϋσέως
ἐσμὲν μαθηταί· (λοιδορέω= I reproach)

And they reproached him and said, "<u>You</u> are a disciple of that man, but <u>we</u> are disciples of Moses;"

11. John 12:42a καὶ ἐκ τῶν ἀρχόντων πολλοὶ ἐπίστευσαν εἰς αὐτόν,...

And many from the rulers believed in him...

12. Phil 4:9 ἃ καὶ ἐμάθετε καὶ παρελάβετε καὶ ἠκούσατε καὶ εἴδετε ἐν ἐμοί, ταῦτα πράσσετε·
(μανθάνω= I learn [2nd Aor. ἔμαθον]; πράσσετε= "Do!")

That which also you learned and received and heard and saw in me, these things do!

13. John 6:49 οἱ πατέρες ὑμῶν ἔφαγον ἐν τῇ ἐρήμῳ τὸ μάννα καὶ ἀπέθανον· (ὁ ἔρημος= desert)

Your fathers ate the manna in the desert and died;

14. John 16:30 νῦν οἴδαμεν ὅτι οἶδας πάντα καὶ οὐ χρείαν ἔχεις ἵνα τίς σε ἐρωτᾷ· ἐν τούτῳ
πιστεύομεν ὅτι ἀπὸ θεοῦ ἐξῆλθες. (ἡ χρεία= need; ἵνα τίς σε ἐρωτᾷ= "that someone ask
you")

Now we know that you know all things and you have no need that someone ask you; in/by this we believe that you came from God.

15. John 4:18a πέντε γὰρ ἄνδρας ἔσχες καὶ νῦν ὃν ἔχεις οὐκ ἔστιν σου ἀνήρ·
    For you (have) had five men/husbands and now whom you have is not your husband;

16. John 16:14 ἐκεῖνος ἐμὲ δοξάσει, ὅτι ἐκ τοῦ ἐμοῦ λήμψεται καὶ ἀναγγελεῖ ὑμῖν. (ἀναγγελεῖ=
    "he will **announce**")
    **That one will glorify me [ἐμὲ is the emphatic form], because he will take from me and
    will announce (it) to you.**

17. John 14:20 ἐν ἐκείνῃ τῇ ἡμέρᾳ γνώσεσθε ὑμεῖς ὅτι ἐγὼ ἐν τῷ πατρί μου καὶ ὑμεῖς ἐν ἐμοὶ
    κἀγὼ ἐν ὑμῖν.
    **In that day you will know that I (am) in my father and you (are) in me and I am in
    you.**

18. John 13:35 ἐν τούτῳ γνώσονται πάντες ὅτι ἐμοὶ μαθηταί ἐστε, ἐὰν ἀγάπην ἔχητε ἐν ἀλλήλοις.
    (ἐὰν= if; ἔχητε= "you would have"; ἀλλήλοις= one another; ἡ ἀγάπη= love)
    **In/by this all will know that you are my disciples, if you have love among one anoth-
    er.**

19. Luke 8:22 Ἐγένετο δὲ ἐν μιᾷ τῶν ἡμερῶν καὶ αὐτὸς ἐνέβη εἰς πλοῖον καὶ οἱ μαθηταὶ αὐτοῦ
    καὶ εἶπεν πρὸς αὐτούς, Διέλθωμεν εἰς τὸ πέραν τῆς λίμνης, καὶ ἀνήχθησαν.
    (ἐνβαίνω= I embark; τὸ πλοῖον= boat; Διέλθωμεν= "let us go"; πέραν= other side; ἡ λίμνη=
    lake; ἀνάγω= I set sail [in the passive voice])
    **And it happened in one of the days he also embarked into a boat and his disciples and
    he said to them, "Let us go into the other side of the lake," and they set sail.**

20. Acts 20:25 Καὶ νῦν ἰδοὺ ἐγὼ οἶδα ὅτι οὐκέτι ὄψεσθε τὸ πρόσωπόν μου ὑμεῖς πάντες ἐν οἷς
    διῆλθον κηρύσσων τὴν βασιλείαν. (ἰδού= behold; οὐκέτι= no longer; τὸ πρόσωπον= face;
    κηρύσσων = "preaching")
    **And now, behold, I know that you all will no longer see my face among whom I went
    through preaching the kingdom.**

21. John 21:23 ἐξῆλθεν οὖν οὗτος ὁ λόγος εἰς τοὺς ἀδελφοὺς ὅτι ὁ μαθητὴς ἐκεῖνος οὐκ
    ἀποθνήσκει· οὐκ εἶπεν δὲ αὐτῷ ὁ Ἰησοῦς ὅτι οὐκ ἀποθνήσκει ἀλλ', Ἐὰν <u>αὐτὸν
    θέλω μένειν</u> ἕως ἔρχομαι[, τί πρὸς σέ]; (ἐὰν= if; αὐτὸν θέλω μένειν= "I want him to re-
    main"; τί= what?)
    **Therefore, the word went out to the brothers that that disciple does not die; but, Je-
    sus did not say that he does not die but, "If I want him to remain until I come [, What
    (is that) to you]?** [Remember that brackets in the Greek critical editions as seen at the
    end of John 21:23 here with [, τί πρὸς σέ] indicate that the original Greek text remains in
    some doubt, since important Greek manuiscripts and evidence weigh both for the exclu-
    sion or the inclusion of the words in brackets; in the end, the committee reviewing the evi-
    dence judged that the words as more probably to be included]

12F. Reading Mark 1:9-15: Jesus begins His Ministry

9 Καὶ ἐγένετο ἐν ἐκείναις ταῖς ἡμέραις ἦλθεν Ἰησοῦς ἀπὸ Ναζαρὲτ τῆς Γαλιλαίας καὶ ἐβαπτίσθη εἰς τὸν Ἰορδάνην ὑπὸ Ἰωάννου. 10 καὶ εὐθὺς ἀναβαίνων ἐκ τοῦ ὕδατος εἶδεν σχιζομένους τοὺς οὐρανοὺς καὶ τὸ πνεῦμα ὡς περιστερὰν καταβαῖνον εἰς αὐτόν· 11 καὶ φωνὴ ἐγένετο ἐκ τῶν οὐρανῶν, Σὺ εἶ ὁ υἱός μου ὁ ἀγαπητός, ἐν σοὶ εὐδόκησα. 12 Καὶ εὐθὺς τὸ πνεῦμα αὐτὸν ἐκβάλλει εἰς τὴν ἔρημον. 13 καὶ ἦν ἐν τῇ ἐρήμῳ τεσσεράκοντα ἡμέρας πειραζόμενος ὑπὸ τοῦ Σατανᾶ, καὶ ἦν μετὰ τῶν θηρίων, καὶ οἱ ἄγγελοι διηκόνουν αὐτῷ. 14 Μετὰ δὲ τὸ παραδοθῆναι τὸν Ἰωάννην ἦλθεν ὁ Ἰησοῦς εἰς τὴν Γαλιλαίαν κηρύσσων τὸ εὐαγγέλιον τοῦ θεοῦ 15 καὶ λέγων ὅτι Πεπλήρωται ὁ καιρὸς καὶ ἤγγικεν ἡ βασιλεία τοῦ θεοῦ· μετανοεῖτε καὶ πιστεύετε ἐν τῷ εὐαγγελίῳ.

Translation with Comments in Brackets [...]

9 And it happened in those days (that) Jesus came from Nazareth of Galilee and was baptized into the Jordon by John. 10 And immediately coming up from the water he saw the heavens opened up and the Spirit as a dove descending into him; 11 and a voice came from heaven, "You are my beloved Son, in you I was well pleased." 12 And immediately the Spirit cast [*historic present*] him into the desert. 13 And he was in the desert forty days being tempted by Satan, and he was with the beasts, and the angles were ministering to him. 14 Then [δέ marks a new development] after John was arrested, Jesus came into Galilee preaching the good news of God 15 and saying, "The time/opportunity has been fulfilled and the Kingdom of God has drawn near; Repent and believe in the good news."

---

9 ἐβαπτίσθη= "he was baptized";

10 εὐθύς= immediately; ἀναβαίνων = "coming up" ; σχιζομένους τοὺς οὐρανούς= "the heavens
   opened up"; τὸ πνεῦμα ὡς περιστερὰν καταβαῖνον= "the spirit as a dove descending"

11 φωνή= a voice; ἀγαπητός,-ή,-όν= beloved; εὐδόκέω= I am well pleased (with)

12 ἡ ἔρημος= desert; τὸ πνεῦμα= spirit

13 τεσσεράκοντα= forty; πειραζόμενος = "being tempted"; τὸ θηρίον= beast; διηκόνουν αὐτῷ=
   "they were ministering to him."

14 Μετὰ δὲ τὸ παραδοθῆναι τὸν Ἰωάννην= "After John was arrested. . ."; κηρύσσων = "preaching"

15 λέγων = "saying" ; Πεπλήρωται. . . καὶ ἤγγικεν *perfect tense,* "has been fulfilled. . .and has
   drawn near"; μετανοεῖτε καὶ πιστεύετε= "repent and believe!" *(Imperatives)*

EXERCISES CH. 13 ANSWER KEY AND GUIDE

13A. OVERVIEW

Consult GRAMMAR CHAPTER 13 if you have difficulty answering these overview questions.

3. Explain reduplication. How would you reduplicate the following verb stems:

κράζω is reduplicated as <u>κε</u>κρά-

ἀναβαίνω is reduplicated as ἀνα<u>βε</u>βη-

εὑρίσκω is reduplicated as <u>εὑ</u>ρ- (in GNT) or <u>ηὑ</u>ρ- (in Classical Greek and LXX)

ἀγαπάω is reduplicated as <u>ἠγ</u>απ-

θεραπεύω is reduplicated as <u>τε</u>θεραπευ-

ἀποθνήσκω is reduplicated as ἀπο<u>τε</u>θν-

13B. VOCABULARIES 13 AND 6

Review the vocabulary words and/or consult the VOCABULARY: 20 TIMES OR MORE.

13C. REVIEW

I. Translate these short phrases/sentences.

1. ὅλης τῆς Ἰουδαίας, **the whole of Judea**
2. πάντων τῶν προφητῶν **all (of) the prophets**
3. ἀπὸ πάντων τῶν τέκνων αὐτῆς. **from all her children.**
4. πολλοὺς τῶν υἱῶν Ἰσραὴλ **many of the sons of Israel**
5. οὗτος ἔσται μέγας **this one will be great**
6. παντὶ τῷ λαῷ **to all the people**
7. πᾶς γὰρ ὁ ὄχλος **For (i.e. because) all the crowd …**
8. πολλοὺς τῶν Φαρισαίων καὶ Σαδδουκαίων **many of the Pharisees and Sadducees**
9. πάσας τὰς βασιλείας τοῦ κόσμου **all the kingdoms of the world**
10. ἐν πάσῃ τῇ δόξῃ αὐτοῦ **in all his glory**
11. πάντες γὰρ οἱ προφῆται καὶ ὁ νόμος **For all the Prophets and the Law**
12. πάντες οἱ ὄχλοι καὶ ἔλεγον. **All the crowds also were speaking.**
13. τὸ εὐαγγέλιον τοῦτό ἐστιν ἐν ὅλῳ τῷ κόσμῳ, **This gospel is in the whole world,**
14. πάντες οἱ μαθηταὶ εἶπαν. **All the disciples spoke.**

II. Translate these phrases with demonstrative pronouns.

1. ταύτας **these women**
2. μετὰ ταῦτα **after these things**
3. τῶν κόσμων ἐκείνων **of those worlds**
4. τούτοις τοῖς τέκνοις **to these children**
5. αὗται αἱ παραβολαί **these parables**
6. τοῦ φωτὸς τούτου **of this light**
7. τοῖς ἀνδράσιν ἐκείνοις **to those men**
8. διὰ τοῦτο **on account of this**

13D. FOCUS

I. Parse these verbs: (They are not necessarily all Perfect or Pluperfect Tenses): *Translations of the verb forms are added.*

		Tense	Voice	Mood	Person	Number	Translation	Lexical Form and Meaning
1.	ἔσωσα	A	A	I	1	S	"I saved"	σῴζω = I save
2.	ἔγνωκαν	R	A	I	3	P	"they have know"	γινώσκω = I know
3.	ἐλήλυθα	R	A	I	1	S	"I have come"	ἔρχομαι = I come
4.	γενήσομαι	F	D	I	1	S	"I will become"	γίνομαι = I become
5.	βέβληνται	R	M/P	I	3	P	"They have been thrown"	βάλλω = I throw
6.	πέπονθας	R	A	I	2	S	"you have suffered"	πάσχω = I suffer
7.	πεπόρευμαι	R	D	I	1	S	"I have gone"	πορεύομαι = I go
8.	λέγω	P	A	I	1	S	"I say"	λέγω = I say
9.	εἶδεν	A	A	I	3	S	"he saw"	βλέπω = I see
10.	ἤγγικεν	R	A	I	3	S	"it has drawn near"	ἐγγίζω = I draw near

II. Parse these Third Declension nouns.

		Gender	Case	Number	Lexical Form	Translation with Case
1.	μήτρος	F	G	S	ματήρ	"of a mother"
2.	σαρκά	F	A	S	σάρξ	"flesh"
3.	ἐλπίδι	F	D	S	ἐλπίς	"for/to a hope"
4.	πνεύματα	N	N/A	P	πνεῦμα	"spirits"
5.	θελήματος	N	G	S	θέλημα	"of a will"
6.	ῥῆμα	N	N/A	S	ῥῆμα	"word"

13E. SENTENCES

Mark up the Odd sentences using the Constituent Marking Method from §4.6 CONSTITUENT MARKING FOR NAVIGATING A GREEK SENTENCE and then translate:

1. John 19:40 <u>ἔλαβ|ον</u> ☐οὖν☐ <u>τὸ σῶμα</u> ←τοῦ Ἰησοῦ...

   Therefore, they took the body of Jesus.

2. Matt 3:2 ἤγγικεν γὰρ ἡ βασιλεία τῶν οὐρανῶν.

   For the Kingdom of Heaven has drawn near/has arrived.

3. Luke 3:6 καὶ ὄψεται πᾶσα σάρξ τὸ σωτήριον ←τοῦ θεοῦ. (τὸ σωτήριον= salvation)
   And all flesh will see the salvation of God.

4. Luke 3:2b ἐγένετο ῥῆμα θεοῦ ἐπὶ Ἰωάννην τὸν Ζαχαρίου υἱὸν ἐν τῇ ἐρήμῳ. (ἡ ἔρημος= desert)
   The word of God came upon John, the son of Zachariah, in the desert.

5. John 20:29 λέγει αὐτῷ ὁ Ἰησοῦς· [¹ [² Ὅτι ἑώρακάς με ²] πεπίστευκας;¹]
   Jesus said [Historic Present] to him, "Because you have seen me, you have believed?"

6. John 6:68b–69 ῥήματα ζωῆς αἰωνίου ἔχεις, 69 καὶ ἡμεῖς πεπιστεύκαμεν καὶ ἐγνώκαμεν ὅτι σὺ
   εἶ ὁ ἅγιος τοῦ θεοῦ. (ζωῆς αἰωνίου= "eternal life")
   You have (the) words of eternal life, 69 and <u>we</u> have believed and have know that
   <u>you</u> are the Holy One of God.

7. 1 Cor 2:12a ἡμεῖς δὲ οὐ τὸ πνεῦμα ←τοῦ κόσμου ἐλάβομεν ἀλλὰ τὸ πνεῦμα τὸ (ἐκ τοῦ θεοῦ)...
   But <u>we</u> did not receive the spirit of the world, but the Spirit (that is) from God...

8. 1 Cor 7:27 δέδεσαι γυναικί, μὴ ζήτει λύσιν· λέλυσαι ἀπὸ γυναικός, μὴ ζήτει γυναῖκα. (μὴ
   ζήτει= "Seek not...!"; λύσιν= divorce [acc.sg.]; δέω= I bind)
   You have been bound to a wife, seek not (or do not seek) a divorce; you have been re-
   leased from a wife, do not seek a wife.

9. Gal 4:22 γέγραπται γὰρ [ὅτι Ἀβραὰμ δύο υἱοὺς ἔσχεν, = ἕνα (ἐκ τῆς παιδίσκης) καὶ ἕνα (ἐκ
   τῆς ἐλευθέρας).] (δύο= two; ἡ παιδίσκης= female slave; ἐλεύθερος,-α,-ον= free). *NOTICE that*
   the two ἕνα are in apposition to δύο υἱοὺς, thus receive a double underline.
   For it has been written that Abraham had two sons, one from the female slave and one
   from the free woman.

10. Luke 3:16 ἐγὼ μὲν ὕδατι βαπτίζω ὑμᾶς·...αὐτὸς ὑμᾶς βαπτίσει ἐν πνεύματι ἁγίῳ καὶ πυρί.
    <u>I</u> indeed baptize you with water...<u>He</u> will baptize you in the Holy Spirit and fire.

11. Col 3:3 ἀπεθάνετε γὰρ καὶ ἡ ζωὴ ← ὑμῶν κέκρυπται (σὺν τῷ Χριστῷ) (ἐν τῷ θεῷ·) (κρύπτω=
    I hide)
    For you died and your life has been hidden with Christ in God;

12. John 16:27 αὐτὸς γὰρ ὁ πατὴρ φιλεῖ ὑμᾶς, ὅτι ὑμεῖς ἐμὲ πεφιλήκατε καὶ πεπιστεύκατε ὅτι
    ἐγὼ παρὰ [τοῦ] θεοῦ ἐξῆλθον. (φιλέω= I love)
    For the Father himself loves you, because <u>you</u> have loved <u>me</u> and have believed that <u>I</u>
    came from God.

13. Rom 14:14 οἶδα καὶ πέπεισμαι (ἐν κυρίῳ = Ἰησοῦ) [ὅτι οὐδὲν κοινὸν (δι' ἑαυτοῦ).] (κοινός,-
    ή,-όν= common/defiled; ἑαυτοῦ= itself) *NOTICE that there is am implied verb of being "is"*
    within the subordinate clause.
    I know and I have been persuaded in the Lord Jesus that nothing is defiled
    through/in itself.

14. Gal 2:7b πεπίστευμαι τὸ εὐαγγέλιον τῆς ἀκροβυστίας καθὼς Πέτρος τῆς περιτομῆς... (ἡ ἀκροβυστία= uncircumcision; καθώς= just as; ἡ περιτομή= circumcision)

I have been (en)trusted (with) the gospel of uncircumcision just as Peter (the gospel) of circumcision...

15. John 1:30 οὗτός ἐσ|τιν [¹ (ὑπὲρ οὗ) ἐγὼ εἶπ|ον· [² (Ὀπίσω μου) ἔρχ|εται ἀνὴρ [³ ὃς (ἐνώπιόν μου) γέ|γον|εν³], [⁴ ὅτι πρῶτός ←μου ἦν.⁴] ²] ¹] (ὀπίσω= after)

This is concerning whom I said: "After me a man comes who has been before me, because he is my first (i.e. preeminent over me)."

16. Rom 8:15 οὐ γὰρ ἐλάβετε πνεῦμα δουλείας πάλιν εἰς φόβον ἀλλὰ ἐλάβετε πνεῦμα υἱοθεσίας ἐν ᾧ κράζομεν. (ὁ φόβος= fear; ἡ δουλεία= slavery; ἡ υἱοθεσία= sonship)

For you did not receive a spirit of slavery again into fear, but you received a Spirit of sonship in which we cry out (to God).

17. John 4:42 τῇ τε γυναικὶ ἔλεγ|ον [¹ ὅτι Οὐκέτι (διὰ τὴν σὴν λαλιὰν) πιστεύ|ομεν, αὐτοὶ γὰρ ἀκηκό|αμεν καὶ οἴδ|αμεν [² ὅτι οὗτός ἐστιν ἀληθῶς ὁ σωτὴρ ← τοῦ κόσμου ²] ¹].
(τε= and; οὐκέτι= no longer; σὴν λαλιὰν= "your word"; ἀληθῶς= truly; ὁ σωτήρ= savior)

And they were saying to the woman, "We no longer believe on account of your word, for we ourselves have heard and know that this one is truly the Savior of the world."

18. Gen 6:18 (LXX) καὶ στήσω τὴν διαθήκην μου πρὸς σέ. εἰσελεύσῃ δὲ εἰς τὴν κιβωτόν σὺ καὶ οἱ υἱοί σου καὶ ἡ γυνή σου καὶ αἱ γυναῖκες τῶν υἱῶν σου μετὰ σοῦ. (στήσω= "I will establish"; ἡ διαθήκη= covenant; ἡ κιβωτός= ark)

And I will establish my covenant with you. And you will enter into the ark, you and your sons and you wife and the wives of your sons with you.

19. Matt 26:45 τότε ἔρχεται (πρὸς τοὺς μαθητὰς) καὶ λέγ|ει αὐτοῖς, [Καθεύδ|ετε {[τὸ] λοιπὸν} καὶ ἀναπαύεσθε· ἰδοὺ ἤγγικεν ἡ ὥρα καὶ ὁ υἱὸς ← τοῦ ἀνθρώπου παραδίδο|ται (εἰς χεῖρας ← ἁμαρτωλῶν).] ([τὸ] λοιπὸν= the remainder; ἰδού= behold; ἡ ὥρα= hour; καθεύδω= I sleep; ἀναπαύω= I rest; παραδίδοται= "is being betrayed"; ὁ ἁμαρτώλος= sinner)

NOTICE *that {[τὸ] λοιπὸν} is marked to indicate it is a special use of the accusative case (perhaps, "accusative of time"); alternatively it could be functioning adverbially.*

Then he came [Historic Present] to the disciples and said to them, "You are sleeping the remainder (of the time) and are resting; Behold, the hour has come near and the Son of Humanity is being betrayed into the hands of sinners."

20. Mark 6:14 Καὶ ἤκουσεν ὁ βασιλεὺς Ἡρώδης, φανερὸν γὰρ ἐγένετο τὸ ὄνομα αὐτοῦ, καὶ ἔλεγον ὅτι Ἰωάννης ὁ βαπτίζων ἐγήγερται ἐκ νεκρῶν καὶ διὰ τοῦτο ἐνεργοῦσιν αἱ δυνάμεις ἐν αὐτῷ. (βασιλεὺς Ἡρώδης= "King Herod"; φανερός,-ά,-όν= manifest; βαπτίζων= baptizer; ἐγήγερται= Pluperf. of ἐγείρω= I raise up; ἐνεργέω= I am operative; αἱ δυνάμεις= powers)

And King Herod heard, for his name [i.e. Jesus'] became manifest, and they [people in general] were saying that John the Baptizer had been raised* from the dead and on account of this the powers were working* in him [i.e. Jesus]. [*Notice that Greek retains the original tense within indirect discourse, whereas English puts it in past time.]

13F. READINGS

I. First John 1:1–3.

¹ Ὃ ἦν ἀπ᾽ ἀρχῆς, ὃ ἀκηκόαμεν, ὃ ἑωράκαμεν τοῖς ὀφθαλμοῖς ἡμῶν, ὃ ἐθεασάμεθα καὶ αἱ χεῖρες ἡμῶν ἐψηλάφησαν περὶ τοῦ λόγου τῆς ζωῆς ² καὶ ἡ ζωὴ ἐφανερώθη, καὶ ἑωράκαμεν καὶ μαρτυροῦμεν καὶ ἀπαγγέλλομεν ὑμῖν τὴν ζωὴν τὴν αἰώνιον ἥτις ἦν πρὸς τὸν πατέρα καὶ ἐφανερώθη ἡμῖν ³ ὃ ἑωράκαμεν καὶ ἀκηκόαμεν, ἀπαγγέλλομεν καὶ ὑμῖν, ἵνα καὶ ὑμεῖς κοινωνίαν ἔχητε μεθ᾽ ἡμῶν. καὶ ἡ κοινωνία δὲ ἡ ἡμετέρα μετὰ τοῦ πατρὸς καὶ μετὰ τοῦ υἱοῦ αὐτοῦ Ἰησοῦ Χριστοῦ.

Translation from NASB95 with Comments in Brackets [...]

¹ What [*or, try "That which"*] was from the beginning, what we have heard, what we have seen with our eyes, what we have looked at and touched [*These are Aorist Tense verbs, although they are translated as if Perfect Tense ones*] with our hands [*"our hands" is actually the subject, but the sentence here is translated passively*], concerning the Word of Life--² and the life was manifested, and we have seen and testify and proclaim [*There is a switch of tense here that is not represented in the translation. In Greek what is the significance?*] to you the eternal life, which was with the Father and was manifested to us-- ³ what we have seen and heard we proclaim to you also, so that you [*emphatic*] too may have fellowship with us; and indeed our fellowship is with the Father, and with His Son Jesus Christ.

Verse 1: ἡ ἀρχή= beginning; θεάομαι= I see; ψηλαφέω= I touch;
Verse 2: ἐφανερώθη= "was manifest"; μαρτυρέω= I testify; ἀπαγγέλλω= I announce; αἰώνιον ἥτις= "eternal which"
Verse 3: ἵνα...ἔχητε= "in order that... you might have"; ἡ κοινωνία= fellowship; ἡ ἡμετέρα= "our"[this is a possessive adjective]

II. Colossians 1:1–6.

¹ Παῦλος ἀπόστολος Χριστοῦ Ἰησοῦ διὰ θελήματος θεοῦ καὶ Τιμόθεος ὁ ἀδελφὸς ² τοῖς ἐν Κολοσσαῖς ἁγίοις καὶ πιστοῖς ἀδελφοῖς ἐν Χριστῷ, χάρις ὑμῖν καὶ εἰρήνη ἀπὸ θεοῦ πατρὸς ἡμῶν. ³ <u>Εὐχαριστοῦμεν</u> τῷ θεῷ πατρὶ τοῦ κυρίου ἡμῶν Ἰησοῦ Χριστοῦ <u>πάντοτε</u> περὶ ὑμῶν <u>προσευχόμενοι</u>, ⁴ <u>ἀκούσαντες</u> τὴν πίστιν ὑμῶν ἐν Χριστῷ Ἰησοῦ καὶ τὴν ἀγάπην ἣν ἔχετε εἰς πάντας τοὺς ἁγίους ⁵ διὰ τὴν ἐλπίδα <u>τὴν ἀποκειμένην</u> ὑμῖν ἐν τοῖς οὐρανοῖς, ἣν <u>προηκούσατε</u> ἐν τῷ λόγῳ τῆς ἀληθείας τοῦ εὐαγγελίου ⁶ <u>τοῦ παρόντος</u> εἰς ὑμᾶς, <u>καθὼς</u> καὶ ἐν παντὶ τῷ κόσμῳ ἐστὶν <u>καρποφορούμενον</u> καὶ <u>αὐξανόμενον καθὼς</u> καὶ ἐν ὑμῖν, ἀφ᾽ ἧς ἡμέρας ἠκούσατε καὶ ἐπέγνωτε τὴν χάριν τοῦ θεοῦ ἐν ἀληθείᾳ·

Translation from NASB95

¹ Paul, an apostle of Jesus Christ by the will of God, and Timothy our brother, ² To the saints and faithful brethren in Christ *who are* at Colossae: Grace to you and peace from God our Father. ³ We give thanks to God, the Father of our Lord Jesus Christ, praying always for you, ⁴ since we heard of your faith in Christ Jesus and the love which you have for all the saints; ⁵ because of the hope laid up for you in heaven, of which you previously heard in the word of truth, the gospel ⁶ which has come to you, just as in all the world also it is constantly bearing fruit and increasing, even as *it has been doing* in you also since the day you heard *of it* and understood the grace of God in truth;

Verse 3: Εὐχαριστοῦμεν= "We give thanks"; πάντοτε= always; προσευχόμενοι= "while praying";
Verse 4: ἀκούσαντες= "having heard"; ἡ πίστις= faith
Verse 5: τὴν ἀποκειμένην= "which is stored up"; προακούω= I hear before;
Verse 6: τοῦ παρόντος= "which is present"; καθώς= as; καρποφορούμενον= "bearing fruit"; αὐξανόμενον
        καθὼς= "growing as"

Exercises Ch. 14 Answer Key and Guide

14A. Overview
Consult Grammar Chapter 14 if you have difficulty answering these overview questions.

14B. Vocabularies 14 and 7
Review the vocabulary words and/or consult the Vocabulary: 20 Times or More.

14C. Review

I. Translate these phrases with Third Declension nouns:

1. εἶπεν τῇ μητρὶ αὐτῆς
   "she spoke to her mother"
2. τῷ λόγῳ τῆς χάριτος αὐτοῦ
   "by the word of his grace"
3. ὁ θεὸς τῆς ἐλπίδος
   "the God of hope"
4. πνεύματα ἐκεῖνα
   "those spirits"
5. περὶ τοῦ θελήματος τοῦ θεοῦ
   "concerning the will of God"
6. μου τὸ αἷμα καί μου τὴν σάρκα
   "my blood and my flesh"
7. ὕδατι καὶ πυρί
   "with water and fire"
8. τοῖς πᾶσιν ἀνδράσιν
   "to all men"
9. τῷ πατρί μου ἐν τοῖς οὐρανοῖς
   "to my Father in the heavens"
10. ἀνδρὲς τοῦ Ἰσράηλ
    "men of Israel"
11. ὑπὸ τοὺς πόδας αὐτοῦ
    "under his feet"
12. εἰς τοὺς αἰῶνας
    "into the ages [i.e. forever]"
13. ἐκ τοῦ στόματός σου
    "from your mouth"
14. εἶδον μέγα φῶς
    "I saw a great light"
15. πολλῶν ὑδάτων
    "of many waters"
16. ὅλης τῆς νυκτός
    "of/during the whole night" (*genitive of time*)

II. Parse these verbs: Here is the Parsing Legend for review.

Tense	Voice	Mood	Person	Number
P=Present	**A**=Active	**I**= Indicative	**1**= First	**S**= Singular
I=Imperfect	**P**=Passive	**S**= Subjunctive	**2**= Second	**P**= Plural
F=Future	**M**=Middle	**P**= Participle	**3**= Third	
A=Aorist	**M/P**=Middle/Passive	**M**= Imperative		
R=Perfect	**D**= MiDDle Formed	**N**= Infinitive		
L=Pluperfect	(Deponent)			

		Tense	Voice	Mood	Person	Number	Translation	Lexical Form & Meaning
1.	ἄξω	F	A	I	1	S	"I will lead"	ἄγω = I lead
2.	ἔγνωκα	R	A	I	1	S	"I have known"	γινώσκω = I know
3.	ἐλήλυθας	R	A	I	2	S	"you have come"	ἔρχομαι = I come, go
4.	διῆλθον	A	A	I	1 3	S P	"I went through" "they went through"	διέρχομαι = I go through
5.	γέγονα	R	A	I	1	S	"I have become"	γίνομαι = I become
6.	ἔσχηκα	R	A	I	1	S	"I have had"	ἔχω = I have
7.	ἑώρακα	R	A	I	1	S	"I have seen"	ὁράω = I see
8.	ἔσομαι	F	A	I	1	S	"I will be"	εἰμί = I am
9.	ἀνεβεβήκεισιν	L	A	I	3	P	"They had gone up"	ἀναβαίνω = I go up
10.	ἐδίωξα	A	A	I	1	S	"I persecuted/pursued"	διώκω = I pursue or persecute

14D. FOCUS

I. Translate these short sentences, most of which have interrogative and indefinite pronouns. *NOTE: These interrogative and indefinite elements are underlined, as well as the English translation.*

1. ἔλεγεν αὐτῷ εἷς ἕκαστος, <u>Μήτι</u> ἐγώ εἰμι, κύριε;
   Each one was saying to him, "It is <u>not</u> I, is it, Lord?" *[expects a "no" reply]*

2. John 7:45 <u>Διὰ τί</u> οὐκ ἠγάγετε αὐτόν;
   <u>For what reason</u> did you not bring him?

3. Luke 1:18 <u>Κατὰ τί</u> γνώσομαι τοῦτο;
   <u>According to what</u> [*i.e. how*] will I know this?

4. 3 John 1:9 Ἔγραψά <u>τι</u> τῇ ἐκκλησίᾳ·
   I wrote <u>something</u> to the church;

5. Rom 11:34 <u>Τίς</u> γὰρ ἔγνω νοῦν κυρίου; (νοῦν= "mind" acc. sg.)
   For <u>who</u> knows the mind of the Lord?

6. Rom 10:6 <u>Τίς</u> ἀναβήσεται εἰς τὸν οὐρανόν;
   <u>Who</u> will go up into heaven?

7. Rom 10:7 <u>Τίς</u> καταβήσεται εἰς τὴν ἄβυσσον; (ἡ ἄβυσσος= ?; upsilon *becomes* "y" *in English*)
   <u>Who</u> will go down into the Abyss?

8. Luke 6:2a <u>τινὲς</u> δὲ τῶν Φαρισαίων εἶπαν....
   And <u>some</u> of the Pharisees said...

9. Acts 18:7a εἰσῆλθεν εἰς οἰκίαν <u>τινὸς</u> ὀνόματι Τιτίου Ἰούστου
   He entered into a house of <u>a certain man</u> with the name Titius Justus

10. John 5:47 εἰ δὲ τοῖς ἐκείνου γράμμασιν οὐ πιστεύετε, <u>πῶς</u> τοῖς ἐμοῖς ῥήμασιν πιστεύσετε;
(τὸ γράμμα= writing; ἐμοῖς= my)
And if you do not believe the writings of that one, <u>how</u> will you believe my words?

11. Luke 13:31 Ἐν αὐτῇ τῇ ὥρα προσῆλθάν <u>τινες</u> Φαρισαῖοι λέγοντες αὐτῷ· ἔξελθε καὶ πορεύου ἐντεῦθεν, ὅτι Ἡρῴδης θέλει σε ἀποκτεῖναι. (λέγοντες= "saying"; ἔξελθε καὶ πορεύου ἐντεῦθεν = "go out and go from here"; θέλω= I want; ἀποκτεῖναι= "to kill")
In the very hour <u>some</u> Pharisees came saying to him: 'Go out and go from here, because Herod wants to kill you.'

12. Luke 9:49b εἴδομέν <u>τινα</u> ἐν τῷ ὀνόματί σου ἐκβάλλοντα δαιμόνια, (ἐκβάλλοντα= "casting out")
[acc. sg. going with τινα])
We saw <u>someone</u> in your name casting out demons,

II. Translate these adjectives from this lesson:

1. εἰς ζωὴν αἰώνιον **into eternal life**
2. ἡ ἀδελφή μου μόνην με κατέλειπεν **my sister left me alone**
3. οἱ πρεσβύτεροι τοῦ λαοῦ **the elders of the people**
4. οὐκ ἐν τῷ ὕδατι μόνῳ **not in water only**
5. μόνοι οἱ μαθηταὶ αὐτοῦ ἀπῆλθον **His disciples alone departed**
6. ἀπὸ τῶν πρεσβυτέρων **from the elders**
7. οὐκ ἐπ᾽ ἄρτῳ μόνῳ **not by bread alone**
8. ἐν μέσῳ αὐτῶν **in the midst/middle of them**
9. ὅτι πιστοί εἰσιν καὶ ἀγαπητοί **because/that they are faithful and beloved**
10. τὴν δόξαν τὴν παρὰ τοῦ μόνου θεοῦ **the glory from the only God**
11. ὁ τυφλός **the blind man**
12. Σὺ εἶ ὁ υἱός μου ὁ ἀγαπητός, **<u>You</u> are My beloved Son**
13. πρὸς τοὺς ἀποστόλους καὶ τοὺς πρεσβυτέρους τῆς ἐκκλησίας **to the apostles and elders of the church**
14. ἡ γυνὴ ἐν μέσῳ τοῦ ὄχλου **the woman in the midst of the crowd**

14E. SENTENCES

Mark up the Odd sentences using the Constituent Marking Method from §4.6 CONSTITUENT MARKING FOR NAVIGATING A GREEK SENTENCE and then translate:

1. John 9:17 <u>Τί</u> <u>σὺ</u> <u>λέγ|εις</u> (περὶ αὐτοῦ), [ὅτι ἠνέῳξέν σου→ τοὺς ὀφθαλμούς];
What do <u>you</u> say concerning him, that he opened your eyes?

2. Mark 12:23 οἱ γὰρ ἑπτὰ ἔσχον αὐτὴν γυναῖκα. (*hint: supply an "as"*)
For the seven men had her (as) a wife.

3. Matt 12:23 καὶ ἐξίστ|αντο πάντες οἱ ὄχλοι καὶ ἔλεγ|ον, [Μήτι οὗτός ἐστιν ὁ υἱὸς ←Δαυίδ;]
(ἐξίσταντο= "were amazed")
And all the crowds were amazed and were saying, "This one isn't the Son of David, is he? (No.)"

4. Luke 1:34 εἶπεν δὲ Μαριὰμ πρὸς τὸν ἄγγελον, Πῶς ἔσται τοῦτο, ἐπεὶ ἄνδρα οὐ γινώσκω; (ἐπεί=
   since [*begins a subordinate clause*])
   And Mary said to the angel, "How will this be, since I do not know a husband?"

5. John 9:12 καὶ εἶπαν αὐτῷ, [Ποῦ ἐστιν ἐκεῖνος;] λέγει, [Οὐκ οἶδα].
   And they said to him, "Where is that one?" And he said [Historic Present], "I don't know."

6. John 7:41 ἄλλοι ἔλεγον, Οὗτός ἐστιν ὁ Χριστός, οἱ δὲ ἔλεγον, Μὴ γὰρ ἐκ τῆς Γαλιλαίας ὁ
   Χριστὸς ἔρχεται; (οἱ δὲ= "but others")
   **Others were saying, "This one is the Christ," but others were saying, "Indeed, the Christ
   does not come from Galilee, does he? (no!)"**

7. John 20:29a λέγει αὐτῷ ὁ Ἰησοῦς, [¹ Ὅτι ἑώρακάς με ¹] πεπίστευκας; ²]
   Jesus said [Historic Present] to him, "Because you have seen me, you have believed?"

8. John 8:46b τίς ἐξ ὑμῶν ἐλέγχει με περὶ ἁμαρτίας; εἰ ἀλήθειαν λέγω, διὰ τί ὑμεῖς οὐ πιστεύετέ
   μοι; (ἐλέγχω= I convict; ἡ ἁμαρτία= sin)
   Who from you convicts me concerning sin? If I speak truth, why do <u>you</u> no believe me?

9. Matt 20:17–18a Καὶ [¹ἀναβαίνων¹] ὁ Ἰησοῦς (εἰς Ἱεροσόλυμα) παρέλαβεν τοὺς δώδεκα
   [μαθητὰς] (κατ' ἰδίαν) καὶ (ἐν τῇ ὁδῷ) εἶπεν αὐτοῖς· [² Ἰδοὺ ἀναβαίνομεν (εἰς
   Ἱεροσόλυμα)...²] (ἀναβαίνων= "while he was going up")
   **And while Jesus was going up into Jerusalem, he took along the twelve disciples
   alone [*lit. according to its own— κατ' ἰδίαν is an idiom*] and on the road said to them,
   "Behold, we are going up into Jerusalem…"**

10. Luke 15:25 Ἦν δὲ ὁ υἱὸς αὐτοῦ ὁ πρεσβύτερος ἐν ἀγρῷ· καὶ ὡς ἐρχόμενος ἤγγισεν τῇ οἰκίᾳ,
    ἤκουσεν συμφωνίας καὶ χορῶν, (ὁ ἀγρός= field; ὡς ἐρχόμενος= "as, while coming,"; ἡ
    οἰκία= house; ἡ συμφωνία= music; ὁ χορός= dancing)
    **And his elder son was in a field; and as, while coming, he approached the house, he
    heard music and dancing,**

11. Matt 18:20 [οὗ γὰρ εἰσιν δύο ἢ τρεῖς συνηγμένοι (εἰς τὸ ἐμὸν ὄνομα),] ἐκεῖ εἰμι (ἐν μέσῳ ←
    αὐτῶν). (οὗ= where; συνηγμένοι= "gathered together"; ἐκεῖ= there)
    **For where there are two or three (having been) gathered together in my name, there I
    am in the middle of them.**

12. Matt 13:49 οὕτως ἔσται ἐν τῇ συντελείᾳ τοῦ αἰῶνος· ἐξελεύσονται οἱ ἄγγελοι καὶ ἀφοριοῦσιν
    τοὺς πονηροὺς ἐκ μέσου τῶν δικαίων (οὕτως= thus; ἡ συντελεία= end; ἀφοριοῦσιν=
    "they will separate")
    **Thus it will be in/at the end of the age; The angels will go out and will separate the
    evil ones from the midst of the righteous ones**

13. John 9:17 λέγ|ουσιν |οὖν| τῷ τυφλῷ |πάλιν|, [¹ Τί σὺ λέγεις (περὶ αὐτοῦ), [² ὅτι ἠνέῳξ|έν σου →
τοὺς ὀφθαλμούς; ²] ¹] ὁ |δὲ| εἶπ|εν [³ ὅτι Προφήτης ἐστίν.³] (ὁ δέ= "he")
**Therefore, they said [Historic Present] to the blind man again, "What do _you_ say con-
cerning him, that he opened your eyes?" And he said, "He is a prophet."**

14. John 6:42 καὶ ἔλεγον, Οὐχ οὗτός ἐστιν Ἰησοῦς ὁ υἱὸς Ἰωσήφ, οὗ ἡμεῖς οἴδαμεν τὸν πατέρα καὶ
τὴν μητέρα; πῶς νῦν λέγει ὅτι Ἐκ τοῦ οὐρανοῦ καταβέβηκα;
**And they were saying, "This is Jesus the son of Joseph, whose father and mother _we_
know, isn't he? (yes!) How now is he saying, "I have come from heaven?"**

15. Βαρναβᾶς |δὲ| ἔ|λαβ|εν Παῦλον |καὶ| ἤ|γαγ|εν αὐτὸν (πρὸς τοὺς ἀποστόλους) |καὶ| δι|η|γή|σατο
αὐτοῖς [¹ πῶς| (ἐν τῇ ὁδῷ) εἶ|δ|εν τὸν κύριον ¹] |καὶ| [² ὅτι ἐλάλη|σεν αὐτῷ,²] |καὶ| πῶς| (ἐν
Δαμασκῷ) ἐ|παρρησιά|σατο (ἐν τῷ ὀνόματι ← τοῦ Ἰησοῦ).³] (cf. Acts 9:20; διηγήσατο= "he ex-
plained"; λαλέω= I speak; παρρησιάζομαι= I speak boldly)
**And Barnabas took Paul and led him to the apostles and he explained to them how in/on the road
he saw the Lord and that He spoke to him, and how in Damascus he spoke boldly in the name of
Jesus.**

16. John 20:13 καὶ λέγουσιν αὐτῇ ἐκεῖνοι, Γύναι, τί κλαίεις; λέγει αὐτοῖς ὅτι Ἦραν τὸν κύριόν
μου, καὶ οὐκ οἶδα ποῦ ἔθηκαν αὐτόν. John 20:15a λέγει αὐτῇ Ἰησοῦς, Γύναι, τί
κλαίεις; τίνα ζητεῖς; (Ἦραν= "they took"; ἔθηκαν= "they set"; ζητέω= I seek)
**And those men said [Historic Present] to her, "Woman, why are you crying?" And she
said to them, "They took my lord [_or "master"?_], and I do not know where they set
him." John 20:15a Jesus said [Historic Present] to her, "Woman, why are you crying?
Whom are you seeking?"**

17. Luke 24:10 ἦ|σαν |δὲ| ἡ Μαγδαληνὴ Μαρία |καὶ| Ἰωάννα |καὶ| Μαρία ἡ ←Ἰακώβου |καὶ| αἱ λοιπαὶ
(σὺν αὐταῖς). ἔ|λεγ|ον (πρὸς τοὺς ἀποστόλους) ταῦτα,
**And they were Mary the Magdalene and Joanna and Mary the mother of Jacob and
the rest with them. They were speaking these things to the apostles.**

18. John 21:23 ἐξῆλθεν οὖν οὗτος ὁ λόγος εἰς τοὺς ἀδελφοὺς ὅτι ὁ μαθητὴς ἐκεῖνος οὐκ
ἀποθνήσκει. οὐκ εἶπεν δὲ αὐτῷ ὁ Ἰησοῦς ὅτι οὐκ ἀποθνήσκει· ἀλλ', Ἐὰν αὐτὸν
θέλω μένειν ἕως ἔρχομαι[, τί πρὸς σέ]; (ἐάν= if; μένειν= "to remain"; θέλω= I want;
ἕως= until)
**Therefore, this word went out to the brothers that that disciple does not die. But, Je-
sus did not say to him that he would not die; but, "If I want him to remain until I
come [, what (is that) to you]?**

19. Luke 24:24 |καὶ| ἀπ|ῆ|λ|θ|όν τινες ←τῶν (σὺν ἡμῖν) (ἐπὶ τὸ μνημεῖον), |καὶ| εὗρ|ον οὕτως [καθὼς
|καὶ| αἱ γυναῖκες εἶπ|ον], αὐτὸν |δὲ| οὐκ| εἶ|δ|ον. (τὸ μνημεῖον= tomb; οὕτως= thus;
καθώς= as)
**And some of the ones with us departed to the tomb, and they found (it) thus even as
the women said, but him they did not see.**

20. Jonah 1:8 (LXX) καὶ εἶπον πρὸς αὐτόν, Ἀπάγγειλον ἡμῖν <u>τίνος ἕνεκεν</u> ἡ κακία αὕτη ἐστὶν ἐν ἡμῖν. τίς σου ἡ ἐργασία ἐστίν καὶ πόθεν ἔρχῃ καὶ ἐκ ποίας χώρας καὶ ἐκ ποίου λαοῦ εἶ σύ; (Ἀπάγγειλον= "Tell!"; τίνος ἕνεκεν= "on account of whom"; ἡ κακία= bad circumstance; ἡ ἐργασία= occupation; πόθεν= from where?; ποίος,-α,-ον= what sort of?; ἡ χώρα= country)

And they said to him, "Tell to us on account of whom this bad circumstance is among us. What is <u>your</u> [*notice the emphatic location of this pronoun*] **occupation and from where do you come and from what country and from what people are you?"**

14F. READING

I. <u>Paul's Defense in 1 Cor 9:1–6.</u>

¹ Οὐκ εἰμὶ <u>ἐλεύθερος</u>; οὐκ εἰμὶ ἀπόστολος; οὐχὶ Ἰησοῦν τὸν κύριον ἡμῶν <u>ἑόρακα</u>; οὐ τὸ ἔργον μου ὑμεῖς ἐστε ἐν κυρίῳ; ² εἰ ἄλλοις οὐκ εἰμὶ ἀπόστολος, ἀλλά <u>γε</u> ὑμῖν εἰμι· ἡ γὰρ <u>σφραγίς</u> μου τῆς ἀποστολῆς ὑμεῖς ἐστε ἐν κυρίῳ. ³ Ἡ <u>ἐμὴ</u> <u>ἀπολογία</u> <u>τοῖς ἐμὲ ἀνακρίνουσίν</u> ἐστιν αὕτη. ⁴ μὴ οὐκ ἔχομεν <u>ἐξουσίαν</u> <u>φαγεῖν καὶ πεῖν</u>; ⁵ μὴ οὐκ ἔχομεν ἐξουσίαν ἀδελφὴν γυναῖκα <u>περιάγειν</u> <u>ὡς</u> καὶ οἱ λοιποὶ ἀπόστολοι καὶ οἱ ἀδελφοὶ τοῦ κυρίου καὶ Κηφᾶς; ⁶ <u>ἢ</u> μόνος ἐγὼ καὶ Βαρναβᾶς οὐκ ἔχομεν ἐξουσίαν <u>μὴ ἐργάζεσθαι</u>;

Translation from NASB95 with Comments in Brackets [...]

¹ Am I not free? Am I not an apostle? Have I not seen Jesus our Lord? Are you not my work in the Lord? [*What answer do these questions expect?*] ² If to others I am not an apostle, at least [*Is ἀλλά adequately translated?*] I am to you; for you [*emphatic in Greek*] are the seal of my apostleship in the Lord. ³ My defense to those who examine me [*emphatic form in Greek*] is this: ⁴ Do we not have a right to eat and drink? [*This question and the next are complex in that they each expect a negative answer to a negative statement, thus making it a positive affirmation! "It's not that we don't have the right to..., is it? (no, in fact you do have such a right)"*] ⁵ Do we not have a right to take along a believing wife, even as the rest of the apostles and the brothers of the Lord and Cephas? ⁶ Or do only Barnabas and I not have a right to refrain from working?

verse 1: ἐλεύθερος,-η,-ον= free
    ἑόρακα= "I have seen"
verse 2: γε= indeed
    ἡ σφραγίς= seal
verse 3: ἐμός,-ή,-όν= my
    ἡ ἀπολογία= defense
    τοῖς ἐμὲ ἀνακρίνουσίν= "to those judging me"

verse 4: ἡ ἐξουσία= authority
    φαγεῖν καὶ πεῖν= "to eat and drink"
verse 5: περιάγειν= "to take along"
    ὡς= as
verse 6: ἤ= or
    μὴ ἐργάζεσθαι= "not to work"

II. 1 John 2:12–14: John's Purpose in Writing.

¹⁰ ὁ <u>ἀγαπῶν</u> τὸν ἀδελφὸν αὐτοῦ ἐν τῷ φωτὶ μένει καὶ <u>σκάνδαλον</u> ἐν αὐτῷ οὐκ ἔστιν· ¹¹ ὁ δὲ <u>μισῶν</u> τὸν ἀδελφὸν αὐτοῦ ἐν τῇ <u>σκοτίᾳ</u> ἐστὶν καὶ ἐν τῇ σκοτίᾳ <u>περιπατεῖ</u> καὶ οὐκ οἶδεν ποῦ ὑπάγει, ὅτι ἡ <u>σκοτία</u> <u>ἐτύφλωσεν</u> τοὺς ὀφθαλμοὺς αὐτοῦ. ¹² Γράφω ὑμῖν, τεκνία, ὅτι <u>ἀφέωνται ὑμῖν αἱ</u> <u>ἁμαρτίαι</u> διὰ τὸ ὄνομα αὐτοῦ. ¹³ γράφω ὑμῖν, πατέρες, ὅτι ἐγνώκατε τὸν ἀπ' <u>ἀρχῆς.</u> γράφω ὑμῖν, <u>νεανίσκοι,</u> ὅτι <u>νενικήκατε</u> τὸν πονηρόν. ¹⁴ ἔγραψα ὑμῖν, <u>παιδία,</u> ὅτι ἐγνώκατε τὸν πατέρα. ἔγραψα ὑμῖν, πατέρες, ὅτι ἐγνώκατε τὸν ἀπ' ἀρχῆς. ἔγραψα ὑμῖν, νεανίσκοι, ὅτι ἰσχυροί ἐστε καὶ ὁ λόγος τοῦ θεοῦ ἐν ὑμῖν μένει καὶ νενικήκατε τὸν πονηρόν.

Translation from NASB95 with Comments in Brackets [...]

¹⁰ The one who loves his brother abides in the Light and there is no cause for stumbling in him. ¹¹ But the one who hates his brother is in the darkness and walks in the darkness, and does not know where he is going because the darkness has blinded his eyes. ¹² I am writing to you, little children, because your sins have been forgiven you for His name's sake. ¹³ I am writing to you, fathers, because you know [*look carefully at the Greek tense*] Him who has been from the beginning. I am writing to you, young men, because you have overcome the evil one. I have written to you, children, because you know [*check Greek verb tense*] the Father. ¹⁴ I have written to you, fathers, because you know [*check Greek verb tense*] Him who has been from the beginning. I have written to you, young men, because you are strong, and the word of God abides in you, and you have overcome the evil one.

Verse 10: ὁ ἀγαπῶν = "the person that is loving"; τό σκάνδαλον = temptation to sin
Verse 11: ὁ ... μισῶν = "the person that is hating"; ἡ σκοτία = darkness; περιπατέω = I walk/live; τυφλόω = I blind
Verse 12: ἀφέωνται ὑμῖν αἱ ἁμαρτίαι = "your sins are forgiven";
Verse 13: ἡ ἀρχή = beginning, *here prep. phrase is a substantive*; ὁ νεανίσκος = young man; νικάω = I conquer
Verse 14: τὸ παιδίον = young child; ἰσχυριός,-ή,-όν = strong; μένω = I remain

EXERCISES CH. 15 ANSWER KEY AND GUIDE

15A. OVERVIEW

Consult GRAMMAR CHAPTER 15 if you have difficulty answering these overview questions.

15B. VOCABULARIES 15 AND 8

Review the vocabulary words and/or consult the VOCABULARY: 20 TIMES OR MORE.

15C. REVIEW

I. Translate these short sentences with interrogative and indefinite pronouns.

1. Rom 10:16 Κύριε, τίς ἐπίστευσεν τῇ ἀκοῇ ἡμῶν; (ἡ ἀκοή= report)
   "Lord, who believed our report?"
2. Rom 10:18 ἀλλὰ λέγω, μὴ οὐκ ἤκουσαν; **"But I say, didn't they hear? (yes)"** [Notice that in Greek the question with μὴ expects a negative answer; however, this μὴ works with a negative statement, thus converting it to an affirmation that they did hear. More literally this could be translated, **"It's not that they haven't heard, is it? (No!)"**]
3. Luke 12:20 ἃ δὲ ἡτοίμασας, τίνι ἔσται; **"But that which you prepared, for whom will it be?"**
4. Acts 7:52 τίνα τῶν προφητῶν οὐκ ἐδίωξαν οἱ πατέρες ὑμῶν;
   "Whom of the prophets did your fathers not persecute?"
5. Matt 21:25 Διὰ τί οὖν οὐκ ἐπιστεύσατε αὐτῷ; **"Why, therefore, did you not believe him?"**
6. Rev 17:7 Διὰ τί ἐθαύμασας; **"Why did you marvel?"**
7. Luke 12:13a Εἶπεν δέ τις ἐκ τοῦ ὄχλου αὐτῷ, **"And someone from the crowd spoke to him,"**
8. John 12:38 Κύριε, τίς ἐπίστευσεν τῇ ἀκοῇ ἡμῶν; **"Lord, who believed our report?"**
9. John 8:33 πῶς σὺ λέγεις ὅτι Ἐλεύθεροι γενήσεσθε; (ἐλεύθερος,-α,-ον= free)
   "How do <u>you</u> say, 'You will be free?'"
10. John 4:46b Καὶ ἦν τις βασιλικὸς οὗ ὁ υἱὸς ἠσθένει ἐν Καφαρναούμ. (βασιλικός,-ά,-όν= of royalty; ἠσθένει = "he was ill")
    "And there was a certain royal man whose son was ill in Capernaum."
11. Luke 16:1a Ἔλεγεν δὲ καὶ πρὸς τοὺς μαθητάς, Ἄνθρωπός τις ἦν πλούσιος.... (πλούσιος,-α,-ον= rich)
    "And he was saying also to the disciples, 'A certain person was rich...'"
12. John 7:48 μή τις ἐκ τῶν ἀρχόντων ἐπίστευσεν εἰς αὐτὸν ἢ ἐκ τῶν Φαρισαίων; (ἤ= or)
    "Someone from the rulers did not believe in him or from the Pharisees, has he? (no)" [This sentences is better rendered: "No one from the rulers believed in him, or from the Pharisees, did he/she? (no)"]
13. οἱ Ἰουδαῖοι παρέλαβον τῶν ἀγοραίων ἄνδρας τινὰς πονηρούς.... (cf. Acts 17:5; οἱ ἀγοραῖοι= markets) **"The Jews took along certain evil men of the markets..."**
14. John 5:47 γράμμασιν οὐ πιστεύετε, πῶς τοῖς ἐμοῖς ῥήμασιν πιστεύσετε; (ἐμοῖς= my)
    "You do not believe the writings, how will you believe my words?"

II. Translate these short phrases and sentences.

1. τῆς ζωῆς αἰωνίου **"of eternal/everlasting life"**
2. εἰς αἰώνιον αὐτοῦ δόξαν **"into his eternal glory"**
3. εἰς τὴν αἰώνιον βασιλείαν **"into the eternal kingdom"**
4. τὴν ζωὴν τὴν αἰώνιον **"eternal life"**
5. ὁ μόνος θεός **"the only God"**
6. οἱ πρεσβύτεροι τοῦ λαοῦ **"the elders of the people"**
7. τοὺς πρεσβυτέρους τῆς ἐκκλησίας **"the elders of the church"**
8. Οὗτός ἐστιν ὁ υἱός μου ὁ ἀγαπητός **"This is my beloved Son"**
9. ὡς τέκνα μου ἀγαπητά **"as my beloved children"**
10. ἀδελφοί μου ἀγαπητοί **"my beloved brothers"**
11. Ἀγαπητοί, νῦν τέκνα θεοῦ ἐσμεν, **"Beloved, now we are children of God"**
12. ἐν μέσῳ αὐτῶν **"in the midst of them"**
13. Ἐν δὲ τῇ ἐσχάτῃ ἡμέρᾳ τῇ μεγάλῃ **"And in the last great day"**
14. μέσης δὲ νυκτός **"And during the middle of the night"** [A genitive of time]
15. εἰς τὸ μέσον **"into the middle"**
16. ἡμέρας μέσης **"during the middle of the day"** [A genitive of time]
17. κατὰ μέσον τῆς νυκτός **"according to/in the middle of the night"**
18. Ἰουδαίων ὁ θεὸς μόνων **"the God of the Jews only"**
19. εἰς ὑμᾶς μόνους **"for you [pl.] only"**
20. τῷ μόνῳ θεῷ, τιμὴ καὶ δόξα εἰς τοὺς αἰῶνας τῶν αἰώνων. ἀμήν.
    "To the only God, honor and glory into the ages of the ages. Amen."

15D. Focus

I. First, parse these verbs. Each set is from the same Lexical form. However, each form is not necessarily in order of Principal Parts (1, 2, 3, …). Remember when parsing to give Tense/Voice/Mood and Person/#.

II. Second, decide which Principal Part the verb form is from and place a number (1–6) over that form. Imperfect, Pluperfect, and Future Passive Tenses are included below. For example,

1	5	6	2	3
βαπτίζεται	βεβαπτίσμεθα	ἐβαπτίσθησαν	βαπτίσεις	ἐβάπτισας
P M/P I 3s	R M/P I 1p	API 3p	FAI 2s	AAI 2s

Here is the Parsing Legend:

Tense	Voice	Mood	Person	Number
P=Present	**A**=Active	**I**= Indicative	**1**= First	**S**= Singular
I=Imperfect	**P**=Passive	**S**= Subjunctive	**2**= Second	**P**= Plural
F=Future	**M**=Middle	**P**= Participle	**3**= Third	
A=Aorist	**M/P**=Middle/Passive	**M**= Imperative		
R=Perfect	**D**= MiDDle Formed	**N**= Infinitive		
L=Pluperfect	(Deponent)			

	2	3	1	1
1.	βλέψουσιν	ἔβλεψαν	βλέπομεν	ἔβλεπον
	FAI 3P	AAI 3P	PAI 1P	IAI 1S or 3P

	4	3	5	6	1	2
2.	γέγραφεν	ἐγράψατε	γέγραμμαι	ἐγράφητε	γράφετε	γράψετε
	RAI 3S	AAI 2P	RM/PI 1S	API 2P	PAI 2P	FAI 2P

	6	2	1	3	1
3.	ἐδιδάχθην	διδάξεις	διδάσκει	ἐδίδαξα	ἐδίδασκε
	API 1S	FAI 2S	PAI 3S	AAI 1S	IAI 3S

	1	3	2	6	5	6
4.	δοξάζουσι	ἐδόξασα	δοξάσω	ἐδοξάσθην	δεδόξασαι	δοξασθήσεται
	PAI 3P	AAI 1S	FAI 1S	API 1S	RM/PI 2S	FPI 3S

	6	1	5	3
5.	εὐηγγελίσθην	εὐαγγελίζομαι	εὐηγγελίσμεθα	εὐηγγελισάμην
	API1S or	PDI 1S	FDI 1P	ADI 1S
	ADI1S			

	1	1	3	6
6.	ἐκήρυσσες	κηρύσσουσιν	ἐκήρυξαν	ἐκηρύχθημεν
	IAI 2S	PAI 3P	AAI 3P	API 1P

	3	4	1	2
7.	ἔκραξας	κέκραγα	ἔκραζον	κράξει
	AAI 2S	RAI 1S	IAI 1S or 3P	FAI 3S

	1	2	3	4	5	6
8.	λύω	λύσω	ἔλυσα	λέλυκα	λέλυμαι	ἐλύθην
	PAI 1S	FAI 1S	AAI 1S	RAI 1S	RM/PI 1S	API 1S

	1	2	3	4	5	6
9.	ἀπέλυε	ἀπολύσεται	ἀπέλυσας	ἀπολέλυκαν	ἀπολέλυμαι	ἀπελύθη
	IAI 3S	FMI 3S	AAI 2S	RAI 3P	RM/PI 1S	API 3S

	1	6	2	3
10.	πέμπεις	ἐπέμφθη	πέμφεσθε	ἐπέμψαμεν
	PAI 2S	API 3S	FMI 2P	AAI 1P

	2	5	3	4	6	1
11.	πιστεύσετε	πεπίστευσαι	ἐπίστευσα	πεπίστευκας	ἐπιστεύθησαν	ἐπίστευον
	FAI 2P	RM/PI 2S	AAI 1S	RAI 2S	API 3P	IAI 1S or 3P

	2	1	3	6	4	6	5
12.	σώσομεν	σῴζει	ἔσωσα	σωθήσονται	σεσώκαμεν	ἐσώθητε	σέσωσμαι
	FAI 1P	PAI 3S	AAI 1S	FPI 3P	RAI 1P	API 2P	RM/PI 1S

	1	6	2	3	5
13.	διώκω	ἐδιώχθημεν	διώξεις	ἐδίωξε	δεδίωγμαι
	PAI 1S	API 1P	FAI 2S	AAI 3S	RM/PI 1S

14.
	3	4	1	6	5
	ἡτοίμασαν	ἡτοίμακας	ἡτοιμάζομεν	ἡτοιμάσθη	ἡτοίμασμαι
	AAI 3P	RAI 2S	IAI 1P	API 3S	RM/PI 1S

15.
	1	3	6
	θαυμάζουσιν	ἐθαύμασας	ἐθαυμάσθης
	PAI 3P	AAI 2S	API 2S

16.
	1	2	6	3	6	5
	θεραπεύῃ	θεραπεύσῃ	θεραπευθήσονται	ἐθεράπευσα	ἐθεραπεύθη	τεθεράπευται
	PM/PI 2S	FMI 2S	FPI 3P	AAI 1S	API 3S	RM/PI 3S

17.
	4	1	2	3
	κεκαθίκασιν	καθίζω	καθίσουσιν	ἐκαθίσαμεν
	RAI 3P	PAI 1S	FAI 1P	AAI 1P

18.
	1	3	4	6	2
	ἀκούεις	ἤκουσεν	ἀκήκοα	ἠκούσθημεν	ἀκούσεται
	PAI 2S	AAI 3S	RAI 1S	API 1P	FMI 3S or FDI3S

19.
	6	3	3	6	1	2	5
	ἠνοίχθητε	ἤνοιξα	ἠνέῳξαν	ἀνοιχθήσεται	ἀνοίγει	ἀνοίξεις	ἀνέῳγμαι
	API 2P	AAI 1S	AAI 3P	FPI 3S	PAI 3S	FAI 2S	RM/PI 1S

20.
	2	1	3	4
	ἐγγίει	ἐγγίζει	ἤγγισεν	ἤγγικεν
	FAI 4S	PAI 3S	AAI 3S	RAI 3S

21.
	1	2	3	1
	κλαίομεν	κλαύσω	ἐκλαύσαμεν	ἔκλαιον
	PAI 1P	FAI 1S	AAI 1P	IAI 1S or 3P

22.
	3	4	5	6	1	2
	ἔπεισαν	πέποιθας	πέπεισμαι	ἐπείσθην	πείθω	πείσουσιν
	AAI 3P	RAI 2S	RM/PI 1S	API 1S	PAI 1S	FAI 3P

23.
	1	3	6	5	2
	ἄγουσιν	ἤγαγον	ἤχθην	συνῆγμαι	ἄξετε
	PAI 3P	AAI 1S or 3P	API 1S	RM/PI 1S	FAI 2P

24.
	1	2	3	4
	ἀνέβαινεν	ἀναβήσεται	ἀνέβησαν	ἀναβέβηκασιν
	IAI 3S	FDI 3S	AAI 3P	RAI 3P

25.
	3	1	2
	ἀπέθανον	ἀποθνήσκω	ἀποθανοῦμαι
	AAI 1S or 3P	PAI 1S	FDI 1S

26.
	1	2	3	4	5	6
	ἔβαλλον	βαλῶ	ἔβαλον	βεβλήκασιν	βέβλησαι	ἐβλήθητε
	IAI 1S or 3P	FAI 1S	AAI 1S or 3P	RAI 3P	RM/PI 2S	API 2P

	2	1	3	5	6	4
27.	γενήσομεθα	γίνονται	ἐγένομην	γεγένημαι	ἐγενήθη	γέγονα
	FDI 1P	PAI 3P	ADI 1S	RDI 1S	ADI 3S	RAI 1S

	2	3	1	4	5	6
28.	γνώσεσθε	ἔγνω	γινώσκω	ἔγνωκαν	ἐγνώσμεθα	ἐγνώσθησαν
	FDI 2P	AAI 3S	PAI 1S	RAI 3P	RM/PI 1P	API 3P

	2	4	3	1	1	3
29.	ἐλεύσομαι	ἐληλύθατε	ἀπῆλθε	εἰσήρχετο	ἔρχεται	ἦλθον
	FDI 1S	RAI 2P	AAI 3S	IDI 3S	PDI 3S	AAI 1S or 3P

	1	2	3
30.	ἐσθίεις	φάγονται	ἐφάγετε
	PAI 2S	FDI 3P	AAI 2P

	2	3	6	1	4
31.	εὑρήσετε	εὗρε	εὑρέθη	εὑρίσκω	εὑρήκατε
	FAI 2P	AAI 3S	API 3S	PAI 1S	RAI 2P

	2	1	2	4
32.	ἕξω	ἔχω	ἔσχον	ἔσχηκα
	FAI 1S	PAI 1S	AAI 1S or 3P	RAI 1S

	1	2	3	4	6
33.	λαμβάνουσιν	λήμψεσθε	ἔλαβον	εἴληφα	παρελήμφθην
	PAI 3P	FDI 2P	AAI 1S or 3P	RAI 1S	API 1S

	1	3	2	4	6	5
34.	λέγεται	εἶπεν	ἐρῶ	εἴρηκας	ἐρρέθην	εἴρησθε
	PM/PI 3S	AAI 3S	FAI 1S	RAI 2S	API 1S	RM/PI 2P

	1	6	2	3	4
35.	ὁράω	ὤφθη	ὄψομαι	εἴδομεν	ἑωράκασιν
	PAI 1S	API 3S	FDI 1S	AAI 1P	RAI 3P

	4	4
36.	οἶδας	ᾔδεισαν
	RAI 2S	LAI 3P

	1	3	5
37.	πάσχουσιν	ἔπαθον	πέπονθε
	PAI 3P	AAI 1S or 3P	RM/PI 2P

	3	1	4	2
38.	ἔπιον	πίνομεν	πεπώκατε	πίομαι
	AAI 1S or 3P	PAI 1P	RAI 2P	FDI 1S

	1	4	2	3
39.	ἔπιπτον	πέπτωκα	πέσομαι	ἔπεσον
	IAI 1S or 3P	RAI 1S	FDI 1S	AAI 3S

	1	4	6	2
40.	φέρει	ἤνεγκα	ἠνέχθην	οἴσουσιν
	PAI 3S	RAI 1S	API 1S	FAI 3P

	3	1	2
41.	ἔφυγες	φεύγομεν	φευξόμεθα
	AAI 2S	PAI 1P	FDI 1P

	3	1	6
42.	ἀπεκρινάμην	ἀποκρίνεται	ἀπεκρίθησαν
	ADI 1S	PAI 3S	AP/DI 3P

	1	6	2	5
43.	πορεύονται	ἐπορεύθη	πορεύσῃ	πεπόρευται
	PDI 3P	ADI 3S	FDI 2S	RDI 3S

	2	3	1
44.	προσεύξεσθε	προσηυξάμην	προσεύχομαι
	FDI 2P	ADI 1S	PDI 1S

III. Translate these sentences with Aorist and Future Passives.

1. Matt 9:30 καὶ ἠνεῴχθησαν αὐτῶν οἱ ὀφθαλμοί. **And their eyes were opened.**

2. Acts 19:3 εἶπέν τε, Εἰς τί οὖν ἐβαπτίσθητε;
   And he said, "Into what, therefore, were you baptized?"

3. καὶ κηρυχθήσεται τοῦτο τὸ εὐαγγέλιον τῆς βασιλείας ἐν ὅλῃ τῇ γῇ.
   And this gospel of the kingdom will be preached in the whole earth.

4. John 12:31b νῦν ὁ ἄρχων τοῦ κόσμου τούτου ἐκβληθήσεται ἔξω· (ἔξω= outside)
   Now the ruler of this world will be cast outside;

5. Mark 5:21b συνήχθη ὄχλος πολὺς ἐπ' αὐτόν, καὶ ἦν παρὰ τὴν θάλασσαν.
   A great crowd was gathered to him, and he was beside the lake.

6. Rom 7:10 ἐγὼ δὲ ἀπέθανον καὶ εὑρέθη μοι ἡ ἐντολὴ ἡ εἰς ζωήν, αὕτη εἰς θάνατον·
   Moreover I died and the commandment for life was found for me, this (command-ment) for death.

7. John 7:39b οὔπω γὰρ ἦν πνεῦμα, ὅτι Ἰησοῦς οὐδέπω ἐδοξάσθη. (οὔπω/οὐδέπω= not yet)
   For the Spirit was not yet, because Jesus was not yet glorified.

8. John 16:20b λυπηθήσεσθε, ἀλλ' ἡ λύπη ὑμῶν εἰς χαρὰν γενήσεται. (λυπέω= I grieve; ἡ λύπη= grief; ἡ χαρά= joy) **You will be grieved, but your grief will become into/for joy.**

9. Acts 9:24 ἐγνώσθη δὲ τῷ Σαύλῳ ἡ ἐπιβουλὴ αὐτῶν. (ἡ ἐπιβουλή= plot)
   But their plot was made known to Saul.

10. Acts 7:2a Ὁ θεὸς τῆς δόξης ὤφθη τῷ πατρὶ ἡμῶν Ἀβραὰμ ὄντι ἐν τῇ Μεσοποταμίᾳ (ὄντι= "while being") **The God of glory appeared to our father Abraham while being in the Mesopotamia**

11. 1 Tim 1:11 κατὰ τὸ εὐαγγέλιον τῆς δόξης τοῦ μακαρίου θεοῦ, ὃ ἐπιστεύθην ἐγώ.
    according to the gospel of the glory of the blessed God, which I was (en)trusted.

12. Acts 1:5 Ἰωάννης μὲν ἐβάπτισεν ὕδατι, ὑμεῖς δὲ ἐν πνεύματι βαπτισθήσεσθε ἁγίῳ οὐ μετὰ πολλὰς ταύτας ἡμέρας. **Indeed, John baptized with water, but you will be baptized in the Holy Spirit not after these many days.**

15E. SENTENCES

These sentences have first been marked using the Constituent Marking from §4.7 CONSTITUENT MARKING FOR NAVIGATING A GREEK SENTENCE five at a time. Then they are translated. Adverbs and Interjections are circled.

1. Matt 15:37 καὶ ἔφαγον πάντες καὶ ἐχορτάσθησαν.

2. Acts 10:13 καὶ ἐγένετο φωνὴ πρὸς αὐτόν,

3. Rev 1:7 Ἰδοὺ ἔρχεται μετὰ τῶν νεφελῶν καὶ ὄψεται αὐτὸν πᾶς ὀφθαλμὸς

4. ἀπεκρίθη δὲ ὁ Ἰησοῦς καὶ εἶπεν, Οὐχὶ οἱ δέκα ἐκαθαρίσθησαν; οἱ δὲ ἐννέα ποῦ;

5. Gen 24:54a (LXX) καὶ ἔφαγον καὶ ἔπιον αὐτὸς καὶ οἱ ἄνδρες οἱ μετ᾽ αὐτοῦ ὄντες

   καὶ ἐκοιμήθησαν...

1. Matt 15:37 καὶ ἔφαγον πάντες καὶ ἐχορτάσθησαν. (χορτάζω= I satisfy)
   And all ate and were satisfied.

2. Acts 10:13 καὶ ἐγένετο φωνὴ πρὸς αὐτόν,
   And a voice came to him,

3. Rev 1:7 Ἰδοὺ ἔρχεται μετὰ τῶν νεφελῶν, καὶ ὄψεται αὐτὸν πᾶς ὀφθαλμὸς (ἡ νεφέλη= cloud)
   Behold he is coming with the clouds, and every eye will see him

4. ἀπεκρίθη δὲ ὁ Ἰησοῦς καὶ εἶπεν, Οὐχὶ οἱ δέκα ἐκαθαρίσθησαν; οἱ δὲ ἐννέα ποῦ; (cf. Luke 17:17; καθαρίζω= I cleanse; ἐννέα= nine)
   And Jesus answered back and said, "Were not the ten cleansed? (yes) But, where (are) the nine?"

5. Gen 24:54a (LXX) καὶ ἔφαγον καὶ ἔπιον αὐτὸς καὶ οἱ ἄνδρες οἱ μετ᾽ αὐτοῦ ὄντες καὶ ἐκοιμήθησαν... (ὄντες= "being"; κοιμάομαι= I sleep)
   Both they ate and drank, he and the men being with him, and they slept…

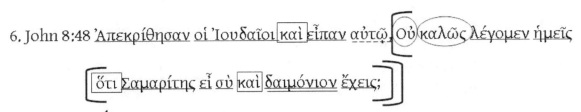

6. John 8:48 Ἀπεκρίθησαν οἱ Ἰουδαῖοι καὶ εἶπαν αὐτῷ, Οὐ καλῶς λέγομεν ἡμεῖς

ὅτι Σαμαρίτης εἶ σὺ καὶ δαιμόνιον ἔχεις;

7. Matt 18:1a Ἐν ἐκείνῃ τῇ ὥρᾳ προσῆλθον οἱ μαθηταὶ τῷ Ἰησοῦ.

8. Mark 7:21 ἔσωθεν γὰρ ἐκ τῆς καρδίας τῶν ἀνθρώπων οἱ διαλογισμοὶ οἱ κακοὶ

ἐκπορεύονται, πορνεῖαι, κλοπαί, φόνοι,

9. Matt 23:28 οὕτως καὶ ὑμεῖς ἔξωθεν μὲν φαίνεσθε τοῖς ἀνθρώποις δίκαιοι,

ἔσωθεν δέ ἐστε μεστοὶ ὑποκρίσεως καὶ ἀνομίας.

10. Luke 12:9 ὁ δὲ ἀρνησάμενός με ἐνώπιον τῶν ἀνθρώπων ἀπαρνηθήσεται

ἐνώπιον τῶν ἀγγέλων τοῦ θεοῦ.

6. John 8:48 Ἀπεκρίθησαν οἱ Ἰουδαῖοι καὶ εἶπαν αὐτῷ, Οὐ καλῶς λέγομεν ἡμεῖς ὅτι Σαμαρίτης
εἶ σὺ καὶ δαιμόνιον ἔχεις; (καλῶς= well)
The Jews answered back and said to him, "Don't <u>we</u> speak well that <u>you</u> are a Samaritan and you have a demon? (yes)"

7. Matt 18:1a Ἐν ἐκείνῃ τῇ ὥρᾳ προσῆλθον οἱ μαθηταὶ τῷ Ἰησοῦ.
In that hour the disciples came to Jesus.

8. Mark 7:21 ἔσωθεν γὰρ ἐκ τῆς καρδίας τῶν ἀνθρώπων οἱ διαλογισμοὶ οἱ κακοὶ ἐκπορεύονται,
πορνεῖαι, κλοπαί, φόνοι, (ἔσωθεν= from within; ὁ διαλογισμός= thought; ἡ πορνεία= fornication; ἡ κλοπά= theft; ὁ φόνος= murder)
For evil thoughts from within go out from the heart of persons, (such as) fornication, theft, murder,

9. Matt 23:28 οὕτως καὶ ὑμεῖς ἔξωθεν μὲν φαίνεσθε τοῖς ἀνθρώποις δίκαιοι, ἔσωθεν δέ ἐστε
μεστοὶ ὑποκρίσεως καὶ ἀνομίας. (ἔξωθεν= outside; φαίνω= I appear; ἔσωθεν= inside; μεστός= full; ὑπόκρισις= hypocrisy; ἀνομία= lawlessness)
Thus also <u>you</u>, on the one hand, outside you appear to people (as) righteous, (but) on the other hand, inside you are full of hypocrisy and lawlessness.

10. Luke 12:9 ὁ δὲ ἀρνησάμενός με ἐνώπιον τῶν ἀνθρώπων ἀπαρνηθήσεται ἐνώπιον τῶν ἀγγέλων
τοῦ θεοῦ. (ὁ ἀρνησάμενός= "the one denying"; ἀπαρνέω= I deny)
And the one denying me before people will be denied before the angels of God.

11. Gen 17:1b (LXX) καὶ ὤφθη κύριος τῷ Αβραμ καὶ εἶπεν αὐτῷ Ἐγώ εἰμι ὁ θεός σου...

12. 1 Cor 1:30b ὑμεῖς ἐστε ἐν Χριστῷ Ἰησοῦ ὃς ἐγενήθη σοφία ἡμῖν ἀπὸ θεοῦ, δικαιοσύνη τε καὶ ἁγιασμὸς καὶ ἀπολύτρωσις,

13. Mark 10:39 Τὸ ποτήριον ὃ ἐγὼ πίνω πίεσθε καὶ τὸ βάπτισμα ὃ ἐγὼ βαπτίζομαι βαπτισθήσεσθε,

14. 1 Thess 1:6 καὶ ὑμεῖς μιμηταὶ ἡμῶν ἐγενήθητε καὶ τοῦ κυρίου, δεξάμενοι τὸν λόγον ἐν θλίψει πολλῇ μετὰ χαρᾶς πνεύματος ἁγίου,

15. John 6:26 ἀπεκρίθη αὐτοῖς ὁ Ἰησοῦς καὶ εἶπεν, Ἀμὴν ἀμὴν λέγω ὑμῖν, ζητεῖτέ με οὐχ ὅτι εἴδετε σημεῖα, ἀλλ' ὅτι ἐφάγετε ἐκ τῶν ἄρτων καὶ ἐχορτάσθητε.

11. Gen 17:1b (LXX) καὶ ὤφθη κύριος τῷ Αβραμ καὶ εἶπεν αὐτῷ Ἐγώ εἰμι ὁ θεός σου...
The Lord appeared to Abram and said to him, "I am your God…"

12. 1 Cor 1:30b ὑμεῖς ἐστε ἐν Χριστῷ Ἰησοῦ, ὃς ἐγενήθη σοφία ἡμῖν ἀπὸ θεοῦ, δικαιοσύνη τε καὶ ἁγιασμὸς καὶ ἀπολύτρωσις, (ἡ σοφία= wisdom; ὁ ἁγιασμός= sanctification; ἡ ἀπολύτρωσις= redemption)
You are in Christ Jesus, who became wisdom for us from God, and righteousness and sanctification and redemption,

13. Mark 10:39 Τὸ ποτήριον ὃ ἐγὼ πίνω πίεσθε καὶ τὸ βάπτισμα ὃ ἐγὼ βαπτίζομαι βαπτισθήσεσθε, (τὸ ποτήριον= cup; τὸ βάπτισμα= baptism)
The cup which I drink you will drink and the baptism which I am baptized you will be baptized,

14. 1 Thess 1:6 καὶ ὑμεῖς μιμηταὶ ἡμῶν ἐγενήθητε καὶ τοῦ κυρίου, δεξάμενοι τὸν λόγον ἐν θλίψει πολλῇ μετὰ χαρᾶς πνεύματος ἁγίου, (ὁ μιμητής= imitators; δεξάμενοι= "having received"; ἡ θλίψις= affliction; ἡ χαρά= joy)
And you became imitators of us and of the Lord, receiving the Word in much tribulation with (the) joy of the Holy Spirit,

15. John 6:26 ἀπεκρίθη αὐτοῖς ὁ Ἰησοῦς καὶ εἶπεν, Ἀμὴν ἀμὴν λέγω ὑμῖν, ζητεῖτέ με οὐχ ὅτι εἴδετε σημεῖα, ἀλλ' ὅτι ἐφάγετε ἐκ τῶν ἄρτων καὶ ἐχορτάσθητε. (ζητεῖτέ= you seek; τὸ σημεῖον= sign; χορτάζω= I satisfy)
Jesus answered back to them and said, "Truly, Truly I say to you, you seek me not because you saw signs, but because you ate from the bread and were satisfied."

16. Gen 1:4–5 (LXX) καὶ εἶδεν ὁ θεὸς τὸ φῶς ὅτι καλόν καὶ διεχώρισεν ὁ θεὸς ἀνὰ μέσον τοῦ φωτὸς καὶ ἀνὰ μέσον τοῦ σκότους. 5 καὶ ἐκάλεσεν ὁ θεὸς τὸ φῶς ἡμέραν καὶ τὸ σκότος ἐκάλεσεν νύκτα καὶ ἐγένετο ἑσπέρα καὶ ἐγένετο πρωί ἡμέρα μία.

17. 1 Tim 3:16 καὶ ὁμολογουμένως μέγα ἐστὶν τὸ τῆς εὐσεβείας μυστήριον· Ὃς ἐφανερώθη ἐν σαρκί, ἐδικαιώθη ἐν πνεύματι, ὤφθη ἀγγέλοις, ἐκηρύχθη ἐν ἔθνεσιν, ἐπιστεύθη ἐν κόσμῳ, ἀνελήμφθη ἐν δόξῃ.

18. John 8:33 ἀπεκρίθησαν πρὸς αὐτόν, Σπέρμα Ἀβραάμ ἐσμεν καὶ οὐδενὶ δεδουλεύκαμεν πώποτε πῶς σὺ λέγεις ὅτι Ἐλεύθεροι γενήσεσθε;

19. καὶ [Ἰησοῦς] εἶπεν τοῖς δαιμονίοις, Ὑπάγετε. οἱ δὲ ἐξῆλθον καὶ ἀπῆλθον εἰς τοὺς χοίρους καὶ ἰδοὺ ὥρμησεν πᾶσα ἡ ἀγέλη κατὰ τοῦ κρημνοῦ εἰς τὴν θάλασσαν καὶ ἀπέθανον ἐν τοῖς ὕδασιν.

20. 2 Sam 3:22 (LXX) καὶ ἰδοὺ οἱ παῖδες Δαυὶδ καὶ Ἰωὰβ παρεγίνοντο ἐκ τῆς ἐξοδίας καὶ σκῦλα πολλὰ ἔφερον μετ᾽ αὐτῶν καὶ Ἀβέννηρ οὐκ ἦν μετὰ Δαυὶδ εἰς Χέβρων ὅτι ἀπεστάλκει αὐτὸν καὶ ἀπεληλύθει ἐν εἰρήνῃ.

16. Gen 1:4–5 (LXX) καὶ εἶδεν ὁ θεὸς τὸ φῶς ὅτι καλόν καὶ διεχώρισεν ὁ θεὸς ἀνὰ μέσον τοῦ φωτὸς καὶ ἀνὰ μέσον τοῦ σκότους. 5 καὶ ἐκάλεσεν ὁ θεὸς τὸ φῶς ἡμέραν καὶ τὸ σκότος ἐκάλεσεν νύκτα καὶ ἐγένετο ἑσπέρα καὶ ἐγένετο πρωί ἡμέρα μία. (διαχωρίζω= I divide; ἀνά= above; τὸ σκότος,-ους= darkness; καλέω= I call; ἡ ἑσπέρα= evening; πρωί= in the morning)

And God saw the light that it (was) good and God divided above the middle of the light and above the middle of the darkness. 5 And God called the light day and the darkness he called night and it was evening and in the morning, one day.

17. 1 Tim 3:16 καὶ ὁμολογουμένως μέγα ἐστὶν τὸ τῆς εὐσεβείας μυστήριον· Ὃς ἐφανερώθη ἐν σαρκί, ἐδικαιώθη ἐν πνεύματι, ὤφθη ἀγγέλοις, ἐκηρύχθη ἐν ἔθνεσιν, ἐπιστεύθη ἐν κόσμῳ, ἀνελήμφθη ἐν δόξῃ. (ὁμολογουμένως= confessedly; ἡ εὐσεβεία= godliness; τὸ μυστήριον= mystery; τὸ ἔθνος,-ους= gentile; φανερόω= I appear)

And confessedly great is the mystery of godliness; who appeared in the flesh, was justified in the Spirit, appeared to angels, was proclaimed among the nations, was believed in the world, was taken up in glory.

18. John 8:33 ἀπεκρίθησαν πρὸς αὐτόν, Σπέρμα Ἀβραάμ ἐσμεν καὶ οὐδενὶ δεδουλεύκαμεν πώποτε· πῶς σὺ λέγεις ὅτι Ἐλεύθεροι γενήσεσθε; (πώποτε= never; τὸ σπέρμα= seed; δουλεύω= I am a slave; ἐλεύθερος,-η,-ον= free)

They answered back to him, "We are the offspring of Abraham and we have been enslaved to no one ever; How do <u>you</u> say, 'You will be free?'"

19. καὶ ['Ιησοῦς] εἶπεν τοῖς δαιμονίοις, Ὑπάγετε. οἱ δὲ ἐξῆλθον καὶ ἀπῆλθον εἰς τοὺς χοίρους· καὶ ἰδοὺ ὥρμησεν πᾶσα ἡ ἀγέλη κατὰ τοῦ κρημνοῦ εἰς τὴν θάλασσαν καὶ ἀπέθανον ἐν τοῖς ὕδασιν. (cf. Matt 8:32; Ὑπάγετε= "Depart!"; οἱ δέ= "they"; ὁ χοῖρος= pig; ἡ ἀγέλη= herd; ὁ κρημνός= slope; ὁρμάω= I rush)

And [Jesus] said to the demons, "Depart." And they went out and departed into the pigs; and behold all the herd rushed down the slope into the sea and they died in the water.

20. 2 Sam 3:22 (LXX) καὶ ἰδοὺ οἱ παῖδες Δαυὶδ καὶ 'Ιωὰβ παρεγίνοντο ἐκ τῆς ἐξοδίας καὶ σκῦλα πολλὰ ἔφερον μετ' αὐτῶν καὶ Ἀβέννηρ οὐκ ἦν μετὰ Δαυὶδ εἰς Χέβρων ὅτι ἀπεστάλκει αὐτὸν καὶ ἀπεληλύθει ἐν εἰρήνῃ. (ἡ ἐξοδία= expedition, raid; τὸ σκῦλον=booty; Χεβρών= Hebron; ἀπεστάλκει= "He had sent away"; *the other capitalized words are proper names*)

And behold the children of David and Joab arrived from the expedition and they were carrying much booty with them and Abner was not with David in Hebron because he had sent [*Pluperfect Tense!*] him and he had departed in peace.

15F. READING

I. Peter's Confession from Matt 16:16–19.

16 ἀποκριθεὶς δὲ Σίμων Πέτρος εἶπεν, Σὺ εἶ ὁ Χριστὸς ὁ υἱὸς τοῦ θεοῦ τοῦ ζῶντος. 17 ἀποκριθεὶς δὲ ὁ 'Ιησοῦς εἶπεν αὐτῷ, Μακάριος εἶ, Σίμων Βαριωνᾶ, ὅτι σὰρξ καὶ αἷμα οὐκ ἀπεκάλυψέν σοι ἀλλ' ὁ πατήρ μου ὁ ἐν τοῖς οὐρανοῖς. 18 κἀγὼ δέ σοι λέγω ὅτι σὺ εἶ Πέτρος, καὶ ἐπὶ ταύτῃ τῇ πέτρᾳ οἰκοδομήσω μου τὴν ἐκκλησίαν καὶ πύλαι ᾅδου οὐ κατισχύσουσιν αὐτῆς. 19 δώσω σοι τὰς κλεῖδας τῆς βασιλείας τῶν οὐρανῶν, καὶ ὃ ἐὰν δήσῃς ἐπὶ τῆς γῆς ἔσται δεδεμένον ἐν τοῖς οὐρανοῖς, καὶ ὃ ἐὰν λύσῃς ἐπὶ τῆς γῆς ἔσται λελυμένον ἐν τοῖς οὐρανοῖς.

Translation and Comments in Brackets [...]

16 And Simon Peter answering back said, "You are the Christ, the Son of the living God." 17 And Jesus answering back said to him, "Blessed are you, Simon Barjona, because flesh and blood did not reveal this to you but my Father in the heavens. 18 And I say to you that you are Peter, and upon this rock I will build <u>my</u> [emphatic by location] church and the gates of Hades will not overpower it. 19 I will give to you the keys of the Kingdom of Heaven, and whatever you bind upon the earth *will be [*or, "will have been"*] bound in the heavens, and whatever you loose upon the earth *will be [*or, "will have been"*] loosened in the heavens." [*Notice there is debate about whether this is a Future Perfect passive construction "will have been bound" vs. "will be bound." The debate has to do with whether Peter (and the twelve disciples) have the primary agency, or whether God does working through them.*]

verse 16: ἀποκριθεὶς= "answering"
ζῶντος= "living" [attributive position]
verse 17: ἀποκριθεὶς= "answering"
ἀποκαλύπτω= I reveal
verse 18: ἡ πέτρα= rock;
οἰκοδομέω= I build
ἡ πύλη= gate;
ὁ ἄδος= Hades;
κατισχύω= I overpower

verse 19: δώσω= "I will give"
ἡ κλείς, κλειδός= key
ὃ ἐὰν δήσῃς= "whatever you bind"
δεδεμένον= "bound"
ὃ ἐὰν λύσῃς= "whatever you loose"
λελυμένον= "loosened"

II. Rev 1:19–2:2 The Son of Man's Instructions to John.

19 γράψον οὖν ἃ εἶδες καὶ ἃ εἰσὶν καὶ ἃ μέλλει γενέσθαι μετὰ ταῦτα. 20 τὸ μυστήριον τῶν ἑπτὰ ἀστέρων οὓς εἶδες ἐπὶ τῆς δεξιᾶς μου καὶ τὰς ἑπτὰ λυχνίας τὰς χρυσᾶς· οἱ ἑπτὰ ἀστέρες ἄγγελοι τῶν ἑπτὰ ἐκκλησιῶν εἰσιν καὶ αἱ λυχνίαι αἱ ἑπτὰ ἑπτὰ ἐκκλησίαι εἰσίν. 2:1 Τῷ ἀγγέλῳ τῆς ἐν Ἐφέσῳ ἐκκλησίας γράψον· Τάδε λέγει ὁ κρατῶν τοὺς ἑπτὰ ἀστέρας ἐν τῇ δεξιᾷ αὐτοῦ, ὁ περιπατῶν ἐν μέσῳ τῶν ἑπτὰ λυχνιῶν τῶν χρυσῶν· 2 Οἶδα τὰ ἔργα σου καὶ τὸν κόπον καὶ τὴν ὑπομονήν σου καὶ ὅτι οὐ δύνῃ βαστάσαι κακούς, καὶ ἐπείρασας τοὺς λέγοντας ἑαυτοὺς ἀποστόλους καὶ οὐκ εἰσίν καὶ εὗρες αὐτοὺς ψευδεῖς,

Translation from NASB95 with comments in brackets [...]

1:19 "Therefore write the things which you have seen [*better, "saw"*], and the things which are, and the things which will take place after these things. 20 "As for the mystery of the seven stars which you saw in My right hand, and the seven golden lampstands: the seven stars are the angels of the seven churches, and the seven lampstands are the seven churches. **2:1** "To the angel of the church in Ephesus write: The One who holds the seven stars in His right hand, the One who walks among the seven golden lampstands, says this: 2 'I know your deeds and your toil and perseverance, and that you cannot tolerate evil men, and you put to the test those who call themselves apostles, and they are not, and you found them *to be* false;

Verse 19: γράψον= "Write!"; μέλλει γενέσθαι= "are about to be"
Verse 20: τὸ μυστήριον= mystery; ὁ ἀστήρ= stars; ἡ λυχνία= lamp; χρυσᾶς= "golden" (acc.pl.);
Verse 1: γράψον= "Write!"; Τάδε= "these things"; ὁ κρατῶν= "the one holding"; ὁ περιπατῶν= "the one walk-
ing"
Verse 2: ὁ κόπος= labor; ἡ ὑπομονή= steadfastness; οὐ δύνῃ βαστάσαι= "you are not able to tolerate"; πειράζω=
I test; τοὺς λέγοντας ἑαυτοὺς= "those calling themselves"; ψευδεῖς= "false" (acc.pl.)

Exercises Ch. 16 Answer Key and Guide

16A. Overview

Consult GRAMMAR CHAPTER 16 if you have difficulty answering these overview questions.

16B. Vocabularies 16 and 3

Review the vocabulary words and/or consult the VOCABULARY: 20 TIMES OR MORE.

16C. Review

Translate these short phrases and sentences and parse each verb form.

1. John 12:16a ταῦτα οὐκ ἔγνωσαν [**AAI3P**] αὐτοῦ οἱ μαθηταί **His disciples did not know these things** [*Notice the emphatic forward position of the pronoun*]
2. John 12:16b ἀλλ᾽ ὅτε ἐδοξάσθη [**API3S**] Ἰησοῦς **but when Jesus was glorified**
3. Acts 17:33b οὕτως ὁ Παῦλος ἐξῆλθεν [**AAI3S**] ἐκ μέσου αὐτῶν.
   Thus Paul went out from their midst
4. 2 Cor 11:7b δωρεὰν τὸ τοῦ θεοῦ εὐαγγέλιον εὐηγγελισάμην [**ADI1S**] ὑμῖν; (δωρεάν= freely)
   Did I announce to you the good news of the gospel of God freely?
5. Col 4:9a σὺν Ὀνησίμῳ τῷ πιστῷ καὶ ἀγαπητῷ ἀδελφῷ, ὅς ἐστιν [**PAI3S**] ἐξ ὑμῶν·
   with Onesimus the faithful and beloved brother, who is from you
6. Rev 5:5a καὶ εἷς ἐκ τῶν πρεσβυτέρων λέγει [**PAI3S**] μοι, Μὴ κλαῖε, (Μὴ κλαῖε= "Don't cry!")
   And one from the elders said to me, "Don't cry,"
7. Matt 17:18 καὶ ἐξῆλθεν [**AAI3S**] ἀπ᾽ αὐτοῦ τὸ δαιμόνιον καὶ ἐθεραπεύθη [**API3S**] ὁ παῖς ἀπὸ τῆς ὥρας ἐκείνης. (ὁ παῖς= child)
   And the demon went out from him and the child was healed from that hour.
8. 1 Cor 1:16 ἐβάπτισα [**AAI1S**] δὲ καὶ τὸν Στεφανᾶ οἶκον, λοιπὸν οὐκ οἶδα [**PAI1S**] εἴ τινα ἄλλον ἐβάπτισα. **And I baptized also the household of Stephanus; (concerning the) rest I don't know if I baptized any other.**
9. Παῦλος εἰσῆλθε [**AAI3S**] σὺν ἡμῖν πρὸς Ἰάκωβον καὶ πάντες παρεγένοντο [**ADI3P**] οἱ πρεσβύτεροι. (cf. Acts 21:18b; παραγίνομαι= I am present)
   Paul entered with us to James, and all the elders were present.
10. Rom 4:3 τί γὰρ ἡ γραφὴ λέγει [**PAI3S**]; Ἐπίστευσεν [**AAI3S**] δὲ Ἀβραὰμ τῷ θεῷ καὶ ἐλογίσθη [**API3S**] αὐτῷ εἰς δικαιοσύνην. (ἡ γραφή= scripture; λογίζω= I reckon)
    For what does the Scripture say? 'Abraham believed God and it was credited to him for righteousness.'
11. John 16:20 ἀμὴν ἀμὴν λέγω [**PAI1S**] ὑμῖν ὅτι κλαύσετε [**FAI2P**] καὶ θρηνήσετε [**FAI2P**] ὑμεῖς, ὁ δὲ κόσμος χαρήσεται [**FMI3S**]. (θρηνέω= I wail; χαίρω= I rejoice)
    Truly, Truly I say to you that <u>you</u> will cry and wail, but the world will rejoice.
12. Mark 10:31 πολλοὶ δὲ ἔσονται [**FAI3P**] πρῶτοι ἔσχατοι καὶ [οἱ] ἔσχατοι πρῶτοι.
    Moreover, many first will be last and the last (will be) first.

16D. FOCUS

I. Parse these Nouns from all three Declensions.

		Gender	Case	Number	Lexical Form and Meaning
1.	πόλεις	F	N	P	πόλις = *city*
2.	τῆς πίστεως	F	G	S	πίστις = faith; faithfulness
3.	πόδας	M	A	P	πούς = *foot*
4	τὸ τέλος	N	N/A	S	τέλος = *end*
5.	ἐθνῶν	N	G	P	ἔθνος = *nation; gentile*
6.	οἱ ἀνδρές	M	N	P	ἀνήρ = *man; husband*
7.	γραμματεύς	M	N	S	γραμματεύς = *scribe*
8.	ἀναστάσεως	F	G	S	ἀνάστασις = *resurrection*
9.	τῶν αἰώνων	M	G	P	αἰών = *age*
10.	τοῦ Μωϋσέως	M	G	S	Μωϋσῆς = *Moses*
11.	θλίψεως	F	G	S	θλῖψις = *affliction*
12.	πατρί	M	D	S	πατήρ = *father*
13.	ὁ ἀρχιερεύς	M	N	S	ἀρχιερεύς = *high priest*
14.	φῶτος	N	G	S	φῶς = *light*
15.	τὸ ἔτος	N	N/A	S	ἔτος = *year*
16.	τῷ βασιλεῖ	M	D	S	βασιλεύς = *king*
17.	κρίσις	F	N	S	κρίσις = *judgment*
18.	μέρος	N	N/A	S	μέρος = *part*
19.	ἄρχουσιν	M	D	P	ἄρχων = *ruler*
20.	δυνάμει	F	D	S	δύναμις = *power*

II. Translate these subordinate clauses. <u>*NOTICE*</u> that *the subordinating conjunction and its English translation are* <u>*underlined*</u>.

1. <u>ὅπου</u> ἤκουον <u>ὅτι</u> ἐστίν*. <u>**Where**</u> **they were/I was hearing** <u>**that**</u> **he was.** [*Greek retains original tense]

2. <u>Ὅτε</u> οὖν ἤκουσεν ὁ Πιλᾶτος τοῦτον τὸν λόγον **Therefore,** <u>**when**</u> **Pilate heard this word**

3. <u>ὡς</u> ἤκουσεν τὸν ἀσπασμὸν τῆς Μαρίας ἡ Ἐλισάβετ (ὁ ἀσπασμός= greeting)
   <u>**When**</u> **Elizabeth heard the greeting of Mary**

4. Καὶ <u>ὅτε</u> ἐγένετο ἡ ὥρα, **And** <u>**when**</u> **the hour came**

5. <u>καθὼς</u> καὶ ἐν ὑμῖν <u>**As**</u> **even in you**

6. καὶ πορεύεται <u>ὅπου</u> ἦν τὸ παιδίον. (τὸ παιδίον= child) **And he goes** <u>**where**</u> **the child was**

7. <u>καθώς</u> ἐστιν ἀλήθεια ἐν τῷ Ἰησοῦ, <u>**As**</u> **the truth is in Jesus**

8. καὶ <u>ὅπου</u> εἰμὶ ἐγώ **and** <u>**where**</u> **I am**

9. <u>ὅτε</u> οἱ νεκροὶ ἀκούσουσιν τῆς φωνῆς τοῦ υἱοῦ τοῦ θεοῦ
   <u>**When**</u> **the dead will hear the voice of the Son of God**

10. Καὶ <u>ὡς</u> ἤγγισεν τὴν πόλιν ἔκλαυσεν ἐπ᾽ αὐτήν **And** <u>**as**</u> **he drew near the city, he wept for it**

11. <u>Ὅπου</u> ἐγὼ ὑπάγω <u>**Where**</u> **I depart**

12. <u>ὅτε</u> ἤνοιξεν τὴν σφραγῖδα τὴν δευτέραν (ἡ σφραγίς= seal; δευτέρος,-α,-ον= second)
    <u>**When**</u> **he opened the second seal**

16E. SENTENCES

Mark up all the sentences using the Constituent Marking from §4.7 CONSTITUENT MARKING FOR NAVIGATING A GREEK SENTENCE. For the Odds, practice Semantic Diagramming following 16.4 SEMANTIC DIAGRAMMING. Such diagramming can be done in the space below; however, if possible, find the Greek text from a computer program or internet source, and do this inside a word processor. Add Analysis and ask questions as necessary following 16.5 SEMANTIC ANALYSIS. See the ANSWER KEY AND GUIDE for guidance or for comparison.

These sentences have first been marked (five at a time) using the Constituent Marking from §4.6 Constituent Marking for Navigating a Greek Sentence. Then the Odds are Semantically Diagrammed with some analysis and questions. Then the sentences are translated.

1. Matt 25:32a καὶ συναχθήσονται ἔμπροσθεν αὐτοῦ πάντα τὰ ἔθνη,

2. Luke 6:6b καὶ ἦν ἄνθρωπος ἐκεῖ καὶ ἡ χεὶρ αὐτοῦ ἡ δεξιὰ ἦν ξηρά.

3. Rev 22:13 ἐγὼ τὸ Ἄλφα καὶ τὸ Ὦ, ὁ πρῶτος καὶ ὁ ἔσχατος, ἡ ἀρχὴ καὶ τὸ τέλος.

4. Acts 4:27a συνήχθησαν γὰρ ἐπ' ἀληθείας ἐν τῇ πόλει ταύτῃ ἐπὶ τὸν ἅγιον παῖδά σου Ἰησοῦν

5. John 13:6 ἔρχεται οὖν πρὸς Σίμωνα Πέτρον λέγει αὐτῷ Κύριε, = σύ μου νίπτεις τοὺς πόδας;

1. Matt 25:32a καὶ συναχθήσονται ἔμπροσθεν αὐτοῦ πάντα τὰ ἔθνη, (ἔμπροσθεν =before [with gen.])
And all the nations will be gathered before him.

SEMANTIC DIAGRAM	SEMANTIC ANALYSIS AND QUESTIONS
Matt 25:32a καὶ	+CONTINUITY
συναχθήσονται	-divine Passive
---ἔμπροσθεν αὐτοῦ	-presence "in front of"
πάντα	-quantitative emphasis and with fronted location
τὰ ἔθνη,	-subject "the nations"

2. Luke 6:6b καὶ ἦν ἄνθρωπος ἐκεῖ καὶ ἡ χεὶρ αὐτοῦ ἡ δεξιὰ ἦν ξηρά. (ξηρός,-ά,-όν= withered)
And there was a person there and his right hand was withered.

3. Rev 22:13 ἐγὼ τὸ Ἄλφα καὶ τὸ Ὦ, ὁ πρῶτος καὶ ὁ ἔσχατος, ἡ ἀρχὴ καὶ τὸ τέλος. (ἡ ἀρχὴ= beginning)

I am the Alpha and the Omega, the First and the Last, the Beginning and the End.

SEMANTIC DIAGRAM	SEMANTIC ANALYSIS AND QUESTIONS
Rev 22:13 ἐγὼ	-subject of verbless clause
[Ø =am]	-null verb
τὸ Ἄλφα	-compound predicate nominative
καὶ	
τὸ Ὦ,	
=-- ὁ πρῶτος	-1st Appositional Pair (**non-restrictive/descriptive**).
καὶ	**Starts a list. What is the significance of this list?**
ὁ ἔσχατος,	
=-- ἡ ἀρχὴ	-2nd Appositional Pair (**non-restrictive/descriptive**).
καὶ	**Each pair begins with that which is first and ends**
τὸ τέλος	**with that which is last. What is the significance of**
	these descriptors?

4. Acts 4:27a συνήχθησαν γὰρ ἐπ᾿ ἀληθείας ἐν τῇ πόλει ταύτῃ ἐπὶ τὸν ἅγιον παῖδά σου Ἰησοῦν (ὁ παῖς= child/servant; ἐπί *here with acc.*= against)

For they were gathered in truth [*i.e. truly*] in this city against your holy child, Jesus

5. John 13:6 ἔρχεται οὖν πρὸς Σίμωνα Πέτρον· λέγει αὐτῷ, Κύριε, σύ μου νίπτεις τοὺς πόδας; (νίπτω= I wash)

Therefore, he went [Historic Present] to Simon Peter; he said [Historic Present] to him,
"Lord, <u>you</u> are washing <u>my</u> [*emphatic by location*] feet?"

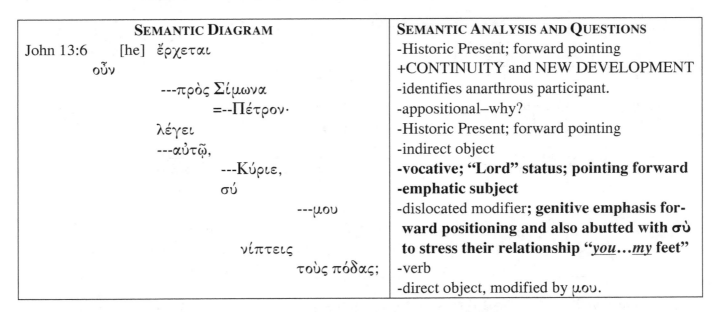

SEMANTIC DIAGRAM	SEMANTIC ANALYSIS AND QUESTIONS
John 13:6 [he] ἔρχεται	-Historic Present; forward pointing
οὖν	+CONTINUITY and NEW DEVELOPMENT
---πρὸς Σίμωνα	-identifies anarthrous participant.
=--Πέτρον·	-appositional–why?
λέγει	-Historic Present; forward pointing
---αὐτῷ,	-indirect object
---Κύριε,	**-vocative; "Lord" status; pointing forward**
σύ	**-emphatic subject**
---μου	-dislocated modifier; **genitive emphasis for-**
	ward positioning and also abutted with σύ
νίπτεις	**to stress their relationship "<u>you</u>...<u>my</u> feet"**
τοὺς πόδας;	-verb
	-direct object, modified by μου.

6. 1 Cor 13:12b (ἄρτι) γινώσκω (ἐκ μέρους) (τότε) δὲ ἐπιγνώσομαι (καθὼς) (καὶ) ἐπεγνώσθην.

7. John 8:57 εἶπον οὖν οἱ Ἰουδαῖοι (πρὸς αὐτόν) Πεντήκοντα ἔτη (οὔπω) ἔχεις καὶ Ἀβραὰμ ἑώρακας;

8. Rev 16:19a καὶ ἐγένετο ἡ πόλις ἡ μεγάλη (εἰς τρία μέρη) καὶ αἱ πόλεις τῶν ἐθνῶν ἔπεσαν.

9. 2 Cor 2:4a (ἐκ γὰρ πολλῆς θλίψεως καὶ συνοχῆς) καρδίας ἔγραψα ὑμῖν (διὰ πολλῶν δακρύων)

10. Rev 5:14 καὶ τὰ τέσσαρα ζῷα ἔλεγον, (Ἀμήν) καὶ οἱ πρεσβύτεροι ἔπεσαν καὶ προσεκύνησαν.

6. 1 Cor 13:12b ἄρτι γινώσκω ἐκ μέρους, τότε δὲ ἐπιγνώσομαι καθὼς καὶ ἐπεγνώσθην. (ἄρτι= now)
   Now I know from part, but then I will know as even I am known.

7. John 8:57 εἶπον οὖν οἱ Ἰουδαῖοι πρὸς αὐτόν, Πεντήκοντα ἔτη οὔπω ἔχεις καὶ Ἀβραὰμ ἑώρακας;
   (πεντήκοντα= fifty; οὔπω= not yet)
   Therefore, the Jews said to him, "You don't yet have fifty years (in age) and you have seen Abraham?"

SEMANTIC DIAGRAM	ANALYSIS AND QUESTIONS
John 8:57 εἶπον	-main verb; followed by dir.disc.
οὖν	**+CONTINUITY/ NEW DEVELOPMENT**
οἱ Ἰουδαῖοι	-subject
---πρὸς αὐτόν,	**+intensity with πρός**
---Πεντήκοντα	**-modifies years. Fronted**
ἔτη	-direct object of ἔχεις
---οὔπω	-negative adverb of time
ἔχεις	-main verb of direct discourse
καὶ	-conjoining two sentences "and"
Ἀβραὰμ	**-fronted direct object**
ἑώρακας;	-Perfect Tense–**more prominent.**

8. Rev 16:19a καὶ ἐγένετο ἡ πόλις ἡ μεγάλη εἰς τρία μέρη καὶ αἱ πόλεις τῶν ἐθνῶν ἔπεσαν.

And the great city became into three parts and the cities of the nations fell.

9. 2 Cor 2:4a ἐκ γὰρ πολλῆς θλίψεως καὶ συνοχῆς καρδίας ἔγραψα ὑμῖν διὰ πολλῶν δακρύων, (ἡ
συνοχή= anguish; τὸ δάκρυον= tear)

For from much affliction and anguish of heart I wrote to you through many tears,

SEMANTIC DIAGRAM	SEMANTIC ANALYSIS AND QUESTIONS
2 Cor 2:4a ---ἐκ	-origin source? Manner?
γὰρ	+SUPPORT
---πολλῆς	**-quantitative emphasis**
θλίψεως	-1st object of preposition
καὶ	-compounding the object
συνοχῆς	-2nd object of preposition
---καρδίας	-genitive modifier; what kind? Objective?
ἔγραψα	-main verb
---ὑμῖν	-indirect object
---διὰ ---πολλῶν	-means or manner? **With quantitative emphasis**
δακρύων,	**-What is the cultural significance of "tears"?**

10. Rev 5:14 καὶ τὰ τέσσαρα ζῷα ἔλεγον, Ἀμήν. καὶ οἱ πρεσβύτεροι ἔπεσαν καὶ προσεκύνησαν.
     (τὸ ζῷον= living creature; προσκυνέω= I worship)

And the four living creatures were saying, "Amen." And the elders fell and worshiped.

11. Acts 17:4a καὶ τινες ἐξ αὐτῶν ἐπείσθησαν καὶ προσεκληρώθησαν τῷ
     Παύλῳ καὶ τῷ Σιλᾷ,

12. Gen 12:1 (LXX) καὶ εἶπεν κύριος τῷ Αβραμ ἔξελθε ἐκ τῆς γῆς σου καὶ
     ἐκ τῆς συγγενείας σου καὶ ἐκ τοῦ οἴκου τοῦ πατρός σου
     εἰς τὴν γῆν ἣν ἄν σοι δείξω.

13. John 4:39a Ἐκ δὲ τῆς πόλεως ἐκείνης πολλοὶ ἐπίστευσαν εἰς αὐτὸν
     τῶν Σαμαριτῶν διὰ τὸν λόγον τῆς γυναικὸς...

14. Matt 10:18 καὶ ἐπὶ ἡγεμόνας δὲ καὶ βασιλεῖς ἀχθήσεσθε ἕνεκεν ἐμοῦ
     εἰς μαρτύριον αὐτοῖς καὶ τοῖς ἔθνεσιν.

15. Acts 24:1a Μετὰ δὲ πέντε ἡμέρας κατέβη ὁ ἀρχιερεὺς Ἀνανίας
     μετὰ πρεσβυτέρων τινῶν καὶ ῥήτορος Τερτύλλου τινός...,

11. Acts 17:4a καί τινες ἐξ αὐτῶν ἐπείσθησαν καὶ προσεκληρώθησαν τῷ Παύλῳ καὶ τῷ Σιλᾷ,
(προσκληρόω= I allot; I join [when in *passive voice*])
And some from them were persuaded and were joined to Paul and Silas,

SEMANTIC DIAGRAM	SEMANTIC ANALYSIS AND QUESTIONS
Acts 17:4a καί	+CONTINUITY
τινες	-subject; indefinite/limited quantity
---ἐξ αὐτῶν	-partitive idea (some from larger group)
ἐπείσθησαν	-1st main verb (passive)–middle sense?
καὶ	-comounding verbs
προσεκληρώθησαν	-2nd main verb (passive; by whom?)
τῷ Παύλῳ	-compound direct objects (with the force of
καὶ	the preposition πρός making them dative
τῷ Σιλᾷ,	case)

12. Gen 12:1 (LXX) καὶ εἶπεν κύριος τῷ Αβραμ ἔξελθε ἐκ τῆς γῆς σου καὶ ἐκ τῆς συγγενείας σου
καὶ ἐκ τοῦ οἴκου τοῦ πατρός σου εἰς τὴν γῆν ἣν ἄν σοι δείξω.
**And the Lord said to Abram, "Come out from your land and from your people and
from the house of your father into the land which I will show to you."**

13. John 4:39a Ἐκ δὲ τῆς πόλεως ἐκείνης πολλοὶ ἐπίστευσαν εἰς αὐτὸν τῶν Σαμαριτῶν διὰ τὸν
λόγον τῆς γυναικός...
**But from that city many of the Samaritans believed in him on account of the word of
the woman....**

SEMANTIC DIAGRAM	SEMANTIC ANALYSIS AND QUESTIONS
John 4:39a ---Ἐκ	-separation; partitive idea.
δὲ	+NEW DEVELOPMENT
τῆς πόλεως	-object of preposition ἐκ
---ἐκείνης	-distal demonstrative
πολλοὶ	-subject; **quantitative emphasis**
ἐπίστευσαν	-main verb
εἰς αὐτὸν	-object complement (**more marked form**)
---τῶν Σαμαριτῶν	-**discontinuous genitive modifier of** πολλοὶ
---διὰ τὸν λόγον	-basis or cause
---τῆς γυναικός...	-identifies whose word.

14. Matt 10:18 καὶ ἐπὶ ἡγεμόνας δὲ καὶ βασιλεῖς ἀχθήσεσθε ἕνεκεν ἐμοῦ εἰς μαρτύριον αὐτοῖς
καὶ τοῖς ἔθνεσιν. (ὁ ἡγεμών, ἡγεμόνος= leader; τὸ μαρτύριον= testimony)
**And you also will be led to leaders and kings on account of me for a testimony to them
and to the nations.**

15. Acts 24:1a Μετὰ δὲ πέντε ἡμέρας κατέβη ὁ ἀρχιερεὺς Ἀνανίας μετὰ πρεσβυτέρων τινῶν καὶ
ῥήτορος Τερτύλλου τινός.... , (ὁ ἀρχιερεὺς= high priest; ὁ ῥήτωρ= rhetorician)
And after five days the high priest Ananias went down with the some elders and a certain rhetorician, Tertullus....,

SEMANTIC DIAGRAM	SEMANTIC ANALYSIS AND QUESTIONS
Acts 24:1a ---Μετὰ	-time after
δὲ	+NEW DEVELOPMENT
---πέντε	-quantitative specifier (what emphasis?)
ἡμέρας	-object of preposition μετά
κατέβη	-main verb
ὁ ἀρχιερεὺς	-subject
=--Ἀνανίας	**-apposition (restrictive?)**
---μετὰ πρεσβυτέρων	-accompaniment
---τινῶν	-delimiting scope
καὶ	-adding another object to prep.
ῥήτορος	-object of preposition μετά
=--Τερτύλλου	**-apposition (restrictive)**
---τινός....	**-delimiting of status? "a certain...."**

16. 1 John 2:18 Παιδία, ἐσχάτη ὥρα ἐστίν, καὶ καθὼς ἠκούσατε ὅτι
ἀντίχριστος ἔρχεται, καὶ νῦν ἀντίχριστοι πολλοὶ γεγόνασιν,
ὅθεν γινώσκομεν ὅτι ἐσχάτη ὥρα ἐστίν.

17. Luke 22:66 Καὶ ὡς ἐγένετο ἡμέρα, συνήχθη τὸ πρεσβυτέριον τοῦ λαοῦ,
ἀρχιερεῖς τε καὶ γραμματεῖς, καὶ ἀπήγαγον αὐτὸν
(εἰς τὸ συνέδριον) αὐτῶν,

18. τότε τὸ πνεῦμα πορεύεται καὶ παραλαμβάνει ἕτερα πνεύματα ἑπτά καὶ
εἰσέρχονται ἐκεῖ, καὶ γίνεται τὰ ἔσχατα τοῦ ἀνθρώπου ἐκείνου χείρονα
τῶν πρώτων.

19. Matt 20:23 λέγει αὐτοῖς, Τὸ μὲν ποτήριόν μου πίεσθε, τὸ δὲ καθίσαι

(ἐκ δεξιῶν) μου καὶ ἐξ εὐωνύμων οὐκ ἔστιν ἐμὸν [τοῦτο] δοῦναι,

ἀλλ᾽ οἷς ἡτοίμασται (ὑπὸ τοῦ πατρός) μου.

20. Mark 14:61b-62 πάλιν ὁ ἀρχιερεὺς λέγει αὐτῷ, Σὺ εἶ ὁ Χριστὸς ==ὁ υἱὸς τοῦ

εὐλογητοῦ; 62 ὁ δὲ Ἰησοῦς εἶπεν, Ἐγώ εἰμι, καὶ ὄψεσθε

τὸν υἱὸν τοῦ ἀνθρώπου (ἐκ δεξιῶν) καθήμενον τῆς

δυνάμεως καὶ ἐρχόμενον (μετὰ τῶν νεφελῶν) τοῦ οὐρανοῦ.

16. 1 John 2:18 Παιδία, ἐσχάτη ὥρα ἐστίν, καὶ καθὼς ἠκούσατε ὅτι ἀντίχριστος ἔρχεται, καὶ νῦν
ἀντίχριστοι πολλοὶ γεγόνασιν, ὅθεν γινώσκομεν ὅτι ἐσχάτη ὥρα ἐστίν. (τὸ
παιδίον= little child; ὅθεν= wherefore)
   **Little children, it is the last hour, and as you heard that the antichrist is coming,
   even now many antichrists have come, whence we know that it is the last hour.**

17. Luke 22:66 Καὶ ὡς ἐγένετο ἡμέρα, συνήχθη τὸ πρεσβυτέριον τοῦ λαοῦ, ἀρχιερεῖς τε καὶ
γραμματεῖς, καὶ ἀπήγαγον αὐτὸν εἰς τὸ συνέδριον αὐτῶν, (τὸ πρεσβυτέριον= leader-
ship, eldership; ἀπάγω= I lead back; τὸ συνέδριον= governing council; Sanhedrin)
   **And as it became day the leadership of the people, both high priests and scribes were
   gathered, and they led him back into their Sanhedrin,**

SEMANTIC DIAGRAM	SEMANTIC ANALYSIS AND QUESTIONS
Luke 22:66 Καὶ	+CONTINUITY
---ὡς ἐγένετο	-temporal
ἡμέρα,	-main verb
συνήχθη	-subject (**official presentation?---neuter form**)
τὸ πρεσβυτέριον	-**genitive of subordination "over the people"**
---τοῦ λαοῦ,	-**1st apposition (non-restrictive, since known)**
=--ἀρχιερεῖς	-correlative emphasis (**stressing their roles?**)
τε καὶ	-2nd apposition (non-restrictive?)
γραμματεῖς,	-verb and direct object
καὶ ἀπήγαγον αὐτὸν	-destination
---εἰς τὸ συνέδριον	-possession (**is this meant to stress "their"**
---αὐτῶν,	**place of power?"**)

18. τότε τὸ πνεῦμα πορεύεται καὶ παραλαμβάνει ἕτερα πνεύματα ἑπτὰ καὶ εἰσέρχονται ἐκεῖ, καὶ γίνεται τὰ ἔσχατα τοῦ ἀνθρώπου ἐκείνου <u>χείρονα τῶν πρώτων</u>. (cf. Luke 11:26; χείρονα τῶν πρώτων= "worse than the first")

Then the spirit goes and takes along seven other spirits and they enter there, and the last (state of affairs) of that person becomes worse than the first.

19. Matt 20:23 λέγει αὐτοῖς, Τὸ μὲν ποτήριόν μου πίεσθε, <u>τὸ δὲ καθίσαι</u> ἐκ δεξιῶν μου καὶ ἐξ εὐωνύμων οὐκ ἔστιν ἐμὸν [τοῦτο] δοῦναι, ἀλλ' οἷς ἡτοίμασται ὑπὸ τοῦ πατρός μου. (τὸ ποτήριον= cup; τὸ καθίσαι= "to sit"; εὐωνύμων= left; ἐμόν= mine; δοῦναι= "to give")

He said to them, "Indeed, you will drink my cup, but to sit at my right (hand) and at the left this is not mine to give, but to whom it has been prepared by my Father."

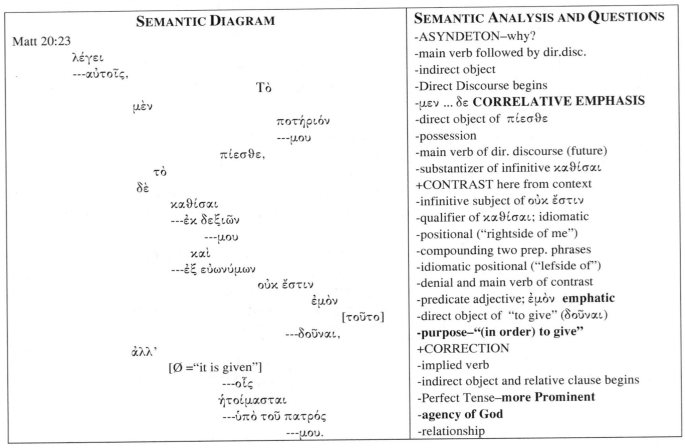

SEMANTIC DIAGRAM	SEMANTIC ANALYSIS AND QUESTIONS
Matt 20:23	-ASYNDETON–why?
λέγει	-main verb followed by dir.disc.
---αὐτοῖς,	-indirect object
Τὸ	-Direct Discourse begins
μὲν	-μεν ... δε **CORRELATIVE EMPHASIS**
ποτήριόν	-direct object of πίεσθε
---μου	-possession
πίεσθε,	-main verb of dir. discourse (future)
τὸ	-substantizer of infinitive καθίσαι
δὲ	+CONTRAST here from context
καθίσαι	-infinitive subject of οὐκ ἔστιν
---ἐκ δεξιῶν	-qualifier of καθίσαι; idiomatic
---μου	-positional ("rightside of me")
καὶ	-compounding two prep. phrases
---ἐξ εὐωνύμων	-idiomatic positional ("lefside of")
οὐκ ἔστιν	-denial and main verb of contrast
ἐμὸν	-predicate adjective; ἐμὸν **emphatic**
[τοῦτο]	-direct object of "to give" (δοῦναι)
---δοῦναι,	**-purpose–"(in order) to give"**
ἀλλ'	+CORRECTION
[Ø ="it is given"]	-implied verb
---οἷς	-indirect object and relative clause begins
ἡτοίμασται	-Perfect Tense–**more Prominent**
---ὑπὸ τοῦ πατρός	**-agency of God**
---μου.	-relationship

20. Mark 14:61b–62 πάλιν ὁ ἀρχιερεὺς λέγει αὐτῷ, Σὺ εἶ ὁ Χριστὸς ὁ υἱὸς τοῦ εὐλογητοῦ; 62 ὁ δὲ Ἰησοῦς εἶπεν, Ἐγώ εἰμι, καὶ ὄψεσθε τὸν υἱὸν τοῦ ἀνθρώπου ἐκ δεξιῶν καθήμενον τῆς δυνάμεως καὶ ἐρχόμενον μετὰ τῶν νεφελῶν τοῦ οὐρανοῦ. (εὐλογητός,-ά,-ός= blessed; καθήμενον= "seated"; ἐρχόμενον= "coming"; ἡ νεφέλη= cloud)

Again the high priest said to him, "Are <u>you</u> the Christ, the Son of the Blessed One?" 62 And Jesus said, "<u>I</u> am, and you will see the Son of Humanity sitting at the right hand of power and coming with the clouds of heaven."

16F. READING

I. <u>John 13:31–35: Jesus talking with his disciples in view of his death.</u>

31 Ὅτε οὖν ἐξῆλθεν, λέγει Ἰησοῦς, Νῦν ἐδοξάσθη ὁ υἱὸς τοῦ ἀνθρώπου, καὶ ὁ θεὸς ἐδοξάσθη ἐν αὐτῷ· 32 [εἰ ὁ θεὸς ἐδοξάσθη ἐν αὐτῷ] καὶ ὁ θεὸς δοξάσει αὐτὸν ἐν αὐτῷ, καὶ <u>εὐθὺς</u> δοξάσει αὐτόν. 33 τεκνία, ἔτι <u>μικρὸν</u> μεθ᾽ ὑμῶν εἰμι· <u>ζητήσετέ</u> με, καὶ καθὼς εἶπον τοῖς Ἰουδαίοις ὅτι Ὅπου ἐγὼ ὑπάγω ὑμεῖς οὐ <u>δύνασθε ἐλθεῖν</u>, καὶ ὑμῖν λέγω <u>ἄρτι</u>. 34 ἐντολὴν <u>καινὴν</u> <u>δίδωμι</u> ὑμῖν, <u>ἵνα ἀγαπᾶτε ἀλλήλους</u>, καθὼς <u>ἠγάπησα</u> ὑμᾶς <u>ἵνα</u> καὶ ὑμεῖς ἀγαπᾶτε ἀλλήλους. 35 ἐν τούτῳ γνώσονται πάντες ὅτι ἐμοὶ μαθηταί ἐστε, <u>ἐὰν ἀγάπην ἔχητε ἐν ἀλλήλοις</u>.

Translation from NASB95 with Comments in Brackets [...]

31 Therefore when he had gone out, Jesus said, "Now is the Son of Man glorified, and God is glorified [*What use of the Aorist Tenses here? Gnomic?*] in Him; 32 if God is glorified in Him [*better translated "was glorified"*], God will also glorify Him in Himself, and will glorify Him immediately. 33 "Little children, I am with you a little while longer. You will seek Me; and as I said to the Jews, now I also say to you, 'Where I [*emphatic*] am going, you [*emphatic*] cannot come.' 34 "A new commandment I give to you, that you love one another, even as I have loved you, that you [*emphatic*] also love one another. 35 "By this all men will know that you are My disciples, if you have love for one another."

<u>Verse 32</u>: εὐθύς= immediately;
<u>Verse 33</u>: μικρόν= a little; ζητέω= I seek; δύνασθε ἐλθεῖν= "you are able to go"; ἄρτι= now;
<u>Verse 34</u>: καινός,-ή,-όν= new; δίδωμι= I give; ἵνα ἀγαπᾶτε ἀλλήλους= "that you love one another"; ἀγαπάω= I love; ἵνα= that;
<u>Verse 35</u>: ἐὰν ἀγάπην ἔχητε ἐν ἀλλήλοις= "if you have love among one another"

II. Modified from *Matt 20:17–19*.

17 Καὶ ἀνέβη ὁ Ἰησοῦς εἰς Ἱεροσόλυμα καὶ παρέλαβεν τοὺς δώδεκα [μαθητὰς] κατ᾽ ἰδίαν καὶ ἐν τῇ ὁδῷ εἶπεν αὐτοῖς, 18 Ἰδοὺ ἀναβαίνομεν εἰς Ἱεροσόλυμα, καὶ ὁ υἱὸς τοῦ ἀνθρώπου <u>παραδοθήσεται</u> τοῖς ἀρχιερεῦσιν καὶ γραμματεῦσιν, καὶ <u>κατακρινοῦσιν</u> αὐτὸν θανάτῳ 19 καὶ <u>παραδώσουσιν</u> αὐτὸν τοῖς ἔθνεσιν <u>εἰς τὸ ἐμπαῖξαι καὶ μαστιγῶσαι καὶ σταυρῶσαι,</u> καὶ τῇ τρίτῃ ἡμέρᾳ <u>ἐγερθήσεται.</u>

Translation with Comments in Brackets […]

17 And Jesus went up into Jerusalem and took along the twelve [*disciples*] alone and in the road he said to them, 18 "Behold we are going up into Jerusalem, and the Son of Humanity will be betrayed to the Chief Priests and Scribes, and they will condemn him to death 19 and they will hand him over to the Gentiles in order to mock and beat and crucify, and on the third day [*dative of time*] he will be raised up."

Verse 18: παραδοθήσεται= "he will be betrayed"; κατακρινοῦσιν= "they will condemn";
Verse 19: παραδώσουσιν= "they will hand over"; εἰς τὸ ἐμπαῖξαι καὶ μαστιγῶσαι καὶ
    σταυρῶσαι= "in order to mock and beat and crucify (him)"; ἐγείρω= I raise up

EXERCISES CH. 17 ANSWER KEY AND GUIDE

17A. OVERVIEW

Consult GRAMMAR CHAPTER 17 if you have difficulty answering these overview questions.

17B. VOCABULARIES 17 AND 4

Review the vocabulary words and/or consult the VOCABULARY: 20 TIMES OR MORE.

17C. REVIEW

I. Translate these subordinate clauses: *Notice that the subordinating conjunctions are <u>underlined</u>.*

1. <u>ὅπου</u> τὸ πάσχα μετὰ τῶν μαθητῶν φάγω. (τὸ πάσχα= Passover)
   <u>Where</u> I eat the Passover with the disciples.

2. ἡμέρα κυρίου <u>ὡς</u> κλέπτης ἐν νυκτὶ οὕτως ἔρχεται. (ὁ κλέπτης= thief)
   A day of the Lord <u>as</u> a thief thus comes in the night.

3. <u>ὅτε</u> ἐτέλεσεν ὁ Ἰησοῦς τὰς παραβολὰς ταύτας, (τελέω= I finish)
   <u>When</u> Jesus finished these parables,

4. τὰ δὲ ἱμάτια αὐτοῦ ἐγένετο λευκὰ <u>ὡς</u> τὸ φῶς. (τὸ ἱμάτιον= garment; λευκά= white)
   And his garments became white <u>as</u> the sun (is white).

5. καὶ ἐγενήθησαν <u>ὡς</u> νεκροί.
   And they became <u>as</u> dead people.

6. <u>ὡς</u> ἀπῆλθον ἀπ' αὐτῶν εἰς τὸν οὐρανὸν
   <u>As</u> they departed from them into heaven

7. <u>ὅπου</u> ἦν Λάζαρος
   <u>Where</u> Lazarus was

8. <u>ὡς</u> ἤκουσεν ὅτι Ἰησοῦς ἔρχεται
   <u>When</u> he heard that Jesus was coming [Historic Present–Greek retains tense of original speech]

9. καὶ <u>ὅτε</u> ἐγένετο ἡμέρα,
   And <u>when</u> it became day,

10. καὶ <u>καθὼς</u> ἐγένετο ἐν ταῖς ἡμέραις Νῶε, οὕτως ἔσται
    And <u>as</u> it happened in the days of Noah, thus it will be.

11. <u>ὅπου</u> οὐκ εἶχεν γῆν πολλήν
    <u>Where</u> it was not having much earth/soil

12. <u>ὡς</u> ἤγγισεν εἰς Βηθφαγὴ καὶ Βηθανίαν
    <u>As</u> he drew near into Bethphage and Bethany

II. Translate these phrases and sentences, and parse each verb.

1. Matt 9:26 καὶ ἐξῆλθεν [AAI3S] ἡ φήμη αὕτη εἰς ὅλην τὴν γῆν ἐκείνην. (ἡ φήμη= report)
   And this report went out into the whole earth.

2. Matt 13:56a καὶ αἱ ἀδελφαὶ αὐτοῦ οὐχὶ πᾶσαι πρὸς ἡμᾶς εἰσιν [PAI3P];
   And his sisters, are they not all with us? (Yes.)

3. John 9:10 πῶς [οὖν] ἠνεῴχθησάν [API3P] σου οἱ ὀφθαλμοί;
   [Therefore], how are your eyes opened?

4. Mark 6:28a καὶ ἤνεγκεν [AAI3S] τὴν κεφαλὴν αὐτοῦ ἐπὶ πίνακι (πίνακι= platter)
   And he brought his head on a platter.

5. Matt 12:15b ἐθεράπευσεν [AAI3S] αὐτοὺς πάντας
   He healed them all.

6. John 10:42 καὶ πολλοὶ ἐπίστευσαν [AAI3P] εἰς αὐτὸν ἐκεῖ.
   And many believed in him there.

7. Gal 3:2 ἐξ ἔργων νόμου τὸ πνεῦμα ἐλάβετε [AAI2P] ἢ ἐξ ἀκοῆς πίστεως; (ἤ= or; ἡ ἀκοή= hearing)
   Did you received the Spirit from works of the Law, or from hearing of faith?

8. John 9:17 Τί σὺ λέγεις [PAI2S] περὶ αὐτοῦ, ὅτι ἠνέῳξέν [AAI3S] σου τοὺς ὀφθαλμούς;
   What do you say about him, that he opened your eyes?

9. καὶ αὐτῇ κατέπιεν [AAI3S] τὸν ποταμὸν ὃν ἔβαλεν [AAI3S] ὁ δράκων ἐκ τοῦ στόματος
   αὐτοῦ. (cf. Rev 12:16b; ὁ ποταμός= river; ὁ δράκων= dragon; καταπίνω= I drink down)
   And this one [in context, ἡ γῆ] drank down the river, which the dragon cast from his mouth.

10. Acts 11:16 Ἰωάννης μὲν ἐβάπτισεν [AAI3S] ὕδατι, ὑμεῖς δὲ βαπτισθήσεσθε [FPI2P] ἐν
    πνεύματι ἁγίῳ.
    Indeed, John baptized with water, but you will be baptized in the Holy Spirit.

11. Matt 8:12 οἱ δὲ υἱοὶ τῆς βασιλείας ἐκβληθήσονται [FPI3P] εἰς τὸ σκότος. . .
    And the sons of the kingdom will be cast out into the darkness....

12. Matt 3:16 καὶ ἰδοὺ ἠνεῴχθησαν [API3P] [αὐτῷ] οἱ οὐρανοί, καὶ εἶδεν [AAI3S] [τὸ] πνεῦμα
    And behold the heavens were opened [to him], and he saw the Spirit.

13. οὐκ οἴδατε [PAI2P] ὅτι ἡμεῖς οἵ ἐβαπτίσθημεν [API1P] εἰς Χριστὸν Ἰησοῦν, εἰς τὸν
    θάνατον αὐτοῦ ἐβαπτίσθημεν [API1P]; (cf. Rom 6:3)
    Don't you know that we, who were baptized into Christ Jesus, were baptized into his death?

14. Acts 4:26 οἱ ἄρχοντες συνήχθησαν [API3P] ἐπὶ τὸ αὐτὸ κατὰ τοῦ κυρίου καὶ κατὰ τοῦ
    Χριστοῦ αὐτοῦ. (ἐπὶ τὸ αὐτό= "together")
    The rulers were gathered together against the Lord and against his Christ.

17D. FOCUS

I. Parse these Participles.

		Tense	Voice	Mood	Gender	Case	Number	Lexical Form & Meaning
1.	λέγοντες	P	A	P	M	N	P	λέγω = I say
2.	ἀκούσας	A	A	P	M	N	S	ἀκούω = I hear
3.	ἐλθών	A	A	P	M	N	S	ἔρχομαι = I come
4.	ἰδόντες	A	A	P	M	N	P	ὁράω = I see
5.	γράψας	A	A	P	M	N	S	γράφω = I write
6.	ὄντι	P	A	P	M/N	D	S	εἰμί = I am
7.	ἔχοντα	P	A	P	M	A	S	ἔχω = I have
8.	ἐξεληλυθυῖαν	R	A	P	F	A	S	ἐξέρχομαι = I go out
9.	λέγων	P	A	P	M	N	S	λέγω = I say
10.	βαπτισθείς	A	P	P	M	N	S	βαπτίζω = I baptize

II. Translate these Adjectival Participles (both Substantive and Attributive): *I have <u>underlined</u> the participles and their translation.*

1. a. διδάσκω τὸ θέλημα <u>τοῦ πέμψαντός</u> με.
   I am teaching the will of <u>the one that sent</u> me.

   b. ἐδίδασκον τὸ θέλημα <u>τοῦ πέμψαντός</u> με.
   I was teaching the will of <u>the one that</u> had sent me. [*Notice: "had sent" communicates the aorist participle's "time prior" relation to the main verb.*]

   c. διδάσκω τὸ θέλημα <u>τοῦ πέμποντός</u> με.
   I am teaching the will of <u>the one that is</u> sending me.

   d. ἐδίδασκον τὸ θέλημα <u>τοῦ πέμποντός</u> με.
   I was teaching the will of <u>the one that was</u> sending me.

2. a. <u>ἡ πιστεύουσα</u> εἰς Ἰησοῦν ἀπῆλθεν.
   <u>The woman that was believing</u> in Jesus departed.

   b. <u>ἡ πιστεύσασα</u> εἰς Ἰησοῦν ἀπῆλθεν.
   <u>The woman</u> that <u>had believed</u> in Jesus departed. [*Notice: "had believed" communicates the aorist participle's "time prior" relation to the main verb.*]

   c. <u>ἡ πιστεύουσα</u> εἰς Ἰησοῦν ἀπέρχεται.
   <u>The woman that is believing</u> in Jesus is departing.

   d. <u>ἡ πιστεύσασα</u> εἰς Ἰησοῦν ἀπέρχεται.
   <u>The woman</u> that believed in Jesus is departing.

3. a. οἱ ὄχλοι <u>οἱ προάγοντες</u> αὐτὸν ἔκραζον. (προάγω= I go before)
   The crowds <u>that were going</u> before him were shouting. [*Notice: Present Participles tend to indicate time simultaneous to the main verb.*]

   b. οἱ ὄχλοι <u>οἱ προαγαγόντες</u> αὐτὸν ἔκραζον.
   The crowds <u>that went</u> before him were shouting.

4. John 19:39a ἦλθεν Νικόδημος, <u>ὁ ἐλθὼν</u> πρὸς αὐτὸν

Nicodemus came, <u>the one that had come</u> to him. [*Notice: Aorist Participles tend to indicate time prior to the main verb.*]

5. Jas 2:23a καὶ ἐπληρώθη ἡ γραφὴ <u>ἡ λέγουσα</u>. . .(πληρόω= I fulfill; ἡ γραφή= scripture)

And the Scripture was fulfilled <u>that is saying</u>….

6. Rom 16:22 ἀσπάζομαι ὑμᾶς ἐγὼ Τέρτιος <u>ὁ γράψας</u> τὴν ἐπιστολὴν ἐν κυρίῳ. (ἀσπάζομαι= I greet)

I, Tertius, <u>the one that wrote</u> this epistle in the Lord, greet you.

7. John 11:31a οἱ οὖν Ἰουδαῖοι <u>οἱ ὄντες</u> μετ᾽ αὐτῆς ἐν τῇ οἰκίᾳ. . .

Therefore, the Jews <u>that were</u> with her in the house…[***Notice***: *The main verb is past time.*]

8. John 5:24b <u>ὁ</u> τὸν λόγον μου <u>ἀκούων</u> καὶ <u>πιστεύων</u> <u>τῷ πέμψαντί</u> με ἔχει ζωὴν αἰώνιον

<u>The one that</u> <u>is hearing</u> my word and <u>believing</u> in <u>the one that sent</u> me has eternal life.

9. John 7:50 λέγει Νικόδημος πρὸς αὐτούς, <u>ὁ ἐλθὼν</u> πρὸς αὐτὸν [τὸ] πρότερον, εἷς <u>ὢν</u> ἐξ αὐτῶν,

(πρότερον= formerly)

Nicodemus said to them, <u>the one that had come</u> to him formerly, <u>being</u> one from them.

III. Circumstantial Participles: Attempt to identify the function based upon location respective of the nuclear verb: pre-nulcear (a. segue, b. procedural, c. important contextual framing) and post-nuclear verb (a. explicate/qualify the particulars or b. redundant forward pointing for emphasis). If adverbial meanings seem justified, identify them. Some sentences are incomplete (. . .). *The participles and their translations are <u>underlined</u>.*

1. Matt 8:29a καὶ ἰδοὺ ἔκραξαν <u>λέγοντες</u>,…

And behold they cried out <u>saying</u>… [*post-nuclear; redundant forward pointing*]

2. Luke 19:20a καὶ ὁ ἕτερος ἦλθεν <u>λέγων</u>. . .

And the other one came <u>saying</u>…[*post-nuclear; explicating; possible adverbial sense "purpose"*]

3. Luke 24:43 καὶ <u>λαβὼν</u> ἐνώπιον αὐτῶν ἔφαγεν.

And, <u>after taking</u> (it), he ate (it) before them. [*pre-nuclear; procedural; temporal*]

4. Matt 22:34 Οἱ δὲ Φαρισαῖοι <u>ἀκούσαντες</u>. . . συνήχθησαν ἐπὶ τὸ αὐτό, (τὸ αὐτό= "the same place")

And the Pharisees, <u>after hearing</u>, were gathered in the same place. [*pre-nuclear; framework; temporal*]

5. Matt 9:25a ὅτε δὲ ἐξεβλήθη ὁ ὄχλος <u>εἰσελθὼν</u> ἐκράτησεν τῆς χειρὸς αὐτῆς (ἐκράτησεν= "he seized")

But, when the crowd was cast out, <u>after coming in</u>, he seized her hand. [*pre-nuclear; procedural; temporal*]

6. Matt 3:16a βαπτισθεὶς δὲ ὁ Ἰησοῦς εὐθὺς ἀνέβη ἀπὸ τοῦ ὕδατος·

And, <u>after being baptized</u>, Jesus immediately came up from the water. *[pre-nuclear; procedural; temporal]*

7. Matt 21:20 καὶ <u>ἰδόντες</u> οἱ μαθηταὶ ἐθαύμασαν <u>λέγοντες</u>. . .

And, <u>after seeing</u>, the disciples were amazed <u>saying</u>.... *[pre-nuclear; framework; temporal]*

8. Matt 8:10 <u>ἀκούσας</u> δὲ ὁ Ἰησοῦς ἐθαύμασεν καὶ εἶπεν <u>τοῖς ἀκολουθοῦσιν</u>, (ἀκολουθέω= I follow)

But, <u>after hearing</u>, Jesus was amazed and said <u>to those that were following</u>, *[pre-nuclear; segue or framework; temporal]*

9. Matt 15:25 ἡ δὲ <u>ἐλθοῦσα</u> προσεκύνει αὐτῷ <u>λέγουσα</u>, Κύριε, βοήθει μοι. (προσκυνέω= I bow down; I worship [takes dat. d.o.]; βοήθει μοι= "Help me!")

And the woman <u>that had come</u> was bowing to him <u>saying</u>, "Lord, Help me." *[post-nuclear; explicating]*

10. καὶ <u>πέμψας</u> ὁ Ἡρῴδης αὐτοὺς εἰς Βηθλέεμ εἶπεν, Κἀγὼ <u>ἐλθὼν</u> προσκυνήσω αὐτῷ. 9 οἱ δὲ <u>ἀκούσαντες</u> τοῦ βασιλέως ἐπορεύθησαν (cf. Matt 2:9-10; προσκυνέω= bow down; I worship [takes dat.. d.o.])

And <u>after</u> Herod <u>had sent</u> them into Bethlehem, he said, "Even I, <u>after going</u>, will worship him." 9 But, <u>after hearing</u> the king, they went. *[πέμψας is pre-nuclear, framework; possibly temporal; ἐλθὼν is prenuclear procedural; temporal; ἀκούσαντες is pre-nuclear procedural; temporal Notice in v.9 οἱ δέ is a special use of the definite article meaning "But they".]*

IV. Mixed Participles: *The participles and their translations are <u>underlined</u>.*

1. Matt 16:4b καὶ <u>καταλιπὼν</u> αὐτοὺς ἀπῆλθεν.

And, <u>after leaving them</u>, he departed.

2. Luke 23:16 <u>παιδεύσας</u> οὖν αὐτὸν ἀπολύσω. (παιδεύω= I instruct)

Therefore, <u>after instructing</u> (him), I will release him.

3. Matt 13:36 καὶ προσῆλθον αὐτῷ οἱ μαθηταὶ αὐτοῦ <u>λέγοντες</u>,

And his disciples came to him <u>saying</u>,

4. Matt 12:9 Καὶ <u>μεταβὰς</u> ἐκεῖθεν ἦλθεν εἰς τὴν συναγωγὴν αὐτῶν· (μεταβαίνω= I depart; ἐκεῖθεν= from there)

And, <u>after departing</u> from there, he came into their synagogue.

5. Luke 8:46 ἥψατό μού τις, ἐγὼ γὰρ ἔγνων δύναμιν <u>ἐξεληλυθυῖαν</u> ἀπ᾽ ἐμοῦ. (ἥψατὸ= "he touched" with gen. d.o.)

Someone touched me, for I knew (that) power <u>had gone out</u> from me.

6. Acts 9:9 καὶ ἦν ἡμέρας τρεῖς μὴ <u>βλέπων</u>, καὶ οὐκ ἔφαγεν οὐδὲ ἔπιεν.

And he was not <u>seeing</u> for three days, and he did not eat or drink. *[Notice: "for three days" is a special use of the accusative case called the accusative of time indicating duration.]*

7. Acts 16:8 <u>παρελθόντες</u> δὲ τὴν Μυσίαν κατέβησαν εἰς Τρῳάδα. (παρέρχομαι= I go through)
  And, <u>after going through</u> Mysia, they went down into Troas.

8. Eph 4:10a <u>ὁ καταβὰς</u> αὐτός ἐστιν καὶ <u>ὁ ἀναβὰς</u> ὑπεράνω πάντων τῶν οὐρανῶν, (ὑπεράνω= far above)
  The one <u>that went down</u> is also the one <u>that went up</u> far above all the heavens.

9. Eph 2:13 νυνὶ δὲ ἐν Χριστῷ Ἰησοῦ ὑμεῖς <u>οἵ ποτε ὄντες</u> μακρὰν ἐγενήθητε ἐγγὺς ἐν τῷ
  αἵματι τοῦ Χριστοῦ. (ποτε= once; ἐγγὺς= near)
  **But now in Christ Jesus <u>you</u>, <u>the ones that were once</u> far, became near in/by the
  blood of Jesus.**

10. Luke 22:54 <u>Συλλαβόντες</u> δὲ αὐτὸν ἤγαγον καὶ εἰσήγαγον εἰς τὴν οἰκίαν τοῦ ἀρχιερέως·
  (συλλαμβάνω= I arrest)
  And <u>after arresting</u> (him), they led and took him into the house of the high priest.

11. Mark 9:17 καὶ ἀπεκρίθη αὐτῷ εἷς ἐκ τοῦ ὄχλου, Διδάσκαλε, ἤνεγκα τὸν υἱόν μου πρὸς σέ,
  <u>ἔχοντα</u> πνεῦμα ἄλαλον· (ἄλαλος,-ον= mute; dumb)
  **And one from the crowd answered back to him, "Teacher, I brought to you my
  son, <u>that is having</u> a mute spirit."**

12. Acts 4:4 πολλοὶ δὲ <u>τῶν ἀκουσάντων</u> τὸν λόγον ἐπίστευσαν, καὶ ἐγενήθη [ὁ] ἀριθμὸς τῶν
  ἀνδρῶν [ὡς] χιλιάδες πέντε. (ἀνδρῶν= number; χιλιάδες= thousand)
  **And many from the ones <u>that had heard</u> him believed, and the number of the men
  was about 5000.**

17E. SENTENCES

For all, practice Semantic Diagramming following 16.4 SEMANTIC DIAGRAMMING. Such diagramming
can be done in the space below; however, if possible, find the Greek text from a computer program or
internet source, and do this inside a word processor. Add Analysis and ask questions as necessary fol-
lowing 16.5 SEMANTIC ANALYSIS. See the ANSWER KEY AND GUIDE for guidance or for comparison.
Participles and emphatic pronouns are underlined.

1. Luke 4:30 <u>αὐτὸς</u> δὲ <u>διελθὼν</u> διὰ μέσου αὐτῶν ἐπορεύετο.
  And <u>he</u>, <u>after going through</u> the middle of them, was going.

1.Luke 4:30 **Semantic Diagram:**

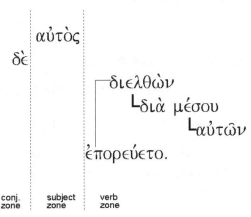

2. John 6:58a οὗτός ἐστιν ὁ ἄρτος <u>ὁ</u> ἐξ οὐρανοῦ <u>καταβάς</u>, οὐ καθὼς ἔφαγον οἱ πατέρες καὶ ἀπέθανον·

This is the bread <u>that has come down</u> from heaven, not like (what) the fathers ate and died.

2. John 6:58a **Semantic Diagram:**

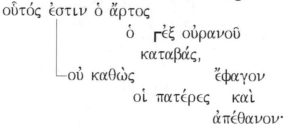

3. John 20:8 τότε οὖν εἰσῆλθεν καὶ ὁ ἄλλος μαθητὴς <u>ὁ ἐλθὼν</u> πρῶτος εἰς τὸ μνημεῖον καὶ εἶδεν καὶ ἐπίστευσεν· (τὸ μνημεῖον= tomb)

Therefore, then also the other disciple, <u>that had come</u> first, entered into the tomb and saw and believed.

3. John 20:8 **Semantic Diagram:**

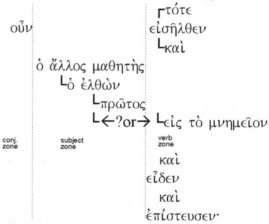

4. Matt 12:48 ὁ δὲ <u>ἀποκριθεὶς</u> εἶπεν <u>τῷ λέγοντι</u> αὐτῷ, Τίς ἐστιν ἡ μήτηρ μου καὶ τίνες εἰσὶν οἱ ἀδελφοί μου;

And he <u>answering</u> back said <u>to the one speaking</u> to him, "Who is my mother and who are my brothers?"

4. Matt 12:48 **Semantic Diagram:**

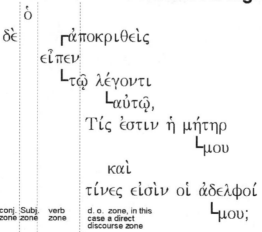

5. John 1:26 ἀπεκρίθη αὐτοῖς ὁ Ἰωάννης λέγων, Ἐγὼ βαπτίζω ἐν ὕδατι· μέσος ὑμῶν ἕστηκεν ὃν ὑμεῖς οὐκ οἴδατε, (ἕστηκεν= he stands)

John answered back to them <u>saying</u>, "<u>I</u> baptize in water; He stands in the middle of you, whom <u>you</u> don't know."

5. John 1:26 **Semantic Diagram** [Note: The ὃν is a relative pro starting a relative clause in which it functions as the direct object]:

6. Mark 15:9 ὁ δὲ Πιλᾶτος ἀπεκρίθη αὐτοῖς <u>λέγων</u>, Θέλετε ἀπολύσω ὑμῖν τὸν βασιλέα τῶν Ἰουδαίων; (θέλω= I want)

And Pilate answered back to them <u>saying</u>, "You want (that) I will release to you the King of the Jews?"

6. Mark 15:9 **Semantic Diagram:**

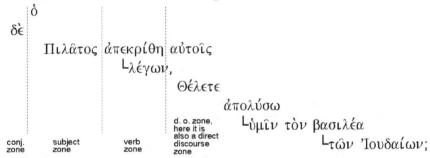

7. Acts 7:2b Ὁ θεὸς τῆς δόξης ὤφθη τῷ πατρὶ ἡμῶν Ἀβραὰμ <u>ὄντι</u> ἐν τῇ Μεσοποταμίᾳ... (ὤφθη is from ὁράω "I see" and here in the passive voice means "to appear.")

The God of glory appeared to our father Abraham, <u>while he was</u> in Mesopotamia.

7. Acts 7:2b **Semantic Diagram:**

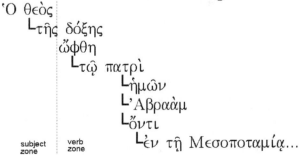

8. Matt 9:14 Τότε προσέρχονται αὐτῷ οἱ μαθηταὶ Ἰωάννου <u>λέγοντες</u>, Διὰ τί <u>ἡμεῖς</u> καὶ οἱ Φαρισαῖοι νηστεύομεν [πολλά], οἱ δὲ μαθηταί σου οὐ νηστεύουσιν; (νηστεύω= I fast)

Then the disciples of John came to him <u>saying</u>, "Why do <u>we</u> and the Pharisees fast (a lot), but your disciples do not fast?"

8. Matt 9:14 Semantic Diagram:

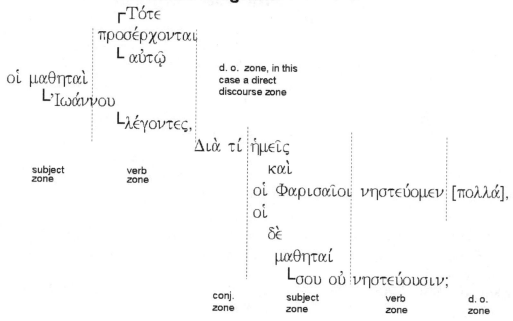

9. John 9:40 Ἤκουσαν ἐκ τῶν Φαρισαίων ταῦτα <u>οἱ μετ' αὐτοῦ ὄντες</u> καὶ εἶπον αὐτῷ, Μὴ καὶ ἡμεῖς τυφλοί ἐσμεν;

Those <u>that were with him</u> from the Pharisees heard these things and said to him, "We are not also blind, are we? (No!)"

9. John 9:40 Semantic Diagram:

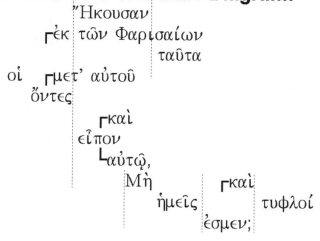

10. John 8:47 <u>ὁ ὢν</u> ἐκ τοῦ θεοῦ τὰ ῥήματα τοῦ θεοῦ ἀκούει· διὰ τοῦτο <u>ὑμεῖς</u> οὐκ ἀκούετε, ὅτι ἐκ τοῦ θεοῦ οὐκ ἐστέ.

The <u>one being</u> from God hears the words of God; On account of this, <u>you</u> do not hear, because you are not from God.

10. John 8:47 **Semantic Diagram:**

11. John 18:1 Ταῦτα <u>εἰπὼν</u> Ἰησοῦς ἐξῆλθεν σὺν τοῖς μαθηταῖς αὐτοῦ πέραν τοῦ χειμάρρου τοῦ Κεδρὼν ὅπου ἦν κῆπος, εἰς ὃν εἰσῆλθεν αὐτὸς καὶ οἱ μαθηταὶ αὐτοῦ. (πέραν= across; ὁ χείμαρρος= valley; ὁ κῆπος= garden)

<u>After saying</u> these things, Jesus went out with his disciples across the Kedron Valley where there was a garden, into which he and his disciples entered.

11. John 18:1 **Semantic Diagram:**

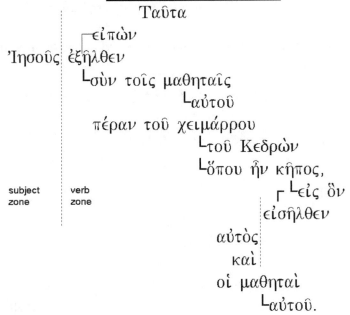

12. Matt 26:25 <u>ἀποκριθεὶς</u> δὲ Ἰούδας <u>ὁ παραδιδοὺς</u> αὐτὸν εἶπεν, Μήτι <u>ἐγώ</u> εἰμι, ῥαββί; λέγει αὐτῷ, <u>Σὺ</u> εἶπας. (ὁ παραδιδοὺς= "the one betraying")

And <u>answering back</u>, Judas <u>the one that was betraying</u> him, said, "It isn't <u>I</u>, is it, Rabbi? (No!)" He said to him, "<u>You</u> said (so)."

12. Matt 26:25 **Semantic Diagram:**

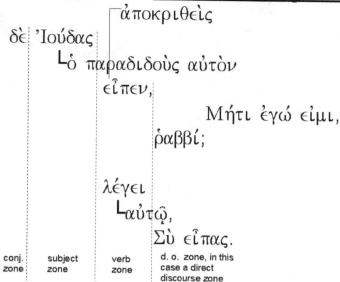

13. Luke 15:10 οὕτως λέγω ὑμῖν, γίνεται χαρὰ ἐνώπιον τῶν ἀγγέλων τοῦ θεοῦ ἐπὶ ἑνὶ ἁμαρτωλῷ <u>μετανοοῦντι</u>. (ὁ ἁμαρτωλός= sinner; μετανοέω= I repent)

Thus I say to you, there is joy before the angels of God at one sinner (that is) <u>repenting</u>.

13. Luke 15:10 **Semantic Diagram:**

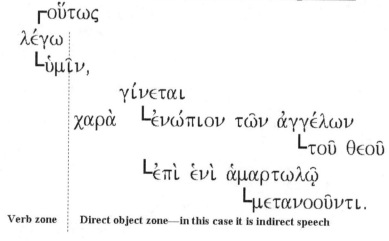

14. John 14:9 λέγει αὐτῷ ὁ Ἰησοῦς, Τοσούτῳ χρόνῳ μεθ' ὑμῶν εἰμι καὶ οὐκ ἔγνωκάς με, Φίλιππε; ὁ ἑωρακὼς <u>ἐμὲ</u> ἑώρακεν τὸν πατέρα· πῶς <u>σὺ</u> λέγεις, Δεῖξον ἡμῖν τὸν πατέρα; (τοσούτῳ χρόνῳ= "for such a time"; Δεῖξον= "Show!")

Jesus said [HP] to him, "For such a time I am with you and you have not known me, Philip? <u>The one that has seen <u>me</u> has seen the Father</u>; How do <u>you</u> say, "Show to us the Father?"

14. John 14:9 Semantic Diagram:

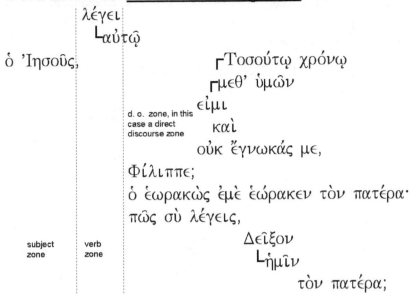

15. Matt 9:28 <u>ἐλθόντι</u> δὲ εἰς τὴν οἰκίαν προσῆλθον αὐτῷ οἱ τυφλοί, καὶ λέγει αὐτοῖς ὁ Ἰησοῦς, Πιστεύετε ὅτι δύναμαι τοῦτο ποιῆσαι; λέγουσιν αὐτῷ, Ναί κύριε. (δύναμαι= I am able; ποιῆσαι= "to do")

The blind men came to him, <u>after he had gone</u> into the house, and Jesus said [HP] to them, "Do you believe that I am able to do this?" They said [HP] to him, "Yes Lord."

15. Matt 9:28 Semantic Diagram:

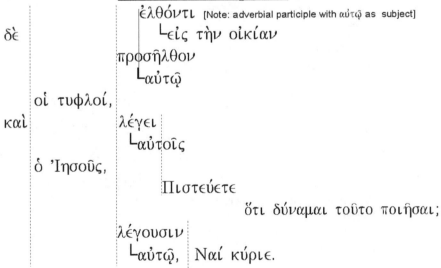

16. Acts 3:25 <u>ὑμεῖς</u> ἐστε οἱ υἱοὶ τῶν προφητῶν καὶ τῆς διαθήκης ἧς διέθετο ὁ θεὸς πρὸς τοὺς πατέρας ὑμῶν <u>λέγων</u> πρὸς Ἀβραάμ, Καὶ ἐν τῷ σπέρματί σου [ἐν]ευλογηθήσονται πᾶσαι αἱ πατριαὶ τῆς γῆς. (ἡ διαθήκη= covenant; διέθετο= "he set"; [ἐν]ευλογέω= I bless; ἡ πατριά= family)

<u>You</u> are the sons of the prophets and of the covenant, which God set with your fathers, <u>saying</u> to Abraham, "Even in your offspring will all the families of the earth be blessed."

16. Acts 3:25 **Semantic Diagram:**

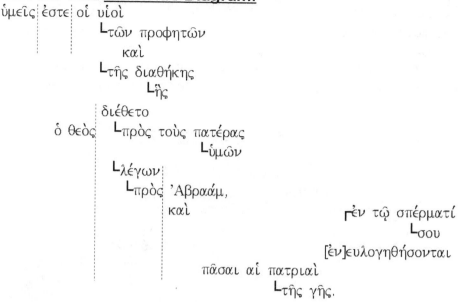

ὑμεῖς ἐστε οἱ υἱοὶ
  Lτῶν προφητῶν
    καὶ
  Lτῆς διαθήκης
    Lἧς
      διέθετο
  ὁ θεὸς Lπρὸς τοὺς πατέρας
        Lὑμῶν
  Lλέγων
    Lπρὸς Ἀβραάμ,
      καὶ   Γἐν τῷ σπέρματί
                                            Lσου
                                  [ἐν]ευλογηθήσονται
                          πᾶσαι αἱ πατριαὶ
                            Lτῆς γῆς.

17. Matt 11:18-19 ἦλθεν γὰρ Ἰωάννης <u>μήτε ἐσθίων μήτε πίνων</u>, καὶ λέγουσιν, Δαιμόνιον ἔχει. 19 ἦλθεν ὁ υἱὸς τοῦ ἀνθρώπου <u>ἐσθίων καὶ πίνων</u>, καὶ λέγουσιν, Ἰδοὺ ἄνθρωπος φάγος καὶ οἰνοπότης, τελωνῶν φίλος καὶ ἁμαρτωλῶν. καὶ ἐδικαιώθη ἡ σοφία ἀπὸ τῶν ἔργων αὐτῆς. (ὁ φάγος= glutton; ὁ οἰνοπότης= drunkard; ὁ τελώνης= tax man; φίλος= friend; ἁμαρτώλος= sinner; δικαιόω= I am justified)

For John came <u>neither eating nor drinking</u>, and they say, "He has a demon." 19 The Son of Humanity comes <u>eating and drinking</u>, and they say, "Behold a person (that is) a glutton and a drunkard, a friend of tax collectors and sinners. And wisdom is justified from her works."

17. Matt 11:18-19 **Semantic Diagram:**

          ἦλθεν
γὰρ Ἰωάννης Lμήτε ἐσθίων
            Lμήτε πίνων,
καὶ λέγουσιν,
                Δαιμόνιον
          ἔχει.

19   ἦλθεν
  ὁ υἱὸς
    Lτοῦ ἀνθρώπου
      ἐσθίων
        καὶ
      πίνων,
καὶ λέγουσιν,
          Ἰδοὺ
          ἄνθρωπος [is] φάγος
              καὶ
            οἰνοπότης,
            Γτελωνῶν
          φίλος
            καὶ
          Lἁμαρτωλῶν.

καὶ   ἐδικαιώθη
  ἡ σοφία Lἀπὸ τῶν ἔργων
            Lαὐτῆς.

18. 1 Thess 2:14 <u>ὑμεῖς</u> γὰρ μιμηταὶ ἐγενήθητε, ἀδελφοί, τῶν ἐκκλησιῶν τοῦ θεοῦ <u>τῶν οὐσῶν</u> ἐν τῇ Ἰουδαίᾳ ἐν Χριστῷ Ἰησοῦ, ὅτι τὰ αὐτὰ ἐπάθετε καὶ <u>ὑμεῖς</u> ὑπὸ τῶν ἰδίων συμφυλετῶν καθὼς καὶ αὐτοὶ ὑπὸ τῶν Ἰουδαίων, (ὁ μιμητής=imitator; τὰ αὐτά= "the same things"; ὁ συμφυλέτης= fellow countryman)

For <u>you</u> became imitators, brothers, of the churches of God <u>that are</u> in Judea in Christ Jesus, because <u>you</u> also suffered the same things by your own countrymen as even they (did) from the Jews.

18. 1 Thess 2:14 **Semantic Diagram:**

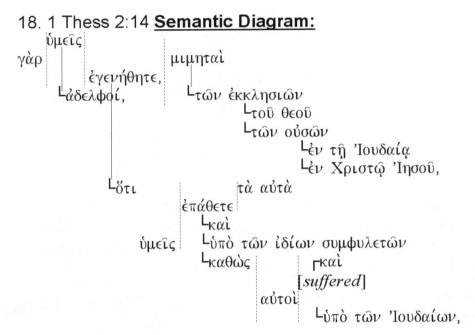

17F. READING

I. John 11:19-30 Jesus is the Resurrection and the Life.

19 πολλοὶ δὲ ἐκ τῶν Ἰουδαίων ἐληλύθεισαν πρὸς τὴν Μάρθαν καὶ Μαριὰμ <u>ἵνα παραμυθήσωνται</u> αὐτὰς περὶ τοῦ ἀδελφοῦ. 20 ἡ οὖν Μάρθα ὡς ἤκουσεν ὅτι Ἰησοῦς ἔρχεται <u>ὑπήντησεν</u> αὐτῷ· Μαριὰμ δὲ ἐν τῷ οἴκῳ ἐκαθέζετο. 21 εἶπεν οὖν ἡ Μάρθα πρὸς τὸν Ἰησοῦν, Κύριε, εἰ ἦς ὧδε οὐκ <u>ἂν ἀπέθανεν</u> ὁ ἀδελφός μου· 22 [ἀλλὰ] καὶ νῦν οἶδα ὅτι <u>ὅσα ἂν αἰτήσῃ</u> τὸν θεὸν <u>δώσει</u> σοι ὁ θεός. 23 λέγει αὐτῇ ὁ Ἰησοῦς, <u>Ἀναστήσεται</u> ὁ ἀδελφός σου. 24 λέγει αὐτῷ ἡ Μάρθα, Οἶδα ὅτι <u>ἀναστήσεται</u> ἐν τῇ ἀναστάσει ἐν τῇ ἐσχάτῃ ἡμέρᾳ. 25 εἶπεν αὐτῇ ὁ Ἰησοῦς, Ἐγώ εἰμι ἡ ἀνάστασις καὶ ἡ ζωή· ὁ πιστεύων εἰς ἐμὲ <u>κἂν ἀποθάνῃ</u> ζήσεται, 26 καὶ πᾶς <u>ὁ ζῶν</u> καὶ πιστεύων εἰς ἐμὲ <u>οὐ μὴ ἀποθάνῃ</u> εἰς τὸν αἰῶνα· πιστεύεις τοῦτο; 27 λέγει αὐτῷ, Ναί, κύριε, ἐγὼ πεπίστευκα ὅτι σὺ εἶ ὁ Χριστὸς ὁ υἱὸς τοῦ θεοῦ <u>ὁ εἰς τὸν κόσμον ἐρχόμενος.</u> 28 Καὶ τοῦτο εἰποῦσα ἀπῆλθεν καὶ ἐφώνησεν Μαριὰμ τὴν ἀδελφὴν αὐτῆς <u>λάθρα</u> εἰποῦσα, Ὁ διδάσκαλος <u>πάρεστιν</u> καὶ <u>φωνεῖ</u> σε. 29 ἐκείνη δὲ ὡς ἤκουσεν <u>ἠγέρθη ταχὺ</u> καὶ ἤρχετο πρὸς αὐτόν· 30 <u>οὔπω</u> δὲ ἐληλύθει ὁ Ἰησοῦς εἰς τὴν <u>κώμην,</u> ἀλλ' ἦν ἔτι ἐν τῷ τόπῳ ὅπου <u>ὑπήντησεν</u> αὐτῷ ἡ Μάρθα.

Translation from NASB95 with Comments in Brackets [...]

19 and many of the Jews had come [*Pluperfect Tense in Greek*] to Martha and Mary, to console them concerning *their* brother. 20 Martha therefore, when she heard that Jesus was coming [*indirect discourse retains the tense of the original statement—hence, Present Tense in Greek*], went to meet Him, but Mary stayed [*Imperfect Tense in Greek*] at the house. 21 Martha then [*or, "therefore"*] said to Jesus, "Lord, if You had been here, my brother would not have died. 22 "Even now I know that whatever You ask of God, God will give You." 23 Jesus said to her, "Your brother will rise again." 24 Martha said to Him, "I know that he will rise again in the resurrection on the last day." 25 Jesus said to her, "I [*emphatic*] am the resurrection and the life; he who believes [*better is "the one that is believing"*] in Me will live even if he dies, 26 and everyone who lives and believes in Me will never die. Do you believe this?" 27 She said to Him, "Yes, Lord; I [*emphatic*] have believed that You [*emphatic*] are the Christ, the Son of God, *even* He who comes into the world." 28 When she had said this, she went away and called Mary her sister, saying secretly, "The Teacher is here and is calling for you." 29 And when she heard it, she got up quickly and was coming to Him. 30 Now Jesus had not yet come [*Pluperfect in Greek*] into the village, but was still in the place where Martha met Him.

Verse 19: ἵνα παραμυθήσωνται= "in order to comfort"
Verse 20: ὑπαντάω= I meet with (*with dat.*); καθέζομαι= I sit down
Verse 21: ὧδε= here; ἂν ἀπέθανεν= "would have died"
Verse 22: ὅσα ἂν αἰτήσῃ= "however much you ask"; δώσει= "he will give"
Verse 23: Ἀναστήσεται= "he will raise"
Verse 25: κἂν ἀποθάνῃ ζήσεται,= "Even if he should die, will live" (κἂν= καὶ ἄν)
Verse 26: ὁ ζῶν= "the one living"; οὐ μὴ ἀποθάνῃ= "in no way dies"
Verse 27: Ναί= yes; ὁ...ἐρχόμενος= "the one coming"
Verse 28: φωνέω= I call; λάθρᾳ= "in secret"; πάρειμι= I am present
Verse 29: ἐγείρω= I raise up; ταχὺ= immediately
Verse 30: οὔπω= not yet; ἡ κώμη= village; ὑπαντάω= I meet (*with dat.*)

II. Rev 21:3-6 When God will Dwell with His People.

3 καὶ ἤκουσα φωνῆς μεγάλης ἐκ τοῦ <u>θρόνου</u> λεγούσης, Ἰδοὺ ἡ <u>σκηνὴ</u> τοῦ θεοῦ μετὰ τῶν

ἀνθρώπων, καὶ <u>σκηνώσει</u> μετ' αὐτῶν, καὶ αὐτοὶ λαοὶ αὐτοῦ ἔσονται, καὶ αὐτὸς ὁ θεὸς μετ' αὐτῶν

ἔσται [αὐτῶν θεός], 4 καὶ <u>ἐξαλείψει</u> πᾶν <u>δάκρυον</u> ἐκ τῶν ὀφθαλμῶν αὐτῶν, καὶ ὁ θάνατος οὐκ

ἔσται ἔτι οὔτε πένθος οὔτε <u>κραυγὴ</u> οὔτε <u>πόνος</u> οὐκ ἔσται ἔτι, [ὅτι] τὰ πρῶτα ἀπῆλθαν. 5 Καὶ

εἶπεν ὁ <u>καθήμενος</u> ἐπὶ τῷ θρόνῳ, Ἰδοὺ <u>καινὰ ποιῶ</u> πάντα καὶ λέγει, <u>Γράψον</u>, ὅτι οὗτοι οἱ λόγοι

πιστοὶ καὶ <u>ἀληθινοί</u> εἰσιν. 6 καὶ εἶπέν μοι, Γέγοναν. ἐγώ [εἰμι] τὸ Ἄλφα καὶ τὸ Ὦ, ἡ ἀρχὴ καὶ τὸ

τέλος. ἐγὼ τῷ <u>διψῶντι δώσω</u> ἐκ τῆς <u>πηγῆς</u> τοῦ ὕδατος τῆς ζωῆς <u>δωρεάν</u>.

<u>Verse 3</u>: ὁ θρόνος= throne; ἡ σκηνή= dwelling; σκηνόω= I dwell
<u>Verse 4</u>: ἐξαλείφω= I wipe out; τὸ δάκρυον= tear; τὸ πένθος= mourning; ἡ κραυγή= crying; ὁ πόνος= pain
<u>Verse 5</u>: καθήμενος= "sitting"; καινά= new; ποιῶ= "I make"; Γραψον= "Write!"; ἀληθινός,-ή,-όν= true
<u>Verse 6</u>: διψῶντι= "thirsting"; δώσω= "I will give"; ἡ πηγή= spring; δωρεάν= freely

Translation

3 And I heard a great voice from the throne, saying, "Behold the dwelling of God [is] with humans, and it will dwell with them, and they themselves will be his people, and God himself will be [their God], 4 and he will wipe off every tear from their eyes, and death will not still be, nor mourning nor crying nor pain will still be, because the first things departed. 5 And the One that is sitting on the throne said, "Behold I am making all things new" and he says, "Write down, because these words are faithful and true." 6 And he said to me, "It has happened! I myself am the Alpha and the Omega, the Beginning and the End. I myself will give to the one that is thirsting out of the well of water of Life freely!"

EXERCISES CH. 18 ANSWER KEY AND GUIDE

18A. OVERVIEW

Consult GRAMMAR CHAPTER 18 if you have difficulty answering these overview questions.

18B. VOCABULARIES 18 AND 5

Review the vocabulary words and/or consult the VOCABULARY: 20 TIMES OR MORE.

18C. REVIEW

I. Translate these adjectival participles. Indicate whether they are substantive or attributive: *The participle and its translation are* <u>underlined</u>.

1. Ἰησοῦς εἶπεν <u>τῷ λέγοντι</u> [substantive] αὐτῷ, [due to the word order]
   Jesus said <u>to the one that was speaking</u> to him,

2. Rev 20:10a καὶ ὁ διάβολος <u>ὁ πλανῶν</u> [substantive, appositional] αὐτούς (πλανάω= I deceive)
   And the devil, <u>i.e. the one [that is] deceiving</u> them

3. Rom 2:21 <u>ὁ</u> οὖν <u>διδάσκων</u> ἕτερον . . . <u>ὁ κηρύσσων</u> . . . [both substantive]
   Therefore, <u>the one that is teaching</u> another...<u>the one that is preaching</u>...

4. John 8:29a καὶ <u>ὁ πέμψας</u> [substantive] με μετ' ἐμοῦ ἐστιν·
   And <u>the one that sent</u> me is with me;

5. John 6:58a οὗτός ἐστιν ὁ ἄρτος <u>ὁ ἐξ οὐρανοῦ καταβάς,</u> [attributive]
   This is the bread <u>that came down from heaven,</u>

6. Luke 10:23b Μακάριοι οἱ ὀφθαλμοὶ <u>οἱ βλέποντες</u> [attributive] ἃ βλέπετε.
   Blessed are the eyes <u>that are seeing</u> what you see.

7. Matt 28:15a <u>οἱ</u> δὲ <u>λαβόντες</u> [substantive] τὰ ἀργύρια ἐποίησαν ὡς ἐδιδάχθησαν. (τὸ ἀργύριον= silver; ποιέω= I do)
   And <u>the ones that took</u> the silver pieces did as they were taught.

8. John 20:8a εἰσῆλθεν ὁ ἄλλος μαθητὴς <u>ὁ ἐλθὼν</u> [attributive] πρῶτος εἰς τὸ μνημεῖον (τὸ μνημεῖον= tomb)
   The other disciple <u>that had come</u> first entered into the tomb.

II. Circumstantial Participles: *The participle and its translation are* <u>underlined</u>.

1. John 19:12b οἱ δὲ Ἰουδαῖοι ἐκραύγασαν <u>λέγοντες,</u> (κραυγάζω= I shout)
   And the Jews shouted <u>saying,</u>

2. Luke 8:38c ἀπέλυσεν δὲ αὐτὸν <u>λέγων,</u>
   And he released him <u>saying,</u>

3. John 7:28a ἔκραξεν οὖν ἐν τῷ ἱερῷ <u>διδάσκων</u> ὁ Ἰησοῦς καὶ <u>λέγων</u>,

    Therefore, Jesus cried out in the temple <u>teaching</u> and <u>saying</u>,

4. Matt 9:33b καὶ ἐθαύμασαν οἱ ὄχλοι <u>λέγοντες</u>. . .

    And they crowd marveled <u>saying</u>…

5. Luke 11:38 ὁ δὲ Φαρισαῖος <u>ἰδὼν</u> ἐθαύμασεν ὅτι οὐ πρῶτον ἐβαπτίσθη πρὸ τοῦ ἀρίστου.

    (πρό= before; τὸ ἄριστον= dinner)

    And the Pharisee, <u>after seeing</u>, marveled that he was not first baptized/washed before the dinner.

6. Acts 11:7a ἤκουσα δὲ καὶ φωνῆς <u>λεγούσης</u> μοι, Ἀναστάς, Πέτρε. . . (Ἀναστάς= "Rise up!")

    And I also heard a voice <u>speaking</u> to me, "Rise up, Peter!..."

7. Acts 19:5 <u>ἀκούσαντες</u> δὲ ἐβαπτίσθησαν εἰς τὸ ὄνομα τοῦ κυρίου Ἰησοῦ,

    And, <u>after hearing</u>, they were baptized into the name of the Lord Jesus,

8. Matt 22:1 Καὶ <u>ἀποκριθεὶς</u> ὁ Ἰησοῦς πάλιν εἶπεν ἐν παραβολαῖς αὐτοῖς <u>λέγων</u>,

    And <u>answering back</u> Jesus again spoke in parables to them <u>saying</u>,

9. Matt 3:16c καὶ εἶδεν [τὸ] πνεῦμα [τοῦ] θεοῦ <u>καταβαῖνον</u> ὡσεὶ περιστερὰν [καὶ] <u>ἐρχόμενον</u> ἐπ' αὐτόν· (ἡ περιστερά= dove)

    And he saw the Spirit of God <u>coming down</u> as a dove and <u>coming</u> upon him.

10. Luke 13:31a Ἐν αὐτῇ τῇ ὥρᾳ προσῆλθάν τινες Φαρισαῖοι <u>λέγοντες</u> αὐτῷ, (αὐτῇ= "very")

    In that very hour some Pharisees came <u>saying</u> to him,

III. Potpourri Participles: *The participle and its translation are <u>underlined</u>.*

1. 2 Tim 2:19b Ἔγνω κύριος <u>τοὺς ὄντας</u> αὐτοῦ,

    The Lord knows <u>the ones that are</u> his.

2. <u>ὁ ἀκούσας</u> ταῦτα περίλυπος ἐγενήθη· (cf. Luke 18:23; περίλυπος,-ον= sorrowful)

    <u>The one that had heard</u> these things became sorrowful.

3. Luke 9:35a καὶ φωνὴ ἐγένετο ἐκ τῆς νεφέλης <u>λέγουσα</u>, (ἡ νεφέλη= cloud)

    And a voice came from the cloud <u>saying</u>,

4. Mark 16:20a ἐκεῖνοι δὲ <u>ἐξελθόντες</u> ἐκήρυξαν πανταχοῦ, (πανταχοῦ= everywhere)

    And these ones, <u>after going out</u>, preached everywhere, [*Notice that this verse is a part of the longer ending of Mark (16:9-20) which is not supported by the earliest manuscripts.*]

5. Rom 1:21a διότι <u>γνόντες</u> τὸν θεὸν οὐχ ὡς θεὸν ἐδόξασαν (διότι= thus)

    Thus, <u>although having known</u> God, they did not glorify (him) as God. [*<u>Notice</u>: this is a good example of a concessive adverbial participle.*]

6. Rev 11:15b καὶ ἐγένοντο φωναὶ μεγάλαι ἐν τῷ οὐρανῷ <u>λέγοντες</u>,

    And great voices became/occurred in heaven <u>saying</u>,

7. Matt 14:34 Καὶ <u>διαπεράσαντες</u> ἦλθον ἐπὶ τὴν γῆν εἰς Γεννησαρέτ. (διαπεράω= I go across)
And <u>after going across</u>, they came upon the land into Gennesaret.

8. Luke 5:5b δι᾽ ὅλης νυκτὸς <u>κοπιάσαντες</u> οὐδὲν ἐλάβομεν· (κοπιάω= I labor)
<u>After laboring</u> through the whole night, we received nothing.

9. Matt 9:1 Καὶ <u>ἐμβὰς</u> εἰς πλοῖον διεπέρασεν καὶ ἦλθεν εἰς τὴν ἰδίαν πόλιν. (ἐμβαίνω= I embark
[ἐμβὰς *is an aorist active masc. sg. participle*]; διαπεράω= I go across)
And <u>after embarking</u> into the boat, he went across and came into his own city.

10. Luke 17:15 εἷς δὲ ἐξ αὐτῶν, <u>ἰδὼν</u> ὅτι ἰάθη, ὑπέστρεψεν μετὰ φωνῆς μεγάλης <u>δοξάζων</u> τὸν θεόν, 16 καὶ ἔπεσεν ἐπὶ πρόσωπον παρὰ τοὺς πόδας αὐτοῦ <u>εὐχαριστῶν</u> αὐτῷ· καὶ αὐτὸς ἦν Σαμαρίτης. (ἰάομαι= I heal; ὑποστρεφω= I return; εὐχαριστέω= I thank)
And one from them, <u>after seeing</u> that he was healed, returned with a great voice <u>glorifying</u> God, and he fell upon (his) face at his feet <u>thanking</u> him; And he was a Samaritan.

11. Mark 14:58 ὅτι <u>Ἡμεῖς</u> ἠκούσαμεν αὐτοῦ <u>λέγοντος</u> ὅτι Ἐγὼ καταλύσω τὸν ναὸν τοῦτον τὸν χειροποίητον καὶ διὰ τριῶν ἡμερῶν ἄλλον ἀχειροποίητον οἰκοδομήσω. (καταλύω= I destroy; χειροποίητος,-ον= hand made; ἀχειροποίητος,-ον= not hand made; οἰκοδομέω= I build)
"<u>We</u> heard him <u>saying</u>, "I will destroy this hand made temple and through three days I will build another not hand made." [Notice that *recitative* ὅτι is untranslated here because it is followed by a Capitalized word, so ὅτι must begin direct discourse]

12. John 9:35 Ἤκουσεν Ἰησοῦς ὅτι ἐξέβαλον αὐτὸν ἔξω καὶ <u>εὑρὼν</u> αὐτὸν εἶπεν, <u>Σὺ</u> πιστεύεις εἰς τὸν υἱὸν τοῦ ἀνθρώπου; (ἔξω= outside)
Jesus heard that they cast him outside and, <u>after finding him</u>, he said, "Do <u>you</u> believe in the Son of Humanity?"

18D. FOCUS

I. Parse These Deponent, Middle, or Middle/Passive Participles:

		Tense	Voice	Mood	Gender	Case	Number	Lexical Form & Meaning
1.	γενομένης	A	D	P	F	G	S	γίνομαι = I become
2.	εἰσερχόμενος	P	D	P	M	N	S	εἰσέρχομαι = I enter
3.	ἐξερχομένων	P	D	P	M/F/N	G	P	ἐξέρχομαι = I go out
4.	προσλαβόμενος	A	M	P	M	N	S	προσλαμβάνω = I bring to
5.	γινομένου	P	D	P	M/N	G	S	γίνομαι = I become
6.	προσευξάμενοι	A	D	P	M	N	P	προσεύχομαι = I pray
7.	ἐρχομένους	P	D	P	M	A	P	ἔρχομαι = I come/go
8.	γενόμενα	A	D	P	N	N/A	P	γίνομαι = I become
9.	προσευχόμενοι	P	D	P	M	N	P	προσεύχομαι = I pray
10.	διωκόμενοι	P	M/P	P	M	N	P	διώκω = I pursue

II. Translate these short sentences and be able to parse the participles: *The participle and its translation are underlined.*

1. Matt 1:16b Ἰησοῦς <u>ὁ λεγόμενος</u> Χριστός. (λέγω here has the passive meaning "to be called")

   Jesus, <u>the one being called</u> the Christ.

2. Matt 2:23b εἰς πόλιν <u>λεγομένην</u> Ναζαρέτ·

   into the city <u>being called</u> Nazareth;

3. Rom 8:24b ἐλπὶς δὲ <u>βλεπομένη</u> οὐκ ἔστιν ἐλπίς·

   And hope <u>being seen</u> is not hope;

4. Matt 26:3b εἰς τὴν αὐλὴν τοῦ ἀρχιερέως <u>τοῦ λεγομένου</u> Καϊάφα (ἡ αὐλή= courtyard)

   into the garden of the high priest <u>that is called</u> Caiaphas.

5. Luke 20:17b Τί οὖν ἐστιν <u>τὸ γεγραμμένον</u> τοῦτο;

   Therefore, what is this thing <u>having been written</u>?

6. Luke 24:44c πάντα <u>τὰ γεγραμμένα</u> ἐν τῷ νόμῳ Μωϋσέως καὶ τοῖς προφήταις καὶ ψαλμοῖς περὶ ἐμοῦ.

   All these <u>things that have been written</u> in the Law of Moses and the prophets and the Psalms concerning me.

7. Matt 27:33 Καὶ <u>ἐλθόντες</u> εἰς τόπον λεγόμενον Γολγοθᾶ, ὅ ἐστιν Κρανίου Τόπος λεγόμενος,

   And, <u>after coming</u> into the place being called Golgotha, which is called The Place of the Cranium (skull).

III. Match the Tense, Voice, and Gender with the Endings.

Pres. Act. Masc. Pres. Act. Neut. Pres. Act. Fem. Pres. M/P Masc. Pres. M/P Neut. Pres. M/P Fem. Aor. Act. Masc. Aor. Act. Neut. Aor. Act. Fem. Aor. Mid. Masc. Aor. Mid. Neut.	~~Aor. Mid. Fem.~~ Aor. Pass. Masc. Aor. Pass. Neut. Aor. Pass. Fem. Perf. Act. Masc. Perf. Act. Neut Perf. Act. Fem. Perf. M/P Masc. Perf. M/P Neut. Perf. M/P Fem.	For example:	**0. Aor. Mid. Fem.** nom. πιστευσαμένη gen. πιστευσαμένης dat. πιστευσαμένῃ acc. πιστευσαμένην nom. πιστευσάμεναι gen. πιστευσαμένων dat. πιστευσαμέναις acc. πιστευσαμένας
1. Perf. M/P Neut. nom. πεπιστευμένον gen. πεπιστευμένου dat. πεπιστευμένῳ acc. πεπιστευμένον nom. πεπιστευμένα gen. πεπιστευμένων dat. πεπιστευμένοις acc. πεπιστευμένα	**2. Aor. Pass. Fem.** nom. πιστευθεῖσα gen. πιστευθείσης dat. πιστευθείσῃ acc. πιστευθεῖσαν nom. πιστευθεῖσαι gen. πιστευθεισῶν dat. πιστευθείσαις acc. πιστευθείσας	**3. Pres. M/P Neut.** nom. πιστευόμενον gen. πιστευομένου dat. πιστευομένῳ acc. πιστευόμενον nom. πιστευόμενα gen. πιστευομένων dat. πιστευομένοις acc. πιστευόμενα	**4. Perf. M/P Fem.** nom. πεπιστευμένη gen. πεπιστευμένης dat. πεπιστευμένῃ acc. πεπιστευμένην nom. πεπιστευμέναι gen. πεπιστευμένων dat. πεπιστευμέναις acc. πεπιστευμένας

5. Pres. Act. Masc.	6. Pres. M/P Fem.	7. Aor. Mid. Masc.	8. Aor. Act. Masc.
nom. πιστεύων	nom. πιστευομένη	nom. πιστευσάμενος	nom. πιστεύσας
gen. πιστεύοντος	gen. πιστευομένης	gen. πιστευσαμένου	gen. πιστεύσαντος
dat. πιστεύοντι	dat. πιστευομένῃ	dat. πιστευσαμένῳ	dat. πιστεύσαντι
acc. πιστεύοντα	acc. πιστευομένην	acc. πιστευσάμενον	acc. πιστεύσαντα
nom. πιστεύοντες	nom. πιστευόμεναι	nom. πιστευσάμενοι	nom. πιστεύσαντες
gen. πιστευόντων	gen. πιστευομένων	gen. πιστευσαμένων	gen. πιστευσάντων
dat. πιστεύουσι(ν)	dat. πιστευομέναις	dat. πιστευσαμένοις	dat. πιστεύσασι(ν)
acc. πιστεύοντας	acc. πιστευομένας	acc. πιστευσαμένους	acc. πιστεύσαντας

9. Aor. Act. Neut	10. Pres. Act. Neut.	11. Aor. Pass. Neut.	12. Perf. Act. Fem.
nom. πίστευσαν	nom. πίστευον	nom. πιστευθέν	nom. πεπιστευκυῖα
gen. πιστεύσαντος	gen. πιστεύοντος	gen. πιστευθέντος	gen. πεπιστευκυίας
dat. πιστεύσαντι	dat. πιστεύοντι	dat. πιστευθέντι	dat. πεπιστευκυίᾳ
acc. πίστευσαν	acc. πίστευον	acc. πιστευθέν	acc. πεπιστευκυῖαν
nom. πιστεύσαντα	nom. πιστεύοντα	nom. πιστευθέντα	nom. πεπιστευκυῖαι
gen. πιστευσάντων	gen. πιστευόντων	gen. πιστευθέντων	gen. πεπιστευκυιῶν
dat. πιστεύσασι(ν)	dat. πιστεύουσι(ν)	dat. πιστευθεῖσι(ν)	dat. πεπιστευκυίαις
acc. πιστεύσαντα	acc. πιστεύοντα	acc. πιστευθέντα	acc. πεπιστευκυίας

13. Perf. M/P Masc.	14. Pres. Act. Fem.	15. Perf. Act. Neut.	16. Aor. Act. Fem.
nom. πεπιστευμένος	nom. πιστεύουσα	nom. πεπιστευκός	nom. πιστεύσασα
gen. πεπιστευμένου	gen. πιστευούσης	gen. πεπιστευκότος	gen. πιστευσάσης
dat. πεπιστευμένῳ	dat. πιστευούσῃ	dat. πεπιστευκότι	dat. πιστευσάσῃ
acc. πεπιστευμένον	acc. πιστεύουσαν	acc. πεπιστευκός	acc. πιστεύσασαν
nom. πεπιστευμένοι	nom. πιστεύουσαι	nom. πεπιστευκότα	nom. πιστεύσασαι
gen. πεπιστευμένων	gen. πιστευουσῶν	gen. πεπιστευκότων	gen. πιστευσάσων
dat. πεπιστευμένοις	dat. πιστευούσαις	dat. πεπιστευκόσι(ν)	dat. πιστευσάσαις
acc. πεπιστευμένους	acc. πιστευούσας	acc. πεπιστευκότα	acc. πιστευσάσας

17. Pres. M/P Masc.	18. Aor. Mid. Neut.	19. Aor. Pass. Masc.	20. Perf. Act. Masc.
nom. πιστευόμενος	nom. πιστευσάμενον	nom. πιστευθείς	nom. πεπιστευκώς
gen. πιστευομένου	gen. πιστευσαμένου	gen. πιστευθέντος	gen. πεπιστευκότος
dat. πιστευομένῳ	dat. πιστευσαμένῳ	dat. πιστευθέντι	dat. πεπιστευκότι
acc. πιστευόμενον	acc. πιστευσάμενον	acc. πιστευθέντα	acc. πεπιστευκότα
nom. πιστευόμενοι	nom. πιστευσάμενα	nom. πιστευθέντες	nom. πεπιστευκότες
gen. πιστευομένων	gen. πιστευσαμένων	gen. πιστευθέντων	gen. πεπιστευκότων
dat. πιστευομένοις	dat. πιστευσαμένοις	dat. πιστευθεῖσι(ν)	dat. πεπιστευκόσι(ν)
acc. πιστευομένους	acc. πιστευσάμενα	acc. πιστευθέντας	acc. πεπιστευκότας

18E. SENTENCES

1. Matt 1:16 Ἰακὼβ δὲ ἐγέννησεν τὸν Ἰωσὴφ τὸν ἄνδρα Μαρίας, ἐξ ἧς ἐγεννήθη Ἰησοῦς ὁ λεγόμενος Χριστός. (γεννάω= I beget)

   And Jacob begat Joseph the husband of Mary, from whom Jesus was born, the one called Christ.

1. Matt 1:16 Semantic Diagram:

```
        Ἰακὼβ
  δὲ          ἐγέννησεν  τὸν Ἰωσὴφ
                           Lτὸν ἄνδρα
                              LΜαρίας,
                              ┌ Lἐξ ἧς
                              ἐγεννήθη
                           Ἰησοῦς
                              Lὁ λεγόμενος Χριστός.
```

2. οὐκ βλέπομεν τὰ βλεπόμενα ἀλλὰ τὰ μὴ βλεπόμενα· τὰ γὰρ βλεπόμενα πρόσκαιρα, τὰ δὲ μὴ βλεπόμενα αἰώνια. (cf. 2 Cor 4:18; πρόσκαιρα= temporary)

   We do not see the things being seen, but the things not being seen; for the things being seen are temporary, but the things not being seen are eternal.

2. Semantic Diagram:

```
        οὐκ βλέπομεν τὰ βλεπόμενα
            ἀλλὰ τὰ μὴ βλεπόμενα·

        τὰ
  γὰρ   βλεπόμενα   [are]  πρόσκαιρα,

        τὰ
  δὲ    μὴ βλεπόμενα [are]  αἰώνια.
```

> Notice how the well-balanced sentence structure supports the contrast.

3. Rom 8:24 τῇ γὰρ ἐλπίδι ἐσώθημεν· ἐλπὶς δὲ βλεπομένη οὐκ ἔστιν ἐλπίς· ὃ γὰρ βλέπει τίς ἐλπίζει; (ἐλπίζω= I hope)

   For we were saved for hope; but a hope that is seen is not hope; for that which we see, who hopes (in that)?

3. Rom 8:24 Semantic Diagram: note that word order was not
preserved in these sentences because of the postpositive conjunctions.

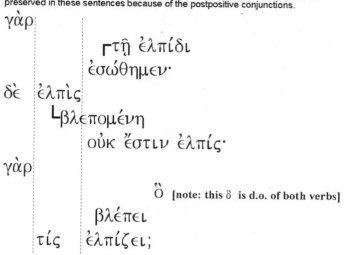

γὰρ

┌τῇ ἐλπίδι
ἐσώθημεν·

δὲ ἐλπὶς
   └βλεπομένη
      οὐκ ἔστιν ἐλπίς·

γὰρ

            Ὅ [note: this ὅ is d.o. of both verbs]

         βλέπει

τίς ἐλπίζει;

4. Matt 26:3 Τότε συνήχθησαν οἱ ἀρχιερεῖς καὶ οἱ πρεσβύτεροι τοῦ λαοῦ εἰς τὴν αὐλὴν τοῦ
ἀρχιερέως τοῦ λεγομένου Καϊάφα (ἡ αὐλή= courtyard)

**Then the high priests and the elders of the people were gathered together in the garden
of the high priest that was called Caiaphas.**

4. Matt 26:3 Semantic Diagram:

Τότε   [*time sequence*]
συνήχθησαν

οἱ ἀρχιερεῖς
   καὶ
οἱ πρεσβύτεροι
   τοῦ λαοῦ   εἰς τὴν αὐλὴν   [*location*]
[titles and   τοῦ ἀρχιερέως   [*owner*]
authority]   =τοῦ λεγομένου Καϊάφα
                    [*apposition; identity*]

5. Acts 5:5 ἀκούων δὲ ὁ Ἀνανίας τοὺς λόγους τούτους πεσὼν ἐξέψυξεν, καὶ ἐγένετο φόβος μέγας
ἐπὶ πάντας τοὺς ἀκούοντας. (ἐξέψυξεν= "he died")

**And while Ananias was hearing these words, after falling, he died, and great fear came
upon all those hearing.**

5. Acts 5:5 Semantic Diagram:

```
                        ┌ἀκούων
   δὲ    ὁ Ἀνανίας                  τοὺς λόγους τούτους
                        ┌πεσὼν
                        ἐξέψυξεν,
   καὶ   [there]        ἐγένετο φόβος μέγας
                        └ἐπὶ πάντας τοὺς ἀκούοντας.
```

6. Matt 27:22 λέγει αὐτοῖς ὁ Πιλᾶτος, Τί οὖν ποιήσω Ἰησοῦν τὸν λεγόμενον Χριστόν; λέγουσιν
πάντες, Σταυρωθήτω. (ποιήσω= "I will do (about)"; Σταυρωθήτω= "Let him be crucified!")

**Pilate said to them, "What therefore, should I do (about) Jesus the one called Christ?"
All said [HP], "Let him be crucified!"**

6. Matt 27:22 Semantic Diagram:

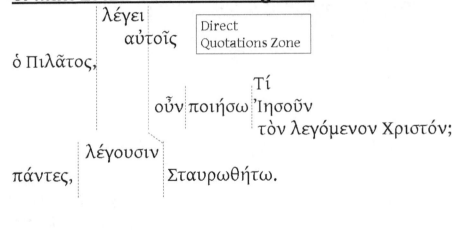

7. Matt 27:37 καὶ ἐπέθηκαν ἐπάνω τῆς κεφαλῆς αὐτοῦ τὴν αἰτίαν αὐτοῦ γεγραμμένην· Οὗτός
ἐστιν Ἰησοῦς ὁ βασιλεῦς τῶν Ἰουδαίων. (ἐπέθηκαν= "they set"; ἐπάνω= above; ἡ αἰτία=
charge)

**And they set above his head his charge having been written, "This one is Jesus, the
King of the Jews."**

7. Matt 27:37 Semantic Diagram:

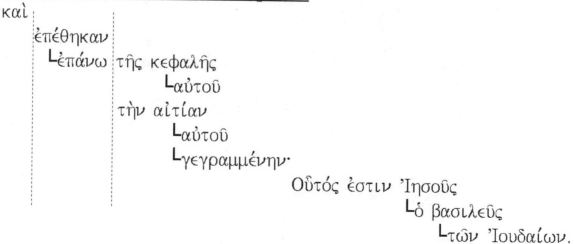

καὶ
   ἐπέθηκαν
    L ἐπάνω τῆς κεφαλῆς
           L αὐτοῦ
    τὴν αἰτίαν
        L αὐτοῦ
        L γεγραμμένην·
                Οὗτός ἐστιν Ἰησοῦς
                    L ὁ βασιλεὺς
                        L τῶν Ἰουδαίων.

8. Matt 21:9 οἱ δὲ ὄχλοι οἱ προάγοντες αὐτὸν καὶ οἱ ἀκολουθοῦντες ἔκραζον λέγοντες, Ὡσαννὰ τῷ υἱῷ Δαυίδ· Εὐλογημένος ὁ ἐρχόμενος ἐν ὀνόματι κυρίου· Ὡσαννὰ ἐν τοῖς ὑψίστοις.
(προάγω= I go before; ἀκολουθέω= I follow; εὐλογημένος= "blessed"; ὑψίστοις= "highest")
And the crowds that were going on ahead of him and that were following were shouting saying, "Hosanna to the Son of David. Blessed is the one coming in the name of the Lord. Hosanna in the highest!"

8. Matt 21:9 Semantic Diagram:

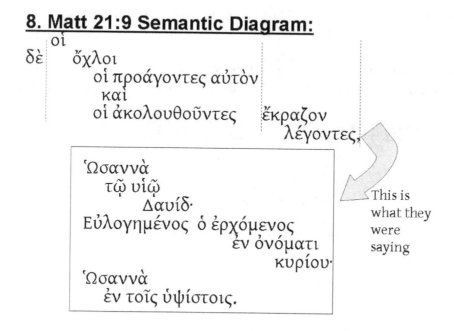

    οἱ
δὲ   ὄχλοι
      οἱ προάγοντες αὐτὸν
       καὶ
      οἱ ἀκολουθοῦντες ἔκραζον
                   λέγοντες,

Ὡσαννὰ
  τῷ υἱῷ
    Δαυίδ·
Εὐλογημένος ὁ ἐρχόμενος
           ἐν ὀνόματι
              κυρίου·
Ὡσαννὰ
  ἐν τοῖς ὑψίστοις.

This is
what they
were
saying

9. Luke 18:31 Παραλαβὼν δὲ τοὺς δώδεκα εἶπεν πρὸς αὐτούς, Ἰδοὺ ἀναβαίνομεν εἰς Ἰερουσαλήμ,
καὶ τελεσθήσεται πάντα γεγραμμένα διὰ τῶν προφητῶν τῷ υἱῷ τοῦ ἀνθρώπου·
(τελεσθήσεται= "it will be fulfilled" [*here the subject is* πάντα])
**And after taking along the twelve, he said to them, "Behold we are going up into Jeru-
salem, and all things having been written through the Prophets will be fulfilled for the
Son of Humanity;"**

9. Luke 18:31 Semantic Diagram:

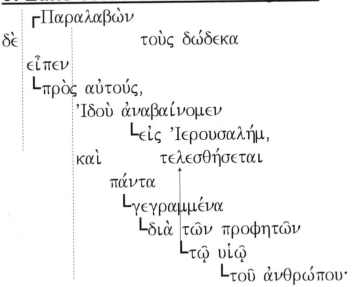

10. Luke 20:17 ὁ δὲ ἐμβλέψας αὐτοῖς εἶπεν, Τί οὖν ἐστιν τὸ γεγραμμένον τοῦτο· Λίθον ὃν
ἀπεδοκίμασαν οἱ οἰκοδομοῦντες, οὗτος ἐγενήθη εἰς κεφαλὴν γωνίας; (ὁ δέ= "and he";
ἐμβλέπω= I look at; ἀποδοκιμάζω= I reject; οἰκοδομοῦντες= "building"[*this is a participle*])
**And he, looking at them, said, "What therefore is this that is written: The Stone which
the ones building rejected, this has become for the head of the corner."**

10. Luke 20:17 Semantic Diagram:

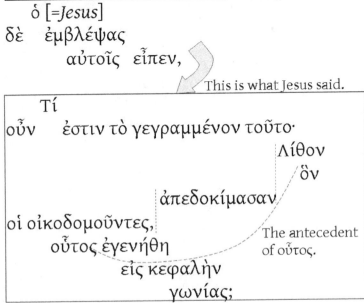

11. Luke 24:18 ἀποκριθεὶς δὲ εἷς ὀνόματι Κλεοπᾶς εἶπεν πρὸς αὐτόν, Σὺ μόνος παροικεῖς Ἰερουσαλὴμ καὶ οὐκ ἔγνως τὰ γενόμενα ἐν αὐτῇ ἐν ταῖς ἡμέραις ταύταις; (παροικέω= I dwell temporarily)

And one with the name of Cleopas answering back said to him, "**You** alone inhabit Jerusalem and don't know the things that happened in it in these days?"

11. Luke 24:18 Semantic Diagram:

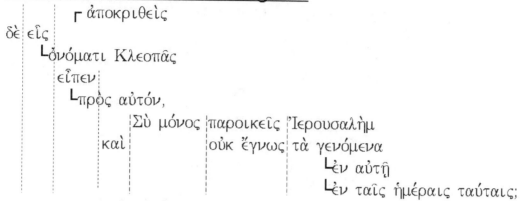

12. Matt 4:18 Περιπατῶν δὲ παρὰ τὴν θάλασσαν τῆς Γαλιλαίας εἶδεν δύο ἀδελφούς, Σίμωνα τὸν λεγόμενον Πέτρον καὶ Ἀνδρέαν τὸν ἀδελφὸν αὐτοῦ, βάλλοντας ἀμφίβληστρον εἰς τὴν θάλασσαν· ἦσαν γὰρ ἁλιεῖς. (περιπατέω= I walk/live; τὸ ἀμφίβληστρον= net; οἱ ἁλιεῖς= fishermen)

And while walking around the sea of Galilee, he saw two brothers, Simon the one called Peter and Andrew his brother, casting a net into the sea. For they were fishermen.

12. Matt 4:18 Semantic Diagram:

```
        Περιπατῶν          [co-attendant activity and setting]
δὲ      παρὰ τὴν θάλασσαν          [location]
                τῆς Γαλιλαίας        [identity]
        εἶδεν δύο ἀδελφούς,
                Σίμωνα        [apposition; identity]
                τὸν λεγόμενον Πέτρον
                καὶ
                Ἀνδρέαν        [apposition; identity; relation]
                τὸν ἀδελφὸν
                        αὐτοῦ,
                βάλλοντας ἀμφίβληστρον        [action]
                        εἰς τὴν θάλασσαν·        [location]
        ἦσαν
γὰρ     ἁλιεῖς.        [support for action based on occupation]
```

13. Acts 24:14 ὁμολογῶ δὲ τοῦτό σοι ὅτι κατὰ τὴν ὁδὸν ἣν λέγουσιν αἵρεσιν, οὕτως λατρεύω τῷ πατρῴῳ θεῷ πιστεύων πᾶσι τοῖς κατὰ τὸν νόμον καὶ τοῖς ἐν τοῖς προφήταις γεγραμμένοις, (ὁμολογέω= I confess; ἡ αἵρεσις= heresy; λατρεύω= I worship *w/dat.*; πατρῷος,-η,-ον= passed from the fathers)

And I confess this to you that according to the way which they call a heresy, thus I serve the God of the fathers, believing all that has been written according to the Law and in the Prophets.

13. Acts 24:14 Semantic Diagram:

```
        ὁμολογῶ
δὲ          τοῦτό
   └σοι   ὅτι ┌κατὰ τὴν ὁδὸν
                    └ ἣν
                λέγουσιν αἵρεσιν,
              ┌οὕτως
              λατρεύω τῷ πατρῴῳ θεῷ
              └πιστεύων πᾶσι τοῖς
                              └κατὰ τὸν νόμον
                          καὶ
                          τοῖς
                              ┌ἐν τοῖς προφήταις
                          γεγραμμένοις,
```

14. Luke 8:1 Καὶ ἐγένετο <u>ἐν τῷ καθεξῆς</u> καὶ αὐτὸς διώδευεν κατὰ πόλιν καὶ κώμην κηρύσσων καὶ εὐαγγελιζόμενος τὴν βασιλείαν τοῦ θεοῦ καὶ οἱ δώδεκα σὺν αὐτῷ, (ἐν τῷ καθεξῆς= "soon afterwards"; διοδεύω= I go about; ἡ κώμη=village)

And it happened soon afterwards, <u>he</u> also was going through each city and village preaching and announcing the good news of the Kingdom of God, and the twelve (were) with him.

14. Luke 8:1 Semantic Diagram:

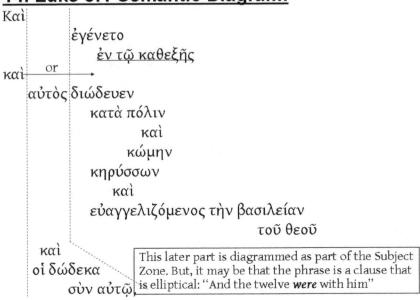

```
Καὶ
        ἐγένετο
        ἐν τῷ καθεξῆς
καὶ  ─or─→
    αὐτὸς διώδευεν
        κατὰ πόλιν
        καὶ
        κώμην
        κηρύσσων
        καὶ
        εὐαγγελιζόμενος τὴν βασιλείαν
                        τοῦ θεοῦ
    καὶ
    οἱ δώδεκα
        σὺν αὐτῷ
```

This later part is diagrammed as part of the Subject Zone. But, it may be that the phrase is a clause that is elliptical: "And the twelve *were* with him"

15. Matt 26:39 καὶ προελθὼν μικρὸν ἔπεσεν ἐπὶ πρόσωπον αὐτοῦ προσευχόμενος καὶ λέγων,
Πάτερ μου, εἰ δυνατόν ἐστιν, παρελθάτω ἀπ’ ἐμοῦ τὸ ποτήριον τοῦτο· πλὴν οὐχ ὡς
ἐγὼ θέλω ἀλλ’ ὡς σύ. (προελθὼν μικρὸν= "going forward a little"; εἰ δυνατόν= "if possible";
παρελθάτω= "Let pass!"; τὸ ποτήριον= cup; πλὴν= however; θέλω= I want)
**And after going forward a little, he fell upon his face praying and saying, "My Father,
if it is able, let this cup pass from me; however, not as I will, but as you (will)."**

15. Matt 26:39 Semantic Diagram:

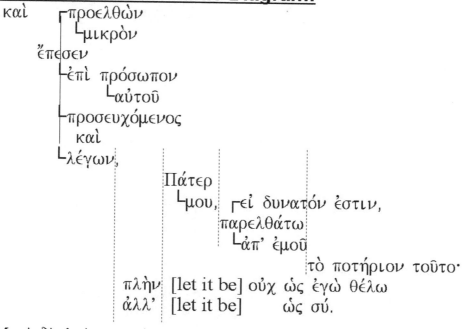

16. Acts 24:24 Μετὰ δὲ ἡμέρας τινὰς παραγενόμενος ὁ Φῆλιξ σὺν Δρουσίλλῃ τῇ ἰδίᾳ γυναικὶ
οὔσῃ Ἰουδαίᾳ μετεπέμψατο τὸν Παῦλον καὶ ἤκουσεν αὐτοῦ περὶ τῆς εἰς Χριστὸν
Ἰησοῦν πίστεως. (παραγίνομαι= I am present; μεταπέμπω= I send for)
**And after some days, after Philip was present with Drusilla his own wife, being a Jew,
he sent for Paul and heard him concerning the faith in Christ Jesus.**

16. Acts 24:24 Semantic Diagram:

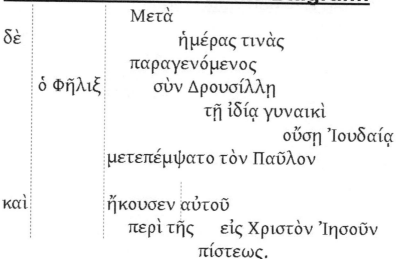

17. Matt 3:16 βαπτισθεὶς δὲ ὁ Ἰησοῦς εὐθὺς ἀνέβη ἀπὸ τοῦ ὕδατος· καὶ ἰδοὺ ἠνεῴχθησαν [αὐτῷ] οἱ οὐρανοί, καὶ εἶδεν [τὸ] πνεῦμα [τοῦ] θεοῦ καταβαῖνον ὡσεὶ περιστερὰν [καὶ] ἐρχόμενον ἐπ᾽ αὐτόν· (ὡσεί= like, as; ἡ περιστερά= dove)

And Jesus, after he was baptized, immediate came up from the water; And behold the heavens were opened up [to him], and he saw the Spirit of God coming down as a dove and coming upon him;

17. Matt 3:16 Semantic Diagram:

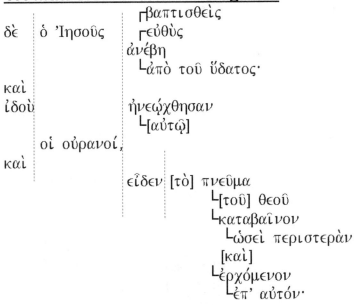

18. Rom 7:23 βλέπω δὲ ἕτερον νόμον ἐν τοῖς μέλεσίν μου ἀντιστρατευόμενον τῷ νόμῳ τοῦ νοός μου καὶ αἰχμαλωτίζοντά με ἐν τῷ νόμῳ τῆς ἁμαρτίας τῷ ὄντι ἐν τοῖς μέλεσίν μου. (ἀντιστρατευόμενον τῷ= "warring against"; ὁ νοῦς= mind; αἰχμαλωτίζοντα= "enslaving"; τὸ μέλος= member)

And I see another law in my members warring against the law of my mind and enslaving me in the law of sin that is in my members.

18. Rom 7:23 Semantic Diagram:

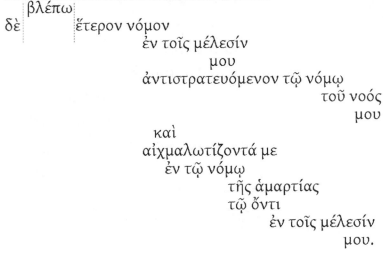

19. Acts 9:27 Βαρναβᾶς δὲ ἐπιλαβόμενος αὐτὸν ἤγαγεν πρὸς τοὺς ἀποστόλους καὶ διηγήσατο αὐτοῖς πῶς ἐν τῇ ὁδῷ εἶδεν τὸν κύριον καὶ ὅτι ἐλάλησεν αὐτῷ, καὶ πῶς ἐν Δαμασκῷ ἐπαρρησιάσατο ἐν τῷ ὀνόματι τοῦ Ἰησοῦ. (ἐπιλαμβάνομαι= I take hold of; διηγέομαι= I explain; λαλέω= I speak; παρρησιάζομαι= I speak boldly)

And Barnabas, after taking hold of him, led him to the apostles and he explained to them how in the road he saw the Lord and that he spoke to him, and how in Damascus he spoke boldly in the name of Jesus.

19. Acts 9:27 Semantic Diagram:

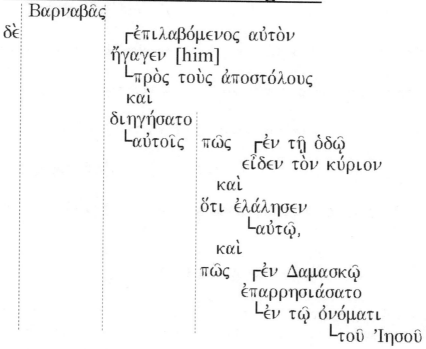

18F. READING

I. Rev 20:11–15: The Great White Throne Judgment.

^{11} Καὶ εἶδον θρόνον μέγαν λευκὸν καὶ τὸν καθήμενον ἐπ' αὐτόν, οὗ ἀπὸ τοῦ προσώπου ἔφυγεν ἡ γῆ καὶ ὁ οὐρανός καὶ τόπος οὐχ εὑρέθη αὐτοῖς. ^{12} καὶ εἶδον τοὺς νεκρούς, τοὺς μεγάλους καὶ τοὺς μικρούς, ἑστῶτας ἐνώπιον τοῦ θρόνου. καὶ βιβλία ἠνοίχθησαν, καὶ ἄλλο βιβλίον ἠνοίχθη, ὅ ἐστιν τῆς ζωῆς, καὶ ἐκρίθησαν οἱ νεκροὶ ἐκ τῶν γεγραμμένων ἐν τοῖς βιβλίοις κατὰ τὰ ἔργα αὐτῶν. ^{13} καὶ ἔδωκεν ἡ θάλασσα τοὺς νεκροὺς τοὺς ἐν αὐτῇ καὶ ὁ θάνατος καὶ ὁ ᾅδης ἔδωκαν τοὺς νεκροὺς τοὺς ἐν αὐτοῖς, καὶ ἐκρίθησαν ἕκαστος κατὰ τὰ ἔργα αὐτῶν. ^{14} καὶ ὁ θάνατος καὶ ὁ ᾅδης ἐβλήθησαν εἰς τὴν λίμνην τοῦ πυρός. οὗτος ὁ θάνατος ὁ δεύτερός ἐστιν, ἡ λίμνη τοῦ πυρός. ^{15} καὶ εἴ τις οὐχ εὑρέθη ἐν τῇ βίβλῳ τῆς ζωῆς γεγραμμένος, ἐβλήθη εἰς τὴν λίμνην τοῦ πυρός.

Translation from NASB95

11 Then I saw a great white throne and Him who sat upon it, from whose presence earth and heaven fled away, and no place was found for them. 12 And I saw the dead, the great and the small, standing before the throne, and books were opened; and another book was opened, which is *the book* of life; and the dead were judged from the things which were written in the books, according to their deeds. 13 And the sea gave up the dead which were in it, and death and Hades gave up the dead which were in them; and they were judged, every one *of them* according to their deeds. 14 Then death and Hades were thrown into the lake of fire. This is the second death, the lake of fire. 15 And if anyone's name was not found written in the book of life, he was thrown into the lake of fire.

verse 11: λευκός,-η,-ον= white
          καθήμενον= "sitting"
verse 12: μικρός,-ά,-όν=small
          ἑστῶτας= "standing"
          τὸ βιβλίον= book

verse 13: ἔδωκεν= "it gave"
          ὁ ᾅδης= Hades
          ἔδωκαν= "they gave"
          κρίνω= I judge
verse 14: ἡ λίμνη= lake
          δεύτερος,-α,-ον= second

II. Matt 28:16-18 The Great Commission.

Pay particular attention to the role of pre-nuclear and post-nuclear circumstantial participles. Attempt to identify their function.

¹⁶ Οἱ δὲ ἔνδεκα μαθηταὶ ἐπορεύθησαν εἰς τὴν Γαλιλαίαν εἰς τὸ ὄρος οὗ ἐτάξατο αὐτοῖς ὁ Ἰησοῦς,

¹⁷ καὶ ἰδόντες αὐτὸν προσεκύνησαν, οἱ δὲ ἐδίστασαν. ¹⁸ καὶ προσελθὼν ὁ Ἰησοῦς ἐλάλησεν αὐτοῖς

λέγων· ἐδόθη μοι πᾶσα ἐξουσία ἐν οὐρανῷ καὶ ἐπὶ [τῆς] γῆς. ¹⁹ πορευθέντες οὖν μαθητεύσατε

πάντα τὰ ἔθνη, βαπτίζοντες αὐτοὺς εἰς τὸ ὄνομα τοῦ πατρὸς καὶ τοῦ υἱοῦ καὶ τοῦ ἁγίου

πνεύματος, ²⁰ διδάσκοντες αὐτοὺς τηρεῖν πάντα ὅσα ἐνετειλάμην ὑμῖν· καὶ ἰδοὺ ἐγὼ μεθ᾽ ὑμῶν

εἰμι πάσας τὰς ἡμέρας ἕως τῆς συντελείας τοῦ αἰῶνος.

verse 16: ἔνδεκα= eleven; οὗ = where; τάσσω = I command
verse 17: προσεκυνέω = I bow down; I worship; οἱ δὲ = "but some"; διστάζω = I doubt, waver
verse 18: λαλέω = I say, speak; ἐδόθη = "it was given"
verse 19: μαθητεύσατε = "(You) Make disciples!" (a command)
verse 20: τηρεῖν = "to keep"; ὅσα = "as much as" (begins a relative clause); ἐντέλλω = I command; συντέλεια= end, completion

Translation with Description of Circumstantial Participles in Brackets [...]

¹⁶ Additionally, the eleven disciples travelled into Galilee into the mountain where Jesus commanded to them, ¹⁷ and, when seeing him [SEGUE or FRAMEWORK], they bowed down, but some doubted. ¹⁸ And, after coming to them [PROCEDURAL], Jesus said to them saying, "All authority was given to me, in heaven and upon [the] earth. ¹⁹ Therefore, going [PROCEDURAL], make disciples of all nations, baptizing [EXPLICATING] them into the name of the Father and of the Son and of the Holy Spirit, ²⁰ teaching [EXPLICATING] them to keep all things, as much as I commanded to you; and behold I am with you all the days until the completion of the age.

Exercises Ch. 19 Answer Key and Guide

19A. Overview
Consult Grammar Chapter 19 if you have difficulty answering these overview questions.

19B. Vocabularies 19 and 6
Review the vocabulary words and/or consult the Vocabulary: 20 Times or More.

19C. Review

I. Parse these participles.

		Tense	Voice	Mood	Gender	Case	Number	Lexical Form and Meaning
1.	διδάσκων	P	A	P	M	N	S	διδάσκω = I teach
2.	ἐρχόμενος	P	D	P	M	N	S	ἔρχομαι = I come or go
3.	γενομένης	A	D	P	F	G	S	γίνομαι = I become
4.	λαβόντες	A	A	P	M	N	P	λαμβάνω = I receive
5.	ἀποκριθείς	A	D	P	M	N	S	ἀποκρίνομαι = I answer
6.	προσευξάμενοι	A	D	P	M	N	P	προσεύχομαι = I pray
7.	λεγόμενος	P	M	P	M	N	S	λέγω = I say
8.	ἐλθόντες	A	A	P	M	N	P	ἔρχομαι = I come or go
9.	πορευθέντες	A	D	P	M	N	P	πορεύομαι = I go
10.	γενομέναι	A	D	P	F	N	P	γίνομαι = I become

II. Translate these M/P adjectival participles: *The participles and their translation are* <u>*underlined*</u>. *Remember that λέγω has an idiomatic use when used to describe what someone or thing "is called" (passive voice).*

1. Heb 9:3 σκηνὴ <u>ἡ λεγομένη</u> Ἅγια Ἁγίων, (ἡ σκηνή= tent) **a tent** <u>**that is called**</u> **"Holy of Holies,"**
2. 2 Cor 4:18b <u>τὰ βλεπόμενα</u>... <u>τὰ μὴ βλεπόμενα</u>. **the things being seen...the things not being seen.**
3. Matt 4:18b Σίμωνα <u>τὸν λεγόμενον</u> Πέτρον **Simon** <u>**the one being called**</u> **Peter**
4. Acts 13:29a πάντα <u>τὰ περὶ αὐτοῦ γεγραμμένα</u>, **all** <u>**the things having been written**</u> **concerning him,**
5. Luke 18:34b καὶ οὐκ ἐγίνωσκον <u>τὰ λεγόμενα</u>. **And they were not knowing** <u>**the things being spoken.**</u>
6. John 11:16 εἶπεν οὖν Θωμᾶς <u>ὁ λεγόμενος</u> Δίδυμος τοῖς συμμαθηταῖς, **Therefore, Thomas** <u>**the one called**</u> **Didymus said to his fellow disciples,**

7. πιστεύω πᾶσι <u>τοῖς</u> κατὰ τὸν νόμον καὶ τοῖς ἐν τοῖς προφήταις <u>γεγραμμένοις</u>, **I believe all <u>the things having been written</u> according to the Law and in the Prophets,**

8. John 4:25a λέγει αὐτῷ ἡ γυνή, Οἶδα ὅτι Μεσσίας ἔρχεται <u>ὁ λεγόμενος</u> Χριστός· **The woman said to him, 'I know that the is coming, <u>the one called</u> Christ;'**

19D. FOCUS

I. Translate these sentences with Periphrastic constructions: *The participles and their translation are <u>underlined</u>.*

1. Eph 2:8 τῇ γὰρ χάριτί <u>ἐστε σεσῳσμένοι</u> διὰ πίστεως· καὶ τοῦτο οὐκ ἐξ ὑμῶν, θεοῦ τὸ δῶρον· (τὸ δῶρον= gift)

   For <u>you have been saved</u> by grace through faith; and this is not from you, (it is) the gift of God;

2. Heb 4:2a καὶ γὰρ <u>ἐσμεν εὐηγγελισμένοι</u> καθάπερ κἀκεῖνοι· (καθάπερ= just as; κἀκεῖνοι= καὶ ἐκεῖνοι)

   For also <u>we have been announced the good news</u>, even as those (other) ones;

3. Acts 8:13a ὁ δὲ Σίμων καὶ αὐτὸς ἐπίστευσεν καὶ <u>βαπτισθεὶς ἦν</u>

   And Simon also himself believed and <u>was baptized</u>

4. John 6:45a <u>ἔστιν γεγραμμένον</u> ἐν τοῖς προφήταις, Καὶ ἔσονται πάντες διδακτοὶ θεοῦ· (διδακτός,-ή,-όν= taught, instructed)

   <u>It is written</u> in the Prophets, "And all will be taught of (by) God"

5. Matt 7:29 <u>ἦν</u> γὰρ <u>διδάσκων</u> αὐτοὺς ὡς ἐξουσίαν ἔχων καὶ οὐχ ὡς οἱ γραμματεῖς αὐτῶν.

   For he <u>was teaching</u> them as having authority and not as their Scribes.

6. Matt 10:22 καὶ <u>ἔσεσθε μισούμενοι</u> ὑπὸ πάντων διὰ τὸ ὄνομά μου· ὁ δὲ ὑπομείνας εἰς τέλος οὗτος σωθήσεται. (μισέω= I hate; ὑπομείνας= "remaining" [aorist masc.sg. participle])

   And you <u>will be hated</u> by all on account of my name; but the one having remained to the end, this one will be saved.

7. Luke 18:34 καὶ αὐτοὶ οὐδὲν τούτων συνῆκαν καὶ <u>ἦν</u> τὸ ῥῆμα τοῦτο <u>κεκρυμμένον</u> ἀπ᾽ αὐτῶν καὶ οὐκ ἐγίνωσκον τὰ λεγόμενα. (συνῆκαν= "they understood"; κεκρυμμένον= "hidden")

   And they themselves understood nothing of these things, and this word/matter <u>was hidden</u> from them and they were not knowing the things (that were) being spoken.

II. Translate these sentences and phrases with pronouns:

1. John 5:30b καὶ ἡ κρίσις ἡ ἐμὴ δικαία ἐστίν,

   And my judgment is righteous,

2. John 8:37b ὁ λόγος ὁ ἐμὸς οὐ χωρεῖ ἐν ὑμῖν. (χωρέω=I make progress; I have room)
My word has no room in you.

3. John 21:7b ἦν γὰρ γυμνός, καὶ ἔβαλεν ἑαυτὸν εἰς τὴν θάλασσαν, (γυμνός,-ή,-όν= naked)
For he was naked, and he cast himself into the sea,

4. John 6:52a Ἐμάχοντο οὖν πρὸς ἀλλήλους οἱ Ἰουδαῖοι (μάχομαι= I fight)
Therefore, the Jews were fighting with/against one another.

5. John 10:26 ἀλλὰ ὑμεῖς οὐ πιστεύετε, ὅτι οὐκ ἐστὲ ἐκ τῶν προβάτων τῶν ἐμῶν. (τὸ προβάτον= sheep)
But <u>you</u> do not believe, because you are not from my sheep.

6. Gal 6:4 τὸ δὲ ἔργον ἑαυτοῦ <u>δοκιμαζέτω</u> ἕκαστος, καὶ τότε εἰς ἑαυτὸν μόνον τὸ καύχημα ἕξει καὶ οὐκ εἰς τὸν ἕτερον· (δοκιμαζέτω= "let him approve"; τὸ καύχημα= boast)
But let each one approve his own work, and then he will have the boast in/for himself only and not in/for another;

7. John 4:33 ἔλεγον οὖν οἱ μαθηταὶ πρὸς ἀλλήλους, Μή τις ἤνεγκεν αὐτῷ φαγεῖν; (φαγεῖν="to eat")
Therefore, the disciples were saying to one another, "Someone didn't bring (something) for him to eat, did they? (no)"

8. John 15:12 αὕτη ἐστὶν ἡ ἐντολὴ ἡ ἐμή, ἵνα ἀγαπᾶτε ἀλλήλους καθὼς ἠγάπησα ὑμᾶς. (ἵνα=that; ἀγαπάω= I love)
This is my commandment, that you love one another as I loved you.

19E. SENTENCES

1. Matt 15:30a καὶ προσῆλθον αὐτῷ ὄχλοι πολλοὶ ἔχοντες μεθ' ἑαυτῶν χωλούς, (χωλός,-ή,-όν= lame)
And many crowds having lame with themselves came to him,

2. Luke 4:31b καὶ ἦν διδάσκων αὐτοὺς ἐν τοῖς σάββασιν·
And he was teaching them on the Sabbath; [Sabbaths = Sabbath]

3. Mark 2:1 Καὶ εἰσελθὼν πάλιν εἰς Καφαρναοὺμ δι' ἡμερῶν ἠκούσθη ὅτι ἐν οἴκῳ ἐστίν.
And after coming again into Capernaum through (many) days, it was heard that he was in house. [*Remember that Greek retains the tense of the original report; that is why* ἐστίν *is used, but is translated in English with a past tense.*]

4. John 12:14 εὑρὼν δὲ ὁ Ἰησοῦς ὀνάριον ἐκάθισεν ἐπ' αὐτό, καθὼς ἐστιν γεγραμμένον, (τὸ ὀνάριον= young donkey)
But, after Jesus found a young donkey, he sat upon it, as it is written,

5. Luke 4:20b καὶ πάντων οἱ ὀφθαλμοὶ ἐν τῇ συναγωγῇ ἦσαν ἀτενίζοντες αὐτῷ. (ἀτενίζω= I gaze)

And the eyes of all in the synagogue were gazing at him.

6. Luke 14:15 Ἀκούσας δέ τις τῶν συνανακειμένων ταῦτα εἶπεν αὐτῷ· μακάριος ὅστις φάγεται ἄρτον ἐν τῇ βασιλείᾳ τοῦ θεοῦ. (τῶν συνανακειμένων = "of the ones that were reclining at the table")

And after someone of the ones that were reclining at the table heard these things, he said to him, "Blessed is whoever will eat bread in the Kingdom of God."

7. John 10:34 ἀπεκρίθη αὐτοῖς [ὁ] Ἰησοῦς, Οὐκ ἔστιν γεγραμμένον ἐν τῷ νόμῳ ὑμῶν ὅτι Ἐγὼ εἶπα, Θεοί ἐστε;

Jesus answered back to them, "Isn't written in your law, 'I said, 'You are gods.' (yes)?"

8. Acts 4:4 πολλοὶ δὲ τῶν ἀκουσάντων τὸν λόγον ἐπίστευσαν, καὶ ἐγενήθη [ὁ] ἀριθμὸς τῶν ἀνδρῶν [ὡς] χιλιάδες πέντε. (ἀριθμός= number; χιλιάδες= thousand)

But many of the one that heard the word believed, and the number of the men was/became about five thousand.

9. John 6:31 οἱ πατέρες ἡμῶν τὸ μάννα ἔφαγον ἐν τῇ ἐρήμῳ, καθώς ἐστιν γεγραμμένον, Ἄρτον ἐκ τοῦ οὐρανοῦ ἔδωκεν αὐτοῖς φαγεῖν. (ἔδωκεν= "he gave"; φαγεῖν= "to eat")

Our fathers ate the manna in the desert, as it is written, "He gave bread from heaven for them to eat."

10. John 6:45 ἔστιν γεγραμμένον ἐν τοῖς προφήταις, Καὶ ἔσονται πάντες διδακτοὶ θεοῦ· πᾶς ὁ ἀκούσας παρὰ τοῦ πατρὸς καὶ μαθὼν ἔρχεται πρὸς ἐμέ. (διδακτός,-ή,-όν= taught, instructed; μανθάνω= I learn [2nd Aor. μαθ-])

It is written in the Prophets, "And all will be taught of God." Everyone that heard from the Father and learned comes to me.

11. Matt 8:16b προσήνεγκαν αὐτῷ δαιμονιζομένους πολλούς· καὶ ἐξέβαλεν τὰ πνεύματα λόγῳ καὶ πάντας τοὺς κακῶς ἔχοντας ἐθεράπευσεν, (δαιμονίζομαι= I am demon possessed; κακῶς= badly, poorly)

they brought to him many demon possessed; and he cast out the spirits with a word and he healed all those having it badly,

12. Matt 10:26 Μὴ οὖν φοβηθῆτε αὐτούς· οὐδὲν γάρ ἐστιν κεκαλυμμένον ὃ οὐκ ἀποκαλυφθήσεται καὶ κρυπτὸν ὃ οὐ γνωσθήσεται. (Μή...φοβηθῆτε= "Do not fear!"; κεκαλυμμένον= "hidden"; ἀποκαλύπτω= I reveal; κρυπτός,-ή,-όν= hidden)

Therefore, do not fear them; for there is nothing hidden which will not be revealed and hidden which will not be made known.

13. Matt 16:7 οἱ δὲ διελογίζοντο ἐν ἑαυτοῖς λέγοντες ὅτι Ἄρτους οὐκ ἐλάβομεν. 8 γνοὺς δὲ ὁ Ἰησοῦς εἶπεν, Τί διαλογίζεσθε ἐν ἑαυτοῖς, ὀλιγόπιστοι, ὅτι ἄρτους οὐκ ἔχετε; (διαλογίζομαι= I discuss)

But they were discussing among themselves saying, "We didn't take bread." 8 But Jesus, knowing, said, "What/Why are you discussing among yourselves, Little of faith ones, that you do not have bread?"

14. John 7:28 ἔκραξεν οὖν ἐν τῷ ἱερῷ διδάσκων ὁ Ἰησοῦς καὶ λέγων, Κἀμὲ οἴδατε καὶ οἴδατε πόθεν εἰμί· καὶ ἀπ᾽ ἐμαυτοῦ οὐκ ἐλήλυθα, ἀλλ᾽ ἔστιν ἀληθινὸς ὁ πέμψας με, ὃν ὑμεῖς οὐκ οἴδατε· (κἀμέ= καὶ ἐμέ; πόθεν= whence; ἀληθινός,-ή,-όν= true)

   Therefore, Jesus cried out in the temple teaching and saying, "You know both me and you know from where I am (come from); and I have not come from myself, but true is the One that sent me, whom <u>you</u> do not know;"

15. 2 Cor 7:5 Καὶ γὰρ ἐλθόντων ἡμῶν εἰς Μακεδονίαν οὐδεμίαν ἔσχηκεν ἄνεσιν ἡ σὰρξ ἡμῶν ἀλλ᾽ ἐν παντὶ θλιβόμενοι· ἔξωθεν μάχαι, ἔσωθεν φόβοι. (ἐλθόντων ἡμῶν = " after we came"; ἡ ἄνεσις= relief; θλίβω= I afflict; ἔξωθεν= outside; ἡ μάχα= sword; ἔσωθεν= inside)

   For also after we came into Macedonia our flesh had no relief, but in everything being afflicted: swords from without, fears from within.

16. Luke 5:17 αὐτὸς ἦν διδάσκων, καὶ ἦσαν καθήμενοι Φαρισαῖοι καὶ νομοδιδάσκαλοι οἳ ἦσαν ἐληλυθότες ἐκ πάσης κώμης τῆς Γαλιλαίας καὶ Ἰουδαίας καὶ Ἰερουσαλήμ· (ὁ νομοδιδάσκαλος= teacher of the law; ἡ κώμη= village; καθήμενοι= "sitting")

   <u>He</u> was teaching, and Pharisees and Teachers of the Law were sitting, who had come from every village of Galilee and Judea and Jerusalem;

17. Matt 27:62–63 <u>Τῇ δὲ ἐπαύριον</u>, ἥτις ἐστὶν μετὰ τὴν <u>παρασκευήν</u>, συνήχθησαν οἱ ἀρχιερεῖς καὶ οἱ Φαρισαῖοι πρὸς Πιλᾶτον 63 λέγοντες, Κύριε, <u>ἐμνήσθημεν</u> ὅτι ἐκεῖνος ὁ πλάνος εἶπεν ἔτι <u>ζῶν</u>, Μετὰ τρεῖς ἡμέρας <u>ἐγείρομαι</u>. (Τῇ δὲ ἐπαύριον= "on the next day"; ἡ παρασκευή= preparation; ἐμνήσθημεν= "we remembered"; πλάνος= deceiver; ζῶν= "living" [*masc.nom. sg. participle*]; ἐγείρω= I raise up)

   But on the next day, which is after the preparation, the high priests and Pharisees were gathered with Pilate 63 saying, "Lord, we remembered that that deceiver said while yet living, "After three days I am raised up."

18. Luke 8:1–2 Καὶ ἐγένετο ἐν <u>τῷ καθεξῆς</u> καὶ αὐτὸς <u>διώδευεν</u> κατὰ πόλιν καὶ κώμην κηρύσσων καὶ εὐαγγελιζόμενος τὴν βασιλείαν τοῦ θεοῦ καὶ οἱ δώδεκα σὺν αὐτῷ, 2 καὶ γυναῖκές τινες αἳ ἦσαν τεθεραπευμέναι ἀπὸ πνευμάτων πονηρῶν καὶ ἀσθενειῶν, Μαρία ἡ καλουμένη Μαγδαληνή, ἀφ᾽ ἧς δαιμόνια ἑπτὰ ἐξεληλύθει, (τῷ καθεξῆς= afterwards; διόδευω= I go through; ἡ κώμη= village; ἀσθενειῶν= sick; καλουμένη= "is called")

   And it happened afterwards also (that) <u>he</u> was going through each city and village preaching and announcing the good news of the Kingdom of God and the twelve with him, 2 and some women who had been healed from evil spirits and sicknesses, Mary the one that is called Magdalene, from whom seven demons had come out…

19. Acts 26:14–15 πάντων τε <u>καταπεσόντων</u> ἡμῶν εἰς τὴν γῆν ἤκουσα φωνὴν λέγουσαν πρός με <u>τῇ Ἑβραΐδι διαλέκτῳ</u>, Σαοὺλ Σαούλ, τί με διώκεις; <u>σκληρόν σοι πρὸς κέντρα λακτίζειν.</u> 15 ἐγὼ δὲ εἶπα, Τίς εἶ, κύριε; ὁ δὲ κύριος εἶπεν, Ἐγώ εἰμι Ἰησοῦς ὃν σὺ διώκεις. (πάντων τε καταπεσόντων ἡμῶν = "and after we all fell down"; τῇ Ἑβραΐδι διαλέκτῳ= "in the Hebrew dialect"; σκληρόν σοι πρὸς κέντρα λακτίζειν= "It is hard for you to kick against the goads.")

And after we all fell down into the earth, I heard a voice saying to me in the Hebrew dialect, "Saul, Saul, why do you persecute me? It is hard for you to kick against the goads." 15 And I said, "Who are you, Lord?" and the Lord said, I am Jesus whom you are persecuting."

20. John 19:19–20 ἔγραψεν δὲ καὶ τίτλον ὁ Πιλᾶτος καὶ ἔθηκεν ἐπὶ τοῦ σταυροῦ· ἦν δὲ γεγραμμένον· Ἰησοῦς ὁ Ναζωραῖος ὁ βασιλεὺς τῶν Ἰουδαίων. 20 τοῦτον οὖν τὸν τίτλον πολλοὶ ἀνέγνωσαν τῶν Ἰουδαίων, ὅτι ἐγγὺς ἦν ὁ τόπος τῆς πόλεως ὅπου ἐσταυρώθη ὁ Ἰησοῦς· καὶ ἦν γεγραμμένον Ἑβραϊστί, Ῥωμαϊστί, Ἑλληνιστί. (ἔθηκεν= "he set"; ὁ σταυρός= cross; ὁ τίτλος= title; ἀναγινώσκω= I read; ἐγγύς= near; σταυρόω= I crucify; Ἑβραϊστί= in Hebrew… *sound out the others*)

And Pilate both wrote the title and set it upon the cross; and it was written, "Jesus the Nazarene, the King of the Jews." 20 Therefore, many of the Jews read this title, because it was near the place of the city where Jesus was crucified; and it was written in Hebrew, Roman (Latin), and Greek.

19F. READING

John 7:40–52 Jesus the Prophet?! Where is He From??

40 Ἐκ τοῦ ὄχλου οὖν ἀκούσαντες τῶν λόγων τούτων ἔλεγον, Οὗτός ἐστιν ἀληθῶς ὁ προφήτης· 41 ἄλλοι ἔλεγον, Οὗτός ἐστιν ὁ Χριστός, οἱ δὲ ἔλεγον, Μὴ γὰρ ἐκ τῆς Γαλιλαίας ὁ Χριστὸς ἔρχεται; 42 οὐχ ἡ γραφὴ εἶπεν ὅτι ἐκ τοῦ σπέρματος Δαυὶδ καὶ ἀπὸ Βηθλέεμ τῆς κώμης ὅπου ἦν Δαυὶδ ἔρχεται ὁ Χριστός; 43 σχίσμα οὖν ἐγένετο ἐν τῷ ὄχλῳ δι᾽ αὐτόν· 44 τινὲς δὲ ἤθελον ἐξ αὐτῶν πιάσαι αὐτόν, ἀλλ᾽ οὐδεὶς ἐπέβαλεν ἐπ᾽ αὐτὸν τὰς χεῖρας. 45 Ἦλθον οὖν οἱ ὑπηρέται πρὸς τοὺς ἀρχιερεῖς καὶ Φαρισαίους, καὶ εἶπον αὐτοῖς ἐκεῖνοι, Διὰ τί οὐκ ἠγάγετε αὐτόν; 46 ἀπεκρίθησαν οἱ ὑπηρέται, Οὐδέποτε ἐλάλησεν οὕτως ἄνθρωπος. 47 ἀπεκρίθησαν οὖν αὐτοῖς οἱ Φαρισαῖοι, Μὴ καὶ ὑμεῖς πεπλάνησθε; 48 μή τις ἐκ τῶν ἀρχόντων ἐπίστευσεν εἰς αὐτὸν ἢ ἐκ τῶν Φαρισαίων; 49 ἀλλὰ ὁ ὄχλος οὗτος ὁ μὴ γινώσκων τὸν νόμον ἐπάρατοί εἰσιν. 50 λέγει Νικόδημος πρὸς αὐτούς, ὁ ἐλθὼν πρὸς αὐτὸν [τὸ] πρότερον, εἷς ὢν ἐξ αὐτῶν, 51 Μὴ ὁ νόμος ἡμῶν κρίνει τὸν ἄνθρωπον ἐὰν μὴ ἀκούσῃ πρῶτον παρ᾽ αὐτοῦ καὶ γνῷ τί ποιεῖ; 52 ἀπεκρίθησαν καὶ εἶπαν αὐτῷ, Μὴ καὶ σὺ ἐκ τῆς Γαλιλαίας εἶ; ἐραύνησον καὶ ἴδε ὅτι ἐκ τῆς Γαλιλαίας προφήτης οὐκ ἐγείρεται.

Translation from NASB95

40 *Some* of the people therefore, when they heard these words, were saying, "This certainly is the Prophet." 41 Others were saying, "This is the Christ." Still others were saying, "Surely the Christ is not going to come from Galilee, is He? 42 "Has not the Scripture said that the Christ comes from the descendants of David, and from Bethlehem, the village where David was?" 43 So a division occurred in the crowd because of Him. 44 Some of them wanted to seize Him, but no one laid hands on Him. 45 The officers then came to the chief priests and Pharisees, and they said to them, "Why did you not bring Him?" 46 The officers answered, "Never has a man spoken the way this man speaks." 47 The Pharisees then answered them, "You have not also been led astray, have you? 48 "No one of the rulers or Pharisees has believed in Him, has he? 49 "But this crowd that does not know the Law is accursed." 50 Nicodemus (the one that came to Him before, being one of them) said to them, 51 "Our Law does not judge a man unless it first hears from him and knows what he is doing, does it?" 52 They answered him, "You are not also from Galilee, are you? Search, and see that no prophet arises out of Galilee."

40 ἀληθῶς= truly

41 οἱ δέ= "but they"

42 ἡ κώμη= village

43 τὸ σχίσμα= schism

44 ἤθελον= "they were wanting"; πιάσαι= "to arrest"; ἐπιβάλλω= I cast upon

45 ὁ ὑπηρέτης= servant; an official

46 οἱ ὑπηρέται= officers; οὐδέποτε= never; ἐλάλησεν= "he spoke"; οὕτως= this way

47 πλανάω= I deceive

49 ἐπάρατος,-ον= accursed

50 πρότερον= formerly

51 κρίνω= I judge; ἐὰν μὴ ἀκούσῃ... γνῷ= "unless it hears... and knows"; ποιεῖ= "he did"

52 ἐραύνησον καὶ ἴδε= "Investigate and see!"; ἐγείρω= I raise up

EXERCISES CH. 20 ANSWER KEY AND GUIDE

20A. OVERVIEW

Consult GRAMMAR CHAPTER 20 if you have difficulty answering these overview questions.

20B. VOCABULARIES 20 AND 7

Review the vocabulary words and/or consult the VOCABULARY: 20 TIMES OR MORE.

20C. REVIEW

I. Translate these sentences with Periphrastic Participles: *The participles and their translation are <u>underlined</u>.*

1. Matt 19:22b ἦν γὰρ ἔχων κτήματα πολλά. (τὰ κτήματα= possessions)
   For he was having many possessions.

2. John 3:24 οὔπω γὰρ ἦν βεβλημένος εἰς τὴν φυλακὴν ὁ Ἰωάννης. (οὔπω= not yet; ἡ φυλακή= prison)
   For John was not yet cast into the prison.

3. Luke 13:10 ῏Ην δὲ διδάσκων ἐν μιᾷ τῶν συναγωγῶν ἐν τοῖς σάββασιν.
   And he was teaching in one of the synagogues on the Sabbath. [Sabbaths = Sabbath]

4. Mark 1:33 καὶ ἦν ὅλη ἡ πόλις ἐπισυνηγμένη πρὸς τὴν θύραν. (ἡ θύρα= door; ἐπισυνάγω= I gather)
   And the whole city was gathered at the door.

5. Mark 14:4a ἦσαν δέ τινες ἀγανακτοῦντες πρὸς ἑαυτούς, (ἀγανακτέω= I am angry)
   And some were (speaking) angr(il)y to/amongst themselves,

6. Matt 24:9b ἔσεσθε μισούμενοι ὑπὸ πάντων τῶν ἐθνῶν διὰ τὸ ὄνομά μου. (μισέω= I hate)
   You will be hated by all the nations on account of my name.

7. Luke 1:10 καὶ πᾶν τὸ πλῆθος ἦν τοῦ λαοῦ προσευχόμενον ἔξω τῇ ὥρᾳ τοῦ θυμιάματος. (τὸ πλῆθος= multitude; ἔξω= outside; τὸ θυμίαμα= incense)
   And all the multitude of the people was praying outside at the hour of incense. [*dative of time*]

II. Some Pronouns from CHAPTER 19.

1. John 12:26b καὶ ὅπου εἰμὶ ἐγὼ ἐκεῖ καὶ ὁ διάκονος ὁ ἐμὸς ἔσται· (ὁ διάκονος= servant)
   And where <u>I</u> am, there also my servant will be;

2. Luke 8:26 Καὶ κατέπλευσαν εἰς τὴν χώραν τῶν Γερασηνῶν, ἥτις ἐστὶν ἀντιπέρα τῆς Γαλιλαίας.
   (καταπλεύω= I sail down; ἡ χώρα= land, district; ἀντιπέρα= opposite)
   And they sailed down into the land of the Gerasenes, which is opposite of Galilee.

3. Luke 9:30 καὶ ἰδοὺ ἄνδρες δύο συνελάλουν αὐτῷ, οἵτινες ἦσαν Μωϋσῆς καὶ Ἡλίας, (συνλαλέω= I speak with)

And behold two men were speaking with him, who were Moses and Elijah,

4. Matt 18:20 οὗ γάρ εἰσιν δύο ἢ τρεῖς συνηγμένοι εἰς τὸ ἐμὸν ὄνομα, ἐκεῖ εἰμι ἐν μέσῳ αὐτῶν. (οὗ= where)

For where there are two or three gathered together in my name, there am I in their midst.

5. Luke 2:10 καὶ εἶπεν αὐτοῖς ὁ ἄγγελος, Μὴ φοβεῖσθε, ἰδοὺ γὰρ εὐαγγελίζομαι ὑμῖν χαρὰν μεγάλην ἥτις ἔσται παντὶ τῷ λαῷ, (Μὴ φοβεῖσθε= "Fear not!")

And the angel said to them, "Don't fear, for behold I announce good news to you, a great joy which will be for all the people,"

6. John 5:47 εἰ δὲ τοῖς ἐκείνου γράμμασιν οὐ πιστεύετε, πῶς τοῖς ἐμοῖς ῥήμασιν πιστεύσετε;

But if you do not believe the writings of that one, how will you believe my words?

7. Matt 21:33a Ἄλλην παραβολὴν ἀκούσατε. Ἄνθρωπος ἦν οἰκοδεσπότης ὅστις ἐφύτευσεν ἀμπελῶνα… . (ἀκούσατε= Hear!; οἰκοδεσπότης= house master; φυτεύω= I plant; ὁ ἀμπελών= vineyard)

Hear another parable. "A person was a house master who planted a vineyard…."

8. Luke 14:15 Ἀκούσας δέ τις … ταῦτα εἶπεν αὐτῷ, Μακάριος ὅστις φάγεται ἄρτον ἐν τῇ βασιλείᾳ τοῦ θεοῦ.

And someone, after hearing these things, said to him, "Blessed is whoever will eat bread in the Kingdom of God."

9. John 15:12 αὕτη ἐστὶν ἡ ἐντολὴ ἡ ἐμή, ἵνα ἀγαπᾶτε ἀλλήλους καθὼς ἠγάπησα ὑμᾶς. (ἵνα= that)

This is my commandment, that you love one another just as I loved you.

10. Matt 13:12 ὅστις γὰρ ἔχει, δοθήσεται αὐτῷ καὶ περισσευθήσεται· ὅστις δὲ οὐκ ἔχει, καὶ ὃ ἔχει ἀρθήσεται ἀπ’ αὐτοῦ. (δοθήσεται= "it will be given"; περισσεύω= I abound; ἀρθήσεται= "it will be taken")

For whoever has, it will be give to him and he will abound. But whoever does not have, even that which he has will be taken from him.

20D. FOCUS

I. Parse these verbs.

	Tense	Voice	Mood	Person or Gender	Case	Number	Lexical Form & Meaning
1. ἀγαπᾷ	P	A	I	3		S	ἀγαπάω = I love
2. ἠτήσατο	A	M	I	3		S	αἰτέω = I ask
3. ἠκολούθησαν	A	A	I	3		P	ἀκολουθέω = I follow
4. ζῶντος	P	A	P	M	G	S	ζάω = I live
5. δοκεῖ	P	A	I	3		S	δοκέω = I seem

6.	ἐπηρώτησαν	A	A	I	3			P	ἐπερωτάω = I ask
7.	θεωροῦμεν	P	A	I	1			P	θεωρέω = I behold
8.	λαλοῦντες	P	A	P	M	N		P	λαλέω = I speak
9.	γεγεννημένος	R	M/P	P	M	N		S	γεννάω = beget
10.	καλούμενον	P	M/P	P	M N	N N/A		S S	καλέω = I call
11.	ἐπληρώθη	A	P	I	3			S	πληρόω = I fulfill
12.	τηρῶν	P	A	P	M	N		S	τηρέω = I keep
13.	ἐποίει	I	A	I	3			S	ποιέω = I do
14.	ἐρωτῶμεν	P	A	P	1			P	ἐρωτάω = I ask
15.	ἐγέννησεν	A	A	I	3			S	γεννάω = I beget
16.	ἀγαπῶμεν	P	A	I	1			P	ἀγαπάω = I love
17.	προσκυνήσουσιν	F	A	I	3			P	προσκυνέω = I worship
18.	ἐφοβήθησαν	A	D	I	3			P	φοβέομαι = I am afraid

II. Further uses of αὐτός, -ή, -όν.

1. Mark 12:36 αὐτὸς Δαυὶδ εἶπεν ἐν τῷ πνεύματι τῷ ἁγίῳ,
David himself spoke in the Holy Spirit,

2. Mark 14:39 καὶ πάλιν ἀπελθὼν προσηύξατο τὸν αὐτὸν λόγον εἰπών...
And after departing again he prayed the same word saying,

3. Luke 2:8a Καὶ ποιμένες ἦσαν ἐν τῇ χώρᾳ τῇ αὐτῇ (ὁ ποιμήν,-ένος= shepherd; ἡ χώρα= land)
And shepherds were in the same land.

4. 1 Cor 5:13b ἐξάρατε τὸν πονηρὸν ἐξ ὑμῶν αὐτῶν. (ἐξάρατε= "Expel!")
Expel the evil one from you yourselves.

5. Luke 13:31a Ἐν αὐτῇ τῇ ὥρᾳ προσῆλθάν τινες Φαρισαῖοι λέγοντες αὐτῷ,
In the very hour some Pharisees came saying to him,

6. Matt 27:44 τὸ δ' αὐτὸ καὶ οἱ λῃσταὶ οἱ συσταυρωθέντες σὺν αὐτῷ ὠνείδιζον αὐτόν. (ὁ λῃστής=
thief; συσταυρόω= I am crucified with; ὀνείδίζω= I mock)
**And this same thing even the thieves that were being crucified with him were mocking
him.**

7. Matt 17:8 ἐπάραντες δὲ τοὺς ὀφθαλμοὺς αὐτῶν οὐδένα εἶδον εἰ μὴ αὐτὸν Ἰησοῦν μόνον.
(ἐπάραντες= "lifting up"; εἰ μή= except)
But, after lifting up their eyes, they saw no one except Jesus himself alone,

III. Translate these sentences with Genitive Absolutes.

1. Luke 20:45 Ἀκούοντος δὲ παντὸς τοῦ λαοῦ εἶπεν τοῖς μαθηταῖς αὐτοῦ,
And after all the people heard, he spoke to his disciples,

2. Rom 5:8b ἔτι ἁμαρτωλῶν ὄντων ἡμῶν Χριστὸς ὑπὲρ ἡμῶν ἀπέθανεν. (ἁμαρταλός,-ή,-όν= sinner)
   While we were still sinners, Christ died on our behalf.

3. Luke 9:34a ταῦτα δὲ αὐτοῦ λέγοντος ἐγένετο νεφέλη καὶ ἐπεσκίαζεν αὐτούς. (ἡ νεφέλη= cloud;
   ἐπισκιάζω= I overshadow)
   And while he was saying these things, a cloud came and was overshadowing them.

4. Matt 21:10 καὶ εἰσελθόντος αὐτοῦ εἰς Ἱεροσόλυμα ἐσείσθη πᾶσα ἡ πόλις λέγουσα, Τίς ἐστιν
   οὗτος; (σείω= I shake)
   And, after he went into Jerusalem, all the city was shaken saying, "Who is this?"

5. Gal 3:25 ἐλθούσης δὲ τῆς πίστεως οὐκέτι ὑπὸ παιδαγωγόν ἐσμεν. (ὁ παιδαγωγός= guardian)
   And after faith came, we are no longer under a guardian.

6. John 6:23 ἄλλα ἦλθεν πλοιάρια ἐκ Τιβεριάδος ἐγγὺς τοῦ τόπου ὅπου ἔφαγον τὸν ἄρτον
   εὐχαριστήσαντος τοῦ κυρίου. (τὸ πλοιάριον= little boat; ἐγγύς= near; εὐχαριστέω= I give
   thanks)
   **But little boats came from Tiberias near the place where they ate the bread, after the
   Lord gave thanks.**

7. Acts 7:30 Καὶ πληρωθέντων ἐτῶν τεσσεράκοντα ὤφθη αὐτῷ ἐν τῇ ἐρήμῳ τοῦ ὄρους Σινᾶ
   ἄγγελος ἐν φλογὶ πυρὸς βάτου. (τεσσεράκοντα= forty; ἡ φλόξ,-γός= flame; ἡ βάτος= bush)
   **And after fulfilling forty years an angel appeared to him in the desert of Mount Sinai in
   a flame of a fire of a bush.**

8. Luke 20:1 Καὶ ἐγένετο ἐν μιᾷ τῶν ἡμερῶν διδάσκοντος αὐτοῦ τὸν λαὸν ἐν τῷ ἱερῷ καὶ
   εὐαγγελιζομένου ἐπέστησαν οἱ ἀρχιερεῖς καὶ οἱ γραμματεῖς σὺν τοῖς πρεσβυτέροις
   (ἐπέστησαν= "they were present")
   **And it happened in one of the days, while he was teaching the people in the temple and
   announcing the good news, the high priests and scribes were present with the elders.**

20E. SENTENCES

1. Acts 20:12 ἤγαγον δὲ τὸν παῖδα ζῶντα καὶ παρεκλήθησαν οὐ μετρίως. (μετρίως= moderately)
   And they led the child living and they were comforted not moderately (i.e. a lot!).

2. Matt 1:21 τέξεται δὲ υἱόν, καὶ καλέσεις τὸ ὄνομα αὐτοῦ Ἰησοῦν· αὐτὸς γὰρ σώσει τὸν λαὸν
   αὐτοῦ ἀπὸ τῶν ἁμαρτιῶν αὐτῶν. (τίκτω= I give birth to; *future stem is* τέξομαι)
   **And she will bear a son, and you will call his name Jesus; for he himself will save his
   people from their sins.**

3. Matt 14:25 τετάρτῃ δὲ φυλακῇ τῆς νυκτὸς ἦλθεν πρὸς αὐτοὺς περιπατῶν ἐπὶ τὴν θάλασσαν.
   (τετάρτος,-η,-ον= fourth; ἡ φυλακή= watch; guard)
   And at the fourth watch of the night he came to them walking upon the sea.

4. John 8:18 ἐγώ εἰμι ὁ μαρτυρῶν περὶ ἐμαυτοῦ καὶ μαρτυρεῖ περὶ ἐμοῦ ὁ πέμψας με πατήρ.
   **I̲ myself am the one that is testifying concerning myself and the Father that sent me tes-
   tifies concerning me.**

5. John 16:27 αὐτὸς γὰρ ὁ πατὴρ φιλεῖ ὑμᾶς, ὅτι ὑμεῖς ἐμὲ πεφιλήκατε καὶ πεπιστεύκατε ὅτι ἐγὼ παρὰ [τοῦ] θεοῦ ἐξῆλθον.

For the Father himself loves you, because <u>you</u> have loved <u>me</u> and have believed that <u>I</u> came from God.

6. John 4:51 ἤδη δὲ αὐτοῦ καταβαίνοντος οἱ δοῦλοι αὐτοῦ ὑπήντησαν αὐτῷ λέγοντες ὅτι ὁ παῖς αὐτοῦ ζῇ. (ὁ παῖς= child; ὑπαντάω= I meet [w/ dative direct object])

And already while he was walking down, his servants met him saying that his child was alive. [*Remember that indirect discourse preserves the tense of the original statement.*]

7. Acts 20:17 Ἀπὸ δὲ τῆς Μιλήτου πέμψας εἰς Ἔφεσον μετεκαλέσατο τοὺς πρεσβυτέρους τῆς ἐκκλησίας. (μετακαλέω= I send for/call after)

And after sending from Miletus into Ephesus, he called after the elders of the church.

8. Matt 10:38 καὶ ὃς οὐ λαμβάνει τὸν σταυρὸν αὐτοῦ καὶ ἀκολουθεῖ ὀπίσω μου, οὐκ ἔστιν μου ἄξιος. (ὁ σταυρός= cross; ὀπίσω= after [with genitive]; ἄξιος,-η,-ον= worthy)

And he who does not take his cross and follow after me is not worthy of me.

9. John 20:30 Πολλὰ μὲν οὖν καὶ ἄλλα σημεῖα ἐποίησεν ὁ Ἰησοῦς ἐνώπιον τῶν μαθητῶν [αὐτοῦ], ἃ οὐκ ἔστιν γεγραμμένα ἐν τῷ βιβλίῳ τούτῳ·

Therefore, indeed many other signs also Jesus did before his disciples, which are not written in this book;

10. Luke 24:32 καὶ εἶπαν πρὸς ἀλλήλους, Οὐχὶ ἡ καρδία ἡμῶν καιομένη ἦν [ἐν ἡμῖν] ὡς ἐλάλει ἡμῖν ἐν τῇ ὁδῷ, ὡς διήνοιγεν ἡμῖν τὰς γραφάς; (καίω= I burn; διανοίγω= I open fully)

And they said to one another, "Was not our hear burning in us as he was speaking to us in the road, as he was opening to us the Scriptures? (yes!)"

11. Rom 7:9–10 ἐγὼ δὲ ἔζων χωρὶς νόμου ποτέ· ἐλθούσης δὲ τῆς ἐντολῆς ἡ ἁμαρτία ἀνέζησεν, 10 ἐγὼ δὲ ἀπέθανον καὶ εὑρέθη μοι ἡ ἐντολὴ ἡ εἰς ζωήν, αὕτη εἰς θάνατον· (χωρὶς= without *with gen.*; ποτέ= once; ἀναζάω= I revive)

But <u>I</u> was alive without the Law once; but, after the commandment came, sin revived, 10 and <u>I</u> died and the commandment (meant) for life was found for me, this (resulted) for death.

12. Luke 22:47 Ἔτι αὐτοῦ λαλοῦντος ἰδοὺ ὄχλος, καὶ ὁ λεγόμενος Ἰούδας εἷς τῶν δώδεκα προήρχετο αὐτούς καὶ ἤγγισεν τῷ Ἰησοῦ <u>φιλῆσαι</u> αὐτόν. (προέρχομαι= I come forward; φιλῆσαι= to kiss)

While he was yet speaking, behold (there was) a crowd, and the one called Judas, one of the twelve, was coming before them and drew near to Jesus to kiss him.

13. Matt 9:18 Ταῦτα αὐτοῦ λαλοῦντος αὐτοῖς ἰδοὺ ἄρχων εἷς ἐλθὼν προσεκύνει αὐτῷ λέγων ὅτι Ἡ <u>θυγάτηρ</u> μου <u>ἄρτι</u> <u>ἐτελεύτησεν</u>· ἀλλὰ ἐλθὼν <u>ἐπίθες</u> τὴν χεῖρά σου ἐπ᾽ αὐτήν, καὶ ζήσεται. (ἡ θυγάτηρ= daughter; ἄρτι= now; τελευτέω= I die; ἐπίθες= "Place!")

And while he was saying these things to them, behold one ruler, after coming, was worshiping him, saying, "My daughter now died; but after coming (and) setting your hand upon her, she also will live."

14. John 1:15 Ἰωάννης μαρτυρεῖ περὶ αὐτοῦ καὶ κέκραγεν λέγων, Οὗτος ἦν ὃν εἶπον, Ὁ ὀπίσω μου ἐρχόμενος ἔμπροσθέν μου γέγονεν, ὅτι πρῶτός μου ἦν. (ὀπίσω= after [*with genitive*]; ἔμπροσθέν= before [*with genitive*])

John testifies concerning him, and has cried out saying, "This one is the one whom I said, 'The one coming after me has come before me, because he is my superior.'"

15. John 14:21 ὁ ἔχων τὰς ἐντολάς μου καὶ τηρῶν αὐτὰς ἐκεῖνός ἐστιν ὁ ἀγαπῶν με· ὁ δὲ ἀγαπῶν με ἀγαπηθήσεται ὑπὸ τοῦ πατρός μου, κἀγὼ ἀγαπήσω αὐτὸν καὶ ἐμφανίσω αὐτῷ ἐμαυτόν. (ἐμφανίζω= I make known)

The one having my commandments and keeping them, this one is the one loving me; And the one loving me will be loved by my Father, and I will love him and I will make myself known to him."

16. John 4:27 Καὶ ἐπὶ τούτῳ ἦλθαν οἱ μαθηταὶ αὐτοῦ καὶ ἐθαύμαζον ὅτι μετὰ γυναικὸς ἐλάλει· οὐδεὶς μέντοι εἶπεν, Τί ζητεῖς ἤ Τί λαλεῖς μετ' αὐτῆς; (μέντοι= although)

And at this his disciples came and were being amazed that he was speaking with a woman; although no one said, "What do you seek?" or "Why are you speaking with her?"

17. Luke 1:59–60 Καὶ ἐγένετο ἐν τῇ ἡμέρᾳ τῇ ὀγδόῃ ἦλθον περιτεμεῖν τὸ παιδίον καὶ ἐκάλουν αὐτὸ ἐπὶ τῷ ὀνόματι τοῦ πατρὸς αὐτοῦ Ζαχαρίαν. 60 καὶ ἀποκριθεῖσα ἡ μήτηρ αὐτοῦ εἶπεν, Οὐχί, ἀλλὰ κληθήσεται Ἰωάννης. (ὄγδοος,-η,-ον= eighth; περιτεμεῖν= "to circumcise")

And it happened in the eight day (that) they came to circumcise the child and they were calling him by the name of his father, Zachariah. 60 And answering back, this mother said, "No, but he shall be called John."

18. John 16:17 εἶπαν οὖν ἐκ τῶν μαθητῶν αὐτοῦ πρὸς ἀλλήλους, Τί ἐστιν τοῦτο ὃ λέγει ἡμῖν, Μικρὸν καὶ οὐ θεωρεῖτέ με, καὶ πάλιν μικρὸν καὶ ὄψεσθέ με; καί, Ὅτι ὑπάγω πρὸς τὸν πατέρα; (μικρόν= "a little while")

Therefore, they spoke from his disciples to one another, "What is this which he says to us, 'A little while and you are not beholding me, and again a little while and you will see me?' and, 'because I am going to the Father?'"

19. Mark 15:43 ἐλθὼν Ἰωσὴφ [ὁ] ἀπὸ <u>Ἀριμαθαίας</u> <u>εὐσχήμων βουλευτής</u>, ὃς καὶ αὐτὸς ἦν <u>προσδεχόμενος</u> τὴν βασιλείαν τοῦ θεοῦ, <u>τολμήσας</u> εἰσῆλθεν πρὸς τὸν Πιλᾶτον καὶ ἠτήσατο τὸ σῶμα τοῦ Ἰησοῦ. (Ἀριμαθαία= Arimathea; εὐσχήμων βουλευτής= "a reputable council member"; προσδεχόμαι= I receive; τολμάω= I dare, am bold)

After Joseph of Arimethea, a reputable council member, came, who was also himself awaiting the Kingdom of God, daring he entered to Pilate and requested the body of Jesus.

20. Rev 20:4 Καὶ εἶδον θρόνους καὶ ἐκάθισαν ἐπ᾽ αὐτούς καὶ <u>κρίμα ἐδόθη</u> αὐτοῖς, καὶ τὰς ψυχὰς τῶν <u>πεπελεκισμένων</u> διὰ τὴν <u>μαρτυρίαν</u> Ἰησοῦ καὶ διὰ τὸν λόγον τοῦ θεοῦ καὶ οἵτινες οὐ προσεκύνησαν τὸ <u>θηρίον</u> οὐδὲ τὴν <u>εἰκόνα</u> αὐτοῦ καὶ οὐκ ἔλαβον τὸ <u>χάραγμα</u> ἐπὶ τὸ <u>μέτωπον</u> καὶ ἐπὶ τὴν χεῖρα αὐτῶν. καὶ ἔζησαν καὶ <u>ἐβασίλευσαν</u> μετὰ τοῦ Χριστοῦ <u>χίλια</u> ἔτη. (τὸ κρίμα= sentence, verdict; ἐδόθη= "it/he was given"; πελεκίζω= I behead; ἡ μαρτυρία= testimony; τὸ θηρίον= beast; ἡ εἰκών,-όνα= image; τὸ χάραγμα= mark; τὸ μέτωπον= forehead; βασίλευω= I reign; χίλια= thousand)

And I saw thrones and they sat upon them and judgment was given to them, and the souls of the ones that had been beheaded on account of the testimony of Jesus and on account of the Word of God and whoever did not worship the beast nor his image and did not receive the mark upon their forehead or upon their hand. And they lived and ruled with Christ one thousand years.

20F. READING

I. 1 Thess 3:6–7 Paul's Encouragement through Others.

6 <u>Ἄρτι</u> δὲ ἐλθόντος Τιμοθέου πρὸς ἡμᾶς ἀφ᾽ ὑμῶν καὶ εὐαγγελισαμένου ἡμῖν τὴν πίστιν καὶ τὴν ἀγάπην ὑμῶν καὶ ὅτι ἔχετε <u>μνείαν</u> ἡμῶν ἀγαθὴν <u>πάντοτε</u>, <u>ἐπιποθοῦντες ἡμᾶς ἰδεῖν καθάπερ</u> καὶ ἡμεῖς ὑμᾶς, 7 διὰ τοῦτο <u>παρεκλήθημεν</u>, ἀδελφοί, ἐφ᾽ ὑμῖν ἐπὶ πάσῃ τῇ <u>ἀνάγκῃ</u> καὶ <u>θλίψει</u> ἡμῶν διὰ τῆς ὑμῶν πίστεως, (ἄρτι= now; ἡ μνεία= memory; πάντοτε= always; ἐπιποθοῦντες ἡμᾶς ἰδεῖν καθάπερ= "seeking to see us just as"; παρακαλέω= I encourage; ἡ ἀνάγκη= distress; ἡ θλίψις= affliction)

6 And now, after Timothy came to us from you and announced the good news to us (of) your faith and love and that you have a good memory of us always, seeking to see us just as even we (are seeking to see) you, 7 on account of this we were encouraged, brothers, because of/for you in all our distress and affliction through your faith(fullness),

II. John 4:46–54 The Healing of the Royal Officer's Child.

46 Ἦλθεν οὖν πάλιν εἰς τὴν Κανὰ τῆς Γαλιλαίας, ὅπου ἐποίησεν τὸ ὕδωρ <u>οἶνον</u>. καὶ ἦν τις <u>βασιλικὸς</u> οὗ ὁ υἱὸς <u>ἠσθένει</u> ἐν Καφαρναούμ. 47 οὗτος ἀκούσας ὅτι Ἰησοῦς <u>ἥκει</u> ἐκ τῆς Ἰουδαίας εἰς τὴν Γαλιλαίαν ἀπῆλθεν πρὸς αὐτὸν καὶ <u>ἠρώτα ἵνα καταβῇ καὶ ἰάσηται</u> αὐτοῦ τὸν υἱόν, <u>ἤμελλεν γὰρ ἀποθνήσκειν</u>. 48 εἶπεν οὖν ὁ Ἰησοῦς πρὸς αὐτόν, <u>Ἐὰν μὴ</u> σημεῖα καὶ <u>τέρατα ἴδητε</u>, <u>οὐ μὴ πιστεύσητε</u>. 49 λέγει πρὸς αὐτὸν ὁ <u>βασιλικός</u>, Κύριε, <u>κατάβηθι πρὶν ἀποθανεῖν τὸ παιδίον μου</u>. 50 λέγει αὐτῷ ὁ Ἰησοῦς, <u>Πορεύου</u>, ὁ υἱός σου ζῇ. ἐπίστευσεν ὁ ἄνθρωπος τῷ λόγῳ ὃν εἶπεν αὐτῷ ὁ Ἰησοῦς καὶ ἐπορεύετο. 51 ἤδη δὲ αὐτοῦ καταβαίνοντος οἱ δοῦλοι αὐτοῦ <u>ὑπήντησαν</u> αὐτῷ λέγοντες ὅτι ὁ <u>παῖς</u> αὐτοῦ ζῇ. 52 <u>ἐπύθετο</u> οὖν τὴν ὥραν παρ' αὐτῶν ἐν ᾗ <u>κομψότερον</u> ἔσχεν· εἶπαν οὖν αὐτῷ ὅτι <u>Ἐχθὲς</u> ὥραν <u>ἑβδόμην ἀφῆκεν</u> αὐτὸν ὁ <u>πυρετός</u>. 53 ἔγνω οὖν ὁ πατὴρ ὅτι [ἐν] ἐκείνῃ τῇ ὥρᾳ ἐν ᾗ εἶπεν αὐτῷ ὁ Ἰησοῦς, Ὁ υἱός σου ζῇ, καὶ ἐπίστευσεν αὐτὸς καὶ ἡ οἰκία αὐτοῦ ὅλη. 54 Τοῦτο [δὲ] πάλιν <u>δεύτερον</u> σημεῖον ἐποίησεν ὁ Ἰησοῦς ἐλθὼν ἐκ τῆς Ἰουδαίας εἰς τὴν Γαλιλαίαν.

Translation from NASB95

46 Therefore He came again to Cana of Galilee where He had made the water wine. And there was a royal official whose son was sick at Capernaum. 47 When he heard that Jesus had come out of Judea into Galilee, he went to Him and was imploring *Him* to come down and heal his son; for he was at the point of death. 48 So Jesus said to him, "Unless you *people* see signs and wonders, you *simply* will not believe." 49 The royal official said to Him, "Sir, come down before my child dies." 50 Jesus said to him, "Go; your son lives." The man believed the word that Jesus spoke to him and started off. 51 As he was now going down, *his* slaves met him, saying that his son was living. 52 So he inquired of them the hour when he began to get better. Then they said to him, "Yesterday at the seventh hour the fever left him." 53 So the father knew that *it was* at that hour in which Jesus said to him, "Your son lives"; and he himself believed and his whole household. 54 This is again a second sign that Jesus performed when He had come out of Judea into Galilee.

Verse 46: ὁ οἶνος= wine; ὁ βασιλικός= royal officer; ἀσθενέω= I am sick
Verse 47: ἥκω= I have arrived; ἵνα καταβῇ καὶ ἰάσηται= "that he would come down and heal"; ἤμελλεν γὰρ ἀποθνήσκειν= "for he was about to die"
Verse 48: ἐὰν μὴ... ἴδητε= "unless you see"; τὸ τέρος,-ατος= wonder; οὐ μὴ πιστεύσητε= "You will never believe"
Verse 49: κατάβηθι πρὶν ἀποθανεῖν τὸ παιδίον μου= "Come before my son dies(!)"
Verse 50: Πορεύου= "Go!"
Verse 51: ὑπαντάω= I meet with; ὁ παῖς= son
Verse 52: πυνθάνομαι= I ascertain (*2nd Aorist* πυθ-); κομψότερον= "recovered, better"; ἐχθές= yesterday; ἑβδόμος,-η,-ον= seventh; ἀφῆκεν= "it left"; ὁ πυρετός= fever
Verse 54: δεύτερος,-α,-ον= second

EXERCISES CH. 21 ANSWER KEY AND GUIDE

21A. OVERVIEW

Consult GRAMMAR CHAPTER 21 if you have difficulty answering these overview questions.

21B. VOCABULARIES 21 AND 8

Review the vocabulary words and/or consult the VOCABULARY: 20 TIMES OR MORE.

21C. REVIEW

I. Translate these Genitive absolutes in simple sentences. *The participles and their translation are under-lined.*

1. Matt 17:14a Καὶ <u>ἐλθόντων</u> πρὸς τὸν ὄχλον προσῆλθεν αὐτῷ ἄνθρωπος

   And <u>after they went</u> to the crowd, a person came to him [*The "they" is supplied generically since there is no expressed subject for the genitive absolute participle.*]

2. Matt 5:1b καὶ <u>καθίσαντος αὐτοῦ</u> προσῆλθαν αὐτῷ οἱ μαθηταὶ αὐτοῦ·

   And <u>after he sat down,</u> his disciple came to him;

3. Matt 8:16 Ὀψίας δὲ <u>γενομένης</u> προσήνεγκαν αὐτῷ δαιμονιζομένους πολλούς· καὶ ἐξέβαλεν τὰ πνεύματα λόγῳ καὶ πάντας τοὺς κακῶς ἔχοντας ἐθεράπευσεν, (ἡ ὀψία= evening; δαιμονίζομαι= I am demon possessed; κακῶς= badly, poorly)

   But, <u>after evening came,</u> they brought to him many demon possessed; and he cast out the spirits with a word and he healed all those having it badly,

4. Matt 8:5a <u>Εἰσελθόντος</u> δὲ <u>αὐτοῦ</u> εἰς Καφαρναοὺμ προσῆλθεν αὐτῷ ἑκατόνταρχος (ἑκατόνταρχος= centurion)

   And <u>after he entered</u> into Capernaum, a centurion came to him

5. Matt 9:32 <u>Αὐτῶν</u> δὲ <u>ἐξερχομένων</u> ἰδοὺ προσήνεγκαν αὐτῷ ἄνθρωπον κωφὸν δαιμονιζόμενον. (κωφός= mute; dumb; δαιμονιζόμενον= "demon possessed")

   And, <u>while they were going out,</u> behold, they brought to him a mute demon-possessed person.

6. Matt 17:24a <u>Ἐλθόντων</u> δὲ <u>αὐτῶν</u> εἰς Καφαρναοὺμ προσῆλθον οἱ τὰ δίδραχμα λαμβάνοντες τῷ Πέτρῳ (τὰ δίδραχμα= the double drachma)

   And <u>after they went</u> into Capernaum, the people taking the double drachma (tax) came to Peter

7. Matt 14:15a <u>ὀψίας</u> δὲ <u>γενομένης</u> προσῆλθον αὐτῷ οἱ μαθηταὶ λέγοντες, Ἔρημός ἐστιν ὁ τόπος καὶ ἡ ὥρα ἤδη παρῆλθεν· (ἡ ὀψία= evening; ἔρημος, -ον= desolate; παρῆλθεν= "it has passed")

   And <u>after evening came,</u> the disciples came to him saying, "The place is desolate and the hour already has passed;"

447

II. Participle Medley (or is it Melee?).

1. Luke 4:44 καὶ ἦν κηρύσσων εἰς τὰς συναγωγὰς τῆς Ἰουδαίας.

   And he was preaching in the synagogues of the Jews.

2. Luke 19:47 Καὶ ἦν διδάσκων τὸ καθ᾽ ἡμέραν ἐν τῷ ἱερῷ.

   And he was teaching each day in the temple. [*Here the article is not directly translated. It is a Greek idiom.*]

3. Mark 3:21a καὶ ἀκούσαντες οἱ παρ᾽ αὐτοῦ ἐξῆλθον κρατῆσαι αὐτόν· (κρατῆσαι= "to arrest")

   And after those from him heard, they went out to arrest him;

4. Acts 6:1a Ἐν δὲ ταῖς ἡμέραις ταύταις πληθυνόντων τῶν μαθητῶν ἐγένετο γογγυσμὸς τῶν Ἑλληνιστῶν πρὸς τοὺς Ἑβραίους (πληθύνω= I increase; ὁ γογγυσμός= complaint; ὁ Ἑλληνιστής= Greek; ὁ Ἑβραῖος= Hebrew)

   And in these days, while the disciples were increasing, there (be)came a complaint of the Hellenists against the Hebrews

5. John 1:41b Εὑρήκαμεν τὸν Μεσσίαν ὅ ἐστιν μεθερμηνευόμενον Χριστός· (μεθερμηνεύω= I translate)

   We have found the Messiah, which is translated Christ;

6. Matt 27:33 Καὶ ἐλθόντες εἰς τόπον λεγόμενον Γολγοθᾶ, ὅ ἐστιν Κρανίου Τόπος λεγόμενος, (τὸ κρανίον= skull)

   And after going into the place called Golgotha, which is called The Place of the Skull,

7. Luke 5:16 αὐτὸς δὲ ἦν ὑποχωρῶν ἐν ταῖς ἐρήμοις καὶ προσευχόμενος. (ὑποχωρέω= I withdraw; ἔρημος, -ον= desolate)

   And <u>he</u> was withdrawing in the desert(ed areas) and praying.

8. Luke 11:14 Καὶ ἦν ἐκβάλλων δαιμόνιον [καὶ αὐτὸ ἦν] κωφόν· ἐγένετο δὲ τοῦ δαιμονίου ἐξελθόντος ἐλάλησεν ὁ κωφός καὶ ἐθαύμασαν οἱ ὄχλοι. (κωφός,-ή,-όν= mute)

   And he was casting out a demon and it was mute; and it happened, after the demon went out, the mute man spoke and the crowds were amazed.

9. Luke 9:53 καὶ οὐκ ἐδέξαντο αὐτόν, ὅτι τὸ πρόσωπον αὐτοῦ ἦν πορευόμενον εἰς Ἰερουσαλήμ. (δέχομαι= I receive)

   And they did not receive him, because his face (i.e. intent) was travelling to Jerusalem.

10. Luke 9:37 Ἐγένετο δὲ τῇ ἐξῆς ἡμέρᾳ κατελθόντων αὐτῶν ἀπὸ τοῦ ὄρους συνήντησεν αὐτῷ ὄχλος πολύς. (ἐξῆς= next; κατέρχομαι= I go down; συναντάω= I met with)

    And it happened on the next day, after they had gone down from the mountain, a great crowd met with him.

11. Luke 23:15 ἀνέπεμψεν γὰρ αὐτὸν πρὸς ἡμᾶς, καὶ ἰδοὺ οὐδὲν ἄξιον θανάτου ἐστὶν πεπραγμένον αὐτῷ· (ἀναπέμπω= I send back; ἄξιος,-α,-ον= worthy; πράσσω= I do)

    For he sent him to us, and behold there is nothing worthy of death having been done by him; [*This is a rare dative (or instrumental) of agency with the final αὐτῷ.*]

12. Luke 23:55 Κατακολουθήσασαι δὲ αἱ γυναῖκες, αἵτινες ἦσαν συνεληλυθυῖαι ἐκ τῆς Γαλιλαίας αὐτῷ, ἐθεάσαντο τὸ μνημεῖον... (κατακολουθέω= I follow behind; συνέρχομαι= I come along with [*with dative*]; θεάομαι= I behold)

And after the women followed behind, who(ever) had come along from Galilee for him, they beheld the tomb...

13. Luke 23:15 ἀνέπεμψεν γὰρ αὐτὸν πρὸς ἡμᾶς, καὶ ἰδοὺ οὐδὲν ἄξιον θανάτου ἐστὶν πεπραγμένον αὐτῷ· (ἀναπέμπω= I send back; ἄξιος,-α,-ον= worthy; πράσσω= I do)

For he sent him back to us, and behold nothing worthy of death is done by him.

14. Luke 23:55 Κατακολουθήσασαι δὲ αἱ γυναῖκες, αἵτινες ἦσαν συνεληλυθυῖαι ἐκ τῆς Γαλιλαίας αὐτῷ, ἐθεάσαντο τὸ μνημεῖον. . . (κατακολουθέω= I follow behind; συνέρχομαι= I come along with [*with dative*]; θεάομαι= I behold)

Now, after the women followed behind, who had come along from Galilee with him, they beheld the tomb.

III. Various Pronouns.

1. 1 Cor 11:13a ἐν ὑμῖν αὐτοῖς κρίνατε· (κρίνατε= "Judge!")

   Judge among yourselves;

2. 2 Cor 12:18b οὐ τῷ αὐτῷ πνεύματι περιεπατήσαμεν;

   Didn't we walk in the same Spirit? (yes!)

3. Luke 6:33b καὶ οἱ ἁμαρτωλοὶ τὸ αὐτὸ ποιοῦσιν. (ὁ ἁμαρτωλός= sinner)

   And the sinners are doing the same thing.

4. Rev 12:13 Καὶ ὅτε εἶδεν ὁ δράκων ὅτι ἐβλήθη εἰς τὴν γῆν, ἐδίωξεν τὴν γυναῖκα ἥτις ἔτεκεν τὸν ἄρσενα. (ὁ δράκων= dragon; τίκτω= I bear [*2nd Aor.* τεκ-]; ὁ ἄρσην= male child)

   And when the dragon saw that it was cast down into the earth, it pursued the women which bore the male child.

5. Rom 10:12 οὐ γάρ ἐστιν διαστολὴ Ἰουδαίου τε καὶ Ἕλληνος, ὁ γὰρ αὐτὸς κύριος πάντων, (ἡ διαστολή= distinction)

   For there is not a distinction of both Jew and Greek, for the same One is Lord of all

6. John 7:16 ἀπεκρίθη οὖν αὐτοῖς [ὁ] Ἰησοῦς καὶ εἶπεν, Ἡ ἐμὴ διδαχὴ οὐκ ἔστιν ἐμὴ ἀλλὰ τοῦ πέμψαντός με· (ἡ διδαχή= teaching)

   Therefore, Jesus answered back to them and said, "My teaching is not mine but (it is) of the one that sent me;

7. Rom 8:16 αὐτὸ τὸ πνεῦμα συμμαρτυρεῖ τῷ πνεύματι ἡμῶν ὅτι ἐσμὲν τέκνα θεοῦ.

   The Spirit itself testifies with our spirit that we are children of God.

8. Heb 13:7a Μνημονεύετε τῶν ἡγουμένων ὑμῶν, οἵτινες ἐλάλησαν ὑμῖν τὸν λόγον τοῦ θεοῦ, (Μνημονεύετε= "Remember!" [*w/gen d.o.*]; ὁ ἡγούμενος= leader)

   Remember your leaders, who(ever) spoke to you the Word of God,

9. Luke 10:21 Ἐν αὐτῇ τῇ ὥρᾳ ἠγαλλιάσατο [ἐν] τῷ πνεύματι τῷ ἁγίῳ καὶ εἶπεν, (ἀγαλλιάω= I rejoice)

   In (that) very hour he rejoiced in the Holy Spirit and said,

10. Rom 6:2 μὴ γένοιτο. οἵτινες ἀπεθάνομεν τῇ ἁμαρτίᾳ, πῶς ἔτι ζήσομεν ἐν αὐτῇ; (μὴ γένοιτο= "May it not be!")

   May it not be! Whoever of us died to sin, how still will we live in it?

11. Matt 2:6 Καὶ σὺ Βηθλέεμ, γῆ Ἰούδα, οὐδαμῶς ἐλαχίστη εἶ ἐν τοῖς ἡγεμόσιν Ἰούδα· ἐκ σοῦ γὰρ ἐξελεύσεται ἡγούμενος, ὅστις ποιμανεῖ τὸν λαόν μου τὸν Ἰσραήλ. (οὐδαμῶς= by no means; ἐλάχιστος,-η,-ον= least; ὁ ἡγεμών= chief town; ὁ ἡγούμενος= leader; ποιμαίνω= I shepherd)

   And <u>you</u>, Bethlehem, land of Judah are by no means least among the chief towns of Judah; for from you will come a leader who will shepherd my people Israel.

12. Matt 7:24 Πᾶς οὖν ὅστις ἀκούει μου τοὺς λόγους τούτους καὶ ποιεῖ αὐτούς, ὁμοιωθήσεται ἀνδρὶ φρονίμῳ, ὅστις ᾠκοδόμησεν αὐτοῦ τὴν οἰκίαν ἐπὶ τὴν πέτραν· (ὁμοιόω= I am like [w/dat.]; φρόνιμος,-ον= wise; οἰκοδομέω= I build)

   Therefore, everyone who hears these words of mine and does them will be like a wise man, who built his house upon the rock;

13. John 13:35 ἐν τούτῳ γνώσονται πάντες ὅτι ἐμοὶ μαθηταί ἐστε, ἐὰν ἀγάπην ἔχητε ἐν ἀλλήλοις. (ἐὰν... ἔχητε= "if...you have")

   In this all will know that you are my disciples, if you have love for one another.

14. Matt 26:44 αὐτοὺς πάλιν ἀπελθὼν προσηύξατο ἐκ τρίτου τὸν αὐτὸν λόγον εἰπὼν πάλιν. (ἐκ τρίτου= "a third time")

   After leaving (from) them again, he prayed a third time the same word, speaking again.

15. Matt 5:46 ἐὰν γὰρ ἀγαπήσητε τοὺς ἀγαπῶντας ὑμᾶς, τίνα μισθὸν ἔχετε; οὐχὶ καὶ οἱ τελῶναι τὸ αὐτὸ ποιοῦσιν; (ἐὰν... ἀγαπήσητε= "if you love"; ὁ μισθός= reward; ὁ τελώνης= tax collector)

   For if you love the ones that are loving you, what reward do you have? Do not even the tax collectors do the same thing? (yes!)

21D. Focus

I. Parse these verbs (Remember that participles will need Gender and Case—6 items!).

		Tense	Voice	Mood	Person or Gender	Case	Number	Lexical Form & Meaning
1.	κρινεῖ	F	A	I	3		S	κρίνω = I judge
2.	ἦραν	A	A	I	3		P	αἴρω = I raise
3.	ἀπεκτάνθησαν	A	P	I	3		P	ἀποκτείνω = I kill
4.	ἀπέσταλκεν	A	A	I	3		S	ἀποστέλλω = I send
5.	ἐλθών	A	A	P	M	N	S	ἔρχομαι = I come/go
6.	ἠγέρθην	A	P	I	1		S	ἐγείρω = I raise up
7.	ἀπήγγειλεν	A	A	I	3		S	ἀπαγγέλλω = I report
8.	ἀπέκτειναν	A	A	I	3		P	ἀποκτείνω = I kill
9.	ἀπεσταλμένοι	R	M/P	P	M	N	P	ἀποστέλλω = I send
10.	ἀποκτενοῦσιν	F	A	I	3		P	ἀποκτείνω = I kill
11.	μένοντες	P	A	P	M	N	P	μένω = I remain

12.	ἤγειρεν	A	A	I	3			S		ἐγείρω = I raise up
13.	χαίροντες	P	A	P	M	N		P		χαίρω = I rejoice
14.	ἐγείρονται	P	M/P	I	3			P		ἐγείρω = I raise up
15.	ἀπέστειλεν	A	A	I	3			S		ἀποστέλλω = I send
16.	ἀρθήσεται	F	P	I	3			S		αἴρω = raise
17.	ἐσπαρμένον	R	M/P	P	M	N		S		σπείρω = I sow
					N	N/A		S		
18.	ἐχάρησαν	A	P	I	3			P		χαίρω = I rejoice

II. Translate these phrases and sentences with different uses of the article.

1. Rom 2:14a τὰ τοῦ νόμου

   The things of the Law

2. Matt 2:16b πάντας τοὺς παῖδας τοὺς ἐν Βηθλέεμ

   All the children (that are) in Bethlehem

3. Matt 5:12b οὕτως γὰρ ἐδίωξαν τοὺς προφήτας τοὺς πρὸ ὑμῶν.

   For thus they persecuted the prophets (that were) before you.

4. Matt 28:15a οἱ δὲ ... ἐποίησαν ὡς ἐδιδάχθησαν.

   And they... did as they were taught.

5. Matt 14:33a οἱ δὲ ἐν τῷ πλοίῳ προσεκύνησαν αὐτῷ (τὸ πλοίον= boat)

   And they worshiped him in the boat

6. Matt 5:16b τὸν πατέρα ὑμῶν τὸν ἐν τοῖς οὐρανοῖς.

   Your Father (that is) in the heavens.

7. Matt 6:1b μισθὸν οὐκ ἔχετε παρὰ τῷ πατρὶ ὑμῶν τῷ ἐν τοῖς οὐρανοῖς. (ὁ μισθόν= reward)

   You do not have a reward from your Father (that is) in the heavens.

8. Matt 13:28a ὁ δὲ ἔφη αὐτοῖς, (ἔφη= "he said")

   And he said to them,

9. Matt 16:7a οἱ δὲ διελογίζοντο ἐν ἑαυτοῖς (διαλογίζομαι= I argue)

   And they were arguing amongst themselves

10. Matt 7:14b ἡ ὁδὸς ἡ ἀπάγουσα εἰς τὴν ζωὴν (ἀπάγω = I lead)

    The way (that is) leading into life

11. Rom 7:10 ἐγὼ δὲ ἀπέθανον καὶ εὑρέθη μοι ἡ ἐντολὴ ἡ εἰς ζωήν, αὕτη εἰς θάνατον·

    But I died and the commandment (that was) for life was found for me, this (was) for death;

12. Matt 16:23b οὐ φρονεῖς τὰ τοῦ θεοῦ ἀλλὰ τὰ τῶν ἀνθρώπων. (φρονέω= I am mindful of)

    You do not have in mind the things of God but the things of persons/humans.

13. Matt 15:34 καὶ λέγει αὐτοῖς ὁ Ἰησοῦς, Πόσους ἄρτους ἔχετε; οἱ δὲ εἶπαν, Ἑπτά καὶ ὀλίγα
    ἰχθύδια. (πόσος= how many; ὀλίγος,-η,-ον= few; τὸ ἰχθύδιον= fish)
    **And Jesus says to them, "How many loaves do you have?" And they said, "Seven
    and (a) few fish."**

14. Matt 21:11 οἱ δὲ ὄχλοι ἔλεγον, Οὗτός ἐστιν ὁ προφήτης Ἰησοῦς ὁ ἀπὸ Ναζαρὲθ τῆς
    Γαλιλαίας.
    **And the crowds were saying, "This is the prophet Jesus, the one from Nazareth of
    Galilee."**

15. John 21:2 ἦσαν ὁμοῦ Σίμων Πέτρος καὶ Θωμᾶς ὁ λεγόμενος Δίδυμος καὶ Ναθαναὴλ ὁ ἀπὸ
    Κανὰ τῆς Γαλιλαίας καὶ οἱ τοῦ Ζεβεδαίου καὶ ἄλλοι ἐκ τῶν μαθητῶν αὐτοῦ δύο.
    (ὁμοῦ= together)
    **Simon Peter and Thomas, the one called Didymus, and Nathanael, the one from
    Cana of Galilee and the sons, of Zebedee and two others from his disciples were
    gathered together.**

21E. SENTENCES

1. John 7:9 ταῦτα δὲ εἰπὼν αὐτὸς ἔμεινεν ἐν τῇ Γαλιλαίᾳ.
   And after saying these things, he remained in Galilee.

2. Matt 9:7 καὶ ἐγερθεὶς ἀπῆλθεν εἰς τὸν οἶκον αὐτοῦ.
   And being raised, he departed into his house.

3. John 16:14 ἐκεῖνος ἐμὲ δοξάσει, ὅτι ἐκ τοῦ ἐμοῦ λήμψεται καὶ ἀναγγελεῖ ὑμῖν. (ἀναγγέλλω= I
   declare)
   That one will glorify <u>me</u>, because he will take from me and will declare (it) to you.

4. Mark 9:4 καὶ ὤφθη αὐτοῖς Ἡλίας σὺν Μωϋσεῖ, καὶ ἦσαν συλλαλοῦντες τῷ Ἰησοῦ. (συλλαλέω= I
   talk with)
   And Elijah with Moses appeared to them, and they were talking with Jesus.

5. John 10:40 Καὶ ἀπῆλθεν πάλιν πέραν τοῦ Ἰορδάνου εἰς τὸν τόπον ὅπου ἦν Ἰωάννης τὸ πρῶτον
   βαπτίζων καὶ ἔμεινεν ἐκεῖ. (πέραν= beyond)
   **And he departed again beyond the Jordon into the place where John was first baptiz-
   ing and he remained there.**

6. Phlm 1:21 Πεποιθὼς τῇ ὑπακοῇ σου ἔγραψά σοι, εἰδὼς ὅτι καὶ ὑπὲρ ἃ λέγω ποιήσεις. (ἡ
   ὑπακοή= obedience)
   Having been persuaded by your obedience [dative of means]**, I wrote to you, knowing
   that also above/beyond that which I say, you will do.**

7. John 1:25 καὶ ἠρώτησαν αὐτὸν καὶ εἶπαν αὐτῷ, Τί οὖν βαπτίζεις εἰ σὺ οὐκ εἶ ὁ Χριστὸς οὐδὲ Ἠλίας οὐδὲ ὁ προφήτης;

And they asked him and said to him, "Why therefore are you baptizing, if you are not the Christ nor Elijah nor the prophet?"

8. Mark 4:10 Καὶ ὅτε ἐγένετο κατὰ μόνας, ἠρώτων αὐτὸν οἱ περὶ αὐτὸν σὺν τοῖς δώδεκα τὰς παραβολάς. (κατὰ μόνας= "alone")

And when he was alone, those around him with the twelve were asking him (about) the parables.

9. Luke 10:7a ἐν αὐτῇ δὲ τῇ οἰκίᾳ μένετε ἐσθίοντες καὶ πίνοντες τὰ παρ' αὐτῶν· (μένετε= "Stay!")

And in the very house remain eating and drinking the things (i.e. food) from them;

10. Luke 13:1 Παρῆσαν δέ τινες ἐν αὐτῷ τῷ καιρῷ ἀπαγγέλλοντες αὐτῷ περὶ τῶν Γαλιλαίων ὧν τὸ αἷμα Πιλᾶτος ἔμιξεν μετὰ τῶν θυσιῶν αὐτῶν. (πάρειμι= I am present; ἔμιξεν= "he mixed"; ἡ θυσία= sacrifice)

And some were present in the very time, reporting to him concerning the Galileans whose blood Pilate mixed with their sacrifices.

11. Luke 1:56 Ἔμεινεν δὲ Μαριὰμ σὺν αὐτῇ ὡς μῆνας τρεῖς, καὶ ὑπέστρεψεν εἰς τὸν οἶκον αὐτῆς. (ὁ μήν, μηνός= month; ὑποστρέφω= I return)

And Mary remained with her about three months, and she returned into her house.

12. Acts 19:22 ἀποστείλας δὲ εἰς τὴν Μακεδονίαν δύο τῶν διακονούντων αὐτῷ, Τιμόθεον καὶ Ἔραστον, αὐτὸς ἐπέσχεν χρόνον εἰς τὴν Ἀσίαν. (διακονέω= I serve [with dat.d.o.]; ἐπέχω= I tarry or spend time)

And after sending into Macedonia two of those serving him, Timothy and Erastus, he himself spent time in Asia.

13. 1 Cor 3:17 εἴ τις τὸν ναὸν τοῦ θεοῦ φθείρει, φθερεῖ τοῦτον ὁ θεός· ὁ γὰρ ναὸς τοῦ θεοῦ ἅγιός ἐστιν, οἵτινές ἐστε ὑμεῖς. (φθείρω= I corrupt/spoil)

If someone destroys the temple of God, God will destroy this one. For the temple of God is holy, which you are.

14. Rom 8:3 τὸ γὰρ ἀδύνατον τοῦ νόμου ἐν ᾧ ἠσθένει διὰ τῆς σαρκός, ὁ θεὸς τὸν ἑαυτοῦ υἱὸν πέμψας ἐν ὁμοιώματι σαρκὸς ἁμαρτίας καὶ περὶ ἁμαρτίας κατέκρινεν τὴν ἁμαρτίαν ἐν τῇ σαρκί, (τὸ ἀδύνατον= inability; ἀσθενέω= I am weak; τὸ ὁμοίωμα= likeness; κατακρίνω= I condemn)

For the inability of the Law, in which it was being weakened through the flesh, God, by sending his own Son in the likeness of sinful flesh and concerning sin, condemned sin in the flesh,

15. Luke 4:22 Καὶ πάντες ἐμαρτύρουν αὐτῷ καὶ ἐθαύμαζον ἐπὶ τοῖς λόγοις τῆς χάριτος τοῖς ἐκπορευομένοις ἐκ τοῦ στόματος αὐτοῦ καὶ ἔλεγον, Οὐχὶ υἱός ἐστιν Ἰωσὴφ οὗτος;

And all were testifying for him and were marveling at the words of grace that were coming from his mouth and they were saying, "Isn't this the son of Joseph? (yes!)"

16. Luke 11:52 οὐαὶ ὑμῖν τοῖς νομικοῖς, ὅτι ἤρατε τὴν κλεῖδα τῆς γνώσεως· αὐτοὶ οὐκ εἰσήλθατε καὶ τοὺς εἰσερχομένους ἐκωλύσατε. (οὐαί= woe!; ὁ νομικός= lawyer; ἡ κλείς, κλειδός= key; ἡ γνῶσις= knowledge; κωλύω= I hinder, forbid)

Woe to you lawyers, because you bore the key of knowledge; You yourselves did not enter and you hindered the ones entering.

17. Luke 16:15 καὶ εἶπεν αὐτοῖς, Ὑμεῖς ἐστε οἱ δικαιοῦντες ἑαυτοὺς ἐνώπιον τῶν ἀνθρώπων, ὁ δὲ θεὸς γινώσκει τὰς καρδίας ὑμῶν· ὅτι τὸ ἐν ἀνθρώποις ὑψηλὸν βδέλυγμα ἐνώπιον τοῦ θεοῦ. (δικαιόω= I justify; τὸ ὑψηλόν= loftiness/arrogance; τὸ βδέλυγμα= abomination; *hint: supply* ἐστίν)

And he said to them, "You are the ones serving yourselves before humans, but God knows your hearts; because the loftiness among humans is an abomination before God."

18. Jas 1:12 Μακάριος ἀνὴρ ὃς ὑπομένει πειρασμόν, ὅτι δόκιμος γενόμενος λήμψεται τὸν στέφανον τῆς ζωῆς ὃν ἐπηγγείλατο τοῖς ἀγαπῶσιν αὐτόν. (δόκιμος,-η,-ον= approved; ὁ στέφανος= crown; ὑπομένω= I endure; ὁ πειρασμός= temptation; ἐπαγγέλλω= I promise)

Blessed is the man who endures temptation, because after becoming approved, he will receive the crown of life, which he promised to the ones that are loving him.

19. Luke 8:25 εἶπεν δὲ αὐτοῖς, Ποῦ ἡ πίστις ὑμῶν; φοβηθέντες δὲ ἐθαύμασαν λέγοντες πρὸς ἀλλήλους, Τίς ἄρα οὗτός ἐστιν ὅτι καὶ τοῖς ἀνέμοις ἐπιτάσσει καὶ τῷ ὕδατι, καὶ ὑπακούουσιν αὐτῷ; (ἄρα= therefore; ὁ ἄνεμος= wind; ἐπιτάσσω= I command [*dat.d.o.*]; ὑπακούω= I obey [*dat.d.o.*])

And he said to them, "Where is your faith?" But being afraid, they marveled saying to one another, "Therefore, who is this that commands both the winds and the water, and they obey him?"

20. Rev 4:10–11 πεσοῦνται οἱ εἴκοσι τέσσαρες πρεσβύτεροι ἐνώπιον τοῦ καθημένου ἐπὶ τοῦ θρόνου καὶ προσκυνήσουσιν τῷ ζῶντι εἰς τοὺς αἰῶνας τῶν αἰώνων καὶ βαλοῦσιν τοὺς στεφάνους αὐτῶν ἐνώπιον τοῦ θρόνου λέγοντες, 11 Ἄξιος εἶ, ὁ κύριος καὶ ὁ θεὸς ἡμῶν, λαβεῖν τὴν δόξαν καὶ τὴν τιμὴν καὶ τὴν δύναμιν, ὅτι σὺ ἔκτισας τὰ πάντα καὶ διὰ τὸ θέλημά σου ἦσαν καὶ ἐκτίσθησαν. (εἴκοσι= twenty; ὁ στέφανος= crown; λαβεῖν= "to receive"; κτίζω= I create)

The twenty four elders will fall before the one sitting upon the throne and they will worship the living one for ever and ever [into the ages of the ages] and they will cast their crowns before the throne saying, 11 "Worthy are you, The Lord and Our God, to receive the glory and the honor and the power, because you created all things and on account of your will they were and were created.

21F. READING

I. Deut 6:4–9 (LXX) The *Shema*: "Hear, O Israel".

⁴ καὶ ταῦτα τὰ <u>δικαιώματα</u> καὶ τὰ <u>κρίματα</u> <u>ὅσα</u> <u>ἐνετείλατο</u> κύριος τοῖς υἱοῖς Ισραηλ ἐν τῇ ἐρήμῳ

ἐξελθόντων αὐτῶν ἐκ γῆς Αἰγύπτου. <u>ἄκουε</u> Ισραηλ κύριος ὁ θεὸς ἡμῶν κύριος εἷς ἐστιν ⁵ καὶ

ἀγαπήσεις κύριον τὸν θεόν σου ἐξ ὅλης τῆς καρδίας σου καὶ ἐξ ὅλης τῆς ψυχῆς σου καὶ ἐξ ὅλης

τῆς δυνάμεώς σου ⁶ καὶ ἔσται τὰ ῥήματα ταῦτα <u>ὅσα</u> ἐγὼ <u>ἐντέλλομαί</u> σοι <u>σήμερον</u> ἐν τῇ καρδία

σου καὶ ἐν τῇ ψυχῇ σου ⁷ καὶ <u>προβιβάσεις</u> αὐτὰ τοὺς υἱούς σου καὶ λαλήσεις ἐν αὐτοῖς <u>καθήμενος</u>

ἐν οἴκῳ καὶ πορευόμενος ἐν ὁδῷ καὶ <u>κοιταζόμενος</u> καὶ <u>διανιστάμενος</u> ⁸ καὶ <u>ἀφάψεις</u> αὐτὰ εἰς

σημεῖον ἐπὶ τῆς χειρός σου καὶ ἔσται <u>ἀσάλευτον</u> πρὸ ὀφθαλμῶν σου ⁹ καὶ γράψετε αὐτὰ ἐπὶ τὰς

<u>φλιὰς</u> τῶν οἰκιῶν ὑμῶν καὶ τῶν <u>πυλῶν</u> ὑμῶν

Translation

**4 And these are the regulations and commandments however so much the Lord commanded to the
sons of Israel in the desert, after they came out from the land of Egypt. Hear, Israel, the Lord our
God is One Lord. 5 And you shall love the Lord your God from your whole heart and from your
whole soul and from your whole power 6 and these words, however so much I am commanding you
today, will be in your heart and in your soul 7 and you will teach them (to) your sons** [double accusative] **and you will speak in/about them while sitting at home and going in the road and sleeping and
waking up 8 and you will fasten them for a sign upon your hand and they will be immovable before
your eyes 9 and you will write them upon the doorposts of your homes and your gates**

<u>verse 4</u>: τὸ δικαίωμα= regulation
    τὸ κρίμα= commandment
    ὅσος,-η,-ον= however so many
    ἐντέλλομαι= I command
    ἄκουε= "Hear!" (a command)
<u>verse 6</u>: ὅσος,-η,-ον= however so many
    ἐντέλλομαι= I command
    σήμερον= today

<u>verse 7</u>: προβιβάζω= I persuade; I teach
    κάθημαι= I sit
    κοιτάζω= I go to sleep
    διανιστάμενος= "waking up"
<u>verse 8</u>: ἀφάπτω= I fasten upon
    ἀσάλευτος,-ον= immovable
<u>verse 9</u>: ἡ φλιά = doorpost
    ἡ πύλη= gate

II. Luke 7:16–20 Is Jesus the One Who is to Come?

16 ἔλαβεν δὲ φόβος πάντας καὶ ἐδόξαζον τὸν θεὸν λέγοντες ὅτι Προφήτης μέγας ἠγέρθη ἐν ἡμῖν καὶ ὅτι Ἐπεσκέψατο ὁ θεὸς τὸν λαὸν αὐτοῦ. 17 καὶ ἐξῆλθεν ὁ λόγος οὗτος ἐν ὅλῃ τῇ Ἰουδαίᾳ περὶ αὐτοῦ καὶ πάσῃ τῇ περιχώρῳ. 18 Καὶ ἀπήγγειλαν Ἰωάννῃ οἱ μαθηταὶ αὐτοῦ περὶ πάντων τούτων. καὶ προσκαλεσάμενος δύο τινὰς τῶν μαθητῶν αὐτοῦ ὁ Ἰωάννης 19 ἔπεμψεν πρὸς τὸν κύριον λέγων, Σὺ εἶ ὁ ἐρχόμενος ἢ ἄλλον προσδοκῶμεν; 20 παραγενόμενοι δὲ πρὸς αὐτὸν οἱ ἄνδρες εἶπαν, Ἰωάννης ὁ βαπτιστὴς ἀπέστειλεν ἡμᾶς πρὸς σὲ λέγων, Σὺ εἶ ὁ ἐρχόμενος ἢ ἄλλον προσδοκῶμεν; (ἐπισκέπτομαι= I visit; ἡ περίχωρος= surrounding region; προσκαλέω= I summon, call on; προσδοκέω= I await; παραγίνομαι= I am present)

Translation from NASB95

16 Fear gripped them all, and they *began* glorifying God, saying, "A great prophet has arisen among us!" and, "God has visited His people!" 17 This report concerning Him went out all over Judea and in all the surrounding district. 18 The disciples of John reported to him about all these things. 19 Summoning two of his disciples, John sent them to the Lord, saying, "Are You the Expected One, or do we look for someone else?" 20 When the men came to Him, they said, "John the Baptist has sent us to You, to ask, 'Are You the Expected One, or do we look for someone else?'"

EXERCISES CH. 22 ANSWER KEY AND GUIDE

22A. OVERVIEW

Consult GRAMMAR CHAPTER 22 if you have difficulty answering these overview questions.

22B. VOCABULARIES 22, 9, AND 2

Review the vocabulary words and/or consult the VOCABULARY: 20 TIMES OR MORE.

22C. REVIEW

I. Participle Functions.

Fill in the appropriate participle for the meaning conveyed by the sentences below. A participle form may be used more than once. All the forms below will be used. Watch for subject, tense, and construction agreement!

a. βαπτίζοντος   d. βεβαπτισμένος   g. βαπτίσαντος   j. βαπτισθέντες
b. βαπτίζοντες   e. βαπτιζόμενοι   h. βαπτίσαντες   k. βαπτισθέντων
c. βαπτιζόντων   f. βαπτιζομένων   i. βαπτισάντων   l. βεβαπτισμένοι

1. The ones that have been baptized testified. [*NOTICE: Adjectival Participle, Substantive use*]
   οἱ ____**l. βεβαπτισμένοι**_____ ἐμαρτύρησαν.
2. After being baptized, they testified. [*NOTICE: Adverbial Participle of time-prior-Aorist*]
   _____**j. βαπτισθέντες**_____ ἐμαρτύρησαν.
3. After the disciples had been baptized, the crowd departed. [*NOTICE: A Genitive Absolute*]
   _____**k. βαπτισθέντων**____ μαθητῶν ὁ ὄχλος ἀπῆλθεν.
4. They were baptizing. [*NOTICE: A Periphrastic Participle*]
   ἦσαν ____**b. βαπτίζοντες**____.
5. The ones that were being baptized testified. [*NOTICE: Adjectival Participle, Substantive use*]
   οἱ ___**e. βαπτιζόμενοι**_____ ἐμαρτύρησαν.
6. While being baptized, they testified. [*NOTICE: Adverbial Participle of time simultaneous-Present*]
   _____**e. βαπτιζόμενοι**_____ ἐμαρτύρησαν.
7. After he had baptized, the crowd departed. [*NOTICE: A Genitive Absolute*]
   _____**g. βαπτίσαντος**_____ αὐτοῦ ὁ ὄχλος ἀπῆλθεν.
8. While baptizing, they testified. [*NOTICE: Adverbial Participle of time simultaneous-Present*]
   _____**b. βαπτίζοντες**_____ ἐμαρτύρησαν.
9. The ones that were baptizing testified. [*NOTICE: Adjectival Participle, Substantive use*]
   οἱ _____**b. βαπτίζοντες**_____ ἐμαρτύρησαν.
10. The disciple is baptized. (i.e., in a state of baptism) [*NOTICE: A Periphrastic Participle*]
    ὁ μαθητής ἐστιν ____**4 βεβαπτισμένος**_____.
11. While the disciples were being baptized, the crowd departed. [*NOTICE: A Genitive Absolute*]
    _____**f. βαπτιζομένων**_____ μαθητῶν ὁ ὄχλος ἀπῆλθεν.
12. The ones that baptized testified. [NOTICE: *Adjectival Participle, Substantive use*]
    οἱ _____**h. βαπτίσαντες**_____ ἐμαρτύρησαν.
13. While he was baptizing, the crowd departed. [*NOTICE: A Genitive Absolute*]
    _____**a. βαπτίζοντος**_____ αὐτοῦ ὁ ὄχλος ἀπῆλθεν.

14. After having baptized, they testified. [*NOTICE: Adverbial Participle of time-prior-Aorist*]
_____**h. βαπτίσαντες**_____ἐμαρτύρησαν.

15. While the disciples were baptizing, the crowd departed. [*NOTICE: A Genitive Absolute*]
_____**c. βαπτιζόντων**_____ μαθητῶν ὁ ὄχλος ἀπῆλθεν.

16. After the disciples (had) baptized, the crowd departed. [*NOTICE: A Genitive Absolute*]
_____**i. βαπτισάντων**_____ μαθητῶν ὁ ὄχλος ἀπῆλθεν.

II. Uses of the Article.

1. Matt 27:4b οἱ δὲ εἶπαν, Τί πρὸς ἡμᾶς;
   And they said, "What (is it) to us?"

2. Matt 27:21b οἱ δὲ εἶπαν, Τὸν Βαραββᾶν.
   And they said, "Barabbas."

3. Matt 26:66b οἱ δὲ ἀποκριθέντες εἶπαν, Ἔνοχος θανάτου ἐστίν. (ἔνοχος,-ον= liable to)
   And answering back they said, "He is liable of/to death."

4. Matt 2:5 οἱ δὲ εἶπαν αὐτῷ, Ἐν Βηθλέεμ τῆς Ἰουδαίας· οὕτως γὰρ γέγραπται διὰ τοῦ προφήτου·
   And they said to him, "In Bethlehem of Judea. For thus it has been written through the prophet;"

5. Matt 14:17 οἱ δὲ λέγουσιν αὐτῷ, Οὐκ ἔχομεν ὧδε εἰ μὴ πέντε ἄρτους καὶ δύο ἰχθύας. (ὧδε= here; εἰ μὴ= except; ὁ ἰχθύς= fish)
   And they said [*historic present*] to him, "We don't have (anything) here, except five loaves and two fish."

6. Matt 16:14 οἱ δὲ εἶπαν, Οἱ μὲν Ἰωάννην τὸν βαπτιστήν, ἄλλοι δὲ Ἠλίαν, ἕτεροι δὲ Ἰερεμίαν ἢ ἕνα τῶν προφητῶν. (οἱ μὲν= "some"[*hint: supply* λέγουσιν]; ἢ= or)
   And they said, "Some (said) John the Baptist, but others Elijah, and others Jeremiah or one of the prophets."

7. Matt 26:57 Οἱ δὲ κρατήσαντες τὸν Ἰησοῦν ἀπήγαγον πρὸς Καϊάφαν τὸν ἀρχιερέα, ὅπου οἱ γραμματεῖς καὶ οἱ πρεσβύτεροι συνήχθησαν. (κρατέω= I sieze; ἀπάγω= I lead away)
   And they, after seizing Jesus, led [him] to Caiaphas the high priest, where the scribes and the elders were gathered.

8. Rom 8:5 οἱ γὰρ κατὰ σάρκα ὄντες τὰ τῆς σαρκὸς φρονοῦσιν, οἱ δὲ κατὰ πνεῦμα τὰ τοῦ πνεύματος. (φρονέω= I am mindful of)
   For the ones that are according to the flesh are mindful of the things of the flesh, but those [that are] according to the Spirit (are mindful of) the things according to the Spirit.

9. 1 Cor 15:23 ἕκαστος δὲ ἐν τῷ ἰδίῳ τάγματι· ἀπαρχὴ Χριστός, ἔπειτα οἱ τοῦ Χριστοῦ ἐν τῇ παρουσίᾳ αὐτοῦ, (τὸ τάγμα= order; ἔπειτα= next; ἡ παρουσία= coming)
   But each one [will be] in his own order: Christ (is) the first fruit, then the ones of Christ in/at His coming,

10. Matt 25:46 καὶ ἀπελεύσονται οὗτοι εἰς κόλασιν αἰώνιον, οἱ δὲ δίκαιοι εἰς ζωὴν αἰώνιον. (ἡ κόλασις= punishment)

> **And these will go away into eternal punishment, but the righteous ones (will go) into eternal life.**

11. Luke 5:33 Οἱ δὲ εἶπαν πρὸς αὐτόν, Οἱ μαθηταὶ Ἰωάννου νηστεύουσιν πυκνὰ καὶ δεήσεις ποιοῦνται ὁμοίως καὶ οἱ τῶν Φαρισαίων, οἱ δὲ σοὶ ἐσθίουσιν καὶ πίνουσιν. (πυκνά= often; ἡ δέησις= prayer; οἱ δὲ σοὶ= "The ones *belonging* to you" [dative of possession])

> **And they said to him, "John's disciples fast often and they make [middle voice] prayers likewise and those (disciples) of the Pharisees also, but those (disciples) of yours are eating and drinking."**

III. Parse these verbs.

	Tense	Voice	Mood	Person or Gender	Case	Number	Lexical Form
1. μεμαρτυρημένων	R	M/P	P	M/F/N	G	P	μαρτυρέω = I testify
2. ἤχθη	A	P	I	3		S	ἄγω = I lead
3. ᾔτηκα	R	A	I	1		S	αἰτέω = I ask
4. ἀκολουθοῦντας	P	A	P	M	A	P	ἀκολουθέω = I follow
5. ἀνέβαινεν	I	A	I	3		S	ἀναβαίνω = I go up
6. ἀπαγγελοῦμεν	F	A	I	1		P	ἀπαγγέλλω = I report
7. διδαχθέν	A	P	P	N	N/A	S	διδάσκω = I teach
8. ἦν	I	A	I	3		S	εἰμί = I am

22D. FOCUS

These sentences contain the various uses of the Subjunctive Mood.

I. Translate the Sentences.

II. Parse the Subjunctive Mood verbs and indicate their grammatical use/function (purpose, etc.): *Included after each parsing is the function of the Subjunctive verb.*

1. John 8:51b θάνατον οὐ μὴ θεωρήσῃ [AAS3S—EMPHATIC NEGATION] εἰς τὸν αἰῶνα.

> **He will never ever see death forever [*lit. into the age*].**

2. Mark 6:12b Καὶ ἐξελθόντες ἐκήρυξαν ἵνα μετανοῶσιν, [PAS3P—PURPOSE OR INDIRECT STATEMENT] (μετανοέω= I repent)

> **And, after going out, they preached that they should repent,**

3. Rom 3:8b Ποιήσωμεν [AAS1P—HORTATORY—*in context this statement is indirect discourse, and the question is a function of the larger sentence; see bracketed section below*] τὰ κακὰ, ἵνα ἔλθῃ [AAS3S--PURPOSE] τὰ ἀγαθά;

> **"Let us do evil, so that the good things come"?** [*Notice the previous context to this verse in Rom 3:8a: "It is not, is it, as they blaspheme us and say that we say," which expects a negative answer. In other words, Paul does not endorse 3:8b!*]

4. τί φάγωμεν ἢ τί πίωμεν; [AAS1P—DELIBERATIVE] (cf. Matt 6:25)

> **What should we eat or what should we drink?**

5. Matt 21:38b ἀποκτείνωμεν [AAS1P--HORTATORY] αὐτὸν καὶ σχῶμεν [AAS1P--HORTATORY] τὴν κληρονομίαν αὐτοῦ, (ἡ κληρονομία= inheritance)
   Let us kill him and let us have his inheritance.

6. John 6:37b καὶ τὸν ἐρχόμενον πρὸς ἐμὲ οὐ μὴ ἐκβάλω [AAS1S—EMPHATIC NEGATION] ἔξω,
   And the one coming to me I will never ever cast outside.

7. Rev 15:4a τίς οὐ μὴ φοβηθῇ [AAS3S—EMPHATIC NEGATION], κύριε, καὶ δοξάσει τὸ ὄνομά σου;
   Who would not ever be afraid, Lord, and he will glorify your name?

8. 1 Cor 15:32c Φάγωμεν καὶ πίωμεν [AAS1P--HORTATORY, αὔριον γὰρ ἀποθνήσκομεν. (αὔριον= tomorrow)
   Let us eat and drink, for tomorrow we die.

9. Luke 3:10 Καὶ ἐπηρώτων αὐτὸν οἱ ὄχλοι λέγοντες, Τί οὖν ποιήσωμεν; [AAS1P— DELIBERATIVE]
   And the crowds were asking him saying, "What therefore should we do?"

10. Luke 22:9 οἱ δὲ εἶπαν αὐτῷ, Ποῦ θέλεις ἑτοιμάσωμεν; [AAS1P—DELIBERATIVE] (θέλω= I want)
    And they said to him, "Where do you want (that) we should prepare?"

11. Rom 6:15 Τί οὖν; ἁμαρτήσωμεν [AAS1P— DELIBERATIVE or HORTATORY], ὅτι οὐκ ἐσμὲν ὑπὸ νόμον ἀλλὰ ὑπὸ χάριν; (ἁμαρτάνω= I sin)
    Therefore, what? Should we sin/Let us sin, because we are not under the law, but under grace?

12. John 19:36 ἐγένετο γὰρ ταῦτα ἵνα ἡ γραφὴ πληρωθῇ, [APS3S—PURPOSE]
    For these things happened in order that the Scripture would be fulfilled.

13. Rom 14:9 εἰς τοῦτο γὰρ Χριστὸς ἀπέθανεν καὶ ἔζησεν, ἵνα καὶ νεκρῶν καὶ ζώντων κυριεύσῃ. [AAS3S—PURPOSE] (κυριεύω= I rule over [gen.d.o.])
    For Christ died for this and he lived, in order that also he would rule over the dead and the living.

14. 1 John 3:11 αὕτη ἐστὶν ἡ ἀγγελία ἣν ἠκούσατε ἀπ' ἀρχῆς, ἵνα ἀγαπῶμεν [PAS1P—PURPOSE or INDIRECT STATEMENT] ἀλλήλους, (ἡ ἀγγελία= message)
    This is the message, which you heard from the beginning, that we (should) love one another.

15. Rev 8:6b ἑπτὰ ἄγγελοι οἱ ἔχοντες τὰς ἑπτὰ σάλπιγγας ἡτοίμασαν αὐτοὺς ἵνα σαλπίσωσιν. [AAS3P--PURPOSE] (ἡ σάλπιγξ,-ιγγος= trumpet; σαλπίζω= I sound the trumpet)
    Seven angles that were having the seven trumpets prepared them, in order they would sound the trumpet.

16. Matt 12:14 ἐξελθόντες δὲ οἱ Φαρισαῖοι συμβούλιον ἔλαβον κατ' αὐτοῦ ὅπως αὐτὸν ἀπολέσωσιν. [AAS3P—PURPOSE] (τὸ συμβούλιον= held a meeting; ἀπολλυμι= I destroy [2nd Aor. ἀπολε-])
    And, after going out, the Pharisees had a meeting against him, in order that they would destroy him.

17. Matt 8:17 ὅπως πληρωθῇ [APS3S—PURPOSE] τὸ ῥηθὲν διὰ Ἠσαΐου τοῦ προφήτου λέγοντος, Αὐτὸς τὰς ἀσθενείας ἡμῶν ἔλαβεν καὶ τὰς νόσους ἐβάστασεν. (τὸ ῥηθὲν= "that which was spoken"; ἡ ἀσθενεία= weakness; ἡ νόσος= illness; βαστάζω= I take up, carry)

In order that that which was spoken through Isaiah the Prophet would be fulfilled, saying, "He took our weaknesses and bore the/our illnesses."

18. Matt 23:8 ὑμεῖς δὲ μὴ κληθῆτε, [APS2P—PROHIBITION] Ῥαββί· εἷς γάρ ἐστιν ὑμῶν ὁ διδάσκαλος, πάντες δὲ ὑμεῖς ἀδελφοί ἐστε. (μὴ κληθῆτε= "Don't be called...!")

But <u>you</u> should not be called "Rabbi"; for there is one teacher of you, and <u>you</u> all are brothers.

22E. SENTENCES

1. 1 John 5:3 αὕτη γάρ ἐστιν ἡ ἀγάπη τοῦ θεοῦ, ἵνα τὰς ἐντολὰς αὐτοῦ τηρῶμεν, καὶ αἱ ἐντολαὶ αὐτοῦ βαρεῖαι οὐκ εἰσίν. (βαρύς,-εῖα,-ύ= difficult)

For this is the love of God, that we (would) keep his commandments, and his commandments are not difficult.

2. Rev 6:3 Καὶ ὅτε ἤνοιξεν τὴν σφραγῖδα τὴν δευτέραν, ἤκουσα τοῦ δευτέρου ζῴου λέγοντος, Ἔρχου. (ἡ σφραγίς,-ῖδος= seal; τὸ ζῷον= living creature; Ἔρχου= "Come!")

And when he opened the second seal, I heard the second living creature saying, "Come."

3. Mark 12:21 καὶ ὁ δεύτερος ἔλαβεν αὐτήν καὶ ἀπέθανεν μὴ καταλιπὼν σπέρμα· (καταλείπω= I leave)

And the second one took her (as a wife) and died, after having not left an offspring/child.

4. Luke 24:21a ἡμεῖς δὲ ἠλπίζομεν ὅτι αὐτός ἐστιν ὁ μέλλων λυτροῦσθαι τὸν Ἰσραήλ. (ἐλπίζω= I hope; μέλλω= I am about to; λυτρούσθαι= "to redeem")

But <u>we</u> were hoping that <u>he</u> was the one about to redeem Israel.

5. John 8:51 ἀμὴν ἀμὴν λέγω ὑμῖν, ἐάν τις τὸν ἐμὸν λόγον τηρήσῃ, θάνατον οὐ μὴ θεωρήσῃ εἰς τὸν αἰῶνα.

Truly, truly I say to you, if someone keeps my word, he/she will never ever see death into the age (i.e. forever).

6. John 12:21 οὗτοι οὖν προσῆλθον Φιλίππῳ τῷ ἀπὸ Βηθσαϊδὰ τῆς Γαλιλαίας, καὶ ἠρώτων αὐτὸν λέγοντες, Κύριε, θέλομεν τὸν Ἰησοῦν ἰδεῖν. (θέλω= I want; ἰδεῖν= "to see")

Therefore, these came to Philip, the one from Bethsaida of Galilee, and they were asking him saying, "Master, we want to see Jesus."

7. John 14:3b καὶ παραλήμψομαι ὑμᾶς πρὸς ἐμαυτόν, ἵνα ὅπου εἰμὶ ἐγὼ καὶ ὑμεῖς ἦτε.

And I will take along you to myself, in order that, where <u>I</u> am, <u>you</u> would also be.

8. John 8:18 ἐγώ εἰμι ὁ μαρτυρῶν περὶ ἐμαυτοῦ καὶ μαρτυρεῖ περὶ ἐμοῦ ὁ πέμψας με πατήρ.

<u>I</u> am the one testifying concerning myself and the one that sent me, Father, testifies concerning me.

9. John 11:15 καὶ χαίρω δι' ὑμᾶς ἵνα πιστεύσητε, ὅτι οὐκ ἤμην ἐκεῖ· ἀλλὰ ἄγωμεν πρὸς αὐτόν.

   And I rejoice on account of you, (in order) that you would believe, because/that I was not there. But, let us go to him.

10. Luke 1:15 ἔσται γὰρ μέγας ἐνώπιον [τοῦ] κυρίου, καὶ οἶνον καὶ σίκερα οὐ μὴ πίῃ, καὶ πνεύματος ἁγίου πλησθήσεται ἔτι ἐκ κοιλίας μητρὸς αὐτοῦ, (ὁ οἶνος= wine; τὸ σίκερα= alcohol; πλησθήσεται= "he will be full"; ἡ κοιλία= womb)

   For he will be great before the Lord, and he will never ever drink both wine or alcohol, and he will be full of the Holy Spirit (while) yet from/in the womb of his mother.

11. Luke 2:15 Καὶ ἐγένετο ὡς ἀπῆλθον ἀπ' αὐτῶν εἰς τὸν οὐρανὸν οἱ ἄγγελοι, οἱ ποιμένες ἐλάλουν πρὸς ἀλλήλους, Διέλθωμεν δὴ ἕως Βηθλέεμ καὶ ἴδωμεν τὸ ῥῆμα τοῦτο τὸ γεγονὸς ὃ ὁ κύριος ἐγνώρισεν ἡμῖν. (ὁ ποιμήν,-ένος= shepherd; γνωρίζω= I make known)

   And it happened as the angels departed from them into heaven (that) the shepherds were speaking to one another, "Let us go through indeed until Bethlehem and let us see this word/matter that has occurred, which the Lord made known to us."

12. Acts 2:37 Ἀκούσαντες δὲ <u>κατενύγησαν τὴν καρδίαν</u> εἶπόν τε πρὸς τὸν Πέτρον καὶ τοὺς λοιποὺς ἀποστόλους, Τί ποιήσωμεν, ἄνδρες ἀδελφοί; (κατενύγησαν τὴν καρδίαν= "they were cut to heart")

   And, after hearing, they were cut to heart, and said to Peter and the rest of the apostles, "What should we do, brethren men?"

13. John 14:10 οὐ πιστεύεις ὅτι ἐγὼ ἐν τῷ πατρὶ καὶ ὁ πατὴρ ἐν ἐμοί ἐστιν; τὰ ῥήματα ἃ ἐγὼ λέγω ὑμῖν ἀπ' ἐμαυτοῦ οὐ λαλῶ, ὁ δὲ πατὴρ ἐν ἐμοὶ μένων ποιεῖ τὰ ἔργα αὐτοῦ.

   Don't you believe that <u>I</u> (am) in the Father and the Father is in me? (yes!) The words that <u>I</u> say to you I do not speak from myself, but the Father remaining in me does/performs his works.

14. 1 Pet 3:18 ὅτι καὶ Χριστὸς ἅπαξ περὶ ἁμαρτιῶν ἔπαθεν, δίκαιος ὑπὲρ ἀδίκων, ἵνα ὑμᾶς προσαγάγῃ τῷ θεῷ θανατωθεὶς μὲν σαρκὶ ζωοποιηθεὶς δὲ πνεύματι· (ἅπαξ= once; θανατόω= I kill; ἄδικος,-ον= unrighteous; προσάγω= I lead to; θανατόω= I kill; ζωοποιέω= I make alive)

   That also Christ died for sins once, a righteous person on behalf of unrighteous ones, in order that he would lead you to God, on the one hand, having been killed with respect to the flesh [*dative of respect*], but on the other hand, having been made alive with respect to the Spirit.

15. 1 Cor 14:21-22 ἐν τῷ νόμῳ γέγραπται ὅτι Ἐν <u>ἑτερογλώσσοις</u> καὶ ἐν <u>χείλεσιν</u> ἑτέρων λαλήσω τῷ λαῷ τούτῳ καὶ οὐδ' οὕτως <u>εἰσακούσονταί</u> μου, λέγει κύριος. 22 <u>ὥστε</u> αἱ <u>γλῶσσαι</u> εἰς σημεῖόν εἰσιν οὐ τοῖς πιστεύουσιν ἀλλὰ τοῖς <u>ἀπίστοις</u>, ἡ δὲ <u>προφητεία</u> οὐ τοῖς ἀπίστοις ἀλλὰ τοῖς πιστεύουσιν. (ἑτερόγλωσσος,-ον= other tongue; τὸ χεῖλος,-ους= lips; εἰσακούω= I listen, obey [*with genitive*]; ὥστε= so then; ἡ γλῶσσα=tongue; ὁ ἄπιστος= unbeliever; ἡ προφητεία= prophecy)

   In the law it has been written, "In other tongues and in the lips of others I will speak to this people and not even thus will they hear me," says the Lord. 22 Therefore, tongues are for a sign not for the ones that are believing but for the unbelievers, but prophecy is not (a sign) for unbelievers but for believers. [*Notice that these last two sets of datives may be datives of respect.*]

16. John 5:37-38 καὶ ὁ πέμψας με πατὴρ ἐκεῖνος μεμαρτύρηκεν περὶ ἐμοῦ. οὔτε φωνὴν αὐτοῦ πώποτε ἀκηκόατε οὔτε εἶδος αὐτοῦ ἑωράκατε, 38 καὶ τὸν λόγον αὐτοῦ οὐκ ἔχετε ἐν ὑμῖν μένοντα, ὅτι ὃν ἀπέστειλεν ἐκεῖνος, τούτῳ ὑμεῖς οὐ πιστεύετε. (πώποτε= ever; τὸ εἶδος= image)

And the Father that sent me, that one has testified concerning me. You have neither ever heard his voice nor seen his image, 38 and you do not have his word remaining in you, because him whom that one [i.e. the Father] sent, you don't believe in this one.

17. 1 Cor 1:21-24 <u>ἐπειδὴ</u> γὰρ ἐν τῇ σοφίᾳ τοῦ θεοῦ οὐκ ἔγνω ὁ κόσμος διὰ τῆς σοφίας τὸν θεόν, <u>εὐδόκησεν</u> ὁ θεὸς διὰ τῆς <u>μωρίας</u> τοῦ <u>κηρύγματος σῶσαι</u> τοὺς πιστεύοντας·22 <u>ἐπειδὴ</u> καὶ Ἰουδαῖοι σημεῖα αἰτοῦσιν καὶ Ἕλληνες σοφίαν ζητοῦσιν, 23 ἡμεῖς δὲ κηρύσσομεν Χριστὸν <u>ἐσταυρωμένον</u>, Ἰουδαίοις μὲν <u>σκάνδαλον</u>, ἔθνεσιν δὲ μωρίαν, 24 αὐτοῖς δὲ τοῖς <u>κλητοῖς</u>, Ἰουδαίοις τε καὶ Ἕλλησιν, Χριστὸν θεοῦ δύναμιν καὶ θεοῦ σοφίαν·

<u>Verse 21</u>: ἐπειδὴ= since; εὐδοκέω= I am pleased; ἡ μωρία= foolishness; τὸ κήρυγμα= proclamation; σῶσαι= "to save"
<u>Verse 22</u>: ἐπειδὴ= since; Ἕλληνες= "Greeks";
<u>Verse 23</u>: σταυρόω= I crucify; τὸ σκάνδαλον= offense, scandal; ἡ μωρία= foolishness
<u>Verse 24</u>: κλητός,-ή,-όν= called;

For since in the wisdom of God the world through wisdom did not know God, God was well-pleased through the foolishness of the proclamation to save the ones that are believing; 22 since both Jews demand signs, and Greeks seek wisdom, 23 but we preach Christ having been crucified, (that is) on the one hand, for the Jews an offense, and on the other hand, for the Greeks foolishness, 24 but to them that are called, both Jews and Greeks, Christ is the power of God and the wisdom of God.

18. 1 Cor 1:27-31 ἀλλὰ τὰ <u>μωρὰ</u> τοῦ κόσμου <u>ἐξελέξατο</u> ὁ θεός, ἵνα <u>καταισχύνῃ</u> τοὺς σοφούς, καὶ τὰ ἀσθενῆ τοῦ κόσμου <u>ἐξελέξατο</u> ὁ θεός, ἵνα <u>καταισχύνῃ</u> τὰ <u>ἰσχυρά</u>, 28 καὶ τὰ <u>ἀγενῆ</u> τοῦ κόσμου καὶ τὰ <u>ἐξουθενημένα</u> ἐξελέξατο ὁ θεός, τὰ μὴ ὄντα, ἵνα τὰ ὄντα <u>καταργήσῃ</u>, 29 ὅπως μὴ καυχήσηται πᾶσα σὰρξ ἐνώπιον τοῦ θεοῦ. 30 ἐξ αὐτοῦ δὲ ὑμεῖς ἐστε ἐν Χριστῷ Ἰησοῦ, ὃς ἐγενήθη σοφία ἡμῖν ἀπὸ θεοῦ, δικαιοσύνη τε καὶ <u>ἁγιασμὸς</u> καὶ <u>ἀπολύτρωσις</u>, 31 ἵνα καθὼς γέγραπται, Ὁ <u>καυχώμενος</u> ἐν κυρίῳ <u>καυχάσθω.</u>

<u>Verse 27</u>: μωρός,-ά,-όν= foolish; ἐκλέγομαι= I choose; καταισχύνω= I shame; ἰσχυρός,-ά,-όν= strong
<u>Verse 28</u>: ἀγενής,-ές= low-born; ἐξουθενέω= I despise; καταργέω= I abolish
<u>Verse 29</u>: ὁ ἁγιασμός= sanctification; ἡ ἀπολύτρωσις= redemption
<u>Verse 30</u>: καυχάομαι= I boast; καυχάσθω= "let him boast"

But God chose the foolish things of the world, in order to shame the wise, and God chose the weak things of the world in order to shame the strong things, 28 and God chose the low-born things of the world and the things having been despised, that is the things not being, in order to abolish the things that are, 29 in order that every flesh/person would have no boast before God. 30 And you were from Him in Christ Jesus, who became wisdom for us from God, and righteousness and sanctification and redemption, 31 in order that (it would be) as it has been written, "Let the one boasting boast in the Lord."

22F. READING

All of 2 John. Use your GNT.

<u>Verse 1</u>: ἐκλεκτός,-ή,-όν= called; ἡ κυρία= lady
<u>Verse 3</u>: τὸ ἔλεος= mercy
<u>Verse 4</u>: λίαν= very; ὁ πλάνος= deceiver; ὁμολογέω= I testify
<u>Verse 8</u>: βλέπετε= "watch!"; ἵνα μὴ ἀπολέσητε ἅ εἰργασάμεθα ἀλλὰ μισθὸν πλήρη ἀπολάβητε= "in order that you not
    destroy which things we worked for, but might receive a full reward."
<u>Verse 9</u>: ἡ διδαχή= teaching
<u>Verse 10</u>: μὴ λαμβάνετε. . .χαίρειν αὐτῷ μὴ λέγετε.= "Don't receive. . .don't speak to greet him."
<u>Verse 11</u>: λέγω χαίρειν= "Speak a greeting"; κοινωνέω= I join with (dat. d.o.)
<u>Verse 12</u>: γράφειν= "to write"; βουλέομαι= I desire; διὰ χάρτου καὶ μέλανος= "through paper and ink"; ἐλπίζω= I hope;
    γενέσθαι= "to come"; λαλῆσαι= "to speak"
<u>Verse 13</u>: ἀσπάζομαι= I greet

Translation from NASB95

[1] The elder to the chosen lady and her children, whom I love in truth; and not only I, but also all who know the truth, [2] for the sake of the truth which abides in us and will be with us forever: [3] Grace, mercy and peace will be with us, from God the Father and from Jesus Christ, the Son of the Father, in truth and love. [4] I was very glad to find some of your children walking in truth, just as we have received commandment to do from the Father. [5] Now I ask you, lady, not as though I were writing to you a new commandment, but the one which we have had from the beginning, that we love one another. [6] And this is love, that we walk according to His commandments. This is the commandment, just as you have heard from the beginning, that you should walk in it. [7] For many deceivers have gone out into the world, those who do not acknowledge Jesus Christ as coming in the flesh. This is the deceiver and the antichrist. [8] Watch yourselves, that you do not lose what we have accomplished, but that you may receive a full reward. [9] Anyone who goes too far and does not abide in the teaching of Christ, does not have God; the one who abides in the teaching, he has both the Father and the Son. [10] If anyone comes to you and does not bring this teaching, do not receive him into your house, and do not give him a greeting; [11] for the one who gives him a greeting participates in his evil deeds. [12] Though I have many things to write to you, I do not want to do so with paper and ink; but I hope to come to you and speak face to face, so that your joy may be made full. [13] The children of your chosen sister greet you.

Exercises Ch. 23 Answer Key and Guide

23A. Overview

Consult GRAMMAR CHAPTER 23 if you have difficulty answering these overview questions.

23B. Vocabularies 23, 10, and 3

Review the vocabulary words and/or consult the VOCABULARY: 20 TIMES OR MORE.

23C. Review

Translate these sentences with Subjunctives and identify the specific Subjunctive Construction. Be able to parse each Subjunctive verb form.

1. Acts 8:15 οἵτινες καταβάντες προσηύξαντο περὶ αὐτῶν ὅπως λάβωσιν [AAS3P—PURPOSE STATEMENT] πνεῦμα ἅγιον·

   …who, after coming down, prayed concerning them in order that they would receive [the] Holy Spirit.

2. Luke 8:22c Διέλθωμεν [AAS1P—HORTATORY SUBJUNCTIVE] εἰς τὸ πέραν τῆς λίμνης, καὶ ἀνήχθησαν. (πέραν= near; ἡ λίμνη= lake; ἀνάγω= I go up; I put out to sea)

   "Let us go through into the near [side] of the lake," and they went up.

3. John 11:16 εἶπεν οὖν Θωμᾶς ὁ λεγόμενος Δίδυμος τοῖς συμμαθηταῖς, Ἄγωμεν [PAS1P—HORTATORY SUBJUNCTIVE] καὶ ἡμεῖς ἵνα ἀποθάνωμεν [AAS1P—PURPOSE STATEMENT] μετ' αὐτοῦ. (ὁ συμμαθητής= fellow disciple)

   Therefore, Thomas, the one being called Didymus, said to the fellow disciples, "Let <u>us</u> also go, in order that we would die with him."

4. Heb 4:11a σπουδάσωμεν [AAS1P—HORTATORY SUBJUNCTIVE] οὖν εἰσελθεῖν εἰς ἐκείνην τὴν κατάπαυσιν, (σπουδάζω= I hasten; εἰσελθεῖν= "to enter"; ἡ κατάπαυσις= rest)

   Therefore, let us hasten to enter into that rest.

5. John 6:5b Πόθεν ἀγοράσωμεν [AAS1P—DELIBERATIVE QUESTION] ἄρτους ἵνα φάγωσιν [AAS3P—PURPOSE STATEMENT] οὗτοι; (πόθεν= where?; ἀγοράζω= I buy)

   From where should we buy breads in order that these people would eat?

6. John 8:12b οὐ μὴ περιπατήσῃ [AAS3S—EMPHATIC NEGATION] ἐν τῇ σκοτίᾳ, ἀλλ' ἕξει τὸ φῶς τῆς ζωῆς. (ἡ σκοτία= darkness)

   He shall in no way walk in the darkness, but he will have the light of life.

7. Heb 3:8 μὴ σκληρύνητε [AAS2P—PROHIBITION] τὰς καρδίας ὑμῶν. . . (σκληρύνω= I harden)

   Don't harden your hearts!

8. John 2:25a οὐ χρείαν εἶχεν ἵνα τις μαρτυρήσῃ [AAS3S—NOUN CLAUSE *explaining the content of the "need"*] περὶ τοῦ ἀνθρώπου·

   He was not having a need that someone should testify concerning humanity.

9. 1 John 5:13a Ταῦτα ἔγραψα ὑμῖν ἵνα εἰδῆτε [RAS2P—PURPOSE STATEMENT; *notice this is a Perfect Subjunctive form on the irregularly formed verb οἶδα]* ὅτι ζωὴν ἔχετε αἰώνιον,

I wrote these things to you in order that you would see that you have eternal life.

10. Luke 1:15b καὶ οἶνον καὶ σίκερα οὐ μὴ πίῃ [AAS3S—EMPHATIC NEGATION], (ὁ οἶνος= wine; τὸ σίκερα= alcohol)

And wine and alcohol he will never ever drink [*or, "in no way will drink"*].

11. Matt 24:35 ὁ οὐρανὸς καὶ ἡ γῆ παρελεύσεται, οἱ δὲ λόγοι μου οὐ μὴ παρέλθωσιν [AAS3P—EMPHATIC NEGATION]. (παρέρχομαι= I pass away)

Heaven and earth will pass away, but my words will never ever pass away.

12. 1 Cor 9:15b οὐκ ἔγραψα δὲ ταῦτα, ἵνα οὕτως γένηται [ADS3S—PURPOSE STATEMENT] ἐν ἐμοί·

But I did not write these things in order that it would become thus [as I have described] in me [for me].

13. Acts 27:42a τῶν δὲ στρατιωτῶν βουλὴ ἐγένετο ἵνα τοὺς δεσμώτας ἀποκτείνωσιν [AAS3P—PURPOSE STATEMENT], (ὁ στρατιωτός= soldier; ἡ βουλὴ= plan; ὁ δεσμώτης= prisoner)

And there was a plan of the soldiers in order that they would kill the prisoners

14. 2 John 1:6b αὕτη ἡ ἐντολή ἐστιν, καθὼς ἠκούσατε ἀπ' ἀρχῆς, ἵνα ἐν αὐτῇ περιπατῆτε [PAS2P—NOUN CLAUSE *or possibly* PURPOSE STATEMENT].

This is the commandment, as you heard from the beginning, [in order] that you should walk in it.

15. Matt 16:20 τότε διεστείλατο τοῖς μαθηταῖς ἵνα μηδενὶ εἴπωσιν [AAS3P—INDIRECT STATEMENT *with some element of* PURPOSE] ὅτι αὐτός ἐστιν ὁ Χριστός. (διαστέλλομαι= I order, command)

Then he commanded the disciples that they should say to nobody that <u>he</u> is the Christ.

23D. FOCUS

I. Parse these Infinitives.

		Tense	Voice	Mood	Lexical Form & Meaning
1.	ἀποστέλλεσθαι	P	M/P	N	ἀποστέλλω = I send
2.	ἔρχεσθαι	P	D	N	ἔρχομαι = I come/go
3.	βληθῆναι	A	P	N	βάλλω = I throw
4.	βλέψαι	A	A	N	βλέπω = I see
5.	ἀποθανεῖν	2A	A	N	ἀποθνήσκω = I die
6.	ἀγαπᾶν	P	A	N	ἀγαπάω = I love
7.	διδάσκειν	P	A	N	διδάσκω = I teach
8.	ἰδεῖν	2A	A	N	ὁράω = I see
9.	καλέσαι	A	A	N	καλέω = I call
10.	ἀποκριθῆναι	A	D	N	ἀποκρίνομαι = I answer

II. Translate these sentences with Infinitives working with verbs.

1. Matt 10:34b οὐκ ἦλθον βαλεῖν εἰρήνην ἀλλὰ μάχαιραν. (ἡ μάχαιρα= sword)

I did not come to cast/bring peace but (to bring) a sword.

2. Matt 10:35a ἦλθον γὰρ διχάσαι ἄνθρωπον κατὰ τοῦ πατρὸς αὐτοῦ. (διχάζω= I divide)

For I came to divide a person against his father.

3. Matt 11:7a Τί ἐξήλθατε εἰς τὴν ἔρημον θεάσασθαι; (θεάομαι= I see)

What did you come out in the desert to see?

4. John 12:39a διὰ τοῦτο οὐκ ἠδύναντο πιστεύειν.

On account of this they were not able to believe.

5. 1 Thess 3:4b προελέγομεν ὑμῖν ὅτι μέλλομεν θλίβεσθαι, (θλίβω= I afflict)

I was speaking before to you that we are about to be afflicted,

6. Matt 11:8 ἀλλὰ τί ἐξήλθατε ἰδεῖν;

But what did you go out to see?

7. John 10:16b κἀκεῖνα δεῖ με ἀγαγεῖν καὶ τῆς φωνῆς μου ἀκούσουσιν,

And it is necessary for me to lead [AAN from ἄγω] these ones [*sheep* in context] and they will hear my voice,

8. John 13:5b καὶ ἤρξατο νίπτειν τοὺς πόδας τῶν μαθητῶν (νίπτω= I wash)

And he began to wash the feet of the disciples

9. John 13:33b Ὅπου ἐγὼ ὑπάγω ὑμεῖς οὐ δύνασθε ἐλθεῖν

Where <u>I</u> am going <u>you</u> are not able to come

10. John 10:35b καὶ οὐ δύναται λυθῆναι ἡ γραφή

And the Scripture is not able to be loosened [i.e. broken]

11. John 19:7b καὶ κατὰ τὸν νόμον ὀφείλει ἀποθανεῖν (ὀφείλω=I ought)

And according to the Law he ought to die

12. John 8:40a νῦν δὲ ζητεῖτέ με ἀποκτεῖναι

But now you are seeking to kill me

13. Luke 1:22a ἐξελθὼν δὲ οὐκ ἐδύνατο λαλῆσαι αὐτοῖς

But after going out, he was not able to speak to them

14. Luke 8:37a καὶ ἠρώτησεν αὐτὸν ἅπαν τὸ πλῆθος . . . ἀπελθεῖν ἀπ' αὐτῶν, (ἅπαν= whole; τὸ πλῆθος= multitude)

And the whole multitude asked him to go away from them,

15. Acts 20:35c αὐτὸς εἶπεν, Μακάριόν ἐστιν μᾶλλον διδόναι ἢ λαμβάνειν. (μᾶλλον= more; διδόναι= "to give"; ἢ= than)

<u>He</u> said, "It is more blessed to give than to receive."

16. Matt 13:3 καὶ ἐλάλησεν αὐτοῖς πολλὰ ἐν παραβολαῖς λέγων, Ἰδοὺ ἐξῆλθεν ὁ σπείρων τοῦ σπείρειν.

And he said to them many things in parables saying, "Behold the one sowing went out in order to sow."

III. Translate these Infinitives with prepositions and conjunctions.

1. Luke 3:21 Ἐγένετο δὲ ἐν τῷ βαπτισθῆναι ἅπαντα τὸν λαόν. . . (ἅπαντα= all)

And it happened while [*"when" may work better here*] **all the people were baptized...**

2. Luke 14:1a Καὶ ἐγένετο ἐν τῷ ἐλθεῖν αὐτὸν εἰς οἶκόν τινος...

And it happened while [*"when" may work better here*] **he came into the house of a certain man...**

3. Rom 4:18b εἰς τὸ γενέσθαι αὐτὸν πατέρα πολλῶν ἐθνῶν. . .

In order that he would become a father of many nations...

4. 1 Cor 10:6b εἰς τὸ μὴ εἶναι ἡμᾶς ἐπιθυμητὰς κακῶν, . . . (ὁ ἐπιθυμητής= one desirous)

In order that we would not be desirous of evils, ...

5. Matt 13:6b καὶ διὰ τὸ μὴ ἔχειν ῥίζαν ἐξηράνθη. (ἡ ῥίζα= root; ἐξηράνθη= "it dried up")

And because (it) was not having a root, it dried up.

6. Luke 2:27 καὶ ἐν τῷ εἰσαγαγεῖν τοὺς γονεῖς τὸ παιδίον Ἰησοῦν. . .

And while the parents were leading in the child Jesus...

7. Matt 6:8b οἶδεν γὰρ ὁ πατὴρ ὑμῶν ὧν χρείαν ἔχετε πρὸ τοῦ ὑμᾶς αἰτῆσαι αὐτόν.

For your Father knows of which you have need before you ask him.

8. Luke 5:12a Καὶ ἐγένετο ἐν τῷ εἶναι αὐτὸν ἐν μιᾷ τῶν πόλεων. . ..

And it happened while he was in one of the cities...

9. 1 Pet 1:21b ὥστε τὴν πίστιν ὑμῶν καὶ ἐλπίδα εἶναι εἰς θεόν.

So that your faith and hope are in God.

10. 2 Cor 1:4b εἰς τὸ δύνασθαι ἡμᾶς παρακαλεῖν τοὺς ἐν πάσῃ θλίψει. . .

In order that you would be able to comfort those in every affliction...

11. Luke 22:15b ἐπεθύμησα τοῦτο τὸ πάσχα φαγεῖν μεθ' ὑμῶν πρὸ τοῦ με παθεῖν· (ἐπιθυμέω= I desire; τὸ πάσχα= Passover)

I desired to eat this Passover with you before I suffered;

12. Acts 1:3b παρέστησεν ἑαυτὸν ζῶντα μετὰ τὸ παθεῖν αὐτὸν ἐν πολλοῖς τεκμηρίοις, (παρέστησεν= "he presented"; τὸ τεκμήριον= proof)

He presented himself living after he suffered with/in many signs,

13. Mark 16:19 Ὁ μὲν οὖν κύριος Ἰησοῦς μετὰ τὸ λαλῆσαι αὐτοῖς ἀνελήμφθη εἰς τὸν οὐρανὸν καὶ ἐκάθισεν ἐκ δεξιῶν τοῦ θεοῦ.

Therefore indeed, the Lord Jesus, after he spoke to them, was taken up into heaven and sat at the right of God [*this last prepositional phrase is an idiom—lit. "from the right sides of God"*]

14. Matt 27:14 καὶ οὐκ ἀπεκρίθη αὐτῷ πρὸς οὐδὲ ἓν ῥῆμα, ὥστε θαυμάζειν τὸν ἡγεμόνα λίαν. (ὁ ἡγεμών,-όνος= leader; λίαν= very)

And he did not answer back to him with a single word, so that the leader was very amazed.

15. Matt 5:28 ἐγὼ δὲ λέγω ὑμῖν ὅτι πᾶς ὁ βλέπων γυναῖκα πρὸς τὸ ἐπιθυμῆσαι αὐτὴν ἤδη ἐμοίχευσεν αὐτὴν ἐν τῇ καρδίᾳ αὐτοῦ. (ἐπιθυμέω= I desire; μοιχεύω= to commit adultery with)

But I say to you that every one that watches a woman in order to desire her already committed adultery with her in his heart.

16. Matt 10:1 Καὶ προσκαλεσάμενος τοὺς δώδεκα μαθητὰς αὐτοῦ ἔδωκεν αὐτοῖς ἐξουσίαν πνευμάτων ἀκαθάρτων ὥστε ἐκβάλλειν αὐτὰ καὶ θεραπεύειν πᾶσαν νόσον καὶ πᾶσαν μαλακίαν. (ἔδωκεν= "he gave"; ἀκάθαρτος,-ον= unclean; ἡ νόσος=illness; ἡ μαλακία= infirmity)

And, after calling his twelve disciples, he gave to them authority over unclean spirits so that they could cast them out and heal every illness and every infirmity.

23E. SENTENCES

1. Luke 15:1 Ἦσαν δὲ αὐτῷ ἐγγίζοντες πάντες οἱ τελῶναι καὶ οἱ ἁμαρτωλοὶ ἀκούειν αὐτοῦ. (ὁ τελώνης= tax collector; ὁ ἁμαρτωλός= sinner)

But all the tax collectors and sinners were drawing near to him [in order] to hear him.

2. 2 Cor 2:3a καὶ ἔγραψα τοῦτο αὐτό, ἵνα μὴ ἐλθὼν λύπην σχῶ ἀφ' ὧν ἔδει με χαίρειν (ἡ λύπη= grief)

And I wrote this very thing, in order that I would not, after coming, have grief from (those) whom it was necessary that I (should) rejoice.

3. Luke 12:12 τὸ γὰρ ἅγιον πνεῦμα διδάξει ὑμᾶς ἐν αὐτῇ τῇ ὥρᾳ ἃ δεῖ εἰπεῖν.

For the Holy Spirit will teach you in the very hour which things it is necessary to speak.

4. Matt 12:22 Τότε προσηνέχθη αὐτῷ δαιμονιζόμενος τυφλὸς καὶ κωφός, καὶ ἐθεράπευσεν αὐτόν, ὥστε τὸν κωφὸν λαλεῖν καὶ βλέπειν. (κωφός,-ή,-όν= mute)

Then a blind and mute demon possessed man was brought to him, and he healed him, with the result being that the mute man could speak and see.

5. John 5:30 Οὐ δύναμαι ἐγὼ ποιεῖν ἀπ' ἐμαυτοῦ οὐδέν· καθὼς ἀκούω κρίνω, καὶ ἡ κρίσις ἡ ἐμὴ δικαία ἐστίν, ὅτι οὐ ζητῶ τὸ θέλημα τὸ ἐμὸν ἀλλὰ τὸ θέλημα τοῦ πέμψαντός με.

I am not able to do anything from myself. As I hear, I judge, and my judgment is righteous, because I am not seeking my will but the will of the one that sent me.

6. Rom 7:11-12 ἡ γὰρ ἁμαρτία ἀφορμὴν λαβοῦσα διὰ τῆς ἐντολῆς ἐξηπάτησέν με καὶ δι' αὐτῆς ἀπέκτεινεν. 12 ὥστε ὁ μὲν νόμος ἅγιος καὶ ἡ ἐντολὴ ἁγία καὶ δικαία καὶ ἀγαθή. (ἡ ἀφορμή= opportunity; ἐξαπατάω= I deceive)

For sin, after taking opportunity through the commandment, deceived me and through it [i.e. the commandment] it killed (me). 12 So then indeed the Law is holy and the commandment is holy and righteous and good.

7. Mark 6:34 καὶ ἐξελθὼν εἶδεν πολὺν ὄχλον καὶ ἐσπλαγχνίσθη ἐπ’ αὐτούς, ὅτι ἦσαν ὡς πρόβατα μὴ ἔχοντα ποιμένα, καὶ ἤρξατο διδάσκειν αὐτοὺς πολλά. (ἐσπλαγχνίσθη= "he had compassion"; τὸ πρόβατον= sheep; ὁ ποιμήν,-ένος= shepherd)

And, after going out, he saw a large crowd and he had compassion upon them, because they were as sheep not having a shepherd, and he began to teach them many things.

8. John 4:9a λέγει οὖν αὐτῷ ἡ γυνὴ ἡ Σαμαρῖτις, Πῶς σὺ Ἰουδαῖος ὢν παρ’ ἐμοῦ πεῖν αἰτεῖς γυναικὸς Σαμαρίτιδος οὔσης;

Therefore the Samaritan woman said to him, "How do you, being a Jew, ask to drink from me, being a Samaritan woman?"

9. 1 John 4:20 ἐάν τις εἴπῃ ὅτι Ἀγαπῶ τὸν θεόν καὶ τὸν ἀδελφὸν αὐτοῦ μισῇ, ψεύστης ἐστίν· ὁ γὰρ μὴ ἀγαπῶν τὸν ἀδελφὸν αὐτοῦ ὃν ἑώρακεν, τὸν θεὸν ὃν οὐχ ἑώρακεν οὐ δύναται ἀγαπᾶν. (μισέω= I hate; ὁ ψεύστης= liar)

If someone says, "I love God" and hates his brother, he is a liar. For the one not loving his brother, whom he has seen, is not able to love God whom he has not seen.

10. Luke 1:76 Καὶ σὺ δέ, παιδίον, προφήτης ὑψίστου κληθήσῃ· προπορεύσῃ γὰρ ἐνώπιον κυρίου ἑτοιμάσαι ὁδοὺς αὐτοῦ, (ὑψίστος,-η,-ον= most high; προπορεύομαι= I go forth)

But you also, little child, will be called a prophet of the Most High; for you will go before the Lord (in order) to prepare his ways,

11. Luke 2:4 Ἀνέβη δὲ καὶ Ἰωσὴφ ἀπὸ τῆς Γαλιλαίας ἐκ πόλεως Ναζαρὲθ εἰς τὴν Ἰουδαίαν εἰς πόλιν Δαυίδ ἥτις καλεῖται Βηθλέεμ, διὰ τὸ εἶναι αὐτὸν ἐξ οἴκου καὶ πατριᾶς Δαυίδ, (ἡ πατριά= family)

And also Joseph went up from Galilee from the city of Nazareth into Judea into the city of David, which is called Bethlehem, because he was from the house and family of David.

12. Rom 8:18 Λογίζομαι γὰρ ὅτι οὐκ ἄξια τὰ παθήματα τοῦ νῦν καιροῦ πρὸς τὴν μέλλουσαν δόξαν ἀποκαλυφθῆναι εἰς ἡμᾶς. (λογίζομαι= I consider; τὰ παθήματα=sufferings; μέλλουσαν= "coming" [adjectival participle]; ἀποκαλυφθῆναι= "to be revealed")

For I consider that the sufferings of the now/present time (are) not worthy of the coming glory to be revealed in us.

13. 1 Cor 9:5 μὴ οὐκ ἔχομεν ἐξουσίαν ἀδελφὴν γυναῖκα περιάγειν ὡς καὶ οἱ λοιποὶ ἀπόστολοι καὶ οἱ ἀδελφοὶ τοῦ κυρίου καὶ Κηφᾶς; (περιάγω = I take along)

It's not that we don't have authority to take along a sister [i.e. Christian] (as a) wife as even the rest of the apostles and brothers of the Lord and Cephas (do), is it? (No!)

14. Matt 16:22 καὶ προσλαβόμενος αὐτὸν ὁ Πέτρος ἤρξατο ἐπιτιμᾶν αὐτῷ λέγων, Ἵλεώς σοι, κύριε· οὐ μὴ ἔσται σοι τοῦτο. (προσλαμβάνω= I take aside; ἐπιτιμάω= I rebuke; Ἵλεώς σοι= "God forbid!")

And Peter, after taking him aside, began to rebuke him saying, "God forbid, Lord! This will never ever be/happen to you." [Notice at the end how the future indicative verb ἔσται is functioning like a subjunctive mood verb in an emphatic negation construction.]

15. Mark 7:15 οὐδέν ἐστιν ἔξωθεν τοῦ ἀνθρώπου εἰσπορευόμενον εἰς αὐτὸν ὃ δύναται κοινῶσαι αὐτόν, ἀλλὰ τὰ ἐκ τοῦ ἀνθρώπου ἐκπορευόμενά ἐστιν τὰ κοινοῦντα τὸν ἄνθρωπον. (ἔξωθεν= outside; κοινόω= I defile)

There is nothing outside of the person, while coming into to him, which is able to defile him, but the things (that are) going out from the person are the things (that are) defiling the person.

16. Luke 24:44 Εἶπεν δὲ πρὸς αὐτούς, Οὗτοι οἱ λόγοι μου οὓς ἐλάλησα πρὸς ὑμᾶς ἔτι ὢν σὺν ὑμῖν, ὅτι δεῖ πληρωθῆναι πάντα τὰ γεγραμμένα ἐν τῷ νόμῳ Μωϋσέως καὶ τοῖς προφήταις καὶ ψαλμοῖς περὶ ἐμοῦ.

And he said to them, "These (are) my words, which I spoke to you while yet being with you, that it is necessary to be fulfilled all which has been written in the Law of Moses and the Prophets and Psalms concerning me."

17. Luke 5:17 Καὶ ἐγένετο ἐν μιᾷ τῶν ἡμερῶν καὶ αὐτὸς ἦν διδάσκων, καὶ ἦσαν καθήμενοι Φαρισαῖοι καὶ νομοδιδάσκαλοι οἳ ἦσαν ἐληλυθότες ἐκ πάσης κώμης τῆς Γαλιλαίας καὶ Ἰουδαίας καὶ Ἰερουσαλήμ· καὶ δύναμις κυρίου ἦν εἰς τὸ ἰᾶσθαι αὐτόν. (ἡ κώμη= village; ἰάομαι= I heal)

And it happened on one of the days (that) he was also teaching, and Pharisees and teachers of the law were sitting [there], who had come [*lit. "were having come"—a periphrastic construction with a perfect participle*] from every village of Galilee and Judea and Jerusalem; and the power of the Lord was (present) in order that He heal (people).

18. 1 Thess 4:1 Λοιπὸν οὖν, ἀδελφοί, ἐρωτῶμεν ὑμᾶς καὶ παρακαλοῦμεν ἐν κυρίῳ Ἰησοῦ, ἵνα καθὼς παρελάβετε παρ' ἡμῶν τὸ πῶς δεῖ ὑμᾶς περιπατεῖν καὶ ἀρέσκειν θεῷ, καθὼς καὶ περιπατεῖτε, ἵνα περισσεύητε μᾶλλον. (ἀρέσκω= I please; περισσεύω= I abound; μᾶλλον= more)

Therefore, (here is) the remainder (of the letter), brothers; we ask you and exhort (you) in the Lord Jesus, that as you received from us [*the*] how it is necessary for you to walk/live and to please God, as also you are walking (now), that you abound (even) more. [*Notice how the τό in front of πῶς nominalizes the whole phrase (i.e. makes a noun out of it), essentially providing the content of what the Thessalonians had received from Paul—namely, "how to walk/live and please God".*]

19. Acts 3:12 ἰδὼν δὲ ὁ Πέτρος ἀπεκρίνατο πρὸς τὸν λαόν, Ἄνδρες Ἰσραηλῖται, τί θαυμάζετε ἐπὶ τούτῳ ἢ ἡμῖν τί ἀτενίζετε ὡς ἰδίᾳ δυνάμει ἢ εὐσεβείᾳ πεποιηκόσιν τοῦ περιπατεῖν αὐτόν; (ἤ= or; ἀτενίζω= I look; ἡ εὐσέβεια= godliness)

And, after seeing, Peter answered back to the people, "Israelite Men, why are you marveling at this or why are you gazing at us as (if) by our own power or godliness having made (it come about) that he walks?" [*Notice that is a perfect active participle masculine dative plural agrees with ἡμῖν its governing subject.*]

20. Acts 10:47 Μήτι τὸ ὕδωρ δύναται κωλῦσαί τις τοῦ μὴ βαπτισθῆναι τούτους, οἵτινες τὸ πνεῦμα τὸ ἅγιον ἔλαβον ὡς καὶ ἡμεῖς; (κωλύω= I prevent; τοῦ= "that")

Someone isn't able, is he, to prevent water in order that these people be baptized, who received the Holy Spirit as even we (have)? (No!) [*This question expects a negative answer, and this is one way to translate it to make that clear.*]

21. Matt 8:28 Καὶ ἐλθόντος αὐτοῦ εἰς τὸ πέραν εἰς τὴν χώραν τῶν Γαδαρηνῶν ὑπήντησαν αὐτῷ δύο δαιμονιζόμενοι ἐκ τῶν μνημείων ἐξερχόμενοι, χαλεποὶ λίαν, ὥστε μὴ ἰσχύειν τινὰ παρελθεῖν διὰ τῆς ὁδοῦ ἐκείνης. (ὑπαντάω= I meet [dat. d.o.]; τὸ μνημεῖον= tomb; χαλεπός, ή, όν= strong; λίαν= very; ἰσχύω= I am able)

And, after he came to the near side into the land of the Gadarenes, two demon-possessed men coming out of the tombs met him, (who were) very strong, with the result that no one was able to pass through that road.

22. John 1:48 λέγει αὐτῷ Ναθαναήλ, Πόθεν με γινώσκεις; ἀπεκρίθη Ἰησοῦς καὶ εἶπεν αὐτῷ, Πρὸ τοῦ σε Φίλιππον φωνῆσαι ὄντα ὑπὸ τὴν συκῆν εἶδόν σε. (πόθεν= from where; φωνέω= I call; ἡ συκῆ= fig tree)

Nathanael said to him, "From where do you know me?" Jesus answered back and said to him, "Before Philip called you, while you were under the fig tree, I saw you." [*Notice that it is difficult to know which accusative case word, σε or Φίλιππον, to put as the Subject and direct object—context in this case helps us determine that Philip is the subject and σε or "you" is the direct object.*]

23. Luke 12:1 Ἐν οἷς ἐπισυναχθεισῶν τῶν μυριάδων τοῦ ὄχλου, ὥστε καταπατεῖν ἀλλήλους, ἤρξατο λέγειν πρὸς τοὺς μαθητὰς αὐτοῦ πρῶτον, Προσέχετε ἑαυτοῖς ἀπὸ τῆς ζύμης, ἥτις ἐστὶν ὑπόκρισις, τῶν Φαρισαίων. (καταπατέω= I trample; Προσέχετε= "Watch out!"; ἡ ζύμη= yeast; ἐπισυνάγω= I gather together; ἡ μυριάς, -αδος= thousand)

In which things [*i.e. circumstances*], after myriads of the crowds were gathered together so that they were stepping upon one another, he began to speak to his disciples first, "Watch yourselves from the yeast, which is hypocrisy, of the Pharisees." [*Notice that the opening words Ἐν οἷς show the versatility of relative pronouns, in this case being used as a transitional device—the NIV translates this phrase as "Meanwhile"*]

24. 2 Thess 2:11-12 καὶ διὰ τοῦτο πέμπει αὐτοῖς ὁ θεὸς ἐνέργειαν πλάνης εἰς τὸ πιστεῦσαι αὐτοὺς τῷ ψεύδει, 12 ἵνα κριθῶσιν πάντες οἱ μὴ πιστεύσαντες τῇ ἀληθείᾳ ἀλλὰ εὐδοκήσαντες τῇ ἀδικίᾳ. (ἡ ἐνέργεια= working; ἡ πλάνη= deception; τὸ ψεῦδος,-ους= lie; εὐδοκέω= I am pleased with; ἡ ἀδικία= unrighteousness)

And on account of this God is sending to them a working of deception in order that they would believe the lie, 12 (in order) that all the ones that did not believe the truth but were pleased with unrighteousness would be judged. [*Notice: It is difficult to determine whether the ἵνα in v.12 is appositional in the sense of providing a further dimension or description of divine purpose to judge, or whether the ἵνα initiates a result clause thus indicating consequences of the people under consideration believing the lie.*]

23F. READING

Compare your translations with the NASB95 or NIV.

I. Acts 16:16–21 Paul and the Demon-Possessed Woman Slave.

16 Ἐγένετο δὲ πορευομένων ἡμῶν εἰς τὴν <u>προσευχὴν</u> <u>παιδίσκην</u> τινὰ ἔχουσαν πνεῦμα <u>πύθωνα</u> <u>ὑπαντῆσαι</u> ἡμῖν, ἥτις <u>ἐργασίαν</u> πολλὴν <u>παρεῖχεν</u> τοῖς κυρίοις αὐτῆς <u>μαντευομένη.</u> 17 αὕτη <u>κατακολουθοῦσα</u> τῷ Παύλῳ καὶ ἡμῖν ἔκραζεν λέγουσα, Οὗτοι οἱ ἄνθρωποι δοῦλοι τοῦ θεοῦ τοῦ <u>ὑψίστου</u> εἰσίν, οἵτινες <u>καταγγέλλουσιν</u> ὑμῖν ὁδὸν σωτηρίας. 18 τοῦτο δὲ ἐποίει ἐπὶ πολλὰς ἡμέρας. <u>διαπονηθεὶς</u> δὲ Παῦλος καὶ <u>ἐπιστρέψας</u> τῷ πνεύματι εἶπεν, <u>Παραγγέλλω</u> σοι ἐν ὀνόματι Ἰησοῦ Χριστοῦ ἐξελθεῖν ἀπ' αὐτῆς καὶ ἐξῆλθεν αὐτῇ τῇ ὥρᾳ. 19 ἰδόντες δὲ οἱ κύριοι αὐτῆς ὅτι ἐξῆλθεν ἡ ἐλπὶς τῆς <u>ἐργασίας</u> αὐτῶν, <u>ἐπιλαβόμενοι</u> τὸν Παῦλον καὶ τὸν Σιλᾶν <u>εἵλκυσαν</u> εἰς τὴν <u>ἀγορὰν</u> ἐπὶ τοὺς ἄρχοντας 20 καὶ <u>προσαγαγόντες</u> αὐτοὺς τοῖς <u>στρατηγοῖς</u> εἶπαν, Οὗτοι οἱ ἄνθρωποι <u>ἐκταράσσουσιν</u> ἡμῶν τὴν πόλιν, Ἰουδαῖοι ὑπάρχοντες, 21 καὶ καταγγέλλουσιν <u>ἔθη</u> ἃ οὐκ <u>ἔξεστιν</u> ἡμῖν <u>παραδέχεσθαι</u> οὐδὲ ποιεῖν Ῥωμαίοις οὖσιν.

verse 16: *hint: supply a "that" after* ἐγένετο *and take this to begin an infinitive clause with* παιδίσκην *as the subject;* ἡ προσευχή= prayer; ἡ παιδίσκη= young girl; ὁ πύθων= Python (snake at the Delphic Oracle), i.e., "a fortune-telling spirit"; ὑπαντάω= I meet (dat. d.o.); ἡ ἐργασία= business; παρέχω= I supply; μαντεύομαι= I tell fortunes, predict the future
verse 17: κατακολουθέω= I follow after; ὑψίστος,-η,-ον= most high; καταγγέλλω= I announce
verse 18: διαπονέομαι= I disturb; ἐπιστρέφω= I turn; παραγγέλλω= I command
verse 19: ἡ ἐργασία= business; ἐπιλαμβάνω= I take hold of; ἕλκω= I drag; ἡ ἀγορά= market
verse 20: προσάγω= I lead to; ὁ στρατηγός= soldier; ἐκταράσσω= I stir up
verse 21: τὸ ἔθος,-ους= custom; ἔξεστιν= "are lawful"; παραδέχομαι= I receive; Ῥωμαῖος,-η,-ον= Roman

II. Read directly from the Greek NT: Rom 8:1–18.

verse 1: τὸ κατάκριμα judgment
verse 2: ἐλευθερόω= I set free
verse 3: τὸ ἀδύνατον= inability; ἀσθενέω= I am weak; τὸ ὁμοίωμα= likeness; κατακρίνω= I condemn
verse 4: τὸ δικαίωμα,-ματος= righteous requirement
verse 5: φρονέω= I think about
verse 6: τὸ φρόνημα= thought, purpose
verse 7: διότι= wherefore; ἡ ἔχθρα= enmity; ὑποτάσσομαι= I submit
verse 8: ἀρέσκω= I am pleasing
verse 9: εἴπερ= if; οἰκέω= I dwell
verse 11: οἰκέω= I dwell; ζωοποιέω= I make alive; θνητός,-ή,-όν= mortal; ἐνοικέω= I indwell
verse 12: ὁ ὀφειλέτης= debtor
verse 13: ἡ πρᾶξις= deed; θανατόω= I kill
verse 15: ἡ δουλεία= servitude; ἡ υἱοθεσία= sonship
verse 16: συμμαρτυρέω= I testify with
verse 17: ὁ κληρονόμος= heir; ὁ συγκληρονόμος= co-heir; εἴπερ= if
verse 18: Λογίζομαι= I consider; τὸ πάθημα= suffering; ἀποκαλύπτω= I reveal

EXERCISES CH. 24 ANSWER KEY AND GUIDE

24A. OVERVIEW

Consult GRAMMAR CHAPTER 24 if you have difficulty answering these overview questions.

24B. VOCABULARIES 24, 11, AND 4

Review the vocabulary words and/or consult the VOCABULARY: 20 TIMES OR MORE.

24C. REVIEW

I. Translate these sentences that may contain infinitives with prepositions and conjunctions and <u>parse</u> each Infinitive form.

1. Heb 10:26b μετὰ τὸ λαβεῖν [AAN] τὴν ἐπίγνωσιν τῆς ἀληθείας...

   After you received the knowledge of the truth...

2. Luke 2:27b καὶ ἐν τῷ εἰσαγαγεῖν [AAN] τοὺς γονεῖς τὸ παιδίον Ἰησοῦν. . . (εἰσάγω= I lead in; ὁ γονεύς,-έως= parent)

   And while the parents led in the child, Jesus...

3. Luke 1:21b καὶ ἐθαύμαζον ἐν τῷ χρονίζειν [PAN] ἐν τῷ ναῷ αὐτόν. (χρονίζω= I delay)

   And they were marveling while he was delaying in the temple.

4. Matt 15:30c-31a καὶ ἐθεράπευσεν αὐτούς· 31 ὥστε τὸν ὄχλον θαυμάσαι [AAN]

   And he healed them, 31 so that [with the result that] the crowd marveled.

5. Luke 9:36a καὶ ἐν τῷ γενέσθαι [ADN] τὴν φωνὴν εὑρέθη Ἰησοῦς μόνος.

   And while [or "when"] the voice had come, Jesus was found alone.

6. Acts 19:21b Μετὰ τὸ γενέσθαι [ADN] με ἐκεῖ δεῖ με καὶ Ῥώμην ἰδεῖν [AAN].

   After I had come/been there, it was necessary for me also to see Rome.

7. 2 Cor 1:4b εἰς τὸ δύνασθαι [PDN] ἡμᾶς παρακαλεῖν [PAN] τοὺς ἐν πάσῃ θλίψει...

   in order that we would be able to comfort the ones in every affliction...

8. Luke 14:1a Καὶ ἐγένετο ἐν τῷ ἐλθεῖν [AAN] αὐτὸν εἰς οἶκόν τινος τῶν ἀρχόντων...

   And it happened while/when he came into the house of a certain man of the ruling ones...

9. Gal 2:12a πρὸ τοῦ γὰρ ἐλθεῖν [AAN] τινας ἀπὸ Ἰακώβου μετὰ τῶν ἐθνῶν συνήσθιεν·

   For before certain men from Jacob/James came, he ate with the Gentiles.

10. Matt 19:5b-6a καὶ ἔσονται οἱ δύο εἰς σάρκα μίαν. 6 ὥστε οὐκέτι εἰσὶν δύο ἀλλὰ σὰρξ μία.

    And the two will be one flesh. 6 Therefore, they are no longer two but one flesh. [*Note: εἰς σάρκα is an idiom; also ὥστε with the Indicative Mood verb is marked +conclusion*].

11. Luke 17:14b καὶ ἐγένετο ἐν τῷ ὑπάγειν [PAN] αὐτοὺς ἐκαθαρίσθησαν.

    And it happened, while they were departing, (that) they were cleansed.

12. Gal 3:23a πρὸ τοῦ δὲ ἐλθεῖν [AAN] τὴν πίστιν ὑπὸ νόμον ἐφρουρούμεθα (φρουρέω= I am kept)
And before faith came, we were being kept under law.

13. Mark 14:28 ἀλλὰ μετὰ τὸ ἐγερθῆναί [APN] με προάξω ὑμᾶς εἰς τὴν Γαλιλαίαν.
But after I am raised, I will go before you into Galilee.

14. Καὶ ἐγένετο ἐν τῷ αὐτὸν πορεύεσθαι [PDN] εἰς Ἰερουσαλήμ. . . (cf. Luke 17:11)
And it happened while he was going into Jerusalem...

15. Acts 1:3a παρέστησεν ἑαυτὸν ζῶντα μετὰ τὸ παθεῖν αὐτὸν ἐν πολλοῖς τεκμηρίοις, (τὸ
τεκμήριον= proof)
He presented himself living, after he suffered, with many proofs,

II. Translate these Infinitives working with verbs and underline parse each infinitive.

1. Matt 11:9a ἀλλὰ τί ἐξήλθατε ἰδεῖν [AAN]; **But, what did you go out to see?**

2. Luke 13:26a τότε ἄρξεσθε λέγειν [PAN]. . . , **Then he began to say…,**

3. Luke 10:1c ἤμελλεν αὐτὸς ἔρχεσθαι [PDN]. **He was about to go.**

4. Matt 9:13b οὐ γὰρ ἦλθον καλέσαι [AAN] δικαίους ἀλλὰ ἁμαρτωλούς.
For I did not come to call righteous people but sinners.

5. Matt 13:3b Ἰδοὺ ἐξῆλθεν ὁ σπείρων τοῦ σπείρειν [PAN].
Behold the one sowing went out (in order) to sow.

6. Matt 8:29b ἦλθες ὧδε πρὸ καιροῦ βασανίσαι [AAN] ἡμᾶς; (ὧδε= here; βασανίζω= I torment)
Did you come here before (the time) in order to torment us?

7. John 15:5b χωρὶς ἐμοῦ οὐ δύνασθε ποιεῖν [PAN] οὐδέν. (χωρὶς=without; *with genitive*)
Without me you are not able to do anything. [*Note: Greek will use double or even triple
negatives! But, in English we do not.*]

8. Luke 24:44b ὅτι δεῖ πληρωθῆναι [APN] πάντα τὰ γεγραμμένα ἐν τῷ νόμῳ Μωϋσέως. . .
**Because it is necessary for all things (that are) having been written in the Law of Mo-
ses to be fulfilled...**

9. John 16:12 Ἔτι πολλὰ ἔχω ὑμῖν λέγειν[PAN], ἀλλ' οὐ δύνασθε βαστάζειν [PAN] ἄρτι· (βαστάζω=
I endure; ἄρτι= now)
I have yet many things to say to you, but you are not able to endure (them) now;

10. Matt 5:17 Μὴ νομίσητε ὅτι ἦλθον καταλῦσαι [AAN] τὸν νόμον ἢ τοὺς προφήτας· οὐκ ἦλθον
καταλῦσαι [AAN] ἀλλὰ πληρῶσαι [AAN]. (Μὴ νομίσητε= "Don't think!"; καταλύω= I destroy)
**Do not think that I came to destroy the Law or the prophets; I did not come to destroy
but to fulfill.**

11. John 12:33 τοῦτο δὲ ἔλεγεν σημαίνων ποίῳ θανάτῳ ἤμελλεν ἀποθνῄσκειν [PAN]. (σημαίνω= I
show; ποῖος= what kind)
And he was saying this showing by what sort of death he was about to die.

24D. FOCUS

I. Parse these verbs with Mι Verbs mixed in.

PARSING LEGEND					
Tense	**Voice**		**Mood**	**Person**	**Number**
P=Present **I**=Imperfect **F**=Future **A**=Aorist **R**=Perfect **L**=Pluperfect	**A**=Active **P**=Passive **M**=Middle **M/P**=Middle/Passive **D**= MiDDle-Formed (Deponent)		**I**= Indicative **S**= Subjunctive **P**= Participle **M**= Imperative* **N**= Infinitive *not learned yet*	**1**= First **2**= Second **3**= Third	**S**= Singular **P**= Plural

	Tense	Voice	Mood	Person or Gender	Case	Number	Lexical Form & Meaning	
1. ἠθέλησα	A	A	I	1		S	θέλω	I want
2. ἔγνω	A	A	I	3		S	γινώσκω	I know
3. ἀπεσταλμένος	R	M/P	P	M	N	S	ἀποστέλλω	I send
4. ἐστάθην	A	P	I	1		S	ἵστημι	I stand
5. ἀπαγγείλαντες	A	A	P	M	N	P	ἀπαγγέλλω	I announce
6. μενεῖς	F	A	I	2		S	μένω	I remain
7. γένησθε	A	D	S	2		P	γίνομαι	I become
8. τεθείκατε	R	A	I	2		P	τίθημι	I set
9. ἐπέμφθησαν	A	P	I	3		P	πέμπω	I send
10. ἔλθη	A	A	S	3		S	ἔρχομαι	I come
11. ἀναστάς	A	A	P	M	N	S	ἀνίστημι	I raise up
12. ὦσιν	P	A	S	3		P	εἰμί	I am
13. δίδωσιν	P	A	I	3		S	δίδωμι	I give
14. θεῖναι	A	A	N				τίθημι	I set
15. ἑστῶτας	R	A	P	M	A	P	ἵστημι	I set up
16. σεσωσμένοι	R	M/P	P	M	N	P	σώζω	I save
17. δούς	A	A	P	M	N	S	δίδωμι	I give
18. θήσετε	F	A	I	2		P	τίθημι	I set
19. ἔδωκας	A	A	I	2		S	δίδωμι	I give
20. ἀναστῆναι	A	A	N				ἀνίστημι	I raise up

II. Translate these short sentences with Mι Verbs and <u>parse</u> all verb forms.

1. Lev 4:20d (LXX) καὶ ἀφεθήσεται [**FPI3S**] αὐτοῖς ἡ ἁμαρτία.
     The(ir) sin will be forgiven them.

2. Deut 15:2b (LXX) καὶ οὕτως…ἀφήσεις [**FAI2S**] πᾶν χρέος. (τὸ χρέος,-ους= debt)
     And thus… you will forgive every debt.

3. 1 Sam 2:30c (LXX) καὶ νῦν φησιν [**PAI3S**] κύριος… **And now the Lord says…**

4. 3 Macc 1:14a (LXX) καί τις ἀπρονοήτως ἔφη [**AAI3S**]... (ἀπρονοήτως= thoughtlessly)

And someone thoughtlessly said...

5. Gen 18:8c (LXX) αὐτὸς δὲ παρειστήκει [**LAI3S**] αὐτοῖς ὑπὸ τὸ δένδρον. (τὸ δένδρον= tree; *note that* παρίστημι *in the Perfect means "I stand beside/with" and the Pluperfect puts this meaning into the past tense; this verb also takes the dative case*)

But he stood with them under the tree.

6. 1 Sam 4:20b (LXX) καὶ εἶπον [**AAI3P**] αὐτῇ αἱ γυναῖκες αἱ παρεστηκυῖαι [**RAPFPN**] αὐτῇ...

And the women that had been standing with her said to her...

24E. SENTENCES

1. John 13:34 ἐντολὴν καινὴν δίδωμι ὑμῖν, ἵνα ἀγαπᾶτε ἀλλήλους, καθὼς ἠγάπησα ὑμᾶς ἵνα καὶ ὑμεῖς ἀγαπᾶτε ἀλλήλους.

I give to you a new commandment, that you love one another, as I loved you in order that you also would love one another.

2. Acts 9:13 ἀπεκρίθη δὲ Ἁνανίας, Κύριε, ἤκουσα ἀπὸ πολλῶν περὶ τοῦ ἀνδρὸς τούτου ὅσα κακὰ τοῖς ἁγίοις σου ἐποίησεν ἐν Ἰερουσαλήμ· (Ἁνανίας= Ananias; ὅσος,-η,-ον= how much)

And Ananias answered back, "Lord, I heard from many people concerning this man how much bad things he did to your saints in Jerusalem;"

3. Exod 24:13 (LXX) καὶ ἀναστὰς Μωυσῆς καὶ Ἰησοῦς ὁ παρεστηκὼς αὐτῷ ἀνέβησαν εἰς τὸ ὄρος τοῦ θεοῦ.

And Moses, after rising up, and Joshua, the one standing with him, went up into the mountain of God.

4. Matt 17:12 λέγω δὲ ὑμῖν ὅτι Ἡλίας ἤδη ἦλθεν, καὶ οὐκ ἐπέγνωσαν αὐτὸν ἀλλὰ ἐποίησαν ἐν αὐτῷ ὅσα ἠθέλησαν· οὕτως καὶ ὁ υἱὸς τοῦ ἀνθρώπου μέλλει πάσχειν ὑπ᾽ αὐτῶν.

And I say to you that Elijah already came, and they did not recognize him, but they did to [*lit. "in"*] him how much they wanted; thus also the Son of Humanity is about to suffer by them.

5. Dan 7:9a (LXX) ἐθεώρουν ἕως ὅτε θρόνοι ἐτέθησαν καὶ παλαιὸς ἡμερῶν ἐκάθητο... (παλαιός,-ά,-όν= ancient)

I was beholding until when thrones were set up and (the) Ancient of Days was sitting...

6. John 17:19 καὶ ὑπὲρ αὐτῶν [ἐγὼ] ἁγιάζω ἐμαυτόν, ἵνα ὦσιν καὶ αὐτοὶ ἡγιασμένοι ἐν ἀληθείᾳ. (ἁγιάζω= I sanctify, consecrate)

And on their behalf I sanctify myself, in order that they also would be sanctified [*perfect tense periphrastic participle*] in the truth.

7. Mark 6:24 καὶ ἐξελθοῦσα εἶπεν τῇ μητρὶ αὐτῆς, Τί αἰτήσωμαι; ἡ δὲ εἶπεν, Τὴν κεφαλὴν Ἰωάννου τοῦ βαπτίζοντος.

And, after going out, she said to her mother, "What should I ask for myself [*a middle voice verb!*]?" And she said, "The head of John, the one baptizing."

8. John 6:52 Ἐμάχοντο οὖν πρὸς ἀλλήλους οἱ Ἰουδαῖοι λέγοντες, Πῶς δύναται οὗτος ἡμῖν δοῦναι τὴν σάρκα [αὐτοῦ] φαγεῖν; (μάχομαι= I fight)

Therefore, the Jews were fighting with one another saying, "How is this guy able to give to us (his) flesh to eat?"

9. Gen 24:47a (LXX) καὶ ἠρώτησα αὐτὴν καὶ εἶπα, Τίνος εἶ θυγάτηρ; ἡ δὲ ἔφη, Θυγάτηρ Βαθουηλ εἰμὶ τοῦ υἱοῦ Ναχωρ...(ἡ θυγάτηρ= daughter; *also, there are two proper names to sound out*)

And I asked her and said, "Whose daughter are you?" And she said, "I am the daughter of Bathouel [=*Bethuel*], the son of Nachor [=*Nahor*]."

10. John 5:36b τὰ γὰρ ἔργα ἃ δέδωκέν μοι ὁ πατὴρ ἵνα τελειώσω αὐτά, αὐτὰ τὰ ἔργα ἃ ποιῶ μαρτυρεῖ περὶ ἐμοῦ ὅτι ὁ πατήρ με ἀπέσταλκεν· (τελειόω= I fulfill, finish)

For the works, which the Father has given to me in order that I complete them, the works themselves, which I do, testify concerning me that the Father has sent me;

11. Gen 15:18 (LXX) ἐν τῇ ἡμέρᾳ ἐκείνῃ διέθετο κύριος τῷ Αβραμ διαθήκην λέγων, Τῷ σπέρματί σου δώσω τὴν γῆν ταύτην ἀπὸ τοῦ ποταμοῦ Αἰγύπτου ἕως τοῦ ποταμοῦ τοῦ μεγάλου ποταμοῦ Εὐφράτου. (διατίθημι= I establish; ἡ διαθήκη= covenant; ὁ ποταμός= river)

In that day the Lord established with Abraham a covenant saying, "To your offspring I will give this land from the river of Egypt until the great river Euphrates."

12. John 6:37-38 Πᾶν ὃ δίδωσίν μοι ὁ πατὴρ πρὸς ἐμὲ ἥξει, καὶ τὸν ἐρχόμενον πρὸς ἐμὲ οὐ μὴ ἐκβάλω ἔξω, 38 ὅτι καταβέβηκα ἀπὸ τοῦ οὐρανοῦ οὐχ ἵνα ποιῶ τὸ θέλημα τὸ ἐμὸν ἀλλὰ τὸ θέλημα τοῦ πέμψαντός με. (ἥκω= I arrive or come; ἔξω= out)

Everyone, which the Father gives, will come to me, and the one coming to me I will never ever cast outside, 38 because I have come down from heaven not in order that I do my will but the will of the One that sent me.

13. Josh 8:28 (LXX) καὶ ἐνεπύρισεν Ἰησοῦς τὴν πόλιν ἐν πυρί. χῶμα ἀοίκητον εἰς τὸν αἰῶνα ἔθηκεν αὐτὴν ἕως τῆς ἡμέρας ταύτης. (ἐνπυρίζω= I burn up; χῶμα ἀοίκητον= "an uninhabitable mound")

And Joshua burned up the city with fire. He set/established it (as) an uninhabitable mound forever until this day.

14. Matt 21:23 Καὶ ἐλθόντος αὐτοῦ εἰς τὸ ἱερὸν προσῆλθον αὐτῷ διδάσκοντι οἱ ἀρχιερεῖς καὶ οἱ πρεσβύτεροι τοῦ λαοῦ λέγοντες, Ἐν ποίᾳ ἐξουσίᾳ ταῦτα ποιεῖς; καὶ τίς σοι ἔδωκεν τὴν ἐξουσίαν ταύτην; (ποῖος,-α,-ον= what sort of)

And, after he went into the temple, the high priests and elders of the people came to him saying, "With what authority are you doing these things? And who gave to you this authority?"

15. Luke 21:5-6 Καί τινων λεγόντων περὶ τοῦ ἱεροῦ ὅτι λίθοις καλοῖς καὶ ἀναθήμασιν κεκόσμηται εἶπεν, 6 Ταῦτα ἃ θεωρεῖτε, ἐλεύσονται ἡμέραι ἐν αἷς οὐκ ἀφεθήσεται λίθος ἐπὶ λίθῳ ὃς οὐ καταλυθήσεται. (τὸ ἀνάθημα= offering; κοσμέω= I adorn; ἀφεθήσεται is from ἀφίημι and has the meaning here of "to leave"; καταλύω= I destroy)

And, while some were saying concerning the temple that it had been adorned with beautiful stones and offerings, he said, 6 "These things which you are seeing, days will come in which a stone will not be left upon a stone, which will not be destroyed."

16. Eph 1:22-23 καὶ πάντα ὑπέταξεν ὑπὸ τοὺς πόδας αὐτοῦ καὶ αὐτὸν ἔδωκεν κεφαλὴν ὑπὲρ πάντα τῇ ἐκκλησίᾳ, 23 ἥτις ἐστὶν τὸ σῶμα αὐτοῦ, τὸ πλήρωμα τοῦ τὰ πάντα ἐν πᾶσιν πληρουμένου. (ὑποτάσσω= I subject; I subordinate; τὸ πλήρωμα= fullness)

And he subjected all things under his feet and he gave him (as) head over all things for the church, 23 which is his body, the fullness of the one filling all things in everything.

17. John 4:23 ἀλλὰ ἔρχεται ὥρα καὶ νῦν ἐστιν, ὅτε οἱ ἀληθινοὶ προσκυνηταὶ προσκυνήσουσιν τῷ πατρὶ ἐν πνεύματι καὶ ἀληθείᾳ· καὶ γὰρ ὁ πατὴρ τοιούτους ζητεῖ τοὺς προσκυνοῦντας αὐτόν. (ὁ προσκυνητής= worshiper; ἀληθινός,-ά,-όν= true; τοιούτους= "such kind of")

But an hour is coming and is now when the true worshipers will worship the Father in spirit and in truth; for also the Father seeks such kind of people that are worshipping him. [*Note: the word τοιούτους is a correlative pronoun that modifies the substantive participle τοὺς προσκυνοῦντας. This correlative pronoun emphasizes "quality" and it is not insignificant that it modifies a present participle which indicates continuous activity.*]

18. Matt 25:20 καὶ προσελθὼν ὁ τὰ πέντε τάλαντα λαβὼν προσήνεγκεν ἄλλα πέντε τάλαντα λέγων, Κύριε, πέντε τάλαντά μοι παρέδωκας· ἴδε ἄλλα πέντε τάλαντα ἐκέρδησα. (ἴδε= "Look!"; κερδαίνω= I acquire)

And after coming to (him), the one that had received five talents brought five other talents saying, "Lord, you handed over five talents to me; Look, I earned five other talents."

19. Luke 5:18 καὶ ἰδοὺ ἄνδρες φέροντες ἐπὶ κλίνης ἄνθρωπον ὃς ἦν παραλελυμένος καὶ ἐζήτουν αὐτὸν εἰσενεγκεῖν καὶ θεῖναι [αὐτὸν] ἐνώπιον αὐτοῦ. (ἡ κλίνη= couch; παραλελυμένος= "paralyzed")

And behold men, bearing on a couch a person who was paralyzed, also were seeking to bring and set him before him [*i.e. Jesus*].

20. Mark 15:15 ὁ δὲ Πιλᾶτος βουλόμενος τῷ ὄχλῳ τὸ ἱκανὸν ποιῆσαι ἀπέλυσεν αὐτοῖς τὸν Βαραββᾶν, καὶ παρέδωκεν τὸν Ἰησοῦν φραγελλώσας ἵνα σταυρωθῇ. (βούλομαι= I want; τὸ ἱκανόν= favor; φραγελλόω= I scourge; σταυρόω= I crucify)

But Pilate, wanting to do a favor for the crowd, released to them Barabbas, and he handed over Jesus, after scourging (him), in order to be crucified.

21. Gen 13:14-16a (LXX) ὁ δὲ θεὸς εἶπεν τῷ Ἀβραμ... Ἀναβλέψας τοῖς ὀφθαλμοῖς σου ἰδὲ ἀπὸ τοῦ τόπου οὗ νῦν σὺ εἶ πρὸς βορρᾶν καὶ λίβα καὶ ἀνατολὰς καὶ θάλασσαν 15 ὅτι πᾶσαν τὴν γῆν ἣν σὺ ὁρᾷς σοὶ δώσω αὐτὴν καὶ τῷ σπέρματί σου ἕως τοῦ αἰῶνος 16 καὶ ποιήσω τὸ σπέρμα σου ὡς τὴν ἄμμον τῆς γῆς. (ἀναβλέπω= I look up; ἰδέ= "Look!"; πρὸς βορρᾶν καὶ λίβα καὶ ἀνατολάς= "to the North, the Southwest, the East..."; ἡ ἄμμος= sand)

But God said to Abraham, "Looking up with your eyes, look from the place where <u>you</u> are now to the north, the southwest, the east, and the sea, 15 because all the land which <u>you</u> see I will give it to you and to your offspring until the age 16 and I will make your seed as the sand of the earth."

22. Acts 3:22-23 Μωϋσῆς μὲν εἶπεν ὅτι Προφήτην ὑμῖν ἀναστήσει κύριος ὁ θεὸς ὑμῶν ἐκ τῶν ἀδελφῶν ὑμῶν ὡς ἐμέ· αὐτοῦ ἀκούσεσθε κατὰ πάντα <u>ὅσα ἂν</u> λαλήσῃ πρὸς ὑμᾶς. 23 ἔσται δὲ πᾶσα ψυχὴ ἥτις <u>ἐὰν μὴ ἀκούσῃ</u> τοῦ προφήτου ἐκείνου <u>ἐξολεθρευθήσεται</u> ἐκ τοῦ λαοῦ. (ὅσα ἂν= "however much"; ἐὰν μὴ ἀκούσῃ= "does not listen"; ἐξολεθρεύω= I destroy thoroughly)

Indeed Moses said, "The Lord your God will raise for us a prophet from your brethren like me; You will listen to him according to all things, however much he shall speak to you. 23 But, every soul which does not listen to that prophet will be thoroughly destroyed from the people."

23. John 13:19-22 ἀπ' ἄρτι λέγω ὑμῖν <u>πρὸ τοῦ γενέσθαι</u>, ἵνα πιστεύσητε <u>ὅταν γένηται</u> ὅτι ἐγώ εἰμι. 20 ἀμὴν ἀμὴν λέγω ὑμῖν, ὁ λαμβάνων <u>ἄν τινα</u> πέμψω ἐμὲ λαμβάνει, ὁ δὲ ἐμὲ λαμβάνων λαμβάνει τὸν πέμψαντά με. 21 Ταῦτα εἰπὼν [ὁ] Ἰησοῦς <u>ἐταράχθη</u> τῷ πνεύματι καὶ ἐμαρτύρησεν καὶ εἶπεν, Ἀμὴν ἀμὴν λέγω ὑμῖν ὅτι εἷς ἐξ ὑμῶν παραδώσει με. 22 ἔβλεπον εἰς ἀλλήλους οἱ μαθηταὶ <u>ἀπορούμενοι</u> περὶ τίνος λέγει. (ἄρτι= now; πρὸ τοῦ γενέσθαι= "before it happens"; ὅταν γένηται= "when it happens"; ἄν τινα= "whomever"; ταράσσω= I stir up; I disturb; ἀπορέω= I am at a loss; I am perplexed)

From now I say to you before it happens, in order that you would believe when it happens that <u>I</u> am (who I say I am). 20 Truly, truly I say to you, the one that receives whomever I will send receives <u>me</u>, and the one that receives me receives the One that sent me." 21 After saying these things, Jesus was troubled in spirit and he testified and said, "Truly, truly I say to you that one from you will betray me." 22 The disciples were looking at one another, (since they were) perplexed concerning what he was saying [*historic present*].

24. John 12:47-49 καὶ <u>ἐὰν</u> τίς μου ἀκούσῃ τῶν ῥημάτων καὶ μὴ <u>φυλάξῃ</u>, ἐγὼ οὐ κρίνω αὐτόν· οὐ γὰρ ἦλθον ἵνα κρίνω τὸν κόσμον, ἀλλ' ἵνα σώσω τὸν κόσμον. 48 ὁ ἀθετῶν ἐμὲ καὶ μὴ λαμβάνων τὰ ῥήματά μου ἔχει τὸν κρίνοντα αὐτόν· ὁ λόγος ὃν ἐλάλησα ἐκεῖνος κρινεῖ αὐτὸν ἐν τῇ ἐσχάτῃ ἡμέρᾳ. 49 ὅτι ἐγὼ ἐξ ἐμαυτοῦ οὐκ ἐλάλησα, ἀλλ' ὁ πέμψας με πατὴρ αὐτός μοι ἐντολὴν δέδωκεν τί εἴπω καὶ τί λαλήσω. (ἐὰν= if; φυλάσσω= I keep; ἀθετέω= I reject)

And, if someone hears my words and does not keep (them), <u>I</u> do not judge him, for I did not come in order to judge the world, but in order to save the world. 48 The one rejecting <u>me</u> and not receiving my words has the thing that judges him: The word which I speak, that will judge [*future liquid form*] **him at the last day. 49 Because <u>I</u> did not speak from myself, but the One that sent me, the Father Himself, has given to me a commandment (about) what I should speak and what I should say.**

24F. READING

Compare your translation with either the NASB95 or NIV.

1 Cor 1:1-20 Paul's Initial Preaching at Corinth

<u>Verses 1-9</u>

κλητός,-ή,-όν= called
ἁγιάζω= I sanctify
ἐπικαλέω= I call upon
εὐχαριστέω= I give thanks
πάντοτε= always
πλουτίζω= I make rich
ἡ γνῶσις,-εως= knowledge
τὸ μαρτύριον= testimony
βεβαιόω= I confirm
ὥστε= so that
ὑστερεῖσθαι= "you are not lacking"
ἀπεκδέχομαι= I eagerly await
ἡ ἀποκάλυψις, -εως= revelation
ἀνεγκλήτος,-ον= blameless
ἡ κοκνωνία= fellowship

<u>Verses 10-20</u>

τὸ σχίσμα= division
καταρτίζω= I repair; I perfect
ὁ νοῦς, νοός= mind
δηλόω= I reveal, show
ἔρις, -ιδος= contention
μερίζω= I divide
σταυρόω= I crucify; ὁ σταυρός= cross
ἤ= or
κενόω= I make useless
ἡ μωρία= foolishness
ἡ σύνεσις,-εως= understanding
συνετός,-ή,-όν= wise, intelligent
ἀθετέω= I make invalid
ὁ συζητητής= disputer
μωραίνω= I make foolish

EXERCISES CH. 25 ANSWER KEY AND GUIDE

25A. OVERVIEW

Consult GRAMMAR CHAPTER 25 if you have difficulty answering these overview questions.

25B. VOCABULARIES 25, 12, AND 5

Review the vocabulary words and/or consult the VOCABULARY: 20 TIMES OR MORE.

25C. REVIEW

I. Translate these short sentences/clauses with Μι Verbs. Be sure you can parse every Μι Verb.

1. Matt 5:25c μήποτέ σε παραδῷ **[PAS3S]** ὁ ἀντίδικος τῷ κριτῇ (μήποτε= lest; ὁ ἀντίδικος=adversary; ὁ κριτής= judge)
   lest the adversary turns you over to the judge

2. Matt 10:21a παραδώσει **[FAI3S]** δὲ ἀδελφὸς ἀδελφὸν εἰς θάνατον
   And brother will betray brother to death

3. Acts 2:32a τοῦτον τὸν Ἰησοῦν ἀνέστησεν **[AAI3S]** ὁ θεός   **God raised up this Jesus**

4. Acts 8:27a καὶ ἀναστὰς **[AAPMSN]** ἐπορεύθη·   **And after rising, he went;**

5. Matt 15:24b τὰ πρόβατα τὰ ἀπολωλότα **[RAPNPA** *from ἀπόλλυμι*] οἴκου Ἰσραήλ.
   The sheep (that were) having been lost of the house of Israel.

6. Matt 26:52c πάντες γὰρ οἱ λαβόντες μάχαιραν ἐν μαχαίρῃ ἀπολοῦνται **[FMI3P]**. (ἡ μάχαιρα=sword)
   For all the ones taking a sword will perish by (the) sword. [*Notice that the verb ἀπόλλυμι in the middle voice means "to perish"*]

7. Matt 6:4b καὶ ὁ πατήρ σου ὁ βλέπων ἐν τῷ κρυπτῷ ἀποδώσει **[FAI3S]** σοι. (τὸ κρυπτόν= secret)
   And your Father that sees in secret will reward you.

8. Luke 9:42c καὶ ἰάσατο τὸν παῖδα καὶ ἀπέδωκεν **[AAI3S]** αὐτὸν τῷ πατρὶ αὐτοῦ. (ἰάομαι= I heal)
   And he healed the child and returned him to his father.

9. Mark 15:47 ἡ δὲ Μαρία ἡ Μαγδαληνὴ καὶ Μαρία ἡ Ἰωσῆτος ἐθεώρουν ποῦ τέθειται **[RM/PI3S** τίθημι].
   And Mary Magdalene and Mary the mother of Justus were seeing where he had been set.

10. John 2:10a καὶ λέγει αὐτῷ, Πᾶς ἄνθρωπος πρῶτον τὸν καλὸν οἶνον τίθησιν **[PAI3S]** (ὁ οἶνος= wine)
    And he said [HP] to him, "Every person sets (out) first the good wine"

482

II. Translate these sentences with Infinitives. *The infinitives constructions & translations are* <u>*underlined*</u>.
Remember that the infinitive will use accusative case nouns to govern their action (i.e. as subjects).

1. Acts 8:6b … <u>ἐν τῷ ἀκούειν αὐτοὺς καὶ βλέπειν</u> τὰ σημεῖα ἃ ἐποίει·

   <u>While they were hearing and seeing</u> the signs which he was doing;

2. Matt 13:30b καὶ δήσατε αὐτὰ εἰς δέσμας <u>πρὸς τὸ κατακαῦσαι</u> αὐτά, (δέω= I bind; ἡ δέσμη= bonds; κατακαίω= I burn)

   And bind them in bonds <u>in order to burn</u> them,

3. Acts 11:25 ἐξῆλθεν δὲ εἰς Ταρσὸν <u>ἀναζητῆσαι</u> Σαῦλον (ἀναζητέω= I look for)

   And he went out into Tarsus <u>to look</u> for Saul

4. John 16:19a ἔγνω [ὁ] Ἰησοῦς ὅτι <u>ἤθελον</u> αὐτὸν <u>ἐρωτᾶν</u>…

   Jesus knew that they <u>were wanting to ask</u> him…

5. ἔπεμψα τινα <u>εἰς τὸ γνῶναι</u> τὴν πίστιν ὑμῶν, (cf. 1 Thess 3:5b)

   I sent someone <u>in order to know</u> (about) your faith,

6. Rev 19:10a καὶ ἔπεσα ἔμπροσθεν τῶν ποδῶν αὐτοῦ <u>προσκυνῆσαι</u> αὐτῷ. (ἔμπροσθεν= before)

   And I fell before his feet <u>to worship</u> him.

7. Matt 14:23a καὶ ἀπολύσας τοὺς ὄχλους ἀνέβη εἰς τὸ ὄρος κατ᾽ ἰδίαν <u>προσεύξασθαι</u>.

   And after releasing the crowds, he went up into the mountain alone <u>to pray</u>.

8. Luke 17:14b καὶ ἐγένετο <u>ἐν τῷ ὑπάγειν αὐτοὺς</u> ἐκαθαρίσθησαν.

   And it happened <u>while they were departing</u> (that) they were cleansed.

9. Luke 11:27a Ἐγένετο δὲ <u>ἐν τῷ λέγειν αὐτὸν</u> ταῦτα…

   And it happened <u>while he was speaking</u> these things…

10. Luke 19:11a Ἀκουόντων δὲ αὐτῶν ταῦτα προσθεὶς εἶπεν παραβολὴν <u>διὰ τὸ ἐγγὺς εἶναι</u> <u>Ἰερουσαλὴμ αὐτὸν</u> (προστίθημι= I add to; ἐγγύς= near)

    And while they were hearing these things, adding to [it], he spoke a parable <u>because</u> <u>he was near Jerusalem</u>

11. Luke 1:22a ἐξελθὼν δὲ <u>οὐκ ἐδύνατο λαλῆσαι</u> αὐτοῖς, καὶ ἐπέγνωσαν ὅτι ὀπτασίαν ἑώρακεν ἐν τῷ ναῷ· (ἡ ὀπτασία= vision)

    And after going out, <u>he was not able to speak</u> to them, and they knew that he had seen a vision in the temple;

12. Acts 13:47b Τέθεικά σε εἰς φῶς ἐθνῶν <u>τοῦ εἶναί σε</u> εἰς σωτηρίαν ἕως ἐσχάτου τῆς γῆς.

    I have set you for a light of the gentiles <u>in order that you would be</u> for salvation until the end of the earth.

13. Luke 18:10 Ἄνθρωποι δύο ἀνέβησαν εἰς τὸ ἱερὸν <u>προσεύξασθαι</u>, ὁ εἷς Φαρισαῖος καὶ ὁ ἕτερος τελώνης. (ὁ τελώνης= tax collector)

    Two persons went up into the temple <u>to pray</u>, the one a Pharisee and the other a tax collector.

14. Mark 1:34b καὶ δαιμόνια πολλὰ ἐξέβαλεν καὶ οὐκ ἤφιεν λαλεῖν τὰ δαιμόνια, ὅτι ᾔδεισαν αὐτόν.

    And he cast out many demons and he was not permitting [*from* ἀφίημι] the demons to speak, because they knew him.

15. Mark 1:45a ὁ δὲ ἐξελθὼν ἤρξατο κηρύσσειν πολλὰ καὶ διαφημίζειν τὸν λόγον, ὥστε μηκέτι αὐτὸν δύνασθαι φανερῶς εἰς πόλιν εἰσελθεῖν, (διαφημίζω= I spread; μηκέτι= no longer; φανερῶς= openly)

    And after going out, he began to preach many things and to spread the Word, so that he was no longer able openly to enter into a city,

16. Acts 7:4 τότε ἐξελθὼν ἐκ γῆς Χαλδαίων κατῴκησεν ἐν Χαρράν. κἀκεῖθεν μετὰ τὸ ἀποθανεῖν τὸν πατέρα αὐτοῦ μετῴκισεν αὐτὸν εἰς τὴν γῆν ταύτην εἰς ἣν ὑμεῖς νῦν κατοικεῖτε, (κατοικέω= I dwell; κἀκεῖθεν= "and from there"; μετοικίζω= I cause to migrate)

    The, after going out from the land of the Chaldeans, he dwelled in Harran. And there, after his father died, he (the Lord) caused him to migrate into this land into which you now dwell,

25D. FOCUS

I. Translate these short sentences with Imperatives. Be sure you can parse every verb.

1. Luke 24:29b Μεῖνον [**AAM2S**] μεθ᾽ ἡμῶν, ὅτι πρὸς ἑσπέραν ἐστὶν (ἑσπέραν= evening)
   Remain with us, because it is toward evening

2. Rev 19:9a Καὶ λέγει μοι, Γράψον· [**AAM2S**]   **And he says to me, "Write!"**

3. Phil 2:2a πληρώσατέ [**AAM2P**] μου τὴν χαρὰν
   Fulfill my joy [*Notice the genitive emphasis on μου by its forward position*]

4. Luke 6:42c ἔκβαλε [**AAM2S**] πρῶτον τὴν δοκὸν ἐκ τοῦ ὀφθαλμοῦ σοῦ, (ἡ δοκός= plank)
   Cast out first the plank from your eye,

5. Luke 24:39a ἴδετε [**AAM2P**] τὰς χεῖράς μου καὶ τοὺς πόδας μου ὅτι ἐγώ εἰμι αὐτός·
   See my hands and my feet that I am myself;

6. Acts 2:22a Ἄνδρες Ἰσραηλῖται, ἀκούσατε [**AAM2P**] τοὺς λόγους τούτους·
   Israelite Men, hear these words;

7. John 15:4a μείνατε [**AAM2P**]ἐν ἐμοί, κἀγὼ ἐν ὑμῖν.   **Remain in me, and I also in you.**

8. Mark 10:21b καὶ δὸς [**AAM2S**] [τοῖς] πτωχοῖς, καὶ ἕξεις θησαυρὸν ἐν οὐρανῷ, (ὁ πτωχός= poor; ὁ θησαυρός= treasure)
   And give to [the] poor, and you will have treasure in heaven,

9. Matt 8:13b Ὕπαγε [**PAM2S**], ὡς ἐπίστευσας γενηθήτω [**ADM3S**] σοι.
   Depart, as you believed, let it be to you.

10. Gal 1:9b εἴ τις ὑμᾶς εὐαγγελίζεται παρ᾽ ὃ παρελάβετε, ἀνάθεμα ἔστω [PAM3S]. (ἀνάθεμα= accursed)

If someone announces the good news to you contrary to that which you received, let him be accursed.

11. Luke 6:35a ἀγαπᾶτε [PAM2P] τοὺς ἐχθροὺς ὑμῶν (ὁ ἐχθρός= enemy) **Be loving your enemies!**

12. 1 Cor 10:24 μηδεὶς τὸ ἑαυτοῦ ζητείτω [PAM3S], ἀλλὰ τὸ τοῦ ἑτέρου,

Let no one be seeking their own <u>thing</u>, but the <u>thing</u> of the other. [*It is difficult to translate the substantizing articles; Paul is referring to "the stuff concerning oneself"*]

13. 2 Cor 13:11 Λοιπόν, ἀδελφοί, χαίρετε [PAM2P], καταρτίζεσθε [PM/PM2P], παρακαλεῖσθε [PM/PM2P], τὸ αὐτὸ φρονεῖτε [PAM2P], εἰρηνεύετε [PAM2P], καὶ ὁ θεὸς τῆς ἀγάπης καὶ εἰρήνης ἔσται μεθ᾽ ὑμῶν. (καταρτίζω= I perfect; φρονέω= I think; εἰρηνεύω= I have peace)

Finally (with respect to the rest), brethren, rejoice, be perfect, be encouraged, think the same way, have peace, and the God of love and peace will be with you.

II. Translate these sentences with Comparative and Superlative Forms.

1. John 1:50c μείζω τούτων ὄψῃ. (μείζω= *neut. acc/nom pl. of* μείζων)

You will see greater things than these.

2. Matt 20:31b οἱ δὲ μεῖζον ἔκραξαν λέγοντες,

And they shouted out greater saying,

3. Matt 22:27 ὕστερον δὲ πάντων ἀπέθανεν ἡ γυνή. (ὕστερον= later)

And last of all, the woman died.

4. John 5:20b καὶ μείζονα τούτων δείξει αὐτῷ ἔργα, (δείκνυμι= I show)

And he will show to him greater works than these,

5. Luke 21:3 ἡ χήρα αὕτη ἡ πτωχὴ πλεῖον πάντων ἔβαλεν· (ἡ χήρα=widow; πτωχός,-ή,-όν=poor)

This poor widow cast (in) more than all people;

6. John 5:36a ἐγὼ δὲ ἔχω τὴν μαρτυρίαν μείζω τοῦ Ἰωάννου· (μείζω= acc. fem. sg.)

But <u>I</u> have the testimony greater than John's;

7. Matt 2:6a Καὶ σὺ Βηθλέεμ, γῆ Ἰούδα, οὐδαμῶς ἐλαχίστη εἶ ἐν τοῖς ἡγεμόσιν Ἰούδα· (οὐδαμῶς=in no way; ἐλάχιστος,-η,-ον= least; ὁ ἡγεμών,-όνος=leader)

And <u>you</u> Bethlehem, land of Judah, are not least among the leaders of Judah;

8. Matt 21:8 ὁ δὲ πλεῖστος ὄχλος ἔστρωσαν ἑαυτῶν τὰ ἱμάτια ἐν τῇ ὁδῷ, (πλεῖστος,-η,-ον= most; very large; στρώννυμι=I spread out)

And the very large crowd spread out their own garments in the road,

9. John 4:41 καὶ πολλῷ πλείους ἐπίστευσαν διὰ τὸν λόγον αὐτοῦ, (πολλῷ= "by much")

And by much more they believed on account of his word,

10. Rom 13:11b νῦν γὰρ ἐγγύτερον ἡμῶν ἡ σωτηρία ἢ ὅτε ἐπιστεύσαμεν.

For now our salvation (is) nearer than when we believed (initially).

11. John 4:12a μὴ σὺ μείζων εἶ τοῦ πατρὸς ἡμῶν Ἰακώβ;

It isn't that <u>you</u> are greater than our father, Jacob, is it? (no)

12. Matt 20:10 καὶ ἐλθόντες οἱ πρῶτοι ἐνόμισαν ὅτι πλεῖον λήμψονται· (νομίζω= I think, suppose)

And after going, the first ones thought that they will/would receive more;

13. John 14:28b πορεύομαι πρὸς τὸν πατέρα, ὅτι ὁ πατὴρ μείζων μού ἐστιν.

I am going to the Father, because the Father is greater than me.

14. Οὐκ ἔστιν δοῦλος μείζων τοῦ κυρίου αὐτοῦ. (cf. John 15:20b)

A servant is not greater than his master.

15. Luke 20:47b οὗτοι λήμψονται περισσότερον κρίμα. (περισσός,-ή,-όν= abundant)

These will receive a more abundant judgment.

16. Heb 11:4a Πίστει πλείονα θυσίαν Ἄβελ παρὰ Κάϊν προσήνεγκεν τῷ θεῷ, δι᾽ ἧς ἐμαρτυρήθη εἶναι δίκαιος, (ἡ θυσία= sacrifice; παρά= than)

By faith [*dative of means or manner*] **Abel offered to God a greater sacrifice than Cain, through which he was testified to be righteous,**

17. Luke 16:10 ὁ πιστὸς ἐν ἐλαχίστῳ καὶ ἐν πολλῷ πιστός ἐστιν, καὶ ὁ ἐν ἐλαχίστῳ ἄδικος καὶ ἐν πολλῷ ἄδικός ἐστιν. (ἐλάχιστος,-η,-ον= least; ἄδικος,-ον= unrighteous)

The one faithful in the least matter is faithful with/in more, and the one unrighteous in the least matter is unrighteous with/in more [*or, "with the greater one"*].

25E. SENTENCES

1. Eph 6:2 τίμα τὸν πατέρα σου καὶ τὴν μητέρα, ἥτις ἐστὶν ἐντολὴ πρώτη ἐν ἐπαγγελίᾳ (τιμάω= I honor)

Honor your father and mother, which is the first commandment with a promise

2. Mark 11:24 πάντα ὅσα προσεύχεσθε καὶ αἰτεῖσθε, πιστεύετε ὅτι ἐλάβετε, καὶ ἔσται ὑμῖν. (ὅσος,-η,-ον= however much)

All things, however much you are praying and asking [*middle voice*], **believe that you received (them), and it will be to you.**

3. 1 Cor 15:11 εἴτε οὖν ἐγὼ εἴτε ἐκεῖνοι, οὕτως κηρύσσομεν καὶ οὕτως ἐπιστεύσατε.

Therefore, whether I or those ones, thus we preach and thus you believed.

4. Matt 6:25b οὐχὶ ἡ ψυχὴ πλεῖόν ἐστιν τῆς τροφῆς καὶ τὸ σῶμα τοῦ ἐνδύματος; (τὸ ἔνδυμα,-ματος= clothing)

Isn't the soul greater than food and the body (greater) than clothing? (Yes!)

5. John 17:11b Πάτερ ἅγιε, τήρησον αὐτοὺς ἐν τῷ ὀνόματί σου ᾧ δέδωκάς μοι, ἵνα ὦσιν ἓν καθὼς ἡμεῖς.

Holy Father, keep them in your name which you have given to me, in order that they would be one as we (are one). [*Notice that the relative pronoun* ᾧ *is in the dative case by 'attraction' to its antecedent* τῷ ὀνόματί (*attraction into the dative or genitive cases is common*); *otherwise as the direct object of* δέδωκάς *we would expect it to be accusative.*]

6. Rom 3:4a μὴ γένοιτο· γινέσθω δὲ ὁ θεὸς ἀληθής, πᾶς δὲ ἄνθρωπος ψεύστης, (ὁ ψεύστης= a liar; μὴ γένοιτο= "may it not be!")

   May it not be! But let God be true, and every person a liar,

7. 1 Cor 16:19 Ἀσπάζονται ὑμᾶς αἱ ἐκκλησίαι τῆς Ἀσίας. ἀσπάζεται ὑμᾶς ἐν κυρίῳ πολλὰ Ἀκύλας καὶ Πρίσκα σὺν τῇ κατ' οἶκον αὐτῶν ἐκκλησίᾳ.

   The churches of Asia greet you. Aquila and Priscilla with the church in their house greet you many things [*or, "greatly" as an accusative of manner*] **in the Lord.**

8. Matt 4:3 Καὶ προσελθὼν ὁ πειράζων εἶπεν αὐτῷ, Εἰ υἱὸς εἶ τοῦ θεοῦ, εἰπὲ ἵνα οἱ λίθοι οὗτοι ἄρτοι γένωνται. (πειράζω= I tempt)

   And after the one tempting came he said to him, "If you are the Son of God, speak that these stones would become loaves of bread."

9. John 7:4 οὐδεὶς γάρ τι ἐν κρυπτῷ ποιεῖ καὶ ζητεῖ αὐτὸς ἐν παρρησίᾳ εἶναι. εἰ ταῦτα ποιεῖς, φανέρωσον σεαυτὸν τῷ κόσμῳ. (κρυπτός,-ή,-όν= secret; ἡ παρρησία= boldness; φανερόω= I manifest)

   For no one does something in secret and <u>himself</u> seeks to be in the public. If you do these things, manifest yourself to the world. [*The* καὶ *seems to have adversative force ("but"); also, the word* παρρησία *in the phrase* ἐν παρρησίᾳ *carries the sense of "in the open" or "publicly."*]

10. 1 Cor 15:10 χάριτι δὲ θεοῦ εἰμι ὅ εἰμι, καὶ ἡ χάρις αὐτοῦ ἡ εἰς ἐμὲ οὐ κενὴ ἐγενήθη, ἀλλὰ περισσότερον αὐτῶν πάντων ἐκοπίασα, οὐκ ἐγὼ δὲ ἀλλὰ ἡ χάρις τοῦ θεοῦ [ἡ] σὺν ἐμοί. (κενός,-ή,-όν= empty, vain; περισσότερον= more; κοπιάω= I labor, work)

    But by the grace of God I am what I am, and his grace that is in me did not become vain, but I labored more than all of them, but not I but the grace of God (that is) with me.

11. John 7:52 ἀπεκρίθησαν καὶ εἶπαν αὐτῷ, Μὴ καὶ σὺ ἐκ τῆς Γαλιλαίας εἶ; ἐραύνησον καὶ ἴδε ὅτι ἐκ τῆς Γαλιλαίας προφήτης οὐκ ἐγείρεται. (ἐραυνάω= I search; I examine)

    They answered back and said to him, "<u>You</u> aren't from Galilee also, are you? (No!). Search and see that from Galilee a prophet is not raised up." [*Notice a question expecting a negative answer, and a divine passive with* ἐγείρεται.]

12. Prov 24:12 (LXX) ἐὰν δὲ εἴπῃς, Οὐκ οἶδα τοῦτον· γίνωσκε ὅτι κύριος καρδίας πάντων γινώσκει καὶ...αὐτὸς οἶδεν πάντα ὃς ἀποδίδωσιν ἑκάστῳ κατὰ τὰ ἔργα αὐτοῦ. (ἐάν= if)

    But if you say, "I don't know this;" know that the Lord knows the hearts of all people and <u>he</u> knows all things, who gives to each according to his works.

13. Exod 32:32–33 (LXX) καὶ νῦν εἰ μὲν ἀφεῖς αὐτοῖς τὴν ἁμαρτίαν, ἄφες. εἰ δὲ μή ἐξάλειψόν με ἐκ τῆς βίβλου σου ἧς ἔγραψας 33 καὶ εἶπεν κύριος πρὸς Μωυσῆν εἴ τις ἡμάρτηκεν ἐνώπιόν μου ἐξαλείψω αὐτὸν ἐκ τῆς βίβλου μου. (ἐξαλείφω= I wipe away, blot out)

    "And now if indeed you forgive them the(ir) sin, forgive. But, if not, blot me out from your book which you wrote." 33 And the Lord said to Moses, "If someone has sinned before me, I will blot him from my book." [*Notice the attraction to the genitive case by the relative pronoun* ἧς *which is attracted to* τῆς βίβλου*; also notice the use of the perfect tense* ἡμάρτηκεν.]

14. Acts 16:15a ὡς δὲ ἐβαπτίσθη καὶ ὁ οἶκος αὐτῆς, παρεκάλεσεν λέγουσα, Εἰ κεκρίκατέ με πιστὴν τῷ κυρίῳ εἶναι, εἰσελθόντες εἰς τὸν οἶκόν μου μένετε·

But when also her house(hold) was baptized, she pleaded (with them) saying, "If you have judged me to be faithful to the Lord, after entering into my house, remain."

15. Luke 13:31 Ἐν αὐτῇ τῇ ὥρᾳ προσῆλθάν τινες Φαρισαῖοι λέγοντες αὐτῷ, Ἔξελθε καὶ πορεύου ἐντεῦθεν, ὅτι Ἡρῴδης θέλει σε ἀποκτεῖναι. (ἐντεῦθεν= from here)

In the very hour some Pharisees came saying to him, "Come out and go from here, because Herod wants to kill you."

16. John 13:16 ἀμὴν ἀμὴν λέγω ὑμῖν, οὐκ ἔστιν δοῦλος μείζων τοῦ κυρίου αὐτοῦ οὐδὲ ἀπόστολος μείζων τοῦ πέμψαντος αὐτόν.

Truly, Truly I say to you, no servant is greater than his master nor (is) an apostle greater than the one that sent him.

17. Matt 12:45 τότε πορεύεται καὶ παραλαμβάνει μεθ᾽ ἑαυτοῦ ἑπτὰ ἕτερα πνεύματα πονηρότερα ἑαυτοῦ καὶ εἰσελθόντα κατοικεῖ ἐκεῖ· καὶ γίνεται τὰ ἔσχατα τοῦ ἀνθρώπου ἐκείνου χείρονα τῶν πρώτων. οὕτως ἔσται καὶ τῇ γενεᾷ ταύτῃ τῇ πονηρᾷ. (κατοικέω= I dwell; χείρονα= worse)

Then it goes and takes along with itself seven other spirits more evil than itself and, after entering, dwells there; and the final matters [or, "final state of things"] of the person becomes worse than the first.

18. Matt 5:16 οὕτως λαμψάτω τὸ φῶς ὑμῶν ἔμπροσθεν τῶν ἀνθρώπων, ὅπως ἴδωσιν ὑμῶν τὰ καλὰ ἔργα καὶ δοξάσωσιν τὸν πατέρα ὑμῶν τὸν ἐν τοῖς οὐρανοῖς. (λάμπω= I shine; ἔμπροσθεν= before)

Let your light thus shine before people, in order that they would see <u>your</u> [emphatic by position] good works and glorify your Father (that is) in the heavens.

19. John 4:45 ὅτε οὖν ἦλθεν εἰς τὴν Γαλιλαίαν, ἐδέξαντο αὐτὸν οἱ Γαλιλαῖοι πάντα ἑωρακότες ὅσα ἐποίησεν ἐν Ἱεροσολύμοις ἐν τῇ ἑορτῇ, καὶ αὐτοὶ γὰρ ἦλθον εἰς τὴν ἑορτήν. (ὅσος,-η,-ον= however much; ἡ ἑορτή= feast)

When therefore he came into Galilee, the Galileans received him, having seen all things however much he did in Jerusalem at the feast, for <u>they</u> came to the feast.

20. John 15:20 μνημονεύετε τοῦ λόγου οὗ ἐγὼ εἶπον ὑμῖν, Οὐκ ἔστιν δοῦλος μείζων τοῦ κυρίου αὐτοῦ. εἰ ἐμὲ ἐδίωξαν, καὶ ὑμᾶς διώξουσιν· εἰ τὸν λόγον μου ἐτήρησαν, καὶ τὸν ὑμέτερον τηρήσουσιν. (μνημονεύω= I remember [takes genitive direct object]; ὑμέτερον,-α,-ον= yours)

Remember the word which [genitive case by attraction] <u>I</u> spoke to you, "A servant is not greater than his master." If they persecuted <u>me</u>, also you they will persecute. If they kept my word, also they will keep yours."

21. Prov 23:25 εὐφραινέσθω ὁ πατὴρ καὶ ἡ μήτηρ ἐπὶ σοί καὶ χαιρέτω ἡ τεκοῦσά σε 26 δός μοι, υἱέ, σὴν καρδίαν. οἱ δὲ σοὶ ὀφθαλμοὶ ἐμὰς ὁδοὺς τηρείτωσαν. (εὐφραίνω= I am glad; τίκτω= I bear [2nd Aor. τεκ-]; σός,-ή,-όν= your [sg.])

Let the father and the mother be glad for you and let the woman that bore you rejoice. 26 Give to me, Son, your heart. and Let your eyes keep my ways.

22. Mark 15:32 ὁ Χριστὸς ὁ βασιλεὺς Ἰσραὴλ καταβάτω νῦν ἀπὸ τοῦ σταυροῦ, ἵνα ἴδωμεν καὶ πιστεύσωμεν. καὶ οἱ συνεσταυρωμένοι σὺν αὐτῷ ὠνείδιζον αὐτόν. (ὁ σταυρός= cross; ὀνειδίζω= I ridicule)

"Let Christ the king of Israel come down now from the cross, in order that we would see and believe." And the ones being crucified with him were ridiculing him.

23. Matt 7:13–14 Εἰσέλθατε διὰ τῆς στενῆς πύλης· ὅτι πλατεῖα ἡ πύλη καὶ εὐρύχωρος ἡ ὁδὸς ἡ ἀπάγουσα εἰς τὴν ἀπώλειαν καὶ πολλοί εἰσιν οἱ εἰσερχόμενοι δι᾿ αὐτῆς· 14 τί στενὴ ἡ πύλη καὶ τεθλιμμένη ἡ ὁδὸς ἡ ἀπάγουσα εἰς τὴν ζωὴν καὶ ὀλίγοι εἰσὶν οἱ εὑρίσκοντες αὐτήν. (στενός,-ή,-όν= narrow; ἡ πύλη= gate; πλατύς,-εῖα,-ύ= wide; εὐρύχωρος,-ον=broad; ἀπάγω= I lead way to ἡ ἀπώλεια= destruction; θλίβω= I press)

Enter through the narrow gate; because wide is the gate and broad is the road that leads into destruction and many are the ones that are entering through it; 14 How narrow is the gate and pressed is the road that leads into life and few are the ones that are finding it. [*Notice that τί at the beginning of v. 14 has the meaning "how" and may reflect an indirect question*]

24. Judg 17:9–10 (LXX) καὶ εἶπεν αὐτῷ Μιχαιας πόθεν ἔρχῃ καὶ εἶπεν πρὸς αὐτόν, Λευίτης εἰμὶ ἀπὸ Βαιθλεεμ Ιουδα καὶ ἐγὼ πορεύομαι <u>παροικῆσαι ἐν ᾧ ἐὰν εὕρω τόπῳ</u> 10 καὶ εἶπεν αὐτῷ Μιχαιας, Κάθου μετ᾿ ἐμοῦ καὶ γίνου μοι εἰς πατέρα καὶ εἰς <u>ἱερέα</u>. καὶ ἐγὼ δώσω σοι δέκα <u>ἀργυρίου</u> εἰς ἡμέραν καὶ <u>στολὴν</u> ἱματίων καὶ τὰ πρὸς ζωήν σου. καὶ ἐπορεύθη ὁ Λευίτης. (Μιχαιας= Micah; πόθεν=from where?; παροικῆσαι ἐν ᾧ ἐὰν εὕρω τόπῳ= "to live wherever I can find a place"; ἱερεύς,-έως= priest; τὸ ἀγύριον= silver; ἡ στολή= garment)

And Micaiah (=Micah) said to him, "From where do you come?" And he said to him, "I am a Levite from Bethlehem of Judah and I am going to live wherever I can find a place." 10 And Micah said to him, "Sit with me and become for me as a father and priest. And I will give to you ten of silver for a day and a garment of clothing and the things for your life." And the Levite went (with him).

25. Matt 10:41–42 ὁ δεχόμενος προφήτην εἰς ὄνομα προφήτου μισθὸν προφήτου λήμψεται, καὶ ὁ δεχόμενος δίκαιον εἰς ὄνομα δικαίου μισθὸν δικαίου λήμψεται. 42 καὶ ὃς ἂν ποτίσῃ ἕνα τῶν μικρῶν τούτων ποτήριον ψυχροῦ μόνον εἰς ὄνομα μαθητοῦ, ἀμὴν λέγω ὑμῖν, οὐ μὴ ἀπολέσῃ τὸν μισθὸν αὐτοῦ. (ὁ μισθός= reward; τὸ ποτήριον= cup; ὁ ψυχρός= cold water; ἀπόλλυμι= I ruin; *in middle* I lose; ποτίζω= I give (someone something) to drink)

The one receiving a prophet in the name of a prophet will receive a reward of a prophet, and the receiving a righteous person in the name of a righteous person will receive a reward of a righteous person. 42 And whoever gives one of these little ones a cup of cold water only in the name of a disciple, truly I say to you, he will not lose his reward.

25F. READINGS   *Compare your translations with any modern translation.*

I. John 18:19–23 Jesus Questioned

19 Ὁ οὖν ἀρχιερεὺς ἠρώτησεν τὸν Ἰησοῦν περὶ τῶν μαθητῶν αὐτοῦ καὶ περὶ τῆς <u>διδαχῆς</u> αὐτοῦ. 20 ἀπεκρίθη αὐτῷ Ἰησοῦς, Ἐγὼ <u>παρρησίᾳ</u> λελάληκα τῷ κόσμῳ, ἐγὼ <u>πάντοτε</u> ἐδίδαξα ἐν συναγωγῇ καὶ ἐν τῷ ἱερῷ, ὅπου πάντες οἱ Ἰουδαῖοι συνέρχονται, καὶ ἐν <u>κρυπτῷ</u> ἐλάλησα οὐδέν. 21 τί με ἐρωτᾷς; ἐρώτησον τοὺς ἀκηκοότας τί ἐλάλησα αὐτοῖς· ἴδε οὗτοι οἴδασιν ἃ εἶπον ἐγώ. 22 ταῦτα δὲ αὐτοῦ εἰπόντος εἷς παρεστηκὼς τῶν <u>ὑπηρετῶν</u> ἔδωκεν <u>ῥάπισμα</u> τῷ Ἰησοῦ εἰπών, Οὕτως ἀποκρίνῃ τῷ ἀρχιερεῖ; 23 ἀπεκρίθη αὐτῷ Ἰησοῦς, Εἰ κακῶς ἐλάλησα, μαρτύρησον περὶ τοῦ κακοῦ· εἰ δὲ καλῶς, τί με <u>δέρεις</u>;

> <u>Verse 19:</u> ἡ διδαχή= teaching
> <u>Verse 20:</u> ἡ παρρησία= boldness; *with dative* "in public"; πάντοτε= always; κρυπτός,-ή,-όν= secret
> <u>Verse 22:</u> ὁ ὑπηρέτης= official; τὸ ῥάπισμα= blow
> <u>Verse 23:</u> δέρω= I beat

II. Eph 4:17–32 The Believers' New Walk

<u>Verse 17:</u> μαρτύρομαι = I testify
μηκέτι= no longer
ἡ ματαιότης, -ητος= futility
ὁ νοῦς, τοῦ νοός= mind

<u>Verse 18:</u> σκοτόομαι= I am darkened
ἡ διανοία= understanding
ἀπαλλοτριόομαι =I am alienated
ἡ ἄγνοια= ignorance
ἡ πώρωσις, -εως= stubbornness

<u>Verse 19:</u> ἀπαλγέω= I am unfeeling
ἡ ἀσέλγεια= sensuality
ἡ ἐργασία= practice
ἡ ἀκαθαρσία= impurity
ἡ πλεονεξία= greed

<u>Verse 20:</u> μανθάνω= I learn (2 Aor. stem -μαθ-)

<u>Verse 22:</u> ἀποτίθημι= I throw off
προτέρος,-α,-ον= former
ἡ ἀναστροφή= lifestyle
παλαιός,-ά,-όν= old
φθείρω= I destroy
ἡ ἐπιθυμία = desire
ἡ ἀπάτη= deception

<u>Verse 23:</u> ἀνανεόω= I am renewed
ὁ νοῦς, τοῦ νοός= mind

<u>Verse 24:</u> ἐνδύω= I dress; I put on
κτίζω= I create
ἡ ὁσιότης, -ητος= holiness

<u>Verse 25:</u> ἀποτίθημι= I put away
τὸ ψεῦδος= falsehood
ὁ πλησίον= neighbor
τὸ μέλος, μέλους= member

<u>Verse 26:</u> ὀργίζω= I am angry
ἁμαρτάνω= I sin
ὁ ἥλιος= sun
ἐπιδύω= I go down
ὁ παροργισμός= anger

<u>Verse 27:</u> ὁ διάβολος= devil

<u>Verse 28:</u> κλέπτω= I steal
κοπιάω= I labor
ἐργάζομαι= I work
ἡ χείρ, χειρός= hand
μεταδίδωμι= I give

<u>Verse 29:</u> σαπρός,-ά,-όν= rotten
ἡ οἰκοδομή= building up

<u>Verse 30:</u> λυπέω= I grieve
σφραγίζω= I seal up
ἡ ἀπολύτρωσις,-εως= redemption

<u>Verse 31:</u> ἡ πικρία= bitterness
ὁ θυμός= rage
ἡ ὀργή= anger
ἡ κραυγή= shouting
ἡ βλασφημία= blaspheming
ἡ κακία= malice

<u>Verse 32:</u> χρηστος,-ή,-όν= kind
εὔσπλαγχνος,-ον= compassionate
χαρίζομαι= I give freely; I forgive

Exercises Ch. 26 Answer Key and Guide

26A. Overview

Consult Grammar Chapter 26 if you have difficulty answering these overview questions.

26B. Vocabularies 26, 13, and 6

Review the vocabulary words and/or consult the Vocabulary: 20 Times or More.

26C. Final Review of Non-Indicative Moods

I. Translate these short sentences with Imperatives. Be sure you can parse each Imperative form.

1. John 16:24b αἰτεῖτε [**PAM2P**] καὶ λήμψεσθε, ἵνα ἡ χαρὰ ὑμῶν ᾖ πεπληρωμένη.
   Ask and you will receive, in order that your joy would be fulfilled.

2. Luke 7:22b Πορευθέντες ἀπαγγείλατε [**AAM2P**] Ἰωάννῃ ἃ εἴδετε καὶ ἠκούσατε·
   Going, announce to John that which you saw and heard.

3. John 8:38b καὶ ὑμεῖς οὖν ἃ ἠκούσατε παρὰ τοῦ πατρὸς ποιεῖτε [**PAM2P**].
   And <u>you</u>, therefore, that which you heard from the Father, do!

4. Col 4:17b Βλέπε [**PAM2S**] τὴν διακονίαν ἣν παρέλαβες ἐν κυρίῳ, ἵνα αὐτὴν πληροῖς. (ἡ διακονία= ministry)
   See (to) the ministry which you received in the Lord, in order that you fulfill it.

5. Rev 21:5b καὶ λέγει, Γράψον [**AAM2S**], ὅτι οὗτοι οἱ λόγοι πιστοὶ καὶ ἀληθινοί εἰσιν. (ἀληθινός,-ή,-όν= true)
   And he said, "Write, because these words are faithful and are true."

6. Luke 23:14a εἶπεν πρὸς αὐτούς, Προσηνέγκατέ [**AAM2P**] μοι τὸν ἄνθρωπον τοῦτον
   He said to them, "Bring to me this person"

7. Luke 6:23a χάρητε [**ADM2P**] ἐν ἐκείνῃ τῇ ἡμέρᾳ καὶ σκιρτήσατε [**AAM2P**], ἰδοὺ γὰρ ὁ μισθὸς ὑμῶν πολὺς ἐν τῷ οὐρανῷ· (σκιρτάω= I leap for joy; ὁ μισθός= reward)
   Rejoice in that day and leap for joy, for behold, your reward (is) great in heaven.

8. Luke 11:1c Κύριε, δίδαξον [**AAM2S**] ἡμᾶς προσεύχεσθαι, καθὼς καὶ Ἰωάννης ἐδίδαξεν τοὺς μαθητὰς αὐτοῦ.
   Lord, teach us to pray, just as also John taught his disciples.

9. Luke 8:54b ἐφώνησεν λέγων, Ἡ παῖς, ἔγειρε [**PAM2S**]. (φωνέω= I call; ὁ παῖς= child)
   He called saying, "Child, rise up/arise!"

10. Acts 10:26 ὁ δὲ Πέτρος ἤγειρεν αὐτὸν λέγων, Ἀνάστηθι [**AAM2S**]· καὶ ἐγὼ αὐτὸς ἄνθρωπός εἰμι.
    And Peter raised him saying, "Get up; <u>I</u> am also a person myself."

11. Jas 1:13a μηδεὶς πειραζόμενος λεγέτω [PAM3S] ὅτι Ἀπὸ θεοῦ πειράζομαι· (πειράζω= I tempt)

Let no one being tempted say, "I am tempted from God;"

12. John 16:24 ἕως ἄρτι οὐκ ᾐτήσατε οὐδὲν ἐν τῷ ὀνόματί μου· αἰτεῖτε [PAM2P] καὶ λήμψεσθε, ἵνα ἡ χαρὰ ὑμῶν ᾖ πεπληρωμένη.

Until now you did not ask for anything in my name; ask and you will receive, in order that your joy would be fulfilled.

13. 1 Cor 10:31 εἴτε οὖν ἐσθίετε εἴτε πίνετε εἴτε τι ποιεῖτε, πάντα εἰς δόξαν θεοῦ ποιεῖτε [PAM2P].

Therefore, whether you eat or drink or whatever you do, do all things for the glory of God.

II. Translate these clauses/sentences with Infinitives. Also identify the Infinitive construction.

1. 1 Cor 10:7b Ἐκάθισεν ὁ λαὸς φαγεῖν καὶ πεῖν [PURPOSE]

The people sat to eat and to drink.

2. 1 Cor 1:4b εἰς τὸ δύνασθαι [PURPOSE] ἡμᾶς παρακαλεῖν [COMPLEMENARY] τοὺς ἐν πάσῃ θλίψει...

in order for us to be able to comfort those in every affliction...

3. Acts 5:40b παρήγγειλαν μὴ λαλεῖν [INDIRECT DISCOURSE] ἐπὶ τῷ ὀνόματι τοῦ Ἰησοῦ (παραγγέλλω = I command)

They commanded (them) not to speak in the name of Jesus.

4. Matt 11:14 καὶ εἰ θέλετε δέξασθαι [COMPLEMENARY], αὐτός ἐστιν Ἠλίας ὁ μέλλων ἔρχεσθαι [COMPLEMENARY].

And if you want to receive (it), <u>he</u> is Elijah, the one that is going to come.

5. Acts 4:20 οὐ δυνάμεθα γὰρ ἡμεῖς ἃ εἴδαμεν καὶ ἠκούσαμεν μὴ λαλεῖν [COMPLE-MENARY].

For <u>we</u> are not able not to speak (about) that which we saw and heard.

6. Matt 3:13 Τότε παραγίνεται ὁ Ἰησοῦς ἀπὸ τῆς Γαλιλαίας ἐπὶ τὸν Ἰορδάνην πρὸς τὸν Ἰωάννην τοῦ βαπτισθῆναι [PURPOSE] ὑπ᾽ αὐτοῦ. (παραγίνομαι= I go along)

Then Jesus went along from Galilee to the Jordon to John in order to be baptized.

7. Mark 15:5 ὁ δὲ Ἰησοῦς οὐκέτι οὐδὲν ἀπεκρίθη, ὥστε θαυμάζειν [RESULT] τὸν Πιλᾶτον.

And Jesus no longer answered back anything, with the result that Pilate marveled.

8. 2 Thess 2:10b τὴν ἀγάπην τῆς ἀληθείας οὐκ ἐδέξαντο εἰς τὸ σωθῆναι αὐτούς [PURPOSE].

They did not receive the love of the truth in order that they would be saved.

9. Matt 6:8b οἶδεν γὰρ ὁ πατὴρ ὑμῶν ὧν χρείαν ἔχετε πρὸ τοῦ ὑμᾶς αἰτῆσαι [TEMPORAL] αὐτόν.

For your Father knows of what you have need before you ask him.

10. Acts 23:15b ἡμεῖς δὲ πρὸ τοῦ ἐγγίσαι [**TEMPORAL**] αὐτὸν ἕτοιμοί ἐσμεν τοῦ ἀνελεῖν αὐτόν. (ἕτοιμος,-η,-ον = ready; ἀνελεῖν = "to kill" from ἀναιρέω)

But <u>we</u>, before he approached, were prepared to kill him.

11. Luke 22:15 ἐπιθυμίᾳ ἐπεθύμησα τοῦτο τὸ πάσχα φαγεῖν [**COMPLEMENTARY**] μεθ' ὑμῶν πρὸ τοῦ με παθεῖν [**TEMPORAL**]· (ἡ ἐπιθυμία = desire (*what use of the dative case here?*); ἐπιθυμέω = I desire; τὸ πάσχα = Passover)

I desired with a desire to eat this Passover with you before I suffered. [*The repetition of the root* ἐπιθυμ- *reflects Hebrew idiom and would be considered a Semitism.*]

12. Matt 17:16 καὶ προσήνεγκα αὐτὸν τοῖς μαθηταῖς σου, καὶ οὐκ ἠδυνήθησαν αὐτὸν θεραπεῦσαι [**COMPLEMENTARY**].

And I brought him to your disciples, and they were not able to heal him.

13. Luke 10:38a Ἐν δὲ τῷ πορεύεσθαι [**TEMPORAL**] αὐτοὺς αὐτὸς εἰσῆλθεν εἰς κώμην τινά· (ἡ κώμη = village)

But while they were going, <u>he</u> entered into a certain village;

14. 1 Cor 15:9b οὐκ εἰμὶ ἱκανὸς καλεῖσθαι [**COMPLEMENTARY** *with an adjective*] ἀπόστολος, διότι ἐδίωξα τὴν ἐκκλησίαν τοῦ θεοῦ·

I am not sufficient to be called an apostle, since I persecuted the church of God;

15. Heb 9:14c καθαριεῖ τὴν συνείδησιν ἡμῶν ἀπὸ νεκρῶν ἔργων εἰς τὸ λατρεύειν [**PURPOSE**] θεῷ ζῶντι. (ἡ συνείδησις = conscience; λατρεύω = I serve; καθαπιεῖ = "he will cleanse")

He will cleanse your conscience from dead works in order to serve the living God.

16. Luke 18:35 Ἐγένετο δὲ ἐν τῷ ἐγγίζειν [**TEMPORAL**] αὐτὸν εἰς Ἰεριχὼ τυφλός τις ἐκάθητο παρὰ τὴν ὁδὸν ἐπαιτῶν. (ἐπαιτέω = I beg)

And it happened, while he was nearing into Jericho, a certain blind man was sitting along the road begging.

17. Rom 4:18 ὃς παρ' ἐλπίδα ἐπ' ἐλπίδι ἐπίστευσεν εἰς τὸ γενέσθαι [**PURPOSE** *or* **RESULT**] αὐτὸν πατέρα πολλῶν ἐθνῶν κατὰ τὸ εἰρημένον· Οὕτως ἔσται τὸ σπέρμα σου, (ὃς = "He"; *hint:* εἰρημένον = *is from* λέγω)

(Abraham) who believed from hope to hope with the result that he became the father of many nations according to what was spoken: "Thus will be your offspring,"

18. Gal 2:17 εἰ δὲ ζητοῦντες δικαιωθῆναι [**COMPLEMENTARY** and **PURPOSE**] ἐν Χριστῷ εὑρέθημεν καὶ αὐτοὶ ἁμαρτωλοί, ἆρα Χριστὸς ἁμαρτίας διάκονος; μὴ γένοιτο. (ὁ διάκονος = servant; μὴ γένοιτο = "No way!")

But if while seeking to be justified in Christ we were found also ourselves (to be) sinners, then is Christ a servant of sin? No way!

19. 1 Thess 4:9 Περὶ δὲ τῆς φιλαδελφίας οὐ χρείαν ἔχετε γράφειν [**COMPLEMENTARY** *with a noun*] ὑμῖν, αὐτοὶ γὰρ ὑμεῖς θεοδίδακτοί ἐστε εἰς τὸ ἀγαπᾶν [**PURPOSE**] ἀλλήλους, (ἡ φιλαδελφία = brotherly love; θεοδίδακτος,-ον = taught of God)

And concerning brotherly love, you have no need (that I) write to you, for <u>you</u> yourselves are taught by God in order to love one another.

20. 2 Cor 7:3 πρὸς κατάκρισιν οὐ λέγω· προείρηκα γὰρ ὅτι ἐν ταῖς καρδίαις ἡμῶν ἐστε εἰς τὸ συναποθανεῖν καὶ συζῆν [**PURPOSE**]. (ἡ κατάκρισις= condemnation; προλέγω=I speak before; I warn; συναποθνήσκω= I die with; συζάω= I live with)

I am not speaking for judgment; for I have spoken before that you are in my heart in order to die with (you) and live with (you).

III. Translate these sentences with Subjunctives (Conditions included). Identify the construction.

1. 1 Cor 15:32c Φάγωμεν καὶ πίωμεν [**HORTATORY**], αὔριον γὰρ ἀποθνήσκομεν. (αὔριον= tomorrow)

Let us eat and drink, for tomorrow we die.

2. Mark 6:12 Καὶ ἐξελθόντες ἐκήρυξαν ἵνα μετανοῶσιν [**INDIRECT SPEECH** *and* **PURPOSE**], (μετανοέω= I repent)

And after going out, they preached in order that they would repent,

3. John 8:51b θάνατον οὐ μὴ θεωρήσῃ [**EMPHATIC NEGATION**] εἰς τὸν αἰῶνα.

You will in no way ever see death forever/into the age.

4. John 6:37b καὶ τὸν ἐρχόμενον πρὸς ἐμὲ οὐ μὴ ἐκβάλω [**EMPHATIC NEGATION**] ἔξω,

And I will never ever cast outside the one coming to me.

5. Rom 3:8b Ποιήσωμεν [**DELIBERATIVE**] τὰ κακά, ἵνα ἔλθῃ [**PURPOSE**] τὰ ἀγαθά;

Should we do evil, in order that the good things would come?

6. Luke 22:9 οἱ δὲ εἶπαν αὐτῷ· ποῦ θέλεις ἑτοιμάσωμεν [*indirect* **DELIBERATIVE**];

But they said to him: "Where do you want (that) we should prepare (the meal)?"

7. John 8:54b Ἐὰν ἐγὼ δοξάσω [**CONDITIONAL**] ἐμαυτόν, ἡ δόξα μου οὐδέν ἐστιν·

If I glorify myself, my glory is nothing;

8. 1 John 3:11 αὕτη ἐστὶν ἡ ἀγγελία ἣν ἠκούσατε ἀπ᾽ ἀρχῆς, ἵνα ἀγαπῶμεν [**NOUN CLAUSE** *and* **INDIRECT COMMAND**] ἀλλήλους,

This is the message which you heard from the beginning, that we should love one another.

9. 1 Pet 3:14b τὸν δὲ φόβον αὐτῶν μὴ φοβηθῆτε μηδὲ ταραχθῆτε [**PROHIBITION**], (ταράσσω= I frighten)

And do not fear nor be frightened (of what) they fear

10. Matt 1:20b Ἰωσὴφ υἱὸς Δαυίδ, μὴ φοβηθῇς [**PROHIBITION**] παραλαβεῖν Μαρίαν τὴν γυναῖκά σου· (παραλαμβάνω= I accept)

Joseph, Son of David, do not be afraid to take Mary (as) your wife;

11. Luke 3:10 Καὶ ἐπηρώτων αὐτὸν οἱ ὄχλοι λέγοντες, Τί οὖν ποιήσωμεν [**DELIBERATIVE**];

And the crowds were asking him saying, "What therefore should we do?"

12. Rom 6:15 Τί οὖν; ἁμαρτήσωμεν [**DELIBERATIVE**], ὅτι οὐκ ἐσμὲν ὑπὸ νόμον ἀλλὰ ὑπὸ χάριν; (ἁμαρτάνω= I sin)

What then? Should we sin, because we are not under Law but under Grace?

13. Matt 12:50 ὅστις γὰρ ἂν ποιήσῃ [CONDITIONAL] τὸ θέλημα τοῦ πατρός μου τοῦ ἐν οὐρανοῖς αὐτός μου ἀδελφὸς καὶ ἀδελφὴ καὶ μήτηρ ἐστίν.

For whoever does the will of my Father (who is) in heaven, <u>he</u> is my brother and sister and mother.

14. John 15:7 ἐὰν μείνητε [CONDITIONAL] ἐν ἐμοὶ καὶ τὰ ῥήματά μου ἐν ὑμῖν μείνῃ [CONDITIONAL], ὃ ἐὰν θέλητε [CONDITIONAL] αἰτήσασθε, καὶ γενήσεται ὑμῖν.

If you remain in me and my words remain in you, whatever you want, ask, and it will be to you.

15. Matt 6:25b μὴ μεριμνᾶτε [PROHIBITION] τῇ ψυχῇ ὑμῶν τί φάγητε [ἢ τί πίητε] [indirect DELIBERATIVE], (μὴ μεριμνᾶτε = "Don't worry")

Do not worry with respect of your soul [*dative of respect*] what you should eat or what you should drink.

16. Heb 10:35 Μὴ ἀποβάλητε [PROHIBITION] οὖν τὴν παρρησίαν ὑμῶν, ἥτις ἔχει μεγάλην μισθαποδοσίαν. (ἀποβάλλω= I cast away; ἡ παρρησία= boldness; ἡ μισθαποδοσίαν= reward)

Therefore, do not cast away your boldness, which has great reward.

17. Rom 14:9 εἰς τοῦτο γὰρ Χριστὸς ἀπέθανεν καὶ ἔζησεν, ἵνα καὶ νεκρῶν καὶ ζώντων κυριεύσῃ [PURPOSE]. (κυριεύω= I rule [gen.d.o.])

For Christ died and lived for this, that he would rule both the dead and the living.

18. Matt 5:47 καὶ ἐὰν ἀσπάσησθε [CONDITIONAL] τοὺς ἀδελφοὺς ὑμῶν μόνον, τί περισσὸν ποιεῖτε; οὐχὶ καὶ οἱ ἐθνικοὶ τὸ αὐτὸ ποιοῦσιν; (περισσόν= more; οἱ ἐθνικοί= "gentiles")

And if you greet your brethren only, what more do you do? Do not even the Gentiles do the same thing? (yes)

19. Matt 10:5 Τούτους τοὺς δώδεκα ἀπέστειλεν ὁ Ἰησοῦς παραγγείλας αὐτοῖς λέγων· εἰς ὁδὸν ἐθνῶν μὴ ἀπέλθητε [PROHIBITION] καὶ εἰς πόλιν Σαμαριτῶν μὴ εἰσέλθητε [PROHIBITION]· (παραγγέλλω= I command)

Jesus sent these twelve commanding them saying: "Into the road of the Gentiles do not depart and into the city of the Samaritans do not enter;"

20. John 8:31 Ἔλεγεν οὖν ὁ Ἰησοῦς πρὸς τοὺς πεπιστευκότας αὐτῷ Ἰουδαίους, Ἐὰν ὑμεῖς μείνητε [CONDITIONAL] ἐν τῷ λόγῳ τῷ ἐμῷ, ἀληθῶς μαθηταί μού ἐστε (ἀληθῶς= truly)

Therefore, Jesus was saying to those Jews that had believed in him, "If <u>you</u> remain in my word, truly you are my disciples"

IV. Translate these sentences with Comparative and Superlative forms.

1. John 19:11b διὰ τοῦτο ὁ παραδούς μέ σοι μείζονα ἁμαρτίαν ἔχει.

On account of this, the one that betrayed me has the greater sin than you.

2. Mark 12:31b μείζων τούτων ἄλλη ἐντολὴ οὐκ ἔστιν.

Another commandment is not greater than these.

3. 1 Cor 1:25a ὅτι τὸ μωρὸν τοῦ θεοῦ σοφώτερον τῶν ἀνθρώπων ἐστίν (τὸ μωρόν= foolishness)
   because the foolishness of God is wiser than persons.

4. Mark 4:1b καὶ συνάγεται πρὸς αὐτὸν ὄχλος πλεῖστος, (πλεῖστος,-η,-ον= most; very great)
   And a very great crowd was gathered to him,

5. 1 Cor 15:9a Ἐγὼ γάρ εἰμι ὁ ἐλάχιστος τῶν ἀποστόλων (ἐλάχιστος,-η,-ον= least)
   For I am the least of the apostles.

6. Matt 18:1b Τίς ἄρα μείζων ἐστὶν ἐν τῇ βασιλείᾳ τῶν οὐρανῶν;
   Who then is greater in the Kingdom of Heaven?

7. John 8:53 μείζων εἶ τοῦ πατρὸς ἡμῶν Ἀβραάμ, ὅστις ἀπέθανεν;
   Are you greater than our father Abraham, who died?

8. Jas 3:1 Μὴ πολλοὶ διδάσκαλοι γίνεσθε, ἀδελφοί μου, εἰδότες ὅτι μεῖζον κρίμα λημψόμεθα.
   (τὸ κρίμα= judgment)
   Do not many of you become teachers, my brethren, knowing that we will receive a greater judgment.

9. John 7:31b Ὁ Χριστὸς ὅταν ἔλθῃ μὴ πλείονα σημεῖα ποιήσει ὧν οὗτος ἐποίησεν;
   The Christ, when he comes, will he do more signs than which this one did?

10. Matt 21:36 πάλιν ἀπέστειλεν ἄλλους δούλους πλείονας τῶν πρώτων, καὶ ἐποίησαν αὐτοῖς ὡσαύτως. (ὡσαύτως= likewise)
    Again he sent other servants, more than the first, and they did to them likewise.

11. John 4:1b ἤκουσαν οἱ Φαρισαῖοι ὅτι Ἰησοῦς πλείονας μαθητὰς ποιεῖ καὶ βαπτίζει ἢ Ἰωάννης
    The Pharisees heard that Jesus was making and baptizing more disciples than John
    [*Remember that Greek retains the original tense of the original report: "Jesus is making and baptizing more than John."*]

12. John 15:13 μείζονα ταύτης ἀγάπην οὐδεὶς ἔχει, ἵνα τις τὴν ψυχὴν αὐτοῦ θῇ ὑπὲρ τῶν φίλων αὐτοῦ.
    No one has greater love than this, that some sets his soul/life on behalf of his friends.

13. 3 John 1:4 μειζοτέραν τούτων οὐκ ἔχω χαράν, ἵνα ἀκούω τὰ ἐμὰ τέκνα ἐν τῇ ἀληθείᾳ περιπατοῦντα.
    I have no joy greater than these things, that I hear (that) my children are walking in the truth.

14. Luke 1:32 οὗτος ἔσται μέγας καὶ υἱὸς ὑψίστου κληθήσεται καὶ δώσει αὐτῷ κύριος ὁ θεὸς τὸν θρόνον Δαυὶδ τοῦ πατρὸς αὐτοῦ, (ὑψίστος,-η,-ον= highest; most high)
    This one will be great and will be called Son of the Most High and the Lord God will give to him the throne of his father David.

15. Matt 5:19 ὃς ἐὰν οὖν λύσῃ μίαν τῶν ἐντολῶν τούτων τῶν ἐλαχίστων καὶ διδάξῃ οὕτως τοὺς ἀνθρώπους, ἐλάχιστος κληθήσεται ἐν τῇ βασιλείᾳ τῶν οὐρανῶν· (ἐλάχιστος,-η,-ον= least)

Whoever, therefore, loosens one of the least of these commandments and teaches persons thus, will be called least in the Kingdom of Heaven;

26D. FOCUS

I. Special Pronouns from this Chapter:

1. Mark 6:56b καὶ ὅσοι ἂν ἥψαντο αὐτοῦ ἐσῴζοντο. (ἅπτομαι= I touch [takes genitive d.o.])

And however so many touched him, were being healed.

2. Mark 6:30b ἀπήγγειλαν αὐτῷ πάντα ὅσα ἐποίησαν καὶ ὅσα ἐδίδαξαν.

They announced to him all things however much they did and however much they taught.

3. Rom 8:14 ὅσοι γὰρ πνεύματι θεοῦ ἄγονται, οὗτοι υἱοὶ θεοῦ εἰσιν.

For however so many are led by the Spirit of God [dative of means], these are the Sons of God.

4. Mark 4:33a Καὶ τοιαύταις παραβολαῖς πολλαῖς ἐλάλει αὐτοῖς τὸν λόγον.

And with such many kinds of parables as these he was speaking the word to them.

5. John 8:5 ἐν δὲ τῷ νόμῳ ἡμῖν Μωϋσῆς ἐνετείλατο τὰς τοιαύτας λιθάζειν, σὺ οὖν τί λέγεις; (ἐντέλλομαι= I command; λιθάζω= I stone)

And in the Law Moses commanded us to stone such women as these; therefore, what do you say?

6. Luke 9:9 εἶπεν δὲ Ἡρῴδης, Ἰωάννην ἐγὼ ἀπεκεφάλισα· τίς δέ ἐστιν οὗτος περὶ οὗ ἀκούω τοιαῦτα; καὶ ἐζήτει ἰδεῖν αὐτόν. (ἀποκεφαλίζω= I behead)

But Herod said, "I have beheaded John; but who is this concerning whom I hear such things as these?" And he was seeking to see him.

II. Translate and classify these conditional sentences.

1. John 14:3a καὶ ἐὰν πορευθῶ, καὶ ἑτοιμάσω τόπον ὑμῖν,

And if I go, I will prepare a place for you, [FUTURE MORE VIVID]

2. Rom 8:9b εἰ δέ τις πνεῦμα Χριστοῦ οὐκ ἔχει, οὗτος οὐκ ἔστιν αὐτοῦ.

But if someone does not have the Spirit of Christ, this person is not his. [PRESENT SIMPLE]

3. Luke 16:30b ἀλλ' ἐὰν τις ἀπὸ νεκρῶν πορευθῇ πρὸς αὐτούς, μετανοήσουσιν. (μετανοέω= I repent)

But if someone comes to them from the dead, they will not repent. [FUTURE MORE VIVID]

4. Rom 6:8 εἰ δὲ ἀπεθάνομεν σὺν Χριστῷ, πιστεύομεν ὅτι καὶ συζήσομεν αὐτῷ, (συζάω= I live
    with [dat.d.o.])

    And if we died with Christ, we believe that also we will live with him, [**MIXED**; prota-
    sis **PAST SIMPLE**; *apodosis* **PRESENT SIMPLE**]

5. Rom 8:31 Τί οὖν ἐροῦμεν πρὸς ταῦτα; εἰ ὁ θεὸς ὑπὲρ ἡμῶν, τίς καθ᾽ ἡμῶν;

    What therefore will we say to these things? If God is for us, who is against us?
    [*Probably* **PRESENT SIMPLE**, *but this is difficult since we don't have any verb
    forms. It may be that this absence of verbs may make this condition 'timeless'*]

6. Luke 4:7 σὺ οὖν ἐὰν προσκυνήσῃς ἐνώπιον ἐμοῦ, ἔσται σοῦ πᾶσα.

    Therefore, if <u>you</u> worship before me, all will be yours. [**FUTURE MORE VIVID**]

7. John 14:7 εἰ ἐγνώκατέ με, καὶ τὸν πατέρα μου γνώσεσθε·

    If you have known me, you will know also my Father. [**MIXED**; *protasis* **PAST or
    PRESENT (the perfect tense may be equivalent to the Present tense) SIMPLE**;
    apodosis **FUTURE MORE VIVID**; *Jesus wants the disciples to make the connection
    that a knowledge of him, which they have had (perfect tense) is equivalent to a having a
    knowledge of the Father, which in time is still future to them, since they have not yet
    grasped this point!*]

8. John 8:51 ἀμὴν ἀμὴν λέγω ὑμῖν, ἐάν τις τὸν ἐμὸν λόγον τηρήσῃ, θάνατον οὐ μὴ θεωρήσῃ εἰς
    τὸν αἰῶνα.

    **Truly, truly I say to you, if someone keeps my word, he will never ever see death for-
    ever.** [**FUTURE MORE VIVID**, *since the emphatic negation construction is future
    time.*]

9. John 11:32b Κύριε, εἰ ἦς ὧδε, οὐκ ἄν μου ἀπέθανεν ὁ ἀδελφός. (ὧδε= here)

    Lord, if you had been here, <u>my</u> [*emphatic by location*] **brother would not have
    died.** [**PAST CONTRARY-TO-FACT**; *in fact, her brother did die*]

10. Rev 2:16a μετανόησον οὖν· εἰ δὲ μή, ἔρχομαί σοι ταχύ (μετανοέω= I repent; ταχύ= soon)

    Repent, therefore; But if not, I am coming to you soon. [**MIXED**; *protasis* **SIMPLE
    PRESENT**; *apodosis* **FUTURE MORE VIVID**; *or* **FUTURE MOST VIVID**? *since
    this is a threat*]

11. John 9:41b Εἰ τυφλοὶ ἦτε, οὐκ ἄν εἴχετε ἁμαρτίαν·

    If you were blind, you would not have sin; [**PRESENT CONTRARY-TO-FACT**]

12. Gal 1:10b εἰ ἔτι ἀνθρώποις ἤρεσκον, Χριστοῦ δοῦλος οὐκ ἄν ἤμην. (ἀρέσκω= I please [dat.d.o.])

    If I were still pleasing people, then I would not be a servant of Christ. [**PRESENT
    CONTRARY-TO-FACT**]

13. John 8:19b εἰ ἐμὲ ᾔδειτε, καὶ τὸν πατέρα μου ἄν ᾔδειτε.

    If you knew <u>me</u>, you would also have known my Father. [**PAST or PRESENT
    CONTRARY-TO-FACT**]

14. Col 2:20 Εἰ ἀπεθάνετε σὺν Χριστῷ ἀπὸ τῶν στοιχείων τοῦ κόσμου, τί ὡς ζῶντες ἐν κόσμῳ δογματίζεσθε; (τὸ στοιχεῖον= elemental principle; δογματίζω= I submit to ordinances)

If you died with Christ from the elemental principles of the world, why, as living in the world, are you submitting to ordinances? [MIXED; *protasis* PAST SIMPLE; *apodosis* PRESENT SIMPLE]

15. John 8:24 εἶπον οὖν ὑμῖν ὅτι ἀποθανεῖσθε ἐν ταῖς ἁμαρτίαις ὑμῶν· ἐὰν γὰρ μὴ πιστεύσητε ὅτι ἐγώ εἰμι, ἀποθανεῖσθε ἐν ταῖς ἁμαρτίαις ὑμῶν.

Therefore I said to you that you will die in your sins; For if you don't believe that I am, you will die in your sins. [FUTURE MORE VIVID]

16. Matt 5:46 ἐὰν γὰρ ἀγαπήσητε τοὺς ἀγαπῶντας ὑμᾶς, τίνα μισθὸν ἔχετε; οὐχὶ καὶ οἱ τελῶναι τὸ αὐτὸ ποιοῦσιν; (ὁ μισθός= reward; ὁ τελώνης= tax collector)

For if you love the ones loving you, what reward do you have? Don't even the tax collectors do the same thing? (yes!). [PRESENT GENERAL]

17. Rom 4:2 εἰ γὰρ Ἀβραὰμ ἐξ ἔργων ἐδικαιώθη, ἔχει καύχημα, ἀλλ' οὐ πρὸς θεόν. (τὸ καύχημα= boast)

For if Abraham was justified from works, he has a boast, but not with God. [MIXED; *protasis* PAST CONTRARY-TO-FACT; *apodosis* PRESENT SIMPLE]

18. Heb 4:8 εἰ γὰρ αὐτοὺς Ἰησοῦς κατέπαυσεν, οὐκ ἂν περὶ ἄλλης ἐλάλει μετὰ ταῦτα ἡμέρας. (καταπαύω= I give rest; ἄλλης is modifying ἡμέρας)

For if Joshua had given them rest, then he would not have been speaking concerning another one after these days. [PAST CONTRARY-TO-FACT]

III. More Conditions: Are you able to identify which type of condition?

1. John 8:28b Ὅταν ὑψώσητε τὸν υἱὸν τοῦ ἀνθρώπου, τότε γνώσεσθε ὅτι ἐγώ εἰμι, (ὑψόω= I lift up)

Whenever you see the Son of Humanity, then you will know that I am (he), [FUTURE MORE VIVID]

2. John 8:39b Εἰ τέκνα τοῦ Ἀβραὰμ ἐστε, τὰ ἔργα τοῦ Ἀβραὰμ ἐποιεῖτε·

If you were Abraham's children, you would be doing Abraham's deeds. [PRESENT CONTRARY-TO-FACT, *with ἄν not present.*]

3. John 8:42b εἶπεν αὐτοῖς ὁ Ἰησοῦς, Εἰ ὁ θεὸς πατὴρ ὑμῶν ἦν, ἠγαπᾶτε ἂν ἐμέ,

Jesus said to them, "If God were your Father, you would be loving me," [PRESENT CONTRARY-TO-FACT]

4. John 3:12b πῶς ἐὰν εἴπω ὑμῖν τὰ ἐπουράνια πιστεύσετε; (ἐπουράνιος,-ον= heavenly)

How, if I speak to you heavenly things, will you believe? [FUTURE MORE VIVID]

5. John 5:31 ἐὰν ἐγὼ μαρτυρῶ περὶ ἐμαυτοῦ, ἡ μαρτυρία μου οὐκ ἔστιν ἀληθής· (ἡ μαρτυρία= testimony)

If I testify concerning myself, my testimony is not true; [PRESENT GENERAL]

6. Rom 7:16 εἰ δὲ ὃ οὐ θέλω τοῦτο ποιῶ, σύμφημι τῷ νόμῳ ὅτι καλός. (σύμφημι= I assent)

   But if that which I want, this I do, I assent to the Law that (it is) good. [PRESENT SIMPLE]

7. Rom 3:5a εἰ δὲ ἡ ἀδικία ἡμῶν θεοῦ δικαιοσύνην συνίστησιν, τί ἐροῦμεν; (ἡ ἀδικία= unrighteousness; συνίστημι= I commend)

   But if our unrighteousness commends the righteousness of God, what shall we say? [MIXED; *protasis* PRESENT SIMPLE; *apodosis* FUTURE MORE VIVID]

8. Matt 26:35 λέγει αὐτῷ ὁ Πέτρος, Κἂν δέῃ με σὺν σοὶ ἀποθανεῖν, οὐ μή σε ἀπαρνήσομαι. ὁμοίως καὶ πάντες οἱ μαθηταὶ εἶπαν. (κἂν= καὶ ἄν; ἀπαρνέομαι= I deny; ὁμοίως= likewise)

   Peter said to him, "Even if it should be necessary for me to die with you, I will never ever deny you." Likewise also all the disciples spoke (to him). [FUTURE MORE VIVID]

9. John 7:17 ἐάν τις θέλῃ τὸ θέλημα αὐτοῦ ποιεῖν, γνώσεται περὶ τῆς διδαχῆς πότερον ἐκ τοῦ θεοῦ ἐστιν ἢ ἐγὼ ἀπ' ἐμαυτοῦ λαλῶ. (ἡ διδαχή= teaching; πότερον= whether)

   If someone wants to do his will, he will know concerning the teaching whether it is from God or <u>I</u> speak from myself. [FUTURE MORE VIVID]

10. Luke 22:68 ἐὰν δὲ ἐρωτήσω, οὐ μὴ ἀποκριθῆτε.

    And if I ask, you will never ever be condemned. [FUTURE MORE VIVID]

11. Rom 8:10 εἰ δὲ Χριστὸς ἐν ὑμῖν, τὸ μὲν σῶμα νεκρὸν διὰ ἁμαρτίαν τὸ δὲ πνεῦμα ζωὴ διὰ δικαιοσύνην.

    And if Christ (is) in you, on the one hand, your body (is) dead on account of sin, but on the other hand, the spirit is life on account of righteousness. [PRESENT SIMPLE; *or possibly* PRESENT GENERAL, *since there is no verb in the apodosis*]

12. Matt 12:24 οἱ δὲ Φαρισαῖοι ἀκούσαντες εἶπον, Οὗτος οὐκ ἐκβάλλει τὰ δαιμόνια εἰ μὴ ἐν τῷ Βεελζεβοὺλ ἄρχοντι τῶν δαιμονίων.

    But the Pharisees, after hearing, said, "This one does not cast out the demons except by Beelzebub, the ruler of the demons." [*probably* PRESENT SIMPLE]

13. John 3:27 ἀπεκρίθη Ἰωάννης καὶ εἶπεν, Οὐ δύναται ἄνθρωπος λαμβάνειν οὐδὲ ἓν ἐὰν μὴ ᾖ δεδομένον αὐτῷ ἐκ τοῦ οὐρανοῦ.

    John answered back and said, "A person is not able to receive one thing unless it is given to him from heaven. [PRESENT GENERAL]

14. John 4:48 εἶπεν οὖν ὁ Ἰησοῦς πρὸς αὐτόν, Ἐὰν μὴ σημεῖα καὶ τέρατα ἴδητε, οὐ μὴ πιστεύσητε.

    Therefore, Jesus said to him, "Unless you see signs and wonders, you will never believe." [FUTURE MORE VIVID, since the Emphatic negation is in future time]

15. 2 Cor 2:9 εἰς τοῦτο γὰρ καὶ ἔγραψα, ἵνα γνῶ τὴν δοκιμὴν ὑμῶν, εἰ εἰς πάντα ὑπήκοοί ἐστε. (ἡ δοκιμή= character; ὑπήκοος,-ον= obedient)

    For even for this I wrote, that I would know your character, if you are obedient in all things. [*This use of* εἰ *is likely not conditional, but indicates an indirect question.*]

16. Heb 8:4a εἰ μὲν οὖν ἦν ἐπὶ γῆς, οὐδ' ἂν ἦν ἱερεύς, (ὁ ἱερεύς,-έως= priest)

    Therefore indeed, if he were upon the earth, then he would not be a priest. [PRESENT CONTRARY-TO-FACT]

17. Heb 8:7 Εἰ γὰρ ἡ πρώτη ἐκείνη ἦν ἄμεμπτος, οὐκ ἂν δευτέρας ἐζητεῖτο τόπος. (ἄμεμπτος,-ον= blameless)

    For if that first (covenant) had been blameless, then a place of/for a second one would not have been sought. [PAST CONTRARY-TO-FACT; *this is difficult to translate unless you understand the author is talking about the need for the second covenant.*]

18. Gal 3:21b εἰ γὰρ ἐδόθη νόμος ὁ δυνάμενος ζωοποιῆσαι, ὄντως ἐκ νόμου ἂν ἦν ἡ δικαιοσύνη·
    (ζωοποιέω= I make alive; ὄντως= truly)

    For if a law that was able to make alive was given, truly righteousness would have been from the law. [PAST CONTRARY-TO-FACT]

19. 1 Cor 11:31–32 εἰ δὲ ἑαυτοὺς διεκρίνομεν, οὐκ ἂν ἐκρινόμεθα· 32 κρινόμενοι δὲ ὑπὸ [τοῦ] κυρίου παιδευόμεθα, ἵνα μὴ σὺν τῷ κόσμῳ κατακριθῶμεν. (διακρίνω= I judge; παιδεύω= I instruct; κατακρίνω= I condemn)

    But if we were judging ourselves, then we would not be being judged; [PRESENT CONTRARY-TO-FACT] 32 but since we are being judged by the Lord, we are instructed lest we would be judged with the World.

26E. Sentences

1. Heb 5:5a καὶ ὁ Χριστὸς οὐχ ἑαυτὸν ἐδόξασεν γενηθῆναι ἀρχιερέα

   And Christ did not glorify himself to become high priest.

2. John 6:28 εἶπον οὖν πρὸς αὐτόν, Τί ποιῶμεν ἵνα ἐργαζώμεθα τὰ ἔργα τοῦ θεοῦ; (ἐργάζομαι= I do)

   Therefore, he said to him, "What should we do that we do the works of God?"

3. Matt 24:34 ἀμὴν λέγω ὑμῖν ὅτι οὐ μὴ παρέλθῃ ἡ γενεὰ αὕτη ἕως ἂν πάντα ταῦτα γένηται.

   Truly I say to you that this generation will never ever pass away until all these things happen.

4. 1 Tim 1:15b Χριστὸς Ἰησοῦς ἦλθεν εἰς τὸν κόσμον ἁμαρτωλοὺς σῶσαι, ὧν πρῶτός εἰμι ἐγώ.

   Christ Jesus came into the world to save sinners, of which <u>I</u> am the foremost.

5. Luke 12:5b φοβήθητε τὸν μετὰ τὸ ἀποκτεῖναι ἔχοντα ἐξουσίαν ἐμβαλεῖν εἰς τὴν γέενναν. (ἡ γέεννα= hell)

   Be afraid of the one having authority, after killing, to cast (you) into Gehenna/hell.

6. John 9:41 εἶπεν αὐτοῖς ὁ Ἰησοῦς, Εἰ τυφλοὶ ἦτε, οὐκ ἂν εἴχετε ἁμαρτίαν· νῦν δὲ λέγετε ὅτι Βλέπομεν, ἡ ἁμαρτία ὑμῶν μένει.

   Jesus said to them, "If you were blind, then you would not have sin; but now you say, 'We see,' (and therefore) your sin remains."

7. Matt 23:39 λέγω γὰρ ὑμῖν, οὐ μή με ἴδητε ἀπ᾽ ἄρτι ἕως ἂν εἴπητε, Εὐλογημένος ὁ ἐρχόμενος ἐν ὀνόματι κυρίου. (ἄρτι= now; εὐλογέω= I bless)

For I say to you, you will never ever see me from now on until you say, "Blessed is the one coming in the name of the Lord."

8. John 4:25 λέγει αὐτῷ ἡ γυνή, Οἶδα ὅτι Μεσσίας ἔρχεται ὁ λεγόμενος Χριστός· ὅταν ἔλθῃ ἐκεῖνος, ἀναγγελεῖ ἡμῖν ἅπαντα. (ἅπαντα= all)

The woman said to him, "I know that the Messiah is coming, the one called Christ; When(ever) that one comes, he will announce all things to us."

9. 1 Cor 15:32 εἰ κατὰ ἄνθρωπον ἐθηριομάχησα ἐν Ἐφέσῳ, τί μοι τὸ ὄφελος; εἰ νεκροὶ οὐκ ἐγείρονται, Φάγωμεν καὶ πίωμεν, αὔριον γὰρ ἀποθνήσκομεν. (θηριομαχέω= I fight beasts; τὸ ὄφελος,-ους= benefit; αὔριον= tomorrow)

If I fought beasts in Ephesus according to/on human terms, what is the benefit to me? If the dead are not raised, "Let us eat and drink, for tomorrow we die."

10. Mark 2:27–28 καὶ ἔλεγεν αὐτοῖς, Τὸ σάββατον διὰ τὸν ἄνθρωπον ἐγένετο καὶ οὐχ ὁ ἄνθρωπος διὰ τὸ σάββατον· ²⁸ ὥστε κύριός ἐστιν ὁ υἱὸς τοῦ ἀνθρώπου καὶ τοῦ σαββάτου.

And he was saying to them, "The Sabbath became on account of humanity, not humanity on account of the Sabbath; ²⁸ Therefore, the Son of Humanity is Lord even of the Sabbath.

11. Rev 22:8 Κἀγὼ Ἰωάννης ὁ ἀκούων καὶ βλέπων ταῦτα. καὶ ὅτε ἤκουσα καὶ ἔβλεψα, ἔπεσα προσκυνῆσαι ἔμπροσθεν τῶν ποδῶν τοῦ ἀγγέλου τοῦ δεικνύοντός μοι ταῦτα. (ἔμπροσθεν= before; δείκνυμι= I show)

And I am John, the one hearing and seeing these things. And when I heard and saw, I fell to worship before the feet of the angel, the one showing to me these things.

12. Acts 13:48 ἀκούοντα δὲ τὰ ἔθνη ἔχαιρον καὶ ἐδόξαζον τὸν λόγον τοῦ κυρίου καὶ ἐπίστευσαν ὅσοι ἦσαν τεταγμένοι εἰς ζωὴν αἰώνιον· (τάσσω= I appoint)

And the Gentiles, while hearing, were rejoicing and glorifying the Word of the Lord and they believed, however many of them were appointing themselves [*taken as a middle voice*] for eternal life.

13. John 8:28 εἶπεν οὖν [αὐτοῖς] ὁ Ἰησοῦς, Ὅταν ὑψώσητε τὸν υἱὸν τοῦ ἀνθρώπου, τότε γνώσεσθε ὅτι ἐγώ εἰμι, καὶ ἀπ᾽ ἐμαυτοῦ ποιῶ οὐδέν, ἀλλὰ καθὼς ἐδίδαξέν με ὁ πατὴρ ταῦτα λαλῶ. (ὑψόω= I lift up)

Therefore, Jesus said to them, "When(ever) you lift up the Son of Humanity, then you will know that I am, and I do nothing from myself, but I speak these things just as the Father taught me."

14. Mark 12:26 περὶ δὲ τῶν νεκρῶν ὅτι ἐγείρονται οὐκ ἀνέγνωτε ἐν τῇ βίβλῳ Μωϋσέως ἐπὶ τοῦ βάτου πῶς εἶπεν αὐτῷ ὁ θεὸς λέγων· Ἐγὼ ὁ θεὸς Ἀβραὰμ καὶ [ὁ] θεὸς Ἰσαὰκ καὶ [ὁ] θεὸς Ἰακώβ; (ἀναγινώσκω= I read; ἡ βίβλος= book; ἡ βατος= thorn bush)

But concerning the dead that are being raised, did you not read in the book of Moses at the thorn bush how God spoke to him saying: "I am the God of Abraham and the God of Isaac and the God of Jacob"? (yes)

15. Matt 21:25 τὸ βάπτισμα τὸ Ἰωάννου πόθεν ἦν; ἐξ οὐρανοῦ ἢ ἐξ ἀνθρώπων; οἱ δὲ διελογίζοντο ἐν ἑαυτοῖς λέγοντες, Ἐὰν εἴπωμεν, Ἐξ οὐρανοῦ, ἐρεῖ ἡμῖν, Διὰ τί οὖν οὐκ ἐπιστεύσατε αὐτῷ; (τὸ βάπτισμα= baptism; πόθεν= from where; διαλογίζομαι= I debate)

"The baptism of John, from where was it? From heaven or from people?" But they were debating amongst themselves saying, "If we say, "From heaven", he will say to us, "Why then didn't you believe him?"

16. John 8:42 εἶπεν αὐτοῖς ὁ Ἰησοῦς, Εἰ ὁ θεὸς πατὴρ ὑμῶν ἦν ἠγαπᾶτε ἂν ἐμέ, ἐγὼ γὰρ ἐκ τοῦ θεοῦ ἐξῆλθον καὶ ἥκω· οὐδὲ γὰρ ἀπ' ἐμαυτοῦ ἐλήλυθα, ἀλλ' ἐκεῖνός με ἀπέστειλεν. (ἥκω= I have arrived)

Jesus said to them, "If God was your Father, you would love me, for I came from God and have arrived; For neither have I come from myself, but that One sent me."

17. Matt 18:19 Πάλιν [ἀμὴν] λέγω ὑμῖν ὅτι ἐὰν δύο συμφωνήσωσιν ἐξ ὑμῶν ἐπὶ τῆς γῆς περὶ παντὸς πράγματος οὗ ἐὰν αἰτήσωνται, γενήσεται αὐτοῖς παρὰ τοῦ πατρός μου τοῦ ἐν οὐρανοῖς. (συμφωνέω= I agree; τὸ πρᾶγμα= business, matter)

Again [truly] I say to you that if two from you agree upon the earth concerning every matter, whatever they request [*middle voice*], it will be to them from my Father in heaven.

18. 2 Cor 1:9 ἀλλὰ αὐτοὶ ἐν ἑαυτοῖς τὸ ἀπόκριμα τοῦ θανάτου ἐσχήκαμεν, ἵνα μὴ πεποιθότες ὦμεν ἐφ' ἑαυτοῖς ἀλλ' ἐπὶ τῷ θεῷ τῷ ἐγείροντι τοὺς νεκρούς· (τὸ ἀπόκριμα= answer; sentence)

But <u>we</u> have had in ourselves the sentence of death, so that we would not be persuaded/confident in ourselves, but (rather) in God who raises the dead;

19. Rom 11:13–14 Ὑμῖν δὲ λέγω τοῖς ἔθνεσιν· ἐφ' ὅσον μὲν οὖν εἰμι ἐγὼ ἐθνῶν ἀπόστολος, τὴν διακονίαν μου δοξάζω, 14 εἴ πως παραζηλώσω μου τὴν σάρκα καὶ σώσω τινὰς ἐξ αὐτῶν. (ἡ διακονία= ministry; πως= somehow; παραζηλόω= I make jealous)

But I speak to you Gentiles; in however much indeed, therefore, <u>I</u> am an apostle of the Gentiles, I glorify my ministry, 14 if somehow I will make jealous my flesh (of kin) and save some from them.

20. 2 Chr 30:6a (LXX) καὶ ἐπορεύθησαν οἱ τρέχοντες σὺν ταῖς ἐπιστολαῖς παρὰ τοῦ βασιλέως καὶ τῶν ἀρχόντων εἰς πάντα Ἰσραηλ καὶ Ἰουδαν κατὰ τὸ πρόσταγμα τοῦ βασιλέως λέγοντες, Υἱοὶ Ἰσραηλ, ἐπιστρέψατε πρὸς θεὸν Ἀβρααμ καὶ Ἰσαακ καὶ Ἰσραηλ. (τρέχω= I run; ἡ ἐπιστολή= letter; τὸ πρόσταγμα= command)

And those running with the epistles from the King and the rulers went into all of Israel and Judah according to the command of the King, saying, "Sons of Israel, turn to the God of Abraham, Isaac, and Israel."

21. 1 Cor 2:11–12 τίς γὰρ οἶδεν ἀνθρώπων τὰ τοῦ ἀνθρώπου εἰ μὴ τὸ πνεῦμα τοῦ ἀνθρώπου τὸ ἐν αὐτῷ; οὕτως καὶ τὰ τοῦ θεοῦ οὐδεὶς ἔγνωκεν εἰ μὴ τὸ πνεῦμα τοῦ θεοῦ. 12 ἡμεῖς δὲ οὐ τὸ πνεῦμα τοῦ κόσμου ἐλάβομεν ἀλλὰ τὸ πνεῦμα τὸ ἐκ τοῦ θεοῦ, ἵνα εἰδῶμεν τὰ ὑπὸ τοῦ θεοῦ χαρισθέντα ἡμῖν· (χαρίζομαι= I give freely)

For who of persons knows the things of persons except the spirit of the person that is in him? Thus also no one has known the things of God except the Spirit of God. 12 But <u>we</u> did not receive the spirit of the world, but the Spirit (that is) from God, in order that we would know the things freely given to us by God.

22. Rev 2:10 μηδὲν φοβοῦ ἃ μέλλεις πάσχειν. ἰδοὺ μέλλει βάλλειν ὁ διάβολος ἐξ ὑμῶν εἰς φυλακὴν ἵνα πειρασθῆτε καὶ ἕξετε θλῖψιν ἡμερῶν δέκα. γίνου πιστὸς ἄχρι θανάτου, καὶ δώσω σοι τὸν στέφανον τῆς ζωῆς. (ἄχρι= until; ὁ στέφανος= crown; *before* ἐξ ὑμῶν *supply* τινας; πειράζω= I tempt)

Fear nothing which you are about to suffer. Behold, the devil is about to cast (some) from you into prison, in order that you be tempted and will have affliction for ten days [*accusative of time*]. Be faithful unto death, and I will give to you the crown of life.

23. John 9:16 ἔλεγον οὖν ἐκ τῶν Φαρισαίων τινές, Οὐκ ἔστιν οὗτος παρὰ θεοῦ ὁ ἄνθρωπος, ὅτι τὸ σάββατον οὐ τηρεῖ. ἄλλοι [δὲ] ἔλεγον, Πῶς δύναται ἄνθρωπος ἁμαρτωλὸς τοιαῦτα σημεῖα ποιεῖν; καὶ σχίσμα ἦν ἐν αὐτοῖς.

Therefore, some from the Pharisees were saying, "This person is not from God, because he does not keep the Sabbath." But others were saying, "How is a sinful person able to do such signs as these?" And there was a division among them.

24. Mark 8:34 Καὶ προσκαλεσάμενος τὸν ὄχλον σὺν τοῖς μαθηταῖς αὐτοῦ εἶπεν αὐτοῖς, Εἴ τις θέλει ὀπίσω μου ἀκολουθεῖν, ἀπαρνησάσθω ἑαυτὸν καὶ ἀράτω τὸν σταυρὸν αὐτοῦ καὶ ἀκολουθείτω μοι. (ὀπίσω= after; ἀπαρνέομαι= I deny; ὁ σταυρός= cross)

And after calling the crowd with his disciples, he said to them, "If some wants to follow me, let him deny himself and take up his cross and follow me."

26F. READING   *Compare your translations with any modern translation.*

I. Gen 17:1–8 (LXX) God's Covenant with Abraham

1 ἐγένετο δὲ Αβραμ <u>ἐτῶν ἐνενήκοντα ἐννέα</u> καὶ ὤφθη κύριος τῷ Ἀβραμ καὶ εἶπεν αὐτῷ, Ἐγώ εἰμι ὁ θεός σου. <u>εὐαρέστει ἐναντίον</u> ἐμοῦ καὶ γίνου <u>ἄμεμπτος</u>. 2 καὶ θήσομαι τὴν <u>διαθήκην</u> μου <u>ἀνὰ μέσον</u> ἐμοῦ καὶ ἀνὰ μέσον σοῦ καὶ <u>πληθυνῶ σε σφόδρα</u>. 3 καὶ ἔπεσεν Αβραμ ἐπὶ πρόσωπον αὐτοῦ καὶ ἐλάλησεν αὐτῷ ὁ θεὸς λέγων, 4 Καὶ ἐγὼ ἰδού. ἡ διαθήκη μου μετὰ σοῦ. καὶ ἔσῃ πατὴρ <u>πλήθους</u> ἐθνῶν. 5 καὶ οὐ κληθήσεται ἔτι τὸ ὄνομά σου Ἀβραμ ἀλλ' ἔσται τὸ ὄνομά σου Ἀβρααμ, ὅτι πατέρα πολλῶν ἐθνῶν τέθεικά σε. 6 καὶ <u>αὐξανῶ</u> σε σφόδρα σφόδρα καὶ θήσω σε εἰς ἔθνη καὶ βασιλεῖς ἐκ σοῦ ἐξελεύσονται. 7 καὶ στήσω τὴν διαθήκην μου ἀνὰ μέσον ἐμοῦ καὶ ἀνὰ μέσον σοῦ καὶ ἀνὰ μέσον τοῦ σπέρματός σου μετὰ σὲ εἰς γενεὰς αὐτῶν εἰς διαθήκην αἰώνιον εἶναί σου θεὸς καὶ τοῦ σπέρματός σου μετὰ σέ. 8 καὶ δώσω σοι καὶ τῷ σπέρματί σου μετὰ σὲ τὴν γῆν ἣν <u>παροικεῖς</u> πᾶσαν τὴν γῆν Χανααν εἰς <u>κατάσχεσιν</u> αἰώνιον καὶ ἔσομαι αὐτοῖς θεός.

> <u>Verse 1:</u> ἐτῶν ἐνενήκοντα ἐννέα= "ninety-nine years old" εὐαρέστέω= I am pleas-ing; ἐναντίον= before (*with genitive*); ἄμεμπτος,-ον= blameless
> <u>Verse 2:</u> ἡ διαθήκη= covenant; ἀνὰ μέσος= in the midst of; πληθύνω= I multiply; σφόδρα= exceedingly
> <u>Verse 4:</u> τὸ πλῆθος,-ους= multitude
> <u>Verse 6:</u> αὐξάνω= I increase, make grow
> <u>Verse 8:</u> παροικέω= I dwell as an alien; ἡ κατάσχεσις= possession

II. 1 Cor 3:16–23 The True Temple and What is Truly Ours

<u>Verse 16:</u> οἰκέω= I dwell;
<u>Verse 17:</u> φθείρω= I ruin, corrupt
<u>Verse 18:</u> ἐξαπατάω= I deceive; μωρός,-ή,-όν= foolish
<u>Verse 19:</u> ἡ μωρία= foolishness' δράσσομαι= I catch; ἡ πανουργία= craftiness
<u>Verse 20:</u> ὁ διαλογισμός= thought, reasoning; μάταιος,-α,-ον= empty, futile
<u>Verse 21:</u> ὥστε= so then; καυχάζομαι= I boast
<u>Verse 22:</u> ἐνεστῶτα= "things that exist presently"; μέλλοντα= "things that are future"

III. Other Suggested Readings: (You will need a Greek Lexicon.)

Matt 24:40–46	John 5:1–34
Acts 4:1–5	John 12:12–50
Acts 12:6–19	1 Cor 10:14–21
Acts 21:15–22	Eph 4:1–12
Rom 10:1–10	Luke 4:10–20
Rom 5:1–11	All of 3 John

APPENDICES

Vocabulary: Words Occurring 20 Times or More

The following vocabulary includes words occurring 20 words or more, depending on which GNT one consults (UBS or SBLGNT). Occasionally, you will find a bonus word occurring 19 times. The definitions are glosses; they are not comprehensive. The chapter in which the word was formally introduced is given before the word. If a word has no chapter number, it is not formally introduced in the handbook. The gender of the noun is indicated after the noun (*m*, *f*, *n*). The genitive form of Third Declension nouns is always given. Adjectives are distinguished by their endings for each gender (e.g., ος, -η, -ον = *m, f, n*). If only two endings are given, then the first ending is both masculine and feminine; this is a dual termination adjective. All the verbs presented in this handbook are given below according to their six Principal Parts. If there is a dash (-), this indicates that this particular Principal Part is absent in the GNT. Alternative forms of a Principal Part are put into parentheses immediately after the form. For some compound verbs, the Principal Parts are not all provided, since theses forms may be readily observed on the uncompounded verb forms. Finally, frequencies are given in superscripts.

ἄλφα

2	Ἀβραάμ[78]	Abraham
7	ἀγαθός, -ή, -όν[125]	good, beneficial
20	ἀγαπάω, ἀγαπήσω, ἠγάπησα, ἠγάπηκα, ἠγάπημαι, ἠγαπήθην[143]	I love
15	ἀγάπη[116] *f*	love
14	ἀγαπητός, -η, -ον[61]	beloved, dearly loved
5	ἄγγελος[175] *m*	angel, messenger
	ἁγιάζω[28]	I sanctify, consecrate
7	ἅγιος, -α, -ον[233]	holy; devout; οἱ ἅγιοι = *saints*
	ἀγνοέω[22]	I do not know; I am ignorant
	ἀγοράζω[30]	I buy, purchase
	ἀγρός[36] *m*	field; countryside; farm
8	ἄγω, ἄξω, ἤγαγον, -, -, ἤχθην[69]	I lead; I bring, carry
	ἀδελφή[26] *f*	sister; fellow believer
5	ἀδελφός[342] *m*	brother
	ἀδικέω[28]	I wrong, treat unjustly; I harm
	ἀδικία[25] *f*	wrongdoing, injustice, unrighteousness
	Αἴγυπτος, -ου[25] *f*	Egypt
13	αἷμα, -ατος[97] *n*	blood; bloodshed
21	αἴρω, ἀρῶ, ἦρα, ἦρκα, ἦρμαι, ἤρθην[101]	I raise, lift up; I take away
20	αἰτέω, αἰτήσω, ᾔτησα, ᾔτηκα, -, -[70]	I ask, demand
	αἰτία[20] *f*	cause, reason; accusation
12	αἰών, αἰῶνος[122] *m*	age, era; life span; eternity
14	αἰώνιος, -ον[69]	eternal, long-lasting
	ἀκάθαρτος, -ον[32]	unclean(sed), impure; defiled
	ἀκοή[24] *f*	hearing; report, news
20	ἀκολουθέω, ἀκολουθήσω, ἠκολούθησα, ἠκολούθηκα, -, -[89]	I follow, obey (+ *dat.*)
7	ἀκούω, ἀκούσω (ἀκούσομαι), ἤκουσα, ἀκήκοα, -, ἠκούσθην[428]	I hear; I obey (+ *acc. or gen.*)
	ἀκροβυστία[20] *f*	uncircumcision

4	ἀλήθεια[109] *f*	truth, reality
22	ἀληθής, -ές[26]	true, truthful
	ἀληθινός, -ή, -όν[28]	true, faithful
4	ἀλλά[638]	but (+ *correction*); yet, rather
19	ἀλλήλων[100]	one another
7	ἄλλος, -η, -ον[154]	other; another
	ἁμαρτάνω, ἁμαρτήσω, ἡμάρτησα, ἡμάρτηκα,-,-[43]	I miss the mark; I fail, go wrong, sin
15	ἁμαρτία[172] *f*	sin, failure; guilt
22	ἁμαρτωλός, -όν[47]	sinful; sinner (*noun*)
15	ἀμήν[128]	Amen! Certainly!
	ἀμπελών, -ῶνος[23] *m*	vineyard
26	ἄν [170]	*particle of potential circumstance or condition*
11	ἀναβαίνω, ἀναβήσομαι, ἀνέβην, ἀναβέβηκα,-,-[81]	I go up, ascend
	ἀναβλέπω[25]	I look up; I receive sight
	ἀναγινώσκω[32]	I read
	ἀνάγω[23]	I lead up; I carry by sea (*mid.*)
	ἀναιρέω[24]	I take up; I destroy, kill
16	ἀνάστασις, -εως[42] *f*	resurrection
	ἄνεμος[31] *m*	wind
12	ἀνήρ, ἀνδρός[216] *m*	man; husband
5	ἄνθρωπος[550] *m*	person, human; people (*pl.*)
24	ἀνίστημι[108] (P, F, A, -, -, -) (*from* ἵστημι)	I raise up; I resurrect
10	ἀνοίγω, ἀνοίξω, ἤνοιξα, ἀνέῳγα, ἀνέῳγμαι, ἠνοίχθην[77]	I open
	ἀντί[22] (*with genitive*)	over against; in place of; for
22	ἄξιος, -α, -ον[41]	worthy
21	ἀπαγγέλλω, ἀπαγγελῶ, ἀπήγγειλα, -, -, ἀπηγγέλθην[45]	I report, declare
12	ἅπας, -ασα, -αν[34]	(quite) all, every; whole
6	ἀπέρχομαι[117] (P, F, A, Ra, -, -) (*from* ἔρχομαι)	I go away, depart
	ἄπιστος, -ον[23]	unfaithful; incredible; unbeliever (*noun*)
6	ἀπό, ἀπ', ἀφ' [645] (*with genitive*)	from
24	ἀποδίδωμι[48] (P, F, A, -, -, Ap) (*from* δίδωμι)	I deliver; I pay
11	ἀποθνήσκω, ἀποθανοῦμαι, ἀπέθανον, -, -, -[111]	I die
	ἀποκαλύπτω[26]	I uncover, reveal, disclose
6	ἀποκρίνομαι, -, ἀπεκρινάμην, -, -, ἀπεκρίθην[232]	I answer back, reply (+ *dat.*)
21	ἀποκτείνω, ἀποκτενῶ, ἀπέκτεινα, -, -, ἀπεκτάνθην[74]	I kill, slay
24	ἀπόλλυμι, ἀπολέσω (ἀπολῶ), ἀπώλεσα, ἀπολώλεκα (ἀπόλωλα), -, -[90]	I destroy (*active*); I perish (*middle*)
6	ἀπολύω[67] (P, F, A, -, Rp, Ap) (*from* λύω)	I release, send away; I pardon
21	ἀποστέλλω, ἀποστελῶ, ἀπέστειλα, ἀπέσταλκα, ἀπέσταλμαι, ἀπεστάλην[131]	I send (off)
5	ἀπόστολος[79] *m*	delegate, apostle
	ἅπτω[39]	I fasten; I light; I touch (*mid.*)
25	ἄρα[53]	therefore
	ἀργύριον[20] *n*	silver (coin); money
	ἀρνέομαι[33]	I deny, disown; I decline, refuse

	ἀρνίον[30] *n*	little sheep; lamb
	ἄρτι[36]	just (now); presently
9	ἄρτος[174] *m*	bread, loaf; food
17	ἀρχή[55] *f*	beginning; rule, power
16	ἀρχιερεύς, -έως[122] *m*	high priest, chief priest
23	ἄρχομαι, ἄρξομαι, ἠρξάμην, -, -, -[86]	I begin to; I am
12	ἄρχων, ἄρχοντος[37] *m*	ruler
	ἀσθένεια[24] *f*	weakness; sickness
	ἀσθενέω[33]	I am weak, feeble, sick
22	ἀσθενής, -ές[26]	weak; sick
25	ἀσπάζομαι, -, ἠσπασάμην, -, -, -[59]	I greet, welcome; I embrace
	ἀστήρ, ἀστέρος[24] *m*	(shooting) star; fire
	αὐξάνω[23]	I cause to grow; I increase in power
9	αὐτός, -ή, -ό [5569]	he, she, it
9	αὐτοί, -αί, -ά	they
24	ἀφίημι, ἀφήσω, ἀφῆκα, -, ἀφέωμαι, ἀφέθην[143]	I send off, release; I permit; I forgive (+ *dat.*)
22	ἀχρίς[49] (*with genitive*)	as far as; until (*conjunction*)

βῆτα

8	βάλλω, βαλῶ, ἔβαλον, βέβληκα, βέβλημαι, ἐβλήθην[122]	I cast, throw; I place
3	βαπτίζω, βαπτίσω, ἐβάπτισα, -, βεβάπτισμαι, ἐβαπτίσθην[77]	I soak, submerge, wash; I baptize
	βάπτισμα, -ατος[19] *n*	baptism
	Βαρναβᾶς, -ᾶ[2] *m*	Barnabas
4	βασιλεία[162] *f*	kingdom, reign
16	βασιλεύς, -έως[115] *m*	king
	βασιλεύω[21]	I am king; I reign, rule
	βαστάζω[27]	I bear, carry (away)
	βιβλίον[34] *n*	paper; document, book
	βλασφημέω[34]	I revile sacred things, blaspheme; I slander
3	βλέπω, βλέψω, ἔβλεψα, -, -, -[133]	I see, observe
	βούλομαι[37]	I wish; I intend

γάμμα

15	Γαλαλία[61] *f*	Galilee
	γαμέω[28]	I marry; I give in marriage (mid.)
8	γάρ[1039] (*postpositive*)	For, because
	γε[26] (*postpositive*)	indeed, at least; really, even
15	γενεά[43] *f*	generation; age; kind
20	γεννάω, γεννήσω, ἐγέννησα, γεγέννηκα, γεγέννημαι, ἐγεννήθην[97]	I bear, give birth; I parent
	γένος, -ους[20] *n*	race; family, descendant; kind
15	γῆ[250] *f*	land; earth
11	γίνομαι, γενήσομαι, ἐψένομην, γέγονα, γεγένημαι, ἐγενήθην[667]	I become, am; I come; I happen
11	γινώσκω, γνώσομαι, ἔγνων, ἔγνωκα, ἔγνωσμαι, ἐγνώσθην[221]	I know, understand
17	γλῶσσα[50] *f*	language; tongue

	γνωρίζω²⁵	I make known; I know
	γνῶσις, -εως²⁹ f	inquiry; knowledge
	γονεύς, -έως²⁰ m	parent
16	γραμματεύς, -έως⁶³ m	scribe, law expert
17	γραφή⁴⁹ f	Scripture; writing
3	γράφω, γράψω, ἔγραψα, γέγραφα, γέγραμμαι, ἐγράφην¹⁹²	I write
	γρηγορέω²²	I am awake, remain alert
13	γυνή, γυναικός²¹⁶ f	woman; wife

δέλτα

5	δαιμόνιον⁶³ n	demon, spirit, inferior deity
2	Δαυίδ⁵⁹	David
4	δέ ²⁷⁷⁷ (postpositive)	signifies a new development; and, but, moreover, additionally
23	δεῖ¹⁰¹	it is necessary to
	δεικνύω or δείκνυμι³³	I show, point out, make known
	δέκα²⁵	ten
	δένδρον²⁵ n	tree
14	δεξιός, -ά, -όν⁵⁴	right (vs. left)
	δέομαι²²	I am in need (of); I ask, beg
22	δεύτερος, -α, -ον⁴³	second
25	δέχομαι, -, ἐδεξάμην, -, δέδεγμαι, ἐδέχθην⁵⁶	I receive, welcome; I take
	δέω, -, ἔδησα, δέδεκα, δέδεμαι, ἐδέθην⁴³	I bind, tie
6	διά, δι' ⁶⁶⁶ (with genitive)	through
	(with accusative)	on account of, because of
	διάβολος, -ον³⁷	slanderous; accuser, the Devil (noun)
	διαθήκη³³ f	will, testament; covenant
	διακονέω³⁷	I serve, administer
	διακονία³⁴ f	service, (ad)ministering
	διάκονος²⁹ m/f	servant, minister; deacon
	διδασκαλία²¹ f	teaching, instruction
5	διδάσκαλος⁵⁹ m	teacher, master
3	διδάσκω, διδάξω, ἐδίδαξα, -, -, ἐδιδάχθην⁹⁷	I teach, instruct
	διδαχή³⁰ f	teaching
24	δίδωμι, δώσω, ἔδωκα, δέδωκα, δέδομαι, ἐδόθην⁴¹⁵	I give, entrust
6	διέρχομαι⁴³ (P, F, A, R, -, -) (from ἔρχομαι)	I pass through/over
7	δίκαιος, -α, -ον⁷⁹	righteous, just, fair
4	δικαιοσύνη⁹¹ f	righteousness, justice
	δικαιόω³⁹	I set right; I justify, pronounce righteous
25	διό⁵³	wherefore, therefore
	διότι²³	because; wherefore
10	διώκω, διώξω, ἐδίωξα, -, δεδίωγμαι, ἐδιώχθην⁴⁵	I pursue; I persecute
20	δοκέω, δόξω, ἔδοξα, -, -, -⁶²	I think; I suppose; I seem
	δοκιμάζω²²	I examine, test, prove, approve

15	δόξα[165] *f*	glory, splendor; reputation
3	δοξάζω, δοξάσω, ἐδόξασα, -, δεδόξασμαι, ἐδοξάσθην[61]	I glorify, honor, esteem
	δουλεύω[25]	I am a slave; I am subjected to
9	δοῦλος[126] *m*	slave; servant
23	δύναμαι, δυνήσομαι, -, -, -, ἠδυνήθην[209]	I am able to
16	δύναμις, -εως[119] *f*	power; miracle
	δυνατός, -ή, -όν[32]	powerful, able, capable
14	δυό (δυσί *dative plural*)[135]	two
14	δώδεκα[75]	twelve

ἒ ψιλόν

22	ἐάν [330]	if, (when)ever
26	ἐάν μή [48]	unless; if not
19	ἑαυτοῦ[321]	of himself, herself, itself
10	ἐγγίζω, ἐγγίω, ἤγγισα, ἤγγικα, -, -[42]	I draw near, approach
	ἐγγύς[31]	near, close
21	ἐγείρω, ἐγερῶ, ἤγειρα, -, ἐγήγερμαι, ἠγέρθην[143]	I raise up
	ἔγνων, ἔγνωκα, ἔγνωσμαι, ἐγνώσθην	*see* γινώσκω
9	ἐγώ [1805]	I
16	ἔθνος, -ους[160] *n*	nation; Gentile
8	εἰ [502]	if, whether
26	εἰ μή [92]	except; if not
	εἶδον, εἶδα	*see* ὁράω
	εἰκών, -όνος[23] *f*	image, likeness; (coin) portrait
	εἴληφα	*see* λαμβάνω
5	εἰμί, ἔσομαι, -, -, -, -[2458]	I am, exist
	εἶπον, εἶπα	*see* λέγω
	εἴρηκα, εἴρημαι	*see* λέγω
4	εἰρήνη[91] *f*	peace; well-being
6	εἰς[1857] (*with accusative*)	into, to; for (*may express a purpose*)
12	εἷς, μία, ἕν [344]	one, single
6	εἰσέρχομαι[193] (P, F, A, Ra, -, -) (*from* ἔρχομαι)	I go into, enter
25	εἴτε[65]	whether, if; or
25	εἴτε … εἴτε	whether … or
6	ἐκ, ἐξ[913] (*with genitive*)	from, out of
7	ἕκαστος, -η, -ον[82]	each
	ἑκατοντάρχης (or -αρχος), -ου[20] *m*	centurion
8	ἐκβάλλω[81] (P, F, A, Ra, -, Ap) (*from* βάλλω	I throw out
	ἐκεῖθεν[27]	from that place; thence, thereafter
12	ἐκεῖνος, -η, -ο[243]	that (one); those (*pl.*)
4	ἐκκλησία[114] *f*	assembly, church
	ἐκλέγομαι[22]	I select, choose
	ἐκλεκτός, -ή, -όν[22]	chosen, elect, select
	ἐκπορεύομαι[33]	I come or go out

	ἐκχέω[27]	I pour out
	ἐλεέω[29]	I have mercy (on), show mercy
	ἔλεος, -ους[27] *n*	pity, mercy, compassion
	ἐλεύθερος, -α, -ον[23]	free
	ἐλεύσομαι, ἐλήλυθα	*see* ἔρχομαι
	Ἕλλην, -ηνος[25] *m*	a Greek (person)
	ἐλπίζω[31]	I hope, expect
13	ἐλπίς, ἐλπίδος[53] *f*	hope
19	ἐμαυτοῦ[37]	of myself
19	ἐμός[68]	my, mine
	ἔμπροσθεν[48] (*with genitive*)	before, in front of, ahead of
6	ἐν [2737] (*with dative*)	in, among, with
	ἐνδύω[27]	I dress; I put on (mid.)
	ἕνεκα or ἕνεκεν[26] (*with genitive*)	on account of, for the sake of
	ἐνεργέω[21]	I work, energize, operate
4	ἐντολή[66] *f*	commandment, order
6	ἐνώπιον[94] (*with genitive*)	before, face to face, in view of
6	ἐξέρχομαι[217] (P, F, A, Ra, -, -) (*from* ἔρχομαι)	I go out, exit
	ἔξεστι(ν)[34] (*impersonal verb*)	it is right, proper, permitted
15	ἐξουσία[102] *f*	authority; power
22	ἔξω [62]	outside
	ἑορτή[25] *f*	feast
17	ἐπαγγελία[52] *f*	promise
	ἐπεί[26]	since, because; when
20	ἐπερωτάω[156] (P, F, A, -, -, -) (*from* ἐρωτάω)	I ask, inquire
10	ἐπί, ἐπ᾽, ἐφ᾽ [887] (*with genitive*)	on, over
	(*with dative*)	on, near
	(*with accusative*)	on, to, toward
11	ἐπιγινώσκω[44] (P, F, A, R, -, Ap) (*from* γινώσκω)	I know about; I understand
	ἐπίγνωσις, -εως[20] *f*	knowledge, recognition
	ἐπιθυμία[38] *f*	eager desire, passion, lust
	ἐπικαλέω[30]	I call (upon); I invoke
	ἐπιστολή[24] *f*	letter, epistle
	ἐπιστρέφω[36]	I turn (around)
	ἐπιτίθημι[39]	I lay upon; I impose, inflict
	ἐπιτιμάω[29]	I show honor to; I rebuke, warn
14	ἑπτά[88]	seven
	ἐργάζομαι, -, ἠργασάμην (εἰργασάμην), -, εἴργασμαι, -[41]	I work, perform, accomplish
9	ἔργον[169] *n*	work, activity; accomplishment
22	ἔρημος, -ον[48]	desolate; desert (*noun*)
3	ἔρχομαι, ἐλεύσομαι, ἦλθον, ἐλήλυθα, -, -[633]	I come, I go
	ἐρῶ, ἐρρέθην	*see* λέγω
20	ἐρωτάω, ἐρωτήσω, ἠρώτησα, -, -, -[63]	I ask, inquire
11	ἐσθίω, φάγομαι, ἔφαγον, -, -, -[158]	I eat, consume

	ἔσομαι	*Future of* εἰμί
	ἔστησα (*or* ἔστην), ἔστηκα, -, ἐστάθην	*see* ἵστημι
14	ἔσχατος, -η, -ον[52]	last; end
7	ἕτερος, -α, -ον[97]	different; another
7	ἔτι[93]	yet, still
10	ἑτοιμάζω, -, ἡτοίμασα, ἡτοίμακα, ἡτοίμασμαι, ἡτοιμάσθην[40]	I make ready, prepare
16	ἔτος, -ους[49] *n*	year
5	εὐαγγέλιον[75] *n*	good news, gospel
3	εὐαγγελίζομαι, -, εὐηγγέλισα, -, εὐηγγείσμαι, εὐηγγελίσθην[54]	I announce the good news
	εὐδοκέω[21]	I am well pleased or content with
22	εὐθύς/εὐθεώς[59]	immediately, at once; directly
	εὐλογέω, εὐλογήσω, εὐλόγησα, εὐλόγηκα, εὐλόγημαι, -[41]	I speak well of, praise, bless
3	εὑρίσκω, εὑρήσω, εὗρον (*or* εὗρα), εὕρηκα, -, εὑρέθην[176]	I find, discover
	εὐχαριστέω[38]	I am thankful, give thanks
	ἔφη	*Imperfect 3 sg. of* φημί
	ἐφίστημι[21]	I come upon; I stand at
	ἐχθρός, -ά, -όν[32]	hated; hostile; an enemy (noun)
3	ἔχω, ἕξω, ἔσχον, ἔσχηκα, -, -[707]	I have; I am
	ἑώρακα (*or* ἑόρακα)	*see* ὁράω
11	ἕως[145] (*with genitive*)	until, as far as, up to; while (*as conj.*)
26	ἕως ἄν	until

ζῆτα

20	ζάω, ζήσω (ζήσομαι), ἔζησα, -, -, -[140]	I live
20	ζητέω, ζητήσω, ἐζήτησα, -, -, ἐζητήθην[117]	I seek, search; I inquire
4	ζωή[135] *f*	life; existence
	ζῷον[23] *n*	living creature, animal

ἦτα

25	ἤ[346]	or; than (*with* μᾶλλον)
	ἤ … ἤ	either … or
	ἡγεμών, -όνος[20] *m*	leader; Roman governor
	ἡγέομαι[28]	I lead, guide; I consider
8	ἤδη[60]	already; now
	ἥκω[28]	I have come; I am present
	Ἡλίας, -ου[29] *m*	Elijah
	ἥλιος[32] *m*	the sun
9	ἡμεῖς[865]	we
4	ἡμέρα[389] *f*	day
19	ἡμέτερος, -α, -ον[7]	our, ours
	ἤνεγκα, ἠνέχθην	*see* φέρω
	ἦρα, ἦρκα, ἦρμαι, ἤρθην	*see* αἴρω
	ᾔτησα, ᾔτηκα	*see* αἰτέω
4	Ἡρῴδης, -ου[43] *m*	Herod

	Ἠσαΐας, -ου[22] *m*	Isaiah

θῆτα

15	θάλασσα[91] *f*	lake, sea
9	θάνατος[120] *m*	death
10	θαυμάζω, -, ἐθαύμασα, -, -, ἐθαυμάσθην[43]	I wonder, am amazed
	θεάομαι[22]	I behold
13	θέλημα, -ατος[62] *n*	will, desire
23	θέλω, -, ἠθέλησα, -, -, -[208]	I will, wish, want to
5	θεός[1307] *m*	God; god
10	θεραπεύω, θεραπεύσω, ἐθεράπευσα, -, τεθεράπευμαι, ἐθεραπεύθην[43]	I heal; I serve
	θερίζω[21]	I reap, harvest
20	θεωρέω, θεωρήσω, ἐθεώρησα, -, -, -[58]	I behold, see, view (as spectator)
18	θηρίον[46] *n*	wild beast
16	θλῖψις, -εως[45] *f*	affliction; persecution
18	θρόνος[62] *m*	throne, chair, seat
	θυγάτηρ, -τρός[28] *f*	daughter
	θύρα[39] *f*	door, gate
	θυσία[28] *f*	sacrifice, offering
	θυσιαστήριον[23] *n*	altar, sanctuary

ἰῶτα

	Ἰακώβ[27] *m*	Jacob
2	Ἰάκωβος[42] *m*	Jacob/James
	ἰάομαι[26]	I heal, cure
	ἴδε[28]	See! Behold! (*draws attention*)
7	ἴδιος, -α, -ον[114]	one's own
15	ἰδού[200]	Behold! Look! (*draws attention*)
	ἱερεύς, -έως[31] *m*	priest, sacrificer
18	ἱερόν[72] *n*	temple; holy place
2	Ἰερουσαλήμ[77]/Ἰεροσόλυμα[63] *f/m*	Jerusalem
5	Ἰησοῦς[911] *m*	Jesus; Joshua
	ἱκανός, -ή, -όν[39]	sufficient, considerable; competent
18	ἱμάτιον[60] *n*	garment
22	ἵνα[663]	in order that; that
4	Ἰουδαία[43] *f*	Judea
7	Ἰουδαῖος, -α, -ον[195]	Judean, Jewish; Jew
16	Ἰούδας, -α[49] *m*	Judas, Judah
	Ἰσαάκ[20] *m*	Isaac
2	Ἰσραήλ[68] *m*	Israel
24	ἵστημι, στήσω, ἔστησα (*or* ἔστην), ἕστηκα, -, ἐστάθην[154]	I cause to stand; I set up (*1st Aor.*); I stand (*2nd Aor.*)
	ἰσχυρός, -ά, -όν[29]	strong

	ἰσχύω²⁸	I am strong, able
	ἰχθύς, -ύος²⁰ *m*	fish
4	Ἰωάννης, -ου¹³⁵ *m*	John
	Ἰωσήφ³⁵ *m*	Joseph

κάππα

9	κἀγώ⁸³ = καὶ ἐγώ	and I, even I
	καθαρίζω³¹	I make clean, cleanse
	καθαρός, -ά, -όν²⁷	clean, pure; innocent
	καθεύδω²²	I sleep
23	κάθημαι, καθήσομαι, καθῆκα, -, -, -⁹¹	I sit, am sitting
10	καθίζω, καθίσω, ἐκάθισα, κεκάθικα, -, -⁴⁶	I sit; I seat; I stay
	καθίστημι²¹	I set down; I set in order, appoint
16	καθώς¹⁸²	just as, corresponding to
4	καί⁸⁹⁸⁴	and; also, even
4	καί … καί	both … and
22	καινός, -ή, -όν⁴²	new
9	καιρός¹⁷⁴ *m*	season, time; opportunity
	Καῖσαρ, -ος²⁹ *m*	Caesar
14	κακός, -η, -ον⁵⁰	bad; evil
20	καλέω, καλέσω, ἐκάλεσα, κέκληκα, κέκλημαι, ἐκλήθην¹⁴⁸	I call; I name; I invite
7	καλός, -ή, -όν¹⁰¹	good; beautiful; noble
	καλῶς³⁶	well, beautifully
15	καρδία¹⁵⁶ *f*	heart
18	καρπός⁶⁶ *m*	fruit, produce; profit
8	κατά, κατ', καθ' ⁴⁷⁰ (*with genitive*)	against; down from
	(*with accusative*)	according to
11	καταβαίνω⁸⁰ (P, F, A, R, -, -) (*see* ἀναβαίνω)	I go down, descend
	καταλείπω²⁴	I leave (behind); I forsake
	καταργέω²⁷	I make of no effect, nullify; I annul, abolish
	κατεργάζομαι²²	I accomplish, bring about
	κατηγορέω²³	I accuse
	κατοικέω, -, κατῴκησα, -, -, -⁴⁴	I dwell in, inhabit
	καυχάομαι³⁷	I boast, am proud of
	κεῖμαι²⁴	I lie, recline; I am set up, established
	κέκληκα, κέκλημαι	*see* καλέω
	κελεύω²⁵	I urge, exhort; I command
15	κεφαλή⁷⁵ *f*	head; superior
10	κηρύσσω, -, ἐκήρυξα, -, -, ἐκηρύχθην⁶¹	I proclaim, announce, preach
10	κλαίω, κλαύσω, ἔκλαυσα, -, -, -⁴⁰	I weep (for), lament
	κοιλία²² *f*	the belly; womb
	κοπιάω²³	I work hard, toil; I grow weary
5	κόσμος¹⁸⁵ *m*	world
10	κράζω, κράξω, ἔκραξα, κέκραγα, -, -⁵⁵	I cry out, call out

	κρατέω, κρατήσω, ἐκράτησα, κεκράτηκα, κεκράτημαι, -[47]	I am strong; I hold fast, seize
21	κρίνω, κρινῶ, ἔκρινα, κέκρικα, κέκριμαι, ἐκρίθην[115]	I judge, decide; I condemn
	κρίμα, -ατος[27] n	decision, judgment; condemnation
16	κρίσις, -εως[47] f	judging, judgment; trial
5	κύριος[714] m	Lord; master, owner
	κωλύω[23]	I hinder; I prevent, forbid
	κώμη[27] f	village

λάμβδα

20	λαλέω, λαλήσω, ἐλάλησα, λελάληκα, λελάλημαι, ἐλαλήθην[297]	I speak
11	λαμβάνω, λήμψομαι, ἔλαβον, εἴληφα, -, ἐλήμφθην[258]	I take; I receive
9	λαός[142] m	people, populace
	λατρεύω[21]	I serve; I worship
3	λέγω, ἐρῶ, εἶπον (or εἶπα), εἴρηκα, εἴρημαι, ἐρρέθην[2352]	I say, speak
	λευκός, -ή, -όν[25]	light, bright; white
18	λίθος[59] m	stone
	λογίζομαι, -, ἐλογισάμην, -, -, ἐλογίσθην[40]	I reckon, consider, think, count
5	λόγος[330] m	word, speech; matter
14	λοιπός, -ή, -όν[55]	rest; remaining
	λυπέω[26]	I grieve, become sad; I offend, insult
10	λύω, (λύσω), ἔλυσα, (λέλυκα), λέλυμαι, ἐλύθην[42]	I loosen, untie; I destroy

μῦ

	Μακεδονία[22] f	Macedonia
4	μαθητής, -οῦ[262] m	disciple, student
7	μακάριος, -α, -ον[50]	blessed, happy, favored
25	μᾶλλον[81]	rather; more
	μανθάνω[25]	I learn; I understand
	μαρτυρία[37] f	testimony, evidence
	μαρτύριον[19] n	testimony, proof
20	μαρτυρέω, μαρτυρήσω, ἐμαρτύρησα, μεμαρτύρηκα, μεμαρτύρημαι, ἐμαρτυρήθην[76]	I testify, witness
	μάρτυς, μάρτυρος[35] m	witness; martyr
13	ματήρ, μήτρος[83] f	mother
	μάχαιρα[29] f	sword, dagger
12	μέγας, μεγάλη, μέγα[243]	great, large
25	μείζων, -ον[(48)] (*comparative of* μέγας)	larger, greater
23	μέλλω, μελλήσω, -, -, -, -[109]	I am going to, am about to
	μέλος, -ους[34] n	limb, member, (body) part
15	μέν[178]	however, but; indeed
15	μὲν ... δὲ	on the one hand … on the other hand
21	μένω, μενῶ, ἔμενα, μεμένηκα, -, -[118]	I remain, continue
16	μέρος, μέρους[42] n	part, share

14	μέσος, -η, -ον[58] (*with genitive*)	middle (of)
8	μετά, μετ᾽, μεθ᾽[470] (*with genitive*)	with
	(*with accusative*)	after, behind
	μετανοέω[34]	I change my mind; I repent
	μετάνοια[22] *f*	repentance; change of mind
14	μή[1038]	no; (*also used in questions expecting a negative answer*)
22	μηδέ[56]	and not; not even; neither … nor
22	μηδείς, μηδεμία, μηδέν[91]	no; no one; nothing
	μηκέτι[22]	no longer, no more
22	μήποτε[25]	never; lest ever; whether perhaps
	μήτε[34]	and not; neither … nor
14	μήτι … ;[18]	no; (*expects a negative answer*)
22	μικρός, -ά, -όν[46]	small, little
	μιμνήσκομαι[23]	I remember
	μισέω, μισήσω, ἐμίσησα, μεμίσηκα, μεμίσημαι, -[40]	I hate, despise
	μισθός[29] *m*	wages, reward
18	μνημεῖον[40] *n*	a memorial; grave, tomb
	μνημονεύω[21]	I remember; I call to mind
14	μόνος, -η, -ον[113]	only; alone (*adverb*)
	μυστήριον, -ου[28] *n*	mystery, secret
16	Μωϋσῆς, -έως[80] *m*	Moses

νῦ

	ναί[33]	yes; certainly
18	ναός[45] *m*	temple (edifice); sanctuary
7	νεκρός, -ά, -όν[128]	dead
	νέος, -α, -ον[24]	new, young
	νεφέλη[25] *f*	cloud
	νηστεύω[20]	I fast, abstain from
	νικάω[28]	I conquer, overcome
5	νόμος[194] *m*	law; the Law
	νοῦς, νοός[24] *m*	mind; understanding, way of thinking
7	νῦν[145]	now, currently
	νυνί[20]	now (*emphatic form of* νῦν)
13	νύξ, νυκτός[61] *f*	night

ξῖ

	ξύλον[20] *n*	wood, tree; post

ὂ μικρόν

5	ὁ, ἡ, τό[19796]	the (*and other significations*)
5	ὁδός[101] *f*	road, way, path
10	οἶδα, εἰδήσω, ᾔδειν, -, -, -[320]	I know, understand

15	οἰκία⁹³ f	house, dwelling; family
9	οἶκος¹¹³ m	house, dwelling; family
	οἰκοδομέω, οἰκοδομήσω, ᾠκοδόμησα, -, οἰκοδόμημαι, οἰκοδομήθην⁴⁰	I build (up); I strengthen
	οἶνος³⁴ m	wine
	οἴσω	*see* φέρω
22	ὀλίγος, -η, -ον⁴⁰	little, small; few
12	ὅλος, -η, -ον¹⁰⁸	whole, entire
	ὀμνύω or ὄμνυμι²⁶	I vow, take an oath, swear
22	ὅμοιος, -α, -ον⁴⁵	like, liken to (+ *dat.*)
	ὁμοίως³⁰	likewise, in the same way
	ὁμολογέω²⁶	I agree with; I confess; I promise
13	ὄνομα, -ατος²²⁹ n	name
	ὀπίσω³⁵ (*with genitive*)	behind, after
16	ὅπου⁸¹	where
26	ὅπου ἄν or ὅπου ἐάν	wherever
22	ὅπως⁵³	in order that; how
11	ὁράω, ὄψομαι, εἶδον (*or* εἶδα *or* ὤψησα), ἑώρακα (*or* ἑόρακα), -, ὤφθην⁴⁵³	I see; I perceive; I understand
	ὀργή³⁶ f	anger, wrath
16	ὄρος, -ους⁶³ n	mountain, hill
9	ὅς, ἥ, ὅ ¹⁴⁰⁷	who, which, that
26	ὅς ἄν	who(ever)
26	ὅσος, η, -ον¹¹¹	how many, as much as
26	ὅσος ἄν	however so many
19	ὅστις, ἥτις, ὅτι¹⁴⁴	who(soever), what(soever)
26	ὅταν¹²³ (*crasis of* ὅτε + ἄν)	when(ever)
16	ὅτε¹⁰²	when, after
8	ὅτι¹²⁹⁴	that; because
	οὗ²⁴	where
3	οὐ, οὐκ, οὐχ¹⁶²¹	no, not; (*also used in questions expecting a positive answer*)
15	οὐαί⁴⁶	Woe!
15	οὐδέ¹⁴³	nor; not even; neither
12	οὐδείς, οὐδεμία, οὐδέν²²⁷	no; no one; nothing
	οὐκέτι⁴⁷	no longer, no further
4	οὖν⁴⁹⁵ (*postpositive*)	therefore
	οὔπω²⁶	not yet
5	οὐρανός²⁷³ m	heaven, sky
	οὖς, ὠτός³⁶ n	ear
15	οὔτε⁸⁷	nor; not even; neither
15	οὔτε ... οὔτε	neither ... nor
12	οὗτος, αὕτη, τοῦτο¹³⁸⁷	this (one); these (pl.)
15	οὕτως²⁰⁷	thus, in this manner

14	οὐχί ... ;[54]	no; (*expects a positive answer*)
	ὀφείλω[35]	I owe; I ought
9	ὀφθαλμός[100] *m*	eye
9	ὄχλος[174] *m*	crowd, multitude (of people)
	ὄψομαι	*see* ὁράω

πῖ

18	παιδίον[52] *n*	little child; young servant
	παῖς, παιδός[24] *m/f*	child (boy or girl); slave
7	πάλιν[141]	again
	πάντοτε[41]	always
10	παρά, παρ᾽[193] (*with genitive*)	from, along side
	(*with dative*)	beside, near
	(*with accusative*)	at, by; out from
4	παραβολή[50] *f*	parable, illustration
24	παραδίδωμι[119] (P, F, A, Ra, Rp, Ap) (*from* δίδωμι)	I hand over, deliver; I betray
	παραγγέλλω[32]	I transmit a message; I command
	παραγίνομαι[37]	I come, arrive
20	παρακαλέω[109] (P, -, A, -, Rp, Ap) (*from* καλέω)	I exhort; I encourage; I advise
	παράκλησις, -εως[29] *f*	encouragement, exhortation
11	παραλαμβανω[49] (P, F, A, -, -, παρελήμφθην) (*from* λαμβάνω)	I take along/with; I receive
	παράπτωμα, -ατος[19] *n*	false step, transgression, trespass
	πάρειμι[24]	I am present; I have arrived
	παρέρχομαι[29]	I pass by, pass away; I arrive
24	παρίστημι[41] (P, F, A, R, -, -) (*from* ἵστημι)	I place near; I stand before/with
	παρουσία[24] *f*	presence; arrival, coming
	παρρησία[31] *f*	boldness, frankness, freedom of speech
12	πᾶς, πᾶσα, πᾶν[1243]	every, all; each
8	πάσχω, -, ἔπαθον, πέπονθα, -, -[42]	I suffer
	πάσχα[29] *n* (*indeclinable*)	Passover
12	πατήρ, πατρός[413] *m*	father
2	Παῦλος[158] *m*	Paul
10	πείθω, πείσω, ἔπεισα, πέποιθα, πέπεισμαι, ἐπείσθην[52]	I persuade; I trust (+ *dat.*); I obey (*middle*)
	πεινάω[23]	I hunger
	πειράζω[38]	I test, tempt; I attempt
	πειρασμός[21] *m*	testing, temptation
3	πέμπω, πέμψω, ἔπεμψα, -, -, ἐπέμφθην[79]	I send, dispatch
	πέντε[38]	five
	πέραν[23] (*with genitive*)	on the other side, beyond
8	περί[332] (*with genitive*)	concerning; about
	(*with accusative*)	around; about
	περιβάλλω[23]	I put around, clothe
20	περιπατέω, περιπατήσω, περιεπάτησα, -, -, -[95]	I walk; I live, behave

	περισσεύω[39]	I abound, overflow
	περισσός, -ή, -όν[22]	abundant, remarkable; superfluous
	περιτομή[36] *f*	circumcision
2	Πέτρος[156] *m*	Peter
2	Πιλᾶτος[55] *m*	Pilate
	πίμπλημι[24]	I fill (up); I fulfill
11	πίνω, πίομαι, ἔπιον, πέπωκα, -, -[72]	I drink
11	πίπτω, πέσομαι, ἔπεσον, πέπτωκα, -, -[90]	I fall, collapse
7	πιστεύω, πιστεύσω, ἐπίστευσα, πεπίστευκα, πεπίστευμαι, ἐπιστεύθην[241]	I trust; I believe (+ *dat.*)
16	πίστις, -εως[242] *f*	faith; faithfulness
7	πιστός, -ή, -όν[67]	faithful, believing; certain
	πλανάω[39]	I lead astray
25	πλείω, -ον[(57)] (*comparative of* πολύς)	more, greater
	πληγή[22] *f*	blow, strike; wound
	πλῆθος, -ους[31] *n*	a great number, multitude; crowd
	πλήν[31] (*as preposition with genitive*)	but, except, only
20	πληρόω, πληρώσω, ἐπλήρωσα, -, πεπλήρωμαι, ἐπληρώθην[86]	I fill, fulfill
18	πλοῖον[67] *n*	boat
	πλούσιος, -α, -ον[28]	rich, wealthy
	πλοῦτος[22] *m*	wealth, riches
13	πνεῦμα, -ατος[379] *n*	spirit; breath; (Holy) Spirit
	πνευματικός, -ή, -όν[26]	spiritual
	πόθεν[29]	whence? from where?
20	ποιέω, ποιήσω, ἐποίησα, πεποίηκα, πεποίημαι, -[568]	I do; I make
26	ποῖος, -α, -ον[33]	of what kind? which?
16	πόλις, -εως[163] *f*	city
12	πολύς, πολλή, πολύ[415]	much, many
7	πονηρός, -ά, -όν[78]	wicked, evil; sick
3	πορεύομαι, πορεύσομαι, -, -, πεπόρευμαι, ἐπορεύθην[153]	I go, walk
	πορνεία[25] *f*	sexual immorality, prostitution
26	πόσος, -η, -ον[27]	of what quantity? how many?
	ποτέ[29]	at some time, once, ever
14	πότε[19]	when?
	ποτήριον[31] *n*	drinking cup
14	ποῦ[48]	where?
12	πούς, ποδός[93] *m*	foot
	πράσσω[39]	I do, accomplish
14	πρεσβύτερος, -α, -ον[66]	elderly, old; Elder
23	πρό[47] (*with genitive*)	before; in front of
	προάγω[20]	I lead forward, go ahead
	πρόβατον[39] *n*	a sheep
6	πρός[698] (*with accusative*)	towards, to; with (*may express a purpose*)
6	προσέρχομαι[85] (P, -, A, Ra, -, -) (*from* ἔρχομαι)	I come/ go to (+ *dat.*)

	προσευχή[36] f	prayer
3	προσεύχομαι, προσεύξομαι, προσηυξάμην, -, -, -[85]	I pray, offer prayer
	προσέχω[24]	I hold to, pay attention to
	προσκαλέω[29]	I summon, call to oneself (*mid.*)
20	προσκυνέω, προσκυνήσω, προσκύνησα, -, -, -[60]	I worship; I bow down (+ *dat.*)
8	προσφέρω[47] (P, -, A, R, -, Ap) (*from* φέρω)	I bring (to); I offer
18	πρόσωπον[76] n	face, appearance; presence
	προφητεία, -ας[19] f	prophecy; expounding Scripture
	προφητεύω[28]	I prophesy; I speak God's word(s)
4	προφήτης, -ου[144] m	prophet
8	πρῶτον (*adverb*)	first; before
7	πρῶτος, -η, -ον[155]	first; prominent
	πτωχός, -ή, -όν[34]	poor; beggar (*noun*)
12	πῦρ, πυρός[71] n	fire
	πωλέω[22]	I sell
14	πῶς[105]	how (?); in what way (?)

ῥ ῶ

13	ῥῆμα, -ατος[67] n	word, saying; thing

σίγμα

18	σάββατον[68] n	Sabbath; rest
13	σάρξ, σαρκός[147] f	flesh
	Σατανᾶς, -ᾶ[36] m	Satan
19	σεαυτοῦ[43]	of yourself
18	σημεῖον[77] n	sign, mark; miracle
	σήμερον[41]	today
12	Σίμων, -ονος[75] m	Simon
	σκανδαλίζω[29]	I cause to stumble, give offence
	σκεῦος, -ους[23] n	vessel or implement of any kind
	σκηνή, -ῆς[20] f	tent, tabernacle
	σκότος, -ους[31] n	darkness; evil world
19	σός, σή, σόν[24]	your, yours (*sg.*)
17	σοφία[51] f	wisdom
	σοφός, -ή, -όν[20]	skillful, wise
21	σπείρω, -, ἔσπειρα, -, ἔσπαρμαι, ἐσπάρην[52]	I sow seed; I scatter
13	σπέρμα, -ατος[43]	seed; offspring
	σταυρός[27] m	cross
	σταυρόω, σταυρώσω, ἐσταύρωσα, -, ἐσταύρωμαι, ἐσταυρώθην[46] I crucify	
	στέφανος[25] m	crown, wreath
13	στόμα, -ατος[78] n	mouth, opening
	στρατιώτης, -ου[26] m	soldier
	στρέφω[21]	I turn around/back

9	σύ [1067]	you (*sg.*)
6	σύν [129] (*with dative*)	with, along with
8	συνάγω[59] (P, F, A, -, συνῆγμαι, Ap) (*from* ἄγω)	I gather together
17	συναγωγή[56] *f*	gathering; synagogue
	συνέδριον[22] *n*	assembled council; the Sanhedrin
	συνείδησις, -εως[30] *f*	conscience; consciousness
	συνέρχομαι[30]	I come together; I go with
	συνίημι[26]	I comprehend, understand
	σχῶ	*see* ἔχω
3	σῴζω, σώσω, ἔσωσα, σέσωκα, σέσω(σ)μαι, ἐσώθην[106]	I save, rescue; I preserve
13	σῶμα, -ατος[142] *n*	body
	σωτήρ, -ῆρος[24] *m*	rescuer, deliverer, savior
17	σωτηρία[46] *f*	deliverance, salvation

ταῦ

15	τέ [213]	and; both (*enclitic and postpositive*)
15	τε καί...	both... and
5	τέκνον[99] *n*	child
	τέλειος, -α, -ον[19]	perfect, complete, mature
	τελειόω[23]	I make perfect, complete, mature
	τελέω[28]	I finish, complete, fulfill
16	τέλος, -ους[40] *n*	end, result, purpose
	τελώνης, -ου[21] *m*	tax collector
	τεσσαράκοντα[22]	forty
14	τέσσαρες, τέσσαρα[41]	four
20	τηρέω, τηρήσω, ἐτήρησα, τετήρηκα, τετήρημαι, ἐτηρήθην[71]	I keep, guard; I obey
24	τίθημι, θήσω, ἔθηκα, τέθεικα, τέθειμαι, ἐτέθην[100]	I set, put, place
	τιμάω[21]	I honor, revere; I set a price on
17	τιμή[41] *f*	honor, esteem; value, price
	Τιμόθεος[24] *m*	Timothy
14	τίς, τί [551]	Who? What? Why?
14	τις, τι [534]	someone, something
26	τοιοῦτος, τοιαύτη, τοιοῦτον[57]	such as this, of such a kind
9	τόπος[174] *m*	place, position
	τοσοῦτος, τοσαύτη, τοσοῦτον[20]	so great, so large; so much
8	τότε[159]	then, at that time
14	τρεῖς (*m/f*), τρία (*n*) [68]	three
	τρέχω[20]	I run; I pursue a course of action
22	τρίτος, -η, -ον[56]	third
14	τυφλός, -ή, -όν[50]	blind

ῦ ψιλόν

12	ὕδωρ, ὕδατος[76] *n*	water; rain

5	υἱός[375] *m*	son
9	ὑμεῖς [1840]	you (*pl.*)
19	ὑμέτερος, -α, -ον[11]	your (pl.)
8	ὑπάγω[79] (P, -, -, -, -, -) (*from* ἄγω)	I depart, go away
	ὑπακούω[21]	I listen to, obey
17	ὑπάρχω, ὑπάρξω, ὑπῆρξα, -, -, -[60]	I exist
8	ὑπέρ[150] (*with genitive*)	on behalf of; over
	(*with accusative*)	above; over; superior to
	ὑπηρέτης, -ου[20] *m*	servant, assistant
6	ὑπό, ὑπ᾽, ὑφ᾽ [221] (*with genitive*)	by (means of), with
	(*with accusative*)	under
	ὑπομονή[32] *f*	patient endurance, perseverance
	ὑποστρέφω[35]	I turn back/around, return
	ὑποτάσσω[38]	I arrange under, put in subjection
	ὑψόω[20]	I lift up, exalt

φῖ

	φάγομαι	*future of* ἐσθίω
	φαίνω[31]	I bring to light, shine; I appear
20	φανερόω, φανερώσω, ἐφανέρωσα, -, πεφανέρωμαι, ἐφανερώθην[49]	I make manifest; I reveal
2	Φαρισαῖος[98] *m*	Pharisee
8	φέρω, οἴσω, ἤνεγκα, (ἐνήνοχα), -, ἠνέχθην[66]	I bear, carry; I bring
	φεύγω, φεύξομαι, ἔφυγον, -, -, -[29]	I flee (from); I escape
24	φημί[65]	I say, declare
	φιλέω[25]	I love; I kiss
	Φίλιππος[36] *m*	Philip
	φίλος, -η, -ον[29]	loved, dear; friend (*noun*)
20	φοβέω, -, -, -, -, ἐφοβήθην[95]	I fear, am afraid; I respect
18	φόβος[47] *m*	fear, reverence; terror
	φρονέω[29]	I think; I am intent on
15	φυλακή[47] *f*	prison; guard; watch (of the night)
	φυλάσσω[31]	I guard, watch; I obey
	φυλή[31] *f*	tribe, nation
	φωνέω, φωνήσω, ἐφώνησα, -, -, ἐφωνήθην[43]	I call (out), speak
15	φωνή[139] *f*	voice; sound
12	φῶς, φωτός[72] *n*	light; torch

χῖ

21	χαίρω, χαιρήσομαι, -, -, -, ἐχάρην[74]	I rejoice, am glad; I welcome
17	χαρά[59] *f*	joy, delight, gladness
	χαρίζομαι[23]	I forgive; I give graciously
13	χάρις, χάριτος[155] *f*	grace; favor; thankfulness
13	χείρ, χειρός[176] *f*	hand
	χήρα[26] *f*	widow

	χιλίαρχος[21] m	military tribune; commander
	χιλιάς, -άδος[23] f	thousand
17	χρεία[49] f	need, what is lacking
2	Χριστός[529] m	Christ, Messiah, Anointed
18	χρόνος[53] m	time, occasion
	χώρα[28] f	country, region
	χωρίς[41] (with genitive)	without, apart from

ψῖ

15	ψυχή[102] f	soul; life; mind

ὦ μέγα

	ὦ[20]	Oh!
22	ὧδε[61]	here; thus
15	ὥρα[106] f	hour
16	ὡς[504]	as, corresponding to; while
	ὡσεί[21]	just as, like; about
	ὥσπερ[36]	just as (more emphatic than ὡς)
23	ὥστε[83]	so that, that; therefore
	ὤψησα, ὤφθην	see ὁράω

Athematic (μι) Stems: no connecting vowels

		Primary Tense				Secondary/Historical Tense			
		Active		Middle/Passive		Active		Middle/Passive	
		Singular	Plural	Singular	Plural	Singular	Plural	Singular	Plural
1st		μι	μεν	μαι	μεθα	ν	μεν	μην	μεθα
2nd		ς	τε	σαι	σθε	ς	τε	σο	σθε
3rd		σι(ν)	ασι(ν)	ται	νται	-	σαν	το	ντο

Thematic (ω) Stems: connecting vowel included

		Primary Tense				Secondary/Historical Tense			
		Active		Middle/Passive		Active		Middle/Passive	
		Singular	Plural	Singular	Plural	Singular	Plural	Singular	Plural
1st		ω	ομεν	ομαι	ομεθα	ον	ομεν	ομην	ομεθα
2nd		εις	ετε	η	εσθε	ες	ετε	ου	εσθε
3rd		ει	ουσι	εται	ονται	- / ε	ον	ετο	οντο

Imperative (using λύω)

			Active	Middle	Passive
Present	Singular	2nd	λῦε	λύου	
		3rd	λυέτω	λυέσθω	
	Plural	2nd	λύετε	λύεσθε	
		3rd	λυέτωσαν	λυέσθωσαν	
Aorist	Singular	2nd	λῦσον	λῦσαι	λύθητι
		3rd	λυσάτω	λυσάσθω	λυθήτω
	Plural	2nd	λύσατε	λύσασθε	λύθητε
		3rd	λυσάτωσαν	λυσάσθωσαν	λυθήτωσαν

Infinitive (using λύω)

	Active	Middle	Passive
Present	λυείν	λύεσθαι	
Aorist	λῦσαι	λύσασθαι	λυθῆναι
Perfect	λελυκέναι	λελύσθαι	

Participle (using λύω)

			Present Act.	Present Mid./Pass.	Aorist Act.	Aorist Mid.	Aorist Pass.	Perfect Act.	Perfect Mid./Pass.
Masculine	Singular	Nom.	λύων	λυόμενος	λύσας	λυσάμενος	λυθείς	λελυκώς	λελυμένος
		Gen.	λύοντος	λυομένου	λύσαντος	λυσαμένου	λυθέντος	λελυκότος	λελυμένου
		Dat.	λύοντι	λυομένῳ	λύσαντι	λυσαμένῳ	λυθέντι	λελυκότι	λελυμένῳ
		Acc.	λύοντα	λυόμενον	λύσαντα	λυσάμενον	λυθέντα	λελυκότα	λελυμένον
	Plural	Nom.	λύοντες	λυόμενοι	λύσαντες	λυσάμενοι	λυθέντες	λελυκότες	λελυμένοι
		Gen.	λυόντων	λυομένων	λυσάντων	λυσαμένων	λυθέντων	λελυκότων	λελυμένων
		Dat.	λύουσι(ν)	λυομένοις	λύσασι(ν)	λυσαμένοις	λυθεῖσι(ν)	λελυκόσι(ν)	λελυμένοις
		Acc.	λύοντας	λυομένους	λύσαντας	λυσαμένους	λυθέντας	λελυκότας	λελυμένους
Feminine	Singular	Nom.	λύουσα	λυομένη	λύσασα	λυσαμένη	λυθεῖσα	λελυκυῖα	λελυμένη
		Gen.	λυούσης	λυομένης	λυσάσης	λυσαμένης	λυθείσης	λελυκυίας	λελυμένης
		Dat.	λυούσῃ	λυομένῃ	λυσάῃ	λυσαμένῃ	λυθείσῃ	λελυκυίᾳ	λελυμένῃ
		Acc.	λύουσαν	λυομένην	λύσασαν	λυσαμένην	λυθεῖσαν	λελυκυῖαν	λελυμένην
	Plural	Nom.	λύουσαι	λυόμεναι	λύσασαι	λυσάμεναι	λυθεῖσαι	λελυκυῖαι	λελυμέναι
		Gen.	λυουσῶν	λυομένων	λυσασῶν	λυσαμένων	λυθεισῶν	λελυκυιῶν	λελυμένων
		Dat.	λυούσαις	λυομέναις	λυσάσαις	λυσαμέναις	λυθείσαις	λελυκυίαις	λελυμέναις
		Acc.	λυούσας	λυομένας	λυσάσας	λυσαμένας	λυθείσας	λελυκυίας	λελυμένας
Neuter	Singular	Nom.	λῦον	λυόμενον	λῦσαν	λυσάμενον	λυθέν	λελυκός	λελυμένον
		Gen.	λύοντος	λυομένου	λύσαντος	λυσαμένου	λυθέντος	λελυκότος	λελυμένου
		Dat.	λύοντι	λυομένῳ	λύσαντι	λυσαμένῳ	λυθέντι	λελυκότι	λελυμένῳ
		Acc.	λῦον	λυόμενον	λῦσαν	λυσάμενον	λυθέν	λελυκός	λελυμένον
	Plural	Nom.	λύοντα	λυόμενα	λύσαντα	λυσάμενα	λυθέντα	λελυκότα	λελυμένα
		Gen.	λυόντων	λυομένων	λυσάντων	λυσαμένων	λυθέντων	λελυκότων	λελυμένων
		Dat.	λύουσι(ν)	λυομένοις	λύσασι(ν)	λυσαμένοις	λυθεῖσι(ν)	λελυκόσι(ν)	λελυμένοις
		Acc.	λύοντα	λυόμενα	λύσαντα	λυσάμενα	λυθέντα	λελυκότα	λελυμένα

Subjunctive

(Aor Act. add -σ-; Aor Pass. add -ϑ-)

	Active Sing.	Active Plur.	Middle/Passive Sing.	Middle/Passive Plur.
1st	ω	ωμεν	ωμαι	ωμεϑα
2nd	ῃς	ητε	ῃ	ησϑε
3rd	ῃ	ωσι(ν)	ηται	ωνται

Optative

	Active Sing.	Active Plur.	Middle/Passive Sing.	Middle/Passive Plur.
1st	μι / ν	μεν	μην	μεϑα
2nd	ς	τε	σο	σϑε
3rd	-	εν / σαν	το	ντο

Thematic Formation:
Pres: -οι + ending
Aor A/M: -σαιη + ending
Aor P: -ϑειη + ending

Athematic Formation:
Pres: -ιη or -ι + ending
Aor A/M/P: -ιη or -ι + ending

Present Indicative

	Sing.	Plur.
1st	εἰμί	ἐσμέν
2nd	εἶ	ἐστέ
3rd	ἐστί(ν)	εἰσί(ν)

Imperfect Indicative

	Sing.	Plur.
1st	ἤμην	ἦμεν
2nd	ἦς	ἦτε
3rd	ἦν	ἦσαν

Future Indicative

	Sing.	Plur.
1st	ἔσομαι	ἐσόμεθα
2nd	ἔσῃ	ἔσεσθε
3rd	ἔσται	ἔσονται

Present Subjunctive

	Sing.	Plur.
1st	ὦ	ὦμεν
2nd	ᾖς	ἦτε
3rd	ᾖ	ὦσι(ν)

Present Imperative

	Sing.	Plur.
2nd	ἴσθι	ἔστε
3rd	ἔστω	ἔστωσαν

Present Optative

	Sing.	Plur.
1st	εἴην	εἶμεν/εἴημεν
2nd	εἴης	εἶτε/εἴητε
3rd	εἴη	εἶεν/εἴησαν

Infinitive

Present	εἶναι
Future	ἔσεσθαι

Present Participle

		Masc.	Fem.	Neut.
Singular	Nom.	ὤν	οὖσα	ὄν
	Gen.	ὄντος	οὔσης	ὄντος
	Dat.	ὄντι	οὔσῃ	ὄντι
	Acc.	ὄντα	οὖσαν	ὄν
Plural	Nom.	ὄντες	οὖσαι	ὄντα
	Gen.	ὄντων	οὐσῶν	ὄντων
	Dat.	οὖσι(ν)	οὔσαις	οὖσι(ν)
	Acc.	ὄντας	οὔσας	ὄντα

Definite Article

	Singular			Plural		
	Masc.	Fem.	Neut.	Masc.	Fem.	Neut.
Nom.	ὁ	ἡ	τό	οἱ	αἱ	τά
Gen.	τοῦ	τῆς	τοῦ	τῶν		
Dat.	τῷ	τῇ	τῷ	τοῖς	ταῖς	τοῖς
Acc.	τόν	τήν	τό	τούς	τάς	τά

1st Declension Endings

	Singular				Plur.
	ε, ι, ρ	σ, ζ, ξ, ψ	all other	Masc.	
Nom.	α	α	η	ης	αι
Gen.	ας	ης	ης	ου	ων
Dat.	ᾳ	ῃ	ῃ	ῃ	αις
Acc.	αν	αν	ην	ην	ας

2nd Declension Endings

	Singular			Plural		
	Masc.	Fem.	Neut.	Masc.	Fem.	Neut.
Nom.	ος		ον	οι		α
Gen.	ου			ων		
Dat.	ῳ			οις		
Acc.	ον			ους		α

3rd Declension Endings

	Singular			Plural		
	Masc.	Fem.	Neut.	Masc.	Fem.	Neut.
Nom.	ς / -		-	ες		α
Gen.	ος			ων		
Dat.	ι			σι(ν)		
Acc.	α / ν		-	ας / ες		α

πᾶς, πᾶσα, πᾶν | 3-1-3

	Singular			Plural		
	Masc.	Fem.	Neut.	Masc.	Fem.	Neut.
Nom.	πᾶς	πᾶσα	πᾶν	πάντες	πᾶσαι	πάντα
Gen.	παντός	πάσης	παντός	πάντων	πασῶν	πάντων
Dat.	παντί	πάσῃ	παντί	πᾶσι(ν)	πάσαις	πᾶσι(ν)
Acc.	πάντα	πᾶσαν	πᾶν	πάντας	πάσας	πάντα

πολύς, πολλή, πολύ | 2-1-2

	Singular			Plural		
	Masc.	Fem.	Neut.	Masc.	Fem.	Neut.
Nom.	πολύς	πολλή	πολύ	πολλοί	πολλαί	πολλά
Gen.	πολλοῦ	πολλῆς	πολλοῦ	πολλῶν		
Dat.	πολλῷ	πολλῇ	πολλῷ	πολλοῖς	πολλαῖς	πολλοῖς
Acc.	πολύν	πολλήν	πολύ	πολλούς	πολλάς	πολλά

Personal Pronouns: *I, we, you, she, he, it, they*

| | 1st | | 2nd | | 3rd | | | | | |
| | Sing. | Plur. | Sing. | Plur. | | Singular | | | Plural | | |
						Masc.	Fem.	Neut.	Masc.	Fem.	Neut.
Nom.	ἐγώ	ἡμεῖς	σύ	ὑμεῖς	Nom.	αὐτός	αὐτή	αὐτό	αὐτοί	αὐταί	αὐτά
Gen.	(ἐ)μοῦ	ἡμῶν	σοῦ	ὑμῶν	Gen.	αὐτοῦ	αὐτῆς	αὐτοῦ	αὐτῶν		
Dat.	(ἐ)μοί	ἡμῖν	σοί	ὑμῖν	Dat.	αὐτῷ	αὐτῇ	αὐτῷ	αὐτοῖς	αὐταῖς	αὐτοῖς
Acc.	(ἐ)μέ	ἡμᾶς	σέ	ὑμᾶς	Acc.	αὐτόν	αὐτήν	αὐτό	αὐτούς	αὐτάς	αὐτά

Proximal (Near) Demonstrative: *this, these*

| | Singular | | | Plural | | |
	Masc.	Fem.	Neut.	Masc.	Fem.	Neut.
Nom.	οὗτος	αὕτη	τοῦτο	οὗτοι	αὗται	ταῦτα
Gen.	τούτου	ταύτης	τούτου	τούτων		
Dat.	τούτῳ	ταύτῃ	τούτῳ	τούτοις	ταύταις	τούτοις
Acc.	τοῦτον	ταύτην	τοῦτο	τούτους	ταύτας	ταῦτα

Distal (Far) Demonstrative: *that, those*

| | Singular | | | Plural | | |
	Masc.	Fem.	Neut.	Masc.	Fem.	Neut.
Nom.	ἐκεῖνος	ἐκείνη	ἐκεῖνο	ἐκεῖνοι	ἐκεῖναι	ἐκεῖνα
Gen.	ἐκείνου	ἐκείνης	ἐκείνου	ἐκείνων		
Dat.	ἐκείνῳ	ἐκείνῃ	ἐκείνῳ	ἐκείνοις	ἐκείναις	ἐκείνοις
Acc.	ἐκεῖνον	ἐκεῖνην	ἐκεῖνο	ἐκείνους	ἐκείνας	ἐκεῖνα

Interrogative Pronouns: *who? which? what?*

| | Singular | | | Plural | | |
	Masc.	Fem.	Neut.	Masc.	Fem.	Neut.
Nom.	τίς		τί	τίνες		τίνα
Gen.	τίνος			τίνων		
Dat.	τίνι			τίσι(ν)		
Acc.	τίνα		τί	τίνας		τίνα

Indefinite Pronouns: *someone, something*

| | Singular | | | Plural | | |
	Masc.	Fem.	Neut.	Masc.	Fem.	Neut.
Nom.	τις		τι	τινες		τινα
Gen.	τινος			τινων		
Dat.	τινι			τισι(ν)		
Acc.	τινα		τι	τινας		τινα

Indefinite Relative Pronouns: *whoever, whichever, every one who*

	Singular			Plural		
	Masc.	Fem.	Neut.	Masc.	Fem.	Neut.
Nom.	ὅστις	ἥτις	ὅ τι / ὅτι	οἵτινες	αἵτινες	ἅτινα
Gen.	οὗτινος	ἧστινος	οὗτινος	ὧντινων		
Dat.	ᾧτινι	ᾗτινι	ᾧτινι	οἷστισι(ν)	αἷστισι(ν)	οἷστισι(ν)
Acc.	ὅντινα	ἥντινα	ὅ τι / ὅτι	οὕστινας	ἅστινας	ἅτινα

Reciprocal Pronouns: *one another*

	Plural
Gen.	ἀλλήλων
Dat.	ἀλλήλοις
Acc.	ἀλλήλους

Relative Pronouns: *who, which, that*

	Singular			Plural		
	M	F	N	M	F	N
Nom.	ὅς	ἥ	ὅ	οἵ	αἵ	ἅ
Gen.	οὗ	ἧς	οὗ	ὧν		
Dat.	ᾧ	ᾗ	ᾧ	οἷς	αἷς	οἷς
Acc.	ὅν	ἥν	ὅ	οὕς	ἅς	ἅ

Reflexive Pronouns: *myself, yourself, herself, himself, itself*

		1st		2nd		3rd		
		Masc.	Fem.	Masc.	Fem.	Masc.	Fem.	Neut.
Singular	Gen.	ἐμαυτοῦ	ἐμαυτῆς	σεαυτοῦ	σεαυτῆς	ἑαυτοῦ	ἑαυτῆς	ἑαυτοῦ
	Dat.	ἐμαυτῷ	ἐμαυτῇ	σεαυτῷ	σεαυτῇ	ἑαυτῷ	ἑαυτῇ	ἑαυτῷ
	Acc.	ἐμαυτόν	ἐμαυτήν	σεαυτόν	σεαυτήν	ἑαυτόν	ἑαυτήν	ἑαυτό
Plural	Gen.	ἑαυτῶν		ἑαυτῶν		ἑαυτῶν		
	Dat.	ἑαυτοῖς	ἑαυταῖς	ἑαυτοῖς	ἑαυταῖς	ἑαυτοῖς	ἑαυταῖς	ἑαυτοῖς
	Acc.	ἑαυτούς	ἑαυτάς	ἑαυτούς	ἑαυτάς	ἑαυτούς	ἑαυτάς	ἑαυτά